21世纪高等院校经济学专业系列教材

高级区域经济学

ADVANCED REGIONAL ECONOMICS

5th Edition

（第五版）

安虎森　颜银根　陈 飞　栾秋琳　刘军辉

郑文光　吴浩波　何 文　周亚雄　何力武

著

东北财经大学出版社
Dongbei University of Finance & Economics Press

大连

图书在版编目（CIP）数据

高级区域经济学 / 安虎森等著. —5版. —大连：东北财经大学出版社，2023.8
（21世纪高等院校经济学专业系列教材）
ISBN 978-7-5654-4928-4

Ⅰ.高…　Ⅱ.安…　Ⅲ.区域经济学-高等学校-教材　Ⅳ.F061.5

中国国家版本馆 CIP 数据核字（2023）第 149447 号

东北财经大学出版社出版
（大连市黑石礁尖山街217号　邮政编码　116025）
网　　址：http://www.dufep.cn
读者信箱：dufep@dufe.edu.cn

大连日升彩色印刷有限公司印刷　东北财经大学出版社发行
幅面尺寸：185mm×260mm　　字数：598千字　　印张：24.75
2023年8月第5版　　　　　　　2023年8月第1次印刷
责任编辑：蔡　丽　　　　　　　责任校对：吴　焕
封面设计：原　皓　　　　　　　版式设计：原　皓
定价：68.00元

第五版前言

党的十八大以来，我党提出统筹推进"五位一体"总体布局和协调推进"四个全面"战略布局，并基于以人民为中心的发展思想和价值取向提出了创新、协调、绿色、开放、共享的新发展理念，同时推动了一系列重大战略、重大政策、重大举措，实现区域经济布局不断优化，国土空间治理水平不断提升，坚实地推进区域协调发展。

首先，不断强化区域重大项目的战略性引领作用，京津冀协同发展迈出坚实步伐，疏解北京非首都功能取得突破；长江经济带发展坚持共抓大保护、不搞大开发，生态环境系统保护修复成效明显；粤港澳大湾区建设持续推进；长三角区域一体化进程加快；黄河流域生态保护和高质量发展扎实起步。

其次，主体功能区定位更加明确，覆盖全国陆域和海域的主体功能区规划发布实施，每个县级行政单元均明确了主体功能定位，为实现各地区按比较优势发展提供了基准。

再次，城镇化战略格局基本形成，深入实施以人为核心的新型城镇化战略，城镇化率由2012年的53.1%提升到2022年的65.22%，"两横三纵"城镇化战略格局基本形成，"19+2"城市群主体形态基本定型。

最后，区域协调发展协调性明显提升，统筹推进西部大开发、东北全面振兴、中部地区崛起、东部率先发展；不断完善对口帮扶、转移支付、区际利益补偿等区域协调发展机制，大大增强了区域发展的系统性、整体性、协调性；中部地区经济增速连续多年高于东部地区，脱贫攻坚取得全面胜利，历史性地解决了绝对贫困问题，革命老区振兴发展取得显著成效，民族地区谱写民族团结进步的新篇章，边疆地区基础设施和公共服务大幅改善。但也要看到，我国区域发展出现了一些新情况、新问题。区域经济发展分化态势明显，各板块内部也出现明显分化；发展动力极化现象日益突出，"大城市病"问题仍待进一步破解；部分区域发展面临较大困难，东北、西北地区发展仍然滞后，一些城市特别是资源枯竭型城市、传统工矿区城市发展活力不足；农业基础还不稳固，耕地保护和粮食安全还面临一定挑战，生态环境保护任务依然艰巨；促进区域协调发展的政策和机制还需要进一步完善，部分地区的比较优势有待充分发挥。如何解决区域发展过程中出现的一些新情况和核心问题？党的二十大报告指出，"深入实施区域协调发展战略、区域重大战略、主体功能区战略、新型城镇化战略，优化重大生产力布局，构建优势互补、高质量发展的区域经济布局和国土空间体系"，也就是深入实施区域协调发展战略，在发展中促进相对平衡；深入实施区域重大战略，增强高质量发展的重要动力源；深入实施主体功能区战略，完善国土空间体系；深入实施新型城镇化战略，提升发展优势区域综合承载能力；加快建设海洋强国，扩展海洋发展空间。

区域经济学是研究经济活动空间分布与协调以及与此相关的区域决策的科学。区域经济学是区域性、综合性和应用性很强的经济学分支学科，以经济活动区位、区域的自组织能力、区际分工与专业化、地域结构演进、区域经济政策为主要研究内容。相对于其他经济学科，区域经济学是比较年轻的。在世界范围内，区域经济学的出现也就不到70年的时间，在我国只有40多年的历史。严格来讲，我国的区域经济学是随着改革开放而发展起来的。正因为区域经济学在我国起步较晚，我国的区域经济学理论体系不健全，许多现实中的区域性问题无法从理论角度给予回答和解释，且现实中的许多成功案例也无法提升为区域经济学理论。不过这些情况在近些年发生了很大变化，许多理论工作者为建立适合我国国情的区域经济学理论进行了种种尝试，出版了大量的区域经济学著作，发表了与区域经济学相关的系列论文。同时，区域经济学的研究人员在经济学科研究人员中所占比例迅速攀升，很多社会科学研究机构都设立了区域经济学研究机构。可以说，目前我国区域经济学进入了历史上最好的发展时期。

如何构建适合我国国情的区域经济学理论体系？区域经济学是为解决区域性经济问题而产生的。我们所构建的区域经济学理论不仅要解释曾经发生的区域性经济问题，还要对目前所出现的区域性经济问题进行恰如其分的解释，更为重要的是前瞻性地对将来会出现的区域性经济问题进行预测并进行理论上的储备。如何在新形势和新环境下更好地解释区域经济现象、预测将来的发展趋势并超前性地提供一些基本理论，正是作者长期思考的问题。

读完本教材的读者将发现，本教材与我于2004年出版的《区域经济学通论》在对区域的认识上是完全相同的，不过整个理论框架与《区域经济学通论》有很大的区别。《区域经济学通论》以新古典经济学的规模收益不变和完全竞争框架为基础，而本教材（前三版书名为《新区域经济学》）以规模收益递增和不完全竞争框架为基础。因此，本教材的基本理论、展开角度和讨论的内容完全不同于国内其他的区域经济学著作，也与国际上传统的区域经济学著作有很大的不同，主要表现在如下几个方面：

一、区域是含有空间维的经济组织

这主要来源于科斯的交易费用理论和杨小凯的新兴古典经济学理论。本教材从专业化分工与均质性、分层结构（交易、城市以及监管的分层结构）、自组织能力角度讨论了经济组织的特征。我们发现这些核心特征是经济组织的特征，也是具有空间维的经济组织的特征。如果把区域视为一种经济组织，则包含在这一组织内的所有变量都是内生变量，而不是外生变量。因此，我们可以把一般经济学视为经济系统外生变量的各种制度环境、政府、公共产品视为内生变量，纳入区域经济分析框架中。

二、区域经济是块状经济

这种块状经济与国内一些学者提出的块状经济不同，如浙江省学者提出的块状经济是指不同的专业化市场，而本教材的块状经济是把区域作为整体加以考虑的。块状经济的核心是经济现象在空间上的不连续，常发生间断或突变，而这种不连续现象意味着区域之间存在某种非均衡力。在这种非均衡力的作用下，经济活动将向某一地区集中或经济活动将迁出某一地区，进而形成了区际生产要素聚集度的差异和经济活动强度的巨大差异。

三、首次提出了区域经济学的理论框架

区域经济学理论以规模收益递增和不完全竞争为基本假设，包括区际非均衡力与循环累积因果律、市场开放度强化生产要素流动性、产业份额决定国民收入地区分配、地域二元结构与城乡统筹，这些基础理论可以解释目前我国的区域经济现象。正因为理论框架不同于传统的区域经济学著作，本教材解释区域经济现象时的切入点、讨论的内容、得出的结论都与传统的区域经济学著作不同。比如生产要素转移、区位选择、含有空间维度的经济增长理论、经济结构升级的内生化过程、贸易自由化分析、区域经济一体化的投资和生产转移及福利分析、国民收入区际分配、公共产品供给与税收竞争、区域块状特征对政府干预行为的影响等，都是在传统的区域经济学图书中没有涉及的内容。同时，我们预测性地讨论了一些理论问题，如区域经济一体化的福利问题、区际税收竞争等。区域经济一体化趋势也可能进一步加强，不过从公平角度而言，这种一体化可能对外围区产生很大的负面影响。

四、提出了比较完整的区域经济学研究对象和研究内容

本教材首次提出，区域经济学是研究经济活动的空间分布与协调，以及与此相关的区域决策的科学观点，并提出区域的拓扑性质、经济活动区位、区域的自组织能力、区际分工与联系、区域内地域结构的演化、政府的内生性与政府干预等是区域经济学研究的主要内容。这些提法与传统的区域经济学图书不同。

五、逻辑思维和方法上的不同

本教材从微观层次上探讨了影响企业区位决策的因素，在宏观层次上解释了现实中存在的各种经济活动的空间聚集现象。这种逻辑思维与新经济地理学的逻辑思维是类同的。例如，我们将经常提到区域系统的循环累积因果关系、区域系统的内生力量、量变和质变与经济增长方式的关系、路径依赖、预期的变化对经济路径的影响等。正因为在逻辑思维和方法上的不同，本教材的许多观点不同于传统的区域经济学的观点。例如，传统的区位理论讨论区位时，主要从静态角度去考虑区位条件，而本教材更多的是从动态的区域经济系统内生的循环累积因果律角度去思考区位选择问题。再如，一般认为，贸易自由化有利于欠发达地区工业化的发展，但本教材强调发达地区高度开放区内市场而欠发达地区适度保护区内市场、在发达地区和欠发达地区实行差别化的区域经济政策，有利于实现区域协调发展。

本书第五版更正了部分错漏之处，并注重思政引领，融入党的二十大精神。党的二十大报告指出："用社会主义核心价值观铸魂育人，完善思想政治工作体系，推进大中小学思想政治教育一体化建设。坚持依法治国和以德治国相结合，把社会主义核心价值观融入法治建设，融入社会发展，融入日常生活。"本书在部分章通过"学思践悟"栏目的形式，结合党的二十大报告内容，引导学生深入社会实践，关注现实问题，使他们既灵活地应用专业知识，又遵纪守法，经世济民，坚定中国特色社会主义道路自信，理论自信，制度自信，文化自信，努力践行习近平新时代中国特色社会主义思想进教材、进课堂、进学生头

脑，达到价值塑造、知识传授、能力培养三位一体的育德树人之效。

本教材第五版修订工作的具体分工如下：安虎森负责第一、二章；颜银根负责第三章；陈飞负责第四章；栾秋琳负责第五章；刘军辉负责第六章；郑文光负责第七章；吴浩波负责第八章；何文负责第九章；周亚雄负责第十章；何力武负责第十一章；最后由安虎森统稿。

本教材可以作为区域经济学专业硕士研究生、博士研究生的教材，也可以作为区域经济研究人员的参考书。当作为教材时，教师可以根据学校和学生的实际情况，有选择性地进行讲授。

本教材的目的是建立一个全新的适合我国的区域经济学理论框架。在编写过程中，我们尽可能做到内容上的新颖性、前后逻辑演绎上的一致性、表述上的通俗性。但因我们的理论功底浅薄和实践经验的不足，书中难免有许多不足和遗憾之处，希望广大读者提出宝贵的意见。

安虎森

2023 年 5 月

目 录

第一章
导 言

生产活动是人类生存与发展的前提，人类的经济活动存在于时空中。任何经济活动的出现和发展都具有阶段性特征，这些阶段性特征在人类的经济活动的时间序列上留下很深的"烙印"；任何经济活动都不能离开某一特定空间，最终都在某一特定空间上留下其"影子"。在这种时空中研究人类的经济活动，正是经济学本来的含义。

然而，两个多世纪以来，主流经济学一直忽略空间因素对人类经济活动的影响。由于去除了经济活动中的空间维度，那些具有鲜明的空间维特征的不同国家和地区，都变成了没有任何空间维的一个个点，研究的只是这些点随时间变化的过程。又因为缺失经济活动的阶段性特征以及空间维，主流经济学认为曾在某一个点上出现过的经济现象，完全可以复制在另一个点上且具有完全相同的经济特征，这就意味着发达国家所使用过的经济模式完全适用于发展中国家，当然包括中国。

与此相反，政策制定者一直关注人类经济活动的空间问题。18世纪下半叶，美国为了使经济摆脱对英国的依赖，时任总统的汉密尔顿主张提高关税。19世纪，欧洲国家通过血腥扩张占领了世界市场，这对欧洲国家工业经济的发展与稳定起了决定性的作用。在20世纪中叶，为实现欧洲一体化，《罗马条约》提出了缩小区际经济差距和发展落后地区经济的目标。20世纪末，美国总统候选人佩罗特反对美国和墨西哥签订自由贸易协定，声称贸易协定将导致就业机会的南迁。2013年9月和10月，习近平总书记先后提出共建"丝绸之路经济带""21世纪海上丝绸之路"的倡议，规划了新时期世界政治经济版图。美国前总统特朗普在2017年1月就职后，以"美国优先""让美国再次伟大"为幌子向中国发动贸易战，试图扼杀中国的崛起。2022年10月，党的二十大报告指出："深入实施区域协调发展战略、区域重大战略、主体功能区战略、新型城镇化战略，优化重大生产力布局，构建优势互补、高质量发展的区域经济布局和国土空间体系。"显然，政策制定者所关注的是本国或本地区的经济发展或经济活动的规模及特征。

不同水平、不同密度的经济活动与某一特定空间的结合，造就了丰富多彩的世界经济，也造就了类型众多的"块状经济"，这种经济活动与空间的结合同时造就了区域经济学这一新的经济学分支学科。因而，经济活动与空间结合的规律或者人类经济活动的空间布局规律，就成了区域经济学主要的研究内容。尽管区域经济学的发展历史较短，但区域经济学已成为具有坚定的发展方向和巨大研究潜力的经济学科之一，也成了我国众多经济学分支学科中发展最快的经济学科。

第一节 区域的本质——空间经济组织

一、区域的概念

区域是一个客观上存在的、抽象的、人们观念上的空间概念。它往往没有严格的范畴、边界及确切的方位，地球表面上的任何部分，一个地区、一个国家乃至几个国家均可被称为区域。但不同的学科对区域的含义有不同的理解：

（1）地理学把区域定义为地球表面的某种地域单元，这种地域单元按内部组成物质的连续性特征和均质性特征来划分，其边界是组成物质连续性和均质性遭到破坏的过渡带；

（2）政治学把区域看成国家管理的行政单元，这种行政单元是按行政权力覆盖面划分的，其边界与国界或一国内的不同省（自治区、直辖市）、市、区、县界重合；

（3）社会学把区域看成相同语言、相同信仰和民族特征的人类社会聚落，因此，区域可以超过国界和行政边界，也可以包括不同的自然地理单元，如语系的划分、民族的分布等。

经济学中关于区域的概念至今尚未有明确的定义，最早的经济学角度的区域概念来自1922年《全俄中央执行委员会直属经济区划问题委员会拟定的提纲》："所谓区域应该是国家的一个特殊的经济上尽可能完整的区域。这种地区由于自然特点、以往的文化积累和居民及其生产活动能力的结合而成为国民经济总链条中的一个环节。"[①]

目前，影响较大的有关区域的定义是胡佛于1984年给出的：区域是"为了叙述、分析、管理、规划或制定政策等目的，而作为客观实体来加以考虑的一片地区，它可以根据内部经济活动同质性或功能同一性加以划分"，最适宜的区域划分应遵循行政区域疆界，而且每一个区域必须包含至少由一个中心城市组成的核心。[②]他同时指出，区域可以根据区内某些特征的同质性程度和区内经济活动的相互作用强度来进行划分。

（一）空间分类

我们通常把空间划分为离散空间和连续空间。

1.离散空间

离散空间是指那些具有一定边界又互不重叠的地域单元，这些地域单元可以组成更大范围的地域单元，可以称这些地域单元为区域、地区、地带，或者根据需要进行各种命名的地域单元，如中原经济区、"丝绸之路"经济带、长三角城市群等。尽管部分的地域单元可以通过河流、山脉等自然分界线划分开来，但大多数地域单元不存在这种自然的分界线。

通常，离散空间又被划分为同质区域和功能区域。胡佛的"根据同质性或功能同一性加以划分"，就是指这种划分。

（1）同质区域是指把那些在一种或几种属性方面具有同质性特征的地区组合在一起的区域。例如我国哈大铁路沿线地区的玉米带是同质区域，因为该地带内不同地区所经营的

① 克尔日查诺夫斯基. 苏联经济区划问题论文集（1917—1929）［M］. 王守礼，译. 北京：商务印书馆，1961：82.
② HOOVER E M, GIARRATANI F. An introduction to regional economics ［M］. 3rd ed. New York: Alfred A. Knopf, 1984: 246.

农业是很相似的，都耕种玉米和大豆。最常见的同质区域是国家、省（自治区、直辖市）、市、县等行政管辖区域，因为这些区域都处于共同的政府管辖之下，区域内所有地区实施相同的政策，区域内经济发展差距和福利水平差距相对小。图1-1（a）中的不同符号表示不同类型的经济活动，如不同类型的（谷物、水果或牛奶）农场、不同类型的（住宅、商业或工业）土地利用、不同收入水平的家庭（高、中、低收入阶层）。在图1-1（b）中，我们在图1-1（a）的基础上画了一些界线，区分出了不同符号占主导地位的3个区域，这些区域都是同质区域。

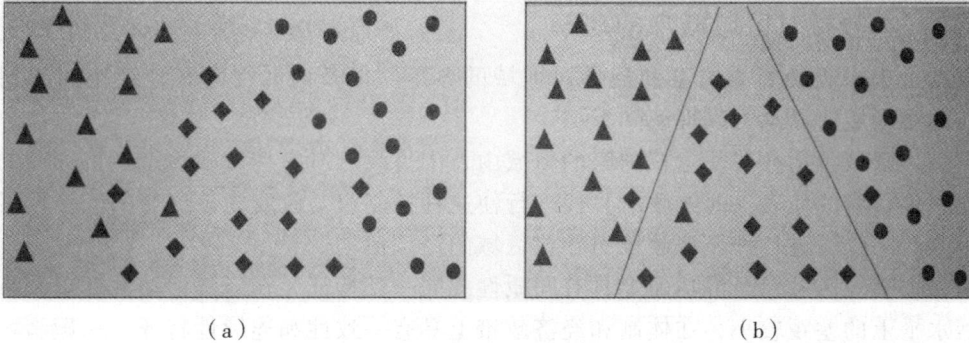

（a）　　　　　　　　　　　　　　（b）

图1-1　经济实体的空间分布模式

资料来源　ANDERSON W P. Economic geography［M］. New York：Routledge，2012：8.

（2）功能区域是根据经济活动空间相互作用而不是经济活动的同质特征所划分的。空间相互作用是指从一个地点到另一个地点的人口、商品、资本或信息的转移。功能区域定义为与界线内地区发生的空间相互作用的强度大于与界线外地区发生的空间相互作用的强度的区域。最常见的功能区域就是大都市区域。美国划分了366个大都市统计区（MSA），我国也提出了"19+2"城市群。大都市区域通常包括低收入者密集居住的中心地段、高收入者分散居住的郊区，以及这两种收入群体居住地之间的许多地区。因此，不同于同质区域的同质性特征，功能区域是以异质性为主要特征的。但正由于大量的通勤流、购物流、商品配送、电话呼叫及其他活动，这些大都市区域在功能上成为一个整体。图1-2（a）展示了一组表示日常通勤流的箭头。箭头的起点表示通勤始发地，箭头的终点表示通勤终结地。在图1-2（b）中，我们根据通勤流界定了功能区域。尽管一些通勤流超出了图上的界线，但大多数通勤流在该区域内开始并在该区域内终结。

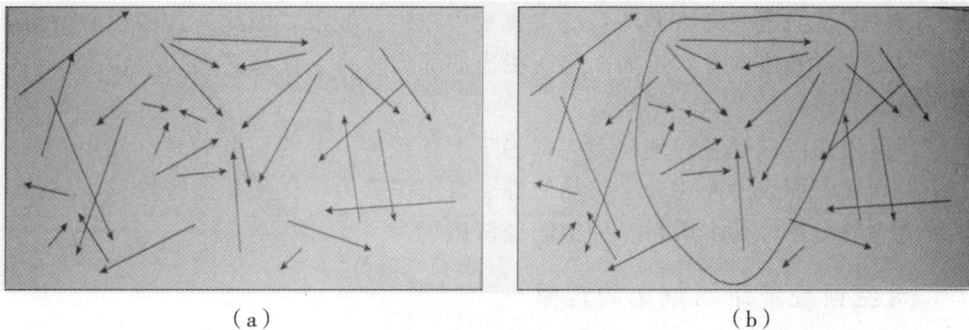

（a）　　　　　　　　　　　　　　（b）

图1-2　空间相互作用模式

资料来源　ANDERSON W P. Economic geography［M］. New York：Routledge，2012：8.

2. 连续空间

连续空间是指由那些不具有空间维度的无数个点所组成的空间。不同于有边界的离散空间，连续空间指的是几何学中的空间，它可能是一维空间，也可能是二维空间或三维空间。一维空间就是我们常说的线性空间。我们熟悉的霍特林空间竞争模型是在线性空间基础上进行讨论的。二维空间就是我们常说的平面，在平面上，每一个点是由横坐标和纵坐标来表示的。我们熟悉的区位理论以及许多新经济地理学模型都是在这种二维空间中进行讨论的。

（二）本教材对区域概念的理解

根据全俄中央执行委员会和胡佛对区域的界定，以及离散空间和连续空间的划分方法，我们对区域的概念可以理解如下：

第一，区域包括在某一主权国家的疆域内，中央政府对它拥有政治、经济方面的控制权，或中央政府的代表（地方政府）代理行使这种控制权。政府为该区域的经济发展提供各种公共产品，通过各种经济政策引导该区域的经济活动。

第二，某一区域在经济功能上具有同质性或同一性特征，在经济活动强度以及各行业的发展水平上的差距较小，在体制和经济政策上具有一致性和连续性特征。一国疆域内不同区域可能在区内经济功能分工、经济活动规模及强度、经济发展水平等方面存在一些差异，但对外展现出各种功能上的相对同一性、整体发展水平上的相对均衡性、体制和各种政策上的连续性和一致性的特点。正因为内部相对的均质性、政策一致性和连续性特征，任何区域在全国或更高一级的区域系统中担当某种专业化职能，区域内资源要素流动相对顺畅，区内各种交易活动的交易成本较低，协调区内不同经济活动相对容易。

第三，一国内不同区域都是相对独立的经济地域单元，它们可以有效地组织区内的经济活动和区外的经济联系。能否有效地组织区内经济活动和区外经济联系，是衡量区域是否具有自组织能力的主要标志，而要独立地组织区内经济活动和区外经济联系，区域必须具有较为完善的经济结构和具有能有效传递各种信息的网络系统，这种资源要素、经济结构和指令传递系统就决定了区域自组织能力的强弱。

第四，任何区域都包含核心城市或城市体系。区域作为相对独立的经济地域单元，必须具有较强的自组织能力。这种较强的自组织能力主要表现为具有由高精尖技术部门以及信息传输、软件和信息技术服务业，批发和零售业，金融业等生产性服务业等所组成的"高级循环系统"，而这些高级循环系统主要集中在中心城市。因此，这些中心城市就成了区域经济的组织者和协调者。正如胡佛所指出的那样，每个区域必须"包含至少由一个中心城市所组成的核心"。

目前，国内在区域概念的理解上大都趋于上述理解。需要强调的是，如果在某一疆域内讨论区域问题，那么专业化分工与均质性、自组织能力、交易和监管以及城镇的分层结构是区域概念的内核，其本质是一种空间经济组织。

二、对空间经济组织概念的理解

根据新古典经济学，不仅那些由看不见的手所指导的生产活动和交易活动都是有组织的活动，而且那些需要经理、主任、监督者、管理者、实施者、律师、法官、代理人，甚至中间人的活动安排，也都意味着组织的存在。[①]一般认为，经济组织是指像家庭、厂商、公司等按一定方式组织生产要素进行生产经营活动的单位或一定的社会集团，通过权责分配和相应层次结构所构成的一个有机整体。

如果根据新兴古典经济学的观点，则经济组织是有关生产和交易的组织结构，自给自足是一种经济组织，分工也是一种经济组织。如果在分工组织中出现企业制度，则是另一种组织；如果在包含企业制度的组织中出现交易的分层结构，则又是另一种组织；如果包含金融体系，则又是另一种经济组织，等等。根据新兴古典经济学的理解，经济组织是可以演进的，而演进后的经济组织与演进前的经济组织是不同的组织，交易效率的提高是经济组织演进的原动力，而直接推动组织演进过程的是市场，市场可以选择更富有效率的经济组织。

对这些经济组织赋予不同的空间维度，就形成不同层级的空间单元，也就是不同层级的空间经济组织。这些不同层级的空间经济组织包括家庭、厂商、产业区、城市、区域、国家、区域性国际组织（如欧盟、东盟）等。对这些空间组织而言，区别于其他空间组织的主要特征是其自组织能力的差异。自组织能力主要包括生产活动的组织结构和交易活动的组织结构。生产活动和交易活动的组织结构构成了空间经济组织的自组织能力，而自组织能力的存在是空间经济组织的重要特征。

如何组织区域经济，是空间经济组织的自组织能力的主要内容之一，也是区域经济学最主要的研究内容之一。组织区域经济活动，就是要回答区域的经济增长是如何发生或如何决定、应选择何种发展模式、区域经济增长过程和趋势如何、一个区域根据其资源要素状况应选择何种产业结构、产业结构如何演进等的过程。区域经济发展，一方面是由资本积累、劳动力增加或劳动力素质提高及技术进步等要素相互作用而引起的区域商品和服务总产出量的增长，另一方面是区域产业结构不断演进和升级的过程。当区域经济起步时，如何选择切入点，可能因国情或区情的不同而不同。如果从需求角度去解释空间经济发展，那么首先要讨论这种需求是从何而来的问题，然后从区域经济系统中寻找这种需求所引致的影响。从需求角度的分析强调区域经济活动的后向联系，因为这种联系表现为对区域某种产出的需求又引发对其他产业活动的需求，我们称这种空间发展模式为需求驱动模式。如果从供给角度去解释空间经济发展，就得讨论这种投入是从何而来的问题，然后要分析这种投入是如何与区内资源、资本和劳动力相结合促使新的经济活动的产生或推进原有经济活动向前发展的问题，我们称这种空间发展模式为供给驱动模式。上述两种驱动模式是互补的，区域经济起步时可以选择供给驱动模式，区域经济步入正常轨道后可以选择需求驱动模式。

生产活动与交易活动是分不开的。随着经济的发展，某一空间范围内的生产部门越来越多，所生产的产品种类和提供的服务种类越来越多，不同部门间的交易内容、交易数量以及交易环节不断扩大。如果这些扩大了的交易活动都通过中心市场来完成，则需要支付很多的交易成本，因此，不能把所有的交易都集中在中心市场，也不能把所有的交易活动都分散在各地。根据不同的交易层次，不同的交易活动在不同等级的市场中进行，出现了交易的分层结构。不同等级的交易中心所在的区位就形成了不同规模的城镇，构成了交易

---

　　①　伊特韦尔，米尔盖特，纽曼. 新帕尔格雷夫经济学大辞典：第2卷［M］. 编辑委员会，译. 北京：经济科学出版社，1996.

活动的空间组织体系。如果具有较强的自组织能力，则该区域具有较为完善的市场制度、各种专业市场、金融体系、各种生产性服务业以及城镇体系。

总之，生产的自组织能力和交易的自组织能力构成了区域的自组织能力。

三、对区域本质的理解

从区域概念的界定中可以看出，区域概念的核心变量为专业化分工与均质性、自组织能力、交易和监管以及城镇的分层结构。现在我们从经济组织的角度来考察区域概念核心变量所反映的含义。

（一）专业化分工与均质性

在现实中，每个人既是消费者又是生产者，且存在分工经济。因此，农民专门生产粮食并以粮食交换农业机械，工人专门生产机械并以农业机械交换粮食。但农民专门生产粮食，需要土地和劳动工具（农业机械）；工人专门生产农业机械，也需要金属资源和工具（机床）。一般来讲，生产工具是可以通用的，如拖拉机、机床等，但土地和原材料通常与所在区位有密切相关。例如，我国北方和南方的土地存在很大的差异，有些农作物可以在南方生长，却不能在北方生长。同样，各种矿藏资源的分布也不是均匀的，绝大多数矿藏是片状分布的，有些地区存在丰富的石油资源，却没有金属矿藏，等等。我们知道，分工组织相对于自给自足组织是高效率的，但具体出现何种分工主要取决于当地的资源状况（还取决于当地的文化背景和历史传统等）。这就是说，在不同的资源富集区，我们可以选择同种类型的经济组织从事生产和交易活动，但在不同资源富集区进行的生产活动和交易活动的内容互不相同，这就表现为区际专业化分工；如果是不同国家之间，就形成国际专业化分工。

专业化分工存在分层结构，如生产者之间的分工、企业之间的分工、区际分工、国际分工等，而区际分工、国际分工是生产的空间分工，是一种高层次的分工。交易的分层结构可以解决由交易对象不同而导致的不必要的交易成本，但不能解决由交易品种不同而导致的交易成本问题。如果把所有的交易品种散布在所有城市中进行交易，就会扩大人们搜寻同类商品信息的成本，所以不应把所有交易品种散布在所有城市中，而应当相对集中在不同类型的城市，这样就形成了交易的类型结构，而这种结构又决定了城市的类型结构，这就是我们常说的城际分工，也是一种高层次的分工。

区际分工（或城际分工）和均质性特征是一个问题的两个方面，正因为区际分工，任何区域对外显现为承担某些专业化功能。因为这种专业化分工，区内的生产和交易活动主要围绕一种或几种专业化部门进行，因而区内人力资本结构的差异较小，区内发展水平差异和收入水平差异也都较小，显现出某种程度上的均质性。如果两个或两个以上独立的区域，所承担的专业化职能类似，发展水平上的差异也较小，则这些区域可以组成更高一级的区域系统，类似于我国根据经济发展水平把全国划分为东部、中部、西部和东北。从区际角度来考虑，专业化分工还具有空间特征。

总之，专业化分工是有效率的经济组织的主要特征之一。然而，这种专业化分工又包含空间维度，因此，不同区域所承担的专业化功能不尽相同。

（二）自组织能力

自组织能力主要涉及生产活动的组织结构和交易活动的组织结构。迂回的生产方式与专业化分工是密不可分的，分工水平越高，中间投入品和最终消费品的种类越多，生产过程就越来越迂回。如果中间投入品贸易比用来生产中间投入品的劳动力的交易需要支付更多的成本，就会产生与买卖劳动相关的企业制度，随之出现企业以及企业组织。企业最突出的特征为层级组织，我们平时所说的完善企业组织就是针对进一步完善这种层级组织而言的。如果对外交易活动都通过中心市场来完成，则有时会支付不必要的交易成本。为提高交易效率，产生了交易的分层结构，并出现了专门从事交易活动的机构和人，这就是商人、商业和进出口贸易。伴随着交易的分层结构，城市的分层结构也出现了。这样既不会把所有的交易都集中在大城市进行，也不会全部分散交易，而是根据交易层次的不同，分别在不同规模的城市进行交易。当许多交易活动不能同时完成时，提高交易效率的最有效方法就是要有便于交易的某种物品，这就是货币、信贷系统，以及随之出现的各种金融组织和金融衍生品。如果转换工种的成本足够高以及转换工种需要一些特殊技能，则劳动力不能频繁转换自己的工种，因而必然存在结构性失业和景气循环。可以看出，劳动力的专业化水平、社会的分工水平、产品种类、生产迂回程度以及景气循环模式指的是生产活动的组织结构。企业制度、企业内部结构以及剩余索取权结构、交易和城市的分层结构、货币制度和金融机构指的是交易活动的组织结构。生产活动和交易活动的组织结构，构成了经济组织的自组织能力，而这种自组织能力是经济组织的本质。自组织能力存在与否是经济组织的第二个重要特征。

（三）交易的分层结构与城市等级系统

某一城市是如何形成的？"城"的出现可能与当时的中央政权的偏好有关，可能选择人口较为集中的地方设立监管机构，或在交通要道或边关重镇设立管辖机构等。当有了"城"以后，可能在原有人口基础上加快了人口集中过程，或采取强制性措施使人口集中起来，随之各种交易活动开始出现或变得更加频繁，形成"市"。

我们先讨论一下"市"是如何产生的。

当某个人想选择专业化生产方式时，如果其他人都选择自给自足的生产方式，则不能进行专业化生产，因为他不能出售自己生产的产品，也不能购买他不生产的产品。这意味着，每个人的专业化水平不仅决定了他自身的生产力水平，而且决定了其他人生产的产品的市场容量，因而也就决定了其他人的生产力水平和专业化水平。每个人选择某种生产方式的决策，决定了他与其他人进行交易的次数，而所有人选择生产方式的决策和这些决策之间的交互作用决定了整个社会作为一个整体的分工网络规模。分工网络规模的扩大又带来交易费用的增加。假设每对交易伙伴在他们居住地连线的地理中点进行交易，那么当分工水平的提高扩大交易网络时，总的交易出行距离以及相关的费用会大幅度增加。但如果把这种提高分工水平所导致的扩大的交易活动集中在某一区位范围内，就等于把很大的交易网络集中在一个小范围，大大缩短社会总的交易距离，进而大大提高交易效率。这样，我们可以用分工的网络效应和交易的地理集中提高交易效率之间的一般均衡来解释"市"的出现，即把一个很大的交易网络集中到某一区位就是"市"，其结果是大大提高了交易效率。

再从政府以及监管功能角度来考虑。监管功能不可能分散在各地，也不可能高度集中在中央政府，常采取的做法是在一定的空间范围内设立一个派出机构，由这些派出机构代表中央政府行使该空间范围内的监管功能，而这种监管功能所在区位就是"城"。

可以看出，"城"与"市"的结合就是城市。城市就是某一区域的政治和经济中心，有关区域经济活动的所有指令都由城市发出，这就是胡佛强调区域包含至少由一个"中心城市"组成的核心的原因。其背后的含义是构成区域自组织能力的各种生产组织功能和交易组织功能主要集中在城市，不管其自组织能力强度的大小，没有这种城市，则无法组织区域经济活动，不可能形成一个相对独立的区域。

如果在某一空间范围内只有一个大城市，那么该空间范围内的所有人都要到这个城市进行交易。但如果分工水平很高（也就是贸易品种很多），则对有些贸易品而言，人们同邻居之间直接进行交易反而比到大城市进行交易更方便，交易费用也更低。因此，人们不可能把所有的交易活动都集中在大城市，也不会把所有交易活动分散在各地进行，与邻近的交易伙伴的交易就在附近的小城镇进行，与邻省的交易伙伴的交易就在中等城市进行，与邻国的交易伙伴的交易就在大城市进行，这样就出现了城市的分层结构，也就是城市等级系统。可以看出，交易以及城市分层结构的存在是经济组织的第三个重要特征。

（四）监管的层级结构与地方政府

随着分工的演进和人口的增长，更多的人从事生产或交易活动。如果众多的人从事某种生产或交易活动，那么为提高生产效率和交易效率，经济系统需要对有关生产活动和交易活动进行各种规范，也就是说不同的生产模式和交易模式都要有其行业内的游戏规则或制度。当某些人不遵循时，他们会给对方带来严重伤害，因此社会还需要监督这些规则或制度实施情况的机构和人，而这种监督功能一般由权威机构——政府以及相关机构所担当。不过，这些监督机构一旦出现，其监管行为不一定就停留在消极地监督规则或制度的实施情况，有时其将采取主动的干预行为。这种主动的干预行为，一是进一步完善各种游戏制度或规则，以便提高原有经济组织的生产效率和交易效率，这就是我们平时所强调的建立和完善市场机制和市场准入机制、完善各种产权制度、完善各种法治建设、保护合理竞争、尽可能消除市场扭曲的含义；二是提供各种有利条件，提高原有经济组织的生产效率和交易效率，这就是我们平时所强调的加强基础设施建设、加强各种软环境建设的含义；三是可以进行不同经济组织是否有效率的试验。在获取经济组织知识的社会试验过程中，"社会不但会试验有效率的组织结构，也会试验无效率的组织结构"，"经济发展的有效方法是，由政府提供人们利用价格制度自由试验各种经济组织结构的条件"。[①]这种经济组织试验包括产权制度、税收制度的各种改革试验，经济开发区和各种试验区（如上海自贸区、天津滨海新区、鄱阳湖生态经济区、皖江城市带承接产业转移示范区、浙江海洋经济发展示范区，等等）的成立，各地经济发展战略的制定以及主导产业的选择（生产的组织方式试验），各种产业政策和相关政策的制定等。经济组织试验还有一个很重要的方面，就是引进和吸收或模仿发达国家或发达地区的经验。因为经济组织的试验需要大量的

---

① 杨小凯，黄有光. 专业化与经济组织——一种新兴古典微观经济学框架 [M]. 张玉纲，译. 北京：经济科学出版社，1999：359.

成本，包括货币成本和时间成本，因此欠发达国家或地区借鉴发达国家或地区经济组织试验方面的经验，可以加速发展中国家或地区的工业化进程。

可以看出，一旦政府和各种相关机构相继出现，它们就将发挥极其重要的作用。但如果政府监管的空间范围很大，则需要大量的交通成本和信息成本（主要指信息不对称所导致的成本），监管效率很低。从交易的分层结构讨论中可知，交易的分层结构可以大大提高交易效率，同理，政府监管的分层结构也可以大大提高监管效率。因此，这种监管功能不可能分散在各地，也不可能高度集中在中央政府。常采取的做法是在一定的空间范围内设立一个派出机构，由这些派出机构代表中央政府行使该空间范围内的监管功能，而这种派出机构就是地方政府，该空间范围就是我们平时看到的不同的行政区域。监管层级结构的存在是经济组织的第四个重要特征。

由上面的讨论可知，专业化分工与均质性、自组织能力、交易和监管以及城镇的分层结构所反映的是经济组织的特征，也是经济组织的标志，因而具有这种核心变量的区域必然是一种经济组织。我们还注意到，专业化分工与分层结构都具有空间维度，即区域不同于一般意义上的经济组织，是具有空间维度的经济组织。

四、区域空间组织的形成

区域是空间经济组织，任何经济组织都有形成、演化过程，区域也不例外。

（一）城市以及城市体系的形成

每种产品的生产存在专业化经济，进行交易还会产生交易成本，因而就产生专业化经济和交易成本之间的两难选择。如果交易效率很低，人们就会选择自给自足的活动方式，此时没有市场，也没有城市。随着交易效率提高，专业化经济与交易成本权衡的结果，出现了半专业化的农民和半专业化的工业品生产者之间的分工。由于农业生产是土地密集型生产活动，而工业生产是非土地密集型生产活动，所以农业生产可以分散布局，而工业生产选择离农民较近的地方，以降低分工带来的交易成本。因此，如果农业和制造业之间的分工水平较低，也就是只有半专业化的农民和半专业化的工业品生产者之间的分工，则同样不可能产生城市。如果交易效率进一步提高，则除了农业和制造业的完全分工之外，还会出现以服装加工、家具制造、建造房屋等为职业的制造业者。由于这些制造业的生产并非土地密集型，既可以分散布局，也可以集中布局。但为了节省不同的非农职业之间交易引起的交易成本，将其集中布局，也就是人口和产业集中布局，因而就出现了城市。可以看出，城市的形成就是为了降低交易成本，也就是获取聚集经济带来的聚集租金，因为在生产者的生产规模已经确定、产品价格在短期内较为稳定的情况下，生产者利润最大化的主要途径是降低成本。

如果在某一空间范围内只有一个城市，那么该空间范围内的所有生产者都要到这个城市进行交易。但如果分工水平很高因而贸易品种很多，对有些交易品而言，相邻厂商之间直接进行交易比到大城市进行交易更方便，交易成本也更低。因此，人们不会把所有的交易都集中在大城市进行，也不会把所有的交易都分散在各地进行，而是在不同规模的城市与不同对象进行交易，这样就出现了城市的分层结构，也就是城市等级体系。在一般情况下，上一层城市的规模总是大于下一层城市的规模，最顶层的城市常常是一个，形成金字塔式的城市规模结构，称单中心城市体系，这是常态的城市规模体系。如果分工水平足够高，也就是经济发展水平足够高，那么此时有可能出现多中心城市体系。分工水平足够高意味着经济发展水平很高，此时整个经济系统已经历了聚集的极化过程，进入一种高水平的均衡状态，表现为高水平的多中心城市体系；经济发展水平较高时，经济系统进入极化不平衡状态，整个经济系统处在聚集的极化阶段，表现为常态化的单中心城市体系；经济发展水平很低时，整个经济系统没有进入聚集的极化阶段，处于低水平的均衡状态，表现为规模较小且相互独立的集市散布在区域空间上。这种多中心城市体系、单中心城市体系以及集市的散布体系所反映的就是不同的空间经济组织。

（二）城乡二元结构的形成以及城乡联系

经济活动聚集在城市可以降低交易成本，因而城市内各种交易活动的交易效率比在农村分散居住时高得多。分工的演进主要取决于交易效率，交易效率越高，分工水平也就越高，而分工水平越高，生产的产品种类也就越多。由于城市内的交易效率高于农村分散居住时的交易效率，城市内的分工水平也高于农村分散居住情况下的分工水平，因此城市和农村之间在生产力和商业化等方面会出现差距，城市里的专业化水平总比农村提高得快。可以看出，经济从自给自足向高水平分工发展时，会出现用生产力水平和商业化收入水平来表示的城乡二元结构，这种城乡二元结构是经济发展过程中的必然过程。在这种二元结构中，农村居民的专业化水平较低，生产率也较低，因而商业化水平和从市场中得到的收入水平也较低，出现了城乡差异。如果能够把城乡之间的交易效率提高到较高的水平，则城乡之间的实际收入差距逐渐缩小，从市场中得到的收入、商业化程度以及生产力水平都将趋于收敛。如果无法提高城乡之间的交易效率，则这种二元性将持续存在，会出现类似于目前的城乡劳动力市场分割、信用市场分割、商品市场分割等现象。提高城乡交易效率，核心是加强城乡联系。

一是要建立统一的大市场。这种统一的大市场包括劳动力市场、土地市场、金融市场、技术市场及城乡统一的产业链等，这也是目前我国经常提到的城乡统筹和乡村振兴问题。建立统一大市场的前提是制度创新，如改革阻碍劳动力流动的户籍制度、建立乡村金融机构和信用担保机制、开发与普及农业技术、建立农业合作社、发展电商和物流网等。

二是要建立较为完整的城镇体系。因为以小城镇为中心的农村地区的经济循环与大城市的经济循环不同，大城市的经济循环主要由资本密集型的制造业以及金融服务业、出口贸易、商品批发、邮政通信等生产性服务业所组成，被称为高级循环；以小城镇为中心的农村经济循环则由非资本密集型制造业、在零售水平上提供服务的服务业、小规模贸易活动所组成，被称为低级循环。在空间关系上，高级循环在城市与所在地区之外寻找合作伙伴，而低级循环在城市及其毗邻地区寻找伙伴。因此，高级循环的影响范围在空间上是不连续的，因为高级循环在城市等级结构中是以垂直联系为特征的，也就是商品往往顺着从大城市、中等城市向小城镇的方向流动，任何经济聚集体都是依赖更高一级的城市来为其提供自身不能生产的商品。低级循环的影响范围在空间上是连续的，因为中小城镇与其周围乡村地区的联系是横向联系，各种各样的农产品都是在这些小城镇得以出售并购买城市生产的产品，这些中小城镇承担了联结城市与农村的任务，也成了城乡联系的节点。如果没有这些中小城镇，大城市产业与乡村产业之间则会因经济活动内容、产品、生产规模、资金、技术等方面的差异而无法形成统一的市场，将出现各种要素市场的分割现象，进而无法形成大城市资源要素向外扩散的通道。这也是我们平时反复强调建立较为完整的城镇体系的原因。

（三）监管职能分层结构的形成

随着分工的演进，经济系统中的生产部门和产品种类越来越多，参加生产和交易活动的人数也越来越多。为了提高生产效率和交易效率，防止各种欺诈行为，社会需要对生产活动和交易活动进行各种规范，也就是不同的生产方式和交易模式都要有其行内的游戏规则或制度。如果建立了这种生产和交易规则，则必须有监督是否遵循这种规则的监管机构，这种职能主要由政府及其相关机构来担当。如果政府监管的空间范围很大，则需要大量的交通成本和信息成本，因而监管效率很低。因此，这种监管功能不可能分散在各地，也不可能高度集中在中央政府，常采取的做法是在一定的空间范围内设立派出机构，由派出机构代表中央政府行使该空间范围内的监管功能，而这种派出机构就是地方政府。但如果监管范围不确定，则相邻的两个地方政府之间存在扩大自己势力范围的较量或相互推诿监管责任的情况，因此必须把两者的监管范围确定下来，这就是行政区域边界，这也是众多区域都显现出不同形式的"块状"特征的主要原因。不过，这些监管机构出现后，其并不一定消极地监督规则的实施情况，而是将采取各种措施干预经济活动，包括完善各种游戏规则、提供各种有利条件，以便提高原有经济组织的生产效率和交易效率。这些监管机构还会进行不同经济组织是否有效率的试验，如模仿先进经验、制定经济发展战略、选择主导产业、制定各种产业政策和相关政策等。

（四）自组织能力的形成

我们在研究经济现象时无法回避生产与交易的问题。"如果一种经济组织模式把个人的劳动分配给不同的工作，则称它包含分工"，"个人的专业化水平和专业种数是分工水平的两个方面"[①]，分工水平越高，则个人的专业化程度越高，生产的产品种类也就越多。此时如果在市场上，中间投入品贸易比用来生产中间投入品的劳动力的交易支付更多的交易费用，则会产生与买卖劳动相关的企业制度，随之出现企业以及企业集团。在企业内部，又根据零部件生产与最终产品组装程序进行生产工序上的分工，使生产者的操作越来越趋向简单和重复，这为采用机器来代替人工劳动创造了条件，并促使使用高效率的自动流水线来进行大批量生产的福特制生产方式的出现，生产规模进一步扩大。同时，企业最突出的特征为层级组织，由于企业生产规模的扩大以及中间投入品生产程序的增多，将出现许多中间管理部门，从降低内部交易成本的角度来考虑，把一些生产和管理环节转包出去，可以节省一些成本，而这些转包出去的部门逐渐发展成为许多中间投入品生产部门，使得经济系统的生产方式越来越迂回。与此同时，如果专业化经济效率很高且人们转换工种时需要支付很高的转换成本（如学习成本、培训成本等），则劳动力不能频繁转换自己的工种，因而必然存在结构性失业和经济发展周期。因为经济发展周期的存在，任何区域经济的发展过程都具有转换期，这种转换期就是区域技术结构和产业结构发生重大变化的

---

① 杨小凯，黄有光. 专业化与经济组织——一种新兴古典微观经济学框架 [M]. 张玉纲，译. 北京：经济科学出版社，1999：28.

时期，也就是"弯道超车"的时期。上述企业组织的进一步完善、企业集团的出现、生产部门的增多、技术结构发生变化、产业结构升级等过程，就是生产的自组织能力形成和不断完善的过程。可以看出，具有较强的自组织能力的区域，必然具有较为完善的企业制度及进入退出机制，具有独立的创新能力和较为完整的产业结构。

生产活动与交易活动是分不开的。生产过程越来越迂回，生产部门越来越多，则必然扩大不同部门间的交易范围、环节和交易量。如果扩大了的交易量都通过中心市场来完成，则会支付更多的交易费用，因此既不能把所有的交易活动都集中在中心市场进行，也不能把所有的交易活动都分散在各地进行，而是根据交易层次的不同，分别在不同规模的市场中进行，进而出现了交易的分层结构。同时，交易环节的增多必然要求出现专门从事交易活动的机构和人，这样就出现了专门从事交易活动的商人、商业和进出口贸易。当许多交易活动不能同时完成时，提高交易效率的最有效方法就是要有便于交易的某种物品，这就是货币以及信贷系统，随之出现了各种金融组织和金融衍生品。市场交易制度的完善，商人、商业和进出口贸易的出现，货币、各种金融机构与信贷系统的出现，以及各种现代服务业的出现，就是交易的自组织能力形成和不断完善的过程。可以看出，具有较强的自组织能力的区域，必须具有较为完善的市场制度、各种专业市场、金融体系以及各种生产性服务业，这些构成了较强的交易的自组织能力。

总之，生产的自组织能力和交易的自组织能力构成了区域的自组织能力。

在前面，我们利用较大的篇幅讨论了区域这一经济组织形成、演化的过程。最后需要指出的是，城市以及城市体系的形成、城乡二元结构的形成、城乡联系的发生、监管职能分层结构的形成、自组织能力的形成过程，都是市场选择的结果，而不是人为安排的结果。区域是一种空间经济组织，这种经济组织同样是市场选择的结果，而不是人为划分或安排的结果。在某一区域范围内，中心城市及城市体系的作用、城乡联系、政府监管和引导作用、区域的自组织能力相互交织在一起，形成了一种网络（包括生产网络和交易网络），因而区域这一组织的主要特征表现为网络的拓扑性质，这在地区投入产出表中表现为投入产出系数矩阵中的行和列的增加、非零元素的增加以及系数的分散化趋势。正因为这种自组织能力的拓扑性质，任何一种经济活动的进入或退出都遵循乘数律。因此，在区域经济研究中，我们常以投入产出表中的系数矩阵来表示这种性质，或在简化的区域研究中以区域乘数来表示这种性质。

第二节　区域的块状经济

一、块状经济的原因

区域是空间经济组织，但它不同于传统意义上的经济组织，它具有一定的空间范围，这种空间范围是节省交易成本和监管成本所必备的。正因为这种空间范围的存在，不管是在世界还是在一国内的不同地区，都显示出块状特征。不同国家和地区之间的这种块状特征很明显。从空间维度上考虑，东北亚的中国、朝鲜、韩国、日本、蒙古国以及俄罗斯远东地区，在经济体制、经济发展水平、经济结构等方面都存在明显的差别。不同经济变量在不同国家和地区之间都是间断的，如人均收入水平。在一国内部，这种现象也是很普遍的。不仅在欠发达国家内部，在发达国家内部也存在这种经济变量在空间上的间断现象，如意大利南部和北部经济发展差距很大，形成了"南贫北富"的地域特征。在我国，这种现象也很普遍、明显。例如，2022年京津冀地区的北京市和天津市人均地区生产总值分别为17.94万元和11.88万元，而河北省只有5.70万元，北京、天津和河北省之间的差距很大。块状经济深层次的含义是经济变量在空间上的不连续，表现为经济变量在不同块状体之间发生间断和突变，我们所说的区域分异就是指这种经济变量的区际不连续和产业活动的区际突变。那么，为什么在不同块状体之间存在经济活动强度和密度上的巨大差异？我们从以下几个方面来回答这个问题。

（一）生产要素的不完全流动性

地理学常用土地、矿藏、地形、水文和气候等自然条件和自然资源的不均匀分布来解释许多不同类型的经济活动区位。例如，上海成为世界著名的港口城市是因为它有通往内地的天然水道；辽宁本钢是以南芬、歪头山、马耳岭等地的得天独厚的铁矿资源为基础发展起来的；东北平原的黑土带使得东北平原地带成为我国重要的粮产区之一等。这种经济活动区位的简单解释至今在地理学图书中经常看到。然而，不考虑这些资源的类型和特征，则它们都有共同点，即这些资源是不可流动的生产要素，且其分布也不是均匀的。正因为这些生产要素的不可流动性和分布的非均匀性特征，与这些生产要素相关的生产活动只能出现在这些生产要素丰富的地区，这些地区也可以组织主要使用这些丰富的生产要素的专业化生产，这就是绝对优势理论的核心思想。如果生产要素具有完全的流动性，则根据新古典经济学的规模收益不变或规模收益递减规律，会导致生产要素供给的均等化，各地的生产要素价格、生产成本趋于均等，最终区际经济发展差距收敛，区域经济的块状特征也就消失。

生产要素的不完全流动性可以从以下几个方面理解：

第一，有些生产要素如自然资源对地表的附着力很强，在常态下无法自行流动。随着科学技术的发展，尽管不可流动的生产要素也可以"流动"，如北方地区的温室大棚是对适宜气候的"再造"，但这些不可流动的生产要素的"流动"需要支付很大的成本。与此相反，有些生产要素如劳动力、资金、知识和技术等，都可以转移或扩散，因而也被称为可流动的生产要素。

第二，有些流动性很强的生产要素的流动会遇到很大的阻碍。国家之间政治制度和经济体制不同，所采取的政策也不同，这就成了国际生产要素流动的障碍，常表现为贸易保护，正如特朗普以"美国优先"为借口实施贸易保护主义政策。在一国内部，尽管国家宏观政策在各个地区都是相同的，但是因地区之间的利益关系，各地区实行国家宏观政策时总出现偏差。我国的以放权让利为中心的经济体制改革，使地方政府成了区域经济发展的主导力量之一，这些地方政府从地方利益出发，常采取地方保护主义政策，或采取限制资本、技术、劳动力向外流动的措施。

第三，不同民族、风俗、宗教信仰也影响生产要素的流动。

总之，生产要素的不完全流动性使得一国的经济活动不可能在空间上均匀分布，这就成了区域经济块状特征的客观物质基础。

（二）商品交易和提供服务的空间障碍

商品交易和提供服务的空间障碍是指商品交换和提供服务既不能瞬间完成，也不是免费的。所有经济活动都在特定时间出现在特定地点上，因此，必然存在运输不同种类商品以及提供不同类型服务的问题。

首先，空间距离导致的运输成本降低了经济效率，削弱了经济活动之间的相互作用强度，缩短了人们享用的闲暇。人们通过不同的出行方式从一个地点转移到另一个地点，或者通过不同的运输方式把货物从一个地点转移到另一个地点。但对于有些特定类型的经济活动而言，并不需要货物运输，而是需要信息的传递。例如，通过电话进行交谈、通过互联网发出订单、通过卫星电视欣赏体育比赛，是跨越空间且依赖通信服务的活动。交通运输和通信服务是克服距离障碍的主要方式。

其次，任何出行方式和货物运输方式都不能瞬间完成人员输送和商品运输，需要花费一定的时间。大多数人选择出行方式时，会尽可能选择运行时间短的出行方式。货物运输相对于人们出行而言，速度显得似乎不是很重要，如煤炭和纺织品运输不会受到严格的时间限制。但运输速度对货物运输而言还是相当重要的，因为一些货物的价值是随时间迅速贬值的，最典型的例子是果蔬或鱼类等易腐烂的货物的运输，还有报纸等对时间很敏感的"物品"。

最后，空间距离越远，运输的及时性就越低。运输的及时性是指在必要的时间内把人员或货物输送到必要的地方的能力。一般来讲，运输的及时性与出行时间方差呈负相关关系。为解决及时性问题，近来大多数厂商采用适时存货体制，这要求供应商在较短的时段内向组装厂提供各种零部件。这种体制可以节省仓库空间和库存成本，但同时加大了供应商及时供应零部件的负担。

总之，这种空间障碍使得一国的经济活动不可能在空间上均匀分布，这就成为区域经济块状特征的客观物质基础。

（三）经济活动的不完全可分性

经济活动最大的特征之一为经济活动的不可分性，任何经济活动与其他经济活动都是相互联系的，而这种经济活动之间的相互联系又与一定范围的空间是联系在一起的。

第一，许多生产过程可根据操作技术的不同划分为若干生产工序，但从降低生产成本的角度来考虑，这些不同的生产工序不可能在空间上截然分开，并在不同的地点组织生产。如钢铁工业，技术上可以划分成炼铁、炼钢、轧钢、成品加工等多种工序，但每一道工序都需要加热，从降低生产成本的角度来考虑，不能把这些不同的生产工序分割开来在异地组织生产。

第二，一个企业的生产规模达到一定程度时，可以节省单位产品的生产成本，提高经济效益，这是我们熟悉的企业层面的规模经济。要实现企业层面的规模经济，不可能把生产活动分散在不同空间范围内。

第三，众多企业聚集在某一区位，可以获得聚集租金，这就是我们熟悉的聚集经济。经济活动的聚集使各个企业共享当地的各种基础设施和辅助行业所提供的专门化服务。由于技术的溢出效应，企业之间可以模仿和学习，降低学习成本。企业和人口的集中可以形成较高效率的地区劳动力市场。

　　第四，众多企业的聚集可以节省大量的交易成本。经济活动之间的交易内容是多方面的，包括物质的和非物质的、有形的和无形的、长期稳定的和不稳定的。如果企业之间交易的物质或信息流在形状、质量、密度等方面都是标准化的，或在时间和空间上都是可重复和稳定的，此时企业之间的交易成本较低，因为此时可以一次性地签订长期协议，不用经常进行谈判。如果企业之间交易在时间和空间上频繁发生变化，交易的物质或信息流也不是标准化的，此时交易成本就很高，因为企业之间难以建立长期稳定的关系。如果企业之间交易的不是具体的物质或信息流，也不能以简单的订货方式或垂直指令来进行交易，则此时的交易成本最高。这些无法建立长期稳定关系的交易、非标准化交易、需特殊中介的个性化交易，都需要面对面地频繁接触，因而企业在空间上需要尽可能相互接近，这也是城市中心商务区形成的主要原因。

　　可以看出，生产工序空间分割的非经济性、规模经济、聚集经济、交易成本的节约，都要求生产要素和经济活动尽可能聚集在一定的空间范围内，也就是说，经济活动不应该在空间上随意分散分布。显然，经济活动的这种不完全可分性无法从要素禀赋差异的角度来解释。

（四）创新能力的区位锁定作用和知识溢出的局域性

　　根据新经济增长理论，经济增长主要依赖内生力量的推动。内生推动力主要是指内生的技术进步，因而对内生技术进步实现机制的分析成了新经济增长理论的主要特征。

　　阿罗提出，技术进步或生产率的提高是资本积累的副产品，即投资产生溢出效应。不仅进行投资的厂商可以通过积累生产经验提高生产率，其他厂商也可以通过学习提高生产率。[1]阿罗的这种思想不仅包括了资本积累和知识积累的外部性，还包括了知识（主要指公共知识）的非排他性导致的知识和技术的溢出性。

　　罗默继承了阿罗用技术外部性解释经济增长的思想，并把知识区分为一般知识和专业化知识。他认为一般知识产生外部经济效应（知识的水平效应），专业化知识产生内部经济效应（知识的垂直效应）。二者的结合不仅使知识本身的收益递增，也使资本、劳动力等非知识要素的收益递增，保证了长期稳定的经济增长，知识积累也成了经济增长的主要源泉。因而，提高经济增长率的主要途径是增加研发所需资源的投入，以便提高知识积累率。可以看出，具有垂直效应的专业化知识具有排他性（其他企业无法享受）和竞争性（其他企业须支付高额成本才能享受）。这种具有排他性和竞争性的专业化知识积累的差距以及由此所带来的要素收益率的差距，使得发达地区和欠发达地区的经济增长存在差距。专业化知识的积累与创新是联系在一起的。专业化知识积累越多，创新出现的频率越高；反过来，某一区域的创新能力越强，该区域的专业化知识积累也就越多。但这种专业化知识具有排他性和竞争性，不能直接从外部拿过来，因而这种专业化知识的创新取决于原有知识的积累，即创新能力本身也取决于原有的创新能力，也具有排他性和竞争性。正因为这种创新能力的排他性和竞争性特征，一旦形成创新中心，这种创新中心就不会轻易地发生转移，创新能力具有较强的区位锁定作用，除非社会变迁或政治原因，或采取特殊的优惠政策把这些具有很高人力资本的人员转移到新的区位。

---

　　① ARROW K J. The economic implications of learning by doing [J]. Review of Economic Studies, 1962, 29 (6): 155-173.

　　一般来讲，创新企业的创新是不连续的过程，但众多创新企业的创新不可能在同一周期内发生，许多创新企业的创新周期会相互错开。因此，如果形成创新中心，创新中心的创新将是一个连续的过程，这种连续的创新过程使得创新中心成为创新活动的领导者。这种结果使不同区域之间存在创新能力上的巨大差距，而这种差距又影响区际发展差距，这种差距是形成块状经济的主要原因。一般来讲，核心区的创新能力较强，外围区的创新能力较弱，这是核心区与外围区的经济发展水平存在差距的主要原因之一。

　　上面讨论的是具有排他性和竞争性的专业化知识以及创新能力的区位锁定作用，但根据罗默的知识划分，知识还有水平效应，也就是说一些知识是可以溢出的。根据阿罗的向下倾斜的学习成本曲线，这种溢出可以降低其他企业的学习成本，增加知识积累，提高经济效益。格罗斯曼和赫尔普曼指出，通过技术溢出，一是企业不必通过市场交易方式支付费用而获得信息；二是信息的创造者或拥有者在现行的法律条件下无法阻止其他企业使用信息。[1]尽管知识和技术溢出是一个自发的过程，但是这种溢出并非全域溢出，而是局域溢出，也就是知识和技术的溢出强度随空间距离的增加而减弱，距研发中心和创新中心越远，所溢出的知识和技术量就越少，这种规律被称为知识和技术溢出的空间衰减律。据凯勒对1970—1995年世界主要国家创新活动的空间扩散情况的研究，溢出的知识减弱到原有知识中心1/2的空间距离为1 200千米。[2]这就是说，尽管一些知识和技术可以溢出，但这种溢出局限在以原有创新中心为中心的一定空间范围内，对远距离的区域而言，其作用强度很微弱。可以看出，创新中心的区位锁定作用以及知识溢出的局域效应是形成块状经济的主要原因之一。

　　总之，由于生产要素的不完全流动性、商品交易和提供服务的空间障碍、经济活动的不完全可分性、创新能力的区位锁定作用和知识溢出的局域性特征，经济变量在空间维度上不是一个连续的过程，而是非连续的过程，具有块状特征；反过来，块状经济的最大特征为经济现象的非连续和间断。

二、块状经济的主要特征

　　区域经济为块状经济，而块状经济的最大特征为经济过程的非连续和间断。人口、财富、经济活动在空间上的非均匀分布是普遍的现象，自然条件（自然资源、自然环境等）及要素禀赋的空间差异是主要原因之一，但其不足以解释现实中所有区域经济差异问题，具有相同或相似自然条件的区域在经济活动强度和密度方面存在很大差异。虽然外生的自然条件和要素禀赋的空间差异是经济活动空间差异的一个主要原因，但区域经济学寻找的是经济系统的内生力量以及这些内生力量如何影响经济活动空间差异的问题。因此，区域经济学研究区域经济现象时，常常对空间进行抽象，认为空间是同质空间，人们的偏好是相同的，而且如果在经济系统中存在两个以上的区域，则每个区域的要素禀赋是对称的。在这种假设下，区域经济学研究经济系统的内生力量是如何影响区域经济发展过程和发展水平的问题。因这种同质性、偏好相同以及短期内生产技术（指投入产出比）不变的假

　　① GROSSMAN G M, HELPMAN E. Innovation and growth in the global economy [M]. Cambridge, MA：MIT Press, 1991.
　　② KELLER W. Geographic localization of international technology diffusion [J]. American Economic Review, 2002, 92（1）：120-142.

设，区际经济发展差距主要取决于生产要素的使用状况。生产要素密集度和使用强度较高的区域，经济发展水平较高；生产要素密集度和使用强度较低的区域，经济发展水平较低。同时，生产要素密集区较为容易发生各种创新活动，因为在这些地区各种知识和技术较为密集，容易发生各种知识和技术的相互交融。因此，不管经济发展水平还是创新，都与生产要素的聚集密切相关。

（一）区际非均衡力以及循环累积过程

区际经济发展差距的存在或经济活动空间分布的不均衡，意味着区域之间存在某种非均衡力，这种非均衡力促使生产要素的区际转移或生产要素分布的不均衡，最终形成经济活动聚集区和经济活动稀疏区。我们将在生产要素流动与经济增长中讨论这种非均衡力，但可以在这里简单交代，这种非均衡力是由市场接近效应、生活成本效应及市场拥挤效应所决定的。

1.市场接近效应

市场接近效应是指企业选择市场规模较大的区域进行生产并向其他市场区域出售其产品的行为。在两个区域要素禀赋对称的情况下，如果某种外生冲击改变原有市场的空间格局，扩大了某一个区域的市场规模而缩小了另一个区域的市场规模，则厂商会改变原来的区位，向市场规模较大的区域转移。这些厂商都具有规模收益递增的特征，但厂商能否发挥其规模经济效应主要取决于市场规模的大小，因此这些厂商必然选择市场规模较大的区域为其生产区位。这种市场接近效应所导致的生产活动区际转移，将扩大某一区域的市场规模，而市场规模的扩大又引发更大规模的厂商转移。外生冲击改变原有对称的市场结构，这使得厂商在追求利润最大化行为驱使下向市场规模较大的区域转移，这种转移反过来又扩大该区域的市场规模，这种效应被称为本地市场效应，也称它为克鲁格曼的本地市场效应。市场接近效应主要指厂商为追求利润最大化而选择市场规模较大的区域的行为，而本地市场效应主要是指外生冲击扩大某区域的市场规模，市场规模扩大促使厂商向该区域转移，进而进一步扩大该区域的市场规模，但这两者都意味着市场规模的扩大吸引经济活动的空间转移，因此在一般情况下可以通用。但厂商能否顺利转移取决于区际市场开放度，区际市场开放度越大，则厂商区际转移规模越大，这种效应被称为本地市场放大效应，也被称为鲍德温的本地市场放大效应。如果把聚集定义为经济活动空间集中进一步强化经济活动空间聚集的趋势，那么可以看出市场接近效应（本地市场效应）或者本地市场放大效应都是促使经济活动空间聚集的力量。

2.生活成本效应

生活成本效应是指厂商聚集降低当地总体价格水平的效应。这对当地居民而言是降低生活成本，对当地厂商而言是降低生产成本。如果厂商大量聚集在某一区域，则增加了本地生产的产品种类。根据新古典的同质性假设，不同区域的消费者都是同质型消费者，且都偏好多样化消费。因此，在本地生产的产品种类较多的区域，为满足消费者多样化偏好而从区外输入的产品种类较少，进而所支付的运输成本（贸易成本）较低，这使得该区域的总体价格水平较低，消费者支付较低的生活成本。反过来，厂商数量较少的区域，本地生产的产品种类较少，因而需要输入更多种类的产品，这需要支付更多的运输成本（贸易成本），使得该区域的总体价格水平较高，进而消费者的生活成本较高。因此，在区际名义收入相同的情况下，厂商大量聚集区域的实际收入水平高于厂商数量较少区域的实际收入水平。若某一区域的实际收入水平高，更多的劳动力和厂商将向该区域集中。因此，生活成本效应也是促使厂商和劳动力的空间聚集的力量。

3.市场拥挤效应

市场拥挤效应是指厂商趋向于选择竞争者较少的区域的行为。因为在某一空间范围内集中大量的厂商，将导致厂商间争夺消费者的激烈竞争，这种竞争降低了厂商的获利能力，厂商不得不支付较低的名义工资以保持收支平衡。此时，如果劳动力发现其他区域的实际收入水平较高，他们将向其他区域转移，所以市场拥挤效应是促使劳动力和经济活动空间分散的力量。

市场接近效应和生活成本效应，再加上区际劳动力和资本转移，就形成了循环累积过程或前后向联系。这个过程是容易理解的。假设经济系统由北部和南部两个区域组成，这两个区域的初始要素禀赋对称。此时，如果发生有利于北部的某种冲击，比如南部的某些劳动力转移到北部，初始的对称状况将遭到破坏。由于劳动力把自己的收入消费在他工作的地方，因此劳动力向北转移扩大了北部的市场规模，缩小了南部的市场规模。在市场接近效应的作用下，南部的一些厂商将迁移到北部。尽管此时南北两个区域的名义收入相等，但由于生活成本效应发挥作用，北部劳动力的实际收入水平高于南部劳动力的实际收入水平，这促使南部的劳动力进一步向北部转移，进一步扩大北部的市场规模，这又吸引更多的南部厂商向北部转移。因此，初始冲击得到放大，劳动力转移改变了实际收入水平的空间分布，进一步激励南部劳动力向北部转移，这就形成了循环累积过程。但这个过程并非唯一的过程。南部的厂商转移到北部后，北部的厂商数量增多了，导致争夺消费者的激烈竞争，而此时南部争夺消费者的竞争将趋向减弱。这意味着北部的厂商支付较低的名义工资以便保持收支平衡，而南部的厂商由于竞争减弱而支付较高的名义工资。这样，有可能发生北部的吸引力减弱而南部的吸引力增强的现象。

我们把市场接近效应和生活成本效应产生的促使经济活动空间聚集的力量称为聚集力，把市场拥挤效应产生的促使经济活动空间分散的力量称为分散力。如果聚集力大于分散力，则任何初始冲击将进一步加强，促使所有厂商和劳动力聚集到一个区域。如果分散力大于聚集力，那么这种劳动力转移将降低北部的实际工资水平，反过来抑制初始冲击的强化过程，使得初始均衡处于稳定状态。当分散力占主导地位时，劳动力转移对初始冲击的影响将会减弱；当聚集力占主导地位时，这种初始冲击的影响将进一步加强。这种聚集力和分散力的相对大小决定了区际非均衡力，正因为区域间存在这种非均衡力，区域经济才具有块状特征。区际经济变量的变化常常是非连续的过程，发生间断或突发现象。总之，区域经济为块状经济，不同块状体之间存在一种内生的非均衡力，这种非均衡力表现为一种聚集力，这种聚集力促使生产要素的流动。正因为这种非均衡力的存在，区际经济变量的变化具有非连续和突发性特征。

（二）块状经济的重要特征

主流经济学去除了空间这一重要的经济变量，因此在主流经济学中所有国家或地区都变成了没有任何空间维度的一个个的点。如果把这些不同的点排列在一起并标出这些点的某种经济变量的值，则可以发现这些经济变量值的连线是很平滑的曲线，这意味着这些经济变量在这些国家之间是连续的，此时不存在非均衡力或聚集力。一般称这些不包含聚集力的经济学为"平滑经济学"。包含聚集力的经济学和不包含聚集力的经济学对区域经济的分析思路以及结论是完全不同的，下面所涉及的块状经济的一些特征与新古典经济学的结论是完全不同的。

1. 区域经济系统中的循环累积过程决定了经济活动的空间格局

宏观的经济活动空间格局是聚集力和分散力共同作用的结果。循环累积过程主要指因市场接近效应和生活成本效应互为因果关系而形成的非均衡力不断累积的过程。某种冲击导致的劳动力和厂商向某一区域集中，扩大了该区域的市场规模和供给能力，而以利润最大化为主要目标的厂商将选择市场规模较大的区域作为生产区位；反过来，某一区域内集中了很多厂商，则在本地生产的产品种类增多，从外地输入的产品种类减少。从外地输入产品需支付交易成本，因此，从外地输入的产品种类的减少以及本地生产的产品种类的增多，意味着该市场上的产品价格较低。这又意味着在相同的名义工资水平下，该区域的实际工资水平较高。这样，市场接近效应和生活成本效应互为因果关系，进一步放大初始冲击对经济系统的影响，导致产业空间分布的不均衡，最终形成核心区和边缘区（也称核心边缘结构）。反过来，这种因果关系不存在或聚集力小于分散力，则初始冲击的影响力逐渐减弱，产业空间分布保持不变或变化较小，不会形成核心边缘结构。

2. 区域经济系统的内生力量导致经济活动的空间差异

这意味着，即使不存在外生的作用力，经济系统的内生力量也可以促使形成经济活动的空间差异。如果我们把上述情况和新古典经济模型中减少贸易壁垒时的情况相比较，则很容易理解这种内生的非对称现象。赫克歇尔-俄林定理告诉我们，随着交易成本的逐渐降低，最终导致密集使用本国相对丰富的资源进行生产的产业部门的专业化。斯托尔珀-萨缪尔森定理告诉我们，当交易成本下降为零时，某一国具有相对优势的产业部门的实际工资水平也下降。这样，根据新古典经济学理论，可流动生产要素具有转移趋势，这使得区域间生产要素供给相对均等化，如技能工人愿意转移到那些技能工人相对少的地区等。这意味着在没有包含聚集力的经济中，生产要素的流动性和市场开放度的提高将缩小不同地区之间在生产方式上的差异，换句话说，经济自由化使得区域间初始的非对称逐渐走向区域间的对称，区际差异逐渐缩小直至消失。与此相反，在包含聚集力的经济中，生产要素的流动性和市场开放度的提高进一步加剧初始的差异，最终导致核心边缘结构。由于形成了循环累积过程，这种空间聚集过程在外生力量消失后仍在进行，这意味着产业空间分布的非均衡过程是内生过程，而不是外生过程。

区域经济学理论并不排斥外生力量对经济活动空间分布的影响，但区域经济学主要研究经济系统的内生力量是如何改变经济活动空间分布模式的。把空间因素纳入经济分析框架中，必然要考虑到空间所产生的成本问题。这种成本就是我们常说的贸易成本，既包括运输成本，又包括各种制度成本。我们经常用市场开放度来表示贸易成本的大小，贸易成本越小，则市场开放度越高；反之，亦然。块状经济的重要特征之一为，聚集力与分散力通常都随着市场开放度的提高而下降，但分散力的下降更快一些。在市场开放度较低的情况下，通常分散力更大一些，此时市场拥挤效应占主导地位，因此经济系统内存在负反馈机制，这使得原有的经济活动空间分布格局得以稳定。当市场开放度提高到某一临界值时，聚集力大于分散力，经济活动空间分布格局变得不稳定，对称分布模式被打破，经济活动向某一区域集中。

3.在区域经济系统中存在量变与质变现象

当区域经济系统结构为对称且市场开放度低于某一临界值时，市场开放度的提高不会影响产业的生产区位；当市场开放度达到某一临界值时，则将发生产业活动的突发性聚集，因为此时的稳定状态就是所有产业集中在某一区域。其实，这种突发性聚集特征指的是经济系统的质变过程。一般来讲，量变是渐进过程，而质变是突变过程。市场开放度的提高将强化生产要素的流动性。当市场开放度持续提高时，尽管可流动的生产要素仍然受到某种约束力的制约或对原有路径的依赖性很强，但它的流动性逐渐增强，这是量变过程。生产要素流动性增强的过程就是在区内或部门内重新配置资源的过程，因此量变过程指的是某一经济增长方式下区内资源重新配置的过程。当市场开放度达到某一临界值时，促使生产要素流动的力量与约束生产要素流动的力量正好相等。此时如果再提高市场开放度，则可流动的生产要素迅速向适合它们的区域转移，而生产要素转移必然导致产业的转移；反过来，产业转移必然导致核心边缘结构的形成，这是质变过程。我们知道，核心边缘结构的形成意味着生产要素的聚集，而生产要素聚集与否所决定的是采取何种经济增长方式的问题，故发生质变意味着经济增长方式的变化。量变是指某种经济增长方式下的资源重新配置，质变是指原有经济增长方式被新的经济增长方式所取代。因此，突发性非对称是指一种经济增长方式被另一种增长方式所取代。

4.区域经济系统具有明显的路径依赖特征

路径依赖也称区位黏性。在块状经济框架下，我们比较容易解释这种特征。不知何种缘故，历史上选择了某种产业分布模式或发展路径，那么在较长的历史过程中，各种经济活动已经适应这种模式或路径，紧紧地黏上了这种模式或路径，要改变这种模式或路径需要很强的外生冲击。块状经济的这种特征具有重要意义。

首先，当经济活动格局或路径被锁定时，经济系统内生力量是很难改变这种均衡状态的。此时，外生冲击，如某种政治事变、人们预期的变化或出台新的力度非常大的区域经济政策等，将起到重要作用。如果外生冲击改变了原有的格局或路径，也就是改变了原有的均衡状态，则经济系统沿着变化了的路径运行，即选择了另一种经济增长方式。

其次，因为这种黏性，改变原有均衡状态需要力度很大的外生冲击。如果出台的政策力度较小或是边际改动，则这种政策无法改变原有的经济增长方式。比如，我国要改变目前东西部之间的经济发展差距，那么国家必须出台强有力的政策，包括东西部差别化的产业政策、税收政策等。

最后，正因为这种黏性或量变过程的存在，任何区域的经济在短期内相对稳定；如果没有这种黏性或量变过程，那么任何区域的经济都是瞬息万变的，任何经济政策都失去意义。

5.人们预期的变化或政府的示范作用，深刻影响区域经济增长

为了方便解释，我们假设一个经济系统由北部和南部两个区域所组成，两个区域的要素禀赋相同，两个区域的初始产业份额相同。

图1-3中的S_H表示北部的产业份额。当S_H等于0时，北部没有产业，所有产业都集中

在南部。此时南部为核心区，北部为边缘区，此种结构被称为以南部为核心的核心边缘结构。当S_H等于1时，所有产业都集中在北部，南部没有产业。此时北部为核心区，南部为边缘区，此种结构被称为以北部为核心的核心边缘结构。当S_H等于1/2时，南北两个区域的产业份额相同，被称为对称结构。

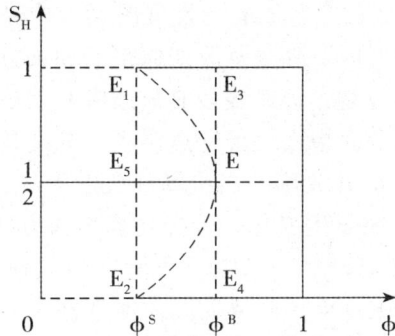

图1-3　块状经济的战斧图

在图1-3中，ϕ表示市场开放度。当ϕ等于0时，两个区域都是封闭经济；当ϕ等于1时，市场全部开放，交易成本等于0，此时产业分布模式不再起任何作用。一般来讲，市场开放度介于0和1之间。ϕ^B表示促使生产要素流动的力量与约束生产要素流动的力量正好相等时的市场开放度，也就是我们在前面提到的市场开放度的某一临界值，称它为突破点市场开放度。ϕ^S表示产业全部集中在北部的产业分布模式能够维持的最低的市场开放度，若低于此市场开放度，则产业全部集中在北部或南部的产业分布模式不能维持，称它为维持点市场开放度。

图1-3中的实线表示长期稳定均衡，即长期稳定的产业分布模式，而产业分布模式决定经济增长方式。经济增长方式有三种：一是均衡增长方式，就是S_H等于1/2的平行于横轴的实线；二是以北部为核心的非均衡增长方式，就是S_H等于1的平行于横轴的实线；三是以南部为核心的非均衡增长方式，就是S_H等于0的与横轴重合的实线。市场开放度等于1时的平行于S_H轴的实线意味着此时产业分布模式已经没有任何意义，因为此时市场开放度很高，不存在任何交易成本，因而企业可以选择任何区位。图1-3中的虚线表示不稳定均衡，有无限个这种均衡，但这种均衡都是短期的，而不是长期稳定均衡，瞬间消失，因此，其不能表示经济增长方式。在S_H等于1/2的曲线上的任何一点随市场开放度的变化而左右移动，表示生产要素流动性发生变化，而生产要素流动性的增强或减弱都影响资源配置，因此此时的左右移动表示平衡增长方式下的区内或部门间资源的重新配置过程。同理，在S_H等于0的曲线或S_H等于1的曲线上的任何一点随市场开放度的变化而左右移动，都表示在非均衡增长方式下的结构调整过程。

由于前面的假设，市场开放度为零，即生产要素不能流动，维持原有的经济增长方式或者产业分布模式。当市场开放度逐渐提高时，尽管生产要素的流动性增强，但约束力仍然很强，生产要素仍不能流动，这正是前面讨论的量变过程。当市场开放度提高到突破点市场开放度时，促使生产要素流动的力量和抑制生产要素流动的力量正好相等。当市场开放度高于突破点市场开放度时，生产要素突发性地转移到北部或南部，也就是迅速转移到点E_1或点E_2，此时的变化为质变，即经济增长方式的变化，均衡增长方式变为非均衡增长方式。非均衡增长方式可以提高经济效率，这将在第四章讨论。

按理，在突破点市场开放度处，生产要素应从点 E 转移到点 E_3 或点 E_4，但是转移到了点 E_1 或点 E_2，这是因为存在块状经济的第四种特征——区位黏性。我们先从图1-3的右边开始考虑。市场开放度逐渐下降，当下降到突破点市场开放度时，应该从点 E_3 或点 E_4 跳跃到点 E，但此时经济活动已经黏上了原有的发展路径，或者对原有的发展路径产生了依赖，经济活动不能随市场开放度的下降立刻改变原来的增长方式或者分布模式，在一段时间内仍维持原有的增长方式。也就是说，线段 E_3E_1 或者 E_4E_2 是因为路径依赖而维持原有的增长方式的过程。正因如此，前面指出，维持点市场开放度是产业全部集中到北部或南部的分布模式能够维持的最低市场开放度。当市场开放度下降到低于维持点市场开放度时，原有的增长方式或分布模式才能发生变化，选择均衡增长方式。同理，当市场开放度从0提高到高于维持点市场开放度时，经济系统不可能立刻选择非均衡增长方式的点 E_1 或点 E_2，市场开放度提高到高于突破点市场开放度时才能选择非均衡增长方式，这也是对原有增长路径产生依赖的结果。因此，线段 EE_5 是因为路径依赖而维持原有的增长方式的过程。这种块状经济的路径依赖特征告诉我们，要改变某种经济增长方式，必须采取力度很大的政策，边际变动起不了任何作用。例如，造成污染很容易，但治理污染很难，必须加倍投入才行。市场开放度的变化，可以理解为市场开放程度的变化，或者经济环境（条件）或经济政策的变化。

在图1-3中，实线围起来的部分类似于古代印第安人在战争时使用的斧子，所以称它为"战斧图"。

有了上面的基础，现在可以讨论人们预期的变化及政府的示范作用对经济路径的影响问题。在图1-3中，区间 $[\phi^S, \phi^B]$ 内同时存在三种稳定均衡，即三种不同的经济增长方式。这意味着在此区间内任意选择某一经济增长方式都是合理的，但不能同时选择几种经济增长方式，因为某一经济系统的增长方式只能有一种，如均衡增长方式或非均衡增长方式。至于这三种经济增长方式的优劣，我们无法进行评价，因为偏好不同或者预期不同，评价标准也不同。例如，均衡增长方式可以实现区际人际收入分配的均等，但降低经济效益；非均衡增长方式可以提高经济效益，但导致收入分配的区际人际差距。因此，如果强调收入分配的均等，则会看好均衡增长方式；如果强调经济效率，则会看好非均衡增长方式。那么到底选择何种增长方式？这主要取决于人们偏好或者预期的变化。但正如前面所说的，每个人无法判断何种增长方式的预期更好，因为他们没有试验过或没有经历过所有不同的经济增长方式。所以，他们采取从众的方法，即认为其他人选择的增长方式是合理的增长方式，因为他们认为其他人的选择是理性选择。每个人都这样想，因此最终都跟着最初进行示范的人走，进而把一种经济增长方式推向另一种增长方式。例如，张三根据变化了的偏好或预期选择到城市去打工，同时他把这种信息告诉了李四，因此李四也跟着张三到城市打工，以此类推，最后村里的大部分年轻劳动力都到城市去打工，进而把原来主要依靠务农的经济活动方式转变为平时到城市打工、农忙季节回乡务农的经济活动方式。暂不管张三获得预期收益与否，重要的是他进行了一种"生产方式试验"。

这种示范效应和生产方式试验为地方政府参与经济活动提供了理论依据。我们假设地方政府是理性政府，其目标函数是提高居民的福利水平。地方政府为发展当地经济，常常选择某一产业作为"示范产业"或选择一些企业作为"示范户"，给予优惠待遇；或者根据当地的比较优势，制定经济发展战略，规划区域经济发展蓝图（经济组织试验或增长方式试验）。政府的这种行为极大地影响了当地经济的发展。

6.产业聚集带来聚集租金，聚集租金先升后降

一般来讲，可流动的生产要素对区位是有选择性的，它以聚集租金为主要目标。聚集租金可以由劳动力转移所遭受到的损失来度量，也就是由劳动力从核心区转移到边缘区时所遭受的实际收入损失来度量。聚集租金是市场开放度的凹函数。当市场开放度等于维持核心边缘结构的市场开放度或者等于1时，聚集租金为0；当市场开放度处在这两种开放度之间时，聚集租金大于0，在此贸易自由度区间，聚集租金曲线随市场开放度的提高先升后降，显示出驼峰状特征。

为什么聚集租金先升后降？这就得考虑生产要素的流动性的增强以及市场拥挤效应。市场开放度的提高意味着生产要素的流动性增强。当市场开放度高于突破点市场开放度时，促使生产要素流动的力量大于约束生产要素流动的力量，各种生产要素向核心区集中，因此市场开放度越高，产业聚集规模越大，聚集租金也就越高。但同时，产业开始聚集，则开始出现厂商间争夺消费者的竞争，产业聚集规模越大，这种竞争也就越激烈，厂商收益损失也就越大。因此，当核心区产业聚集规模达到某一临界值后，聚集租金逐渐下降。这告诉我们，从聚集租金角度来考虑，核心区产业的聚集有一个临界值。此外，从经济增长率的角度来考虑，也存在核心区产业聚集的临界值。正因为存在核心区产业聚集的临界值，核心区产业聚集达到某一规模以后，开始自发的结构调整过程，即竞争力强的产业和企业持续生存下去，竞争力弱的产业和企业将遭到淘汰或离开核心区，这就是我们在前面多次提到的核心区结构调整过程。

另外，我们要考虑块状经济的"黑洞"特征。黑洞是指吸引力无比强大的天体。在区域经济学中，如果某一区域经济发展水平很高，那么不管区际贸易成本如何，现代部门都集中在该区域，这是一种长期、稳定的均衡。如果出现这种情况，那么所有的现代部门都不会被吸引到区外，其他区域拥有很少的现代部门。因此，现代部门大量聚集的区域就像一个黑洞，不断地从外围区吸引现代部门，外围区的产业份额不断减少。因此，上面讨论的块状经济的六大特征，只有当不满足"黑洞"条件时才能成立。如果某一区域的经济已经具有了这种"黑洞"特征，那么改变这种局面是相当困难的。自我国提出西部大开发战略以来，国家加大了对西部地区的投资力度，西部地区的状况也发生了很大变化，然而没有发生根本性变化，其主要原因就是我国东部地区的这种"黑洞"特征。

综上，我们从六个方面讨论了块状经济的特征，这同时是我们分析块状经济时应予以足够重视的问题。

第三节　区域经济学的基础理论

在前两节，我们重点讨论了区域的本质（空间经济组织）和区域经济的特征（块状经济），至于区域经济学研究什么我们还没有交代。可以认为，区域经济学是研究经济活动的空间分布与协调以及与此相关的区域决策的科学。区域经济学区别于其他经济学科的最大特征就是该学科的复杂性、综合性和应用性。那么区域经济学研究复杂的区域经济现象时遵循的基本理论，也就是区域经济学区别于其他经济学科的自己的理论体系是什么？区域经济学的理论体系是研究区域经济现象时的基本理论依据，是贯穿本教材的总体理论架构，也是本书区别于其他区域经济学著作的最突出的特点。

一、区域经济学以规模收益递增与不完全竞争为基本假设

区域经济学研究区域经济现象时的理论依据是规模收益递增理论。不管是城市还是区域经济发展，都存在这种规模收益递增现象。如果在市场经济条件下，由家庭和小型企业来生产所有社会财富被看成"零细市场经济"，那么现实中并不存在这种纯粹的"零细市场经济"，大量的情况是一些大型企业和诸多中小企业并存。如果按照新古典经济学的假设，我们生活在规模收益不变或递减的世界中，那么我们无法解释现实中大量存在大型企业的现象。

当所有投入等比例增长时，如果产出的增长比例超出投入的增长比例，则具有规模收益递增特征。在单一产出的情况下，这表现为向下倾斜的平均成本曲线。这是对一般意义上的规模收益递增特征的理解，此时的规模收益递增主要是指单个厂商的规模收益递增。厂商的利润是厂商总销售收入减去可变成本和固定成本。因此，当产出增加时，尽管可变成本增加，但单位产出的固定成本下降，因而平均成本下降，这是厂商层面的规模收益递增机制的解释。但这种规模经济要求生产活动的区位集中，也就是要求集中在一个企业内，艾瑟尔把它称为内部规模经济，又称规模经济内部化。[①]艾瑟尔假定组装最终产品无成本，内生决定中间产品的种类（分工水平），以及组装单位最终产品需要相同比例的所有中间投入品。然后，他指出，如果中间投入品的种类不变，而每种中间投入品的产出变多，则规模收益不变；每种中间投入品的产出不变而中间投入品种类增加，将导致最终生产部门产出扩张，显示出规模收益递增特征。这种规模收益递增所反映的是分工的演进，而不是单个工厂规模的扩大。这种规模经济不像内部规模经济那样需要生产活动的区位集中，也就是集中在一个厂商内部；这种规模经济取决于最终产品市场的规模。艾瑟尔的这种观点与斯密以及杨小凯的观点是相同的。而实现规模经济的途径是交易，克鲁格曼（1979）指出交易是扩展市场规模并兑现规模收益递增的途径。[②]这种规模经济对单个厂商而言是外部的，因此艾瑟尔称其为外部规模经济。

厂商层面的内部规模经济，常常与厂商初始掌握的资源和技术状况有关。一个厂商不可能掌握所有生产要素和生产技术，因此厂商的规模收益递增常常局限于它所掌握的资源和技术领域。所以，厂商不选择多元化战略，而是各自选择具有规模收益递增特征的生产部门进行生产，不同的厂商就成为其生产领域的垄断者。尽管这些厂商都具有垄断特征，但这些生产部门不是自然垄断行业，也不是获得特许权的部门，因此市场上存在许多潜在进入企业。正因为许多潜在进入企业的进入威胁，这些垄断厂商不能按垄断价格定价，而是按边际成本加成定价法定价。现实就是这样，不管是区域还是城市，我们所接触到的都是一些大型企业和诸多中小企业并存的现象。尽管大型企业的市场势力很大，但常常与众多的中小企业结成较为稳定的关系，共同构成区域经济活动的主体。

根据新古典经济学的规模收益不变或规模收益递减理论，资本积累多的地区的单位资

① ETHIER W J. National and international returns to scale in the modern theory of international trade [J]. American Economic Review, 1982, 72 (3): 389-405.
② KRUGMAN P R. Increasing returns, monopolistic competition, and international trade [J]. Journal of International Economics, 1979, 9 (4): 469-479.

本收益率低于资本积累少的地区的单位资本收益率。因此,强化生产要素的流动性,则资本可以从发达地区向欠发达地区流动,最终实现区际的均衡发展。然而,现实证明,新古典经济学的这种理论无法解释现实中的许多现象。现实就是如果增强生产要素的流动性,则资本、劳动力等可流动的生产要素都从欠发达地区向发达地区流动,而不是从发达地区向欠发达地区流动。这些说明,要解释区域经济现象和现实中各种生产要素的流向,我们必须跳出规模收益递减或不变的新古典经济学的分析框架。

规模收益递增与不完全竞争理论可以揭示生产要素流动的原动力,因此区域经济学视它为区域经济学理论的基本假设。

二、非均衡力与循环累积因果律

在块状经济特征部分,我们已经较为详细地讨论了区际非均衡力的存在问题。区域经济为块状经济,不同区域之间存在一种内生的非均衡力,这种非均衡力为市场接近效应、生活成本效应以及市场拥挤效应所导致的作用力之和。市场接近效应和生活成本效应所导致的作用力之和为聚集力,这种聚集力促使生产要素向市场规模较大区域转移;市场拥挤效应所导致的作用力为分散力,它阻止生产要素进一步向核心区域集中。正因为这种非均衡力的存在,区际经济变量的变化具有非连续性和突发性特征。

与非均衡力直接相关的经济活动规律为循环累积因果律。现在,我们可以从三个方面来较为详细地讨论这种循环累积因果律形成的机制问题。

(一)需求关联的循环累积因果律

假设南北两个区域的要素禀赋和偏好相等,此时因某种外生冲击发生了从南到北的劳动力转移。劳动力是把自己的收入花费在当地的,故劳动力从南部向北部转移,扩大北部的消费份额,缩小南部的消费份额,这使得北部的市场规模变大,南部的市场规模变小。在其他条件都相同的情况下,任何厂商都选择市场规模大的区位作为其生产区位(市场接近效应),这促使厂商从南部向北部转移。因此,劳动力转移导致消费支出转移,消费支出转移导致市场规模的变化,市场规模的变化导致生产活动的转移。这种过程又是自我强化的,劳动力向北部转移,扩大北部的消费规模,进而扩大北部的市场规模,吸引南部厂商向北部转移;南部厂商向北部转移又增加北部工业劳动力需求,这进一步激励南部劳动力向北部转移。我们称这种机制为需求关联的循环累积因果律(后向联系机制),它具有正反馈的性质。循环累积指的是人口转移导致消费支出的转移,消费支出的转移导致生产活动的转移,生产活动的转移反过来激励人口的转移;需求关联指的是人口转移导致的需求空间分布变化是撬动这种机制的杠杆。

(二)成本关联的循环累积因果律

从南部到北部的人口迁移,扩大北部的市场规模,缩小南部的市场规模。北部市场规模的扩大将吸引南部厂商向北部转移,因而北部厂商数量增多,南部厂商数量减少,进而北部生产的产品种类增多。本地生产的产品在本地销售无须支付贸易成本,而外地生产的产品输入本地需要支付贸易成本。因此,在其他条件不变的情况下,本地生产的产品种类越多,从外地输入的产品种类越少,进而本地总体的价格水平就越低,消费者的生活成本也就越低。这样,北部生产的产品种类的增多降低了北部居民的生活成本,提高了南部居民的生活成本，这就是生活成本效应。这种机制是自我强化的，北部生活成本的下降等于北部实际收入水平的提高，而南部正好相反，这将进一步激励人口从南部向北部转移，这种机制被称为成本关联的循环累积因果律（前向联系机制）。循环累积指的是人口转移导致产业转移，产业转移导致产业移入区生活成本的下降，生活成本的下降提高了实际收入水平，实际收入水平的提高进一步激励人口转移。成本关联指的是生活成本空间分布的变化导致上述机制。

（三）需求关联的循环累积因果链和成本关联的循环累积因果链之间形成循环累积因果律

北部劳动力需求的扩大，将吸引南部的劳动力向北部转移，劳动力的转移导致产业的转移，产业的转移将增加北部的产品种类，因而降低了北部居民的生活成本，提高了北部居民的实际收入水平，实际收入水平的提高进一步刺激南部的工人向北部转移。当然，如果这种循环累积因果链不存在或因果链的聚集力小于分散力，则初始扰动的影响逐渐减弱，产业空间分布将保持原有的格局，经济增长方式也不会发生变化。

聚集力和循环累积因果律揭示了核心区不断强化经济发展优势和边缘区不断失去经济发展优势的机制，是区域经济学的基础理论之一。

三、市场开放度与生产要素流动性

我们常用市场开放度来表述区内、区际生产要素流动所受到的限制。市场开放度低，则生产要素的流动所受到的约束力强，无法实现生产要素的重新配置。市场开放度与交易成本成反比，交易成本高，则市场开放度低；反之，亦然。区域经济学中的交易成本的含义较为宽泛，但它主要涉及两个方面的内容：

一是运输成本。运输成本是因空间距离的存在而存在的，而空间距离是无法克服的自然现象，所以也被称为自然成本。

二是制度成本。这种成本是因地区间不同的地方性法规、地方性保护政策及人们观念的差异等而导致的成本，常常表现为区际商品、资本及人员流动方面的限制。这种成本是由于人为因素而存在的，因此称其为制度成本。

在发达国家，尽管在法律等方面不同行政区之间存在差异，但就整个国家内部而言，已经建立了完善的市场制度，各种生产要素可以充分流动，因此讨论发达国家的交易成本，主要涉及与空间距离有关的运输成本。欠发达国家由于还没有建立起完善的市场制度，地区间的市场分割现象严重，因此讨论欠发达国家的区际交易成本，不仅要考虑运输成本，还要考虑制度成本。

就区域而言，常涉及两种交易成本：

一是区内交易成本，主要指区内各种生产要素流动所受到的限制。区内交易成本越高，区内生产要素流动所受到的限制也越多。

二是对外交易成本，主要指对外区域的开放程度。对外交易成本高，意味着该区域采取贸易保护主义政策。

如果我们讨论的经济系统由南北两个区域所组成，那么存在四种交易成本：

一是北部的交易成本。

二是南部的交易成本。

三是北部对南部的交易成本。如果此交易成本高，则意味着北部对南部的市场开放程度低。

四是南部对北部的交易成本。如果此交易成本高，则意味着南部对北部的市场开放程度低。

我们假设这些成本与运输条件和制度环境有关。北部的交易成本的下降可以视为北部的运输条件的改善，以及区域内企业进入和退出机制的进一步完善和各种生产要素市场的进一步完善。南部的交易成本的下降也是如此。如果南北两个区域对对方的开放程度相同，则可以用一种市场开放度来表示，这就是讨论块状经济特征时用一种市场开放度来表示区际开放度的原因。如果没有特殊的说明，本书里讲的市场开放度就是指两个区域的对外开放度相同时的情况。一般来讲，区际贸易成本大于区内贸易成本，也就是对内开放度高于对外开放度，发达地区的对内开放度高于欠发达地区的对内开放度。

如果市场开放度变高，则聚集力开始减弱。聚集力的来源包括市场接近效应和生活成本效应。厂商尽可能选择市场规模大的区位进行生产，这意味着任何厂商都试图扩大其最终产品的市场容量，而要实现这一点，除了充分利用本地市场以外，更重要的是开辟区域外的产品市场。但如果交易成本很高，运到区域外市场销售产品所获得的利润无法补偿高额运输成本带来的成本支出，则厂商无法利用区域外市场。此时，厂商不得不依赖本地市场。交易成本越高，厂商越依赖本地市场。当市场开放度提高时，厂商开始利用区域外市场，各种可流动的生产要素的流动性增强，依赖本地市场的趋势开始减弱，趋向于本地市场的聚集力也开始减弱。就生活成本效应而言，如果交易成本很低，则不管区际经济活动的布局状况如何，区际价格差异很小或几乎没有。因此，在交易成本很低从而市场开放度很高的情况下，经济活动转移对生活成本的影响较小。如果交易成本很高，则本地产品种类的数量对本地价格指数的影响很大。因此，当交易成本由高变低从而市场开放度变高时，趋向于本市市场的市场接近效应和生活成本效应都在减弱，两种效应共同导致的聚集力也在减弱。

同样，当市场开放度变高时，分散力也在减弱。如果市场是完全开放的（不存在交易成本），就任意一个企业而言，它同其他区域的企业的竞争与同本地企业的竞争是无差异的。也就是说，当市场是完全开放时，企业间的竞争与区位是无关的，从南部迁移到北部的企业在利润及支付给工人的工资方面不受影响。因此，市场拥挤效应导致的分散力也随着市场开放度的提高而减弱。

当市场开放度很低时，分散力比聚集力大。随着市场开放度的提高，分散力和聚集力都在减弱，但分散力的减弱速度比聚集力的减弱速度快。因此，在市场开放度达到某个临界值后，聚集力将超过分散力，故两种作用力之和仍以聚集力的形式表现出来，聚集力将强化经济活动的空间聚集过程。因此，市场开放度的提高强化了生产要素的流动性，各种生产要素在其趋利性特征的驱使下，开始向要素报酬率高的部门或区域转移。这在区域内表现为生产要素在不同部门间的重新配置，在区际表现为生产要素向经济发展水平较高地区的聚集过程。一般来讲，在市场开放度达到某一临界值以前，随市场开放度的提高，生产要素的流动性增强，这是资源重新配置的过程；如果市场开放度超出某一临界值，则随市场开放度的进一步提高，各种可流动的生产要素迅速向市场规模较大区域转移，这是经济活动向市场规模较大区域聚集进而形成核心区的过程。核心区形成后，如果市场开放度进一步提高，则意味着核心区进行结构调整，创新能力和竞争能力弱的企业被淘汰或离开核心区，使得核心区的产业结构进一步得到优化和提升，进入高质量发展阶段。

从经济增长方式的角度来考虑，如果初始两个区域都拥有一定的产业份额，市场开放度达到某一临界值以前，生产要素的流动性增强的过程就是我们在前面讨论的量变过程，这表现为均衡增长方式下各区域重新配置生产要素的过程；市场开放度超出某一临界值，则发生可流动的生产要素的突发性聚集，这就是我们在前面讨论的质变过程，也就是从均衡增长方式迅速向非均衡增长方式转变。可以看出，区域内经济结构调整和经济增长方式选择的过程是内生过程。

市场开放度的提高强化生产要素的流动性的理论，可以解释区域经济结构调整过程和经济增长方式选择过程，这是区域经济学的基础理论之二。

四、产业空间分布与国民收入区际分配

经济系统的名义收入是指居民可支配收入（相当于购买力），主要由资本收益和劳动报酬构成；实际收入是名义收入除以价格指数。当区际产业的空间分布为对称分布时，两个区域的名义收入和实际收入都相等，因为两个区域的资本收益、劳动报酬及价格指数相等。但当区际产业的空间分布为非对称分布时，名义收入和实际收入都不相同。

当经济活动主要聚集在某一区域而另一个区域的产业份额较少时，首先，名义收入的区际分配不相同。产业聚集区不仅获得劳动报酬，同时获得资本收益[1]，而产业稀疏区只获得劳动报酬，资本收益很少（因为产业份额很小）或没有。可以看出，如果产业聚集程度不同，则两个区域的名义收入不同。其次，两个区域的产品总体价格水平不同。根据前面讨论的生活成本效应，产业聚集区的总体价格水平较低，产业稀疏区的总体价格水平较高，在名义收入相同的情况下，产业聚集区的实际收入水平高于产业稀疏区的实际收入水平。正因为名义收入水平较高和价格指数较低，产业聚集区的实际收入水平高于产业稀疏区的实际收入水平。

总之，如果产业空间分布为非均衡分布，则产业份额较大地区的收入水平高于产业份额较小地区的收入水平，这等价于国民收入的区际分配取决于各个地区所拥有的产业份额。

该结论同时告诉我们，只要产业份额为非均衡，那么必然存在区际收入水平差距；产业份额的区际差异越大，收入的区际差距也越大。尽管我们采取积极措施可以缩小这种差距，但这种差距是长期存在的，除非世界经济是完全对称的经济。

在市场力作用下，厂商的区位选择取决于市场规模和区内外的市场开放度。厂商首先选择市场规模大的区域，这是容易理解的。当两个区域内的市场开放度不相等时，厂商选择区内市场开放度较高的区域，因为区内市场开放度高意味着区域内各种交易成本较低，各种制度性障碍也较少，可以实现生产要素的优化配置。一般来讲，经济发展水平较高区域的区内市场开放度较高。当两个区域的市场开放度都较高时，厂商的生产区位不稳定，容易被市场规模较大的区域所吸引。因此，在市场力作用下，厂商向市场规模较大的区域

---

[1]　我们可以假设某一行业内不同企业的生产技术（投入产出比）相同，都以单位资本作为固定成本、以劳动投入作为可变成本，则资本收入可以理解为单位资本所带来的纯利润。

转移，区际市场开放度越高，厂商的转移越容易发生。厂商转移增加了市场规模较大区域的产业份额，因而产业份额较多的区域获得更多的国民收入，降低了产业份额较少的区域获得的国民收入。当初始产业空间分布不均衡时，如果产业空间分布趋向于更加不均衡，则国民收入损失者的收入损失部分大于国民收入获益者的收入增加部分；如果产业空间分布趋向于均衡，则获益者的收入增加部分大于损失者的收入损失部分。这说明，当原有产业空间分布不平衡时，要缩小国民收入区际分配差距，产业分布应尽可能趋向于均衡。

产业空间分布与国民收入区际分配理论，可以解释形成区际国民收入差距的机理以及实现区际国民收入分配均等化的基本途径，是区域经济学的基础理论之三。

五、二元的地域空间结构与城乡统筹

经济活动聚集可以降低交易成本，因此城市内各种交易活动的效率比经济活动分散的农村地区的交易效率高。根据新兴古典经济学，分工的演进主要取决于交易效率，交易效率越高，分工水平也就越高，而分工水平越高，则产业部门越多，生产的产品种类也就越多。当经济活动部门以及产品种类越多时，为了降低因为不同部门、不同厂商之间的直接交易而增加的交易成本，出现了专门从事商品交易的中间交易商，因此城市的商业化程度也高于农村。由于城市的交易效率大大高于农村的交易效率，城市的分工水平也大大高于农村的分工水平，因此，城市的生产力水平和商业化水平远高于农村；同时，城市的分工与专业化水平总是比农村提高得快。

可以看出，经济从自给自足向高水平分工演进时，会出现用生产力水平和商业化水平来表示的城乡二元结构，这是经济发展的必然过程。在这种城乡二元结构中，农村居民的专业化水平较低，生产率水平和商业化程度也较低，因而从商业化和市场活动中得到的收入较低，出现城乡差距。一旦城市的生产力水平越高和商业化程度较强，则会在较长时期内使各种社会资本向城市集中，进而城乡联系中的各种要素（包括经济、政治要素）向城市集中，进一步加大城乡差距。如果能够把城乡之间的交易效率提高到较高的水平，则城乡之间的实际收入差距会逐渐缩小，从市场中得到的收入、商业化程度以及生产力水平都将趋于均衡。如果无法提高城乡之间的交易效率，则这种二元结构会继续存在，出现类似于目前的城乡劳动力市场分割、信用市场分割、商品市场分割等诸多的市场分割现象。可以看出，存在城乡二元结构的根本原因在于城乡之间交易效率的差距。

最早研究城乡相关关系的是马克思和恩格斯，他们是从城乡关系发展的整个历史过程的角度来考察城乡之间的内在联系的。他们认为城乡分离是分工的结果，分工导致城乡分离，而城乡分离和分工又在较长时期内使社会资本向城市集中，进而城乡联系中的各种要素向城市集中。

新兴古典经济学认为，城乡二元结构是经济发展的必然过程，城乡分离是由城市和农村交易效率的差异而导致的。尽管在城乡二元结构下，农村的专业化水平较低，生产率水平较低，商业化水平和从市场中得到的真实收入较低，但二元结构不会导致资源分配的扭曲和内生的交易费用，只要能够实现迁居自由、择业自由、自由价格以及私有财产制度，就可以消除这种二元结构。

佩鲁的增长极理论、缪尔达尔的循环累积因果关系理论、赫希曼的不平衡增长理论以及弗里德曼的中心-外围理论，都强调了区域经济增长的不平衡规律，同时认为核心与外

围地区之间的联系主要是通过生产要素的流动来实现的，强调了城乡联系中城市的主导作用。

刘易斯的农村剩余劳动力向工业部门转移的模型，也是以城市工业部门为主导因素、以城市为中心的模型。他认为，发展中国家一般存在二元经济结构：一是落后的、包含大量剩余劳动力的农业部门；二是以现代化方法进行生产的城市工业部门，它的劳动生产率和收入水平都比农业部门高。他认为，工业部门劳动力的收入水平高于农业劳动力是促使农业剩余劳动力流向工业部门的动因。只要农业存在剩余劳动力，工业部门就可以得到无限的劳动力供给，并在工资不变的情况下，扩大生产，积累利润，再扩大生产。农业剩余劳动力被工业部门吸收之后，农业的劳动生产率和收入水平将逐步提高。

以上观点都强调了以城市为中心的自上而下的城乡联系。

利普顿（1976）对以大城市为中心的、自上而下的发展政策进行了批评。他认为发展中国家之所以不发达、穷人之所以穷，并不是因为国内劳动者和资本家的冲突，也不是因为来自外部的利益和本地利益的冲突，而是因为没有处理好本国的城乡关系，政府采取一种偏袒城市的政策。这种政策有利于城市的生产者和消费者，而不利于农村居民。这种城市偏向不仅使穷人更穷，而且导致农村内部的不平等。科布纳基认为"城市偏向"的症结在于低廉的食物价格以及其他不利于农村的价格政策，偏向于城市工业的投资战略导致了农村技术缺乏，医疗、教育等基础设施落后。

朗迪勒里认为农业剩余产品的市场在城市，大部分的农业投入由城市提供，提高农业生产率而释放出来的农村劳动力需要到城市寻找就业机会，许多医疗、教育等服务设施也都由城市提供。因此，他认为发展中国家要获得社会和区域经济两方面的全面发展，在空间上的投资必须分散，这就要求有一个完整、分散的城镇体系，为不同地区能够进入市场、获得各种服务提供条件。[①]他的核心思想是，在相对分散的一些居住区进行战略性投资，可以为农村居民提供自下而上发展的基本条件和自治的进程。他强调农村与小城镇、大城市与小城市之间的联系，并强调了中小城镇的各种社会经济基础设施对农村经济发展的巨大作用。朗迪勒里的这种观点与费孝通的观点相类似。费孝通在20世纪80年代初指出，我国农村经济发展缓慢的最主要原因是中小城镇发展滞后。朗迪勒里和费孝通强调的是较为完整的城镇体系，尤其是中小城镇的发展。

根据前面的讨论，我们可以得出有关城乡联系的两个重要的结论：

首先，建立城乡统一的大市场，包括商品市场、劳动力市场、金融市场、技术市场等诸多城乡市场，也就是目前强调的城乡统筹和乡村振兴。建立城乡统一大市场的前提是制度创新，如阻碍劳动力流动的户籍制度改革、乡村金融机构和信用担保机制的建立、农村各种社会保障制度的建立、农业技术开发与普及、农业合作社等机构的建立等。

其次，建立较为完整的城镇体系。在农村，各种各样的农产品都通过中小城镇出售并购买城市生产的产品，这些中小城镇承担了联结城市与农村的任务，成了城乡联系的节点，在城乡联系中扮演着极其重要的角色。正因为这样，区域经济学理论强调建立较为完整的城镇体系。

二元的地域空间结构与城乡统筹理论可以解释城乡二元结构的形成机制以及实现城乡

---

① 胡必亮，马昂主. 城乡联系理论与中国的城乡联系 [J]. 经济学家，1993（4）：98-109.

统筹的基本途径，是区域经济学的基础理论之一。

总之，区域经济学以规模收益递增与不完全竞争为基本假设，非均衡力与循环累积因果律、市场开放度与生产要素流动性、产业空间分布与国民收入区际分配、二元的地域空间结构与城乡统筹等理论，构成了区域经济学的基础理论，这些基础理论将始终贯穿本书。

第四节　区域经济学的研究内容

区域经济学是研究经济活动空间分布与协调以及与此相关的区域决策的科学。区域经济学是区域性、综合性、应用性很强的经济学分支学科，因而它所涉及的研究内容相当广泛。但根据区域经济学研究对象的界定，可以把经济活动区位、区域的自组织能力、区际分工与专业化、地域结构的演进、区域经济政策等作为主要的研究内容。

一、经济活动区位

区位分析是区域经济学最古老的也是最重要的研究内容之一，区域经济学就是为了弥补一般经济学忽略空间要素这一缺陷而形成和发展起来的，其主要的理论基础来自新古典经济学的区位理论以及新经济地理学的区位理论。新古典经济学的区位理论可以视为静态的区位理论，而新经济地理学的区位理论可以看成动态的区位理论。根据新经济地理学的区位理论，经济区位影响经济增长，经济增长也影响经济区位，经济区位与经济增长之间形成互为因果关系，这是动态的作用过程。目前，世界范围内的区位研究包含厂商区位、居住区位、公共设施区位等，这种研究被进一步延伸为空间均衡分析和空间动态分析。同时，企业间行为分析包括了各种竞争与合作问题，如行业内部不同企业间的价格竞争、产出竞争、区位竞争，以及不同行业间的区位竞争。如果某些企业在行业内部竞争中失败，将出现企业的退出、转移、合并或兼并，以及某一企业生产集中度的提高；如果实现合作与联合，将会出现某一行业规模的扩大，在某一区域内某一行业相对集中，形成以某一行业为中心的产业集群。如果厂商在某一区位的竞争中失败，那么该厂商的劳动生产率较低，不适合该区位，它将从该区位竞争中退出，留下来的厂商都是劳动生产率较高的厂商，这又被称为厂商选择效应。如果一些厂商在区位竞争中胜出，其劳动生产率较高，适合该区位，则这些厂商将聚集在该区位，这又被称为空间选择效应。如果不同行业在某一区位的区位竞争中势均力敌，将出现该区位的多元化发展格局。消费者、公共设施和区位间的关系是密不可分的。消费者追求的是效用最大化的区位，这种区位不仅要提供充分的就业机会，还要提供良好的公共服务；能够提供较多的就业机会和良好的公共服务的区位对消费者而言具有很大的吸引力，因而会产生区位竞争。这种竞争必然抬高土地价格，从而形成从城市中心到城市边缘区的土地租金有规律的变化趋势。接近城市中心商务区的区位的土地租金最高，因而配置给那些能够支付较高土地租金的经济活动。离城市中心不同距离处的土地，将配置给对该距离处土地出价最高的经济活动。这样可以把城市区域划分为生产区和居住区；生产性服务业部门主要占据城市中心地段；居住区主要位于城市边缘区地段。这种区位研究是区域经济学研究各种经济现象的基础研究。

二、区域的自组织能力

　　生产活动和交易活动的组织结构构成了区域的自组织能力，自组织能力的存在与否是经济组织的重要特征。如何组织区域经济，也就是如何发展区域经济，是区域经济学最主要的研究内容之一。组织区域经济的过程就是回答区域的经济增长是如何发生或如何决定的、应选择何种发展模式、区域经济增长过程和趋势如何、一个区域根据其资源要素状况应选择何种产业结构、产业结构如何演进以及优化等问题的过程。传统的经济增长理论强调资本积累的重要性，认为缺乏资本积累是阻碍经济增长的主要因素，要走出困境，必须推动资本形成和资本的加速形成。与这种强调资本积累的新古典经济增长理论不同，新经济增长理论强调知识积累在经济增长中的作用，专业化知识与技术的排他性和竞争性能够保持经济的持续增长，同时一般知识的溢出效应为欠发达地区的经济发展提供了可能的人力资本。一提到工业化过程，许多人就联想到发达国家的工业化过程，然而第二次世界大战后新兴工业化国家和地区的发展经验告诉人们有许多种工业化模式。这说明只要我们正确分析国情或区情，就可以选择适合我国或本区域的工业化道路。

　　区域经济发展，一方面表现为经济总量的增长，另一方面表现为区域产业结构的不断演进。区域产业结构一般由主导产业、关联产业、基础产业等组成。从静态上看，某一区域的主导产业，尤其是专业化产业部门反映了该区域在国家劳动地域分工中所承担的分工。从动态上看，区域产业结构也不断地进行置换。这种置换有两种：一是替代，以新的产业来替代原有产业；二是升级，就是通过技术更新实现产业结构的优化。在斯密提出分工理论后，分工的演进主要表现为两个方面：一是专门化发展而形成的生产方式的迂回；二是不断出现新的产业部门而形成的产业多元化。专门化和多元化都是分工演进的结果，都能提高劳动生产率，这就是斯密定理的核心所在。只要能提高劳动生产率，那么采取多元化发展还是专门化发展都是无关紧要的。

　　目前，将一些地区和城市所面临的问题归咎为专门化发展或多元化发展是一种误解。其实，我国一些地区和资源型城市过去的"专门化"发展，就是资源开采或资源粗加工的几十年一贯制，长期依靠资源开采，没有发展相关的产业部门，或长期没有技术提升和开发系列产品，技术结构老化，产品结构无法适应经济发展的需要，这不是原来意义上的专门化发展。过去一些地区或城市的多元化发展，就是企业办社会的过程，经营业绩再好的企业也被拖垮，企业负担越来越重，整个地区或城市经济严重萧条，这也不是原来意义上的多元化发展。多元化经济的一大特点是反应能力和应变能力很强，也称之为韧性，韧性强度高的区域能够更好地应对挑战，减少经济震荡对其造成的影响，并在不利情况下快速适应和恢复。但我国的多元化，恰恰在反应能力和应变能力上相当迟缓，当然，这些都是历史遗留下来的问题。我国正深入实施区域协调发展战略，把西部大开发、东北振兴、中部崛起、资源枯竭型城市、传统工矿型城市转型等问题纳入议事日程，并加大开发整改的力度。因此，区域经济学当前的主要任务之一，就是从理论上分析这些地区应选择何种经济结构、何种发展模式，如何重构区域产业结构，如何构建区域间产业联系，如何开拓市场等问题。

　　工业化开始起步时，如何选择切入点，可能因国情或区情的不同而不同。需求驱动模式认为，区域中的某些经济活动是区域经济最基本的经济部门，它的发展将带动其他产业的发展，进而决定区域整体的发展，其他一些非基础性经济部门只是区域经济发展的结果，而不是引发区域经济发展的因素。因此，根据这种模式，如果把基础性生产部门找出来，区域经济活动的解释就包括两个方面：一是解释基础性生产部门的区位；二是解释这种基础性生产部门诱发非基础性生产部门的过程。一般认为那些出口品生产部门是区域基础性生产部门，那些满足区内需求的生产部门是非基础性生产部门，它们不会成为区域经济增长的引擎。因此，这种模式的区域经济研究，首先要找出区域主要的出口品生产部门，其次要研究这种基础性生产部门可能的增长趋势，最后要研究这种基础性生产部门对其他非基础性生产部门的影响。

供给驱动模式常把需求看成一个自然发生的过程，也就是说，假定对该区域产品的需求有完全的弹性，因此认为区域经济增长主要取决于能否获得基础性资源的问题。这种模式的分析起点是基础性供给，而不是最终需求，一旦获得资本、劳动力、技术、投入品及各种基础设施，这些资源就会通过前向联系和中间生产环节，刺激其他产业的发展。如果本区域某些经济活动的产出增加，那么通过前向联系刺激其他产业的产出的增加，将产生一种"供给乘数"效应。

上述两种驱动模式是互补的，在区域经济发展过程中可以交叉。如我们在本章第一节中所述：在区域经济刚刚起步时，可以选择供给驱动模式；在区域经济步入正常轨道以后，可以选择需求驱动模式。

区域自组织能力是区域经济学最重要的研究内容之一。

三、区际分工与专业化

(一) 区际分工

区际分工是社会生产分工的空间形式，它不仅决定专门化部门、区际联系的性质和规模，同时决定不同区域内部的部门间比例和一国国民经济整体结构的动态变化。区际分工的积极意义在于充分发挥不同区域的经济优势，提高不同区域乃至全国经济结构的整体效益。它既使得各区域形成各具特色的区域经济，也使得各区域在全国"一盘棋"中扮演自己应有的角色。

区际分工有多种表现形式。根据部门联系特征，区际分工可以分为垂直分工、水平分工以及产业链分工。

1.垂直分工

垂直分工是指关联区域在同一个生产过程中的不同生产阶段进行专业化生产且彼此之间紧密联系而产生的区际分工形式。一个完整的生产过程包括初级产品生产、中间投入品生产、最终产品生产三个阶段，还有相关的配套服务。由于区域之间在要素禀赋和发展条件方面存在差异，所以有的区域适合发展初级产品生产，有的区域适合发展中间投入品生产，有的区域则可以发展最终产品生产，还有的区域只能发展有关的配套服务。虽然存在某个区域可以同时进行所有阶段生产的情况，但对于某一产业而言，一个区域最适合其发展的只有某个或少数生产阶段。这样，区域之间就形成垂直分工关系。区际垂直分工与各区域的经济发展条件和水平密切相关。常见的情况是，发达区域多生产最终产品，中等发达区域多生产中间投入品，欠发达区域以初级产品生产为主，发展水平不同的区域之间的分工常常显现为一种垂直分工。

2.水平分工

水平分工是指不同区域发展不同的经济部门或者生产差异化的产品所形成的区际分工形式。水平分工存在两种主要形式：

一是区域之间选择不同的经济部门进行专业化生产，所生产的产品或提供的服务是不同种类的。这种形式的水平分工主要是因为各区域经济发展能力有差异。例如，从生产要素的投入能力的角度看，有些区域可以发展技术密集型产业，有些区域可以发展资本密集型产业，而有些区域只能发展劳动密集型产业。

二是各区域都生产同类产品，但各自生产的产品具有差异化特性。这种差异化主要表现在产品的品质、功能、品牌甚至服务等方面，因而能够满足不同层次的市场和消费者的需求。所以，这种形式的水平分工与各区域的生产能力、经营策略以及所针对的目标市场有着直接的关系。在现实中，若干区域同时生产某种类型产品的现象是比较常见的。对此，不能简单地判断为重复建设，这可能是一种水平分工形式。

3.产业链分工

产业链是不同企业之间基于技术经济关联所形成的利益共同体，包含价值链、企业链、供需链和空间链四个维度。这四个维度在相互对接的过程中形成了产业链。这种"对接机制"是形成产业链的内在机制，它像一只"无形之手"调控产业链的形成。产业链中大量存在上下游关系和相互价值的交换，上游环节向下游环节输送产品或服务，下游环节向上游环节反馈信息。产业价值的实现和创造产业链是产业价值实现和增值的根本途径，这是产业链分工形成的主要原因。

（二）专业化

在产业部门，根据产品生产的不同过程划分若干不同的业务部门，这个过程就是专业化。常见的专业化是工业部门专业化。工业部门专业化表现为工业内部各企业和部门逐渐分离、形成独立的企业和新部门的过程，也是同类产品由分散生产趋于集中生产的过程。这些企业和部门都有自己的专业方向，专门生产一定的成品或零部件，或者完成成品生产过程中的某些工艺作业。它们拥有专门的机器设备，采用特定的工艺流程，配备相应的生产工人、技术人员和管理人员。工业生产专业化的基本形式有：

一是部门和行业专业化。前者是工业化早期水平较低的专业化形式，它进一步发展，最终形成了行业专业化。

二是产品专业化。其特征是以产品为对象，一个企业只生产、装配品种相同或工艺相近的少数几种产品。

三是零部件专业化。其特点是以产品的零部件为对象，一个企业只生产整个产品中的某种或几种零部件。

四是工艺专业化，是将产品专业化工厂和零部件专业化工厂中的同类工艺集中起来，组织专业化生产，一个企业只完成产品的部分工艺和某些工序。

五是辅助、服务生产专业化，也称技术后方专业化，是把某些辅助性生产和服务性生产分化出来成立专门化部门。

专业化是工业生产的先进组织形式，它极大地提高了经济效率。

　　不同地区根据其要素禀赋、劳动力资源或社会经济基础，形成一批具有特色的专业化生产部门，这些部门构成地区经济的主体，决定这一地区在整个国民经济中的地位和作用。地区经济专业化依靠一系列企业专业化而形成。企业专业化是通过生产领域内部的分工协作而实现的专业化，它表现为产品专业化、零部件专业化、工艺专业化、修配服务专业化等形式。地区经济专业化则主要靠发挥各地区的要素禀赋、社会经济条件以及区位优势，提高劳动生产率，促进区域经济发展。在一些幅员辽阔、各地区发展经济的条件差异显著的国家，如中国、美国等，实行合理的地区经济专业化对因地制宜地发展国民经济、提高宏观经济效率具有重大意义。

四、地域结构的演进

　　从空间角度来观察经济发展，最大的特点是经济活动在空间上的不平衡分布。经济活动首先出现在一些具有区位优势的地区，然后通过不同的渠道向外扩散，对整个经济产生不同的终极影响，这在一定空间范围内形成以核心区和外围区为主要空间单元的二元结构。这种核心区常常以某种规模的城市为中心，并在形成以后不断进行内部结构的调整，结果原先在核心区经济中占举足轻重地位的物质密集型产业部门逐渐衰弱并向外转移，而高端的生产性服务业向核心区集中。这种产业区位置换的结果是，城市外围和交通方便的地区逐渐成了经济活动聚集和经济增长的区域。这种生产区位的变动又引发人们居住区位的变动和城市文化、生活方式向农村地区的传播，逐渐形成范围很大的城市群或城市区域。城市群的形成标志着地域二元结构的二元性逐渐削弱和城乡一体化的发展。

　　城市是区域的核心，在区域经济发展过程中起着举足轻重的作用，它是区内经济活动和区外经济联系的组织者和领导者。此外，就城市本身而言，还存在城市最优规模、城市土地市场、城市劳动力市场、城市住房市场、城市基础设施、城市交通、城市财政等诸多问题。外围区一般指农村地区，是核心区的腹地，这种腹地支撑着城市的形成与发展。农村地区也并不是被动地接受城市的影响，它向城市提供各种生产要素，又是城市产业的主要市场。如果没有这种腹地来支撑城市，那么城市也无法生存和发展。我们曾在前面讨论过，城乡二元结构是经济发展过程中的必然过程。然而，因制度上的一些欠缺，我国曾进一步强化了这种二元性。目前，我国正全面推进乡村振兴，坚持农业农村优先发展，坚持城乡融合发展，畅通城乡要素流动，加快建设农业强国，扎实推动乡村产业、人才、文化、生态、组织振兴，统筹乡村基础设施和公共服务布局，建设宜居宜业和美乡村。

五、区域经济政策

　　协调区内经济活动和区际经济活动需要制度或政策上的支撑。发达国家的发展历史以及区域经济实践表明，单纯依靠市场是无法实现区内外经济协调发展的，因为厂商追求的是利润最大化，厂商总是趋向于要素报酬率高的地区。尽管市场力作用下的这种配置会提高资源配置效率，但这种配置有时与社会最优是相矛盾的，对要素报酬率低的地区而言更是如此。各国政府无一例外地通过制定区域经济政策来刺激欠发达地区的经济发展，或采取其他手段来缩小区际发展差距。这种政府为引导和干预区域经济活动所采取的各项政策就构成了区域经济政策的主要内容。当然，在一个区域内，为有效组织区内经济活动而采取的各种措施也属于区域经济政策的范畴。但在一国之内，不同区域组织区内经济活动所采取的各项措施，虽然在区域间存在一些差异，不过大体上都是类同的。因此，在一般情况下，区域经济政策主要指为解决区际发展差异而采取的各项政策措施。

政府干预区域经济，主要有两个目标：一是效率目标，即加快经济增长；二是均衡目标，也称公平目标。至今在理论和实践上还没有解决如何实现这两种目标双赢的问题，一般认为合理组织区际分工是实现双赢的关键。一般的做法是，当区际差异激化时，一方面，欠发达地区积极调整区内生产安排，积极发展具有比较优势的产业部门，发达地区对欠发达地区实行更加开放的政策，欠发达地区实行循序渐进的开放政策；另一方面，国家在政策上积极扶持欠发达地区的经济活动，如税收制度、税收减免、转移支付、低息或无息贷款、工资补贴、价格调整、强制调配物资、强制行政管理等，都是为解决区际差距所采取的政策措施。但没有绝对的公平，所说的公平都是相对的。为实现效率与公平的双赢，应在生产领域把效率放在首位，在分配领域把公平放在首位，在政治体制领域把民主、法治放在首位。其实，实施区域协调发展战略，推动西部大开发和东北全面振兴，促进中部崛起，支持革命老区、民族地区加快发展，加强边疆地区建设，推进兴边富民、稳边固边等，都是为实现双赢目标而采取的大尺度的区域经济政策措施。

总之，如何实现区际合理分工、如何解决效率与公平问题，是区域经济政策的核心，也是区域经济学的重要研究内容之一。

拓展阅读1-1　空间经济学的相关理论问题

学思践悟

实施区域协调发展战略

党的十八大以来，习近平总书记登高远望、纵览全局，创新性地提出了一系列区域经济协调发展的新理念、新思想、新战略，我国区域经济发展取得了历史性成就。

第一，强化了区域重大战略的引领作用，京津冀协同发展迈出了坚实步伐，疏解北京非首都功能取得了新的进展；长江经济带发展坚持共抓保护、不搞大开发，生态环境系统保护修复成效开始显现；粤港澳大湾区建设持续推进；长三角地区政策协同、产业合作、设施共建、服务共享、分工合理的一体化格局初步形成；黄河流域生态保护和高质量发展扎实起步，深入实施污染防治、生态保护修复、深度节水控水等重大工程。

第二，更加明确了主体功能区定位，着力实施覆盖我国所有国土的主体功能区规划，这为各地区按比较优势发展提供了原则。

第三，深入推进以人为核心的新型城镇化战略，基本形成"两横三纵"城镇化格局，基本定型"19+2"城市群主体形态。

第四，区域发展协调性得到了显著的提升，不断推进西部大开发、东北振兴、中部崛起、东部率先发展，不断完善对口支援、转移支付、区际利益补偿等区域协调发展机制。

同时，我国区域经济发展出现了一些值得关注的新情况、新问题：

第一，区域经济发展分化态势明显，长三角、珠三角等地区的经济发展开始步入高质量发展阶段，而北方地区的经济增长明显滞缓；

第二，发展动力极化现象日益突出，经济要素向大城市及城市群聚集趋势明显，北上广深等特大城市的发展优势不断得到增强；

第三，有些区域的经济发展面临较大困难，东北、西北地区的发展相对滞后，资源枯竭性、传统工矿区城市发展活力不足；

第四，促进区域协调发展的政策机制还需进一步完善。

党的二十大报告指出要"深入实施区域协调发展战略、区域重大战略、主体功能区战略、新型城镇化战略，优化重大生产力布局，构建优势互补、高质量发展的区域经济布局和国土空间体系"。这是以习近平同志为核心的党中央为在新阶段、新形势下促进区域协调发展所作出的重大战略部署，为今后一个时期推动区域协调发展指明了方向。

第一，要深入实施区域协调发展战略，在发展中实现区际的相对均衡，推动西部大开发形成新格局，推动东北全面振兴取得新突破，促进中部地区加快崛起，支持革命老区、民族地区、边疆地区的发展。

第二，要深入实施区域重大战略，增强高质量发展的重要动力源，京津冀协同要实施一批标志性的疏解项目，长江经济带建设要深入实施生态环境系统保护修复，粤港澳大湾区要加快基础设施建设和互联互通，长三角一体化发展要提高配置全球资源的能力和辐射带动全国发展的能力，黄河流域生态保护和高质量发展要坚持统筹综合治理、系统治理、源头治理。

第三，要深入实施主体功能区战略，完善国土空间体系，支持各种生产要素聚集在城市化地区，支持增强农业主产区的生产能力，支持生态功能区把重点放到保护生态环境上。

第四，要深入实施新型城镇化战略，提升发展优势区域综合承载能力，以城市群、都市圈为依托构建大中小城市协调发展格局。

第五，加快建设海洋强国，拓展海洋经济发展空间。

资料来源 [1] 习近平. 高举中国特色社会主义伟大旗帜 为全面建设社会主义现代化国家而团结奋斗——在中国共产党第二十次全国代表大会上的报告（2022年10月16日）[M]. 北京：人民出版社，2022. [2] 本书编写组. 党的二十大报告辅导读本 [M]. 北京：人民出版社，2022.

本章小结

导言部分主要讨论了区域的本质、区域经济的特征、区域经济学的基础理论、区域经济学的研究内容等。本书区别于其他区域经济学著作的最主要的特征之一为，视区域为空间经济组织。区域所内含的专业化分工与均质性、自组织能力、交易的分层结构与城市等级系统、监管的层级结构与地方政府等所反映的是经济组织的特征。本书研究的区域，是具有空间维度的经济组织，这就是区域的本质。

区域经济为块状经济，而块状经济的主要特征就是经济变量在空间上的不连续或间断与突变。区际分工与地区专业化、产业聚集度与经济活动强度差异，就是这种不连续现象的主要表现。块状间经济现象的不连续性特征，说明块状间存在一种非均衡力，由此形成了区际分工、区际生产要素密集度的差异和经济活动强度的巨大差异。又因为这种块状特征，区域经济具有循环累积因果关系、经济现象的突发性、内生的非对称、路径依赖、人们预期对经济路径的影响、先升后降的聚集租金等特征，而这些正是区域经济学区别于一般经济学的主要特征。

作为一门独立的经济学分支学科，区域经济学也有区别于其他经济学分支学科的基本理论框架：规模收益递增与不完全竞争、非均衡力与循环累积因果律、市场开放度与生产要素流动性、产业空间分布与国民收入区际分配、二元的地域空间结构与城乡统筹。这些理论框架可以解释大量的区域经济现象。

具有明确的研究对象和研究内容是一门学科成熟和完善的表现。区域经济学是研究经济活动的空间分布与协调，以及与此相关的区域决策的科学，这就界定了区域经济学的研究对象。区域经济学具体的研究内容为经济活动区位、区域的自组织能力、区际分工与专业化、区域空间的地域单元及地域结构演化、区域经济政策等。尽管区域经济学是很年轻的经济学分支学科，但它具有明确的研究对象和研究内容，已成了较为成熟的经济学分支学科。

参考文献

［1］CAPELLO R. Regional economics［M］. 2nd ed. New York：Routledge，2016.

［2］PROOST，THISSE. What can be learned from spatial economics?［J］. Journal of Economic Literature，2019，57（3）：575-643.

［3］COMBES P P，MAYER T，THISSE J F. Economic geography［M］. Princeton：Princeton University Press，2008.

［4］HENDERSON，THISSE. Handbook of regional and urban economics：Volume IV［M］. New York：Elsevier Science，2004.

［5］BALDWIN R E，FORSLID R，MARTIN P，et al. Economic geography and public policy［M］. Princeton：Princeton University Press，2003.

［6］FUJITA M，KRNGMAN P，VENABLES A J. The spatial economy：Cities，regions and international trade［M］. Cambridge，MA：MIT Press，1999.

［7］MILLS E S. Handbook of regional and urban economics：Volume II［M］. New York：Elsevier Science，1998.

［8］CHESHIRE P，MILLS E S. Handbook of regional and urban economics：Volume III［M］. New York：Elsevier Science，1998.

［9］GROSSMAN G M，HELPMAN E. Innovation and growth in the global economy［M］. Cambridge，MA：MIT Press，1991.

［10］NIJKAMP P. Handbook of regional and urban economics：Volume I［M］. New York：Elsevier Science，1986.

［11］PRED A. The spatial dynamics of U.S. urban-industrial growth［M］. Cambridge，

MA: MIT Press, 1966.

［12］DESMET K, ROSSI-HANSBERG E. Spatial development ［J］. American Economic Review, 2014, 104 (4): 1211-1243.

［13］DESMET K, ROSSI-HANSBERG E. Innovation in space ［J］. American Economic Review, 2012 (3): 447-452.

［14］KELLER W. Geographic localization of international technology diffusion ［J］. American Economic Review, 2002, 92 (1): 120-142.

［15］KRUGMAN P. Increasing returns and economic geography ［J］. Journal of Political Economy, 1991, 99 (3): 483-499.

［16］ETHIER W J. National and international returns to scale in the modern theory of international trade ［J］. American Economic Review, 1982, 72 (3): 389-405.

［17］KRUGMAN P R. Increasing returns, monopolistic competition, and international trade ［J］. Journal of International Economics, 1979, 9 (4): 469-479.

［18］DIXIT A K, STIGLITZ J E. Monopolistic competition and optimum product diversity ［J］. American Economic Review, 1977, 67 (3): 297-308.

［19］ARROW K J. The economic implications of learning by doing ［J］. Review of Economic Studies, 1962, 29 (6): 155-173.

［20］HARRIS C D. The market as a factor in the localization of industry in the United State ［J］. Annals of the Association of American Geographers, 1954, 44 (4): 315-348.

［21］安虎森，等. 高级区域经济学 ［M］. 4版. 大连：东北财经大学出版社，2020.

［22］《区域经济学》编写组. 区域经济学 ［M］. 北京：高等教育出版社，2018.

［23］安德森. 经济地理学 ［M］. 安虎森，等译. 北京：中国人民大学出版社，2017.

［24］安虎森，等. 新经济地理学原理 ［M］. 2版. 北京：经济科学出版社，2009.

［25］安虎森. 区域经济学通论 ［M］. 北京：经济科学出版社，2004.

［26］杨小凯，黄有光. 专业化与经济组织——一种新兴古典微观经济学框架 ［M］. 张玉纲，译. 北京：经济科学出版社，1999.

［27］伊特韦尔，米尔盖特，纽曼. 新帕尔格雷夫经济学大辞典：第2卷 ［M］. 编辑委员会，译. 北京：经济科学出版社，1996.

［28］HOOVER, GIARRATANI. 区域经济学导论 ［M］. 郭万清，汪明，孙冠群，等译. 上海：上海远东出版社，1992.

［29］刘再兴，祝诚，周起业，等. 生产布局学原理 ［M］. 北京：中国人民大学出版社，1984.

［30］克尔日查诺夫斯基. 苏联经济区划问题论文集（1917—1929）［M］. 王守礼，译. 北京：商务印书馆，1961: 82.

［31］胡必亮，马昂主. 城乡联系理论与中国的城乡联系 ［J］. 经济学家，1993 (4): 98-109.

第二章
生产要素区际转移

空间经济的最大特性为其"块状"特征，无论是全球经济还是一国内部，都是如此。全球经济形成块状特征的原因无疑是多方面的，要素禀赋的先天差异，历史、文化、制度的不同演化路径，政治、军事方面的冲突，显然都是导致块状特征的因素。这些因素的长期作用，显然可以导致不同国家之间甚至一国内部不同地区之间在经济发展水平方面形成巨大差距。但对于那些在要素禀赋以及人文背景方面大致相同或非常相似的区域之间，如欧盟成员之间、意大利北部和南部之间、我国的京津冀地区等，也呈现出明显的块状特征；甚至我们还可以观察到更小的区域，只要经济活动存在，经济活动的空间分布就会很不平衡。对这种现象的解释有多种，其中一种是聚集经济。虽然对聚集经济的成因也不乏有说服力的解释，如外部性和规模经济，但长期以来人们无法解释清楚为何发生聚集、在何处以及何时发生、聚集是否稳定等问题。正如藤田等[1]所比喻的那样，"聚集"就像一个"黑匣子"，人们只能看到"黑匣子"的外观——聚集现象。可喜的是，以克鲁格曼、藤田、鲍德温等为代表的一批学者相继建立了全新的分析框架，使我们认识到了这些"黑匣子"的内在机理；同时告诉我们，促使经济活动发生空间聚集进而形成"块状"经济的力量，来源于区域之间的一种非均衡力。这种非均衡力，或者表现为一种聚集力，也称向心力，或者表现为一种分散力，也称离心力。如果非均衡力表现为聚集力，它促使经济活动从一个区域向另一个区域转移或集中，导致经济活动的空间聚集；如果非均衡力表现为分散力，它会抑制经济活动向某一个区域集中，维持原有空间结构的相对稳定。

经济活动的区际转移意味着生产要素的区际转移。本章首先重点分析形成非均衡力的基本机理，以及这种非均衡力引致的循环累积过程，然后分别讨论不同生产要素的空间转移特征以及生产要素转移导致的空间结构的变化。

第一节　区际非均衡力

生产要素区际转移包括两种情况：一是实际的生产要素区际转移，也就是发生了生产要素的区际转移或产业的区际转移，导致区际经济活动的此消彼长；二是相对的生产要素存量的区际变化，也就是区域间在某些部门或某种生产要素增长率方面的差异导致区际经济活动的此消彼长。例如，区际资本投资率方面的差异导致区际经济增长率方面的差异，这又导致经济活动空间分布差异以及区际经济活动的此消彼长。我们假设，本章中的要素转移是指实际的生产要素转移。

如果发生生产要素的区际转移，意味着存在促使生产要素进行区际转移的一种力量。

---

① FUJITA M，KRUGMAN P，VENABLES A J. The spatial economy: Cities, regions, and international trade [M]. Cambridge, MA: MIT Press, 1999: 2-6.

如果存在这种非均衡力，那么可流动的生产要素在这种非均衡力作用下不断地向具有较强吸引力的区域转移，直到所有可流动的生产要素全部转移为止，因为此时常形成不断强化该区域聚集优势的循环累积过程。

一、基本假设

本书分析区域经济现象的基本假设是：

第一，正如在第一章第三节"区域经济学的基础理论"部分所提出的那样，本书的分析框架不再是以规模收益不变和完全竞争为基本假设的新古典的分析框架，而是以规模收益递增和不完全竞争为基本假设的迪克西特-斯蒂格利茨（D-S）框架[①]。尽管近些年来在新经济地理学的研究领域大量引入了厂商和消费者的异质性假设，但如果没有特殊的说明，本部分仍以厂商和消费者的同质性假设为基本假设。不同于地理学反复强调空间的非均质性，我们仍遵循经济学的空间同质性假设，这些假设决定了下面的一些假设。

第二，如果没有特殊交代，则假设整个经济系统由北部和南部两个区域所组成。初始时，两个区域在要素禀赋、劳动力禀赋、生产技术水平、经济发展水平、产业结构及其份额方面完全相同，也就是说，初始时北部和南部两个区域是对称的。

第三，每个区域只有农业部门和现代工业部门两个生产部门。[②]农业部门生产同质的农产品，以规模收益不变和完全竞争为特征，农业劳动力在两个区域等量均匀分布，但不能跨区流动，农产品可以在区内和区际无成本地自由贸易，故两个区域的农产品价格相等。农业部门只利用农业劳动力一种生产要素。

第四，经济系统中的所有消费者都具有相同的偏好，每个消费者都偏好多样化需求，消费所有类型的工业品；但也不会对某些特定种类的工业品具有特殊的偏好。每个消费者的效用函数都相同，从而对每一种工业品的消费量都相同。因此，讨论消费者行为时，只讨论"代表性消费者"的行为就可以了。

第五，厂商是指某一行业内的不同厂商，如纺织品生产行业内的不同厂商、手机生产行业内的不同厂商等。某一区域内有许多行业部门，但一般假设这些不同行业都是竞争性行业部门，都遵循同样的行为规则。故研究某一区域的工业部门时，研究区内某一代表性行业的厂商的行为就可以，因为该厂商的行为代表了该厂商所在部门所有厂商的行为，也代表了不同行业所有厂商的行为。当然，不同行业生产不同的产品，在产品价格和产出量方面也存在很大差异，但只要是竞争性行业部门，则不同行业的厂商之间的行为规范都是相同的。根据 D-S 框架，这些厂商都具有规模收益递增的特征，因而都是垄断竞争厂商；同行业内不同厂商生产差异化的产品，但这些产品是同一个行业内的不同产品，因而这些差异化的产品之间必然存在替代性，这必然导致这些垄断厂商之间的竞争，因此均衡时所有垄断厂商的纯利润又都等于零。厂商生产的是差异化的产品，厂商追求的是利润最大化，厂商利润最大化的定价策略是边际成本加成定价法。一般情况下，厂商利用资本和劳动力两种生产要素进行生产，但在个别情形下假设厂商只利用劳动力一种生产要素进行生

---

① DIXIT A K, STIGLITZ J E. Monopolistic competition and optimum product diversity [J]. American Economic Review, 1977, 67（3）: 297-308.
② 如果有人立即想到第三产业或服务业，我们不妨把它看作工业部门的一部分。

产。工业品的区内交易无成本，但区际交易要支付贸易成本。[①]贸易成本也可以理解为空间成本或交易成本，它既包括空间距离产生的运输成本，又包括制度方面的制度成本。

第六，本部分假设不存在失业问题，所有劳动力都充分就业。本部分还假设收支均衡，每个区域的消费支出全部来自其要素收入，而所有收入也全部用于消费。又因为本部分中的厂商和消费者都是短视的，故不存在储蓄行为，每期结束时，收入等于支出。

容易看出，上述很多假定是不切实际的，如农产品在区域间无成本地进行贸易，还有许多更为严格的假定。不过，这些假设只是为了使理论探讨更为方便，它们并非固定不变的，而是可以逐渐放宽的。本章并不拘泥于前述的假设条件，但这些假设条件是基本的前提。

二、三种效应

区域经济中普遍存在的三种效应是指市场接近效应、生活成本效应、市场拥挤效应。这部分在第一章第二节中已经具体介绍过，在此就不展开了。

三、两种作用力

对上述三种效应而言，必然存在某种作用力。由于市场接近效应的存在，厂商会有向市场规模较大的区位转移的趋势，这种效应产生的作用力就是一种聚集力；由于生活成本效应的存在，消费者或者劳动力有向厂商聚集区转移的趋势，这种效应产生的作用力也是一种聚集力；市场拥挤效应产生的作用力与前述的作用力正好相反，它抑制厂商进一步向经济活动密度较大区位聚集，这种作用力就是一种分散力，也被称为排斥力。

区域经济中的上述两种作用力作用到一起就会形成一种合力，当这种合力不为零时，称它为区域之间的非均衡力。当然，这种合力在理论上也有零的可能性，但这种情形即使发生也不会持久，因为经济系统总会产生各种偶然因素对这种情形构成扰动，因此我们一般认为区域之间总是存在非均衡力。非均衡力是两种力量相互抵消后的剩余，故对某一特定区域而言，它或许表现为聚集力，或许表现为分散力。之所以称它为非均衡力，不仅在于聚集力与分散力没有形成势均力敌的均衡，更在于这种作用力随着区际市场开放度[②]的变化而变化。这种非均衡力随区际市场开放度的变化而变化，不仅表现为非均衡力的大小发生变化，更重要的是非均衡力的作用方向发生变化，或许分散力转变为聚集力，或许聚集力转变为分散力。对应于区际非均衡力作用方向的变化，区域空间结构将发生变化：如果是前者，则区域空间结构由对称结构转变为核心边缘结构；如果是后者，则区域空间结构由核心边缘结构转变为对称结构。

---

① [1] SAMUELSON P A. The transfer problem and transport costs，Ⅰ：The terms of trade when impediments are absent [J]. Economic Journal, 1952, 62 (246): 278-304. [2] SAMUELSON P A. The transfer problem and transport cost，Ⅱ：Analysis of effects of trade impediments [J]. Economic Journal, 1954, 64 (254): 264-289.

② 市场开放度是贸易成本的倒数，因此，贸易成本越高，市场开放度越低；贸易成本越低，市场开放度越高。这里的贸易成本是一个由交通运输技术和贸易制度安排决定的概念上的值，不因贸易实际是否发生而存在。例如，随着交通运输技术的进步和区际贸易壁垒的减少，区际贸易成本就下降，这对应着市场开放度的提高。贸易成本阻碍市场对外开放。贸易成本为零，意味着贸易完全自由，此时的市场开放度最高；贸易成本无穷大，意味着区际贸易完全不可能，两个区域实行封闭政策，此时的市场开放度最低。习惯上用区间 [0，1] 来表示市场开放度的取值范围，贸易成本从无穷大降低为零的过程对应着市场开放度从 0 提高到 1。

第二节　生产要素转移的循环累积过程

区际非均衡力必然促使可流动的生产要素的区位发生变化。如果发生生产要素的区际转移，则会形成一个循环累积过程，这个过程不断促使生产要素的区际转移，直到所有可流动的生产要素全部聚集在核心区为止。本节将重点讨论这种循环累积过程形成的基本机理。

一、循环累积过程及其形成机制

第一节的基本假设之二已经说明，初始时北部和南部两个区域是对称的；但因某种偶然事件，对称状态受到轻微的扰动，如少量的工业劳动力，哪怕是一位工业劳动力从南部迁移到北部，都会导致扰动现象的发生。注意的是，初始的这种劳动力转移是由外生的扰动引起的，因此，初始时的这种劳动力转移是外生过程，而不是内生过程。由于消费者或劳动力把自己的收入都消费在自己所居住或生活的地区，因此，外生力量冲击下的劳动力从南部到北部的转移，其实质是消费支出从南部到北部的转移，其结果扩大了北部的消费支出，降低了南部的消费支出，这就扩大了北部的市场规模，进而扩大了北部的市场需求，缩小了南部的市场规模，进而缩小了南部的市场需求，也就是改变了需求的空间分布。这就意味着，消费者或劳动力的区际转移实质上是市场需求的区际转移。当北部的市场规模大于南部的市场规模时，市场接近效应开始发挥作用。由于北部的市场优势大于南部，故南部的厂商在市场接近效应的驱使下开始向北部转移，这样就形成了一种聚集力。如果不考虑厂商的迁移成本等因素，那么南部的厂商在市场接近效应的驱使下，持续向北部转移，这必将导致北部生产规模的扩大。如果此时经济系统的劳动力工资水平保持不变，则北部的生产规模扩大要求与此相对应的北部劳动力规模的扩大。这样，北部生产规模的扩大导致北部劳动力需求超出劳动力供给，这又吸引南部的劳动力向北部转移。上述机制被称为"需求关联的循环累积因果"机制。该机制指人口转移导致消费支出转移，消费支出转移导致生产活动转移，生产活动转移反过来又激励人口转移。需求关联是指人口转移导致的需求空间分布的变化，进而导致生产活动空间转移，也就是说需求空间分布的变化是撬动上述机制的杠杆。

当外生冲击导致南部劳动力向北部转移进而扩大北部市场规模时，南部的厂商在市场接近效应驱使下开始向北部转移，厂商开始聚集在北部，导致北部厂商数量的扩大。根据第一节的假设，消费者都是同质的且都偏好多样化，每个消费者为追求效用最大化都以相同的需求弹性消费经济系统中的所有类型的最终消费品。因此，为满足每个区域消费者的多样化偏好，除了本地生产的产品种类以外的产品种类不得不从区外输入，以供本地消费者消费。由于北部厂商的数量多于南部，北部生产的产品种类多于南部，因此，北部从南部输入的产品种类数量较少，而南部从北部输入的产品种类数量较多。又根据假设，制造业产品在区内交易无成本而区际交易有成本，故在其他条件不变的情况下，输入产品种类数量较多的南部支付较多的交易成本，而输入产品种类较少的北部支付较少的交易成本。因此，北部总体的价格水平较低，消费者的生活成本较低；南部总体的价格水平较高，消费者的生活成本较高。

实际收入水平常常用名义收入水平与生活成本水平（价格指数）的比值来表示。因此，在名义收入水平不变的情况下，北部的生活成本（价格指数）较低，故而北部的实际收入水平较高；南部的生活成本（价格指数）较高，故而南部的实际收入水平较低。北部较高的实际收入水平对南部较低的实际收入水平的劳动力而言具有很大的吸引力，在这种吸引力驱使下，南部的劳动力向北部转移，又吸引南部制造业厂商进一步向北部转移，形成一种循环累积过程。注意的是，此时南部劳动力向北转移是高收入驱使下的内生的迁移过程，这种迁移与初始的外部冲击下的外生的劳动力迁移完全不同，前者是内生过程，后者是外生过程。厂商生产成本的情况也是如此，劳动力转移导致厂商转移，厂商转移导致北部产业份额的扩大，北部产业份额的扩大又导致北部总体价格水平进而生产成本的下降。上述这种过程是自我强化的。

在上面的讨论中，我们假设外生冲击导致的扰动总是促使南部的劳动力向北部转移，其实，外生冲击导致的扰动不仅促使劳动力发生转移，还可以促使资本或人力资本也发生转移。这些将在第三节进行讨论。

二、循环累积因果机制存在性的深层次分析

从上面的讨论中可以看出，外部冲击下的人口转移导致厂商转移以及进一步的人口转移，直到所有可流动的生产要素都转移为止，最终形成核心边缘结构。在本部分，我们将进一步深入分析这种机制的形成问题，但先从保持经济系统稳定的作用力分析开始，因为没有这种力量，经济系统将处于不稳定状态。

（一）市场拥挤效应导致的分散力

保持经济系统稳定的作用力是对应于市场拥挤效应的分散力或排斥力。在外生扰动的影响下，一部分工业劳动力向北转移，打破了对称均衡，扩大了北部的劳动力数量，进而扩大了北部的市场规模。北部的市场规模扩大，吸引南部的厂商向北部转移，进而扩大了北部的厂商数量（n），减少了南部的厂商数量（n*）。由于北部的厂商数量增多，导致北部的厂商之间争夺消费者的竞争，这种竞争将降低北部厂商的销售收入（R）。为了保持收支平衡，北部的厂商将支付给工业劳动力较低的名义工资。在其他条件不变的情况下，这种较低的名义工资使北部缺乏吸引力，南部的工业劳动力不会继续向北转移。换句话说，这种分散力可以消除初始扰动对经济系统的影响，使得经济系统保持相对稳定。

为了讨论的方便，我们假设工业劳动力转移主要由名义工资的差异所致，且转移出去的工业劳动力的收入都返回到劳动力原来的所在地。这样，工业劳动力的区际转移只改变区际产业份额，而不改变区际支出份额。

我们从北部的代表性厂商的市场出清条件开始分析。如果均衡时的北部厂商的产出量写成 $\bar{x}$，价格写成 p，则均衡时厂商销售收入为 $R = p\bar{x}$，这是市场供给。均衡时北部的代表性厂商把自己的全部收益都以工业劳动力的工资形式支付给劳动力，工业劳动力的名义工资水平写成 w，则 $R = w\bar{x}$，这是市场需求。市场出清条件就是市场供给等于市场需求。

现在我们关注的是，当北部的产业份额变大，因而市场拥挤效应起作用时，北部的工业劳动力的名义工资将发生何种变化？是否存在北部的工业劳动力名义工资下降的趋势？如果存在名义工资下降的趋势，那么区际名义工资差距将缩小，北部对南部的工业劳动力而言没有吸引力，南部的工业劳动力不会持续向北转移。因此，我们要证明北部的工业劳

动力的名义工资的变化率（$\hat{w}$）与北部的厂商数量的变化率（$\hat{n}$）之间是否存在反向关系。

当处于均衡状态时，北部的厂商支付给北部的工业劳动力的工资总额为 $w\bar{x}$，也就是 $R = w\bar{x}$。我们可以证明均衡时每个厂商的产出量都相等，故可以简化成 $\bar{x} = 1$，因此，$w = R$。R 又可以写为：

$$R = w^{1-\sigma}(s_E/\Delta + \phi s_E^*/\Delta^*)$$

其中：s_E 和 s_E^* 分别表示北部和南部的市场份额；Δ 和 Δ^* 分别表示北部和南部的价格指数；ϕ 表示区际市场开放度。对 $w = R$ 两边取对数且取全微分，则：

$$dw/w = dR/R \Rightarrow \hat{w} = \hat{R}$$

解方程 $\hat{w} = \hat{R}$，则[1]：

$$\hat{w} = \frac{-Z^2}{(1 - Z^2)\sigma + Z^2}\hat{n} \tag{2-1}$$

其中：$Z = (1 - \phi)/(1 + \phi)$，故 $Z \leq 1$，$1 - Z^2 \geq 0$，分母大于零。式（2-1）就是在前面提出的市场拥挤效应的表达式，它反映了从对称状态开始的北部的劳动力名义工资 w 随北部的产业份额 n 的扩大而发生的变化。式（2-1）告诉我们：

首先，北部的工业劳动力的名义工资变化率与产业份额变化率之间为负向关系。这意味着初始扰动导致的工业劳动力向北转移，扩大了北部的厂商数量，由此导致北部的厂商之间的竞争，厂商之间的竞争将降低厂商收益，进而降低支付给工业劳动力的名义工资，这就意味着南部的厂商向北转移导致北部的厂商间的竞争，产生了阻碍南部的厂商持续向北转移的力量。这种分散力消除初始扰动对经济系统带来的影响，使得经济系统保持相对稳定。

其次，北部的工业劳动力的名义工资水平与北部的产业份额之间的反向关系强度，随区际市场开放度的提高而减弱，也就是北部厂商之间的竞争强度随市场开放度的提高而减弱。市场开放度的提高减弱了北部的厂商对北部市场的依赖强度，这又促使北部的消费者从完全依赖北部的产品转向开始消费南部的产品，这两种作用力的叠加，使北部的厂商之间的竞争强度减弱，最终随市场开放度接近某一临界值，形成核心边缘结构。

（二）需求关联的循环累积因果链

为了区分生产转移和消费支出转移，前面我们假设转移出去的工业劳动力的收入都返回到工业劳动力原来的居住地。但现实是，劳动力从南部转移到北部，因为劳动力常把自己的收入花费在工作地点，劳动力转移必然导致消费支出的转移。因此，现在我们取消工业劳动力收入返回到劳动力原来居住地的假设。工业劳动力向北转移，必然扩大北部的支出份额（s_E），进而扩大北部的市场规模，缩小南部的支出份额（$s_E^* = 1 - s_E$），进而缩小南部的市场规模。在其他条件都相同的情况下，任何厂商在市场接近效应的驱使下都选择市场规模较大的区位。因此，人口转移导致消费支出转移，而消费支出转移又导致生产活动转移，生产活动转移扩大北部的市场需求，进而导致北部厂商在北部市场上的销售额扩大。均衡时，由于厂商以名义工资的形式把厂商的所有收益都支付给工业劳动力，因此北部厂商支付给工业劳动力的名义工资水平大于南部厂商支付给工业劳动力的名义工资水平，工业劳动力倾向于向北部转移。这个过程是自我强化的，人口转移导致消费支出的转

---

① 本部分不讨论具体数学公式的推导过程，对这些模型感兴趣的读者可以参考：安虎森，等. 新经济地理学原理 [M]. 2版. 北京：经济科学出版社，2009：109-114.

移，进而导致消费需求空间分布的变化，这种需求空间分布的变化导致南部的厂商向北转移，生产活动转移又扩大北部的市场需求，进而扩大北部厂商的销售额，这又导致支付给工业劳动力的名义工资水平高于南部，吸引南部的工业劳动力进一步向北转移。我们称这种机制为需求关联的循环累积过程。

假设工业劳动力是根据名义工资水平作出迁移与否的决策，且所有收入都消费在他们工作的地点。因此，不同于分散力的存在性证明时的 $\hat{s}_E$ 等于零，在这里，$\hat{s}_E = \mu(\hat{w} + \hat{n})$，$\hat{s}_E$ 为北部市场份额的变化率，μ 为消费者总收入中购买工业品时的支出份额。这样，把 $\hat{s}_E$ 代入 $\hat{w} = \hat{R}$ 并解方程，则可以得出：

$$\hat{w} = \frac{\mu Z - Z^2}{\sigma + Z^2(1 - \sigma) - Z\mu}\hat{n} \tag{2-2}$$

其中：$\sigma > 1$，$0 < \mu < 1$，$0 \leq Z \leq 1$，故分母大于零。在式（2-2）中，分子的第一项（μZ）为本部分所讨论的名义工资变化率与产业份额变化率之间的关系，也就是需求关联的循环累积因果链的表达式，或者需求关联的循环累积效应的存在性证明；第二项（$-Z^2$）为前面讨论的市场拥挤效应，市场拥挤效应尽可能保持经济系统的稳定。式（2-2）告诉我们：

首先，北部的工业劳动力的名义工资变化率与北部的产业份额变化率之间为正向关系，即这两种变量呈同向变化，北部的产业份额越大，北部的工业劳动力的名义工资水平就越高。这意味着，北部的产业份额大，支付给工业劳动力的名义工资水平高，而高名义工资水平又吸引更多的工业劳动力向北转移，从而进一步扩大北部的市场规模，这又导致大量厂商向北转移，进而进一步提高北部的工业劳动力的名义工资水平，形成了北部的产业份额与北部的工业劳动力名义工资之间的循环累积过程。它是进一步强化初始扰动带来的非均衡过程的力量。

其次，这种循环累积过程随北部的消费者对制造业产品支出份额 μ 的扩大而进一步得到增强。这很容易理解，消费者对制造业产品消费支出的扩大导致北部的厂商在北部市场的销售额扩大，厂商销售额的扩大又提高了厂商支付给劳动力的名义工资水平。这又等价于人口外生转移导致的消费支出转移破坏均衡的程度，随消费者对工业品的支出份额的扩大而得到加强。此外，随着市场开放度的提高，厂商越来越少地依赖本地市场，消费者也开始大量使用区外生产的产品。因此，随着市场开放度的提高，这种消费支出转移破坏均衡的效应也在减弱。

（三）成本关联的循环累积因果链

我们仍然遵循劳动力把自己的收入花费在他所居住的区位的假设。在外生力量冲击下，南部人口向北转移，扩大北部工业劳动力份额（S_H），降低南部工业劳动力份额（S_H^*）。根据劳动力完全就业的假设，这种人口转移又吸引南部厂商向北转移，这将扩大北部产业份额，降低南部产业份额。在其他条件不变的情况下，北部产业份额的扩大意味着北部生产的产品种类数量（n）变大，而本地生产的产品种类数量变大，就意味着为满足消费者的多样化偏好而从区外输入的产品种类数量变少。当从区外输入产品时要支付贸易成本，故北部从区外输入的产品种类数量较少就意味着支付较少的贸易成本，而支付的贸易成本较少就意味着北部总体价格水平（Δ）较低，也就是北部生活成本较低。北部总体价格水平较低，意味着在名义工资水平相同的情况下北部工业劳动力的实际收入水平较高，这反过来意味着南部总体价格水平较高，进而南部工业劳动力的实际收入水平较低。这种南北工业劳动力的实际收入水平的差距导致南部的工业劳动力进一步向北转移，而工业劳动力转移又强化南部厂商向北转移的趋势。注意，此时南部工业劳动力向北转移是一种内生的过程。这种机制被称为成本关联的循环累积过程。

下面我们较为深入地分析一下成本关联的循环累积过程。假设工业劳动力（H）是根据南北实际收入差异作出转移与否的决策，而且把自己的收入全部支付在就业的区位上。我们可以推导出北部的实际收入水平为：

$$\omega = w\Delta^a$$

其中：ω 为北部的工业劳动力的实际收入水平；w 为北部的工业劳动力的名义收入水平；Δ 为北部的总体价格水平；a 为常数，$a = \mu/(\sigma-1)$，其中，μ 为消费者消费制造业产品时的支出份额，σ 为任意两种制造业产品之间的替代弹性。对北部的工业劳动力的实际收入表达式的两边取对数：$\ln\omega = \ln w + a\ln\Delta$，并对两边进行全微分，则可以得出：

$$\hat{\omega} = \hat{w} + a\hat{\Delta}$$

将对称时的 $\hat{\Delta}$ 的表达式代入上式[①]中，则：

$$\hat{\omega} = (1 - \mu Z)\hat{w} + \frac{\mu Z}{\sigma - 1}\hat{n} \tag{2-3}$$

其中：$Z = (1 - \phi)/(1 + \phi)$。式（2-3）包含三项：第一项为需求关联的循环累积效应；第二项为本地市场拥挤效应；第三项是北部的工业劳动力的实际收入水平变化率与北部的产业份额变化率之间的关系，也就是成本关联的循环累积因果链的表达式，或者成本关联的循环累积效应的存在性证明。式（2-3）告诉我们：

首先，北部的工业劳动力的实际收入水平变化率与北部的产业份额变化率之间存在正向关系，也就是这两种变量呈同向变化，北部的产业份额越大，北部的工业劳动力的实际收入越高。这意味着，北部的产业份额越大，则其生活成本越低，实际收入水平越高，较高的工业劳动力实际收入水平又吸引南部的工业劳动力进一步向北转移，同时吸引南部更多的厂商向北部转移，进一步扩大北部的产业份额，形成北部的产业份额与北部的工业劳动力的实际收入水平之间的循环累积过程。它是进一步强化初始扰动带来的非均衡过程的力量。

其次，根据 $a = \mu/(\sigma - 1)$，生活成本效应随消费者对制造业产品支出份额 μ 的提高和制造业产品之间的替代弹性 σ 的降低而得到进一步增强。此外，生活成本效应随市场开放度的提高而减弱，即区域之间的交易成本越高，生活成本效应越显著。这是容易理解的，因为市场开放度较高，则厂商更多地依赖区外市场，消费者也更多地依赖区外厂商生产的产品，此时的生活成本效应较弱。式（2-3）中的第一项就是需求关联的循环累积效应，北部的工业劳动力的实际收入水平与该循环累积效应呈同向变化；式（2-3）中的第二项是本地市场拥挤效应，北部的工业劳动力的实际收入水平与市场拥挤效应呈反向变化。这两种效应相互作用后的净效应对实际收入水平 ω 的影响，取决于 $(1 - \mu Z)$ 的大小。由于 μ 和 Z 都小于1，因此 $(1 - \mu Z)$ 大于零，这意味着需求关联的循环累积效应和市场拥挤效应之净效应仍然促使南部的工业劳动力向北部转移，持续强化初始扰动带来的非均衡过程。

---

① 本部分不讨论具体的推导过程，对这些模型感兴趣的读者可以参考：安虎森，等. 新经济地理学原理 [M]. 2版. 北京：经济科学出版社，2009：109-114.

（四） 本地市场效应导致的聚集力

市场接近效应或者本地市场效应是块状经济的关键性特征之一。正如在第一章所叙述的那样，市场接近效应是指在其他条件相同的情况下，厂商为追求利润最大化，在选择生产区位时选择市场规模较大区位为其生产区位的行为，它主要是针对厂商行为而言的，但它所表述的是产业的区际转移；本地市场效应是指某种外生冲击改变原有市场规模分布格局，扩大某一区域的市场规模，进而其他区域的一些厂商改变其原来的生产区位向市场规模较大区域转移，进而进一步扩大该区域市场规模的行为，它主要是针对某一区域的市场规模而言的，但它所表述的也是产业的区际转移。尽管本地市场效应是通过厂商在追求利润最大化激励下向市场规模较大区域转移（市场接近效应）而实现，但这两种效应都直接涉及产业的区际转移，故在一般情况下，我们常常混用这两种效应。如果我们把聚集定义为经济活动空间集中进一步促使经济活动空间聚集的趋势，那么可以看出本地市场效应（或者市场接近效应）就是一种聚集力。

为讨论本地市场效应，我们给出北部和南部代表性厂商的市场出清条件（$px = pc + p^*c^*$、$\bar{p}^*\bar{x}^* = \bar{p}\bar{c} + \bar{p}^*\bar{c}^*$）和区位均衡条件（$\omega = \omega^*$），然后对 w、w^*、s_H、s_n 和参数 ε（该参数是我们设定的参数，它外生扩大北部的市场规模）进行全微分。其中，p 和 p^* 分别表示北部代表性厂商的出厂价和在南部市场上的销售价，x 表示北部代表性厂商的总产出（该产出满足南北市场对该厂生产的产品的需求），c 和 c^* 分别表示北部代表性厂商生产的产品在北部和南部市场上的需求，$\bar{p}^*$ 和 $\bar{p}$ 分别表示南部代表性厂商的出厂价和在北部市场上的销售价，$\bar{x}^*$ 表示南部代表性厂商的总产出（该产出满足南北市场对该厂生产的产品的需求），$\bar{c}^*$ 和 $\bar{c}$ 分别表示南部代表性厂商生产的产品在南部和北部市场上的需求，ω 和 ω^* 分别表示北部和南部代表性工业劳动力的实际收入水平，w 和 w^* 分别表示北部和南部代表性工业劳动力的名义收入水平，s_H 和 s_n 分别表示北部工业劳动力份额和北部产业份额（如果分别用 s_H^* 和 s_n^* 表示南部工业劳动力份额和产业份额，则 $s_H = 1 - s_H^*$、$s_n = 1 - s_n^*$）。

根据上面的微分结果，可以建立包含三个方程的方程组，这些方程可以解释人口转移所导致的北部工业劳动力份额的变化，而这种工业劳动力份额是随北部市场规模的变化而发生变化的，我们称导数 $ds_H/d\varepsilon$ 为本地市场导数，因为该导数可以度量随北部市场规模的扩大而发生的南部产业向北转移的程度。但进行具体计算时，常用 $ds_H/\mu d\varepsilon$ 来表示，因为在外生扩大的北部市场边际规模 $d\varepsilon$ 中，实际影响北部制造业份额的市场份额部分为 $\mu d\varepsilon$，其余 $(1 - \mu)d\varepsilon$ 份额部分主要影响北部农产品市场份额。一般来说，克鲁格曼的核心边缘模型比较复杂，难以进行处理，但如果求出在对称点（$\varepsilon = 0$，$s_H = s_n = 1/2$）上的本地市场导数，则我们可以发现，若某种外生冲击改变原有的市场规模，那么厂商向市场规模较大区域转移。

我们是要回答，在外生冲击下北部的市场规模外生扩大边际规模 $\mu d\varepsilon$ 时，北部的产业份额 s_n 如何变化才能实现空间均衡的问题。因此，我们仍从 $\hat{\omega} = \hat{w} + a\hat{\Delta}$ 开始。由于市场规模边际扩大主要指制造业产品消费市场规模的边际扩大，因此，此时市场规模边际扩大用 $\mu d\varepsilon$ 来表示。首先求出 $\hat{s}_E$，然后根据 $\hat{s}_E$ 和 $\hat{\Delta}$ 求出 $\hat{w}$，再把 $\hat{w}$ 和 $\hat{\Delta}$ 代入 $\hat{\omega} = \hat{w} + a\hat{\Delta}$，并令 $\hat{\omega} = 0$ 和 $\phi^B = [(1 - a\sigma)(1 - \mu)]/[(1 + a\sigma)(1 + \mu)]$，则：

$$\frac{\mathrm{d}s_H}{\mu \mathrm{d}\varepsilon} = \frac{1}{(1-a\sigma)(1-\phi/\phi^B)} + \frac{\phi/\phi^B}{(1+a\sigma)(1-\phi/\phi^B)} \tag{2-4}$$

其中，φ^B 为对称均衡遭到破坏时的市场开放度，设 $a\sigma < 1$ 为"非黑洞条件"。由于我们是在对称均衡没有遭到破坏的情况下进行讨论的，故 $\phi < \phi^B$。上式右边第一项大于 1，第二项大于 0，所以 $\mathrm{d}s_H/\mu \mathrm{d}\varepsilon > 1$。式（2-4）告诉我们：

首先，如果区际市场开放度足够高，则此时对称均衡很不稳定，核心边缘均衡变成稳定均衡，此时不存在本地市场导数，也就是不存在市场接近效应，因为所有可流动的生产要素已全部聚集在核心区。因此，我们所考虑的市场开放度范围为 $\varphi < \varphi^B$ 区间，在对称均衡仍是稳定均衡的情况下讨论市场接近效应才有意义。

其次，本地市场导数 $\mathrm{d}s_H/\mu \mathrm{d}\varepsilon$ 大于 1，这就是克鲁格曼的本地市场效应。该效应随市场开放度的提高而进一步增强，市场开放度 ϕ 越接近对称均衡遭到破坏时的市场开放度 φ^B，本地市场效应也就越大。

最后，如前所述，本地市场效应随市场开放度的提高而变大，这就是鲍德温的本地市场放大效应，意味着市场开放度的提高加快产业转移速度，这又等价于随市场开放度的提高，产业转移所受到的约束力减弱。这对区域经济政策分析而言具有重要意义，它告诉我们：在区域经济一体化已成为潮流的情况下，一个国家或区域保护本国或本区域市场的成本就越来越大；区域经济政策与市场开放度之间的关系并非线性的，我们不应以"理所当然"的态度制定和实施区域经济政策。

第三节　生产要素转移

劳动力同时也是消费者，因此，如果初始扰动驱使南部工业劳动力向北转移，那么南部工业劳动力向北转移就缩小南部的市场规模，而扩大北部的市场规模。根据市场接近效应，北部市场规模的扩大势必增强对南部厂商的吸引力，而厂商又是劳动力和资本的结合体，这意味着南部工业劳动力向北转移将进一步吸引南部资本和工业劳动力向北部转移。于是，从南部转移到北部的工业劳动力无论是与北部的资本结合在一起构成企业，还是直接加入北部企业，从南部转移到北部的资本无论是与北部的工业劳动力结合在一起构成企业，还是直接投入北部企业，或者，南部的企业直接迁移到北部，再或者，这些方面兼而有之，错综复杂地交织在一起，都意味着北部企业数目的增加或规模的扩大。这样，北部生产的工业品种类和数量必然增加。根据生活成本效应，这将导致北部生活成本的降低，又将吸引南部工业劳动力向北部转移。可以看出，这是一个循环累积的过程。

如果初始扰动是由南部的资本向北部的偶然转移造成的，资本从南部转移到北部后，无论是与北部工业劳动力结合在一起构成企业，还是直接投入北部企业，或者两方面兼而有之，都意味着北部企业数目的增加或规模的扩大，这将增加北部的工业产品种类和数量。根据生活成本效应，这将吸引南部劳动力向北部流动，于是，生产要素流动进入上述的累积循环过程之中。如果初始扰动是南部企业偶然向北转移所致的，也就是南部工业劳动力和资本同时向北转移所致的，那么很明显，上述循环累积过程更是得到了加强。

总之，在聚集力驱使下，生产要素从南部向北部的聚集因市场接近效应和生活成本效应的共同作用将进一步得到增强，形成一个循环往复的过程，直到南部所有的工业劳动力和资本全部聚集在北部为止。

一、劳动力转移

为了讨论的方便，我们假定经济系统中的所有产品（工业品和农产品）都由劳动力生产出来，劳动力既是生产者又是消费者，劳动力把自己的收入支付在他实现就业的区位，劳动力就业区位与消费支出同区位的假设是存在循环累积因果链的主要原因，但这种假设是切合实际的。劳动力分为农业劳动力和工业劳动力，农业劳动力生产农产品，工业劳动力生产工业产品；每个工业企业在组织工业劳动力生产工业品时，既需要一定量的工业劳动力作为固定投入，又将部分工业劳动力作为可变投入；农业劳动力在两个区域等量均匀分布且不能跨区域转移，工业劳动力可以在区域间无成本地自由转移，劳动力转移所追求的是更高的实际收入水平或效用水平，这意味着工业劳动力在进行这种迁移决策时既考虑名义工资水平，又考虑生活成本水平。除了劳动力方面的上述假定外，其他仍维持本章开始时的基本假定。

（一）劳动力转移与循环累积过程

首先，我们仍然从对称情形出发进行讨论。假设初始对称的两个区域因受到外生的某种冲击发生轻微的扰动，例如少量工业劳动力向北部迁移，这种扰动使得原有的对称状态遭到破坏。因为劳动力把自己的收入花费在工作地点，故北部消费需求或消费支出变大。而南部变小，也就是北部市场规模变大，而南部市场规模变小。在存在贸易成本且其他条件相同的情况下，就厂商的区位选择而言，北部的优势强于南部，任何厂商都倾向于选择市场规模大的区位。如果厂商迁移无成本，那么南部厂商将向北部迁移，南部产业份额变小，而北部产业份额变大，北部工业部门提供大量的就业机会，而南部就业机会变少。此时，北部工业劳动力需求超出北部工业劳动力供给，因此，南部厂商向北转移进一步激励南部工业劳动力向北转移，这就形成了需求关联的循环累积因果机制。

其次，上述扰动导致南部劳动力向北转移，由此扩大北部市场规模，而缩小南部市场规模。北部市场规模扩大将吸引南部厂商向北部转移，这就增加北部的厂商数量以及生产的产品种类数量，减少南部厂商数量以及生产的产品种类数量。这将降低北部从区外输入的产品种类数量，进而减少所支付的贸易成本，降低了北部总体价格水平以及生活成本，而南部正好相反。北部总体价格水平较低或者生活成本（价格指数）较低，意味着在北部劳动力名义收入水平不变的情况下实际收入水平远高于南部劳动力，这进一步吸引南部工业劳动力向北迁移，这一过程也是自我强化的，即人口转移导致生产活动的转移，生产活动的转移改变生活成本，生活成本的改变进一步激励人口的迁移，这就形成了成本关联的循环累积因果机制。

容易发现，以市场接近效应为核心的需求关联的循环累积因果关系和以生活成本效应为核心的成本关联的循环累积因果关系实际上是交织在一起的，这两个循环累积因果关系又形成循环累积因果链。也就是说，初始扰动发生后，市场接近效应和生活成本效应的双重作用进一步激励南部工业劳动力，从而工业活动向北部转移。但是，这是一种**可能性**，实际上是否真的导致工业活动持续向北部聚集，还要取决于市场拥挤效应。

（二）劳动力转移的区域经济含义

劳动力转移的区域经济含义，其实在前一章中作为块状经济的重要特征讨论过，在此部分再次简要回顾一下。

1.经济系统中的循环累积因果机制最终导致区际经济发展差距

因某种扰动而导致的劳动力向某一区域的集中，扩大该区域的市场需求，进而扩大市场规模，而厂商为实现利润最大化将选择市场规模较大区域作为其生产区位，这就是本书反复提及的市场接近效应。如果某一区域聚集大量的厂商，则该区域生产的产品种类数量较多，进而从外地输入的产品种类将减少。要从外地输入产品，则需要承担贸易成本，因此，本地生产的产品种类较多以及从外地输入的产品种类较少，意味着该区域总体价格水平较低以及生活成本较低，这又意味着在相同的名义工资水平下该区域的实际工资水平较高，这正是本书反复提及的生活成本效应。这样，市场接近效应和生活成本效应互为因果关系，形成了循环累积因果链，这种因果链进一步放大初始扰动对经济系统的影响。如果这种循环累积过程持续强化初始扰动对经济系统的影响，则经济活动持续向市场规模较大区域聚集，最终导致经济活动非均衡分布，也就是形成核心边缘结构。如果这种循环累积过程不存在或聚集力小于分散力，则初始扰动的影响逐渐减弱，最终仍维持初始对称结构。

2.生产要素区际转移导致区域经济增长方式的转变

当经济系统处于对称结构且市场开放度小于某一临界值时，不会发生生产要素的空间转移以及突发性聚集。随着市场开放度的逐步提高，生产要素的流动性逐渐得到增强，但在市场开放度小于某一临界值时，约束生产要素区际转移的力量仍大于促使生产要素区际转移的力量，生产要素无法在不同区域之间自由转移。因此，随着市场开放度的提高，生产要素流动性得到增强，促使生产要素逐渐摆脱原有资源配置的束缚，最终在收益最大化驱使下实现在区内不同部门或在同部门不同生产工序之间的重新配置，这是在保持原有经济增长方式不变情形下的生产要素的重新配置或区域经济结构的调整过程，是区域经济的量变过程。此时，由于没有发生生产要素区际转移，因此没有发生生产要素空间聚集现象，原有区域经济平衡增长方式没有发生变化。当市场开放度达到某一临界值时，促使生产要素区际转移的力量与约束生产要素区际转移的力量正好相等，此时如果再提高市场开放度，则生产要素迅速向适合它们的区位转移，出现生产要素的空间聚集现象，这就改变了原有区域经济平衡增长方式，生产要素聚集区生产大量的不同类型制造业产品后向生产要素稀疏区域进行出口，进而生产要素聚集区域成了经济系统中的核心区，而生产要素稀疏区域成了边缘区，形成了区域经济的核心边缘结构，出现了区域经济的不平衡增长方式，这是生产要素区际转移导致的区域经济的质变现象，也是为了实现高质量发展。可以看出，区域经济量变是指某种经济增长方式下的生产要素的重新配置或结构调整过程，区域经济质变是指区域经济增长方式发生变化，是由一种增长方式转变为另一种增长方式的过程，也就是区域经济高质量发展的过程。

3.区域经济具有很强的路径依赖性

随着市场开放度的提高，可流动生产要素的流动性增强，但在市场开放度达到某一临界值以前不会发生生产要素的空间聚集现象。当市场开放度提高到对称均衡遭到破坏的市场开放度（称该市场开放度为突破点市场开放度）时才发生生产要素的空间聚集，也就是说，市场开放度提高所导致的促使生产要素流动的力量能够克服维持原有经济增长方式进而约束生产要素流动的力量时，才出现生产要素的空间聚集现象。这意味着生产要素空间聚集与区际市场开放度变化之间存在明显的时滞现象，这种时滞是维持原有经济增长方式的惯性所导致的。这说明，不管市场开放度如何变化，现行区域经济状况对原有的经济运行状态具有很强的依赖性，这种现象就是路径依赖现象，也就是现有区域经济运行对原有区域经济增长方式存在很强的"黏性"。区域经济的这种特征告诉我们，要改变原有区域经济运行方式或经济增长路径，就要出台强有力的区域经济政策，力度较小的边际政策变动无法改变长期形成的对原有路径的很强的黏性；如果已经形成区域经济的稳定均衡，则此时区域本身无法产生内生地改变这种稳定均衡的力量，故此时要改变现有的稳态，必须借助强有力的外生冲击，如制定强有力的区域经济政策或者借助区外市场需求或区外市场供给。

4.为地方政府制定区域经济政策提供了理论依据

从图1-3中可以看出，当市场开放度处于维持点（维持核心边缘结构的最小的市场开放度）与突破点（突破对称结构时的市场开放度）之间时存在三种稳定均衡，也就是以北部为核心的核心边缘结构、以南部为核心的核心边缘结构以及对称结构，这三种稳定均衡也就是我们常说的三种不同的经济增长方式或者经济运行方式。当市场开放度处于该区间时，究竟选择何种区域经济增长方式或者何种运行方式，主要取决于人们的偏好或对区域经济的一种预期，但每个人又无法准确预测何种模式为更好，因为至今都没有经历过，因此每个人都采取从众的方法，即都选择大多数人选择的模式，因为每个人都认为大多数人选择的模式是合理的模式。此时，如果某个人作出某种示范动作，大多数人将跟着他走，这为政府制定和实施区域经济政策提供了依据。地方政府为发展当地经济，常常选择某一产业或一些企业作为示范产业或示范户，并给予优惠政策，或者根据当地的比较优势，制定经济发展战略，规划区域经济发展蓝图，政府的这种行为极大地影响当地的经济发展。

二、资本转移

本部分将重点考察物质资本要素流动的区域经济内涵，我们将看到不同于劳动力转移的一些新特点。为了讨论的方便，假定经济系统仍由北部和南部两个区域组成，两个区域的劳动力和资本禀赋都相等；经济系统的两种生产要素分别为劳动力和资本，不存在农业劳动力和工业劳动力的区分，劳动力既是生产者，又是消费者；农业部门只利用劳动力进行生产，工业部门把1单位资本作为固定成本，把劳动力作为可变成本，这样资本份额与厂商份额之间存在对应关系，区域资本份额就等于厂商份额，不存在资本闲置问题；资本追逐的是高资本收益率，资本可以在区域间无成本地自由转移，当区际资本收益率相等时，资本处于稳定状态，劳动力不能在区域间自由流动；资本所有者不能伴随资本一起跨区域转移，也就是资本跨区转移而获得的资本收益全部返回到资本所有者所在的区域。这种假设是资本转移中不存在循环累积因果链的根本原因，但这种假设又比较切合实际，如外国直接投资（FDI）。农产品的区际贸易无成本保证了所有劳动力都获得相同的报酬。

（一）初始对称与资本流动

讨论资本区际流动时，先讨论初始生产要素对称分布时的情况，然后讨论生产要素禀赋非对称时的情况。由于资本自由流动而资本所有者不能流动，因此发生资本流动后的实际情况与初始时的资本分布情况不一致，区域拥有的资本份额与区域实际拥有的产业份额也不一定相同。讨论资本转移时，我们还假设资本区际转移而获得的资本收益全部返回到资本所有者所在地区消费。显然，这种假设与现实中的FDI等的投资活动基本吻合，但这种假设又导致那种在劳动力转移中经常涉及的需求关联和成本关联的循环累积因果关系不存在了。原因在于，虽然资本的区际转移导致工业生产的转移，但是资本区际转移所获得的收益都返回到资本所有者所在区域消费，因此，资本的区际转移不会导致消费转移，进而不会导致需求转移，这就切断了与需求关联的循环累积因果关系；同时，资本区际转移只与资本收益率区际差异有关，这意味着资本所有者决策资本是否进行跨区投资时只关注资本收益率的区际差异，而不关注生活成本的区际差异，这就切断了与成本关联的循环累积因果关系。因此，只有资本区际转移与劳动力区际转移相伴而生，才能导致经济活动空间聚集的自我强化过程。

由于假设经济系统中的区域是对称的，北部和南部各自拥有一半的劳动力和一半的资本，虽然资本可以跨区流动，但资本收益返回到资本所有者所在地区，并且等量资本获得等量收益，因此，均衡时两个区域的劳动力工资收入和资本收益必然相等，这意味着均衡时不论资本的实际分布状况如何，两个区域的市场规模（消费支出规模）相等，或者区域的市场规模完全由生产要素的初始禀赋决定，资本的区际流动对区域市场规模没有影响。这实际上已经表明，不论市场开放度水平如何，初始的对称结构始终是稳定的长期均衡。

（二）初始非对称与资本流动

在上面，我们一直假设经济系统的初始状态是对称的，这显然不切实际。前面有关劳动力转移的讨论给我们展现了丰富的经济学内涵，又很切合现实，但讨论资本区际转移时的初始对称的假设似乎使整个经济系统处于静止状态，与现实相差很远。为了使讨论更切合实际，我们改变初始对称的假设。

1.市场规模非对称

在某一市场开放度水平上，如果两个区域的市场规模不对称，不妨假定北部的市场规模大于南部，则在市场接近效应驱使下厂商将选择北部，这将导致厂商向北部聚集的聚集力；但它同时导致北部厂商间的竞争加剧，这正是市场拥挤效应，它产生抑制厂商向北部聚集的分散力。但劳动力不能在区域间自由流动的假设，使得市场接近效应驱使下的聚集力不能自我加强。因此，如果市场规模偏离对称程度是确定的，那么区际聚集力大小也就确定，进而资本（产业）分布的非对称程度也就确定了，它正好使得分散力等于聚集力，此时就存在经济系统的稳定均衡。显然，在此均衡下的区域结构是非对称结构。数理分析表明，均衡时资本分布的非对称程度大于市场规模的非对称程度，这正好反映了本地市场效应[①]的存在性；反过来这又是本地市场效应导致的结果。市场规模非对称程度较大，则此时资本分布的非对称程度更大，这就又涉及何时出现资本全部集中到北部进而形成核心边缘结构的问题。数理分

---

① 在上面已讨论过，本地市场效应是指市场规模的边际变动导致更大幅度的产业份额的变动。进一步举例说明，如果北部的市场规模份额为60%，则均衡时北部的资本（产业）份额一定大于60%，不妨假定为62%（实际结果由具体参数决定）。相对于对称均衡时的情况，北部资本份额的增幅12%大于市场规模的增幅10%，反映的正是本地市场效应。如果我们进一步人为（外生）地改变北部的市场规模，如增加到70%，则实现均衡时北部的资本份额还将增加12%，达到74%，这种趋势将一直持续到资本全部集中到北部形成核心边缘结构时为止。但要记住的是，经济系统本身是不能内生地改变市场规模的。

析表明，资本分布的非对称程度既与市场规模的非对称程度有关，也与市场开放度有关。在市场规模非对称程度不变的情况下，均衡时的资本分布非对称程度，随市场开放度的提高而进一步得到增强，这正好反映了本地市场放大效应，或者说这是本地市场放大效应导致的结果。因此，只要市场规模是非对称的，那么在市场开放度达到最大值（该最大值为1）之前，资本将聚集到市场规模大的区域，形成核心边缘结构。

但注意的是，在市场规模非对称情况下形成核心边缘结构，是渐进过程，而不是激进过程。市场规模非对称时的稳定均衡如图 2-1 所示。在图 2-1 中，$s_n = 1/2$ 的粗实线表示当北部市场规模为 1/2 时，北部产业份额随市场开放度的变化而发生变化的轨迹；两条曲线表示的是非对称程度不相同的情况下，北部产业份额随市场开放度的变化而变化的轨迹，其中与接近 1/2 的曲线相对应的是北部的市场规模大于 1/2 但接近 1/2 时的情况，与接近 1 的曲线相对应的是北部市场规模远远大于 1/2 的情况。在图 2-1 中可以看出，在市场规模非对称情况下形成核心边缘结构的过程是渐进的过程，尽管产业份额变化曲线的弯曲程度（或者渐进速度）因市场规模非对称程度的不同有显著的不同，但明显不同于讨论劳动力区际转移时的突发性聚集。同时发现，市场规模非对称程度越大，核心边缘结构越 "早" 实现，意味着市场规模非对称程度越大，则在较低的市场开放度情况下也能形成核心边缘结构。这等价于市场规模非对称程度越大，则随市场开放度的提高，越容易形成经济非均衡增长格局。党的十八大以来，我国区域发展不平衡不充分问题依然很突出，这正是上述规律的反映。为解决区域协调发展问题，我国于 2018 年 11 月 8 日颁布了《中共中央 国务院关于建立更加有效的区域协调发展新机制的意见》。当然，如果市场规模对称，则无法形成核心边缘结构，这在前面已经讨论过。

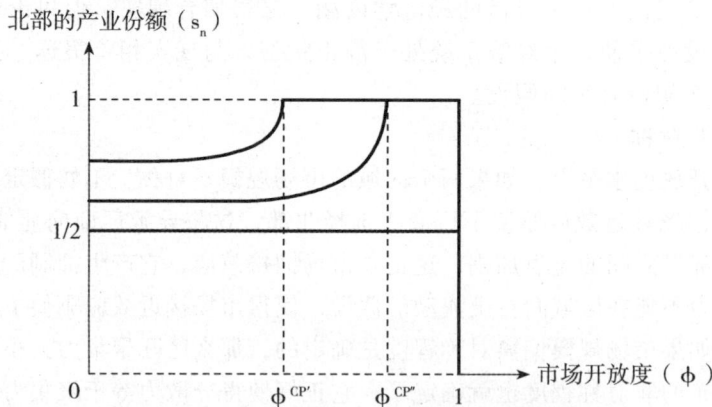

图 2-1　市场规模非对称时的稳定均衡

2. 市场开放度非对称

市场开放度非对称指的是北部的对外开放度不等于南部的对外开放度。如果前者小于后者，则意味着北部制造业产品出口到南部市场的价格比南部制造业产品出口到北部市场更便宜。从贸易活动的角度来讲，北部对南部的制造业产品进入本区域施加了更多的贸易障碍。我们曾指出，市场规模、资本分布、市场开放度之间存在复杂的函数关系，而两区市场开放度的非对称相当于在这种复杂的函数关系中又增加了一个变量，进一步增加了复杂程度。但在讨论过程中我们假设一些特殊情形，可以简化讨论。比如，我们假定市场规模对称，而北部的市场开放度低于南部，则均衡时分布在北部的产业（资本）份额大于南部。再比如，北部的市场开放度接近零，而南部的市场开放度接近1，这意味着南部的制造业产品进入北部市场所支付的贸易成本巨大，从而在北部的出售价格非常昂贵；与此相反，北部的制造业产品进入南部市场所支付的交易成本较少，从而在南部可以近似地以北部的出厂价出售。在这种条件下，资本必然偏好北部，即使南部的市场规模很大，也很可能使资本或产业聚集在北部，进而形成以北部为核心的核心边缘结构。可以看出，资本或产业的分布状况实际上是由市场规模与市场开放度二者各自的非对称程度的强弱程度所决定的，它们各自的作用方向是易于确定的。容易理解，即使市场规模是对称的，市场开放度非对称也使得产业（资本）分布为非对称。

3.要素禀赋非对称

要素禀赋非对称包括的情形很多，由于资本区际流动对区域市场规模没有影响，故市场规模非对称是由要素禀赋非对称所决定的，因此，要素禀赋非对称实际上已经包含在市场规模非对称之中了。但是比较生产要素分布的初始状态与均衡状态，特别是关注区域两种要素禀赋的比值不相等情形下的均衡，有助于我们从一个新的角度来理解资本的区际流动。

我们用K和L分别表示北部初始的资本和劳动力禀赋，用s_K和s_L分别表示北部初始的资本和劳动力份额，而南部的对应禀赋量、禀赋份额分别通过在右上角加星号来表示，故如果$K/L = K^*/L^*$，则$s_L = L/(L + L^*) = K/(K + K^*) = s_K$，且$1 - s_L = s_L^* = s_K^* = 1 - s_K$。现在先考虑这样一种情形：在区域内部两种要素禀赋的份额相等但区际不对称，不妨假定北部大于南部，则$s_L = s_K > s_L^* = s_K^*$。显然，北部的市场规模大于南部市场规模，因此，均衡时北部实际使用的资本份额大于北部原有的资本禀赋份额s_K，北部是资本输入区域，这正是本地市场效应的结果。如果在此基础上进一步增加北部的资本禀赋，则北部不仅市场规模较大，资本禀赋也相对更加丰富，那么北部资本的相对丰富将有可能存在抵消本地市场效应的倾向。也就是说，如果北部的资本禀赋充分丰裕，尽管北部市场规模较大，存在本地市场效应，但企业仍有可能向南部迁移。这意味着初始条件下北部过多的资本禀赋抵消了本地市场效应，或者说，北部的市场拥挤效应大于市场接近效应，因此，北部可能是资本的输出区域。然而，即使如此，随着市场开放度的提高，企业的迁移终将改变方向，也就是说，本地市场效应终将占据主导地位（超过市场拥挤效应）。这样，尽管初始时北部的资本禀赋相当丰富，但均衡时北部仍进一步输入资本。总结起来，资本流动既与资本本身以及劳动力的初始分布有关，也与区域之间的市场开放度有关。

（三）资本流动的区域经济含义

资本流动的区域经济特征，不如劳动力转移下的区域经济特征那么丰富，特别是在区域初始对称假定的前提下，区域经济仿佛一潭死水。但如果假设区域初始不对称且异质，则资本流动所隐含的区域经济学含义同样很丰富，这对我们理解现实世界的资本流动具有重要的启迪意义。更重要的是，区域非对称和异质性本身更贴近现实的假定。由于部分经济学含义在劳动力转移部分已经涉及，本部分只作简单总结，个别新的特征再稍作分析。

1.经济系统中存在本地市场放大效应

本地市场效应所表述的是外生冲击下的厂商区际转移导致某一区域市场规模的扩大。显然，厂商是选择市场规模较大区域进行转移的，故厂商区际转移是以区域市场规模非对称为前提的。在区域对称的假定条件下，并不存在本地市场效应和本地市场放大效应，但一旦允许市场规模为非对称，就将显现出本地市场效应，并随市场开放度的提高，本地市场效应得到进一步增强，这就是常说的本地市场放大效应。现实中还存在市场拥挤效应，该效应是阻止产业进一步向市场规模较大区域聚集的力量。故严格来讲，本地市场效应是市场接近效应与市场拥挤效应综合作用的结果。

2.经济系统的内生力量导致经济活动的空间差异

当初始的经济系统为对称结构时，对称的产业分布模式始终得以维持，不存在内生的非对称现象。但是，改变初始对称的假设，区域初始市场规模不对称时，随着市场开放度的提高，稳定均衡就越来越向核心边缘结构状态逼近，也就是经济系统中的经济增长非均衡性越来越强，区域差异越来越大。这个过程无须借助外力，从这个意义上说这是一个内生的非对称过程。但这种核心边缘结构或不平衡增长方式不是在某个特定市场开放度水平上突发形成的，而是渐进形成的，这种情况与现实更相符。

3.不平衡区域结构下的类突发性特征

在区域初始对称的前提下，区域间对称地提高市场开放度，不会导致资本集中到一个区域，进而也不会发生产业的突发性聚集现象。但是，当区域初始市场规模不对称时，随着市场开放度的提高，稳定的长期均衡越来越趋向核心边缘结构。显然，这是一个渐进的过程，与突发性聚集有本质的不同。但如果初始时市场规模偏离对称，那么随市场开放度的提高，资本变得对市场开放度非常敏感，市场开放度的轻微提高就能引起大量资本的转移，很快形成核心边缘结构。这十分类似于劳动力转移时的突发性聚集现象，被称为类突发性聚集。

4.聚集租金曲线呈现出先升后降的驼峰状

在初始对称情况下，区域对称结构始终是稳定均衡，因此也不存在聚集租金。但是，如果初始时市场规模哪怕只有轻微的不对称，那么随市场开放度的提高，经济系统渐进为核心边缘的非均衡结构。因此，当市场开放度处于某一区间（在图2-1中为（ϕ^{cp}，1）区间）时，核心区不仅存在聚集租金，而且聚集租金曲线呈现出随市场开放度的提高先升后降的钟状曲线。聚集租金表现为资本所有者的资本收益，聚集租金大小和核心区与边缘区之间的资本收益率差异是对应的，可以用资本所有者将1单位资本从核心区重新配置到边缘区时所遭受的损失来度量。

5.资本流向的可变性

有关要素禀赋不对称情形的分析告诉我们，如果初始时某区域的资本禀赋丰富，则该区域的资本会外流或向外输出；但随市场开放度的提高，该区域开始输入资本。这意味着资本流动的方向依赖市场开放度，在特定条件下资本的流向是可变的，这具有重要的现实意义。假定初始时两个区域的劳动力禀赋相等，而北部的资本禀赋更多，即 $s_L = 1/2 < s_K$。这意味着北部的人均资本水平（资本–劳动比）大于南部，或者北部比南部更富裕（发达）。在这种情况下，资本的流动方向具有不确定性，与区际市场开放度有关。如果市场开放度很低，则均衡时北部实际的产业份额小于其原有的资本份额，即资本是由北部向南部流动的；当市场开放度很高且超过临界值，资本流向将发生变化，北部的实际产业份额将超过北部的资本份额。这意味着，当商品市场的一体化程度很低而资本市场的一体化程度很高时，资本将从发达地区流向欠发达地区。然而，当商品市场的一体化程度足够高以后，欠发达地区反而开始输出

资本；发达地区尽管资本很丰富，但还进一步吸纳资本。例如，拉美和非洲欠发达国家与西方发达国家之间高度依附的关系导致欠发达国家资源源源不断地流入西方发达国家。究其原因，市场开放度不同，发挥主导作用的作用力不同。资本流向虽然由市场接近效应、市场拥挤效应以及由它们导致的聚集力和分散力的相互作用所决定，但当市场开放度处于低水平阶段时，由于资本禀赋不同，南部厂商间的竞争强度较弱，而北部厂商间的竞争强度较大，此时较低的区际市场开放度（贸易成本很高）客观上保护了南部厂商，来自北部厂商的竞争威胁较小，因此，南部对北部资本而言具有吸引力，此时市场拥挤效应发挥主导作用。当市场开放度提高到某一特定水平时，情况发生了变化，北部的市场规模优势开始显现出来，北部的商品可以大量输出到南部，此时市场接近效应发挥主导作用。

三、人力资本转移

本部分重点考察人力资本转移的区域经济含义。我们将看到，当进行新的以人力资本（企业家）转移为核心的假定后，循环累积因果链以及经济活动的突发性聚集特征再度出现。人力资本转移意味着知识和技术的溢出，因此，我们常把人力资本转移视为知识和技术溢出。这种溢出不同于讨论外部性时经常提到的知识和技术溢出，因为后者被作为区域经济增长的源泉来进行讨论，而本部分中的人力资本讨论没有涉及区域经济的增长问题。同时，本部分只讨论区域初始对称的情形，区际非对称情形的讨论超出了本书的讨论范围。

假定经济系统的两种生产要素分别为普通劳动力（简称劳动力）和人力资本，可以把两种生产要素都看成劳动力，但前者是无特殊技能的一般劳动力，后者是有特殊技能的企业家；也可以把后者看成一种资本，但不是物质资本，而是人力资本。两种生产要素，即劳动力和人力资本（企业家），既是生产者，也是消费者，其初始禀赋不变且两个区域对称分布。农产品完全由劳动力生产，制造业企业生产制造业产品除了把劳动力作为可变投入外，还将1单位人力资本作为固定投入。生产制造业产品和农产品的劳动力是同一种劳动力，不存在农业劳动力和工业劳动力的区分。人力资本与制造业企业之间存在对应关系，区域人力资本份额等于区域制造业企业份额，人力资本流动等于厂商区际转移。劳动力不能在区际自由流动，而人力资本在区际自由流动。人力资本与人力资本所有者是一回事，二者不可分离，因此，人力资本转移决策不仅考虑迁入区人力资本收益率水平，还要考虑生活成本水平。也就是说，人力资本流动的驱动力是区际实际收益率差异。实现均衡时厂商的净利润等于零。农产品的区内、区际贸易无成本，这保证了所有劳动力工资水平相等。其他假设与本章开始时的基本假设一致。

（一）循环累积因果链

在资本转移部分，资本（物质资本）脱离其所有者在区域之间自由流动，而资本所有者不能在区域间自由转移，这直接导致了需求和成本关联的循环累积因果链以及经济系统整体的循环累积因果链被切断。但在本部分，一方面，人力资本（企业家）与其所有者不能分离，且企业家可以在区域间自由转移，企业家所获得的收入由企业家在所在区域消费，故企业家的区际转移必然导致消费支出的转移，区域市场规模随人力资本转移而发生变化，因此存在需求关联的循环累积因果关系。另一方面，区域生活成本水平直接影响人力资本的实际收入水平,因此,在进行转移决策时还要考虑区域生活成本,这意味着存在成本关联的循环累积因果关系,由此人力资本转移所包含的经济含义与劳动力转移所包含的经济含义极其类似,我们不再进行详细讨论。

(二)人力资本转移下的区域结构

在初始要素禀赋对称的前提下,区域对称的初始结构能否稳定取决于扰动发生后三种效应的综合作用,或者说取决于三种效应导致的作用力大小。

在这里,我们所说的扰动是指偶然发生的人力资本区际转移。当扰动发生时,市场接近效应、生活成本效应和市场拥挤效应都开始发挥作用。前两种效应导致的聚集力和后一种效应导致的分散力的大小决定区际非均衡力的性质,这完全类似于劳动力自由转移时的讨论;但非均衡力的性质发生改变时的临界点的位置不同,因为人力资本转移时的聚集力强度相对于劳动力转移时的聚集力强度弱一些。在劳动力转移模式中,制造业企业使用的固定投入和可变投入都是可自由转移的流动要素(工业劳动力),因此制造业企业的总成本由使用流动要素的费用(工业劳动力工资)所组成。但在人力资本转移模式中,制造业企业使用流动要素(人力资本)的费用只占总成本的一部分,这导致人力资本转移模式中的消费支出转移和生产转移之间的关联强度相对于劳动力转移模式中的关联强度较弱,进而聚集力较弱。因此,在人力资本转移模式中,对称结构被突破时的市场开放度相对于劳动力转移模式中的市场开放度要大,或者说保持对称结构稳定的市场开放度范围更大。如果市场开放度大于对称结构遭到突破时的市场开放度,则形成循环累积过程,区际非均衡力由分散力转变成聚集力,且在循环累积因果链的作用下不断自我强化,导致人力资本和经济活动的空间聚集,经济增长方式由平衡增长方式转变为不平衡增长方式,形成核心边缘的区域结构。同样,由于消费支出转移和生产转移之间的关联强度不如劳动力转移模式中的关联强度,维持核心边缘结构稳定的市场开放度范围也比劳动力转移模式中的市场开放度范围要小。如果市场开放度小于维持核心边缘结构稳定时的市场开放度,那么不管经济系统受到多大的冲击,区域对称结构是稳定均衡,也就是平衡增长方式是稳定的经济增长方式;如果市场开放度大于对称结构遭到破坏时的市场开放度,那么不管经济系统受到多大的冲击,区域核心边缘结构是稳定均衡,也就是不平衡增长方式是稳定的经济增长方式。当市场开放度介于维持核心边缘结构稳定时的市场开放度和对称结构遭到破坏时的市场开放度之间时,类似于劳动力转移模式,仍存在平衡增长方式、以北部为核心区的不平衡增长方式以及以南部为核心区的不平衡增长方式等三种经济增长方式。此时,如果人们的预期发生变化,或者政府的偏好发生变化,或者存在足够大的外部冲击,经济增长方式将由一种增长方式转向另一种增长方式。

拓展阅读2-1　本地市场放大效应

本章小结

促使经济活动发生空间聚集的力量来源于区域间的一种非均衡力。如果该非均衡力表现为聚集力，那么它促使经济活动从一个区域向另一个区域转移，导致经济活动的空间聚集；如果该非均衡力表现为分散力，那么它抑制经济活动向某一个区域聚集，维持原有空间结构的稳定。

市场接近效应是指在其他条件相同的情况下，厂商在选择生产区位时因选择市场规模较大区位而带来的收益递增效应。生活成本效应主要是指厂商区位选择对当地消费者生活成本的影响。在厂商大量聚集的区位，本地消费者支付的输入最终消费品时的交易成本较低，因此该区位的总体价格水平较低。这种生活成本效应与市场接近效应相结合，常形成循环累积过程。市场拥挤效应是指厂商过度聚集导致的防止厂商进一步聚集的效应。当厂商高度聚集在某一区位时，因厂商之间展开激烈的竞争，大大降低厂商的盈利能力。因此，此时如果其他区位的盈利条件好于该区位，那么厂商将转向其他区位。市场接近效应和生活成本效应所产生的作用力是一种聚集力，而市场拥挤效应所产生的作用力是一种分散力。该三种作用力的合力为区域之间的非均衡力，它或是一种聚集力，或是一种分散力。

如果发生生产要素的区际转移，则会形成一个循环累积过程。某种外生冲击导致的连锁反应是：劳动力的区际转移—消费支出的区际转移—市场规模发生变化—厂商向市场规模较大区位转移—生产活动的区际转移—劳动力的区际转移，则这种机制被称为需求关联的循环累积因果机制。需求关联指的是需求空间分布发生变化是撬动该机制的杠杆。某种外生冲击导致的连锁反应是：劳动力的区际转移—生产活动的区际转移—区际产业份额的变化—区际总体价格水平的变化—区际实际收入水平的差异—劳动力向实际收入水平较高的区位转移，则这种机制被称为成本关联的循环累积因果机制。成本关联指的是生活成本的变化是撬动该机制的杠杆。

本章对循环累积因果机制的存在性进行了深层次的分析。

首先，在假设不存在循环累积过程的情况下，证明了区域劳动力名义工资与区域产业份额之间存在负向关系，这意味着初始扰动导致的劳动力转移扩大劳动力转入区位的产业份额，而产业份额的扩大将开启厂商间的竞争，厂商间竞争将降低厂商获益能力，进而降低支付给劳动力的名义工资，产生了阻碍厂商持续向某一区位转移的力量，这种分散力消除初始扰动对经济系统带来的影响，使得经济系统保持稳定；区域劳动力名义工资水平与区域产业份额之间的反向关系，随区际市场开放度的提高而减弱，也就是厂商间竞争随市场开放度的提高而减弱。

其次，证明了区域劳动力名义工资与区域产业份额之间存在正向关系，也就是某一区位的产业份额越大，则该区位支付给劳动力的名义工资水平越高，这激励更多劳动力向该区位转移，形成区域产业份额与区域劳动力名义工资之间的循环累积过程，它是进一步强化初始扰动带来的非均衡过程的力量；这种循环累积过程随消费者对制造业产品支出份额的扩大而得到增强；随市场开放度的提高，消费支出转移破坏均衡的效应在减弱。

再次，证明了区域劳动力实际收入水平与区域产业份额之间存在正向关系，也就是区域产业份额越大，区域劳动力实际收入水平越高，这又促使更多的厂商向该区域转移，进一步扩大该区域的产业份额，形成区域劳动力实际收入水平与区域产业份额之间的循环累积过程，它进一步强化初始扰动带来的非均衡过程的力量；这种循环累积过程随消费者对制造业产品支出份额的提高和制造业产品之间的替代弹性的降低而进一步增强；这种循环累积过程随市场开放度的提高而减弱。

最后，证明了存在本地市场导数且该导数大于1，这就是克鲁格曼的本地市场效应，其随市场开放度的提高而得到增强；本地市场效应随市场开放度的提高而变大，这又是鲍德温的本地市场放大效应，意味着市场开放度的提高加快产业转移速度，产业转移所受到的约束力在减弱。

劳动力转移具有丰富的区域经济含义。它告诉我们，经济系统的循环累积因果关系决定经济活动的空间格局；区域经济系统的内生力量导致经济活动的空间差异，因为在已形成循环累积因果链的情况下，即使不存在外生的非对称冲击因素，经济系统的内生力量也可以导致经济活动的空间差异；系统内部的量变最终导致区域经济增长方式的转变，量变是指某种经济增长方式下的资源重新配置和结构调整，质变是指区域经济增长方式发生变化，是由一种增长方式转变为另一种增长方式的过程，也就是区域经济高质量发展的过程；区域经济增长方式对原有的经济运行状态具有很大的依赖性，这就是我们常说的路径依赖，这意味着经济运行格局或路径被锁定时，经济系统的内生力量难以改变原有的均衡状态，此时需要强有力的外生冲击；地方政府参与经济活动提供理论依据，也就是存在地方政府选择某一产业或一些企业作为示范产业或示范户给予政策上的优惠，或者根据当地的比较优势制定经济发展战略的可能性。

资本转移也具有丰富的区域经济内涵。它告诉我们，经济系统中存在本地市场放大效应，且随市场开放度的提高，本地市场效应进一步增强；经济系统的内生力量导致经济活动的空间差异，但不同于劳动力转移，这种空间区际差异不是突发形成的，而是渐进形成的；存在非均衡区域结构下的类突发性特征，也就是在区域初始非对称的情况下，随市场开放度的提高，资本对市场开放度非常敏感，很快形成核心边缘结构；聚集租金曲线呈现出先升后降的钟状曲线；资本流向是可以发生变化的，当商品市场的一体化程度很低而资本市场的一体化程度很高时，资本将从发达地区流向欠发达地区，当商品市场的一体化程度足够高时，资本从欠发达地区流向发达地区。

人力资本转移的区域经济含义与劳动力转移的区域经济含义类同，因为如果把人力资本转移作为核心假定，那么存在类似于劳动力转移中的循环累积因果链。人力资本转移下的区域经济特征也与劳动力转移下的区域经济特征类同。

参考文献

[1] FUJITA M，THISSE J. Economics of agglomeration: Cities, industrial location, and globalization [M]. 2nd ed. Cambridge: Cambridge University Press, 2013.

[2] BALDWIN R E, FORSLID R, MARTIN P, et al. Economic geography and public

policy ［M］. Princeton：Princeton University Press，2003.

　　［3］FUJITA M，KRNGMAN P，VENABLES A J. The spatial economy：Cities，regions and international trade ［M］. Cambridge，MA：MIT Press，1999.

　　［4］KRUGMAN P. Geography and trade ［M］. Cambridge，MA：MIT Press，1991.

　　［5］PROOST S，THISSE J. What can be learned from spatial economics？［J］. Journal of Economic Literature，2019，57（3），575-643.

　　［6］ROBERT-NICOUD F. The structure of simple "New Economic Geography" models ［J］. Journal of Economic Geography，2005，5（2）：201-234.

　　［7］FORSLID R，OTTAVIANO G I P. An analytically solvable core-periphery model ［J］. Journal of Economic Geography，2003（3）：229-240.

　　［8］OTTAVIANO G I P，TABUCHI T，THISSE J F. Agglomeration and trade revisited ［J］. International Economic Review，2002，43（2）：409-436.

　　［9］OTTAVIANO G I P. Monopolistic competition，trade，and endogenous spatial fluc-tuations ［J］. Regional Science and Urban Economics，2001，31（1）：51-77.

　　［10］BALDWIN R E. The core-periphery model with forward-looking expectations ［J］. Regional Science and Urban Economics，2001，31（1）：21-49.

　　［11］PUGA D. The rise and fall of regional inequalities ［J］. European Economic Re-view，1999，43（2）：303-334.

　　［12］OTTAVIANO G I P，PUGA D. Agglomeration in the global economy：A survey of the "New Economic Geography" ［J］. The World Economy，1998，21（6）：707-731.

　　［13］MARTIN P，ROGERS C A. Industrial location and public infrastructure ［J］. Jour-nal of International Economics，1995，39（3-4）：335-351.

　　［14］KRUGMAN P. Increasing returns and economic geography ［J］. Journal of Political Economy，1991，99（3）：483-499.

　　［15］DIXIT A K，STIGLITZ J E. Monopolistic competition and optimum product diversity ［J］. American Economic Review，1977，67（3）：297-308.

　　［16］SAMUELSON P A. The transfer problem and transport costs，Ⅰ：The terms of trade when impediments are absent ［J］. Economic Journal，1952，62（246）：278-304.

　　［17］SAMUELSON P A. The transfer problem and transport cost，Ⅱ：Analysis of effects of trade impediments ［J］. Economic Journal，1954，64（254）：264-289.

　　［18］FORSLID R. Agglomeration with human and physical capital：An analytically solv-able case ［R］. CEPR Discussion Paper No.2102，1999.

　　［19］安虎森，等. 高级区域经济学 ［M］. 4版. 大连：东北财经大学出版社，2020.

　　［20］安虎森，等. 新经济地理学原理 ［M］. 2版. 北京：经济科学出版社，2009.

第三章

区位选择理论

区域经济学理论是由并行发展起来的两大理论体系所组成的：

一是区位理论。它是20世纪初开始发展起来的区域经济学最古老的理论之一，主要分析经济活动空间分布机制或机理。区位理论以微观理论为基础，利用静态的方法，分析厂商生产区位选择和家庭居住区位选择。

二是区域经济增长理论。该理论主要分析区域经济增长和收益分配的区际差异。区域经济增长理论在区域经济领域已经替代了传统的宏观经济理论，但不同于传统的宏观经济理论，它强调地区经济的空间特性。

本章将从无限空间（连续空间）、有限空间（离散空间）以及局部均衡、一般均衡的角度，讨论微观主体的区位选择理论。第二节所涉及的区位理论与空间尺度是无关的，它所涉及的空间是有限空间。第三节和第四节所涉及的区位理论与空间尺度是有关的，它所涉及的空间是城市空间或以城市为中心的有限范围空间。

第一节　区位概述

一、区位主体与区位单元

能够作出区位决策的微观主体，包括劳动力、厂商以及政府，尽管这些微观主体有着不同的目标，但都通过区位选择实现其最优化目标。劳动力通过区位选择实现其效用最大化，厂商通过区位选择实现其利润最大化，政府通过区位选择实现公共产品的福利最大化。能够作出区位决策的劳动力、厂商以及政府等微观主体，被统称为区位微观主体，这些主体作出区位决策时的活动单元被称为区位单元。经济系统通常是由若干生产部门所组成的，如制造业部门、房地产部门和服务业部门等；每一个部门中又包括若干不同的行业，如食品制造业、家具制造业和化学纤维制造业等；每一个行业又包括若干厂商；每一个厂商又包括不同的工厂、仓库和管理机构等，这些工厂、仓库和管理机构都是区位单元。微观主体的区位选择通常是相当复杂的过程。例如，在制造业相对集中的工业园区等区域，厂商会考虑选择关联度较强但功能不同的生产区位；但在同一个区位上，各个部门又尽可能地选择各自的合理区位，甚至在部门内部，微观主体会选择车床、桌子或电脑等的具体摆放位置。此外，区位单元存在多个层级的区位单元，如行业、厂商、工厂、车间、办公楼等。尽管在不同层面上的区位决定因素是由一些共同的要素构成的，但当涉及不同层面的区位选择时，存在很大的差异。因此，我们分析区位时必须搞清楚是哪一个层面上的区位问题。

本书的区位分析不关注区位单元内部过于琐碎的问题，如一个商店内部设备摆放、电梯和屋内电源插座等之类的位置问题。我们把最小区位单元定义为个体住宅单元、工厂、商店、公园等，与这些区位单元相关的区位被叫作居住区位、工厂区位、商业区位、公共设施区位等。如果区位主体能够独立地选择区位，则它们既是区位主体，也是最小的区位单元。但一些区位单元，如大公司各部门的办公区位、各个分店的具体位置等都是由大公司本部所决定的，此时公司本部是区位主体，各个部门或各个分店只是区位单元，而不是区位主体。

二、区位要素

影响区位选择的因素有很多，根据生产要素和产品能否在空间上流动，区位要素可以分为区内要素和区际要素。

（一）区内要素

区内要素可以分为区内投入要素和区内产出要素。

1.区内投入要素

区内投入要素是指某一区位范围内的不可流动的生产要素，这种区位要素不能在空间上移动，只能用于区内的生产活动，也称不可转移的投入要素。区内投入要素包括三个方面的内容：

一是不可流动的自然要素，如土地等要素。土地是典型的不可流动要素，是农业生产、工业生产以及城市基础设施建设的投入要素。气候、水文、地貌甚至空气质量同样是区内投入要素。

二是具有地区特征的人文环境，如人群的文化层次等。有一些反映地区舒适特征的区位要素，如邻居或社区的总体文化层次和审美水平，也是区内投入要素。

三是其他短期内无法变化的生产要素，如基础设施、劳动力等。短期内，无法大规模地改变地区基础设施条件，因此，一些路桥、公安局和消防单位之类的公共服务机构也是区内投入要素。同样，无法在短期内大幅度调整地区劳动力供给，因而劳动力供给也是区内投入要素之一。任何特定区位内所形成的各种区域性投入要素具有某些共同的特征，其共同特征取决于其独特的自然环境和人文环境等，而与生产要素的区际转移无关，这种内生于区域的生产要素成为作出区位决策时的区内投入要素。

2.区内产出要素

区内投入要素主要是从生产角度来考虑的，但决定区内经济活动的因素，不仅包括生产领域的因素，还包括消费领域的因素。区位主体总是根据其区位的特性，生产一些专供区内销售的产品。这些产品一般不会向区外输出和销售，因为该类产品的区外销售没有比较优势。这类产品被叫作不可转移产品，也称区内产出要素。通常家庭所"生产"的产品要么供家庭内部使用，要么供某一区域内部使用；社区或邻里服务设施（如理发店、教堂、电影院、停车场等）通常为周围地区提供服务，报刊亭、零售店、学校也是如此。多数情况下，区内产出要素之所以没有能够突破区域范围，是因为这类产品在区外消费或区外销售时的成本会很高，也就是这类产品的异地销售不具有竞争性。注意的是，经济活动产生各种废弃物，如果这些废弃物未能得到有效处理而直接排放到大气、水体或者土壤中，这些废弃物将造就条件极其低劣的区位。

（二）区际要素

相对于土地等不可流动的生产要素，燃料、原料、信息或者某些服务的流动性较高。如果能从其他区位转移到既定区位，我们把这类区位要素称为区际投入要素或可转移的投入要素。就区际投入要素而言，区位优劣主要取决于距供给源的远近程度。在现代厂商的生产活动中，厂商的原材料尤其是中间投入品的投入比例逐年增加，进而离这些区外投入要素的距离成了决定区位优劣的主要条件之一，如汽车厂所使用的钢材、橡胶、塑料、皮革等可转移投入要素可能来源于全球各地，因此如何选择合适的生产区位显得尤为重要。区际要素除了区际投入要素之外，还包括区际产出要素。区际投入要素主要是根据本区位需求区外生产要素的情况决定区位，而区际产出要素主要是根据本区位向区外供给生产要素的情况决定区位。显然，生产活动接近消费市场时，更容易出售产品，或出售单位产品的净收益较高。胡佛（1984）把区位要素划分为如下四种：一是区内投入要素，是区位间不可转移的投入要素；二是区内需求要素，是针对某特定区内的、区位间不可转移的需求要素；三是可转移的投入要素，是可以从区外获取的投入要素，但它内含了运输成本；四是可转移的产出要素，也就是区外对本地生产的产品的需求，它是可以转移到区外市场的，但同样内含了运输成本。

"区位需求"意味着特定区位的厂商、消费者或者其他区位单元的产出所面临的市场需求。当然，在任何既定市场上，个体区位单元之间在产品销售方面存在竞争，因此，在其他条件相同的情况下，任何区位主体都倾向于选择远离竞争对手的区位。对于区内投入要素的供给而言，这一原则同样成立。

三、区位选择目标以及选择过程

区位选择是人们选择性地接受那些成本和风险不同的具体地点对某种收益率的承诺。在一定的约束条件下，一个"理想区位"主要由投资回报率、收益水平所决定，收益包括未来的利润和预期回报率，因此，选择某一区位而兑现的净收益是区位选择的目标，这也是评价区位优劣的重要标准。

任何经济行为都要支付运输成本，而运输成本又是由区位的既定运输状况所决定的。有些区位能够承诺提供较高的投资回报率或较高的预期收益率。已经在高回报率预期区位进行生产活动的企业不应该随时变更区位；否则，现有区位的高投资回报预期会因行为主体重新进行区位选择而丧失殆尽。一般来讲，区位选择是企业发展的关键，而这种区位选择一般是在企业创办之初进行决策的。区位选择时的各种约束条件影响着区位主体的预期收益，且使得区位主体在选择区位后依赖该路径。如果我们把厂商看成寻求最佳区位的理性生产者，那么厂商在产业布局前对不同区位的预期收益和成本要进行详细比较。生产的发展要求厂商进一步扩大生产规模，这时厂商有可能引进新的生产技术或新的生产线。引进新的技术或生产线时，有可能导致供应商和消费者的区位发生变化；如果发生这种变化，那么有可能导致运费率的变化。因此，厂商生产规模、生产程序、产出结构、供应链系统、市场结构、运输条件发生变化，将会导致厂商区位的变化。

各种公共设施区位选择，本质上与厂商区位选择类似。公交系统车库的位置并不直接影响公交系统的运行收入，因此，公交公司进行区位选择时主要考虑运行成本最小，这种成本包括车库建设和维护成本、服务成本及线路运行成本。公用事业机构生产的是公共产品，公共事业机构进行区位选择时考虑的是社会效益最大化，而不是利润最大化。因此，派出所或医疗机构进行区位选择时，较少地考虑货币收益，但必须考虑各种成本。服务质量和公众满意程度难以估计，因此地方政府选择公共事业机构区位时的主要标准是社会标准，而不是经济标准。

讨论一下家庭区位问题。显然，各种成本的降低是家庭区位选择时主要考虑的因素，这种成本包括房价、房租、维护费用，以及子女上学、上下班和购物时的交通成本。当然，家庭区位选择也要对其住所、位置、邻里等区位因素的机会成本进行评估。虽然对于某些家庭来说，工资率的提高、新的工作机会的出现、城市化进程、婚姻状况的变化或者邻里关系的变化等也引起家庭区位的变更，但这些并不是家庭区位选择的决定因素。区位选择本质上是接受空间位置对净收益的长期承诺，因此，变更区位会给区位主体带来各种成本和不便；但区位的未来趋势可能会发生变化，存在不确定性，因此，区位的长期承诺也可能发生变化。购房者虽然确切知道现有的邻里特性，但他不可能确切地预见到邻里特征会发生何种变化，因此，居住区位只能依据目前的交通可达性、收入水平、文化背景、税率或公共服务设施等进行选择。尽管气候的舒适性、社区的合意性、购物的方便程度、人文环境等非经济因素非常重要，但难以用货币度量，无法作为选择区位时的确定性要素。

商业企业同样不可能确切地知道目前的区位优势将来会发生何种变化，因为市场、供应链、交通状况、运输成本、服务水平、税率、公共服务及竞争对手的区位随时都有可能发生变化。总之，区位只能根据某些现有的确定性因素进行选择；一旦作出了选择，就会存在很大的惰性，也就是区位主体选择某一区位后不会轻易变更自己的区位，因为区位的重新调整要支付巨大的货币成本和心理成本，同时新的区位承诺的某种高回报率存在很大的不确定性。正因为这样，区位主体更看好目前的区位条件，如选择适宜的居住区、商业中心或工业区。以获得丰厚收入为目标的厂商决策者，通常并不主要考虑某一区位能否提高利润率的问题，他们更多地考虑厂商产出、销售量的稳步提高以及收益水平的稳定增长，因而不会轻易改变原有的区位。因此，单纯地把"利润最大化"看成厂商区位决策的内在动力未免过于简单。

区位长期承诺的不确定性促使了产业活动的空间聚集和产业区位的同质化，因为产业活动的空间聚集和产业区位的同质化在某种意义上能够兑现区位初始的承诺。经济学常识告诉我们，在存在机会成本和不确定性因素的情况下，区位选择过程是十分复杂的过程，只考虑主观愿望和区位要素的不确定性，那么这样的区位选择必然是无效的。

四、区位选择方法

上述四种区位要素是根据生产要素或产品流动性特征划分的，但是这还不足以分析区位选择问题。为了对特定种类的商业设施、家庭住所或公共设施等备选区位的相对优劣作出评价，我们还需要了解这些区位单元的经济活动特征，因为不同的经济活动对同一个区位相对优劣的评价是不同的，胡佛（1984）对其进行了总结。

（一）区位决策常见的评价方法

选择合适的区位对微观主体而言是非常重要的，不同的评价方法主要根据不同区位的特征进行比较，然后选择最合适的区位。常见的方法包括问卷调查法、投入产出法和运费率比较法。

1.问卷调查法

问卷调查法是最普遍的区位相对优劣评价法，该方法通过问卷形式直接询问区位决策者。区位要素调查表包括劳动力成本、税收、供水、供电、交通成本、市场可达性等，同时要求被调查者对这些项目的相对重要性进行排序，可以用"极重要""不很重要"等进行定性评价，也可以用一些分值进行定量评价。该评价方法的主观性较强，并且样本选择的偏误也可以较大，因而这种问卷调查法所提供的区位选择依据的可靠性并不很高。

2.投入产出法

投入产出法是量化了的区位相对优劣评价法，但根据该方法评估的区位要素只包括可转移的投入和产出。例如，我们可以通过比较一年内高炉消耗的煤和铁矿石数量来确定炼钢厂的区位。尽管这种方法所需的数据容易获取，但这种方法所给出的答案并不完全可靠，因为这种方法受到原料运输距离和运输数量的影响。

3.运费率比较法

运费率比较法是最为重要且可行的定量分析法。我们可以简单地比较不同原料的运费率。例如，如果煤炭和铁矿石的运费率相等，且用2吨煤熔炼1吨铁矿石，那么该高炉的区位应选择在离煤矿的距离为煤矿与铁矿之间距离的1/3处。在两种投入要素中，如果某一种投入要素的运费率高于另一种投入要素的运费率，区位选择就非常容易了，应选择接近运费率高的生产要素的区位。

（二）区位选择方法的综合性应用

为了评估各种区位要素的相对重要性，知道各种投入产出要素的相对优劣是十分必要的。假定生产某种商品，可以使用劳动力或者机械设备，那么我们需要知道劳动力和机械设备中哪一个成本更低，这样才能作出区位选择。而想要知道这一问题，首先要知道生产同样数量的产品需要使用多少机器设备，或者使用劳动力时应支付多少工资。假设生产一定量的产品需要一定数量的资金投入（包括机械折旧和生产成本），或者使用两个工人来生产。此外，假定天津劳动力的工资水平比沧州高出5 000元，那么在沧州生产哪怕资金投入高出10 000元也是值得的。值得一提的是，像沧州一样拥有廉价劳动力的地区可能很多，比如保定、衡水等，这些地区都会成为备选区位。因此，在这个例子中，对区位选择而言，工资成本差异比资金投入差异显得更加重要。

评估区位要素相对强度的另一个方法是劳动生产率差异法。如果天津的工资水平比沧州高10%，但同时天津劳动力的工作效率比沧州高10%，则每单位产出的劳动力成本在两地是相等的，因此两地都不具有净成本优势。不过，如果天津的工作效率高，则生产同样多的产品时天津所需的机器设备等固定投入较少，这说明天津节约沉没成本的空间较大。

当生产具有规模经济或规模不经济的特征，而生产要素供给或产品需求又存在区位差异时，区位选择就会变得比较复杂。假设武汉钢铁（集团）公司在武昌和汉口两个废铁供应地选择生产基地。假设武昌废铁回收量比汉口废铁回收量少，且钢铁公司不能控制废铁价格。由于废铁供给是缺乏弹性的，因此，即使武昌的废铁价格比汉口低，但武昌无法提供更多的废铁。如果此时钢铁生产基地选择建立在武昌，那么不得不从汉口高价购买废铁运到武昌，从而增加了厂商的生产成本。显然，武汉钢铁公司将选择汉口作为生产基地。可以看出，区位的生产要素供给弹性的差异导致区位主体在不同区位选择不同的生产规模；同样，区位的产品需求弹性差异导致区位主体选择区位时还需要考虑不同区位的规模经济性等问题。

第二节　区位要素与厂商区位选择

某些区位要素的空间差异对区际和区内经济活动的影响是完全不同的。例如，在我国中西部的一些省份选择产业区位时，土地成本与区位选择之间的相关性不大，但如果我们在东部一些省份选择产业区位，此时土地成本则是一个非常重要的区位要素；反过来，劳动力供给和气候条件在同一地区微观层面上的变化较小，但在不同区域的宏观层面上的差异很大。区位选择通常是基于某些特定层面的地理空间而提出的。与区位选择所对应的空间是多层面的，也许是邻里之间、城区之间，也许是邻城之间、区域之间或者国家之间，因此，明确了所考虑的空间层面，才能有效地分析区位要素、区位偏好、区位模式以及区位选择之间的关系。

事实上真正不可转移的区位要素只有自然资源或土地（包括地形和气候）。在微观层面的区位优劣比较中，比如选择邻里环境或零售店区位时，我们必须注意除土地以外的所有投入要素和产出要素都是可转移的，水、电、垃圾以及污水需要运走或是从其他地方运来，上班需要通勤，到零售店购物也需要走一段路程等。此时，区内投入要素与可转移投入要素之间的区别有点复杂，因为同一区位要素会随我们认定的空间为微观还是宏观而发生变化。如果在城市之间选择区位，那么"区内要素"意味着该要素在城市之间是不可转移的。因此，一些在区域范围内被认为是区内投入或产出的区位要素，在城市内部或住宅区内则被看作可转移的区位要素了。

最简单的区位要素的空间分布模式是均匀模式，也就是所要考查的区位要素对所有不同等级的空间而言都是均匀分布的。例如，对在不同空间层面上都存在的某种服务而言，该种服务机构所提供的有效服务可以看成均匀的；对于某些特定产业而言，县、市、省以及全国的工资水平可能是相等的；在同一税制管辖区内，税率是相等的；一些特定商品的交易价格在全国都是统一的；空气污染评价指标在全国是统一的。这些都是区位要素分布模式为均匀模式所表现出的具体形式。有时我们用"遍在物"来描述某种投入要素的空间分布状况，其含义是在任何地区，我们可以用同样价格获得同样数量的投入要素。例如，如果我们不考虑空气质量的好坏，那么空气就是"遍在物"。如果投入要素是"遍在物"，则其供给不属于区内区位要素的范畴，因为无论在哪里都能以同样价格获得同样数量的该投入要素，因此，它对选择区位没有影响。类似地，也可以定义与需求相对应的"遍在物"，但现实中需求"遍在物"比投入"遍在物"出现的概率少得多。

特定要素对应着特定区位，我们可以用小麦生产者对市场趋近程度来说明特定区位要素下的特定区位模式。假设小麦需求具有完全弹性。麦农的单位产出净收益是交易价格减去单位产出生产成本和运输成本。由于从麦田到市场空间距离的存在，麦农的单位产出净收益表现出随距离的增加而匀速递减的特征。这种净收益随距离递减的特征是由市场需求引起的（随着运输成本的增加，小麦价格提升，因此小麦需求下降）。我们可以把产品需求因素的市场属性设想为一种市场的吸引力。这种吸引力在区际和区内区位选择中起着重要作用。例如，劳动力对住所的偏好受到上下班时间的机会成本与通勤成本的影响，这里的机会成本是吸引力，通勤成本是排斥力。不同区位要素对应着不同的吸引力，不同的吸引力对应着不同的区位模式，也就是不同的区位要素对应着不同的区位模式。有五种区位模式值得我们分析，它们是运输成本决定的区位模式、市场决定的区位模式、外部经济决定的区位模式、劳动力特征决定的区位模式以及生产技术决定的区位模式。

一、运输导向型区位模式

区位理论一直强调运输成本的影响，制造业区位更是如此。相对于其他经济活动，在制造业生产活动中运输成本对企业利润起着极其重要的作用。同时，与其他区位要素相比，运输成本更适于定量分析。正因为这两方面的原因，传统的区位理论把运输成本作为区位分析的起点和核心。最早强调运输成本优势的区域经济学家是艾萨德，他认为经济活动的空间分布规律只能由转移成本或运输成本来解释。[①]如果经济活动区位是由可转移投入要素的位置差异、可转移产出要素的位置差异或者两者兼有的位置差异所决定的，则我们将这种经济活动称为运输导向型经济活动，将该经济活动的区位模式称为运输导向型区位模式。同样，经济活动区位主要由劳动力成本所决定，我们把这种经济活动称为劳动力导向型经济活动，该经济活动的区位模式被称为劳动力导向型区位模式。

为了便于我们的讨论，回顾一些生产理论是很有必要的。在传统的"空间中性"的经济学理论中，生产被视为一种投入的转换过程，人们使用某种生产要素组合生产出某种产品或提供服务。由于生产过程只是静态地把投入转换成产出的过程，因此生产成本极为重要，传统的主流经济学非常关注这种生产成本。然而在"空间非中性"的经济学理论中，生产主体把投入转换为产出的过程也影响区位选择。生产主体的经济活动远远超出投入的转换范围，其经济活动不仅影响投入生产要素的获取和产品的出售，而且影响到投入品和产出品的长距离转移。事实上，厂商运行成本与空间因素之间的关系相当密切。在考虑厂商运行成本与空间因素关系时，我们必须考虑如何把各种投入要素运到生产区位，如何把生产的产品销售出去，以便实现运输成本最小化的问题。如果从这个角度去考虑，运输成本与生产成本同等重要。因此，厂商的总成本包括生产成本、生产要素运输成本和产出品运输成本。

（一）一些假设

以利润最大化为主要目标的厂商是如何选择生产区位呢？由于这个问题的分析比较复杂，所以给出一些假设条件，在后面逐渐放宽这些假设条件。

首先，假定某一区位主体的产品在多个市场上出售，该厂商的产出规模较小，不足以影响该产品的市场价格（区位主体产品的需求是富有弹性的，故该厂商不能影响某一市场

① ISARD W. Location and space-economy [M]. Cambridge, MA: MIT Press, 1956: 140.

的价格），只能接受市场的既定价格。厂商支付产品的运输成本，且运输成本随厂商与市场间距离的增加而增加，因此厂商尽可能选择接近市场区的区位进行生产。

其次，区位主体使用的各种可转移的生产要素来自不同产地，每一产地的生产要素供给是富有弹性的，故厂商的生产要素需求不能影响该生产要素的市场价格。区位主体只能接受某种生产要素市场的既定价格，因此厂商尽可能选择接近原料产地的区位进行生产。

最后，我们暂时不考虑对区位选择有重要影响的其他因素。这些重要因素将在后面加以说明。现在我们把利润最大化的区位问题简化为成本最小化问题，暂时不考虑生产成本的差异性、规模经济与规模不经济等因素。同时，不管距离和方向如何，我们都假设运输成本是均匀的，也就是不同货物运输每吨公里的成本都相等。

（二）一种投入要素时的情形

如果区位主体只使用一种可转移的投入要素（如木材）生产一种可转移的产出品（如球拍），那么在这种情形下的区位选择比较容易。此时，要解决的就是确定该经济活动是投入要素导向型还是产出导向型的问题。球拍的生产区位要么选在木材产地，要么选在球拍销售市场，要么选择原料产地与产品市场运输线路上的某点。显然，迂回绕行会增加运输成本，因此理性的区位选择只能在上述3个选项中确定。如图3-1所示，我们可以在原料地（用S来表示）和产品市场（用M来表示）连线上的某一点上布局企业。如果生产区位接近S点，则投入要素的运输成本将下降，但产品的运输成本将上升；如果生产区位接近M点，则发生相反的情况。这样，就存在我们前面所说的产品市场对产业活动的吸引力和要素来源地对产业活动的吸引力之间的权衡问题，显然具体区位是由较强的吸引力所决定的。那么，这两种吸引力中哪一种更大呢？为了度量这两种方向相反的吸引力的大小问题，我们引入"理论权重"的概念。我们分别用ω_m和ω_q表示可转移的投入品和可转移的产出品的重量，也就是利用ω_m吨的原材料生产ω_q吨的产品；原材料的运输成本为r_m元/吨公里，产品的运输成本为r_q元/吨公里，则我们可以用$\omega_q r_q$和$\omega_m r_m$来衡量产品市场和原料地的吸引力强度，因为它们分别考虑到了产品和原材料的重量和相对运费率，$\omega_q r_q$和$\omega_m r_m$分别被称为产品"理论权重"和原材料"理论权重"。这样，上面的权衡问题就变成比较两种理论权重的问题。

S ●————————————————● M

图3-1 原料地和市场区位

下面我们用一组数字来说明。假设每天用2 000吨的可转移投入品来生产250吨的可转移产品，还假设产品和投入要素的运费率分别为0.32元/吨公里和0.02元/吨公里。随着生产区位向市场趋近，产品运输成本每千米下降80元（250×0.32），而投入要素运输成本每公里增加40元（2 000×0.02）。如果我们用理论权重的相对值来表示，则80：40=2：1，显然，此时区位主体将选择接近市场处。如果这两个理论权重正好相等，那么在SM连线上的任何一点布局，企业都是无差异的。然而，现实中的例子告诉我们，区位选择总是要么选择市场M，要么选择原料地S，即如果只有一个市场和一个原料地，则生产区位只能在两个端点中选择，不会选择两个端点连线上的任何一点。

一些产品在生产过程中会失去一些重量，也就是说，在一些产品的生产过程中，部分可转移的原材料被除掉或抛弃，因而产品的重量相对于投入品重量变小，叫失重型生产活动。对失重型生产活动而言，显然选择原料地更为有利，因为可以减轻生产过程中的运输重量。因此，失重型生产活动区位更偏好原料地，除非产品运费率足以超出原料运费率。而在另一些产品的生产过程中，重量是增加的，如啤酒生产中水作为产品的组成部分被合成到产品中，这种生产活动叫增重型生产活动。这就使得同样的产品销往市场时，布局在市场以外的企业比布局在市场附近的企业支付更多的运输成本。显然，在产品运费高于原料运费的情况下，区位主体总是偏好市场，因为这种布局可以降低运输成本。前面的两个例子说明了投入要素导向型和产出导向型经济活动的理论权重的差异。表3-1给出了各种运输导向型活动，它们是基于产出和投入要素运费率的某些特征划分的。当生产过程与重量、体积、脆弱性、腐朽性或危险性联系起来的时候，投入要素导向型和产出导向型经济活动的差异就更加明显。

表3-1   投入要素导向型经济活动和产出导向型经济活动

生产过程的特征	导向类型	一些行业的例子
重量减少	投入要素导向型	熔炼、选矿、脱水
重量增加	产出导向型	瓶装饮料、混凝土材料
体积减小	投入要素导向型	棉花打包
体积增大	产出导向型	汽车组装、容器制造、铁皮产品
易腐性降低	投入要素导向型	食物罐装和保存
易腐性增强	产出导向型	报纸、烤面包和馅饼
易脆性降低	投入要素导向型	货物打包装运
易脆性增强	产出导向型	炼焦煤
危险性降低	投入要素导向型	除臭、智能解密、微型胶卷
危险性增强	产出导向型	爆炸品或其他危险品

　　一般来说，产品的价值比投入要素的价值高，且价值高的物品的运费率也高。高价值产品易于损毁或被盗。对损毁或被盗风险很大的产品，一般运输部门把这些风险成本捆绑到运输成本中，同时运输机构对高价值产品和风险较大的产品设定差别化的运费率。因此，高附加值型生产活动归于产出导向型经济活动类型。输变电、通信等活动的理论权重是很难计算的，但人们可以设定每公里权重，并通过比较每公里权重的相对数量来评估理论权重。

　　就像前面提到的那样，比较投入要素的理论权重和产品的理论权重，可以把运输导向型经济活动分为投入要素导向型和产出导向型经济活动。对于特定主体的区位偏好和活动而言，理论权重给出了切合实际的区位选择依据。例如，考虑产出导向型经济活动的区位时，我们只考虑把产品运到市场的运输成本就可以了，这样区位选择问题就变成了如何选择有利可图的产品市场的问题。

　　优越的原料地能为市场提供便宜的可转移投入要素，任何一个市场区位都对应着一个最佳的原料供应地。但正如图3-2所给出的那样，几种情形值得我们关注。首先，在任何既定市场下的最佳原料地并不一定是最近的原料地，如图3-2（a）中的S_2。一个远离市场区的原料地，如果其原材料成本较低，则可能比市场附近的高成本原料地提供的投入要素总成本更低。其次，一个原料地可能对多个市场的不同企业而言都是最优的，如图3-2（b）中的S。最后，一些原料地对于任何市场而言都是无效的，因此没有厂商使用该原料地供给的原料，如图3-2（c）中的S_1和S_2。如果区位主体活动是单一投入要素导向型，则主体最好选择原料地。

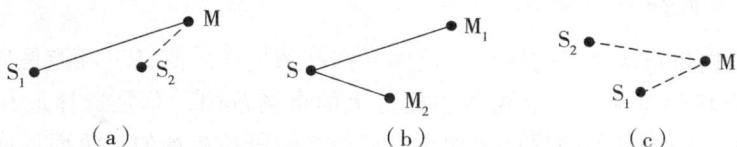

图3-2　原料地和市场区的区位选择

（三）多种投入要素时的情形

　　下面我们考虑一种比较复杂的情况。假设一种生产活动使用多种可转移的投入要素，比如铸造厂除了燃料和原材料外，还需要制作模具的木材和沙子。首先我们假设各种要素的投入比例是固定的。现在我们要比较3个以上的理论重量。对于每吨产出，我们假定投入x吨一种可转移的投入要素和y吨另一种可转移的投入要素（如图3-3所示）。在运费率相同的假设下，我们发现，区位只能选择在投入要素来源地和产品市场连线构成的三角形的3个顶点、三角形的3条边上或三角形内的某一点。

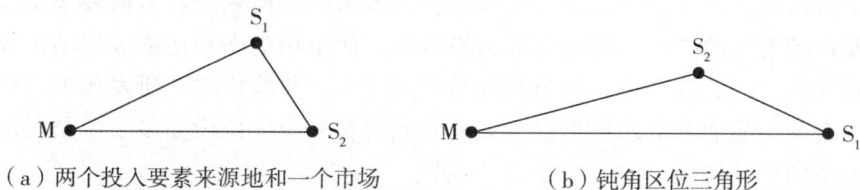

（a）两个投入要素来源地和一个市场　　　　　（b）钝角区位三角形

图3-3　区位三角形

　　如果存在更多的市场和原料地，则会形成区位多边形。如果在区位三角形中，我们把影响生产区位的引力设想为3种理论权重，则每一种理论权重都把生产区位吸引到三角形顶点上。最好的区位选择是在3种吸引力彼此平衡的地方，脱离吸引力平衡点的任何点都会提高运输总成本。

　　在3个或3个以上的运输导向型区位模式下，人们很难确切地知道哪个区位的引力占优，只有当某一理论权重明显占优时，也就是该区位的理论重量至少等于其他区位理论重量总和时，我们才能得出结论。但这并不能表明在没有任何单个理论权重占优的情形下，在区位多边形边上的某一点总是最优的。此时，选择哪一个区位将取决于区位图形的形状，也就是取决于投入要素来源地和产品市场的空间组合状况。如果相对理论权重S_1是3，S_2是2，市场M是4，则对于投入要素导向型区位活动而言，生产活动布局在原料地S_2是最优的，图3-3（b）就是这种情况。但同样的权重，对图3-3（a）中的生产区位而言，应选择在三角形内部的某一点，这时我们不能把这种生产活动看作投入要素导向型或产出导向型生产活动，很有可能是聚集导向型经济活动。

现实中的区位选择是非常复杂的，即使按照既定类型的简单规则选择生产区位都不是一件很容易的事。如果生产活动使用几种可转移的投入要素，则可以看出最优区位可能在市场，可能在投入要素来源地，也可能在两者的某个中间点上。现实中的钢铁企业区位选择就是如此。有些钢铁企业生产中心布局在铁矿区附近，比如鞍钢；有一些则布局在煤炭产地附近，比如太钢；还有一些布局在市场区，宝钢就是如此；另有一些既不在铁矿产地，也不在煤炭产地和市场区布局；还有一些布局在原料地与市场之间的某一节点上。

二、市场导向型区位模式

任何产品的销售市场都是有限的，而同一产品的生产厂商又不可能是唯一的，因此就存在厂商们对市场的争夺。厂商为了占据更大的市场范围，总是选择最有利于自己的区位，使得竞争对手的市场范围尽可能缩小。厂商之间争夺市场的竞争而形成的区位类型就是市场导向型区位模式或排斥力主导型区位模式。就生产活动而言，产品市场具有竞争性，因此，厂商通常会与竞争对手保持一定的距离，这就为厂商圈定产品销售市场范围提供了依据。而厂商所圈定的市场范围又受到竞争产品之间可替代程度的影响。如果产品不是同质的、标准化的产品，消费者就不会完全依赖某一厂商，因为消费者所需产品的替代品可能在较远距离的市场上更便宜地获得，故此时区位选择并不一定遵循接近市场原则。但产品是同质的、标准化的，生产过程又实现了机械化或自动化，而且组织和管理这种生产比较简单，因此，厂商尽可能在接近市场区的地方进行大批量生产。我们说的规模经济有两重含义：一是指单个厂商的规模经济，即厂商生产设施或生产规模扩大带来的规模效应；二是指公司或其他区位单元管理规模的扩大带来的规模效应。对前者来说，生产规模的扩大需要市场范围的扩大，同时增加运输成本，而市场范围和运输成本的扩大必然影响厂商的合理规模；对后者来说，公司规模与管理成本、并购成本、研发成本、广告成本以及融资成本有关，故能否节约这类成本关系到能否在多个区位设立多个子公司的问题，而这些直接关系到公司规模。

（一）空间需求曲线

区位的本质就是一种空间垄断。空间垄断市场的显著特征是，不管产品价格如何，特定区位的市场总存在特定的消费者。空间垄断市场规模随产品价格的变化而变化，因为价格的微小提高会引起市场边界附近的消费者转向其他市场。大多数经济学教材强调专利、规模经济等导致垄断，但没有强调区位本身的垄断。例如，某零售商店附近的消费者对该商店存在依恋情结，他们可以容忍一定程度的价格上涨，因为到别的地方购买将会带来额外的交通成本、时间成本或其他不便之处。这一原理同样适用于很多非商业性机构。

为了简便起见，首先我们假定消费者均匀地分布在线性市场上，如沿街或者沿公路两旁形成的市场；产品是同质产品，故厂商的经营成本相同；运输成本与距离呈线性关系，离厂商的距离越远，运输成本就越高；产品价格等于出厂价（根据边际成本加成定价法制定的价格，它与生产成本有区别）和运输成本之和。图3-4（a）中的p_0表示厂商所在区位的产品价格，也就是厂商的出厂价，不包括运输成本。p_1表示离厂商d_1距离处的消费者所面临的产品价格，故（$p_1 - p_0$）就是运输成本。在图3-4（a）中，产品价格曲线的斜率由运费率决定。如果横坐标用公里来度量，那么每公里单位产品的运输成本就是运费率。图3-4（b）中的曲线表示消费者的需求曲线（也就是需求曲线D），我们假定市场上所有消费者的需求曲线都相同（因为我们假设消费者偏好是相同的）。图3-4（a）中的曲线 p_1 延伸到图3-4（b）并与需求曲线相交，则可以得出 d_1 处的需求量为 q_1。利用图3-4（c）中的45°线把图3-4（b）的横坐标转换成图3-4（d）中的纵坐标，则可以画出需求量与距离之间的曲线（图3-4（d）中的粗实线），称它为距离-需求曲线。该曲线解释了需求量与厂商距离之间的关系，靠近厂商处的消费者购买 q_0 数量的商品，离厂商 d_1 距离处的消费者购买的数量为 q_1。如果产品价格达到 p_2，则消费者不再消费该产品，此时出厂价为 p_0 的产品的市场范围就是以 d_2 为半径的圆形区域。这说明运输成本决定了厂商销售其产品或提供服务的市场范围。

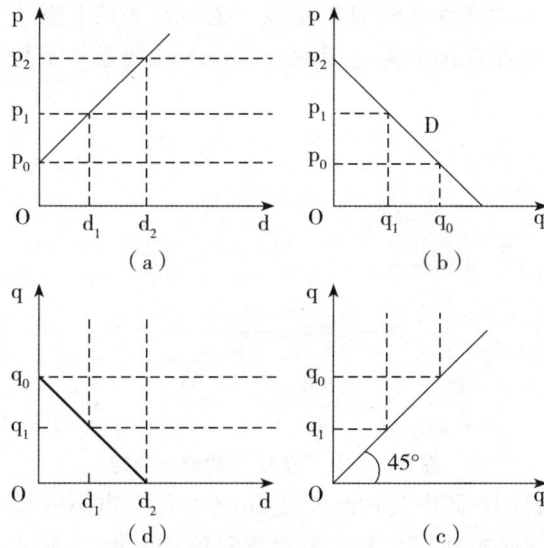

图3-4　运输成本、运输距离和空间需求曲线

现在把线性情况进一步拓展，使得在任何方向上都存在类似于图3-4（d）的距离-需求函数，所有这类距离-需求曲线的集合便构成了空间需求圆锥体。空间需求圆锥体是以需求量（纵轴）为垂直轴线，把距离-需求曲线旋转360°而得到的（如图3-5所示）。空间需求圆锥体为我们圈定了以厂商出厂价为基础的销售市场范围，从厂商到市场边界的距离就是常说的市场半径，如图3-5中的R所示。

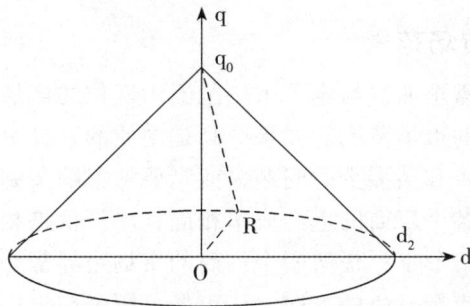

图3-5　市场范围和空间需求圆锥体

我们都知道，一个追寻利润最大化的厂商将总是选择以边际收益等于边际成本的价格

进行生产。这种做法同样适用于空间定价分析，只是在空间情形下分析更为复杂。假设卖方垄断下的产品价格为 p_0，则我们可以旋转距离-需求曲线得出市场范围和总需求量。因此，在任意距离的区位上，我们都能通过空间需求圆锥体找出该区位的需求量。空间需求圆锥体给出了市场范围内任何位置上消费者的需求量。从图3-4（b）中可以看出，需求曲线的斜率为负，这意味着价格越低，需求就越多；同时从图3-4（d）中可以看出，距离-需求曲线的斜率也为负，这意味着出厂价越低，市场半径就越大，从而市场范围越大。因此，距离-需求曲线（因为该曲线包含了空间，因此称它为空间需求曲线）把出场价格与整个市场范围的需求量联系了起来。图3-6给出了上述空间需求曲线 D_s，空间需求曲线凸向原点，其形状直接来源于上面提及的两条曲线的负斜率。因为市场范围随着出厂价的变化而变化，因此消费者数量也就随着出厂价的变化而变化。价格和需求量之间的关系即使是在线性需求曲线和线性运输成本曲线下也不是线性关系，其实现实中的运输成本和运费率都随距离的增加而逐渐下降，因此空间需求曲线通常不是线性的。

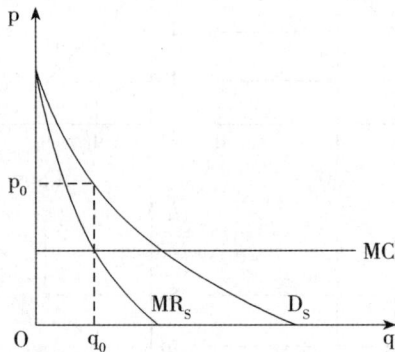

图3-6　空间垄断下的价格决定

空间需求曲线的凸性特征并没有改变边际成本等于边际收益的定价原则。在图3-6中，MC表示厂商的边际成本曲线，MR_s 表示空间的边际收益曲线。追求利润最大化的厂商将使MC等于 MR_s，从而确定出厂价 p_0。在运费率确定的情况下，一旦 p_0 确定下来，需求圆锥体就确定下来了。一旦确定了出厂价，出厂价就可以决定最大需求量，而最大需求量又决定市场范围。

在单一厂商的情况下，这种市场范围分析方法是切合实际的，厂商市场边界与运输成本、需求性质和生产成本都有关。显然，如果存在竞争对手，则会削弱空间垄断力量对市场范围的操纵力度。

（二）市场边界和市场范围

厂商供给曲线和空间需求曲线给定了市场范围内区位的产品价格，消费者是否能够购买产品取决于厂商所控制的市场范围。如果产品是同质的，且由多个厂商供给，则这时消费者的选择不只是购买与否和买多少的问题，而是要考虑购买哪个厂商产品的问题。为了简化问题，我们首先假定各个厂商的生产成本相同，出厂价格相同，且产品运输成本具有相同的线性关系。在这种情形下，任何两个厂商的市场边界都是直线，所有市场都分布在线形边界的两边。在没有市场竞争的方向上，市场范围是与出厂价格所对应的销售距离旋转而成的圆。

　　事实上，厂商的生产成本不可能完全相同，此时市场边界就变得像图3-7中的曲线，市场范围界线向生产成本较低的厂商处弯曲。厂商运费率（单位距离的运输成本）也很难相同。图3-8是3个厂商所对应的市场形状，厂商B的运输成本低于厂商A和厂商C的运输成本。由于厂商B能以非常便宜的运输方式远距离运输其产品，所以厂商B的市场完全包围了厂商A和厂商C的市场。但厂商B对其附近市场的出厂价比厂商C高，因此，厂商B不能在其产地销售产品，这就形成了圆形非市场区。这种现象很普遍，如名牌啤酒销售市场与地方品牌啤酒销售市场的范围相关，城镇牛奶场的销售市场完全被大城市牛奶市场所包围等。

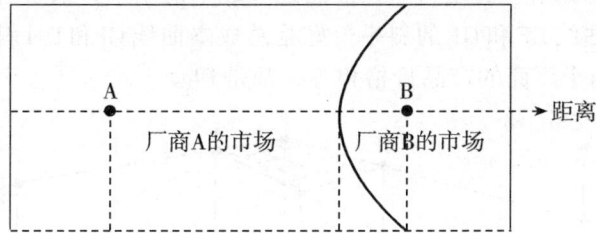

（a）市场区平面图

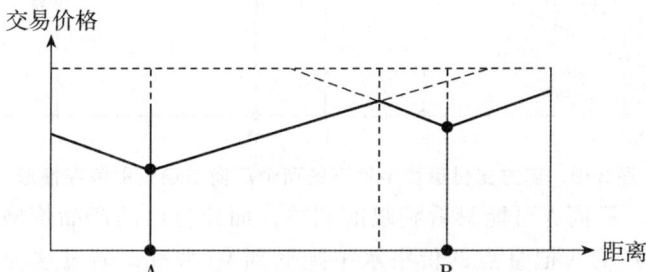

（b）沿AB线的交易价格剖面图

图3-7　具有相同运费率和不同生产成本的两个厂商的市场范围

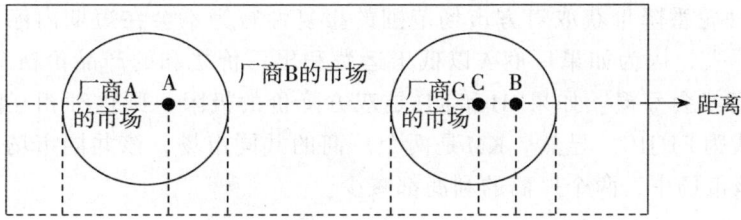

（a）市场区平面图

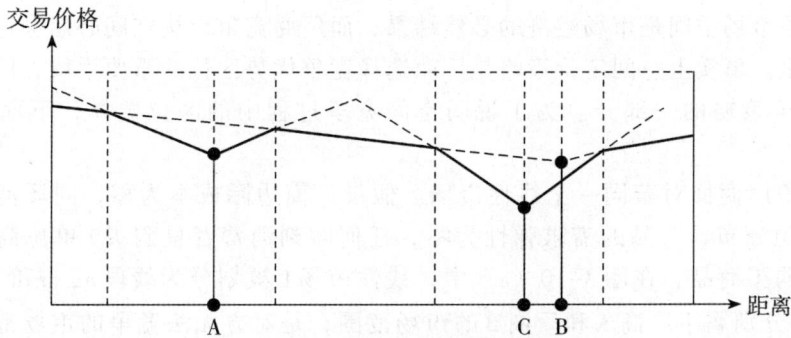

（b）沿ACB线的交易价格剖面图

图3-8　生产成本和运输成本不同时的市场范围

（三）空间竞争与空间定价

显然，生产同质产品的厂商会通过降价方式来争夺对方的市场。如图3-9所示，厂商A和厂商B沿着AB线争夺市场。两个厂商的生产成本分别是AC和BD。产品价格等于单位产品的生产成本、运输成本和厂商利润之和。由于生产成本不变，运输成本是线性递增的，且厂商单位产品利润率不变，因此厂商A的产品价格沿EF曲线递增，厂商B的产品价格沿GF曲线递增。直线CI和DH分别代表厂商A和厂商B的生产成本与运输成本之和，也就是总成本曲线。如果厂商支付单位产品运输成本的一半，消费者承担另一半的运输成本，那么产品价格曲线EF和GF的斜率恰好是总成本曲线CI和DH斜率的一半。市场边界在L处，在此处，两个厂商的产品价格相等，都是FL。

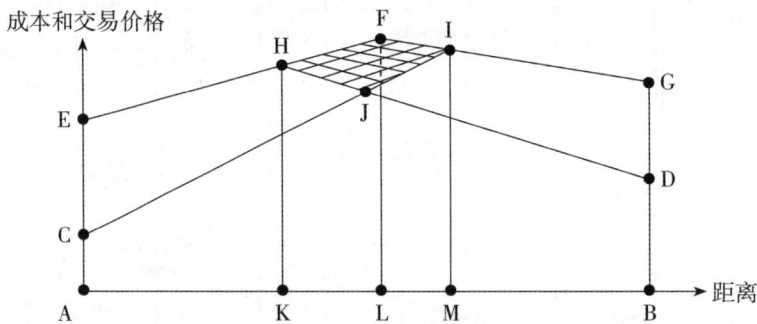

图3-9 卖方支付运费条件下的两个厂商市场范围争夺情形

在这种情形下，厂商A可能只看到眼前利益，而让自己的产品价格降到厂商B的产品价格以下。比如，厂商A把M点的价格水平降低到MI水平，通过这种降价行为，厂商A获取了原本属于厂商B的市场范围LM。厂商B也可以以同样的降价方式沿着相反方向争夺对方的市场范围，比如把产品价格降低到KH水平，争夺原本属于厂商A的市场范围LK。显然这种轮番降价获取对方市场范围的报复性行为不会在短期内停下来，但也不可能一直进行下去，因为如果厂商A以低于运费和出厂价之和的产品价格MI把其产品出售到M点，厂商就会亏损。如果MI和KH是双方降价的极限，则这种相互降价博弈带来的产品价格曲线为EHJIG。显然，KM是两个厂商的共同市场，该共同市场是两个厂商的竞争市场，在该市场中，两个厂商的利润都减少。

（四）竞争和区位选择

厂商竞争市场空间是市场经济的必然结果，而厂商竞争市场空间必然会通过空间定价方式表现出来。事实上空间定价策略是厂商选择竞争优势区位的重要手段，因此区位选择本身就是竞争策略的一部分。为了说明空间竞争过程中的区位选择，下面给出霍特林模型。[①]

两个竞争厂商面对着同一个线性市场。假设厂商边际成本为零，同质消费者在该线性市场上均匀分布，产品的需求弹性为零，任何时刻消费者只购买1单位商品，任何消费者都就近购买商品。在图3-10（a）中，线性市场L被划分为线段a、b和（x + y），线段a和线段b分别属于厂商A和厂商B的市场范围，是对方无法竞争的市场范围，而线段

---

① HOTELLING H. Stability in competition [J]. Economic Journal, 1929, 39 (153)：41-57.

（x + y）是两个厂商可以进行竞争的市场范围，厂商 A 和厂商 B 沿线性市场在（x + y）范围内寻找自身利润最大化的区位，并且厂商 A 和厂商 B 都相信对方不会因自己的竞争行为而改变其区位。假定厂商变更区位无成本，也就是不存在区位迁移成本和处置原区位固定资产的成本。在这些假设约束下，只要厂商扩大其市场范围，就可以扩大其利润。既然生产是无成本的，较大的市场就意味着更多的销量，以致获取更多的利润。如果每一个厂商都相信对方的区位不变，则某一个厂商（不妨就是厂商 A）就会行动起来。比如，厂商 A 把其区位移向厂商 B 的区位处，以获取尽可能大的市场范围。如果最初的位置如图 3-10（a）中那样，则厂商 A 把其区位移向厂商 B 的区位处，就可以扩大自己的市场范围，从而扩大利润，图 3-10（b）就是这种情况。厂商 B 也有这种动机，其也把区位移向厂商 A 的区位处，以便扩大市场范围。这种竞争将持续到两个厂商都无法从其区位转移中获得利益为止。最终结果是，两个厂商都把自己的区位选在市场的中间位置，每个厂商都分享一半的市场份额。此时，再没有区位转移激励了。

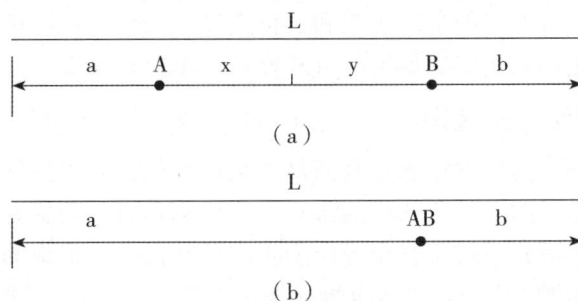

图 3-10　霍特林模型

霍特林模型具有普遍意义。它解释了现实中厂商空间聚集的机理，但放宽任何假设，前面的结论都会发生变化。霍特林模型是需求价格弹性为零、竞争对手不会采取同样竞争行为假定下的模型。如果需求的价格弹性不等于零，任何厂商都相信当自己采取竞争行为时，对方也采取同样的竞争行为，则会是什么样的结果呢？

现在我们考虑两种情况：一是当某一厂商采取改变价格或区位策略时，对手也采取同样策略的情况；二是当某一厂商采取改变价格策略时，对手也采取同样的策略但区位不发生变化的情况。为了方便讨论，我们仍然假定消费者均匀分布在线性市场上，产品是同质产品，消费者偏好也是同质的，需求函数是价格的递减函数，厂商的区位变动无成本，边际成本为零。假设存在产品价格和运费率，产品销售仍遵循利润最大化的原则。

在这种假设下，对第一种情况而言，某一个厂商采取价格和区位变动的策略，另一个厂商也采取同样的策略，则任何厂商都不能从竞争中获益。任何降低出厂价格以扩大市场范围的竞争都遇到来自对方的同样类型的竞争；但初始的市场边界发生变化，根据竞争双方变动后的出厂价格重新确定。类似地，任何变动区位以扩大市场范围的竞争会遇到来自对方同种类型的竞争，但最终市场边界仍保持在原来的位置上。与此对应，任何厂商的区位向竞争对手方向推进，都意味着扩大了该厂商与该厂商原有市场区范围内消费者之间的距离（在图 3-10 中表现为 a 或 b 的拉长），这必然提高产品价格，因为运输成本变大了。产品价格的提高必然降低消费者对该厂商产品的需求。因此，在这种情况下，竞争双方都存在回避竞争的动机，最终结果是两个厂商彼此合作，平等分享市场份额。

对第二种情况而言，可以不考虑价格竞争，但每一个厂商都相信对方的区位不变，因此，两个厂商都把自己的生产区位移向市场中间。但正如上面指出的那样，如果进一步向对方的区位靠近，将远离自己市场范围内的消费者，进而提高产品价格，降低了消费者对该厂商产品的需求。同时，类似于第一种情况，对可竞争市场（图 3-10 中的（x + y）部分）的竞争也不会带来收益。当两个厂商同时向中间靠拢时，原有市场边界不会变化。产品价格是厂商区位到消费者之间距离的增函数，故两个厂商向中间移动到一定程度之后会发现，继续向中间移动不仅不会增加收益，反而会带来损失，因为向中间靠拢必然增加厂商与原有消费者之间的距离。随着竞争压力的增加和远离厂商的消费者需求量的下降，竞争双方向中间区位移动的动机也就没有了。这就意味着霍特林模型对需求弹性非常敏感，可以说需求弹性是促使经济活动扩散的重要因素。

上面的讨论告诉我们，厂商制定竞争价格或区位竞争都会招致对方的报复。由于市场存在不确定性，故区位条件也存在不确定性，这就为区位选择和生产决策带来了风险。为规避风险，厂商常常作出保守的生产决策和区位选择。因此，厂商选择区位时并不注重区位对回报率的承诺，注重的是资源供给的可靠性和市场通达性等。

（五）市场范围与区位选择

厂商总是依据市场通达性设法选择利润最大化的区位，其对区位优势的评估通常是根据自身市场的需求量进行的。厂商选择的每一个区位都具有由消费者和竞争者共同决定的市场范围和销售潜力。因此，对于产出导向型生产活动而言，理想的区位应该是求大于供的地区，也称之为"短缺区"，即商品净流入地区。选择区位时，这种短缺区的优势明显大于"盈余区"的优势，盈余区即商品净流出地区。由于短缺区供求失衡程度是由内向外递减的，因此其区位出厂价格也是由内向外递减的，故厂商总是选择供求失衡程度最大的短缺区（该厂商产品最大缺口区位）进行生产活动。如果产品需求在空间上是均匀的，厂商就选择离其竞争对手尽可能远的地方。

同样，对于投入要素导向型生产活动而言，厂商通常选择投入要素盈余区作为生产区位。如果投入要素供给在整个市场范围内都是相同的，且供给范围相同，则可以等距离布局。

在现实中，需求和供给是不可能均匀分布的，因此，厂商区位很少是等距离的。现实中的区位要素不可能只有运输成本，且运输成本也不可能在各个方向上都随距离的增加而有序地增加，因此现实中的区位选择是很复杂的，这需要进行认真耐心的工作。

三、聚集导向型区位模式

前面的讨论告诉我们，在利润最大化目标的驱使下，有些区位主体为了使自己拥有尽可能大的市场范围而选择彼此远离的区位。然而，现实中还有一些区位主体不是相互竞争的，而是彼此依赖的，为实现利润最大化，它们常常聚集在同一个区位内。聚集导向型区位模式是多个区位主体集中在一个或几个区位从事生产或（和）消费活动的区位模式。区位主体之间总是同时存在吸引力和排斥力：如果排斥力大于吸引力，则出现产业区位的分散现象；如果吸引力大于排斥力，则出现产业区位的聚集现象。各种商店聚集的城市商业区、在交通沿线线性聚集的低档餐馆和旅店区、城市金融区和高档品购物区等，都是各种经济活动的聚集区。所有聚集主体都会发现，彼此的集中能带来外部经济效应，能使自身境况变好，这就是聚集导向型区位模式的特征。聚集区位形成的原因在于区位活动本身的特征、产品市场特征和要素供给市场特征。

（一）消费的外部经济——产品多样性和区位吸引力

一些产业活动的聚集是由产品非标准化导致的，产品非标准化使得产品不能彼此完全替代。这些非标准化的产品，形状和样式五花八门，人们很难进行比较和鉴别。不过，以钢材为主要原材料的制造商，可以根据所需钢材规格和型号选择自己的供应商，不必亲自到工厂看货。因此，钢材制造厂商或以钢材为主要原材料的制造业厂商不一定聚集在某一区位。但是现实中的更多情形是，消费者不可能确切地知道生产者生产的产品种类、款式和型号等；即使是知道这些信息，也给消费者带来大量的货币成本和时间成本。解决这一问题的最好办法就是把各种多样化的产品集中到特定区位的购物中心，购物中心所展销的产品种类和型号越多（多样化程度越大），其区位的吸引力也就越大。显然，购物中心是产品销售商彼此吸引而形成的聚集模式。如果不断加入新的成员，则进一步扩大商品的多样性，区位吸引力也就越大。在购物中心购买商品所要支付的交通成本，主要由消费者承担，而交通成本的主要部分是时间成本。尽管消费者本人到大型购物中心消费时要支付交通成本，但他同时享受因销售活动集中而带来的各种好处。

上面说明了经济活动聚集的外部经济性。聚集优势依赖多样化区位主体的聚集，这种聚集增强了某一区位的吸引力。

（二）生产过程的外部经济——分工和专业化吸引力

商品的聚集增强某一区位的吸引力，生产要素的聚集也能增强某一区位的吸引力。不过，商品聚集而产生的吸引力是对需求而言的，生产要素聚集而产生的吸引力是对厂商而言的。由于产品特征随时间发生变化，所需的投入要素类型也随之发生变化。例如，时装店所需的布匹、针线、纽扣、拉链以及技术人员等不断进行更新。同时，为提高效率、节省时间成本和额外支出，机械制造厂商也不断生产出新的生产线。企业管理者也想方设法了解消费者需求的变化和竞争对手的动向。显然，获取各种生产要素的最好区位是生产要素聚集区。

我们现在假设有一家小型服装厂，该厂的生产线是由几条分工精细的专业化生产线所组成，如裁剪和钉纽扣等。为了提高生产效率和降低成本，厂方需要专业化生产设备，但购买专业化设备需要大量资金。该服装厂生产规模小、产量低，不值得投入大量资金购买这种专业化生产设备；即使购买了这种专业化设备，也无法充分利用。因此，该服装厂雇用更多的劳动力，手工剪裁，手工钉扣。然而，如果几家服装厂聚集在一起，则可以把专业化钉扣机的生产能力充分利用起来，此时可能有人专门从事钉扣业务。如果服装厂与钉扣厂商签订合同，把钉扣业务发包出去，则可以降低服装厂的钉扣成本，进而降低服装生产成本和售价。这是生产过程中外部经济性的例子，也就是因分工与专业化而导致的区位吸引力的例子。显然，我们可以把它扩展到其他生产过程中的外部经济性方面。

（三）外部经济和规模经济

在上面，首先，我们解释了服装生产过程中钉扣工序以及其他工序的专业化操作所导致的各专业化厂商的出现，每个厂商因专业化操作而导致经济效率的提高和生产成本的降低等内部经济性；每个厂商的专业化操作对其他厂商经济效率的提高和降低生产成本方面带来的正效应，也就是外部经济性问题。其次，我们解释了服装厂和钉扣专业化厂商之间的互利合作使得服装厂进一步专业化的问题。这些使得既定产出水平的服装厂可以租用较小的厂房和使用较少的劳动力，提高投入和产出的比例关系，也就是提高了劳动生产率。对那些产出量并不固定、订单较小、生产周期较短的企业来讲，企业的规模主要由生产决策所决定，但这些厂商如果进行专业化生产，同样可以扩大生产能力。不过，在大多数情况下，生产规模主要受到资本供给不足的约束。

对既定规模厂商而言，提高生产率带来的收益可用图 3-11 来说明。区位在产业聚集区内的厂商，如果实行专业化生产，则正如上面所讨论的那样，可以获得内部规模经济优势，提高生产率。生产率的不断提高将使厂商平均成本曲线逐渐向下弯曲，如图 3-11 （a）中的平均成本从 ATC_0 降到 ATC_1。此时，因为区位在产业聚集区，需求扩大，故产出量由 Q_0 提高到 Q_1。

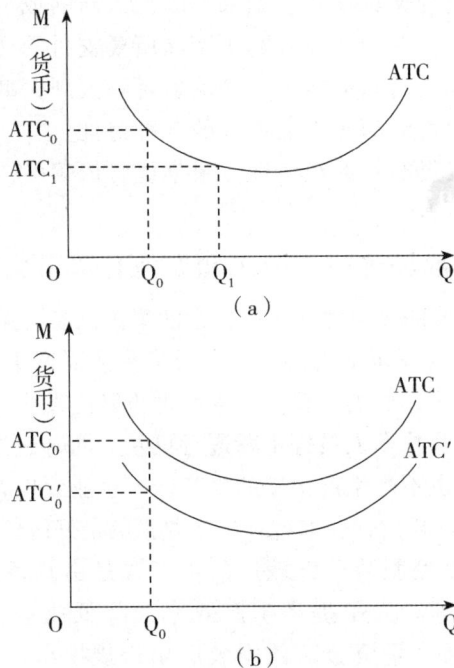

图 3-11　聚集经济和生产成本

企业聚集带来的生产率的提高会使在某一既定产出量水平下的平均成本曲线向下移动，如图 3-11 （b）所示，平均成本从 ATC_0 向下移动到 ATC_0'。这种成本曲线的下移是由如下原因引起的：

首先，如果某一厂商的规模经济源于企业聚集区内的专业化生产，那么该厂商的产品或服务能以较低生产成本进而较低价格提供给消费者，在企业聚集区内，以该厂商的产品或服务为主要投入要素的厂商的单位生产成本下降。

其次，企业聚集可以降低运输成本，运输成本的降低也能降低平均成本。

再次，在近距离范围内众多企业的聚集，可以降低需求和供给的不确定性，并且企业在聚集区内进行专业化生产，可以提高劳动生产率。

最后，可以借鉴其他厂商生产管理和组织效率方面的经验，提高经营管理效率，从而降低平均成本。

可以看出，生产活动的规模经济有三个层面的规模经济[1]：一是单个区位单元（工厂、商店等）层面的规模经济；二是单个公司层面的规模经济；三是在某一区位内企业聚集带来的规模经济。为了简便起见，我们分别称之为厂商规模经济、公司规模经济和聚集规模经济，每个层面规模经济的最优产出规模是由经济活动的特征所决定的，而这种经济活动的特征包括区位产品需求对运输成本的敏感程度以及对其他区位要素的敏感程度。如果某一区位的公司层面的规模经济效应大于厂商层面的规模经济效应，则具有多个分支机构的公司将选择该区位，但下属的分支机构可能选择不同的地点，如连锁店和一些制造业分厂；如果某一区位的聚集经济效应大于前两者的规模经济效应，则将出现企业聚集区和公司聚集区。

四、劳动力导向型区位模式

工资率的区际差异是不同劳动力市场之间的普遍现象，即使在同一劳动力市场上也可能存在工资率上的差异。例如，我国制造业部门的工资水平在西部地区较低，在东部沿海地区较高。熟练工人与非熟练工人之间的工资率区际差异就更为明显了，在同一城市的不同区之间以及不同规模的城市之间都存在明显的收入差异。区际人均收入或家庭收入差异并非完全是由特定劳动力市场的相对收入决定的，不同职业和产业形成的差异、劳动力参与程度差异和失业率差异也决定着区际收入差异。因此，一般来讲，都市区域收入水平比非都市区域收入水平高，大城市比小城市高。工资水平或收入水平的区际差异必然导致劳动力的区际流动。

在短期内一个地区的劳动力总供给可能完全无弹性，因为短期劳动力弹性取决于劳动力供给数量和劳动参与率的变化。但短期内单个部门的劳动力供给弹性较大，因为短期内单个部门的劳动力供给弹性不仅受到职业工人数量变化的影响，还受到移民和劳动力总量变化的影响。因此，单个厂商的劳动力供给具有较大弹性，同时对某一地区的劳动力市场而言，小型企业的劳动力供给几乎完全具有弹性。

人们总是偏好就业，这种偏好通常引起劳动力的区际转移和区位选择。类似于企业作出投资决策时进行成本效益评估一样，劳动力也对各备选区位进行系统的成本效益分析后作出转移与否的决策。这种成本效益分析比较复杂。首先，要比较备选区位的基本工资、各个区位的收入水平和就业前景，同时考虑配偶的就业前景。其次，要考虑部门间工资率差异、生活成本以及就业的稳定性；如果部门间工资率差异较小、生活成本相对便宜、就业相对稳定且发展前景好，则是首选的区位。最后，要考虑诸如气候、文化环境、社交机会以及交通可达性等其他方面的情况。显然，大多数评估项是难以用货币形式度量的。通常劳动力流向能提供更多工作机会和更高收入的区位，这种劳动力流动是迁出地的劳动力供给大于劳动力需求时发生的。相对于劳动力供给过剩，劳动力需求增长较快或劳动力迁入存在障碍的地区，其失业率较低，工资率较高，这种区位是劳动力首选的区位；相对于劳动力供给稀缺，劳动力需求下降或存在迁出障碍的地区，其失业率较高，工资率较低，因此，劳动力是不会选择这种区位的。

---

[1]　其实，还有一种规模经济，也就是城市化经济，但在本部分不讨论城市化经济。

在某一个特定区位中，如果劳动力相对于其他生产要素较为昂贵，那么厂商会从三个方面节约使用劳动力：一是改变生产技术，以便使用其他投入要素替代人力（如使用节约劳动力的机器）；二是退出生产行业；三是转移到劳动力便宜的其他区位。显然这里的生产活动是劳动力敏感型或者说劳动力导向型活动，厂商对劳动力的敏感程度取决于该厂商的经济活动特性。一个极端的情况是厂商对劳动力需求缺乏弹性（市场导向型），劳动力成本对区位不具有显著影响，如零售店根本不受劳动力成本差异的影响。上海某一超市的店主或员工的收入可能是西部地区超市店主或员工的两倍还高，但上海不可能吸引西部的店主和员工，因为两地市场完全服务于各自所在地区，两地店主之间不存在任何竞争。然而，上海超市的店主比西部地区超市店主更愿意使用其他投入要素替代劳动力。另一个极端的情况是对劳动力需求富有弹性（劳动力导向型）。如果劳动力过于昂贵，则厂商转移到劳动力便宜的地方进行生产。一般来讲，劳动力成本差异对区位选择的影响比运输成本、销售水平或者其他要素支出费用等差异对区位选择的影响更大。传统的纺织和服装行业具有很强的低劳动力成本导向性，因此，这些经济活动的备选区位较多。随着我国劳动力成本的上升，我国许多纺织和服装行业的厂商纷纷转移到东南亚地区；技术密集型生产活动需要稀缺的高技能人才，具有很强的高技能劳动力导向性，因此技术密集型产业的备选区位较少，我国许多高新技术产业主要向技术人才密集区转移或聚集。

五、技术进步与区位选择

在前面，我们假定经济活动中可转移的投入要素和可转移的产出要素的物理权重比例不变，显然这种假定是不符合现实的。对制造业生产而言，存在投入要素的相对成本差异和产出的相对需求差异，因此，制造业生产中所使用的可转移投入要素或可转移产出要素的物理权重是发生变化的，它可能是由不可转移投入和不可转移产出之间的替代比例变化所引起的，也可能是由可转移投入和可转移产出之间的替代比例变化所引起的。因此，在劳动力便宜的地方，厂商会使用更多的劳动力；在劳动力昂贵的地方，厂商则会更多地使用机器替代劳动力。同时，如果某一厂商生产的产品的需求在任何市场都具有完全弹性，那么该厂商面对的市场不可能是一个，而是多个或整个市场区域。本部分将重点讨论上述两种情况下厂商如何选择生产区位的问题。

（一）要素替代性与区位选择

为了说明要素替代性，我们用图3-12的区位三角来加以说明。

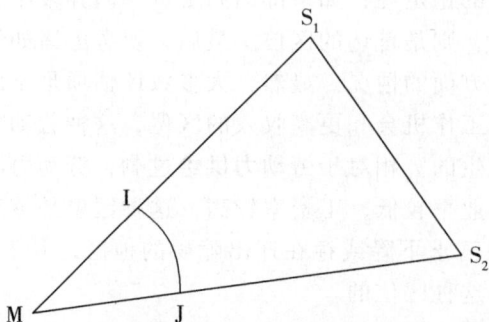

图3-12 区位三角：要素比例变化的区位选择分析

我们假定有两种可转移的投入要素（要素1的产地为S_1，要素2的产地为S_2）、一种可转移的产出和一个市场M。为了更清楚地解释要素替代性问题，我们暂时把区位选择限定在与市场等距离的区位I和区位J上，还假定该两个区位的技术水平相等。显然，弧线IJ包括了离市场的距离相等的所有区位。可转移的要素的市场价格就是要素来源地的要素价格加上运输费用。在本例中，要素1和要素2的市场价格分别是：

$$\begin{cases} p_1' = p_1 + r_1 d_1 \\ p_2' = p_2 + r_2 d_2 \end{cases} \tag{3-1}$$

其中：p_1和p_2分别表示两种投入要素在产地的价格；r_1和r_2分别表示两种投入要素单位运输距离的运输费用；d_1和d_2分别表示两种要素从产地到特定区位I或J的运输距离。显然，在区位I和区位J，两种生产要素的市场价格是不同的，因为点I比点J更接近投入要素1，因此，在点I，投入要素1的市场价格比在点J的市场价格便宜；反过来，在点J，投入要素2的市场价格比在点I的交易价格便宜。在厂商规模既定的情况下，对两种生产要素的需求量分别用x_1和x_2来表示，则在IJ任意一点进行生产时，厂商所支付的可转移要素的总成本（厂商对可转移投入要素的总支出）可以用下式表示：

$$TO = p_1' x_1 + p_2' x_2 \tag{3-2}$$

如果两种生产要素的总支出（TO）给定，则可以把式（3-2）写成如下形式：

$$x_1 = TO/p_1' - (p_2'/p_1') x_2 \tag{3-3}$$

式（3-3）表示要素等支出线。要素等支出线是线性的，式（3-3）可以写成如下形式：

$$x_1 = \alpha + \beta x_2$$

其中：斜率$\beta = -(p_2'/p_1')$；截距$\alpha = TO/p_1'$。在区位I和区位J，两种生产要素的市场价格是不相同的，因此在生产要素总支出既定的条件下，x_1和x_2是厂商能支付得起的两种投入要素的可行的数量组合。显然，生产要素的数量组合随区位的变化而变化。在总支出和两种生产要素价格不变的条件下，图3-13给出了区位I和区位J的等支出线。对应于区位I的等支出线用AA′表示，对应于区位J的等支出线用BB′表示。由于要素1的产地到区位I的距离比到区位J的距离较近，因此，对应于区位I的等支出线AA′的斜率（p_2'/p_1'）比对应于区位J的等支出线BB′的斜率大，显然，市场价格之比决定总支出线的斜率。在图3-13中，从原点出发的射线，如OR，表示的是两种生产要素的某种使用比例（x_1/x_2）；同理，OR′以及OR″表示的是不同的两种生产要素的使用比例。沿射线向右移动，表明生产要素使用量增加，与此相对应，生产规模也在扩大。

现在我们放开要素使用比例不变这一约束条件，则图3-13中任何一条从原点出发的射线都代表了厂商的不同的要素投入比例。如果厂商选择对应于OR′的要素投入比例，则在既定总支出水平下，区位I生产的产出量最大，这样厂商就把生产区位选择在I，此时的等支出线为AA′。事实上，对于任何要素投入比率（x_1/x_2）大于对应于射线OR的要素投入比例的生产活动，都会选择区位I，因为区位I的生产效率最高。同理，任何要素投入比例小于对应于射线OR的要素投入比例的生产活动，都选择区位J，与此相对应的等支出线为BB′，此时的生产效率最高。根据上述的两种情况，我们发现有效的等支出线是ACB′。

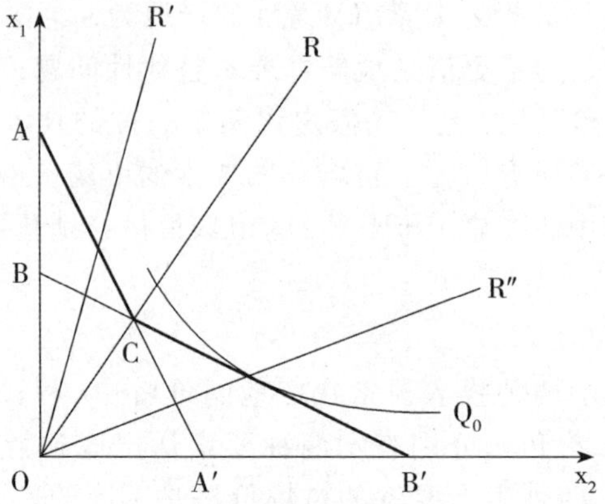

图 3-13 要素等支出线

从上面的分析中可以看出，厂商的区位选择与生产决策是不可分割的。在既定产出水平下，厂商要选择最优生产要素组合，同时要考虑最优区位。这种生产要素组合与区位同时选择问题可以用图 3-13 说明。在图中，等产出线 Q_0 上的任意一点都表示不同的生产要素组合状况，因此，等产出线 Q_0 上不同的点都表示生产中使用的两种生产要素之间替代率的变化情况。这说明，任何特定产出量都对应着一个总支出最小的最佳区位和最佳要素组合。显然，产出水平为 Q_0 时，最小的要素支出线是 BB′，而经过此产出水平和最小要素支出线的切点的要素投入比率线是 OR″。也就是说，对产出水平 Q_0 来说，最佳的要素投入比例是射线 OR″ 所表示的要素投入组合，而对应于射线 OR″ 的最佳区位就是区位 J。这就说明，生产理论与区位理论是无法分割的。

前面的分析只涉及两个区位，但这种方法可以扩展到包括区位三角形内部的区位选择问题。对这种区位的选择方法，我们可以采取两个步骤：

第一步，以市场为原点，以某一离市场的距离为半径画弧线（见图 3-12 中的弧线 IJ），该弧线上的所有点都是备选区位。在这种情况下，如果要素交易价格比率哪怕发生微小的变化，都可能改变原有的最佳要素组合，打破原有的理论权重均衡，因而厂商从长远的角度出发考虑新的区位。

第二步，分析当离市场的距离发生变化时厂商选择新的区位的动机。我们可以用理论权重来进行分析。理论权重的变化促使生产区位更接近市场或原料地，使得市场吸引力和来源地吸引力达到平衡。

市场规模的扩大或缩小也影响区位选择，因为市场规模的变化必然引起厂商生产规模的变化，但不管是何种生产规模，厂商考虑的是效率优先。不同的生产规模对应着不同的要素投入组合，而不同的要素投入组合又对应着不同的理论权重和区位偏好。因此，厂商必然会选择适合市场规模变化的最优要素投入组合和区位，以便提高其生产效率。图 3-14 就说明了这种过程。与市场规模扩大相对应，生产规模从 Q_0（生产区位为 J）扩大到 Q_1 时，最佳的生产区位是 I，而不是 J。从长远的角度来考虑，生产区位从 J 转移到 I 是富有效率的，因而厂商变更生产区位。由于投入要素比率从射线 OR″ 变化到射线 OR′，厂商必须变更生产区位。这样，在更大的生产规模 Q_1 下，厂商更多地使用要素 1，较少地使用要素 2。因此，随着理论权重的变化，厂商愿意把生产布局到靠近要素 1 的来源地。

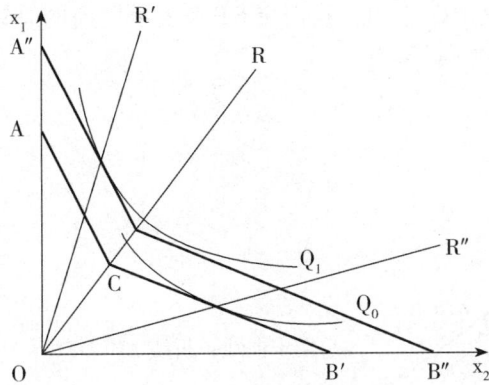

图 3-14 区位、要素替代和生产规模

在规模收益递增的情形下，扩大生产规模可以节约可转移要素的投入量。因此，具有规模收益递增特征的生产厂商选择接近市场的区位，因为随着生产规模的扩大，使用的可转移投入要素的理论权重相对于产品的理论权重不断地变小。有时，生产规模的扩大要求使用更多的可转移要素和较少的不可转移要素。例如，生产规模扩大要求使用更多的区外原料和较少的本地劳动力，这就使得产品的理论权重的变动相对于可转移要素的理论权重要小，此时厂商选择接近生产要素产地的区位。

显然，我们很难从生产规模的产出效率归纳出区位选择的总的原则。现实中，生产规模变化总是与技术变化同时发生的，这就使得根据原有生产特性而得出的区位选择的相关结论不能推广为区位选择的总原则。但是，我们要记住的是，必须考虑理论权重，因为要素相对价格和生产规模的变化会导致理论权重的变化。

（二）多个市场区位与区位选择

一个厂商面对着一个市场和多个要素产地的情况比较普遍，而一个厂商面对众多市场的情况更为普遍。如一个卖方垄断厂商生产一种产品，该产品的需求在任何市场都具有完全弹性。此时，该厂商的市场不可能是一个，而是多个或整个市场区域。同样，如果某一可转移投入要素的供给缺乏弹性，则从多个产地获得该投入要素会降低厂商的生产成本。

图 3-15 分析了可以把产品出售到多个市场的某一区位的市场可达性优势。图中有 5 个市场，它们由近及远地分布在厂商区位周围。如果每个市场上的需求曲线都相同且运费率相同，则每个市场的需求曲线相互平行且在纵轴上位置随市场距离的变大逐渐变低，因为市场价格（包括出厂价和运输成本）较低，则在远距离的市场上也可以出售，进而需求也就更多。每个市场的需求曲线的位置如图 3-15 中左边的位置逐渐下移的 5 条平行线所示。其实，这 5 条需求曲线与我们熟悉的市场需求曲线是一样的，不过纵轴表示的是单位产品净销售收入，横轴仍然表示销售量。如果在某 1 单位产品净销售收入水平上加总所有市场上的销售量，我们就得到总需求曲线，即折线 ABCDEG。总需求曲线中的每一个折点，如 B、C、D 点等，是每增加 1 个市场时需求曲线的变化起点，线段 AB 的延长线表示的是只有 1 个市场时的需求曲线，而线段 BC 的延长线表示两个市场时的需求曲线，线段 DE 的延长线表示 4 个市场时的需求曲线。现在考虑相对于某 1 单位产品净销售收入的总销售量，如单位产品净销售收入 OH，此时厂商在 5 个市场上都出售产品，按照从远距离市场到近距离市场的顺序，则在每个市场上出售的产品数量分别为 HI、HJ、HK、HL 和 HM。如果把这些销售量

加在一起，则在横坐标上为 OQ_F。如果我们用 HF 来表示厂商的总销售量，则 HF 等于 HM + MN(HL) + NP(HK) + PQ(HJ) + QF(HI)。

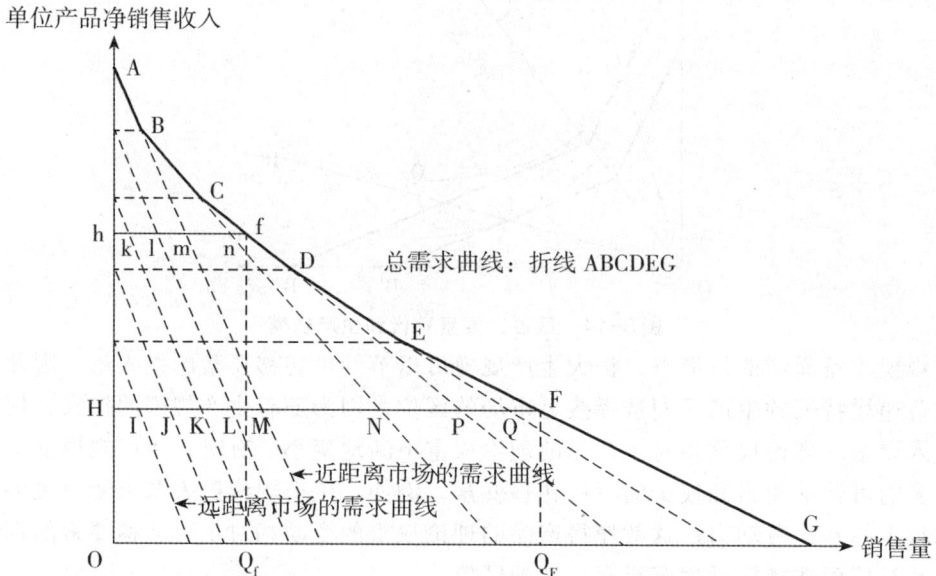

图 3-15　面对 5 个市场的单一产品总需求曲线

同理，对单位产品净销售收入 Oh 而言，已经在距离最远的两个市场上无法销售产品，只在较近的 3 个市场上出售产品，销售量分别为 hk、hl 和 hm，这在横坐标上为 OQ_f。如果同样用 hf 来表示总销售量，则 hf = hm + mn(hl) + nf(hk)。

对某厂商的总需求、该厂商的生产成本以及运输成本决定该厂商的利润，进而决定最优产品价格和产出水平。对不同区位而言，市场条件和成本条件都不相同，不同的市场条件和生产成本必然导致厂商收益的空间差异。我们知道，总需求和运输成本又是由厂商区位所决定的（总需求曲线是不同市场的需求的加总），也就是总需求曲线和运输成本是由厂商对不同市场的距离所决定的。因此，厂商在选择最优的交易价格和生产水平的同时，要选择最优的生产区位。

第三节　交通可达性与区位选择[①]

本节讨论的空间是离散空间。生产区位具有一定的空间维度，生产活动在一定空间范围内展开，消费区位也非连续，而是间歇性分布。本节中，区位选择主要受可达性原则所支配，可达性主要指到达某一市场或中心商务区的便利程度。对厂商而言，高可达性意味着很方便地把最终消费品或生产要素输送到国外或国内市场，很方便地享用各种信息以及各种基础设施所提供的服务；对消费者而言，高可达性意味着大量节省通勤或购物的交通成本，可以很方便地享受各种基础设施提供的各种服务。产业活动和居住活动对高可达性的需求，导致各种经济活动对城市中心地段区位的竞争，这种区位竞争必然导致对土地价

---

① 本节的写作主要参考：CAPELLO R. Regional economics［M］. 2nd ed. New York：Routledge，2016：47-58.

格或地租的竞争。城市区域土地资源供给很有限，因此越接近城市中心地段区位，土地价格或地租越高，只有那些支付高额土地租金的竞争者获得接近中心商务区的区位。

本节的讨论与第二节的讨论是有区别的。在第二节，不同区位要素对应着不同的吸引力，不同的吸引力又对应着不同的区位模式，而随距离而扩大的运输成本与经济聚集所致的聚集经济效应之间的权衡决定吸引力强度的大小；生产技术进步将导致投入要素投资比例的变化以及生产规模的扩大，而要素投入比例和厂商规模的变化又影响厂商的生产区位。本节在新古典经济学理论框架下，以厂商利润最大化和家庭效用最大化为基础，主要讨论不同类型经济活动以及家庭如何选择其在城市中的生产区位和居住区位的问题，也就是主要讨论如何把有限的城市土地资源在不同经济活动以及不同居民之间配置的问题。

本节从杜能的农业区位模型①开始学习，该模型解释了中世纪传统城镇农业生产的空间分布状况；接着讨论把该模型应用于城市厂商和家庭区位决策中的阿朗索②模型；最后简单讨论一般均衡模型，这一理论被认为是20世纪80年代之后城市经济学领域最重要的成就之一。

一、杜能的农业区位模型

杜能发现，尽管土地的自然属性很少在小尺度范围内发生变化，但土地租金存在较大的差异；同时，他发现这些不同地块的资金差异可以用不同地块进入城市市场的难易程度（交通可达性）来解释。杜能把这些观察结果拓展为一个不仅能够解释土地租金的空间变化，还能解释不同农业类型空间分布模式的理论模型。该模型后来成了经济地理学的理论基础；经过阿朗索的进一步拓展，又成了城市经济学的理论基础。

（一）基本假设

杜能的模型以及相关的理论都建立在如下假设基础之上：

（1）存在这样一个均质平原，该平原任何一处的土壤肥力、气候条件、地表坡度都相同，所有方向上的交通基础设施状况完全相同。

（2）在平原的某个地点上，存在唯一且孤立的城市，所有农产品都运到该城市去销售。

（3）需求是无限的，这意味着该模型为供给导向型模型，区位均衡取决于供给，而与需求无关。

（4）所有生产要素在空间上是完全均匀分布的，并不存在把非均匀分布的土地资源配置给不同经济活动的情况。

（5）每种农产品的生产都具有特定的生产函数，这些生产函数都有其不变的系数和不变的规模收益。这种假设保证单位土地产出量和单位产出成本在空间上是相同的。

（6）农产品市场是完全竞争市场，农产品的市场价格是给定的（外生的）。不同类型农民之间在农产品的市场价格、单位面积产量以及运费率方面存在差异，但同一类型农民之间不存在这种差异。

（7）平原上任何地点的农产品的运输成本都等于一个固定运费率乘以从该地点到城市市场的距离。当然，不同农产品的运费率是不相同的。

---

① VON THÜNEN J H. Der isolierte staat in beziehung auf landwirtschaft und nationalökonomie［M］. Hamburg: Perthes, 1826.

② ALONSO W. Location and land use: Towards a general theory of land rent［M］. Cambridge, MA: Harvard University Press, 1964.

　　杜能在假定存在一定数量的农民的基础上，讨论了城市周边地区的土地如何配置给农民的问题；但这种讨论始终围绕着地租展开。地租可以理解为农民为使用土地而愿意支付的价格，该价格等于农民的全部收入减去生产成本和运输成本，再扣除农民的一定报酬。

（二）基本模型

　　如果用x表示农产品数量，c表示单位产出的生产成本，p表示农产品价格，τ表示单位产出的运输成本，d表示离市场的距离，R（d）表示d距离处的地租，则地租可以写成：

$$R(d) = (p-c-\tau d)x \tag{3-4}$$

　　式（3-4）表示了离市场d距离处的农民的意愿支付水平。它为一条向下倾斜的直线，该直线的斜率为$-\tau x$。纵轴和横轴上的截距分别为$(p-c)x$和$(p-c)/\tau$，分别代表着城市中心处的最大地租和离城市中心的最远距离，在最远距离处的土地租金为零。在式（3-4）中，对距离d进行微分，则$dR(d)/dd = -\tau x$，意味着地租随离城市中心距离的增加而递减。这同时意味着，接近城市中心所递减的运输成本等于接近城市中心所递增的地租。

　　假设有A、B、C 3位农民，他们每个人生产特定的农产品，这些农产品的抗腐败性不相同，每个农民都具有各自的租金供给曲线。由于不同农产品的抗腐败性不同，进而储藏农产品的难易程度也不相同，因此，生产不同农产品的农民的租金供给曲线的位置和斜率不尽相同（如图3-16所示）。新鲜水果和蔬菜的价格高，但容易腐败，因此，生产容易腐败的农产品的农民将租用接近城市中心的土地且用高效率的生产方式进行生产。从图3-16可以看出，该农民在城市中心处的净收益（在纵轴上的截距）为$(p-c)x$，为更接近城市中心而愿意支付的租金的变化率为$-\tau x$。图中R(A)、R(B)、R(C)分别为农民A、农民B以及农民C的租金供给曲线。

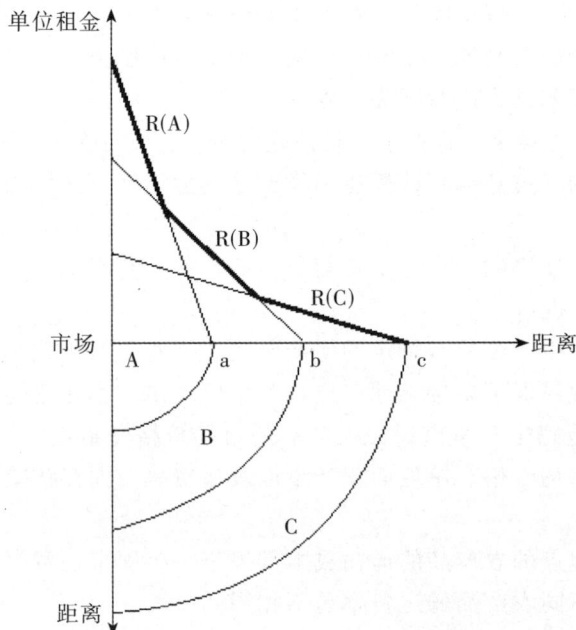

图3-16　3位农民之间的土地配置

　　如果很多农民为获得高交通可达性土地而展开竞争，那么高交通可达性土地将由出价租金最高的农民所获得。因此，城市中心到a范围以内的土地，农民A以出价最高租金的方式获得，从 a 到 b 范围内的土地以及从 b 到 c 范围内的土地，分别由农民 B 和农民 C 以相同的方式获得。土地所有者所实现的总租金曲线可由上述 3 条租金供给曲线的包络线所给出。

杜能农业区位模型的最大优点为只利用交通可达性或离城市中心的距离这一简单要素解释了土地租金的差异，这与李嘉图的土地租金差异主要由土地肥沃度差异所致的观点不同。

二、阿朗索的城市厂商区位选择模型

在 20 世纪 60 年代早期，阿朗索和穆特[①]把杜能农业区位模型应用于城市研究领域，为后期的城市空间结构研究提供了理论基础。不同于杜能研究，他们并没有只强调交通可达性，还强调了经济活动主体对城市中心地段区位的偏好，使得他们的理论更适合城市经济现实。

阿朗索的基本假设，除了强调城市中心商务区以外，基本与杜能模型中的假设一致。假设有一个城市，城市空间是一个均质空间，生产要素均匀分布在城市空间中，城市基础设施覆盖整个城市空间，且不同地点的基础设施条件均相等；城市只具有一个中心，称该中心为城市中心或中心商务区，该中心也是对所有厂商和家庭而言最具有吸引力的区位。根据这些假设，厂商城市区位选择分析只考虑从城市中心到城市边缘的距离这一要素。

阿朗索的分析与杜能的分析类似，所有厂商为获得城市中心地段区位而展开竞争。阿朗索模型解释的是在离城市中心不同距离处的土地价格已知的情况下，如何把城市空间在不同经济活动之间配置的问题。阿朗索模型中的地租仍为一种剩余量。阿朗索定义地租为从厂商销售商品总收入中扣除生产成本（包括运输成本）和厂商预期的利润水平后的净剩余，该剩余为该厂商为获取该距离处土地而愿意支付的成本，可以写成如下形式：

$$R(d) = [p_x - \pi - c_x(d)] \cdot x(d) \tag{3-5}$$

其中：R 为单位土地租金；p_x 为厂商单位商品价格；c_x 为包含运输成本的单位产出生产成本；π 为厂商利润；d 为厂商与城市中心间距离；x 为厂商的产出量。在阿朗索模型中，生产成本包含运输成本，且该运输成本与离城市中心的距离有关，这一点与杜能模型是一致的。但在阿朗索模型中，厂商收益并不单纯依赖距离的远近，它更多的是与厂商所处的城市区位有关，更接近城市中心的区位使得厂商更容易拓展其市场范围，可以获得更多的收益。例如位于城市中心商务区的商店与位于城市郊外的商店的收益显然不同，销售奢侈品时更是如此。

式（3-5）表述的是一种竞标租金，是厂商为获得 d 距离处区位而愿意支付的单位面积土地的租金。在厂商利润水平不变的情况下，厂商愿意为获得更接近城市中心的区位支付更多的租金，因为如果厂商获得位于城市中心地段的区位，则可以节省大量运输成本并获得更多的收益。类似地，当位于城市郊区区位时，只要支付的土地租金较低，就可以获得相同水平的利润，因为所节省的土地使用成本可以抵消较高的运输成本和较低的经营收益。地租竞价曲线如图 3-17（a）所示。地租竞价曲线的斜率反映离城市中心距离的边际变化所导致的土地租金的变化率，可以用一阶微分来表示：

$$\frac{\partial R(d)}{\partial d} = \left[p_x - \pi - c_x(d) \right] \frac{\partial x(d)}{\partial d} - x(d) \frac{\partial c_x(d)}{\partial d} \tag{3-6}$$

现我们假设有 3 种类型的厂商，接近城市中心区位的重要性对这些厂商来说不尽相同，

---

① MUTH R F. Economic change and rural-urban land conversions [J]. Econometrica, 1961, 29 (1): 1-23.

如时尚精品店、电脑零售店、面包店接近城市中心区位的重要性是大不相同的。每个厂商都有其地租竞价曲线，但不同厂商的地租竞价曲线的位置和斜率是不相同的，因为不同厂商销售的产品对接近城市中心地段区位的敏感程度不尽相同。根据前述的杜能模型，这些厂商在城市区域中获得的区位，将取决于它们愿意支付的土地租金的多少，离城市中心的任意距离处，愿意出最高土地租金者将有权使用该距离处区位的土地，如图3-17（c）所示。

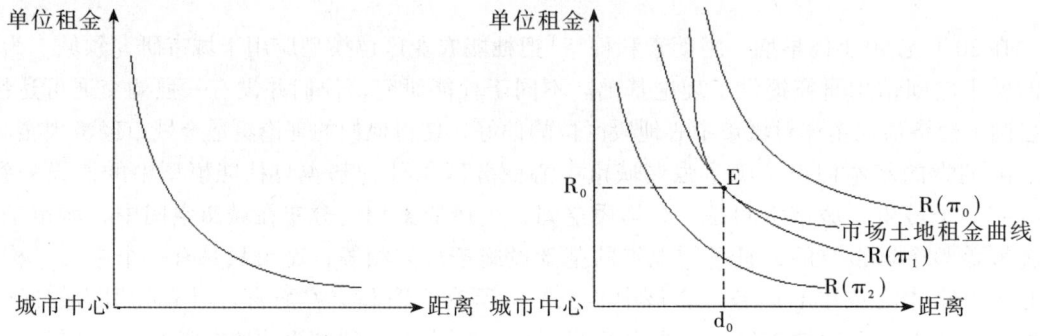

（a）地租竞价曲线　　　　　　　　（b）厂商区位均衡

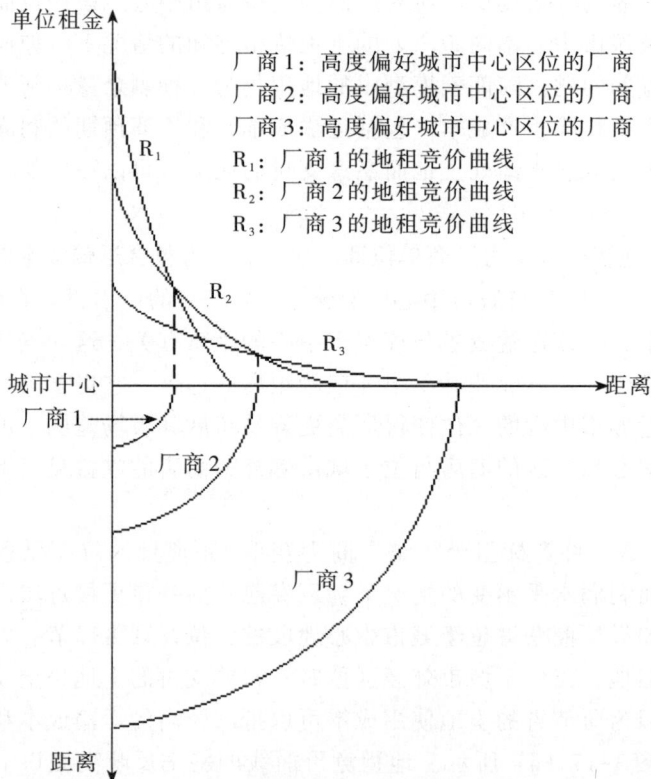

（c）对中心区位偏好不同的厂商的区位均衡

图3-17　地租竞价曲线和厂商区位均衡

根据李嘉图的理论，土地肥沃度差异决定农业地租差异。但在此模型中，离城市中心区位不同距离处的土地，因其在获取信息方面的差异，生产率的水平不尽相同。如果总收入和总成本随离城市中心区位的距离而发生变化，那么土地租金就等于把所有净收益转化为土地边际变动带来收益时的价值。

三、阿朗索的城市家庭区位选择模型

城市家庭区位选择模型也是阿朗索首先建立起来的，其分析框架与前面的厂商区位选择模型完全类似，但区位决策不再是由厂商作出，而是由家庭作出。它与厂商区位选择模型的区别主要体现在居住面积在区位选择过程中发挥重要的作用，例如为获得更加接近城市中心地段的住房，家庭可能不应过多地计较居住面积。在接近城市中心地段上购置面积较小的住宅以及接近城市中心区位的交通可达性，使得家庭可以节省一笔支出。正因为有了这些支出节省，这些家庭可以支付高的单位土地租金，进而可以居住在城市区域了。

城市家庭区位选择模型包括3个变量：土地成本（或住房成本）、住房面积以及交通成本。假设家庭的效用函数如下：

$$u = u(d, z, q) \tag{3-7}$$

其中：d表示居住地离城市中心的距离；q表示住房面积；z表示住房以外的家庭必备的所有物品。在d、z已知的情况下，如果降低住房面积q，则必然导致家庭效用水平的下降，而效用水平的下降必须由家庭购买的其他商品数量的增多来补偿才能保证家庭效用水平不变，这可以由无差异曲线来表述。图3-18（a）中的无差异曲线所描绘的是家庭效用水平不变情况下家庭所拥有的房屋面积以及其他商品组合的变化情况。正如在图中的情况，无差异曲线向下倾斜且凸向原点，意味着商品消费的边际效用递减。边际效用递减规律意味着，当某一个人拥有数量众多的某种商品时，额外增加1单位该商品消费所带来的效用水平将下降，故在不改变其总体效用水平的前提下，他愿意用该种商品去换回其他商品，哪怕换取很少数量的其他商品也愿意。反过来，如果他拥有某种商品的数量很有限，则他用大量的其他商品来换回该种商品直到他满意的数量为止，此时他的总体效用水平是提升的。

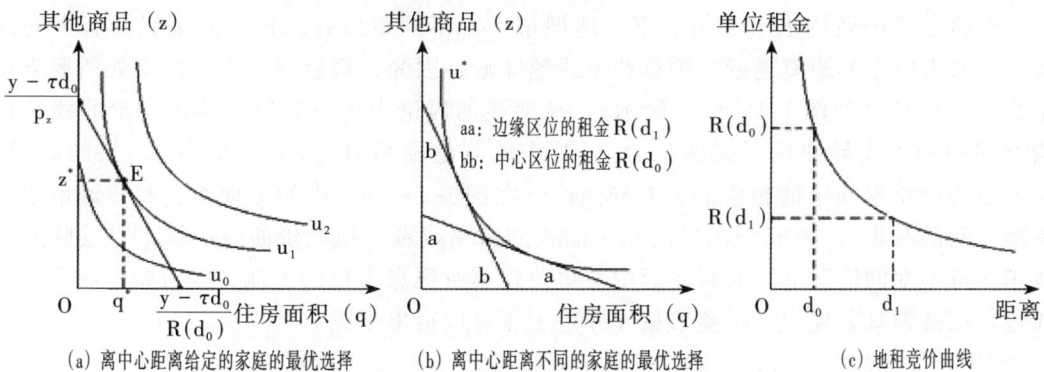

图3-18　家庭最优选择和地租竞价曲线

图3-18（a）中的无差异曲线代表了家庭的某种效用水平，离原点越远，其效用水平越高，因为在住房面积不变的情况下，家庭获得更多的其他商品，则其总体效用水平将会增加。在家庭预算约束给定的情况下，家庭尽可能搜寻效用水平最高的无差异曲线上的区位，但前提是家庭的总收入必须等于总支出。家庭预算约束可以写成：

$$y = p_z z + R(d_0)q + \tau d_0 \tag{3-8}$$

其中：y表示家庭总收入；p_z表示家庭购买其他商品的成本；$R(d_0)q$和τd_0分别表示位于离城市中心d_0距离处的房屋的成本和交通成本。

$$z = \frac{y - R(d_0)q - \tau d_0}{p_z} \tag{3-9}$$

从图 3-18（a）中可以看出，预算约束线为一条直线，如果家庭愿意用其全部收入来购买房屋而不购买其他商品，则此时在横轴（住房面积）上的截距为 $(y - \tau d_0)/R(d_0)$；如果家庭愿意用全部收入来购买其他商品而不购买房屋，则此时在横轴（其他商品）上的截距为 $(y - \tau d_0)/p_z$。在预算约束下，家庭效用最大化区位可以用预算约束线与无差异曲线的切点来表示，家庭的效用水平不能超出切点所表示的效用水平，因为家庭的收入水平是一定的。同理，在既定收入水平下，家庭选择比切点处效用水平低的效用水平也是缺乏理性的。我们根据家庭的效用函数和约束条件，建立拉格朗日方程：

$$L = u(q, d, z) - \lambda(R_d q + p_z z + \tau d - y)$$

然后分别对房屋面积 q 和其他商品组合 z 进行微分并等于零，再根据定义 $u_z'dz = -u_q'dq$，可以得出下式：

$$u_q'/u_z' = -R(d_0)/p_z \tag{3-10}$$

我们现把其他商品 z 视为计价物，也就是 z 的价格为 1。此时，预算约束线的斜率恰好等于地租 $R(d_0)$ 的值。式（3-10）表明，均衡时，如果两种效用的相对值（u_q'/u_z'）等于地租，则是否以不同面积的住房来替代其他商品对家庭而言是无差异的。因此，在想要获得某种效用水平（如图 3-18（b）中的无差异曲线 u^* 所表示的效用水平）的期望之下，家庭都希望在离城市中心不同距离处实现与该距离处支付的总成本相匹配的最大化的效用。在效用水平不变的情况下，为了促使家庭较少购入高质量房屋而更多购入其他商品组合，必须提高住房价格，同时其他商品价格较低，以便具有更大的吸引力。在图 3-18（b）中，这表现为家庭的效用水平仍为无差异曲线 u^* 上的效用水平，而家庭预算约束线位于斜线 bb 的位置上。

在给定某种效用水平的情况下，离城市中心不同距离处的预算约束线具有不同的斜率。离城市中心的距离越近，预算约束线越陡峭，因为在接近城市中心距离处所要支付的租金变得很高（如图 3-18（c）所示）。从前述的讨论中可以看出，地租竞价曲线是把消费空间中的无差异曲线（在图 3-18（b）中的其他商品组合 z 和住房面积 q 之间的权衡）转变成为城市空间中的相应的无差异曲线（在图 3-18（c）中的土地租金和离城市中心的距离之间的权衡）。不同距离处的租金曲线的斜率或者地租竞价曲线的斜率，反映家庭在效用保持不变的情况下，为每接近中心单位距离所愿意支付的土地（或房屋）成本。我们通过在拉格朗日方程中对距离求偏导并等于零可以得出下式：

$$\frac{\partial R(d)}{\partial d} = -\frac{\tau}{q} \tag{3-11}$$

上式被称为穆特条件，可以表述为：如果所选择的所有区位都能保证总效用水平不变，则对选择何种区位的家庭而言是无差异的。式（3-11）的含义与杜能模型中的 $dR(d)/dd = -\tau x$ 的含义相同，不同的是多包含了住房面积变量 q，当接近城市中心时土地价格变得更加昂贵，因此，接近城市中心时，住房面积变量 q 就变小。在这种情况下，如果因较低的交通成本和购买面积较小的住房而节省的支出，等于城市中心地段支付的高单位土地成本，则在城区何种区位选择住房对家庭来讲是无差异的。由此，地租竞价曲线不是直线，而是指数型曲线，且其斜率为负。

　　正如在图3-17（b）中的厂商区位均衡一样，家庭区位均衡是通过市场土地租金曲线与地租竞价曲线的叠加来实现的。土地市场租金曲线表示真实的土地市场价格，被认为是外生变量。实际的土地市场租金曲线与最低地租竞价曲线的切点，就是家庭选择的最优区位，如图3-19所示。

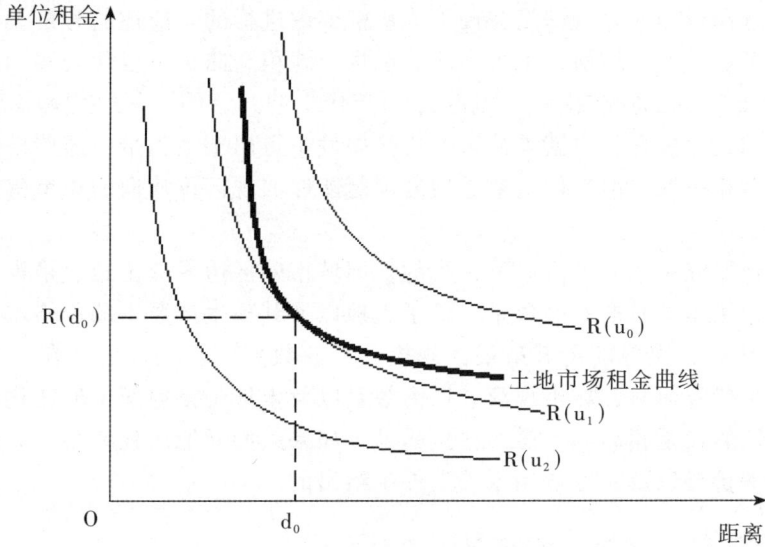

图3-19　家庭区位均衡

　　进一步分析家庭收入水平变化对区位均衡的影响。在家庭住房面积给定的情况下，家庭将选择那种在该地点上向边缘地区转移（图3-20（a）中的交通成本c）所节省的成本，就等于那种以节省土地成本（图3-20（a）中的v）形式表现的边际收益的区位。家庭收入水平提高，可能导致相反的区位调整行为。如果家庭偏好住房面积，则考虑到节省购买住房的支付而带来的收益（图3-20（a）中，曲线v转移到曲线v′处），则家庭可能选择城市郊区的区位。如果家庭更加关注交通的机会成本（图3-20（b）中的曲线c上移到曲线c′的位置），则将选择城市中心地段位置。

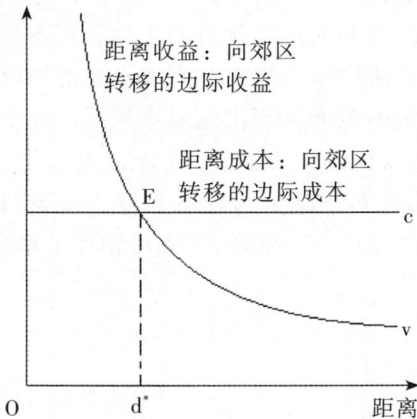

（a）交通可达性的成本与收益

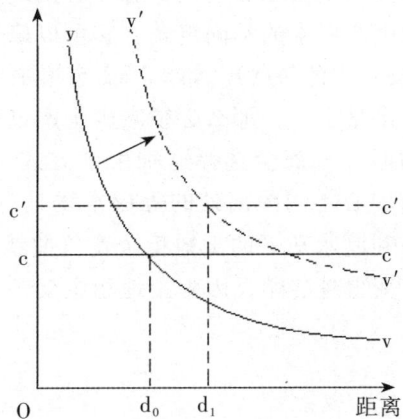

（b）收入变动的影响

图3-20　交通可达性的成本与收益以及收入变动对区位选择的影响

第四节　区位选择的一般均衡模型[①]

第三节讨论的是在城市这一离散空间中的单个厂商与家庭的区位选择问题，但这些厂商和家庭区位选择行为的分析都是在局部均衡框架内进行的。前述的分析无法推出实际土地价格，但为了定义区位均衡，不得不假设市场土地租金曲线可以代表实际的土地市场价格。一般均衡分析方法的应用是从20世纪80年代中期开始的，一般均衡模型主要是寻求土地市场租金内生化过程，也就是从区位均衡条件中得出土地租金。这些模型的逻辑框架与局部均衡模型相一致，但它们主要是用来确定能够实现区位均衡的城市密度、城市规模以及土地价格。

对厂商区位研究是在如下假设下进行的，即城市郊区边界的土地价格等于该地带的农业地租；商品市场出清时的商品数量、除了土地以外其他生产要素的价格水平以及厂商的收益水平是已知的；模型确定城市最大规模、厂商数量以及土地价格在空间中的变化趋势。对家庭区位研究而言，城市规模、厂商数量以及土地价格空间中的变化趋势等，与研究厂商区位时的假设是相同的，需要注意的是，如果人们开始居住在某一城市，则除土地以外其他商品的价格以及家庭效用水平是外生给出的。

一、厂商区位的一般均衡模型

一般均衡模型的目的是在已知城市土地中用于工业活动所占比重 s 的情况下，确定均衡时位于该工业区范围内的生产同质产品的厂商数量 n。由于这些厂商都从事同种产品的生产，故每个厂商的生产函数相同，设该生产函数为包含土地和资本两种生产要素的柯布-道格拉斯生产函数且规模收益不变：

$$Y_d = aT_d^\alpha K_d^{1-\alpha} \tag{3-12}$$

其中：Y 为位于离城市中心 d 距离处的厂商的产出水平；a 为表示技术进步的常数；T 和 K 分别为在生产过程中使用的土地和资本的数量；α 和（$1-\alpha$）分别为土地和资本的生产效率。生产出 Y 产出量的生产要素的各种组合可由图 3-21 中的等产出量曲线来表示，等产出量曲线离原点越远，意味着生产率水平越高。等产出量曲线表示生产总成本不变情况下的生产要素的不同组合，它可以确定实现厂商利润最大化时的土地和资本的组合（图 3-21（a）中的 E 点）。如果厂商想增加城市土地使用量，但在总成本不变的情况下仍保持原有产出量水平，那么必须减少生产过程中的资本投入。当土地成本较低因而土地更具有吸引力时，厂商会选择这种生产方式（如图 3-21（b）所示）。这样，类似于住房模型，离城市中心不同距离处的等成本线具有不同的斜率，设 p_k 为计价单位，则我们可以确定在某一利润水平下的土地租金竞价曲线（如图 3-21（c）所示）。离城市中心的距离越近，预算线变得越陡峭，因为土地租金变多。

① 本节的写作主要参考：CAPELLO R. Regional economics [M]. 2nd ed. New York：Routledge，2016：58-64.

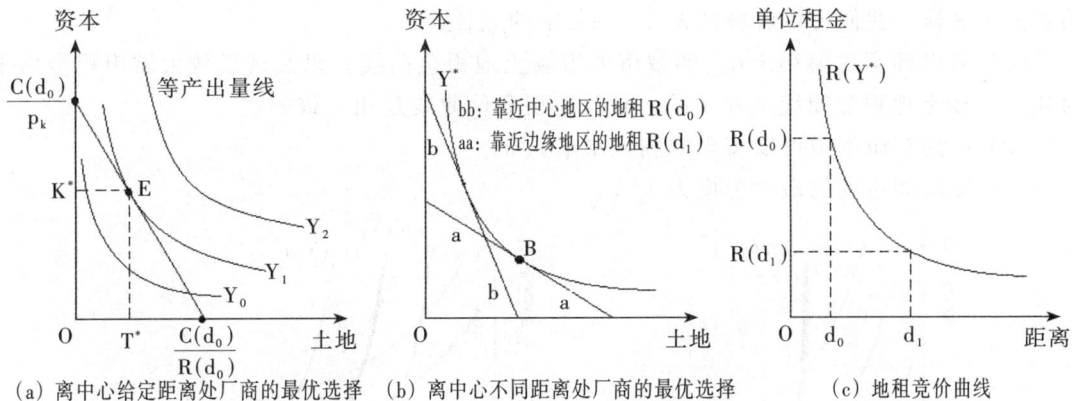

（a）离中心给定距离处厂商的最优选择　（b）离中心不同距离处厂商的最优选择　　　（c）地租竞价曲线

图3-21　厂商最优选择与地租竞价曲线

租金曲线可以定义如下[1]：

$$\frac{T_d}{Y_d}\frac{\partial R(d)}{\partial d} = -\tau(\lambda) \tag{3-13}$$

上式为厂商模型中的穆特条件。该条件意味着，如果所选择的区位的交通运输成本的节约部分等于城市土地使用成本的增加部分，则选择何种区位对厂商而言是无差异的。由于土地变得更加昂贵，故为弥补增加的土地使用成本，厂商常减少土地使用量，且以增加资本等其他商品的数量来替代土地使用减少部分，如建设高层建筑等，它可以大大节省单位产出的土地使用量 T_d/Y_d。

选择地租竞价曲线上的任何区位对厂商而言是无差异的，也就是说，因为厂商空间移动成本为零，选择地租竞价曲线上任意一点的区位，厂商的利润水平都不会发生变化。

考察一下一般均衡的情况。在所有n个厂商的生产函数都相同且已知城市均衡时的产出量 Y^* 的假设下，可以根据边界租金曲线来确定土地使用密度、厂商最大的利润水平以及城市总体规模。边界租金曲线被定义为：那些位于每个厂商利润最大化曲线（各地租竞价曲线）上且均衡时的利润水平等于外生给定的土地成本的点（城市边缘界线）的连线。在城市郊区边界的土地价格已知，且等于农用地租金的情况下，可以确定均衡时的地租竞价曲线，这些地租竞价曲线在城市郊区边界处与边界租金曲线（图3-22（a）中的 brc(Y^*)曲线）相交。位于高位处的地租竞价曲线的利润水平都低于厂商实际可以实现的利润水平（在图3-22（a）中，a点的利润水平低于E点的利润水平），因此这些位于较高位的地租竞价曲线不满足均衡条件；位于较低位的地租竞价曲线所确定的城市边缘的土地租金又低于农用土地的租金，因此，较低处的地租竞价曲线也不满足均衡条件。能够满足均衡条件的地租竞价曲线只有一条，它与边界租金曲线相交在城市郊区土地租金与农用地租金相等

---

[1]　式（3-13）可以通过如下途径获得，即在以厂商总收益水平（$\bar{V}$）为约束条件，实现离城市中心距离d处厂商的总成本（C_d）最小化：

$\min C_d = R(d)T_d + p_k K_d$

s.t.：$\bar{V} = (p_y - \tau d)Y_d = (p_y - \tau d)aT_d^\alpha K_d^{1-\alpha}$

建立拉格朗日方程，即 $L = R(d)T_d + p_k K_d - \lambda(p_y - \tau d)Y_d + \bar{V}$，然后对距离d进行微分并等于零，则可以得出：

$\frac{\partial L}{\partial d} = \frac{\partial R(d)}{\partial d}T_d + \lambda\tau Y_d = 0 \Rightarrow \frac{T_d}{Y_d}\frac{\partial R(d)}{\partial d} = -\tau(\lambda)$

的点上。这样，我们可以解释图3-22（a）中的点E：

（1）可以确定规模小于d_{max}的城市的市场土地租金曲线，以及规模较大城市租金水平为R_a。市场土地租金曲线是外生的，且与地租竞价曲线是相一致的。

（2）厂商在城市中可以实现的利润水平为π_1。

（3）城市能达到的最大规模为d_{max}。

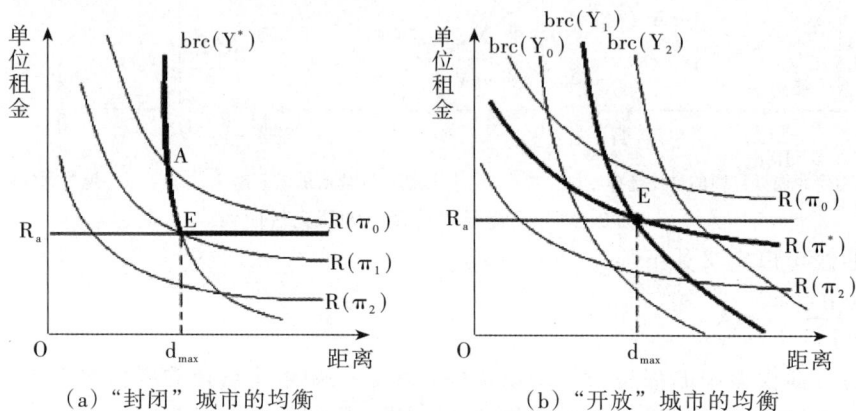

（a）"封闭"城市的均衡　　　　　　　（b）"开放"城市的均衡

图3-22　厂商的一般均衡

上述模型也可确定那些依据均衡时的密度分布规律区位于城市中的厂商。对这些厂商而言，离城市中心不同距离处的区位是无差异的，因为郊区区位的较低的土地租金正好可以弥补较高的交通成本，而且可以节省资本成本（可以降低单位产出的土地使用量）。假设有一个开放的城市系统，其是指该系统中的厂商可以随时进行区位调整。在该系统中存在许多边界租金曲线，各边界租金曲线都代表着一定的均衡产出水平（如图3-22（b）所示），区位均衡是通过外生确定的城市利润水平为π^*的地租竞价曲线而得到实现的。利润水平为π^*的地租竞价曲线（图3-22（b）中的$R(\pi^*)$曲线）与农用地租金曲线的交点确定城市规模（城市密度），地租竞价曲线$R(\pi^*)$与边界租金曲线$brc(Y_1)$的交点确定均衡时的产出量。

二、家庭区位的一般均衡模型

类似于厂商区位一般均衡模型，家庭区位一般均衡模型也给出城市中n个家庭的区位均衡。家庭区位一般均衡模型要求，n个家庭对可选择的所有区位都显现为无差异。假设所有家庭的收入水平和偏好都相等，且对同一个地租竞价曲线上不同区位都是无差异的。图3-23（a）显示了各种地租竞价曲线，越接近原点处的地租竞价曲线，其效用水平越高。但与局部均衡模型中的情况一样，我们无法知道市场土地租金曲线，只能通过比较不同家庭的地租竞价曲线才能确定，如同在杜能模型中通过3个农民地租竞价曲线的包络线定义市场土地租金曲线一样。但类似于厂商区位模型，可以利用边界租金曲线确定市场土地租金曲线以及家庭的效用水平。针对不同的家庭效用水平（因而对不同的地租竞价曲线和离中心不同距离时的最大城市规模），边界土地租金曲线界定了城市规模，此时城市总人口等于外生给定的人口数量。[1]也就是说，在总人口等于外生给定的总人口的条件下，

---

① 可由$\int_{d=0}^{d_{max}}[2\pi d/q(d, u)]\partial d = \bar{n}$来表示总人口等于外生给定人口数量（$\bar{n}$）的条件。如果每个家庭居住面积（q）增加，则居住密度将减小。

边界土地租金曲线根据不同的家庭效用水平和最大人口规模界定了城市区域。因此，如果家庭效用水平提升，则每个家庭的居住面积变大，居住密度将变小。

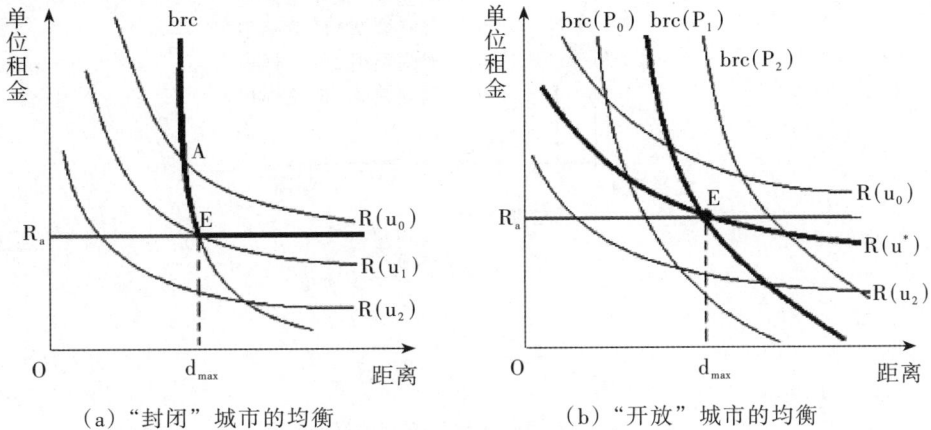

(a)"封闭"城市的均衡　　　　　　　　　(b)"开放"城市的均衡

图3-23　家庭的一般均衡

与厂商区位情况类似，假设城市郊区边界土地价格已知，且等于城市郊区边界农用地的土地租金，则可以确定均衡的地租竞价曲线，该曲线与表示城市郊区边界土地价格的边界土地租金曲线相交（图3-23（a）中的brc曲线）。如果边界土地租金曲线与高位处的地租竞价曲线相交（图3-23（a）中的A点），家庭促使交点移向表现为较高效用水平的低位处的地租竞价曲线。反过来，如果边界土地租金曲线与表示较高效用水平的低位处地租竞价曲线相交，则因城市郊区边界处的居住用土地价格低于农用地租金，将不存在均衡。类似于厂商区位的讨论，图3-23（a）中的E点可以如下定义：

（1）确定了规模小于d_{max}的城市的市场土地租金曲线以及大于该规模的城市边缘区租金水平R_a。市场土地租金曲线是外生的，且与地租竞价曲线相一致。

（2）城市中家庭的效用水平为u_1。

（3）城市达到的最大规模d_{max}以及密度。

在那种家庭可以重新选择其居住区位的开放城市系统中，类似于厂商区位选择模型中的情形，有多条边界土地租金曲线，这些曲线界定了不同水平的人口规模（如图3-23（b）所示）。通过外生给定城市效用水平为u^*，可以实现区位均衡。效用水平为u^*的地租竞价曲线与农用地租金曲线的交点，确定城市规模（以及密度），也就是地租竞价曲线与其中一条边界土地租金曲线（图3-23（b）中的brc（P_1）曲线）的交点处实现均衡。

最后我们摒弃所有家庭收入水平都相等的假设，同时假定存在3种类型的家庭，其收入水平不同，家庭偏好也不相同。由于收入水平不同，不同类型家庭的地租竞价曲线的斜率不相同。随着家庭收入水平的普遍提升，不同收入水平的家庭为居住在离城市中心较近的区位（如图3-24所示），都愿意支付更多的居住租金。因此在城市区域中，3种不同类型家庭居住区位的排序类似于杜能模型中的排序，每一个离城市中心不同距离的地段，都由那些对该地段土地愿意出最高价的家庭所居住。因此，市场土地租金曲线由那些离城市中心不同距离地段的地租竞价曲线的包络线所表示，城市区域被刻画成一系列同心环，每一个同心环由那些为相应距离处区位愿意支付高额租金的家庭所占据。

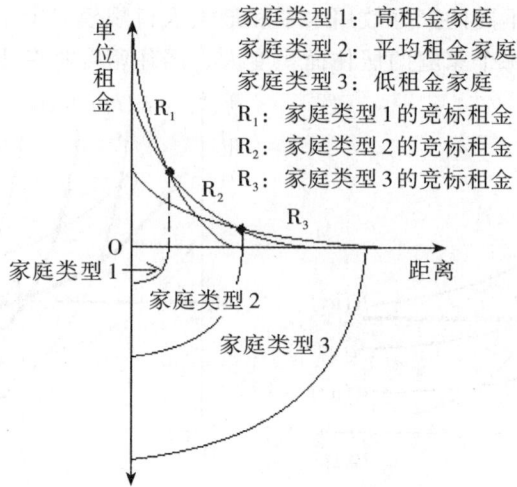

图 3-24　不同收入水平家庭的区位均衡

三、厂商与家庭

在一般均衡框架下，讨论一下在单中心城市模型中同时分析厂商和家庭区位的方法。我们假设厂商的地租变化率大于家庭地租变化率，也就是厂商为获得更接近城市中心地段的区位，愿意支付很高的租金。厂商和家庭的地租竞价曲线如图 3-25 所示。

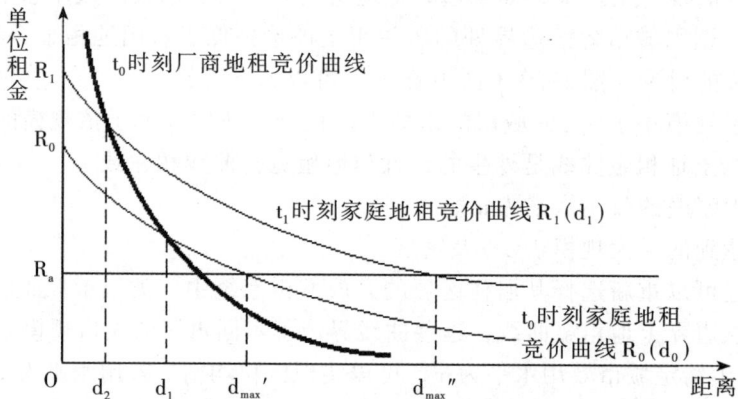

图 3-25　家庭和厂商区位均衡

从上述模型中我们可以得出重要的两个结论。

第一个结论：可以内生地确定厂商和家庭的地租竞价曲线。让我们假设在 t_0 时刻家庭选择表示某一效用水平的地租 $R_0(d_0)$。当均衡时，该效用水平可以确定与此种水平的效用相匹配的总人口数量，且劳动力供给与厂商的劳动力需求相等。如果家庭选择的效用水平较高，则与此效应水平相匹配的家庭地租竞价曲线位于下方，此时居住在距离城市中心 $d_1 d_{max}'$ 范围内的人口数量太少，难以满足厂商的劳动力需求。这意味着，此时该城市所提供的就业机会还有很多剩余，这将吸引新的家庭进入该城市，增加了对城市土地的需求，因而地租竞价曲线上移到图 3-25 中的 $R_1(d_1)$ 的位置。这意味着城市规模开始扩张，直到在较低的效用水平上重新实现劳动力市场均衡的 d_{max}''。

第二个结论：可以把城市区域划分为生产区和居住区。类似于杜能模型中的情形，那些离城市中心不同距离处的土地，将配置给对该距离处土地出价最高的经济活动。就本模型而言，城市中心地段区位主要由厂商占据，城市边缘地段区位主要由家庭占据。

拓展阅读3-1　韦伯的　　　　　　　拓展阅读3-2　中心地理论　　　　拓展阅读3-3　城市位次与
　　工业区位论　　　　　　　　　　　　　　　　　　　　　　　　　　　规模（rank-size）的研究

本章小结

本章从无限空间和有限空间、局部均衡和一般均衡的角度，讨论微观主体的区位选择理论。区位由区位主体和区位单元构成。区位因素是支撑区位主体和区位单元形成特定区位的基本元素，是区位主体进行区位选择的基本条件。

区位选择就是人们选择性地接受具有不同成本和风险的具体地点对某种收益率的承诺，即在某些特定区位要素条件下，为了特定的目标而进行的区位选择过程。特定区位要素促成特定区位模式的形成。区位主体为了达到其特定目标，根据自身的劣势，尽可能地选择适合它本身的合理区位。在运输导向型区位模式下，区位选择遵循"理论重量"最大化法则；在市场导向型区位模式下，产品市场具有竞争性，厂商希望与对手保持一定的距离，因此形成空间垄断市场和市场势力范围。如果厂商的垄断市场范围并不固定，则在利益驱动下，厂商总是想方设法获取对方的市场范围，于是制定空间定价策略，通过降价来争夺对方的市场范围。霍特林模型告诉我们，在线性市场，如果产品对需求的价格弹性很大，则两个厂商最好选择在中央；如果相反，则最好各自选择线性市场的两端。在聚集导向型区位模式下，区位选择情形与排斥力占优区位模式下正好相反。区位主体为了最大化自己的利益，人为地构筑生产区位和市场区位的外部经济性，并聚集到一起形成合理的产业链，获取生产要素的互补优势，提高多样化产品市场的吸引力。在劳动力导向区位模式下，工资率的区际差异和生活成本区际差异是决定劳动力流向的主要因素，此时区位主体的区位是根据投入要素中劳动力要素所占比重以及生产活动对劳动力技能的特殊要求而进行选择的。从技术进步角度研究区位选择是本章的重要内容之一。传统的生产理论在厂商利润最大化目的下只考虑生产技术和投入要素的当地成本，完全忽视要素运进和产品运出的运输成本以及生产集中的外部经济性；然而，现实中的空间运输成本和生产集中的外部性恰恰是最重要的内容之一。如果把空间运输成本和生产集中的外部经济性纳入一般均衡分析框架，区位选择问题的重要性就显现出来了。此时，不仅要考虑基础价格、交易价格和生产规模所决定的市场约束问题，还要考虑产品和要素的运输成本和空间距离。在实际区位选择过程中，不仅要考虑物理权重，还要考虑体现生产技术变化和规模经济性的理论权重。

本章第三、四节中的模型都是新古典经济学的模型。在供给的均匀分布与需求的点状分布假设下，这些模型都试图解释城市土地在各种经济活动之间的有效配置问题。在杜能模型中存在一个外生的城市，人口集中在城市；不同农场主生产不同的产品且在同一个城市中出售；离中心区的距离不同，土地的租金就不同（租金=总收益−生产成本−运输成本），土地由开价最高者获得；均衡时，将出现一组土地利用类型和农业集约化程度的同心圆圈，即"杜能环"。该理论可以扩展为有关农业土地租金和土地利用的一般均衡理论，也可以用来研究城市土地利用问题。

最早研究城市土地利用的是阿朗索（1964）。不同于杜能，在阿朗索模型中，中心商务区取代了城市，不同的厂商取代了不同的农业部门。该理论重点分析了在已知离城市中心不同距离处土地价格的情况下，如何在不同厂商之间配置城市空间的问题。离城市中心的距离不同，需支付的土地租金不同，不同距离处的土地由愿意支付租金最高者获得。靠近城市中心商务区的土地，区位条件优越，租金水平最高，故由劳动生产率水平最高的厂商所占据。各种经济活动主体都愿意占据城市中心商务区地段的区位，为此各种经济活动主体展开区位竞争。城市土地租金是影响城市空间经济活动的主要因素，接近城市中心商务区的区位是配置给那些能够支付较高土地租金的经济活动的。

可以得出重要的两个结论：

第一，厂商和家庭的地租竞价曲线内生确定。家庭选择某一效用水平，则家庭必须支付相应于该效用水平的土地租金。均衡时，该效用水平可以确定与此种水平的效用相匹配的总人口数量。如果家庭选择的效用水平较高，则此时居住在城市该效用范围内的人口数量太少，难以满足厂商的劳动力需求，将吸引新的家庭进入该城市。而新的家庭进入城市，增加了对城市土地的需求，这意味着城市规模开始扩张，直到在较低的效用水平上重新实现劳动力的市场均衡为止。

第二，可以把城市区域划分为生产区和居住区。离城市中心不同距离处的土地，将配置给对该距离处土地出价最高的经济活动。对本章讨论的模型而言，城市中心地段区位主要由厂商占据，城市边缘地段区位主要由家庭占据。

参考文献

［1］CAPELLO R. Regional economics ［M］. 2nd ed. New York：Routledge，2016.

［2］FUJITA M，THISSE J. Economics of agglomeration：Cities，industrial location，and globalization ［M］. 2nd ed. Cambridge：Cambridge University Press，2013.

［3］BALDWIN R E，FORSLID R，MARTIN P，et al. Economic geography and public policy ［M］. Princeton：Princeton University Press，2003.

［4］HOOVER E M，GIARRATANI F. An introduction to regional economics ［M］. 3rd ed. New York：Alfred A. Knopf，1984.

［5］RICHARDSON H W. The new urban economics：And alternatives ［M］. London：Pion，1977.

［6］ALONSO W. Location and land use：Towards a general theory of land rent ［M］. Cambridge，MA：Harvard University Press，1964.

［7］ISARD W. Location and space-economy ［M］. Cambridge，MA：MIT Press，1956.

［8］WEBER A. Alfred Weber's theory of the location of industries ［M］. Chicago：The

University of Chicago Press，1929.

[9] VON THÜNEN J H. Der isolierte staat in beziehung auf landwirtschaft und nationalökonomie [M]. Hamburg：Perthes，1826.

[10] BRUECKNER J，THISSE J-F，ZENOU Y. Why is central Paris rich and downtown Detroit poor? An amenity-based theory [J]. European Economic Review，1999，43（1）：91-107.

[11] KRUGMAN P. Increasing returns and economic geography [J]. Journal of Political Economy，1991，99（3）：483-499.

[12] WHEATON W. Income and urban residence：An analysis of consumer demand for location [J]. American Economic Review，1977，67（4）：620-631.

[13] MUTH R F. Economic change and rural-urban land conversions [J]. Econometrica，1961，29（1）：1-23.

[14] ALONSO W. A theory of the urban land market [J]. Papers and Proceedings of the Regional Science Association，1960（6）：149-57.

[15] HOTELLING H. Stability in competition [J]. Economic Journal，1929，39（153）：41-57.

[16] 安虎森，等. 高级区域经济学 [M]. 4版. 大连：东北财经大学出版社，2020.

[17] 安虎森，等. 新经济地理学原理 [M]. 2版. 北京：经济科学出版社，2009.

[18] 魏后凯. 现代区域经济学 [M]. 北京：经济管理出版社，2006.

[19] 安虎森. 区域经济学通论 [M]. 北京：经济科学出版社，2004.

第四章
区域经济增长及国民收入区际分配

经济增长是经济学的永恒主题，是经济社会发展的主要推动力。党的二十大明确提出，发展是党执政兴国的第一要务，高质量发展是全面建设社会主义现代化国家的首要任务。推动区域协调发展，是我们国家未来一段时期推动高质量发展的重要举措。区域协调发展离不开相对落后地区的经济增长。区域经济发展一方面包括区域经济增长，平时我们关注的区域经济问题的核心就是区域经济增长；另一方面包括区域经济结构的演进。区域经济发展一般需要回答四个问题：

一是经济增长问题。为什么有些地区的经济增长比其他地区快？初始启动经济增长的主要动因是什么？这些动因是通过何种方式起作用的？区际贸易、人口转移、区际投资是如何促使经济活动空间转移的？

二是经济结构问题。区域经济结构与区域经济增长之间存在何种关系？何种结构有利于区域经济发展，何种结构不利于区域经济发展？哪一种结构变动与区域经济增长有关？

三是区际经济发展是否趋同问题。在什么条件下区际趋同会是一种趋势？区际趋同是否普遍存在且不可避免？是否可能发生相反的趋势？

四是区域经济发展的调控问题。区域经济政策是否能够有效控制区域经济发展？如果可以调控，那么调控目标以及相应的政策是什么？

在第四章，我们暂不讨论后三个问题，重点讨论区域经济如何增长的问题，包括完全竞争框架下的区域经济增长理论、不完全竞争框架下的区域经济增长理论、产业分布模式与国民收入区际和人际分配、不同的经济增长方式和欠发达国家或地区工业化初期采取的经济发展战略。

第一节　完全竞争框架下的区域经济增长理论

本部分将重点讨论霍伊特的输出基础模型、哈罗德-多马的区域经济增长模型、索洛的新古典经济增长模型以及博茨-斯坦的区域经济增长模型。

一、霍伊特的输出基础模型

市场规模很大的经济体可以依靠自身的力量来实现经济发展，但有些市场规模较小的经济体无法依靠自身的内生力量来实现经济发展，这些经济体的发展与外部环境是紧密联系在一起的。20世纪30年代，德国联邦住房管理局委托霍伊特研究简单的政策工具，以预测城市发展趋势。为此，霍伊特建立了解释城市发展的一个简单的模型，称它为输出基础模型。[①]20世纪50年代，诺斯把霍伊特的输出基础模型中的与城市相关的变量改变为宏观经济变量，这样输出基础模型就成了研究区域经济增长的重要模型。

（一）霍伊特的输出基础模型的初始版

霍伊特的输出基础模型把就业分为两个部分：一是在基础部门（主要是指地区专业化部门）就业的劳动力（L_b）；二是在服务业部门（非基础性部门）就业的劳动力（L_s），在此基础上，建立了如下函数形式：

$$\begin{cases} L_T = L_b + L_s \\ L_s = aL_T \qquad (0 < a < 1) \\ L_b = \overline{L}_b \end{cases} \tag{4-1}$$

在式（4-1）中，总就业人数（L_T）是两个部门就业人数之和。对某一经济系统而言，基础部门就业的人数是由区外对该地区专业化部门产品的需求所决定的，也就是由生产满足区外需求所需劳动力数量（$\overline{L}_b$）所决定，是一个外生变量。服务业部门就业人数占总就业人数的比例为a（$0 < a < 1$），则：

$$L_T = \frac{1}{1 - a} L_b \tag{4-2}$$

如果从总就业人数增长率角度来考虑，则在任何时期如下公式都成立：

$$\Delta L_T = \frac{1}{1 - a} \Delta L_b \tag{4-3}$$

式（4-3）表明，当基础部门的就业人数上升时，总就业人数上升的比例远大于基础部门就业人数上升的比例，系数1/(1 - a)被称为城市乘数，该乘数大于1。如果总人口（P）和总就业人数之间存在某种比例关系，且该比例系数可以写成f，则下式成立：

$$P = f(L_T) \tag{4-4}$$

如果把式（4-3）和式（4-4）结合起来，则可以得到式（4-5）。根据式（4-5），我们可以估测出当地人口增长率，进而估测出该区域或城市的实际人口数量。

$$\Delta P = f(\Delta L_T) = \frac{f}{1 - a} (\Delta L_b) \tag{4-5}$$

（二）霍伊特模型的修订版

20世纪50年代，诺斯、蒂伯特等学者对霍伊特模型进行了修正，把一些与城市相关的变量（如收入、进口、出口等）改为宏观经济变量，这样霍伊特模型也就成了研究区域经济增长的模型，至今仍被大量应用。由于该模型是以凯恩斯的总需求模型为基础建立起来的，故也称之为输出导向的凯恩斯模型。该模型中，总产出（Y）等于消费（C）、净出口（出口（X）-进口（M））之和。为简化起见，假设不存在公共部门（G）和税收（T = 0），则可以写成如下形式：

$$Y = C + X - M \tag{4-6}$$

其中：$X = \overline{X}$，也就是出口由区外需求决定，是一个外生变量；$C = cY$（$0 < c < 1$），$M = mY$（$0 < m < 1$），即消费和进口取决于收入水平（Y），其系数分别为c（消费系数）

---

①　[1] HOYT H. Homer Hoyt on development of economic base concept [J]. Land Economics, 1954, 30（2）: 182-186.［2］NORTH D C. Location theory and regional economic growth [J]. Journal of Political Economy, 1955, 63（3）: 243-258.

和 m（进口系数），则有：

$$Y = \frac{1}{1-(c-m)}X \qquad (4-7)$$

如果从经济增长率角度来考虑，则可以把式（4-7）写成如下形式：

$$\Delta Y = \frac{1}{1-(c-m)}\Delta X \qquad (4-8)$$

式（4-8）表明，只要边际消费倾向（c－m）小于1，则当一个区域的出口增加时，总产出增加比例远大于出口增加比例。由于增加的消费不可能全部是由进口满足的，因此在一般情况下（c－m）小于1。

通过上面的讨论，我们可以得出如下结论：

首先，区外需求或出口决定本地区的经济增长，而区外需求带动本地经济发展，主要是通过对当地产出的乘数效应和对当地基础生产部门就业人数的乘数效应而实现的。

其次，那些长期以来能够保持一定的贸易顺差的地区的经济发展速度快于那些长期进口倾向较大地区的经济发展速度，那些进口倾向较大地区的产出乘数效应没有发挥出应有的正向效应。

（三）霍伊特模型的扩展版

如果我们考虑一些其他变量，进一步扩展霍伊特模型，则该模型可以演绎出更多的经济学含义。

首先，除了出口部门以外还考虑投资（I）、公共支出（G）和税收（tY），则总需求函数可以写成 Y = C + I + G + X － M。用 Y_d 来表示区域可支配收入，则 Y_d = Y － tY，其中 t 为税率，C = cY_d，M = mY_d，则：

$$\begin{aligned}
Y &= C + I + G + X - M \\
&= cY_d + I + G + X - mY_d \\
&= (c-m)Y_d + I + G + X \\
&= (c-m)(Y-tY) + I + G + X \\
&= (c-m)(1-t)Y + I + G + X
\end{aligned}$$

因此，可以得出如下公式：

$$Y = \frac{1}{1-(c-m)(1-t)}(I + G + X) \qquad (4-9)$$

此时，乘数已变成 $1/[1-(c-m)(1-t)]$。在这种情况下，区域经济增长不仅取决于出口增长，还取决于企业投资和政府公共支出的增长。

其次，在多区域的情况下，还可以研究不同区域之间的经济联系问题。此时，区域 r 的总需求可以写成 $Y_r = C_r + I_r + G_r + X_r - M_r$。区域 r 的出口为其他地区的进口总和，即 $X_r = \sum_j M_{rj} = \sum_j m_{rj} Y_{dj}$，$Y_{dj}$ 为地区 j 居民的可支配收入，m_{rj} 为地区 j 从地区 r 进口商品的进口倾向。如果用 Y_{dr} 来表示区域 r 的可支配收入，则 $Y_{dr} = Y_r - t_r Y_r$。还要考虑税收，即 $T_r = t_r Y_r$，其中，t_r 为税率，$t_r Y_r$ 为区域 r 的税收收入。如果用 m_{ra} 来表示区域 r 从国外进口商品时的进口倾向，则：

$$Y_r = c_r Y_{dr} + I_r + G_r + \sum_j (m_{rj} Y_{dj}) - m_{ra} Y_{dr}$$

$$= (c_r - m_{ra}) Y_{dr} + I_r + G_r + \sum_j (m_{rj} Y_{dj})$$

$$= (c_r - m_{ra})(1 - t_r) Y_r + I_r + G_r + \sum_j [m_{rj}(1 - t_j) Y_j]$$

假设不同地区的收入水平相等且税率都相等，即 $Y_r = Y_j$，$t_r = t_j$，则：

$$Y_r = (c_r - m_{ra})(1 - t_r) Y_r + I_r + G_r + \sum_j [m_{rj}(1 - t_j) Y_j]$$

$$= (c_r - m_{ra})(1 - t_r) Y_r + I_r + G_r + \sum_j [m_{rj}(1 - t_j) Y_r]$$

$$= [(c_r - m_{ra}) + \sum_j m_{rj}](1 - t_r) Y_r + I_r + G_r$$

因此，可以得出如下公式：

$$Y_r = \frac{1}{1 - (c_r - m_{ra} + \sum_j m_{rj})(1 - t_r)}(I_r + G_r) \tag{4-10}$$

此时，乘数变成 $1/[1 - (c_r - m_{ra} + \sum_j m_{rj})(1 - t_r)]$。式（4-10）告诉我们，通过那些由其他地区需求所决定的某一地区的出口增长，把本地区的经济增长和其他地区的经济增长衔接起来了，这是上述扩展模型的主要优点。

但上述模型存在一些缺陷：

首先，根据上述模型，如果某一区域具有一定的资源和经济活动能力，那么基础部门的扩张将带动该区域的经济增长，且这种经济增长不受经济和其他方面的限制，也就是说这种理论没有考虑资源要素的供给问题。

其次，该理论没有考虑区际趋同或趋异问题，因而也就没有考虑区际经济增长率差距的缩小问题。经济欠发达国家或地区，通过不断扩大其出口的方式加快其经济发展，这将缩小与经济发达国家或地区之间的差距，但输出基础理论没能解释这种现象。

最后，该理论无法确定经济增长的决定因素，本模型中的地区出口增长或基础部门就业人数的增长是一种结果，而不是原因。

（四）霍伊特模型的动态化

早期的输出基础模型的动态模型是在20世纪60年代建立起来的，这种动态模型是为解决原有经济增长模型中服务行业就业数量与总就业数量之比长期不变问题而建立起来的。[1]一般来讲，服务行业就业数量不会随基础部门就业数量的变化而变化，如当区内厂商投资增多或区内人均收入水平提高时，服务行业就业数量将会增加。这些可以在霍伊特模型中分析，不过产出替代了霍伊特模型中的就业，则：

$$\begin{cases} Y_T = Y_b + Y_s \\ Y_b = \overline{Y}_b \\ Y_s = a_0 + a_1 Y_T \end{cases} \tag{4-11}$$

其中：Y_T 表示一个地区的总产出；Y_b、Y_s 分别表示基础产业部门和服务业部门的产出水平；$\overline{Y}_b$ 表示该地区基础产业部门的不变产值。正如霍伊特模型中的情况，服务业部门的产出水平主要取决于总产出水平，基础产业部门的产出水平主要取决于区外需求。a_0

---

① TIEBOUT C. The community income multiplier: A case study［M］//PFOUTS R. The techniques of urban economic analysis. London: Chandler-Davis, 1960.

为一个常数，是度量服务行业产出水平的外生变量；a_1 表示服务业部门产值对地区总产值的变动系数。对式（4-11）进行简单的数学运算，则可以得出下式：

$$Y_T = \frac{a_0}{1 - a_1} + \frac{Y_b}{1 - a_1} \qquad (4-12)$$

如果把上式写成经济增长率形式，则有：

$$\frac{\Delta Y_T}{Y_T} = \frac{\Delta Y_b}{(1 - a_1)} \frac{1}{(a_0 + Y_b)(1 - a_1)^{-1}} = \frac{\Delta Y_b}{Y_b} \frac{Y_b}{a_0 + Y_b} \qquad (4-13)$$

从式（4-13）中可以看出，a_0 在动态过程中发挥重要的作用。

如果常数 a_0 为零，则区域产出增长取决于基础部门的产出增长，区域产出增长率等于区域基础部门产出增长率，在这种情况下，服务业部门产出水平与区域产出水平之比为常数。但如果常数 a_0 不等于零，则区域产出增长率不等于基础部门产出增长率；如果 a_0 小于零，则区域产出增长率大于基础部门产出增长率；如果 a_0 大于零，则区域产出增长率小于基础部门产出增长率。

据美国多个地区的研究，美国的 a_0 小于零，这意味着美国产出增长率水平高于基础部门产出增长率水平。这同时告诉我们，美国的服务行业产出增长率高于基础部门产出增长率，而这种服务行业高增长率主要来自大量的公共部门投资。

（五）输出基础模型评价

输出基础模型最大的特点是从小型经济体出发研究区域经济增长问题。该模型利用凯恩斯的宏观经济理论，揭示了区际贸易在区域经济发展中的重要作用。在该模型中，区外输出是区域总需求的最主要部分，而区内自主投资只占总需求的很小比例。输出基础模型对区域经济增长有重要的启示。

首先，生产专业化是区域经济增长的关键因素。某区域在区际劳动分工中的作用，主要取决于该区域的专业化生产能力，根据这种专业化生产能力，该区域可以向区外市场输出大量的产品，不断扩大区外市场。

其次，专业化生产不可避免地面临一些风险，因为国际市场对产品的需求时刻都在发生变化。根据输出基础理论，区外市场对本地专业化产品需求的增长就是本地区经济增长的动力源泉，区外市场对本地专业化产品需求的下降是导致本地经济衰退的主要原因。

尽管该模型具有许多优点，但也存在缺陷：

第一，该模型无法解释区域之间在专业化生产能力以及经济结构方面的差异。该理论把区域视为内部一致的均质空间，区域又是通过不同的专业化部门和经济结构区别于其他区域的，但该模型无法解释区域之间存在这种差异的原因。包含区际联系的输出基础模型认为，区际差异主要是由区域之间在进口倾向、消费倾向以及出口能力方面的差异所导致的，但这些都是假设，而不是基本机理的解释，也就是说输出基础模型可以确定影响区域经济增长的主要因素，但不能解释它们的作用机理。输出基础模型可以很好地解释某区域专业化部门的发展历史，尤其是称为"李嘉图式产品"的生产部门或那些与矿产、特定农产品等自然资源有关的产业部门的发展历史，但有些地区所具有的良好的出口品生产基础和很强的竞争能力是本地区的产业结构和持续的供给能力所决定的，输出基础模型无法解释这种现象。

第二，输出基础模型强调总体，而忽略不同专业化部门或生产部门之间的区别，认为任何部门的收入乘数都是相同的。但实际上，不同专业化部门所创造的乘数效应是不相同的，因为有些专业化部门大量使用国内的中间投入品，而有些专业化部门大量使用进口投入品。

第三，该模型认为供给不存在短缺，只要外部需求增加，区内有足够的生产要素和生产能力，就立即扩大生产。但现实中，不可能每个区域都拥有足够的生产要素和生产能力，在这种情况下，外部需求的扩张在短期内可能导致价格水平的上涨，而不是产出量的扩大。

第四，利用输出基础模型来进行长期经济发展预测时，最主要的缺陷是乘数不随时间发生变化。从长期来看，区域生产多样化有时在乘数不变的情况下也会导致进口替代；随着资源从衰退的产业部门转移到新兴产业部门，区域的专业化部门逐渐转向具有高附加价值的高级产业部门。这些都意味着乘数会发生变化。如果区域经济研究只限定在某种专业化部门，则这种研究忽略了伴随经济增长的经济结构的演进。

第五，该模型忽略了为本地区服务的服务行业的发展，认为这些服务行业的发展取决于基础部门的发展，但在现实中，区域的财政状况、市场化程度、技术水平、经营环境等都影响该区域基础部门的生产能力和竞争能力。

二、哈罗德-多马的区域经济增长模型

美国学者哈罗德和多马相继考察了一个经济体维持多高的经济增长率才能保证该国家或地区宏观经济的均衡问题。但他们得出了经济系统难以实现均衡的较为悲观的结论，因为该模型中的经济增长路径很不稳定，且很容易偏离均衡经济增长率。后来，理查森（1969）利用该模型解释了区域经济系统的动态变化。[①]利用该模型来解释一个国家或地区经济动态变化时，一般认为如果能从区外输入资本和生产资料，则这种区外输入是决定该区域经济增长率的关键因素，且相对于那些实行闭关自守的地区而言，这种区外输入使得实现经济均衡增长的条件更宽松一些，更容易实现长期的经济增长。正因为如此，输出基础模型强调区外需求是推动区域经济增长的引擎，哈罗德-多马的区域经济增长模型却强调来自区外的投资活动是推动本地区的经济增长的引擎，因为这种投资可以提高本地的产出水平和收入水平。该模型不同于输出基础模型的第二个特点是，储蓄不再是有效需求的扣除项，而是成了生产性投资的主要源泉。

（一）哈罗德-多马的初始模型

哈罗德-多马模型是以如下假设为基础建立起来的：

（1）经济系统中的任何一种产品，既是最终消费品，又是中间投入品。

（2）资本品是非折旧的，这意味着计算投资时不用区分新旧资本品。

（3）边际储蓄倾向（s）是常数，其也就是储蓄率。

（4）生产系数为常数，也就是单位产出所需的资本和劳动力比例是不变的。这意味着没有技术进步。

---

① RICHARDSON H W. Regional economics ［M］. Urbana：University of Illinois Press，1979.

（5）劳动力增长率 $n = \Delta L/L$ 为常数，它与人口增长率相等。

（6）投资与需求增长成正比，称此比例系数为加速系数：

$$I_t = v_t(Y_{t+1} - Y_t) \qquad (0 < v_t < 1) \tag{4-14}$$

其中：v_t 为加速系数，该模型假设它为常数，它度量扩大 1 单位需求（$Y_{t+1} - Y_t$）时的投资需求（I_t）。故加速系数也表示资本与需求之比。

（7）产出水平与投资水平成正比，也就是说产出和投资之间的关系遵循凯恩斯的乘数理论：

$$Y_{t+1} - Y_t = \frac{I_{t+1} - I_t}{s} \qquad (0 < s < 1) \tag{4-15}$$

其中：s 为储蓄倾向，$1/s$ 为投资与产出的比例系数（也就是凯恩斯乘数），它意味着增加单位投资带来的产出增加远大于投资增加。

当总需求增长时，资本和劳动力等生产要素也应按比例增长，这样才能使生产满足消费需求。为满足均衡条件，我们假设劳动力充分就业，则在生产技术水平（L/Y）不变的假设下，劳动力增长率必须等于人口增长率（n）。对资本而言，总需求增长导致投资扩大，而此时储蓄（S）等于投资（I）才能满足扩大的投资需求。如果是这样，则经济按某一增长率（y_t）增长，称它为"有保证的增长率"，该增长率又等于下式：

$$y_t = \frac{\Delta K}{K} = \frac{I}{K} = \frac{sY}{K} = \frac{sY}{Y} \cdot \frac{Y}{K} = \frac{s}{v} = n \tag{4-16}$$

式（4-16）告诉我们，经济增长率必须等于储蓄倾向（s）和加速系数（v）的比值，该比值又等于劳动力的增长率（n）。在这种情况下，总需求和总产出之间的初始均衡状态得以维持。然而，如果整个经济系统是按有保证的增长率增长，则该经济体是在"刀刃"上运行，因为在运行过程中，经济体一方面面临着突发性风险，另一方面又可能陷入衰退之中。在经济运行过程中，任何源于外部条件变化的非均衡现象，在没有其他外部势力干预的情况下趋向于更加严重，因为此时市场发出的信号使得厂商行为更加背离均衡状态。实际上，如果某一经济体作出的投资计划超出实际储蓄（$I > S$），则它发出的信号是有效消费大于预期储蓄，因而有效需求大于预期需求。此时，厂商根据市场信号扩大投资，进而扩大短期供给，这就加剧了经济的非均衡。投资扩大，通过收入乘数效应导致更大比例的收入增长，这又扩大了总需求。这样，总需求更加偏离预期需求，在长期必然导致通货膨胀。同理，如果投资计划小于有效储蓄（$I < S$），则预期需求大于有效需求，厂商缩小投资，降低产出，这又降低了有效需求，在长期又陷入经济萧条之中。

总之，该模型认为，经济系统内部的力量迫使经济系统初始的非均衡进一步加剧，不断偏离稳定均衡，最终经济体趋向通货膨胀，深陷经济萧条。

（二）哈罗德-多马的区域经济增长模型

当哈罗德-多马模型改变为区域经济增长模型时，它所包含的经济学含义比用来解释国家经济现象时的含义更加丰富。哈罗德-多马的区域经济增长模型与原先模型的区别在于宏观经济均衡条件的不同。

对某一区域经济体，存在如下关系：

$$S + M = I + X \tag{4-17}$$

其中：M 和 X 分别表示某一区域的资本输入和资本输出，且 $S = sY$、$M = mY$，m 为资本输入倾向。任何区域都不是封闭经济体，每个区域和其他区域都进行商品和生产要素的交换。对区域 i，式（4-17）可以写成如下形式：

$$(s_i + m_i)Y_i = I_i + X_i \qquad (4-18)$$

式（4-18）可以写成：

$$\frac{I_i}{Y_i} = s_i + m_i - \frac{X_i}{Y_i} \qquad (4-19)$$

根据式（4-19），可以得出：

$$y_i = \frac{I_i}{K_i} = \frac{I_i}{Y_i}\frac{Y_i}{K_i} = \frac{s_i + m_i - X_i/Y_i}{v_i} = n_i \qquad (4-20)$$

式（4-20）告诉我们，尽管资本投资大于资本储蓄，但只要净资本输入能够弥补储蓄与投资之差额，则资本完全可以保持与产出相同的速度（n_i）增长。所以，经济体不仅可以利用区内的储蓄进行投资，也可以从区外输入资本来进行投资。同理，当因区内消费能力低于区内生产能力进而区内存在大量储蓄剩余时，资本输出有利于该区域保持稳定的经济增长。同理，对于劳动力短缺的区域而言，可以通过从其他地区输入劳动力来解决劳动力不足的问题；对劳动力过剩区域而言，也可以通过向其他地区输出劳动力来解决剩余劳动力的就业问题。这样，劳动力市场的均衡条件是：

$$y_i = n_i - e_i \qquad (4-21)$$

其中：e_i 表示在某一时期净劳动力迁移数量（劳动力移出数量减去劳动力移入数量）占区域 i 人口总数（P_i）的比值。

（三）哈罗德-多马区域经济增长模型的重要结论

（1）相对于封闭模型，实现经济恒定增长时的限定条件较少，因此，相对于封闭的国家模型更容易实现经济的稳定增长。但该模型没能给出劳动力和资本的区际流动能够保证区域经济恒定增长的条件，故难以实现稳定均衡。

（2）区域经济特征是由净输入资本所刻画的，即 $m_i - (\sum_j X_j)/Y_i > 0$。如果满足前述条件，则该区域经济增长率大于其他区域。某一区域资本净输入剩余使得该区域经济快速增长的原因在于，该输入资本相当于额外储蓄从区外注入该区域内部，正如式（4-20）所示。

（3）区际经济增长率的差异具有随时间变化的趋势。正如现实世界中的情况，如果不同区域的初始增长率不相同，则模型显示这种差距不能维持下去，反而随时间逐渐扩大。如果区域 i 的初始增长率大于区域 j 的初始增长率（$y_i > y_j$），则根据式（4-20），资本输入不断提高 y_i，不断降低 y_j，因为式（4-20）告诉我们，具有较高储蓄倾向和较低的资本与产出之比的区域的经济增长率较高。

哈罗德-多马区域经济增长模型给我们的启示是，如果欠发达地区从发达地区输入资本，那么当处于稳定状态时，会出现经济的趋同现象，也就是说，当资本从发达地区输入欠发达地区时，欠发达地区的经济增长率将高于发达地区的经济增长率。这就解释了区际经济增长趋同现象，也解释了这种趋同现象的原因，即在较弱的储蓄倾向和较低资本与产出比值的情况下，资本输入是实现区内与区际经济均衡的关键因素。

（四）哈罗德-多马区域经济增长模型的评价

哈罗德-多马区域经济增长模型告诉我们，有限的区内储蓄、较低的资本与产出比以及负向贸易平衡是导致区域经济发展滞后的主要因素。当区内资本短缺时，从区外输入资本对区域经济发展起到积极的作用。同时，这种生产要素转移可以解释在区内投资和储蓄方面存在较大差距的区域之间在经济增长方面出现趋同现象的原因。

尽管哈罗德-多马区域经济增长模型提供了许多具有借鉴意义的观点和主张，但也存在一些缺陷：

（1）该模型缺乏对各种生产要素转移机制的解释，因而就无法预测生产要素区际转移能否实现均衡的问题。这与该模型建立时的初衷有关系，因为该模型并不是为了解释生产要素转移而建立的。

（2）该模型无法揭示区际经济发展差距收敛与否的问题。许多发展中国家或地区都是资本的净输入地区，根据该模型，这些国家或地区应该是经济发展较快的地区，它们与发达国家或地区之间的差距应该是逐渐缩小的。反过来，这些发展中国家或地区都是劳动力的净输出国家或地区，根据该模型，这些国家或地区的收入增长率较低，进一步加大与发达国家或地区之间的差距。

（3）发展中国家或地区是资本的净输入地区，但该模型没能解释这些发展中国家或地区吸收资本的能力来自何方的问题。如果是从国家角度来考虑，则可以用高利率等宏观经济政策来解释这种吸引力；如果是从区域角度来考虑，则可以从区位条件的优劣来考虑这种吸引力。但哈罗德-多马区域经济增长模型是均质空间中的宏观模型，因此，我们不可能从区位条件的优劣角度来解释这种吸引力的差异。

三、索洛的新古典经济增长模型

哈罗德-多马虽然承认资本-劳动比和资本-产出比实际上是变化的，但是他们在分析中假定它们是固定不变的，也就是假定生产技术固定不变。这一假定排除了技术进步对经济增长的影响，从而把经济增长的解释变量限定为资本积累和人口增长。20世纪50年代，以索洛（1956）和斯旺（1956）为代表的一批经济学家修正了这一假定，并以总量生产函数为基础提出了新古典经济增长理论。

（一）索洛模型的基本假设和生产函数

索洛认为，除了资本-产出比不变以外，哈罗德-多马模型的其他所有前提假设都可以采纳。索洛采用的基本方法是，将由技术变化导致的劳动生产率的变化与由人均资本变化导致的劳动生产率的变化分离开来。他以完全竞争为前提，假设劳动、资本和商品市场处于竞争均衡状态，各种生产要素的报酬等于其边际产出，劳动投入和资本投入之间存在正的且平滑的替代弹性。索洛通过总量生产函数，把产出同资本和劳动的投入联系起来了。他假定资本与劳动存在替代关系，这意味着资本-劳动比可以变化；产出增长主要由资本和劳动两种生产要素所推动，资本和劳动的产出遵循边际生产力递减规律；市场是完全竞争的，价格机制起着主要的调节作用，资本和劳动可以通过市场竞争实现替代；存在技术进步，但技术进步系数是一个常数，也就是说，技术进步属于"哈罗德中性"，技术变化不会影响资本-产出比，因此规模收益不变。

在上述假设条件下，他们构建了总量生产函数：

$$Q = F(K, L, A) \tag{4-22}$$

其中：Q为产出；K为资本投入；L为劳动投入；A为技术变化因子。需要指出的是，这里资本和劳动投入都是用实物单位计量的，也就是说，这里的各个变量都是实际变量，而不是名义变量。这里的技术变化是指生产函数形式的变化，在同样要素投入条件下的产出量变化、劳动力教育水平的提升等诸如此类的事物都视为"技术变化"因素。

如果技术变化为中性，则式（4-22）的总量生产函数可以写成如下形式：

$$Q = A(t) \cdot F[K(t), L(t)] \tag{4-23}$$

其中：A(t)表示某一时期内技术变化的累积效应。在式（4-23）中，求时间t的全微分并除以Q，则可以得出产出增长率公式：

$$\frac{\dot{Q}}{Q} = \frac{\dot{A}}{A} + \frac{\partial F}{\partial K} \cdot \frac{\dot{K}}{Q} + \frac{\partial F}{\partial L} \cdot \frac{\dot{L}}{Q} \tag{4-24}$$

式（4-24）中变量上面的"·"表示变量对时间的导数。如果我们把资本和劳动的相对份额分别定义为 $W_K = \frac{\partial Q}{\partial K} \cdot \frac{K}{Q}$ 和 $W_L = \frac{\partial Q}{\partial L} \cdot \frac{L}{Q}$，则式（4-24）可以写成如下形式：

$$\frac{\dot{Q}}{Q} = \frac{\dot{A}}{A} + W_K \cdot \frac{\dot{K}}{K} + W_L \cdot \frac{\dot{L}}{L} \tag{4-25}$$

根据该经济增长公式（4-25），索洛利用美国1909—1949年就业劳动力所占百分比、资本储备、资本在总收入中所占的份额、私营非农业GDP/每人·小时以及每人·小时占用的资本等数据粗略地进行了估计，其结果显示：这一时期美国GDP的年均增长率为2.9%，其中0.32%是资本积累的贡献，1.09%源于劳动投入的增加，其余的1.49%则归因于技术进步。技术进步对经济增长的贡献就是所谓的"索洛余值"。

（二）新古典经济增长理论的基本结论

新古典经济增长理论认为，经济增长源于储蓄率、人口增长和技术进步等外生因素，没有这些因素，经济将无法实现持续增长。新古典经济增长理论的重要假设为规模收益递减。根据这种假设，发达国家或地区资本充裕，因此，资本的边际生产力较低；欠发达国家或地区的资本稀缺，因此，资本的边际生产力较高，这促使资本从发达国家或地区向欠发达国家或地区转移。这样，随着经济发展，各个国家或地区的经济增长将出现趋同的趋势，经济政策对区域经济长期增长没有影响。

索洛把总量生产函数和储蓄率不变的假定相结合，构建了经济增长的一般均衡模型；但他是从供给角度分析经济增长的，这一点与哈罗德-多马模型是有区别的。同时，索洛模型与哈罗德-多马模型的另外一个主要区别是它允许资本和劳动之间的相互替代。这种资本与劳动之间的替代关系，就意味着资本-劳动比可以变化，因而也可以研究技术进步对区域经济的影响。索洛的新古典经济增长模型的主要贡献在于把经济增长研究的重点转移到技术进步上来，强调了技术进步对经济增长的推动作用。

新古典经济增长理论的一个主要特征是生产要素的边际收益递减，因此，在没有技术进步的情况下，长期的经济增长率趋于零，这意味着国家或地区的长期经济增长只能用外生的技术进步来解释。索洛把人均产出的变动归结为人均资本的变化（K/L）和劳动效率

（或者技术进步的累积效应A）的提高。如果资本收益部分大体上体现资本投入对总产出的贡献，那么资本积累无法解释世界经济长期的增长，也无法解释国家或地区间的发展差距。在这种情况下，只有技术进步才能保证世界经济的长期增长。不过在新古典经济增长模型中，索洛对技术进步的处理很不完善：一方面，把技术进步看作外生给定的，但又把它看成经济增长的驱动力，这就在逻辑上陷入了矛盾；另一方面，没有明确指出技术进步的表现以及何种因素促使技术进步。

四、博茨-斯坦的区域经济增长模型

霍伊特的输出基础模型、哈罗德-多马的区域经济增长模型以及索洛的新古典经济增长模型，分别从区外需求、区外供给以及外生的技术进步角度讨论区域经济增长。如果从要素禀赋角度来考虑，则某一地区相对于其他地区具有某种竞争优势，主要在于区际要素禀赋的非均衡以及区际要素生产率的差异；商品贸易和生产要素流动可以调整区际商品和生产要素的相对价格，增强区域生产能力，实现劳动力的充分就业。

新古典经济增长理论认为，生产要素可以在区域间完全自由流动，且生产要素区际报酬差异促使生产要素在空间上的优化配置，进而可以提高区域经济增长率。与此相反，区际贸易理论认为区域间存在的是商品贸易，而不是生产要素转移，而且要素生产率的区际差异使得有些区域在某种产品生产领域具有比较优势，因此，可以以较低价格出口产品。如果某一区域在生产某种产品时的劳动生产率水平较低，则这些区域倾向于从区外市场购入这些产品，而不是自己来生产这种产品。下面将重点讨论生产要素区际转移与区域经济增长问题。

（一）单部门模型

最早的区域经济增长的新古典模型是博茨和斯坦在20世纪60年代提出的。[①]他们进行了如下假设：

（1）商品市场是完全竞争的。

（2）生产要素市场完全竞争，生产要素根据其边际生产率获得收益，厂商追求利润最大化。

（3）通过调整劳动力工资水平，可以实现劳动力充分就业。

（4）生产要素在区域之间完全自由流动，生产要素流动无成本。

（5）不存在商品贸易。

（6）生产要素的动态变化决定资本-劳动比，资本和劳动力两种生产要素之间完全可以替代。

在新古典经济增长理论中，经济发展一方面取决于技术进步，另一方取决于生产要素的增长，这两者组成了区域总生产函数。该生产函数可以由规模收益不变的柯布-道格拉斯生产函数来表示：

$$Y = AK^{\alpha}L^{1-\alpha} \quad (0 < \alpha < 1) \tag{4-26}$$

① BORTS G H, STEIN J L. Economic growth in a free market [M]. New York：Columbia University Press，1964.

其中：Y、A、K和L分别表示产出、技术进步、资本以及劳动力；α和$(1-\alpha)$分别表示资本和劳动力效率。

对式（4-26）两边取对数，得：

$$\ln Y = \ln A + \alpha \ln K + (1-\alpha)\ln L$$

然后对时间变量进行微分，得：

$$\frac{d(\ln Y)}{dt} = \frac{1}{Y} \cdot \frac{\partial(Y(t))}{\partial t}$$

设$\frac{\partial(Y(t))}{\partial t} = \overline{Y}$，则$\frac{d(\ln Y)}{dt} = \frac{\overline{Y}}{Y} = y$。这样，上面的微分结果可以写成：

$$y = a + \alpha k + (1-\alpha)l \qquad (4-27)$$

其中：y、a、k、l分别表示产出、技术进步、资本和劳动力对时间的变化率。式（4-27）表示，产出增长取决于技术进步、资本和劳动力的增长。

根据新古典经济增长理论，区域经济增长是有关区内资源和区外资源优化配置的过程。在生产要素完全自由流动的开放的经济体中，要实现区际资源的优化配置，那么生产要素应该转移到要素生产效率和要素收益率高的区域。在某一区域，资本增长率（k）取决于区内储蓄（sY）转化成区内投资（Δk）的数量，以及该区域资本收益率（i_r）与外部其他区域资本收益率（i_w）之差，用公式表示为：

$$k = \frac{sY}{K} + \mu(i_r - i_w) \qquad (4-28)$$

其中：μ表示资本根据资本收益率差异发生转移的程度。

同理，劳动力增长率取决于人口增长率（n）以及该区域工资收益率（w_r）与外部其他区域工资收益率（w_w）之差（$w_r - w_w$）：

$$l = n + \lambda(w_r - w_w) \qquad (4-29)$$

其中：λ表示劳动力根据工资率差异发生转移的程度。

现假设有两个区域，南部是欠发达地区，拥有丰富的劳动力但资本相对缺乏，北部是发达地区，资本相对丰富但劳动力相对缺乏。此时，资本从发达的北部向欠发达的南部转移，劳动力从南部向北部转移。不同区域两种生产要素的生产率水平不同，如果某一区域某种要素越稀缺，其报酬就越高，因此劳动力向北转移，则可以提高劳动力的生产率，也可以提高其报酬水平；资本向南转移，也可以提高资本生产率和资本收益率。当两个区域的要素生产率、要素报酬率、要素禀赋相同，从而实现完全就业时两个区域的收入水平相同，此时资源重新配置过程就结束了。

在图4-1（a）中，横轴表示两个区域可利用的劳动力数量，劳动力边际生产率曲线下方的面积为该区域的产出量。因此，劳动力工资率水平不同所导致的资源的重新配置给北部（发达）地区带来的产出量增长部分就是近似三角形AEB的面积。同理，资本收益率不同所导致的资本重新配置给南部（欠发达）地区带来的产出量增长部分就是图4-1（b）中的近似三角形A′EB′的面积。对上述过程引入动态过程，则可以证明在资本和劳动力的增长率相等时存在稳定均衡。

（二）两部门模型

根据新古典经济增长理论，如果生产要素是自由流动的，资本就流向低收入地区。然而，现实并非如此，这要求建立新的分析方法对生产要素的实际流动提供新的解释，尤其是对资本流向要素回报率高的地区的现象进行解释。为此，博茨-斯坦在单部门模型的基础上建立了两部门模型。这种模型包括了符合现实的更多假设，提出了区内生产要素配置的低效率决定区内和区际生产要素流动的观点。两部门模型的结论不同于单部门模型中的结论。根据新古典经济增长理论，生产要素转移是因为被高回报率所吸引。但在两部门模型中，要素重新配置是因外来的某种冲击打破区域原有的稳定均衡而发生的，这种资源重新配置使得不同区域实现长期的差异性经济增长。博茨-斯坦曾经指出，外生冲击导致区际经济增长率的长期差异，当区域经济增长是由经济系统内部的自发力量所主导时，有可能出现区际经济增长率的趋同趋势。

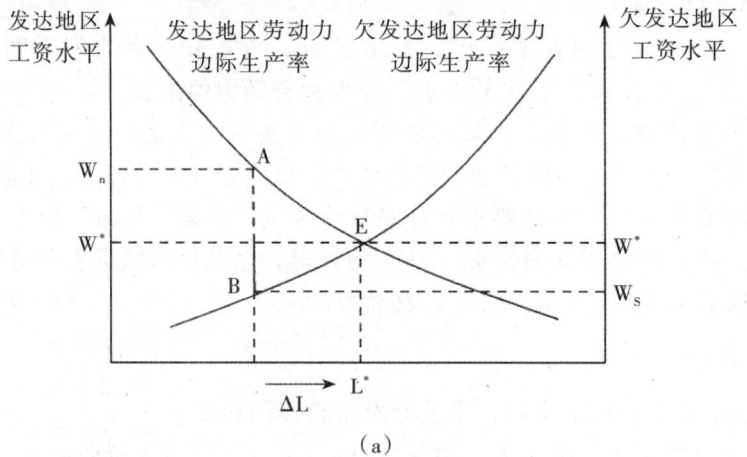

（a）

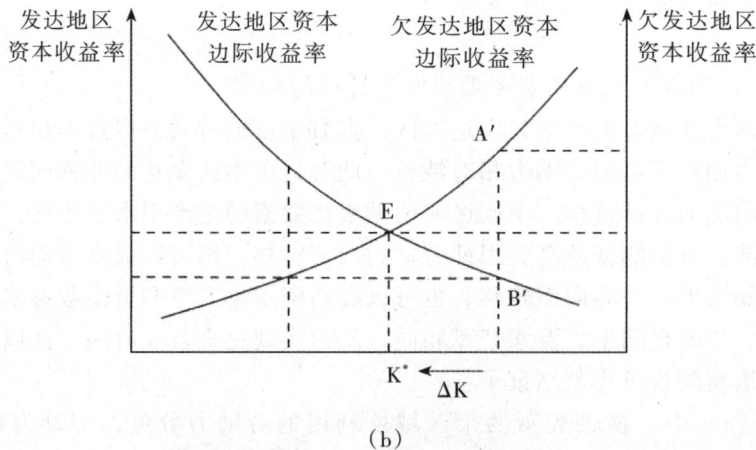

（b）

图4-1　资源的重新配置与生产优势

为建立两部门模型，本书进行了如下假设（有些假设已在单部门模型中给出了）：

（1）有两个区域，每个区域都有两个生产部门，生产两种产品，一种产品供出口，另一种产品供区内消费。生产出口产品的部门是劳动生产率较高的部门，被称为制造业部门；生产供区内消费的产品的部门是劳动生产率较低的部门，被称为农业部门。

（2）贸易不平衡，贸易差额部分由资本流动所抵销。

（3）完全竞争的产品市场，单个区域的销售数量不会影响整个经济系统的产品价格，而区内价格水平由当地供需状况所决定。

（4）资本只使用在制造业中，这种假设并不影响最终结果。

（5）生产的规模收益不变。

（6）要素边际生产率决定生产要素回报率。

（7）生产要素成本等于要素边际产出值，此时实现厂商利润最大化。

在均衡状态下，区域经济增长率是稳定的，而且不同区域的经济增长率相同，每个区域的资本、劳动力和收入水平都按恒定速度增长。两部门模型将解释在这种均衡状态下如果发生外生冲击，两个区域经济增长率是如何发生变化的问题。假设对其中一个区域出口的产品的需求增加，则直接影响是该产品在整个经济系统中的价格上升，这使得该区域生产要素的边际产出提升，进而实现生产要素在区内和区际的重新配置。过程如下：

（1）受到某一区域高资本回报率的吸引，外部资本流入该区域，因此该区域出口品生产部门的资本存量大幅提升。

（2）出口品价格水平的提高，又提高了劳动力边际产出值（提高了劳动力的工资水平），这就扩大了当地厂商的劳动力需求。

（3）由于劳动力的工资水平高，吸引了本区农业部门劳动力和区外的劳动力。

（4）生产规模的扩大和出口品生产部门用工数量的增加对农业部门形成了一种"回流效应"，首先是扩大对农产品的需求，接着是扩大生产规模和用工规模。

因此，在两部门模型中，生产规模的扩大主要来源于在制造业部门重新配置资源以及制造业部门更高的劳动生产率。经历出口需求扩大引发的初始经济刺激后，该区域制造业部门的生产要素禀赋由于区外对本区域的投资扩大以及区外劳动力和本区农业部门劳动力的大量转入而得到扩大，从中可以得出与从前面的单部门模型中得出的结论完全不同的两个重要结论：

第一，生产要素流向高收入地区，而不是低收入地区，现实中许多经济现象都支持这种结论。

第二，存在区际经济增长率差距进一步扩大的趋势。其原因是，一个地区因出口制造业产品而实现的收益不同于区内可支配的收益，从其数量上讲，该收益等于从外部流入的资本的收益部分。作为可支配收益的一部分，区内储蓄不可能全部转化为区内投资，这导致区内资本短缺，资本短缺又保证较高的资本收益率，激励区外资本的流入，结果该区域的经济增长率持续高于其他区域。流入出口品生产部门的劳动力，改变了资本与劳动之比，缩小了区际经济增长率的差距。在这个过程中，农业部门通过两种途径影响区际经济增长率差距：一是为本区出口品生产部门提供了劳动力，进而提高了经济增长率，这就缩小了区际经济增长率的差距。二是在经济增长过程中，农业部门需求的扩大刺激了制造业部门生产规模的扩大，吸引区外劳动力流入本区，进而提高了经济增长率，缩小了区际经济增长率差距。

尽管两部门模型的假设条件和分析框架与哈罗德-多马模型不同，然而所得出的结论与哈罗德-多马模型的结论相同。实际上，这两种模型都主张，如果一个区域是资本的净输入者，则该区域的经济增长率高。

第二节　不完全竞争框架下的区域经济增长理论

完全竞争下的新古典区域经济增长理论，从区外需求、区外供给、外生技术进步以及生产要素转移的角度解释了区域经济增长。然而，这些模型都不包含空间维度以及规模收益递增特征，因而无法解释经济活动空间聚集，也无法解释现实中的块状经济特征。在现实中，许多区域经济现象都涉及规模收益递增和不完全竞争的市场结构。本部分重点讨论新经济增长理论和鲍德温（2001）的知识资本溢出模型。

一、新经济增长理论

新古典经济增长理论提出了技术进步是经济增长的主要源泉的观点，但是，它没有对技术进步的源泉和途径等问题给出有说服力的解释。另外，各个国家或地区经济增长的事实与新古典经济增长理论的预言存在很大差距：

第一，世界各国或地区的经济增长不仅没有出现趋同趋势，相反，发达国家或地区与发展中国家或地区之间的差距逐渐拉大；

第二，国际资本流动更多地发生在发达国家之间，流向发展中国家的资本较少；

第三，在政府的积极干预下，一些发展中国家的经济发展取得了骄人的成绩。

由于新古典经济增长理论难以解释这些经济增长事实，许多经济学家开始在探索能够更好地解释这些现实的新的理论。20世纪80年代中期以来，以罗默、卢卡斯、格罗斯曼、赫尔普曼等为代表的经济学家提出了新经济增长理论。

新经济增长理论又被称为内生经济增长理论，是由经济系统内部因素引起经济增长的模型框架，实际上就是把新古典经济增长理论下的外生的技术进步内生化。准确地说，新经济增长理论是由一些持有相同或相似观点的众多增长模型组成的松散集合，它不像新古典经济增长理论那样有一个基本的模型框架。

（一）新经济增长理论的基本逻辑

新经济增长理论假设经济增长依靠资本积累来驱动，这里的资本包括物质资本（机器设备）、人力资本（技能）和知识资本（技术）。新古典经济增长模型又被称为外生经济增长模型，这是因为它关注的是物质资本的积累。但物质资本受到规模收益递减规律的影响，当资本-劳动比达到一种稳定状态时，人均资本就停留在某一水平，经济处于稳定状态。在经济处于稳定状态以后，经济增长只受外生变量（如外生的技术进步）驱动。要把长期增长内生化，就必须跳出资本积累规模收益递减的框架。

有两种方法可以解决资本积累规模收益递减问题：一是资本收益率不随资本存量的增加而下降；二是随着资本存量的增加，创造新资本所需的成本下降，这种从以前的知识积累中获益被称作知识资本的"跨期外部性"。在构造内生经济增长模型时，为了更容易理解"溢出"的含义，把资本先假定为知识资本或人力资本（由于物质资本的形成本质上也是知识资本转化的结果，因此不影响内生经济增长模型在物质资本上的应用），且假设资本创造部门的知识资本产出分为两种：一是私人知识，它如同获得专利一样具有完全排他性，只能用于工业部门特定产品的生产；二是公共知识，它无法获得专利且不能用于工业品的生产，但可以广泛传播并迅速被其他企业消化吸收。正因为公共知识资本积累存在"溢出效应"，知识资本的创造成本随知识资本的积累而逐渐下降，也就是随着公共知识资本存量的增加，任何创新都可以从过去的创新中受益，可以提高目前知识和技术的创新效率，因而就形成知识资本的规模收益递增，进而促使经济的内生增长。

（二）新经济增长理论的主要内容

新经济增长理论大体上是沿着两个方向发展的：一是把知识积累看作经济增长的原动力；二是把资本作为增长的关键，这里的资本既包括物质资本，也包括人力资本。第一种发展方向基本上是沿着阿罗的干中学模型发展的，代表人物有罗默、格罗斯曼、赫尔普曼、阿吉翁等；第二种则是对舒尔茨等人早期构建的人力资本模型的扩展，代表人物有卢卡斯、曼昆、墨菲等。

1.干中学模型

阿罗于1962年提出了干中学模型。他从一般的包含劳动与资本两种生产要素规模报酬不变的柯布-道格拉斯生产函数推导出一个规模收益递增的生产函数。他把技术进步视为资本积累的副产品，认为在实物资本存量增加的同时，知识水平也会有所提高。在完全竞争的假设前提下，厂商可以通过积累生产经验提高其劳动生产率，同时，其他厂商通过学习该厂商的经验而提高生产率，因此，投资能够产生溢出效应。在阿罗看来，技术进步是知识的产物和学习的结果，而学习是经验的总结，经验来自生产实践，技术进步就体现为经验的积累。阿罗用在模型中用物质资本来表述学习与经验，即把技术进步用总投资的积累来表述。阿罗认为随着物质资本投资的增加，"干中学"会导致人力资本水平相应的提高，从而实现技术进步的内生化。

在阿罗的模型中，整个经济系统是按规模收益递增原则运行的，这种收益递增对单个企业来说是外生的，这决定了竞争均衡的存在。但是，持续的人均增长必须用外生的人口增长来解释。

2.知识溢出模型

罗默对阿罗的干中学模型作出重大修正和改进，于1986年提出了知识溢出模型。在罗默的模型中，知识是生产函数中的一个独立变量。他假设知识具有外部性，因为知识不能得到完全的专利保护，单个厂商生产的新知识能够使整个社会受益；新知识产出的规模收益递减，生产知识的单个厂商面临着递减的收益；物质产品生产的规模收益递增，这是因为知识具有内部效应和外部效应，物质产品的产出是知识的递增函数。罗默认为，作为经济增长源泉的技术进步是经济系统的内生变量，由于外部性的存在，物质产品的生产具有规模收益递增的特点。但是，由于知识的私人边际产出低于社会最优的边际产出，因此竞争均衡下的经济增长率低于社会最优的增长率。在该模型中，罗默把知识看作追求利润最大化的厂商进行物质资本投资的副产品，知识不同于物质产品之处就在于它具有溢出效应，这也是一个经济体能够保持长期增长的原因。由于假定收益递增以外部经济的形式出现，这一模型与完全竞争的分析框架相容。但如果发明部分地取决于有目的的研发努力，且如果某种创新能逐渐扩散到其他生产者，完全竞争的分析框架就无法处理。

随后，罗默、格罗斯曼和赫尔普曼、阿吉翁和霍伊特开始把研发与不完全竞争理论整合到经济增长框架中。他们把技术进步看作有目的的研发活动的结果，且因这种研发活动厂商获得某种形式的垄断力量。这样，内生的技术进步就能够解决总量水平上的收益递减问题，只要经济系统中不存在知识耗竭的趋势，就能保证经济的长期增长。

3.人力资本溢出模型

另一个重要的内生经济增长模型是人力资本溢出模型。20世纪60年代，宇泽弘文根据舒尔茨的人力资本理论，构建了一个两部门模型，强调人力资本在经济增长中的作用。他假定经济体中存在一个生产人力资本的教育部门，从而把物质资本和人力资本都纳入模型中，但这两种资本投资的私人收益和社会收益只取决于这两种资本存量的比率。尽管该模型不存在规模收益递增和外部性，但是，由于他假定教育部门的生产函数是规模收益不变的线性形式，即使经济系统中不存在任何固定的生产要素，也能实现经济增长。

卢卡斯吸收宇泽弘文的建模思想，把舒尔茨的人力资本理论和索洛模型结合起来构建了人力资本溢出模型。他把人力资本看作索洛模型中技术进步的另一种形式，整个经济系统的外部性是由人力资本的溢出效应导致的。另外，卢卡斯吸收了阿罗的干中学模型的思想，认为人力资本还可以在实践中得到积累，人力资本的溢出效应表现为向他人学习或者互相学习，拥有人力资本较高的人会对其周围的人产生更多的正向影响。在存在国际贸易的情况下，各个国家强化了其人力资本禀赋优势，形成专业化生产。在卢卡斯的模型中，存在平衡路径，而且每个国家的相对收入位置由其初始状况决定，初始的不平衡将会持续下去。当各个国家都处于平衡路径时，收入水平不同的国家的物质资本收益都相等。因此，私人资本收益递减，并不意味着私人资本的流动会导致不同国家收入水平的相等。

（三）新经济增长理论的基本结论

新经济增长理论是对传统经济增长理论的一次重大修正。与新古典经济增长理论相比，新经济增长理论认为：

第一，经济增长是经济系统中的内生因素作用的结果，在存在外部性或垄断因素的条件下，经济可以实现持续、均衡增长。但这种动态均衡是一种次优增长，只有通过政府的干预，消除市场机制造成的资源配置扭曲，才能实现帕累托最优。

第二，技术进步是追求利润最大化的厂商进行投资的结果，这种内生的技术进步是经济增长的决定因素，技术（或知识）、人力资本的溢出效应是经济实现持续增长的不可或缺的条件。

第三，经济政策（如税收政策、贸易政策、产业政策等）能够影响经济的长期增长。在通常情况下，政府为研发、教育和培训等提供补贴有助于促进经济长期增长。

然而，新经济增长理论在探讨国家之间经济增长的差异时，仍然把每个国家都看作一个点；尽管有些模型提到了知识的空间溢出问题，但没有将空间因素纳入模型框架中来，因此，难以解释经济活动在空间上的块状特征。

二、知识资本溢出模型

虽然新经济增长理论强调内生的技术进步是长期的区域经济增长的源泉，但缺乏空间因素，无法解释知识的空间溢出以及区域经济的块状特征。本部分将重点讨论具有空间维度的内生经济增长模型——知识资本溢出模型。本模型是由马丁和奥塔维诺（1999）建立的[①]，鲍德温等（2001）进一步完善了该模型[②]。

（一）知识资本溢出模型的基本假设

在知识资本溢出模型中，资本生产成本遵循学习曲线。随着知识资本的积累，当前的资本生产可以借鉴前期的资本生产的知识和技能，前期知识资本的积累提高了本期资本生产效率，降低了本期知识资本生产的成本。马丁和奥塔维诺（1999）首次根据内生经济增长理论，详细讨论了空间因素对经济增长的影响。在他们的模型中，资本存量产生的溢出效应影响新资本的形成成本，从而促进资本积累。由于创新部门技术溢出效应的存在，企业愿意在创新部门所在的区位投资。这里仍然假设单位资本只生产一种产品，因此，持续的投资使得工业品种类增加，这将导致价格指数的下降，在名义支出和名义收入一定的条件下，这又导致实际产出和实际收入水平的提高，实现区域经济的内生增长。

如果把知识和技术溢出作为经济内生增长的驱动力，那么既要考察经济的内生增长，又要考察经济区位的内生变化，这不可避免地涉及知识和技术的空间溢出。部分竞争性和部分排他性是知识和技术这类准公共产品的基本特征。知识和技术可以同时被很多人或者组织利用而不会导致其效用水平的下降。其不仅可以被知识和技术的创造者利用，也可以被其他人利用，而且现实中很难阻止这个过程的发生。当某个区域产生聚集时，受前向联系和后向联系的循环累积过程的影响，当地的资本收益不断提高，且因当地资本存量的增加而导致的溢出效应，资本创造成本不断下降。

知识资本溢出模型假定，知识资本是通过知识资本创造部门创造的，当达到长期均衡时，资本增长率为常数。新知识资本的生产需要成本，假设每个区域的资本创造成本函数都是本地资本存量和外地资本存量之和的倒数，那么每个区域的知识资本生产成本都相等。如果知识资本存量稳定增长（常数），那么根据阿罗的向下倾斜的学习成本曲线，单位知识资本生产成本逐渐下降。资本生产部门的资本产出分为两种：一是私人知识。它可以获得专利并卖给他人来生产产品。二是公共知识。它无法获得专利，可以广泛传播并迅速被其他厂商所吸收，因此其他厂商可以通过较小的努力生产新的资本。每个区域的资本生产部门都以完全竞争和规模收益不变为特征。每个区域的知识资本溢出都随着距离而衰减，本地知识资本溢出完全可以被本地资本创造所利用，而外地知识资本对本地的溢出强度随着空间距离的增加而减弱。这样，知识溢出在某种意义上具有本地化的特征。正是由于溢出的本地化特征，本地资本的积累更加有利于本地资本的创造，使得知识资本溢出模型具有了一种聚集力，因而就显现了空间的"非中性"特征，这是知识资本溢出模型的重要特征。

由于知识溢出模型探讨的是经济增长问题，因而必然涉及跨期支出问题，需要考虑各期的最优支出的分配问题。最优的支出方法就是任何支出的重新分配都使得消费者感到无差异。在知识资本溢出模型中，边际效用折现率等于资本折现率。

（二）知识资本溢出模型的基本思想

在知识资本溢出模型中，经济系统总资本存量一直在增长，即经济系统总资本存量不

———————

①　MARTIN P, OTTAVIANO G I P. Growing locations: Industry location in a model of endogenous growth [J]. European Economic Review, 1999, 43 (2): 281-302.

②　BALDWIN R E, MARTIN P, OTTAVIANO G I P. Global income divergence, trade and industrialization: The geography of growth take-off [J]. Journal of Economic Growth, 2001, 6 (1): 5-37.

是固定不变的，这意味着区域经济在增长。知识资本溢出模型不存在资本品的流动，但存在知识资本的溢出，因此经济系统处于非均衡状态时，扩张区域的资本在增长，衰退区域的资本在减少，这意味着经济系统的资本空间分布发生变化。因此，知识资本溢出模型的长期均衡就是指资本的空间分布保持长期稳定状态，也就是资本区位并不随市场开放度变化而发生变化。在知识资本溢出模型中，资本增长速度为常数，资本创造除了弥补折旧外，还必须使资本每期以该速度净增长，同时要考虑资本折现率。因此，在知识资本溢出模型中，各个区域的资本现值都可以用当期资本收益率与折旧率、增长率和折现率三者之和的比值来表示。当长期均衡时，折旧率、增长率和折现率三个变量在经济系统内是相等的，长期均衡条件就由经济系统的资本现值相等变为资本的收益率相等。知识资本溢出模型的长期均衡，包括对称分布模式和核心边缘模式两种均衡。

1.作为聚集力的"本地溢出效应"

在长期，两个区域通过资本的生产与折旧，导致区域资本存量的变化以及相对资本份额的变化。初始时，如果两个区域的要素禀赋是对称的，则每个区域的资本同时以某一相等速度增长，直到每单位资本价值恰好等于资本创造的成本，此时长期均衡就是对称均衡。在知识资本溢出模型中，资本生产成本同资本的区位联系在一起。由于资本存在本地溢出效应，区域的资本存量越大，则该区域的资本生产成本越小，资本生产的动力也就越大，资本增长率也就越高。因此，初始两个区域的资本份额不对称，资本份额较大区域的溢出效应大于资本份额较小区域的溢出效应，因此，资本生产成本较小，资本份额较大区域的资本增长率高于资本份额较小区域的资本增长率，不断积累资本。这类似于本地市场放大效应导致的聚集力的强化过程。因此，本地溢出效应给知识资本溢出模型增添了另一种"聚集力"。随着市场开放度达到某一临界值，以本地市场放大效应形式表现的聚集力和以市场拥挤效应形式表现的分散力，再加上以本地溢出效应形式表现的聚集力共同作用，总的聚集力大于分散力。如果此时受到某种外生冲击，某个区域的资本生产过程就开始加速，另一区域则开始减速，宏观上表现为资本的空间分布开始变化。在此过程中，也会出现资本价值刚好等于资本生产成本的资本份额和市场份额组合，形成内点非对称均衡，因此，在溢出模型中存在无数个稳定的内点非对称均衡。这种动态调整过程一直持续到所有资本都集中到某一个区域，形成稳定的核心边缘均衡。此时，核心区的资本价值等于资本生产成本，资本增长率大于对称均衡的增长率。这说明，经济区位影响资本增长率，即影响了经济的增长速度，空间不是"中性"的。

2.不同资本空间分布模式的经济增长率

知识资本溢出模型的资本增长率（经济增长率）由劳动力禀赋、资本折现率、资本折旧率、经济系统对工业品的支出份额、工业品的替代弹性所决定。但两种资本分布模式的经济增长率是存在很大差异的。

当经济系统包含两个区域时，资本的空间分布情况不外乎是两种情况：一是两个区域的资本份额相等的情况（对称结构）；二是两个区域资本份额不相等的情况（核心边缘结构）。非对称结构对资本生产越多的区域而言是资本份额增大的过程，而对资本生产越少的区域而言是资本份额变小的过程。这种情况一直延续到资本生产全部集中在一个区域，而另一个区域没有生产资本。这时资本空间分布的非均衡程度最强，这种结构被称为核心边缘结构。此时，所有资本都集中在一个区域，知识的溢出效应也全部集中在该区域，知识在传播中没有衰减，也就是没有知识资本的损失。因为最大限度地发挥了知识资本对经济增长的贡献，所以此时的经济增长率最高。但对资本对称分布而言，在知识溢出衰减规律的作用下，总存在知识资本溢出的损失，因而无法调动经济系统所有知识资本为经济增长作贡献，因此此时的经济增长率很低。随着知识资本非对称性的增强，知识资本溢出损失逐渐变小，经济增长率逐渐提高；当形成知识资本空间分布的核心边缘结构时，知识资本溢出损失最小，经济增长率最高。可以看出，知识资本的空间分布模式影响经济系统的经济增长率，这意味着空间对经济增长而言并非"中性"的，经济活动空间聚集提高经济增长率。这也解释了开始工业化的国家或地区一般都采取非均衡战略的原因。

3.两种不同的经济发展战略

尽管有许多不同的经济发展战略，但不外乎是两种战略：非均衡发展战略、均衡发展战略。非均衡发展战略的经济增长率高于均衡发展战略的经济增长率。因此，如果经济发展战略的目标取向为效率，则可以采取非均衡发展战略，此时尽可能强化各种生产要素的空间聚集；如果经济发展战略的目标取向为公平，则应采取均衡发展战略，此时尽可能强化各种生产要素的分散。

（三）知识资本溢出模型的主要启示

知识资本溢出模型具有许多不同于传统经济增长理论的一些新的启示，可以概括如下：

1.经济的内生增长

知识资本溢出模型中的经济增长是内生增长。这种长期的内生增长意味着，在知识资本溢出模型中调整资本存量所带来的影响是长期的。在知识资本溢出模型中，私人知识资本是不能流动的，只存在公共知识资本的溢出效应。如果我们放宽私人知识资本不能流动的限制，则将看到很有意义的现象。如前所述，如果发生资本存量的重新调整过程，则这种调整过程必然导致资本存量的非均衡分布。此时如果允许资本流动，则资本的流向决定于市场开放度的大小。当市场开放度很小时，资本从资本比较丰富的地区流向资本匮乏的地区；反过来，当市场开放度很大时，资本从资本匮乏地区流向资本比较丰富的地区。

2.经济增长强化区位优势

在知识资本溢出模型中，资本积累过程就是经济增长过程，同时资本收益都支付在资本所有者所在地，扩大了本地市场规模，因此经济增长会进一步强化本地的区位优势；反过来，资本的分散将削弱区位优势。

3.经济"增长极"和"塌陷区"

在知识资本溢出模型中，经济系统的动态变动表现为"增长极"和"塌陷区"的形成。经济系统从对称均衡转向非对称均衡时，资本和产业聚集区域的经济获得快速发展，而失去资本和产业的区域的经济进一步萎缩。前者成为经济增长的"增长极"，后者沦落为经济增长的"塌陷区"或"萧条区"。

4.永久的区际收入差距

在知识资本溢出模型中，收入的空间分布取决于资本份额的空间分布。区际产业分布的非对称性，决定区际要素禀赋的非对称性，同时受到区际要素禀赋非对称性的影响。因此，核心区的人均资本存量高，人均收入水平也高。这种收入差距并不会随着贸易自由度的提高而消失。

5.经济一体化的内涵

经济一体化涉及许多方面的内容。一般来讲，降低劳动力转移成本和资本转移成本是实现经济一体化的主要内容；但在知识资本溢出模型中，降低贸易成本和公共知识溢出成本是实现经济一体化的重要手段。

6.经济的内生增长为一种聚集力

在知识资本溢出模型中，经济的内生增长本身就是一种聚集力。如果知识没有溢出，那么所有知识只能应用在本地。当初始状态为对称时，如果发生某种外生冲击，那么资本份额较大区域的资本积累快于另一个区域，该区域逐渐成为核心区，而另一个区域成为边缘区。这样，原先资本份额较大区域的经济得到快速增长，这对其他可流动要素而言具有很大的吸引力，因此，经济的这种内生增长促成了一种聚集力。

7.知识溢出为分散力

在知识资本溢出模型中，内生的经济增长为加速经济聚集的力量，而知识溢出为促使经济分散的力量。这从两个方面来理解：

首先，当不存在区际知识溢出障碍时，如果市场开放度足够低，则对称均衡是稳定的。

其次，随着知识溢出变得容易，维持对称均衡稳定的市场开放度的取值范围越来越大，也就是知识溢出越容易，对称均衡越不易被破坏，这意味着知识溢出是促使经济分散的一种力量。

8.非均衡发展战略与经济起飞

知识资本溢出模型最重要的特征为经济区位影响经济增长。当市场开放度小于某一临界值时，对称均衡是稳定的，即此时产业以及创新中心的空间分布是分散的，知识溢出很微弱，因而创新成本很大。在市场开放度大于该临界值以后，核心边缘结构变成了唯一的稳定均衡，此时产业和创新中心都集中在一个地区，知识溢出强度非常大，因而创新成本非常小；同时，处于核心边缘结构时的经济增长率大于处于对称结构时的经济增长率。这告诉我们，在经济起步阶段，应采取非均衡发展战略，促使生产要素向某一区域聚集，这可以提高经济系统的经济增长率，使区域经济增长快速步入快车道。

9.有条件的福利补偿作用

如果把区域经济视为块状经济，则必然包含聚集力。因此，如果实现经济自由化，则必然导致经济增长的空间差异，核心区居民的实际收入增加，边缘区居民的实际收入减少。这种在核心区与边缘区居民之间的实际收入差距将伴随所有地区经济的发展过程。显然，聚集力对核心区福利水平的提高具有正向效应，但对边缘区福利水平的影响是不明确的。边缘区福利水平的变化，必须考虑失去产业导致的静态损失与经济增长导致的动态收益之间的相对关系，这种动态和静态的相对关系决定边缘区总体福利水平的变动情况。如果边缘区消费者对制造业产品的支出份额很小，那么经济增长率的提高对福利水平的影响较小，此时失去产业份额导致的静态损失占主导地位，边缘区的福利状况变坏。如果边缘区消费者对制造业产品的支出份额很大，则边缘区从经济增长中获得的动态收益占主导地位，此时两个区都从经济增长中获益。但我们知道，对工业品的支出份额很大的地区，已经不是传统意义上的欠发达地区，而是较发达的地区，对工业品的支出份额很小的地区才是传统意义上的欠发达地区。因此，对较发达地区消费者而言，经济增长的动态效应占主导地位，可以提高福利水平；然而对欠发达地区的消费者而言，产业份额损失的静态效应占主导地位，会进一步恶化福利水平。

第三节　产业分布模式与国民收入区际和人际分配

选择何种经济增长方式或产业分布模式，对区域经济发展而言是至关重要的。如果偏好经济增长效率，则一般会选择不平衡增长方式，与这种增长方式相对应的产业分布模式为非均衡分布模式；如果偏好区际公平，则一般会选择平衡增长方式，与这种增长方式相对应的产业分布模式为均衡分布模式。如果区际人口均衡分布，则此时如果产业分布模式为均衡分布模式，则不同区域的名义收入和实际收入都相同，不同区域居民的实际收入水平也相同；如果产业分布模式为非均衡分布模式，则不同区域的名义收入和实际收入都不相同，不同区域居民的实际收入水平也不相同。一般来讲，产业份额（资本份额）较大地区所分得的国民收入多于产业份额较小地区分得的国民收入，其居民实际收入水平也高于产业份额较小地区居民的实际收入水平，这就是区际发展差距的主要原因。党的二十大提出："深入实施区域协调发展战略、区域重大战略、主体功能区战略、新型城镇化战略，优化重大生产力布局，构建优势互补、高质量发展的区域经济布局和国土空间体系。"从经济发展模式来看，这在本质上是兼顾区域公平与效率，促进区域协调发展。

本部分从纯市场力作用和政府有效干预的角度，分析产业分布模式与国民收入区际和人际分配之间的关系。

一、市场力作用下的产业空间分布

为了讨论的方便，我们进行一些假设：经济系统由北部和南部两个区域组成，如果两个区域市场规模不对称，则假定北部的市场规模大于南部的市场规模；每个区域都有资本和劳动力两种生产要素，劳动力为不可流动要素，资本为可流动要素，但资本收益都返回到资本所有者所在地消费，因此资本流动不会影响市场规模；每个区域都有制造业和农业两种生产部门，农业部门以规模收益不变和完全竞争为特征，制造业部门以规模收益递增和垄断竞争为特征，农业部门生产的是同质产品，制造业部门生产的是差异化产品，两个区域的生产技术相同；农产品的区内、区际交易无成本，制造业产品的区内交易无成本，而区际交易有成本；每个制造业厂商都以1单位资本为固定成本，这样资本份额等价于产业份额，可以用资本份额来表示区域产业份额，也可以用产业份额来表示资本份额；效用（实际收入水平）可由名义收入水平与该区域价格指数之比来表示。

资本的区际流动是为了获得高额的资本收益，资本总是流向资本收益率高的区域，因此资本流动处于稳定状态时，两个区域的资本收益率相同或资本已经全部集中一个区域里：前一种情况为内点解的情形，是两个区域都享有一定份额的制造业（或资本）；后一种情况为角点解的情形，是所有制造业（或资本）全部集中在一个地区。显然，我们感兴趣的是制造业还没有全部集中在一个区域的情形。根据内点解的均衡条件，也就是两个区域资本收益率相等的条件，我们可以得到北部（或南部）资本份额（产业份额）的决定条件，即北部的资本份额等于对称时的北部资本份额再加上北部超出对称值的市场份额的某个倍数，该倍数大于1且随市场开放度的提高而变大，该倍数被称为本地市场效应指数。这就是说，在市场力作用下的产业分布取决于市场规模和区际市场开放度，只要市场规模偏离对称结构（市场份额大于1/2），则产业份额就大（产业份额大于1/2）；当某一区域的市场规模偏离对称结构时，如果区际市场开放度大，则会进一步放大这种偏离程度，也就是产生了本地市场放大效应，因而市场规模较大区域的产业份额也就越大。

由此可以得出一个重要的结论：市场力作用下的产业配置取决于市场规模和区际市场开放度；当某一区域的市场规模较大时，产业份额也就较大；当区域的市场规模已外生给定时，如果区际市场开放度大，则可流动要素进一步聚集在市场规模较大区域，因此产业份额也就很大。

该结论告诉我们，在市场力作用下，产业的空间分布主要取决于市场规模和市场开放度。当两个区域的市场规模不等时，如果我们实行一体化政策（提高区际市场开放度），则市场规模较大区域的产业份额会更大。这在某种意义上解释了改革开放以来我国经济主要集中在东部，西部经济总量在整个国民经济中所占份额越来越小的主要原因。正如下面将讨论的，由于劳动者和资本所有者的收入水平不同，在人口规模相同的情况下，资本所有者所占的份额越大，该区域的市场规模就越大，因而产业份额也就越大，这正是目前我国东西部差距越来越大的主要原因之一。

二、市场力作用下的国民收入区际与人际分配

在上面，我们讨论了市场力作用下市场份额的变化如何影响区际产业份额的问题。现在我们讨论产业份额如何影响国民收入区际分配和人际分配的问题。

（一）市场力作用下的国民收入区际分配

1.名义收入分配上的区际差异

我们假设区域所获得的名义收入水平由劳动力工资收入和资本收益所组成。如果产业空间分布为对称分布，则两个区域获得的国民收入水平相等。如果初始时人口分布为对称分布，则此时人均名义收入水平也相等。但因某种外生冲击，产业的对称分布被打破时，名义收入和实际收入开始发生变化。初始南北两个区域获得的名义收入水平是相同的，但如果随市场规模的变化，所有产业将集中在市场规模较大的区域，此时名义收入的区际分配存在很大的差距，因为产业聚集区不仅获得劳动力的工资收入，还获得大量的资本收益，而产业迁出区只获得劳动力工资收入。根据前面的假设，两个区域的劳动力禀赋相等且劳动力是充分就业的，这些劳动力在制造业和农业中可以自由选择就业，因此从事制造业和从事农业的工资水平是相等的。这样，产业聚集区的名义收入在整个经济系统中所占部分是资本收益加上劳动力工资收入，而制造业迁出区的名义收入只包括劳动力工资收入。可以看出，产业聚集区的名义收入远远多于无产业聚集区的名义收入，产业份额的不同造就了国民收入地区分配上的绝对差距。

2.区际生活成本上的区际差异

前面讨论的是由产业分布的不同导致的两个区域获得的名义收入上的绝对差异，下面

要讨论产业分布为非对称分布时的两个区域总体价格水平的变化，而总体价格水平直接影响实际收入水平。为此，首先要建立经济系统中4个利益群体（北部和南部的资本所有者、北部和南部的劳动力所有者）的实际收入表达式。根据前面的假定，每个工人拥有1单位劳动力，每个资本所有者拥有1单位资本。每个工人的名义收入就是每个工人的工资。由于南北两个区域的劳动力可以在农业和制造业部门中自由选择就业，因此，当均衡时农业部门的工资水平和制造业部门的工资水平相等，这样可以假设经济系统劳动力的工资水平为1。每个资本所有者都拥有1单位资本，每种产品的生产都以单位资本为固定成本，因此，每个企业的平均收益等于单位资本的利润率，这就是每个资本所有者的名义收入。如果我们用名义收入与价格指数之比来衡量实际收入水平，则各区域劳动力的实际收入为当地价格指数的倒数，而各区域资本所有者的实际收入为资本平均收益率与当地价格指数之比，这样我们就得到了4个利益群体的实际收入水平。

可以看出，4个群体的人均收入水平取决于价格指数（由于农产品的区际交易是无成本的，因此农产品的价格不影响总价格指数，总价格指数取决于工业品的价格指数），也就是主要取决于产业非对称分布所导致的各区域工业品价格指数的变动。根据前面的假定，两个区域消费者的偏好相同，而且制造业部门生产的都是差异化的最终消费品，因此，当企业大量聚集在某一区域时，区内提供的最终消费品种类较多，从区外输入的消费品的种类较少，因而可以节省大量的贸易成本，这必然降低该区域总体的价格水平。也就是说，如果企业从南部向北部转移，则会降低北部的价格指数，提高南部的价格指数。这就意味着，产业聚集区的人均实际收入水平高于产业迁出区域的人均实际收入水平。因此，只要产业聚集区的产业份额大于1/2，那么产业聚集区的实际收入水平高于产业迁出区域的实际收入水平。

3.实际收入分配上的区际差异

现在，我们把由产业份额区际差异导致的区际名义国民收入绝对差异和区际价格指数差异综合起来考虑。只要产业聚集区的产业份额大于1/2，就必然存在名义国民收入地区分配上的绝对差异；只要产业聚集区的产业份额大于1/2，就产业聚集区的价格指数小于产业迁出区的价格指数，因而存在由价格指数的不同导致的实际收入水平的相对差异。这样，我们可以得出国民收入的产业份额分配律：国民收入的区际分配取决于各区域拥有的产业（资本）份额的大小，拥有的产业份额越大，所分得的国民收入也就越大。

可以看出，产业分布格局的变化导致收入水平的区际不平衡。在市场力作用下，产业转移将提高产业份额较大地区的实际收入水平，降低产业份额较小地区的实际收入水平。因此，如果产业的空间结构保持不变，则在不会损害某一区域福利水平的同时，也不会提高另一个区域的福利水平。但在市场力条件下，如果两个区域的市场规模不完全相等，则当贸易自由度变大时，要素趋利性特征必然导致资本要素的转移，从而必然导致区际收入水平的差异。尽管我们采取积极措施可以缩小这种差距，但这种差距是永远存在的，除非世界经济是完全对称的。因而存在以下有关区际差距的结论：区际收入差异取决于区际资本份额的差异，资本份额差异越大，区际收入差异也越大；除非世界经济是完全对称的，否则区际收入差异必然存在且永久存在。

（二）市场力作用下的国民收入人际分配

前面讨论的是国民收入区际分配，现在我们讨论产业份额的变化会使哪一个群体的福利变得更好。由于资本所有者获得的收益率是经济系统的平均收益率，因此资本所有者投资在何处不影响他们的收入水平，不管他们投资在何地，都能得到相同的回报率。所以，我们要重点讨论南北两个区域劳动者实际收入水平的变动情况。现在考虑一下产业份额的变动对北部和南部劳动者实际收入水平的影响。设南北两个区域的代表性劳动力的人均实际收入水平之和为 V，则 V 等于北部劳动力的实际收入水平加上南部劳动力的实际收入水平，然后讨论 V 与产业份额之间的变化关系。

首先，如果北部的产业份额小于 1/2，则经济系统劳动力整体的收入水平随北部产业份额的增大而提高，当北部产业份额接近 1/2 时，经济系统劳动力总体收入水平最高；如果北部产业份额大于 1/2，则经济系统劳动力总体收入水平随北部产业份额的增大而下降，北部产业份额越大，总体收入下降得越多。

其次，当北部产业份额等于 1/2 时，也就是两个区域产业份额各占一半时，经济系统劳动力总体收入水平最高，但如果北部产业空间分布偏离对称结构（也就是北部的产业份额大于 1/2），则产业从南向北转移，北部受益，南部受损，北部劳动力收入增加部分等于南部劳动力收入减少部分，区际劳动者收入水平产生差距。

最后，当北部初始的产业份额大于 1/2 时，如果产业从南向北转移，则南部劳动力收入的减少部分大于北部劳动力收入的增加部分，经济系统总体收入水平是下降的；反过来，如果产业分布趋向平衡，也就是产业从北向南转移，则南部劳动力收入的增加部分大于北部劳动力收入的减少部分，总体收入水平是提高的。

由上述讨论，可以得出以下有关人际收入水平差距的重要结论：当初始的产业分布不均衡时，如果产业分布趋向于更加不平衡，则损失者的福利损失部分大于获益者的福利增加部分，总体福利水平是递减的；如果产业分布趋向于平衡，则获益者的福利增加部分大于损失者的福利损失部分，总体福利水平是递增的。

所谓的产业份额的变化，主要通过两种途径实现：本地原有厂商（资本）数量的增减；流入本区的厂商（资本）数量的增减。如果本地原有厂商（资本）数量较多或流入的厂商（资本）数量增多，则该区域的产业份额将增加。如果某一地区产业份额较大，则生产的商品种类也较多，不需要从外地大量购入产品，这就减少了运输、销售等中间环节，消费者面对的总体价格水平较低，因而居民的实际收入水平较高。上面的结论告诉我们产业份额变动与劳动者实际收入变化之间的关系。当初始产业份额分布不均衡时，如果产业份额进一步向某一地区集中，则总体的福利水平将下降，欠发达地区劳动力的福利损失部分大于发达地区劳动力的福利增加部分，进而扩大人际收入水平差距；如果产业份额趋向于均衡，则总体福利水平将提高，欠发达地区劳动力的福利增加部分大于发达地区劳动力的福利损失部分，进而缩小人际收入水平的差距。因此，要缩小区际劳动力的收入水平差距，应尽可能实现产业分布的均衡。然而，在市场力作用下，要素的趋利性使得各种生产要素向发达地区聚集，进一步加剧产业份额的不均衡，这又进一步加大区际劳动力收入水平的差距。因此，政府必须采取有效措施防止这种现象的发生。

三、政府有效干预时的福利水平改进

市场力作用下的产业份额变动不会导致区际收入分配的帕累托改进，因此政府的干预是很有必要的。但是，政府的干预也不能把产业均匀地配置在不同地区，如果某一区域的市场规模较大，则该区域应拥有较大份额的产业。下面的讨论将回答政府的干预能否提高总体福利水平以及社会最优的产业分布应为如何的问题。

（一）政府干预有效时的总体福利水平和最优产业分布

设厂商的目标函数为利润最大化，政府的目标函数为总体福利水平最大化并实现区际收入水平的均衡。厂商追求的是利润最大化，因此厂商定价时会使产品价格高于边际成本，或者厂商选择生产区位时不会考虑消费者福利的损失和其他厂商的损失（市场扭曲）。根据政府的目标函数假设，政府的主要职责并不是干预市场的正常运行，而主要是解决各种市场扭曲问题，也就是解决定价过高、消费者福利损失及其他厂商损失的问题。根据前面讨论的两个区、两种要素所有者的情况，经济系统总福利函数可以表示为两个地区资本所有者的福利水平（间接效用水平）加上两个地区劳动力的福利水平（间接效用水平）。前面已经讨论过 4 种福利水平：各区域资本所有者的福利水平是用资本收益与价格指数之比来表示的；因假设各区域劳动力的名义工资收入为 1，故各区域劳动力的福利水平是用价格指数的倒数来表示的。

如果政府能够采取措施消除市场扭曲现象，整个经济系统的福利将达到最优状态。在现实中出现垄断或厂商之间的共谋行为时，厂商不按边际成本加成定价法定价，将会出现定价过高或市场扭曲现象，此时政府的干预目的就是消除市场扭曲现象。假设政府为消除市场扭曲现象采取强制性措施，实行严格的边际成本加成定价法定价，则此时厂商的额外利润为零，正常利润为资本平均收益率，这种资本平均收益率是外生决定的。此时工业品的区内价格为区内成本的加成，区外价格为区内成本加成与冰山交易成本之积。由于农产品的区际价格相同且农产品的区际交易无成本，故农产品价格对两个区域总体价格水平的影响是相同的，这样只考虑工业品价格对两个区价格指数的影响就可以了。这样，如果我们分别把北部和南部的价格指数代入总福利函数表达式中，则可以得出有关总福利水平的函数。由于该表达式包括了实行加成定价法定价而提高的福利水平部分，因而就可以提高总体福利水平。

在上述的总福利函数的两边同时除以经济系统总人口规模（包括劳动力总量和资本所有者总人数；由于每个企业都以 1 单位资本为固定成本，故资本所有者数量又等于企业数量或资本数量），然后设总福利水平对产业份额的一阶导数等于零，则我们可以得出有关社会最优产业分布的结论：如果政府实施边际成本加成定价法定价，则可以实现社会总体福利的最大化，但此时两个区域的产业分布并不是均衡分布，而是非均衡分布，人口规模较大区域应拥有较大的产业份额，区际市场开放度越大，人口规模较大区域的产业份额也就越大。

上面的结论具有重要的意义。其告诉我们，社会最优的产业分布不是均衡的产业分布，而是非均衡的产业分布，人口规模较大区域或市场规模较大区域应拥有更大份额的产业，人口规模较小区域的产业份额较小或与人口规模同比例；否则，不仅会降低人口

规模较大区域的福利水平，而且是无效率的配置。尽管社会最优的产业分布是非均衡分布，但如果这种非均衡程度超过某一临界值，则将损害人口规模较小区域的福利水平。由于人口规模或市场规模是外生决定的，因此，产业高度集中在人口规模较大区域，进而整体福利水平下降时，可能的解决途径之一是适度降低人口规模较小区域对人口规模较大区域的市场开放度，也就是适当保护人口规模较小区域的产业份额，这也是政府干预的主要内容。

通过上面的讨论，我们可以得出有关政府调控的重要结论，即政府调控的内容有两项：建立和完善市场机制，保护合理竞争，尽可能消除市场的扭曲；对市场规模较小的欠发达地区实行有别于发达地区的一些特殊政策，尽可能保证欠发达地区拥有一定份额的产业。

（二）政府干预无效时的总体福利和次优产业分布

如果政府无法消除上述的扭曲现象，那么总体福利水平将下降，经济系统处于次优状态。假定边际成本加成定价法无法实施，厂商以利润最大化为目标，完全自由定价。此时，总福利函数中不包括因实施边际成本加成定价法定价而获得的福利改进项，因此，总体福利水平下降，此时的产业份额分布是次优分布。

比较社会最优的产业份额和社会次优的产业份额，则这两者在产业份额结构上是相同的，但社会最优产业配置所强调的是人口规模，市场力作用下的产业配置所强调的是支出规模。支出份额的大小取决于在人口规模份额中富裕的个人（也就是资本所有者）所占份额的大小。较富裕的人群所占比例较大，则区域人均收入水平高，人均支出水平也高。资本所有者的收入水平高于劳动者的收入水平，因此，如果某一地区的资本所有者多，那么该区域是富裕的地区，产业份额很大，区域收入水平也很高。在市场力作用下，产业份额高度集中在收入水平高的地区，这进一步加大区际差距。这就是目前我国东西部差距进一步加大的根本原因。因此，除了特殊情况以外，区际产业份额差距越大，区际收入差距也越大；资本所有者和劳动者收入差距越大，人均收入差距也就越大。可以看出，市场力配置下的产业分布更加趋向于产业份额大的区域，从而进一步加大区际产业份额差距和区际收入差距，因此，此时的产业配置是缺乏效率的，这也是政府进行干预的主要原因。由此我们可以得出如下有关市场配置无效率的结论：市场配置强调的是收入水平的高低，当某一个区域的收入水平较高时，市场会把更多的产业配置在该区域，进而扩大区际收入差距。因此，除了一些特殊情况外，市场力作用下的产业分布是缺乏效率的。

当存在要素收益和相对要素禀赋差异时，如果市场开放度高，无效率时的产业份额和有效率时的产业份额之间的差距就大，这说明市场开放度越高，市场配置无效率程度也越强。这就意味着，如果要实现经济的快速发展，则应实行开放政策，封闭经济不利于福利水平的提高；如果要实现区际协调发展，则区际市场开放度应有适当的梯度，也就是发达地区和欠发达地区之间在市场开放度方面要有一定的梯度。这等价于不应在欠发达地区和发达地区实行一体化的政策，而应实行差别化的政策，这种差别化的政策正是要由政府宏观调控来解决的问题。因此，在市场规模和人口规模已确定时，适度降低市场开放度，可以降低市场配置的无效率。

现实中，在无法人为解决区际要素收益和相对要素禀赋差异的情况下，解决市场配置无效率的主要途径就是适度降低区际市场开放度，而区际市场开放度主要由不同区域之间政策的一致性程度决定，政策的一致性程度越强，区际要素流动性越大，区际市场开放度就越高。因此，为实现区域协调发展，要适度降低欠发达地区对发达地区的市场开放度。提高发达地区对欠发达地区的市场开放度，就意味着区域之间应实行差别化的政策，而不应实施高度一致的区域经济政策，就是上面曾涉及的政府干预的主要内容之一。

第四节　经济增长方式与经济发展战略

在前面，我们已经讨论了不同的区域经济增长理论，包括完全竞争框架下的区域经济增长理论、垄断竞争框架下的区域经济增长理论等，还讨论了产业分布模式与国民收入区际分配问题，而国民收入区际分配不均是导致经济发展差距的最主要的原因。从经济增长方式的角度考虑，区域经济增长理论可以划分为平衡增长理论、不平衡增长理论等；从欠发达国家工业化初期采取的经济发展战略的角度来考虑，经济发展战略则可分为贸易保护政策、贸易自由化政策、进口替代战略、出口替代战略等。

一、平衡增长理论

所谓平衡增长理论，是指在整个经济系统的各部门或各行业中，按照相同比率进行投资或者是按照不同比率同时全面地进行投资，通过各产业间的相互配合、相互推动来促进经济增长。这一增长方式从各种投资和经济活动的相互依赖出发，把经济系统看作不可分的整体，强调国民经济各部门的均衡发展。这种增长方式假定，生产要素在各地区、各部门之间可以自由流动，劳动、资本的供求关系决定了工资、利润能够自动趋于均衡，也就是说，市场机制可以通过自发调节来实现资源的合理配置，从而达到经济系统平衡增长的目标。平衡增长理论的代表性理论有罗森斯坦·罗丹的大推进理论和纳克斯的平衡增长理论。

（一）罗森斯坦·罗丹的大推进理论

1943年，罗森斯坦·罗丹发表了《东欧和东南欧国家工业化的若干问题》，提出了大推进理论。这一理论的核心是外部经济效应，也就是说，通过对互补行业或部门的同步投资，一方面，可以相互创造市场，解决市场需求不足的问题；另一方面，可以降低生产成本，增加利润，提高储蓄率，进一步扩大投资。他们指出，解决欠发达国家或地区的贫穷和落后问题，关键在于促使其实现工业化，而实现工业化的主要障碍是资本形成不足。在资本形成过程中，由于资本供给、储蓄和市场需求具有不可分性，小规模的、个别部门或产业的投资难以从根本上解决问题，因此，必须对所有的产业部门同时按相同比率进行大规模投资，实行"大推进"式的发展战略，才能保证产品的生产和需求达到均衡，实现工业化。同时，在工业化过程中，为避免某些产业部门的产品过剩和过度增长，也必须在投资时按照相同的投资率对各工业部门进行投资，才能保证各部门之间按相同的速度均衡增长，实现工业化。

（二）纳克斯的平衡增长理论

1953 年，纳克斯在《欠发达国家的资本形成问题》一书中提出了贫困恶性循环理论。他从"贫困恶性循环论"出发，提出了在不发达经济体中推行平衡增长战略的构想。纳克斯认为，欠发达国家或地区存在供给和需求两个方面的恶性循环。从资本的供给方面看，由于欠发达国家或地区的实际收入水平低，因此，储蓄能力弱，资本稀缺，阻碍了劳动生产率的提高，这进一步导致了收入水平的低下，如此循环往复，形成了"收入水平低—储蓄能力弱—资本稀缺—生产率低下—收入水平低"的恶性循环。从资本的需求方面看，由于收入水平低，市场的购买力有限，导致投资引诱不足、资本形成困难，因而生产率水平低下，进一步导致收入水平的低下，从而形成了一个"收入水平低—购买力有限—资本形成困难—生产率低下—收入水平低"的恶性循环。这两方面的恶性循环相互交织，使欠发达国家或地区难以摆脱贫困陷阱。因此，他提出了一个著名的命题，即"一国之所以穷是因为它穷"。

要突破上述困境，纳克斯认为，只有对经济系统各部门进行大量投资，使经济增长率迅速上升到一定高度，人均收入突破一定限度，才能形成广阔而充足的市场，产生足够的投资刺激，为投资规模的持续扩大和经济的持续增长创造条件。他特别强调了市场规模对经济增长的决定性作用，提出只有全面地在消费品生产、资本品生产和基础设施等各部门进行投资，使得各行业间能够相互支持，才能大幅度扩大市场规模，产生强大的投资刺激，从而实现整个国民经济的全面快速增长，打破贫困的恶性循环。

尽管他认为国民经济的各部门、行业必须进行同时且全面地投资和发展，但是，纳克斯并不主张各部门之间按照相同的比率发展，而是主张按不同的比率对各产业进行投资和发展。他指出，要以各部门产品的需求价格弹性和收入弹性的大小来确定各产业的投资比率。需求价格弹性和收入弹性大的部门，意味着该部门的发展不足，是经济发展中的瓶颈，但是这种部门生产扩张的潜力大，投资回报率高，发展速度快；更重要的是，一旦消除经济发展的瓶颈，就能使经济实现协调发展，因此，应该对这些部门多投资。

另外，莱宾斯坦的临界最小努力理论、纳尔逊的低水平均衡陷阱理论、斯特里顿的完善的平衡增长理论和刘易斯的二元结构理论等提出的经济发展模式都属于平衡增长方式。总之，这些理论都强调大规模投资的重要性，主张整个国民经济全面、均衡地增长。这些理论应用于区域经济学，就形成了区域平衡发展理论。它不仅强调产业部门间的均衡发展，而且强调区际和区内的平衡发展，认为生产要素的区际流动会导致各区域间的发展水平趋于收敛。因此，这些理论主张在各区域之间进行均衡的生产力布局和均衡的投资，促进各区域、各产业齐头并进、均衡发展。

二、不平衡增长理论

与平衡增长理论类似，不平衡增长理论也承认经济活动之间的关联性。这两种理论的区别在于，平衡增长理论特别强调各种经济活动之间的相互联系和相互依赖，并把它作为逻辑基础和理论前提；不平衡增长理论把经济活动之间的关联看作理论研究的对象，也就是探索把经济活动联系在一起的经济机制。当然，不平衡增长理论并不否认大规模投资对经济发展的促进作用。这种方法论上的区别使二者得出不同的结论。

（一）赫希曼的不平衡增长理论

赫希曼是不平衡增长理论的创立者。1958年，赫希曼出版了《经济发展战略》一书，指出了平衡增长战略的不可行性，系统论述了区域发展不平衡增长理论和战略。他通过对经济活动的前向联系和后向联系、经济增长的极化效应和溢出效应、通货膨胀的瓶颈以及投资的有效顺序等的分析，论证了不平衡增长的合理性与适用性，得出了如下主要观点：欠发达国家或地区应当集中有限的资本和资源优先发展一部分产业，然后利用优先发展的产业所创造的资本推动其他产业的投资，从而推动所有产业的发展。

赫希曼深入研究了经济增长在区域间和国际的传导机制，从资源配置的角度阐述了增长点对其他地区的影响。他认为，经济进步不可能在任何地方同时出现，而且它一旦出现，某些强有力的因素就必然使经济增长集中在起点附近发生；国际或区际的不平衡增长是增长自身不可避免的伴生物和前提条件。在对不平衡增长过程的分析中，赫希曼特别强调了产业间的"关联效应"。所谓关联效应，就是某个产业部门与其他产业部门之间在投入产出上的关联作用，包括前向关联、后向关联。前向关联是指某个产业与把其产品作为投入品的产业部门的联系；后向关联是指某个产业与为其提供投入品的产业间的联系。他认为，一个国家或地区在选择投资发展项目时，应该利用关联效应，优先发展那些能够最大规模地引致投资的产业，也就是选择那些具有显著的前向联系和后向联系效应的产业，通过这种产业的优先增长来带动国民经济其他产业部门的发展。关联效应最大的产业就是产品需求价格弹性和收入弹性最大的产业，在发展中国家通常是进口替代产业。

赫希曼通过极化效应和溢出效应，分析了区域间的不平衡增长。他把一个国家分为发达地区和落后地区两部分。发达地区的经济增长对落后地区具有极化和溢出两种效应。极化效应是指由于发达地区具有工资收入高、投资收益率高、生产条件完善、投资环境较好等优势，从而不断吸引落后地区的资金、技术和人才，使落后地区的经济发展日益衰落，这对落后地区的经济增长是不利的。溢出效应是指由于发达地区向落后地区购买投入品、进行投资以及落后地区向发达地区移民，从而提高落后地区的边际生产率和人均消费水平，促进落后地区的经济发展，这种效应有助于缩小区域经济发展的差距。

（二）缪尔达尔的循环累积因果理论

瑞典经济学家缪尔达尔在《经济理论与不发达地区》（1957年）一书中首次提出了循环累积因果理论，利用回流效应和扩散效应阐述地理上的二元经济结构，指出经济发达地区的优先发展对欠发达地区所具有的促进作用和消极影响。缪尔达尔指出，生产要素的区际流动具有两种效应：回流效应和扩散效应。回流效应是指在生产要素回报率区际差异促使下，劳动力、资本和技术等生产要素从欠发达地区向发达地区转移的现象。这种效应不仅会阻碍欠发达地区的发展，而且会降低整个经济的增长速度。同时，缪尔达尔认为回流效应的作用不是无节制的，发达地区在发展到一定程度后，生产成本会明显上升，外部经济效应逐渐变小，从而使生产要素从发达地区流向欠发达地区，这就是扩散效应。从总体上看，两种效应的作用是不平衡的，回流效应的作用强度要大于扩散效应。

缪尔达尔认为，在一个动态的社会经济系统中，各经济因素之间都以一种累积循环的方式运作，而不是简单地守恒或趋于均衡，某个经济因素的变化会引起另外一个因素的变化，后一个因素的变化反过来又会强化前一个因素的变化，并导致社会经济过程沿着最初变化因素变化的方向发展，形成累积性的循环发展态势。具有初始优势的地区的经济发展速度大于平均发展速度，能够不断地为自身积累有利于发展的因素。与发展速度较慢的区域相比，这些地区就会具有累积性的竞争优势，而这种优势能够自我加强，形成越来越多的外部经济和内部经济，因此，发达地区经济表现为一种正反馈的态势，经济发展速度会越来越快；欠发达地区经济则表现为一种负反馈态势，发展速度会越来越慢。这样，如果经济活动偏离初始的均衡状态，市场力量的作用不但不会使其回到均衡状态，反而强化这种非均衡状态，形成地理上的二元经济结构，产生发达地区经济越发达、欠发达地区经济越滞后的"马太效应"。

缪尔达尔由此提出了区域发展的政策主张：在经济发展的初期，采用不平衡发展战略，通过发展计划和投资，优先发展那些发展势头比较强的地区，以获得良好的投资收益，促进经济的快速增长；当经济发展到一定水平时，为避免循环累积因果律导致区际贫富差距不断扩大，需要制定一系列特殊的区域经济政策，刺激欠发达地区的经济发展，缩小区际发展差距。

（三）增长极理论

增长极概念是法国经济学家佩鲁在1950年首先提出的。他在研究地区工业发展过程时发现，区域经济总是围绕极核地区扩张的，经济增长不是同时出现在所有的地方，而是以不同的强度首先出现在一些增长点或增长极上，然后通过不同的渠道向外扩散。佩鲁的这些主张是从极化空间概念中引申出来的。这种极化空间类似于磁极与磁场的关系，包括引力中心及受其影响的有效范围。只要经济客体之间存在经济联系，就存在经济空间；在经济活动中，各个活动单元都创造其自身决策与操作的抽象空间，并产生一种推进效应。佩鲁所提出的经济空间是指经济要素之间的经济联系。极化空间中存在富有活力的经济单元，这种经济单元的增长速度高于该空间中其他经济部门的增长速度，它可以创造自己的决策和操作空间，形成具有推进效应的极化中心，带动整个经济的多维发展，这种经济单元就是推进型单元。一个"经济场"内的推进型单元就是该场内的"增长极"，而受其影响的其他经济单元为被推进型单元。佩鲁指出，推进型企业或产业的产出或需求的增加，直接影响其他产业的产出和购买力水平，因此，推进型产业的发展使得一个国家或地区的经济增长总量远远超过该推进型产业的经济增长总量。

推进型产业和被推进型产业形成非竞争性的经济联合体，推进型产业的发展、创新或制度变革等经济扰动通过前后向关联效应带动区域经济的发展。这种带动作用主要体现在以下三种效应上：

1.支配效应

佩鲁将支配效应界定为一个经济主体对另一个经济主体所施加的不可逆转或部分不可逆转的影响。在现实的经济体中，经济主体之间的相互作用是不对称的，一些经济主体处于支配地位，其他的经济主体处于被支配地位。支配效应的大小取决于处于支配地位的经济主体的创新能力，创新能力又取决于经济主体的规模、交易能力和经营性质。推进型产业在经济和技术方面具有先进性，对被推进型产业具有绝对的支配功能，在一个国家或地区经济发展过程中起到决定性作用。

2.乘数效应

佩鲁强调，增长极与其他产业之间形成各种垂直联系和水平联系，这种联系包括前向联系、后向联系和侧向联系。不同生产规模、不同技术水平以及处于不同发展阶段的产业部门，通过产业间的投入产出链条形成经济联系通道；如果没有形成这种联系通道，就不可能产生乘数效应。通过产业间的这种投入产出链，推进型产业把自身的增长效应传递给其他产业或部门，带动区域经济的发展。这种由推进型产业的单位投入引发的经济系统的产出的成倍增长，就是外部经济的乘数效应。

3.极化效应和扩散效应

极化效应是指迅速增长的推进型产业吸引和拉动其他经济活动不断趋向增长极的过程。在这一过程中，首先出现经济活动的极化现象，获得聚集经济带来的收益递增；聚集经济反过来进一步增强增长极的极化效应，加快增长极的增长速度，加大增长极的吸引范围。扩散效应是指增长极的推动力通过一系列联动机制不断向周围发散的过程，其结果是以扩大收入的方式对周围地区产生乘数效应。极化效应和扩散效应往往同时存在，常随着距离的增大而发生变化，距离越近，两种效应就越强；距离越远，两种效应就越弱。对一个特定的地区来说，如果极化效应大于扩散效应，就不利于增长极腹地的发展；反之，则有利于增长极腹地的发展。增长极的聚集-扩散效应表现在三个方面：一是技术的创新和扩散；二是资本的集中与输出；三是聚集经济和规模经济效应。

20世纪60年代，法国经济地理学家布代维尔把增长极概念从佩鲁的抽象的经济空间概念延伸为现实的地理空间概念，提出了区域增长极概念。他把区域增长极定义为配置在城市地区并推动其影响范围内经济进一步发展的一组扩张性产业。经济空间的扩张并不是因为现存厂商生产成本的下降或现存产业厂商数量的增加，而是位于极点上的关键产业之间的相互作用所推动，这些关键产业就是推进型产业，是构成增长极的核心。布代维尔认为，增长极是位于城镇或其附近的区域推进型产业的复合体，是推动区域经济进一步发展的地理"增长中心"。故在区域经济发展初期，投资应当集中于这种增长中心，经济增长由中心向周围地区传播；如果一个欠发达的国家或地区缺少增长极，就应该建立一系列推进型产业，使之聚集成为增长极，推动经济增长。

（四）弗里德曼的中心-外围理论

弗里德曼的中心-外围理论又称极化发展的一般理论。该理论探讨的空间系统取决于其内部的联系方式，只要存在一个支配外围地区重大决策的中心区，二者就组成一个空间系统。因此，空间系统可以有多个级别和标准，如全球级、洲级、国家级、省级等。区域中心和外围构成了以权威性和依附性关系为标志的一种空间体系。

在弗里德曼看来，经济发展是一个不连续但是逐渐累积的创新过程。这里的创新不仅包括技术创新，还包括组织形式等方面的制度创新。发展通常源于区域内的少数"变革中心"，并由这些中心自上而下、由内及外地向创新潜能较低的周边地区扩散。创新变革中心就是中心区，而组成特定空间系统的其他地区属于外围区。中心区处于支配地位，外围区则处于依附地位。中心区通过支配效应、信息效应、心理效应、现代化效应、连锁效应和生产效应等六种反馈机制来巩固和强化自身的支配效应。

弗里德曼认为，资源、市场、技术和环境等的区际差异是客观存在的，这就决定任何国家的区域系统都是由中心和外围两个子空间系统所组成的。当某些区域的空间聚集形成累积发展之势时，就会获得竞争优势，成为经济系统的中心；那些没有获得竞争优势的地区就成了外围，外围地区在经济上无法自立，总是依附中心地区，从而形成了空间二元结构。但区际人口转移以及区域经济政策会影响各种要素的流向，且随着市场规模的扩大、交通运输条件的改善、城市化进程的加快，中心与外围的界限逐渐消失，推动区域经济的一体化发展。

三、欠发达国家或地区的工业化

（一）贸易保护与欠发达国家的工业化

在欠发达国家或地区，各个生产部门的劳动生产率普遍低下，这种低生产率又导致劳动力工资水平的低下。低生产率使得欠发达国家制造业产品的生产成本远高于发达国家或地区的生产成本，欠发达国家的低工资优势也无法抵消这种低生产率劣势，因此在工业化初期许多欠发达国家或地区普遍采取保护国内制造业发展的措施，通常采取的措施就是提高贸易壁垒。贸易保护是指在国际贸易中某一国单方面采取贸易保护政策而其他国家没有采取相应的保护政策的情况。贸易保护通常采取提高关税的方式。当然，提高进口关税的商品主要是最终消费品。本国贸易壁垒的提高对国内工业品消费价格产生重大影响，这种影响主要体现在如下两个方面：

首先，贸易壁垒的提高导致区位效应。区位效应是指如果各种制造业产品更多地在本国或本地生产，那么本国或本地的消费者可以更多地选择本国或本地的产品，从而可以节约因进口消费品而支付的贸易成本。

其次，贸易保护直接导致区内消费品价格水平的上升，这种影响被称为直接效应。这源于两个方面：一是征收高关税将提高进口的消费品价格；二是贸易保护将扩大对本国生产的产品的需求，进而导致区内生产规模的扩大，而生产规模的扩大将导致对生产要素的需求的扩大，因此，当本地无法及时满足这种扩大了的生产要素需求时，本国或本地生产的产品价格会上升，或者至少不会下降。

这样，单边贸易保护措施对区内价格水平的最终影响，就取决于降低价格水平的区位效应和提高价格水平的直接效应的相对大小。如果区位效应足够强，则必然存在降价效应（将在第六章第二节详细介绍）。也就是说，如果贸易保护的区位效应大于贸易保护的提高价格的效应，则单边贸易保护可以降低区内消费品的价格总水平。区内价格水平的下降，一方面降低了该国家或地区居民的生活成本，进而提高了区内居民的福利水平；另一方面降低了本地企业的生产成本。这使得本地拥有较强的聚集力，这种聚集力可以吸引更多的可流动要素，进而可以加快该区域的工业化进程。

由于单边贸易保护政策在某些条件下能够通过降价效应吸引外国资本进入，因此在工业化初期阶段许多国家或地区都采取单边贸易保护政策，与此相关联的经济发展战略为进口替代战略。但是，单边贸易保护并非在任何情况下都能加快本国的工业化进程，许多发展中国家曾经实施的通过进口替代来加快本国工业化进程的战略大都走向失败。

（二）贸易自由化与欠发达国家的工业化

在实际上，贸易自由化能够促进本国的工业化进程，进行贸易的货物为中间投入品时更是如此。我们分别讨论一下局部的贸易自由化和全面的贸易自由化对工业化进程的影响。先考虑一下局部的贸易自由化与工业化问题，也就是对进口的消费品和中间投入品设置不同的贸易壁垒时的工业化进程问题。如果进口的产品为最终消费品，则单边贸易保护政策使得消费者的消费支出从进口消费品转向国内生产的消费品，因而可以节约因进口消费品而支付的贸易成本，可以实现降价效应，进而增强该区域对外资的吸引力。如果进口的产品为中间投入品，那么贸易自由化将发挥重要的作用，因为贸易自由化可以降低进口的中间投入品价格，节约厂商的生产成本，从而增强该区域对外资的吸引力。这意味着对中间投入品和最终消费品实施贸易保护政策，其结果是完全不同的：提高最终消费品进口壁垒，其结果是在某种条件下通过降价效应增强该区域对外资的吸引力；提高中间投入品进口壁垒，则提高了区内厂商的生产成本，厂商的利润率下降，降低了该区域对外资的吸引力，不利于该区域的工业化进程。这意味着，当进口中间投入品时，贸易自由化有利于本地工业化进程。

现在考虑一下全面的贸易自由化和工业化问题。局部的贸易自由化可以加快工业化进程，那么全面的贸易自由化，也就是对最终消费品和中间投入品设置相同的进口壁垒并降低该壁垒，是否也能加快工业化进程？当贸易自由化程度大于某一临界值时，贸易自由化可以加快工业化进程。较为深入的分析告诉我们，如果区外市场规模较大（区内市场规模相对要小）、区外对区内的自由化程度较高以及区外对工业品的支出份额较大，那么该区域在对外贸易自由化程度较低时也可以开启工业化进程。此时，如果本地提高对外贸易自由度，则可以加快本地的工业化进程。但这需要一定的条件，即本区域的区内市场规模相对小，区外对该区域实施全方位的开放政策。

（三）进口替代战略与欠发达国家的工业化

在前面已指出，在工业化初期许多国家都采取单边贸易保护政策，与此相关联的经济发展战略为进口替代战略。该战略是指通过发展本国工业，替代过去依赖从国外进口的工业品，以加快本国工业化进程的战略。自英国在18世纪工业革命中成为第一个工业强国以来的两百多年里，这是大多数国家实现工业化的基本途径。独立战争后的美国、19世纪中叶的德国和俄国以及明治维新时期的日本等，都曾经对本国的制造业进行了保护。

新兴工业化国家在经济开始起步时基本上都实施了进口替代战略，这种战略实质上就是保护国内最终消费品市场，开放投入品市场。我国循序渐进的开放战略本质上与这种战略类同。第二次世界大战后，阿根廷、巴西、哥伦比亚、墨西哥等拉丁美洲国家率先实施了进口替代战略，设置进口壁垒，限制美国最终消费品的进口，以保护从第二次世界大战中发展起来的制造业。随后，亚洲一些国家和地区也开始实施贸易保护政策和进口替代战略。

实施进口替代战略的通常做法是：首先，依据以往的制造业产品进口数量，确定满足国内市场需求的制造业产品种类数量，也就是确定采用进口替代战略的制造业部门；其次，采取各种措施，激励本国厂商掌握这些产品的生产技术；最后，利用关税、进口配额、财政补贴或税收优惠等措施设置保护壁垒，限制国外进口品对本国产品的竞争，使得目标制造业部门的投资者有利可图。进口替代战略使得一些国家建立了本国的工业体系，实现了工业化。

前述的贸易保护的降价效应是制定进口替代政策的理论依据，但区位调整成本的存在表明贸易保护的降价效应并非绝对的，因而要实行进口替代政策就必须满足一定的条件。现实中进口替代政策失效的原因，除了区位调整需要大量成本以外，可能还涉及区内市场规模过小和比较劣势等。

1.市场规模与进口替代

大力倡导进口替代策略的国家或机构，也强调国内或区内市场规模的重要性。例如，规模经济效应很大，但国内市场规模很小，那么单边贸易保护政策对国内经济发展的促进作用微弱，进口替代策略有可能完全失效。如果相对于其他区域的市场规模，某一区域的市场规模较小，则该区域即使把贸易壁垒提高到完全禁止进口的程度，其区内价格水平仍然高于区际贸易壁垒完全相同时的价格水平，因此，缺乏对外资的吸引力，外资不会进入，进口替代政策无效。

2.比较劣势与进口替代

假设相对于其他区域的制造业部门，某一区域的某些产业部门处于明显的比较劣势。此时，如果该区域实施进口替代战略，并对这些产业部门提供单边贸易保护，则很有可能这种政策归于失败。单边贸易保护政策可以降低区内总体价格水平的观点与传统观点是相矛盾的，因为这种观点在很大程度上取决于我们的假设，即除了贸易壁垒方面的差异以外，厂商在何地生产都是无差异的，也就是不存在区位间在比较优势上的差异，厂商只关注利润率而不关注生产区位，因此，追求高利润的资本转移将扩大实施单边贸易保护政策的国家或地区的产出规模。不考虑比较优势，假设两国要素禀赋相同，则排除了赫克歇尔-俄林的比较优势；假设两国的生产技术相同，则又排除了李嘉图的比较优势。但如果某国家或地区在制造业方面存在很大的比较劣势，则贸易保护政策很可能使得该国家或区域蒙受巨大损失，因为单边贸易保护政策减少了消费者可以消费的产品种类数量，扭曲了资源配置，提高了国内总体的价格水平，因此在前面讨论的降低价格效应完全失效。

进口替代战略的实施，尽管取得了一些成绩，但随着工业化的发展，其局限性也日益明显：

第一，进口替代的制造业部门主要是面对国内市场，随着国内市场趋向饱和，这些制造业部门的发展将受制于该国国民经济整体的发展，尤其是在生产水平还没有达到规模经济时更是如此。

第二，进口替代政策往往使得那些不实行进口替代政策的其他制造业部门和农业部门的发展相当缓慢，这不仅影响这些部门的生产，而且制约替代工业部门的国内市场规模的扩大。

第三，由于缺乏竞争，厂商提高生产率的动力不足，尤其因受保护而获得的利润与降低生产成本而获得的利润之差不大时更是如此，因此替代工业部门的制成品难以打开国际市场。

第四，这种产业保护政策阻碍了中间投入品工业部门的后向关联。

第五，这种工业化战略改变了国民收入在不同生产要素、不同部门和不同地区之间的分配，导致收入分配的不公平，加剧了欠发达国家内部部门之间、地区之间的差距。

（四）出口替代战略与欠发达国家的工业化

出口替代就是发展本国或本区域制造业产品出口部门，以工业制成品的出口替代初级产品的出口，使本国或本区域的工业生产面向世界市场。如果说进口替代是一种内向型工业化战略，那么出口替代是一种外向型工业化战略。第二次世界大战后，日本首先采用了这一战略；20世纪60年代后，韩国、新加坡、中国台湾、中国香港、印度尼西亚、泰国、马来西亚以及拉丁美洲的秘鲁、巴西和智利等国家和地区也先后采取了出口替代战略。出口替代战略的实质是利用本国或本区域的比较优势，以实现全面工业化，加速经济增长。相对于面向国内市场，面向国际市场进行生产可以增强厂商的专业化程度，专业化程度的增强又提高厂商的生产效率，进而扩大厂商的产出水平。厂商面向国际市场进行生产，还可以更加广泛地了解和获得新技术、新产品，增强产品的国际竞争力。

实施出口替代战略，各个国家和地区在政策措施上有三种情形：

第一种是以日本和韩国为代表，政府实施大量的政策干预。政府对进口设置严格的贸易保护，把利率控制在市场利率之下，设法促使低息贷款流向准备扶持的工业部门和企业。政府保护的目的主要是保护那些尚缺乏竞争力或竞争力较弱的国内出口厂商，帮助它们采用和掌握新技术、降低生产成本、开拓国际市场，从而与国外企业进行竞争。

第二种则是以中国香港和新加坡为代表，实行的是自由贸易政策。政府很少干预或基本上不干预经济发展，对经济发展采取自由放任的政策。

第三种是以中国台湾、印度尼西亚、马来西亚和泰国为代表，实行的是一种混合型的经济增长方式。尽管存在一些贸易保护和政府干预，但这些国家和地区都采取了一些措施，如建立出口加工区、免除进口关税和进口许可证，从而使那些从事出口的工业部门基本上能够按照世界市场的价格购买中间投入品和销售最终产品，直接与国际市场对接。

在实施出口替代战略的国家和地区中，政府的政策干预主要表现在以下几个方面：

一是对出口企业从海外购买所必需的原材料、半成品、资本品和技术等，实行进口关税减免，取消进口配额。

二是通过出口补贴、税收减免、利润留成和留汇等优惠政策，增强出口产品在国际市场上的竞争力，实现政府的出口目标。

三是在货币政策方面，实行货币贬值，降低利率水平，放宽外汇管制，控制信贷流向，促进出口工业的发展壮大。

出口替代战略在促进企业提高生产率等方面具有明显的优势，但也存在某些缺陷。最明显的缺陷就是，这一战略会使得一个国家或地区的经济部门高度依赖世界市场，其经济发展容易受国际市场波动、外资流动和发达国家经济周期的影响，1997年爆发的亚洲金融危机和2008年美国次贷危机引发的全球金融危机就是很好的例证。

本章小结

本章主要介绍了区域经济增长的基本理论、产业分布与国民收入区际分配、经济增长方式和欠发达地区初始工业化时的经济战略等。

第一节分析了完全竞争框架下的区域经济增长理论。霍伊特初始的输出基础模型以及诺斯等扩展的输出基础模型，可以看作需求拉动型经济增长模型。该模型指出，生产专业化是区域经济增长的关键因素，因此通过发展具有本地特色的专业化部门，增强生产能力和竞争能力是区域经济增长的重要途径。哈罗德-多马的区域经济增长模型认为，区域可以利用区内储蓄进行投资，也可以从区外输入资本进行投资；当区内资源短缺时，输入区外资源有助于促进区域经济增长；当区内存在大量储蓄剩余时，资本输出也有利于区域经济增长。索洛的新古典经济增长模型的主要贡献在于把经济增长研究的重点转移到技术进步上来，强调了技术进步对经济增长的推动作用，但这些技术进步是外生的技术进步，而不是内生的技术进步。博茨-斯坦的区域经济增长模型强调的是生产要素区际转移在区域经济增长中的作用，认为要实现区际资源的优化配置，则生产要素应配置在劳动生产率和资本收益率高的地区，进而实现生产要素的优化配置。

第二节分析了不完全竞争框架下的区域经济增长理论。新经济增长理论认为，经济增长是经济系统中的内生因素作用的结果；技术进步是追求利润最大化的厂商进行投资的结果，而这种内生的技术进步是经济增长的决定性因素；经济政策影响经济的长期增长，政府为研发、教育和培训等提供补贴有助于促进经济长期增长。知识资本溢出模型，通过假定随着资本存量的增加创造新资本所需成本下降，进而把经济增长内生化。知识资本溢出模型认为，经济增长是由经济系统的内生变量来实现并自我推动的。在知识资本溢出模型中，知识或技术外部性强度受到空间的影响，因此，区域经济增长与经济区位优势相互作用，区域经济增长强化经济区位，经济区位也影响区域经济增长，体现了"空间非中性"特征，这区别于新经济增长理论。

第三节讨论了产业分布模式与国民收入区际和人际分配。国民收入的区际分配取决于各区域拥有的产业份额，区域拥有的产业份额越大，所分得的国民收入也就越多；拥有的产业份额越小，所分得的国民收入也就越少，这意味着产业布局的变化将导致收入水平的区际差距。在市场力作用下，产业的空间结构保持不变，可以保证在不损害某一区域利益的同时，也不会增加另一个区域的利益，但因要素的趋利性特征，如果区际市场开放度较大，则必然导致流动生产要素的转移，从而导致区际收入分配的不均。区际收入差距取决于区际资本份额（区际产业份额）的差距，资本份额差距越大，区际收入差距越大。当初始的产业分布不均衡时，如果产业分布趋向于更加不平衡，产业迁出区将损失更多的福利，产业聚集区将提高福利水平，此时外围区福利损失者的福利损失部分大于产业聚集区福利获益者的福利增加部分；如果产业布局趋向于平衡，外围区居民的福利水平将提高，产业聚集区居民的福利水平将下降，此时外围区获益者的福利增加部分大于产业聚集区福利损失者的损失部分。因此，要实现人际收入水平的均衡，产业分布应尽可能趋向均衡。

如果政府进行有效干预，则可以提高总体福利水平。此时，社会最优的产业布局要求人口规模较大区域拥有较大的产业份额；贸易市场开放度较大时，人口规模较大区域的产业份额要更大。这就意味着社会最优的产业布局不是均衡的产业布局，而是非均衡的产业布局，人口规模较大区域或市场规模较大区域应拥有更大份额的产业。市场配置强调的是收入水平的高低，当某一个区域的收入水平较高时，市场会把更多的产业配置在该区域，进而扩大区际差距。因此，市场力作用下的产业布局缺乏效率，当存在要素收益和相对要素禀赋差异时，市场开放度越大，市场配置无效率程度就越大。市场规模和人口规模已确定时，适度降低市场开放度，可以降低市场配置的无效率。因此，要实现区际协调发展，区际市场开放度要适中，也就是不应在发达地区和欠发达地区实行一体化的政策，而应实行差别化的政策，这种差别化的政策就是政府通过宏观调控而实施的。

第四节分析了经济增长方式与经济发展战略。平衡经济增长方式强调各种经济活动之间的相互联系和相互依赖，并把它作为逻辑基础，从而得出国民经济各部门的均衡投资和均衡增长；不平衡增长理论把经济活动之间的相互关联作为逻辑基础，主张把有限的资源用于所选择的优先发展的项目和地区上。

单边贸易保护对本国价格水平的最终影响取决于降低价格水平的区位效应和提高价格水平的直接效应的相对大小。如果前者大于后者，则单边贸易保护可以降低本国总体的价格水平，这有利于吸引区外资本；但单边贸易保护并非在任何情况下都有利于本地的工业化进程，许多发展中国家曾经实行的试图通过进口替代来促进国家工业化发展的战略大都走向失败。对最终消费品提高关税、对中间投入品实行自由化的局部贸易自由化，有利于加快工业化进程。对最终消费品和中间投入品设置相同的关税且逐渐降低关税的贸易自由化，也有利于加快该区域的工业化进程，如果区外市场规模较大、区外对本区域实行高度开放以及区外对工业品的支出份额较大，那么该区域在对外开放程度较小时也可以开启工业化进程。进口替代战略是指通过发展本国工业，替代过去依赖从国外进口的工业品，以加快本国工业化进程的战略。出口替代战略是指发展本国或本区域制造业产品出口部门，以工业制成品出口替代初级产品出口，使本国或本区的工业生产面向世界市场的战略。如果进口替代战略是一种内向型工业化战略，那么出口替代战略是一种外向型工业化战略。

参考文献

［1］CAPELLO R. Regional economics［M］. 2nd ed. New York：Routledge，2016.

［2］BALDWIN R E，FORSLID R，MARTIN P，et al. Economic geography and public policy［M］. Princeton：Princeton University Press，2003.

［3］RICHARDSON H W. Regional economics［M］. Urbana：University of Illinois Press，1979.

［4］BORTS G H，STEIN J L. Economic growth in a free market［M］. New York：Columbia University Press，1964.

［5］TIEBOUT C. The community income multiplier：A case study［M］//PFOUTS R. The Techniques of Urban Economic Analysis. London：Chandler-Davis，1960.

［6］NURKSE R. The problem of capital formation in less-developed countries［M］. Oxford：Oxford University Press，1953.

［7］KATO H，OKUBO T. Market size in globalization［J］. Journal of International Economics，2018，111（C）：34-60.

［8］GASPAR J M. A prospective review on new economic geography［J］. The Annals of Regional Science，2018，61（2）：237-272.

［9］ BAS M, MAYER T, THOENIG M. From micro to macro: Demand, supply, and heterogeneity in the trade elasticity ［J］. Journal of International Economics, 2017, 108 （C）: 1-19.

［10］ BALDWIN R E, MARTIN P, OTTAVIANO G I P. Global income divergence, trade and industrialization: The geography of growth take-off ［J］. Journal of Economic Growth, 2001, 6 （1）: 5-37.

［11］ MARTIN P, OTTAVIANO G I P. Growing locations: Industry location in a model of endogenous growth ［J］. European Economic Review, 1999, 43 （2）: 281-302.

［12］ SOLOW R M. A contribution to the theory of economic growth ［J］. Quarterly Journal of Economics, 1956, 70 （1）: 65-94. .

［13］ NORTH D C. Location theory and regional economic growth ［J］. Journal of Political Economy, 1955, 63 （3）: 243-258.

［14］ HOYT H. Homer Hoyt on development of economic base concept ［J］. Land Economics, 1954, 30 （2）: 182-186.

［15］ DOMAR E D. Capital expansion, rate of growth and employment ［J］. Econometrica, 1946 （14）: 137-147.

［16］ ROSENSTEIN-RODAN P N. Problems of industrialization of eastern and southeastern Europe ［J］. Economic Journal, 1943, 53 （210/211）: 202-211.

［17］ HARROD R F. An essay in dynamic theory ［J］. Economic Journal, 1939, 49 （193）: 14-33.

［18］ 安虎森, 等. 新区域经济学 ［M］. 3版. 大连: 东北财经大学出版社, 2015.

［19］ 卢卡斯. 经济发展讲座 ［M］. 罗汉, 应洪基, 译. 南京: 江苏人民出版社, 2003.

［20］ 巴罗, 萨拉伊马丁. 经济增长 ［M］. 何晖, 刘明兴, 译. 北京: 中国社会科学出版社, 2000.

［21］ 琼斯. 现代经济增长理论导引 ［M］. 郭家麟, 许强, 李吟枫, 译. 北京: 商务印书馆, 1999.

［22］ 索洛, 等.. 经济增长因素分析 ［M］. 史清琪, 等译. 北京: 商务印书馆, 1999.

［23］ 赫希曼. 经济发展战略 ［M］. 曹征海, 潘照东, 译. 北京: 经济科学出版社, 1992.

第五章
产业空间重新配置与区际专业化分工

在经济发展过程中，随着贸易成本的变化和生产技术的进步，厂商的利润结构及个体的福利结构都将随之发生变化。厂商对利润最大化的追求和家庭对效用最大化的追求，驱使厂商和家庭选择新的生产区位和居住区位，而厂商生产区位的选择行为在宏观层面上表现为产业的聚集或分散过程，家庭选择新的居住区位的过程则表现为城市化过程。在第一章，我们已经讨论过市场开放度的提高将增强可流动要素的流动性，如果可流动要素的流动性得到增强，则可以实现生产要素在空间上的重新配置。当市场开放度超过某一临界值时，促使可流动要素流动的力量大于对可流动要素的约束力，将发生生产要素的流动，这就是产业的扩散或聚集过程。本章的思路是很明确的，即产业的聚集或扩散将调整产业活动的空间布局，而产业活动空间布局的调整必然形成新的区际专业化分工格局。

第一节　产业扩散

一、产业扩散的界定

经济发展空间上的梯度差异，使得经济活动通过资本投资、技术扩散和劳动力迁移，从一个地区转移到另一个地区。在空间维度上，经济活动的变化主要表现为扩散和聚集两种方式。产业扩散一般指产业活动的扩张式扩散，即从扩散源向周围地区逐次地、由近及远地扩散，此时产业的扩散强度随着距离的增大而逐渐减弱。但在很多情况下，产业的扩散并非由近及远地扩散，而是跳跃式地扩散，也就是经济活动转移跨越一定的空间维度。

新经济地理学中的产业扩散，主要以国际专业化模型为基础，因此，要把握空间经济视角下产业扩散的机理，就必须熟悉国际专业化模型的内涵。国际专业化模型与传统的空间聚集模型有相近的逻辑，但聚集机制不再是传统的要素转移，而是以中间投入品为纽带的前后向联系。国际专业化模型中的核心词汇是中间投入品、产业联系和贸易成本。在国际专业化模型中，制造业通常以中间投入品生产者和中间投入品消费者的双重身份出现。这种具有双重身份的制造业，促使产业聚集过程或国际专业化过程的出现。那些制造业份额较大的区域，通常提供种类繁多的中间投入品，这意味着最终消费品的生产具有较低成本，这就是所谓的前向联系。相反，那些最终消费品生产规模较大的区域，通常为中间投入品的生产提供巨大的市场，这就是所谓的后向联系。产业间联系的结果不一定是人口在特定国家集中，而是它导致某些制造业部门或特定产业部门在有限的几个国家内聚集，进而促使分工和专业化的发展。如果国际贸易成本低，则有可能出现这种制造业的地理集中现象；如果国际贸易成本变得更低，制造业的地理集中将成为必然趋势，同时形成制造业的专业化分工。

　　国际专业化过程可以这样表述：假设两国的初始条件相同，随着贸易自由化程度的提高，国际分工以非平衡的形式出现。如果国家1获益，国家2就受损，于是出现核心边缘结构，即制造业集中于国家1；此时，尽管国家2的工资水平较低，但因为缺乏足够的前后向联系，不足以吸引制造业。然而，随着贸易自由化程度的进一步提高，世界经济进入全球化阶段，最终产品和中间投入品的贸易成本逐渐变小，国家1和国家2之间因中间投入品的前后向联系而维持的工资差距也逐渐缩小；在完全无贸易成本的理想状态下，可以实现要素价格的均等化。

　　假设一些国家或地区具有制造业自我强化的优势。随着贸易自由化程度的提高，大量的制造业向该地区集中，因为这些地区不断强化其区位优势，进而可以支付比其他国家或地区更高的工资，高工资对各种不同类型的产业都具有吸引力。然而，随着时间的推移，世界各国对制造业产品的需求不断增长，这使得制造业聚集区域的经济活动更加活跃，强化了聚集过程，这又提高了该区域的工资水平，这也是我们平时经常看到的北京、上海或深圳等经济活动强度较大的地区能够提供较高工资的原因。随着这一过程的持续，不同区域的工资差距变得越来越大，最终这些经济活动强度较大地区的一些厂商无法提供很高的工资。此时，这些厂商发现在其他区域投资建厂是有利可图的，因此，这些无法提供高工资的厂商转向其他区域，这些区域也开始了累积自我优势并进一步强化自身优势的过程，这些区域的工资持续增长；一段时期以后，第三个区域进入了同样的发展过程，如此循环。

　　产业扩散也可以看成厂商大量从集中地向外转移的行为，但这种行为并非个别厂商的行为，也不单纯是向周边邻近地区的扩散，其可以跨越周边区域甚至在更大的范围内进行扩散。产业扩散行为从一般意义上讲，包括厂商迁移到异地，厂商将部分功能环节外迁，在异地增设新的生产、销售、研发基地等。

二、两区域两部门的扩散

　　我们在根据国际专业化模型[①]来考虑产业扩散问题时发现，由于前后向联系的存在，运输成本的降低必然形成核心边缘结构，即在经济系统中核心区和边缘区并存。但随着运输成本的下降，核心边缘结构的空间不均衡状况将发生变化，原因在于工业品需求的长期增长，核心区和外围区的工资差距持续增大，最终变得不能维持这种巨大的工资差异，核心区的一些厂商无法提供高工资，进而发生产业的扩散，而产业扩散的结果就是经济活动在空间布局上的均衡。

（一）核心边缘结构的维持与产业扩散

　　为了讨论的方便，我们先从简单的两区域两部门之间的扩散开始，然后过渡到多区域多产业的扩散问题。

　　我们假设：经济系统由两个区域组成，每个区域都进行农业部门和制造业部门的生产，农业部门的投入要素为农业劳动力，工业部门的投入要素为工业劳动力和中间投入品；工业部门以规模收益递增和垄断竞争为特征，在区内运输制造业产品无须支付运输成

　　① FUJITA M, KRUGMAN P, VENABLES A J. The spatial economy: Cities, regions, and international trade [M]. Cambridge, MA: MIT Press, 1999.

本，区际运输制造业产品的运输成本为冰山交易成本；农业部门以规模收益不变和完全竞争为特征，农业劳动力的工资为农业劳动的边际产出；每个区域的劳动力数量不变，劳动力在区际不能转移，但可以在区内工业和农业部门之间转移；工业部门要素投入中，工业劳动力和中间投入品各占一定比例，这样各区域工业品的出厂价也由工业劳动力价格和中间投入品价格的组合价格所决定。

首先，我们把经济增长纳入分析框架。技术进步促进经济增长是通过提高经济效率而发生的，故我们把技术进步看作增加所有初始要素禀赋的过程。为此，我们可以设定某种效率单位，并以此来度量初始要素禀赋总量。如果效率提高了，则可以把效率提高后的要素禀赋看作初始要素禀赋量的放大，而放大倍数体现了效率提高的程度。

其次，假设工业品的支出份额不再是常量，当收入增长时，工业品的支出份额也是递增的。类似于讨论恩格尔系数那样，尽管收入水平提高也可以扩大对农产品的消费，但对工业品的支出更大，这类似于收入水平很低时想买的东西也不敢买，但收入水平提高后可以大胆购买过去想买的东西的情况。

我们要讨论的是产业的扩散问题，因此假定初始产业集中在某个区域，这些区域就是核心区，而其他区域为边缘区，形成了核心边缘结构。能够维持这种核心边缘结构的条件是产业聚集区的工资水平高于边缘区，因为厂商追求利润最大化，消费者追求效用最大化。

经济增长（或技术进步）对核心边缘结构的影响表现为三个方面：

第一，经济增长（或技术进步）提高了居民的收入水平。居民收入水平的提升扩大了对制造业产品的需求，而在制造业聚集在核心区的情况下，制造业产品需求的扩大导致核心区制造业生产规模的扩大，这又提高核心区的工资水平并吸引大量劳动力。这种结果导致核心区生产成本上升，此时边缘区可能对厂商更有吸引力。这意味着，核心区工资水平上升导致生产成本的上升，促成产业的分散。

第二，随着经济增长，对制造业产品的需求扩大，而制造业主要集中在核心区，因此制造业产品需求的扩大提高了核心区产业份额和劳动力份额，同时提高了工资水平。这种结果必然导致核心区市场份额的扩大，而市场份额的扩大加强了后向联系，强化了产业和人口的聚集过程。因此，经济增长导致的净效应，取决于两个区域相对工资水平的变化和后向联系强化之间的相互关系。如果核心区的高工资能够维持，则不会发生产业的扩散；若不能维持，则必然发生产业的转移。因此，从这种意义上说，核心区的高工资成了促使产业转移的分散力。与此相反，后向联系的强化促使产业的聚集，因而可以视它为一种聚集力。因此，经济增长的净效应取决于分散力与聚集力的相对强度。

第三，经济增长（或技术进步）必然影响消费者和厂商对制造业产品的支出以及产业之间的投入产出链。正如在前面所假定的那样，经济增长导致的收入水平的提高必然放大对工业品的支出份额（对农产品和工业品的支出份额之和为1），工业品支出份额的放大倍数比农产品支出份额的放大倍数大得多。一般来讲，边缘区对工业品的支出份额越大，核心边缘结构越难以维持下去，较早出现产业转移；反过来，该支出份额越小，核心边缘结构越易于维持下去，产业转移在较长时间内不会发生。这是因为，对工业品的支出份额较小，说明边缘区经济发展水平很低，在这种情况下，核心区与边缘区之间较大的工资差距可以维持较长时间；反过来，对工业品的支出份额较大，意味着边缘区经济发展水平较高，核心区与边缘区之间的工资差距较小，这种较小的工资差距难以维持较长时间。如果核心区的投入产出联系大，则核心边缘结构维持较长时间，核心区的产业聚集维持较长时间；如果核心区的投入产出链比较松散，则产业分散容易发生且较早发生。

（二）核心边缘结构的打破与产业扩散

上述的讨论是在核心边缘结构维持的情况下是否发生产业转移的问题，但如果核心边缘结构被打破，将会是何种情况呢？这取决于该经济系统的特征，而这种特征主要取决于区际贸易成本、对工业品的支出份额、劳动力份额、工资水平等。我们有必要回顾第一章的战斧图（如图1-3所示），ϕ^S和ϕ^B重合是一种情况，ϕ^S和ϕ^B不重合则是另一种情况。如果在图1-3中，ϕ^S和ϕ^B重合，则不存在$\phi \in [\phi^S, \phi^B]$的区间，也就是不存在多重均衡存在的区间，此时资源要素的转移是突发性的。如果如图1-3那样，ϕ^S和ϕ^B不重合，则此时的资源要素转移被看成一种连续的过程（在第一章，我们是把市场开放度$\phi \in [\phi^S, \phi^B]$区间内的资源要素的转移过程作为突发性过程来看待的，现在我们把这种资源要素转移过程看成连续的过程）。那么，为什么存在不同的两种情况呢？这主要取决于经济系统的特征，即区际贸易成本、对工业品的支出份额、劳动力份额、工资水平等要素。这样，我们考虑两种情况就可以了：

一是不存在连续过程，即经济系统的结构从核心边缘结构跳跃到对称结构，此时核心区和边缘区的劳动力份额和工资水平的变化是突发性的，即核心区的产业和劳动力迅速转移到边缘区，核心区与边缘区的工资水平迅速拉平。

二是存在连续过程，即经济系统的经济结构由核心边缘结构转变为对称结构是渐进的过程。随着经济增长（或技术进步），核心区和边缘区的产业份额、劳动力份额及工资水平逐渐发生变化，边缘区的产业份额、劳动力份额及工资水平逐渐提升，也就是核心区的产业逐步转移到边缘区。其实，现实中产业的区际转移过程往往是连续的过程。

上述分析表明，随着经济的增长，产业由核心边缘结构转变为对称结构，即发生了产业的转移，随之核心区和边缘区的实际工资差距逐渐缩小，这可以通过图5-1来表述。在图5-1中，纵坐标表示每个区域实际工资与两个区域平均实际工资的比值（$\omega_i/\bar{\omega}$），横坐标表示经济增长（L）。

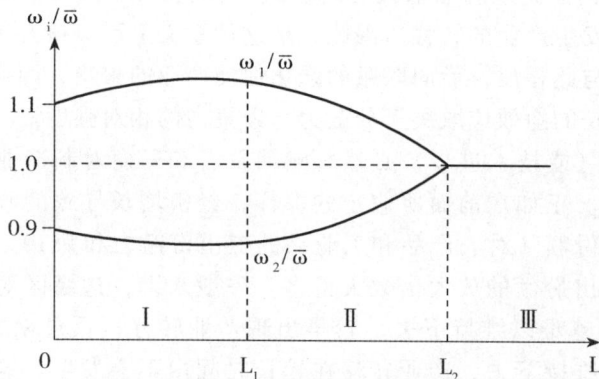

图5-1　两国模型中实际工资差异与产业扩散

在图5-1中，$\omega_1/\bar{\omega}$和$\omega_2/\bar{\omega}$分别表示核心区和边缘区的实际工资与平均工资之比。核心区的实际工资与平均工资之比大于边缘区，因此，该比值曲线位于上方，边缘区的实际工资与平均工资之比的曲线位于下方。我们假设，初始时两个比值分别为 1.1 和 0.9。当经济增长处于第一阶段时，工业活动集中在核心区，核心区的工资水平高于边缘区。经济增长扩大了对工业品的需求，这又强化了核心区的区位优势，结果工业活动主要集中在核心区，此时核心区的农业部门萎缩，核心区工业部门的工资水平上升。在这一阶段，区际经济结构和工资水平差距较大。

当经济发展进入第二阶段时，边缘区开始工业化进程。其工业化开始于这样的时刻，即核心区工资水平很高，与边缘区之间的工资差距很大。此时对一些厂商而言，从核心区转移到边缘区变得有利可图，尽管此时核心区的投入产出联系对厂商有利，但被持续上涨的工资所抵销。边缘区的经济增长缩小区际的工资差距，且工资差距是以递增速度缩小的，原因是核心区产业向边缘区扩散时，造就了自己的投入产出联系，这加快了核心区产业向边缘区转移的速度和边缘区经济的增长速度。

最后，当经济继续增长时，经济进入了成熟阶段，此时区际劳动力工资水平实现趋同。可以看出，两个区域工资差距缩小的过程就是产业扩散的过程。

综合上述分析，我们可以看出：在两区域两部门模型中，经济增长和产业扩散之间是非线性关系，最终经济增长是否导致产业扩散取决于核心区的工资上涨和后向联系的净效应。如果工资上涨的影响占主导地位，抵消了后向联系效应，则产业从核心区向边缘区扩散；反过来，则核心区的产业聚集持续下去，不会发生产业的扩散。但是，随着经济的持续增长，分散力的作用（工资上涨）最终大于聚集力的作用（前后向联系），终将发生产业扩散。在两区域两部门模型中，产业扩散的驱动力在于两个区域制造业部门工资率的相对变化，厂商根据两个区域制造业部门工资率的相对变化以及后向联系的具体情况选择其生产区位；各个区域的劳动力则根据制造业部门和农业部门工资率的变化情况，选择在区域内的制造业部门或农业部门就业。

简言之，如果厂商在某个区域无法支付高工资因而转向其他区域，则该区域的制造业部门的前后向联系将迅速萎缩，制造业部门的工资水平甚至低于农业部门的工资水平，该区域劳动力纷纷转向区内农业部门就业，该区域也由制造业专门化区域转变为农业专门化区域，而另一个区域经历相反的变化过程，由农业专门化区域转变为制造业专门化区域。但这只是极端的情形，实际上两区域两部门模型揭示的情形是，随着经济的增长，经济进入一体化阶段，每个区域都拥有一定份额的制造业。

三、多区域多产业情况下的产业扩散

现在我们从产业聚集于一个区域的情况开始分析。某种产业是同时向其他区域扩散还是逐一向其他区域扩散呢？通过分析多区域多产业的扩散问题，我们要回答如下几个问题：第一，某区域的产业结构在不同的工业化阶段如何发生变化？第二，当某区域的工业化进入成熟阶段时，该区域的产业是否向其他区域转移？第三，对不同产业而言，与其他产业之间的投入产出链可能很不相同，或前向联系强一些（作为原材料）或后向联系强一些（作为市场），产业转移如何影响不同区域的工业化进程和特征？

为了讨论上述问题，我们作类似于前面的假设：假设有 3 个区域，各个区域的厂商或消费者的偏好都相同，技术水平和要素禀赋也相同，所有产业都集中在区域 1，区域 1 是

核心区，其他两个区域是边缘区。假设存在3种产业，这些产业间可能存在诸多差异，但我们重点讨论投入产出链的差别及其导致的影响。

（一）劳动密集度与产业转移

从最简单的情况开始分析，即除了劳动密集度不同以外，3种产业在其他方面都相同，从产业1到产业3，劳动密集度递减。

1.不考虑产业特性时的产业转移顺序

类似于前面的讨论，假设在第一阶段所有产业集中在区域1，此时区域1的工资水平较高，因此，此时的工资差距表示的是区域1和区域2、区域3之间的差距（可以假设此时区域2和区域3的工资水平相同）。技术进步促进经济发展，导致工资差距扩大，当区域1的产业转移到区域2和区域3是有利可图时，工业化进入第二阶段。

在第二阶段，区域2开始工业化，区域1和区域2的工资差距加速缩小，直到两区域工资水平完全趋同。在第二阶段，区域2和区域3的工资水平变动情况表明，产业由核心区向边缘区扩散时，不是向区域2、区域3同时扩散，而是依次扩散。在第二阶段开始时，区域2和区域3都开始工业化，此时尽管在第二阶段开始时的某个区间，区域2和区域3的实际工资水平是相同的，但随着区域2和区域3内部投入产出链的加强，区域2和区域3的产业结构不再相同。此时，某一个区域首先获得某种初始的发展优势，这一优势被进一步放大，因此，获得先机的区域迅速发展，而其余区域会落后。当然，我们无法断定区域2和区域3中哪一个区域先获得优势，但两个区域之间的细微差别都会产生很大的影响，使得某一区域会超过另一区域。

在第二阶段结束时，假设区域2赶上了区域1，则此时区域1和区域2的实际工资水平相同（两个区域都成了核心区），两个区域与区域3（此时区域3为边缘区）的工资差距开始扩大，第三阶段开始。在第三阶段，区域1和区域2的工业劳动力工资不断上升，导致两个区域与区域3的工资差距扩大。当工资差距扩大到不能再维持这种状况时，区域1和区域2的产业向区域3转移，区域3也开始工业化过程，即第四阶段开始。在第四阶段，区域3的工资水平赶上区域1和区域2的工资水平。

上述讨论表明，在不考虑产业特性时，产业由核心区向多个边缘区扩散，一般是根据不同区域所得到的初始优势的顺序依次扩散，首先向较早获得初始优势的区域扩散，然后向其他区域扩散。

2.劳动密集程度与产业转移顺序

上面讨论的是不考虑产业特征时的情况，我们现在考虑劳动密集程度不同的产业的转移顺序问题。我们都知道，劳动密集型产业是大量使用劳动力的产业，因此，这种产业对工资水平相当敏感，工资水平稍微提升，厂商的利润就受到很大的影响。我们仍把区域1看成核心区，区域2和区域3是边缘区，产业是从核心区向边缘区转移。

首先，劳动密集程度最高的产业最先离开区域1，在区域2和区域3投资建厂。这是容易理解的，因为劳动密集程度越高，对劳动力工资水平越敏感，因此，劳动密集程度最高的产业最早发生转移，外资进入我国时也是按这种顺序进入的。

其次，较晚转移的产业，即劳动密集程度较低的产业，转移速度比先前转移的产业快。这也容易解释，因为先前转移的产业在转入区域已建立了自身的前后向联系，且随着工业化进程的发展，逐渐降低限制要素流动的各种约束力的强度，加快可流动要素的转移速度，这同时解释了工业化开始后工业化速度加快的原因。

最后，这种转移可能发生跳跃式的扩散，也就是说，有可能并不按照产业1、产业2的顺序，有可能产业3先转移。这种情况的出现在很大程度上与边缘区获得的初始优势有关。如果边缘区获得的初始优势更适合产业3，则产业3先转移，这同时解释了后发优势存在的原因。

（二）前后向联系与产业转移

如果劳动密集程度相同，但产业间的投入产出结构不同，那么产业扩散过程将是如何呢？为简便起见，我们分两种情况讨论：一是销售指向不同的情况；二是投入指向不同的情况。

1.销售指向与产业转移顺序

假设所有产业有相同的成本结构，但产出的销售指向不同，有些厂商生产的产品主要面向其他厂商，也就是主要生产中间投入品；有些厂商生产的产品主要面向消费者，也就是主要生产最终消费品。这在区域投入产出表中表现为投入产出系数矩阵中产业间交易部分的所有列的系数都相同，但各行的系数不相同。投入产出表中产业间交易部分的列系数相同意味着这些产业都使用相同的投入品，因此它们的后向联系强度都相同。显然，此时这些产业所受到的其他产业施加于它们的前向联系强度也相同。我们都知道，任何产业创造出的前向联系强度和它们所享受的其他产业施加于它们的后向联系强度是等同的，即从联系强度来说，它们对其他产业的影响和其他产业对它们的影响是等同的。如果在投入产出表中行的系数较小，则意味着这些产业生产的产品为最终消费品，而非中间投入品。因此，这些行系数较小的产业的前向联系较弱，而前向联系较弱意味着其他产业施加于该产业的后向联系也较弱。如果发生从核心区向边缘区的产业转移，那么这些后向联系较弱的产业，也就是最终消费品的生产部门首先从核心区转移出去。这种现象是容易理解的，即这些产业的绝大部分需求来自最终消费需求，而非厂商的中间投入需求，而这种最终消费需求并非全部集中在区域1（核心区）。最终消费需求的大小与人口规模有关，因此这些产业先从核心区转移出去。这些产业的转移路径与劳动密集型产业的转移路径类似，即首先向区域2转移；区域2的实际工资水平达到核心区的实际工资水平，这些产业再向区域3转移。可以看出，消费指向型的产业首先从核心区转移出去。

2.投入指向与产业转移顺序

假设所有产业的销售模式相同，但对中间投入品的需求不同，这表现为在投入产出矩阵中产业间交易部分的行系数相等，但列系数不等。对列系数较小的产业来说，在生产过程中较少地使用中间投入品，因而这些产业的后向联系较弱。显然，如果某一产业的后向联系较弱，则这些产业受到的其他产业施加于它们的前向联系也较弱。因此，这些在投入产出矩阵中的列系数较小的产业所受到的前向联系较弱，这意味着生产过程中对中间投入品的需求较少，很少依赖其他厂商的供给，因而这些产业首先从核心区转移出去。显然，这些生产过程中较少依赖其他厂商供给的产业，对劳动力工资水平比较敏感。因此，选择生产区位时没有必要和其他厂商挤在核心区，哪一个区位的工资水平较低，就可以选择这个区位。可以看出，对中间投入品的需求较低的产业首先被转移出去。

3.上下游关系与产业转移顺序

现在我们考虑更普遍的情况，即所有产业前向联系和后向联系都不相同，这同时意味着成本结构和销售结构都不相同。

根据前面的讨论，我们假设两种情况：

第一，每种产业造就的前向联系和后向联系的强弱完全相反，即位于产业链中最上游的产业具有很强的前向联系，但它的后向联系最弱，在投入产出表中具有最大的行系数和最小的列系数；与此相反，位于产业链中最下游的产业具有很弱的前向联系，但具有很强的后向联系，在投入产出表中具有最大的列系数和最小的行系数。在这种情况下，一般来讲，上游产业首先被转移，因为它很少使用中间投入品，受到其他产业的影响较少，反而它施加于其他产业的影响力很大。正因为这样，如果上游产业转移到边缘区，则处于中游和下游的产业也较为容易地转移到边缘区，因此，边缘区的工业化进程将大大加快。

第二，每种产业的前向联系和后向联系强度在位次上完全正相关，即前向联系强，则后向联系也强。此时的前向联系和后向联系可被统称为关联度，我们可以把产业按关联度强弱依次排序。在这种情况下，关联度最弱的产业最早转移到边缘区，但它的转移速度慢，因为这一产业的前向联系和后向联系都较弱，对其他产业的影响和其他产业对该产业施加的影响都很弱。在这种情况下，转移到边缘区的产业的前后向联系很弱，但不同于第一种情况，因为这些产业对其他产业的吸引力很弱，因而其他产业不一定也跟着它转移到边缘区。因此，相对于第一种情况，此时边缘区的工业化进程缓慢。尽管边缘区的工业化进程缓慢，但这种过程将持续下去，最终结果与已经实现工业化的国家或地区的产业结构类同，与那些已经实现工业化的国家或地区的贸易模式也转变为产业内贸易；但在工业化过渡阶段所需的时间较长，将经历从农产品净出口阶段到关联度最弱的产业的净出口阶段。反过来，关联度最强的产业最后转移，但由于关联度很强，如果发生转移，则转移速度最快。

从前面的讨论中我们还可以得出以下富有启发意义的结论：由于我们把区域经济看成块状经济，因而不同块状经济体之间必然存在一种非均衡力（聚集力），从而形成一种循环累积因果链，这种循环累积过程不断强化占有先机的国家或区域的优势，因而这些国家或区域将成为核心区，其他没有占有先机的国家或区域沦落为边缘区。因此，不管是世界经济还是一国的经济，在空间维度上并非平滑的，常态是经济变量在空间维度上的不连续和间断。这就表现为世界经济或区域经济常常组成由核心区组成的富国俱乐部以及由边缘区组成的穷国俱乐部。如果从经济发展的角度来考虑，则发展是各个国家或区域依次由一个俱乐部向另一个俱乐部过渡的过程。正因为这样，目前国内的许多学者都进行俱乐部趋同研究。

关于从核心区到边缘区的产业转移机制以及过程的讨论还告诉我们，不同国家或区域的经济发展都有一定的生命周期，即它们在发展过程中常依赖某种产业的发展，而后把这些产业转移给后来者，自己转向更广阔的发展空间。据国际经验，这种过程一般需要20年左右。但就我国而言，外资进入我国东南部地区已经40多年了，尽管在此期间一些产业已转移到劳动力更加低廉的东南亚地区，然而大部分生产加工企业仍停留在东南部沿海地区，至今没有明显的迹象表明发生大规模的产业转移。是否我国的实践活动不符合国际经验，这就需要深入地研究。

第二节 产业聚集

一、对产业聚集研究的简单回顾

近来产业聚集现象越来越多地受到人们的关注，理论界对产业聚集的研究也可以追溯到很久以前，随着时间的推移也出现了不同的研究范式，并形成了不同的派别。以纵向时间为准，本书把有关聚集的研究分为以下几类：

（一）基于古典区位论的聚集

对产业聚集的研究最早可以追溯到19世纪末20世纪初以韦伯等学者为代表的古典区位理论中的聚集研究。韦伯从微观工业企业区位选择的角度，对工业企业在一定区位聚集的问题进行了深入研究。他把影响工业区位的经济因素分为区域因素和位置因素。

韦伯认为实际对区位起作用的区域因素主要是运输成本与劳动力成本，对区位起作用的位置因素则主要包括聚集因素和分散因素。

在聚集因素中，韦伯又探讨了特殊聚集因素和一般聚集因素。特殊聚集因素通常指便利的交通或丰富的矿藏等。韦伯认为特殊聚集因素不具有理论研究的一般性，而一般聚集因素对聚集尤为重要，若干工厂聚集在一起能给各个工厂带来更多的收益或节省更多的成本，所以企业常选择聚集。韦伯还用等费用曲线的方法确定聚集程度以及聚集的最佳地点，最终的结论是工业企业选择的最佳区位必须是聚集所节省的成本大于聚集所增加的成本，因此，实际支付运费最少的地点将成为工业聚集的地点。韦伯的工业区位理论中的聚集力源于各个工厂所追求的聚集经济效益，而只有当聚集所增加的运费小于或等于聚集节约的生产成本时，即当聚集点位于等费用曲线以内或正好位于等费用线之上时，聚集才会发生，因此，韦伯所研究的聚集的关键在于确定等费用曲线。

（二）基于马歇尔产业区理论的聚集

马歇尔在其著名的新古典经济学理论奠基之作《经济学原理》中对聚集作过深入探讨，认为外部经济在聚集中扮演着极其重要的角色，有三种力量决定了产业聚集的正外部性：劳动力市场共享、专业化投入和服务、技术外溢。这三种力量形成产业空间聚集的向心力。马歇尔强调产业聚集区有三大特征：

其一为区域内中小企业之间合作关系的柔性和动态变化。

其二为聚集区内技术知识的外溢特征。聚集区域内有广泛的合作，新知识、新思想、新的生产工艺在区域内的企业间传播迅速。

其三为聚集中的社会文化异常重要。聚集区内主体持有共同或相似的价值观，使得聚集区域内的企业和个人都能迅速融入聚集体内，植根性造就了聚集的可持续性以及区域发展的持久性。

在马歇尔的论述中，虽然没有明确指出何为聚集机理，但外部经济的提出为后人研究聚集奠定了基础。

（三）基于新产业区理论的聚集

20世纪末期，发达国家传统制造业区域面临严重衰退，而一些发达国家或发展中国家的某些中小企业聚集区的发展态势良好，如意大利东北部地区，这引起了学界的关注。

他们在研究中发现，这些中小企业聚集区的特点如下：企业之间的关系既竞争又合作，就其合作而言，不仅有正式的市场化联系，如经济合同与投入产出联系，还包括非市场化的联系，如非正式的交流、面对面沟通。正是这种有效的合作网络使得中小企业在聚集区内平等竞争、共同发展，促使当地经济迅速发展，这就是新产业区现象。意大利学者巴格纳斯科（1977）首次研究了意大利东北部地区，并首次提出了新产业区的概念，即新产业区是具有共同社会背景的人们和企业在一定自然地域上形成的社会地域生产综合体。他指出，新产业区的经济特点是劳动分工的外部性，当地的社会文化支持产业区内的企业间互动。新产业区理论框架实际上是从马歇尔的中小企业聚集区的概念体系演化而来的。新产业区理论的核心仍是中小企业聚集，但是此时的聚集已与马歇尔笔下的聚集大不相同了。在这里，聚集有以下特征：

一是以弹性专精（又称柔性专业化）为基础的中小企业聚集；

二是强调制度、社会文化、非市场化联系的作用；

三是强调技术创新的作用，因此新产业区理论中的聚集案例大多数为高新技术中小企业的聚集；

四是合作网络产生集体效率，集体效率来源于外部经济和共同行动。

新产业区理论中对于聚集的研究方法已不单纯是经济学的方法，它是从政治经济学的角度来解释聚集现象的。

（四）基于新经济地理学理论的聚集

与上述聚集研究形成鲜明对照的是以克鲁格曼为代表的新经济地理学理论对聚集的研究。这种理论使得产业聚集研究回归主流经济学的视野，并使用经济学的建模方法对产业聚集的形成机理进行阐释，因此，数学语言的频繁使用是新经济地理学研究产业聚集的一大特色。克鲁格曼认为产业聚集是由以下原因促成的：

1.市场需求规模

厂商一般选择市场需求较大的区位，因为在需求规模较大的情况下才能实现规模经济，但这需要较低的运输成本使之成为可能。市场需求大的地区会吸引其他厂商，从而形成产业聚集，厂商就愿意选择这些市场需求规模大且运输成本较低的地区作为生产区位。规模经济潜力越大，运输成本越低，聚集的可能性就越大。

2.外部经济

在克鲁格曼看来，市场规模（市场潜能效应）必定涵盖本地外部性，因此克鲁格曼经常提及本地市场效应，而很少提及外部性。这种由市场规模变化导致的厂商生产成本变化就是金融外部性，但马歇尔所强调的技术变化导致的外部性在克鲁格曼的模型中没有体现，这可能是因为技术外溢难以模型化。

3.产业本地化和地区专业化

产业本地化可能是历史的偶然，但不管最初的起因是什么，只要某产业聚集在某一地区形成地区专业化格局，则这一格局因循环累积因果律的自我实现机制而被锁定，生产活动倾向于聚集在市场规模大的地区，而市场规模因生产活动聚集进一步得到放大。但地区专业化不利于对抗外部环境的冲击，其对抗外部冲击的能力很脆弱。

根据新经济地理学理论，区位选择受到相向的聚集力和扩散力的驱使：市场接近效应和生活（生产）成本效应所导致的吸引力，形成聚集性循环累积效应，该效应促使产业活动的空间聚集；市场拥挤效应所导致的分散力，形成扩散性循环累积效应，该效应促使产业活动的空间分散；如果聚集性循环累积效应占优，则表现为产业活动的空间聚集；如果扩散性循环累积效应占优，则表现为产业活动的空间分散。总之，无论是产业聚集还是产业分散，都是区位主体在区位力作用下进行区位选择的结果。

二、要素转移与产业聚集

（一）劳动力不可转移与产业聚集

为了讨论的方便，我们假设经济系统由两个区域组成——北部和南部；有两种生产部门——制造业部门和农业部门，制造业产品是可转移的区位要素，制造业产品交易存在交易成本，农产品交易无成本；只存在劳动力一种生产要素，但劳动力是不可转移的区位要素；制造业部门的生产还需要中间投入品，每个厂商利用劳动力和中间投入品生产一种差异化的产品；消费者追求的是在现有收入约束条件下实现效用最大化，消费者收入约束受到物价指数、边际产品投入率和产出量的影响；厂商追求的是在现有的约束条件下实现利润最大化，在实现利润最大化过程中，厂商常常根据名义收益作出进入或退出某一区域的决策，如果盈利，则进入该区域；如果不能盈利，则退出该区域。

短期内厂商数量是既定的，在长期则发生变化。厂商是可以自由进入和退出某一区域市场的，因此，如果厂商在某一区域市场中获得正的利润，则厂商继续进入该区域，直到该区域市场上的厂商利润为零。因此，当长期均衡时，各区域内的厂商数量不再发生变化。这就存在两类情况：

一是每个区域都有厂商的情形。此时，两个区域的厂商的纯利润都为零；如果不为零，则厂商纯利润不为零的区域的厂商数量将增加，这与长期均衡时区内厂商数量不再发生变化是相矛盾的。由于两个区域的厂商的纯利润都为零，因此没有哪个区域的厂商要改变其现有区位的想法。此时的均衡被称为内点均衡。如果对工业品的支出份额和产品种类保持不变，那么根据均衡条件，某一区域的消费支出份额的上升能提高该区域的产业份额。

二是产业或厂商完全聚集在一个区域的情形，这是在前面多次提及的核心边缘结构的情形。当经济系统处于核心边缘结构时，核心区集中的厂商数量就是经济系统的厂商数量。出现核心边缘结构时，核心区厂商的纯利润率高于边缘区，因此核心区的产业份额不断扩大，所有产业都集中在核心区，边缘区的厂商数量萎缩，直到边缘区的产业份额很少或几乎没有。

下面我们就重点讨论一下产业的聚集过程。产业聚集过程就是厂商从分散状态到长期聚集均衡状态的变化过程。先从两个区域产业份额相同的对称均衡状态开始讨论，当经过较长的一段时期后，达到长期的内点均衡。如果实现长期的内点均衡，则我们可以得出以下三点结论：

一是厂商聚集与该区位市场规模的大小成正比。市场规模越大，则厂商越向该区位聚集。

二是厂商聚集与该区位的总体价格水平成反比。该区位的总体价格水平越低，则该区位的实际收入水平越高，该区位的生产成本就越低，这对劳动力和厂商具有很强的吸引力，这必然导致厂商向该区位聚集。前者为我们在前面提到的市场接近效应，后者为生活（生产）成本效应。当然，这里还存在分散力，也就是随着产业份额的增加会带来厂商之间的市场拥挤效应，这显然是厂商竞争的结果。

三是厂商聚集与区际市场开放度密切相关。产业从分散状态向某一区域聚集的过程，与两个区域的对外开放度密切相关。如果对外开放度低，则产业对称地分散在每个区域是一种稳定状态，此时产业在空间上是处于扩散状态的；如果对外开放度高，则产业完全聚集在核心区是稳定均衡的，此时产业在空间上是处于聚集状态的。可见，产业聚集是发端于对外开放程度较低时的产业分散状态，随着对外开放程度提高到某一临界值，聚集力开始超越扩散力，原先分散化的产业便开始聚集。一旦聚集力占优，聚集力就不断地自我增强，这种自我增强机制内生地促使产业进一步加速聚集，直到产业完全聚集到一个区域。

（二）资本可转移与产业聚集

为了更深入地分析产业聚集，我们假设有两个区域、两个部门、两种生产要素；每种制造业产品生产需要1单位资本作为固定成本，而可变成本包括劳动力和中间投入品；假设在厂商可变成本中对工业品（中间投入品）支出所占份额和在消费者总支出中对工业品支出所占份额相等；资本是可转移的生产要素，资本为追求更高的名义收益率在区域间转移，但劳动力和资本所有者不能流动，任意区域内的劳动力都在当地解决就业，资本收益全部返回到资本所有者区域；假设资本所有者的行为是短视的，他们总把资本投向资本名义收益率高的区域。

资本所有者所追求的是高资本收益率，所以不管何种区域，只要资本收益率高，就可以对其进行投资。因此，长期均衡是指资本不再发生转移，此时区域产业份额不再变动。显然，长期均衡的条件分别是：第一，如果每个区域都有厂商且每个区域的资本收益率都相等，则此时达到内点均衡。第二，如果某区域的资本收益率远高于其他区域，则所有资本聚集在该区域，出现了核心边缘结构均衡。其实，厂商从分散状态向长期内点均衡或核心边缘结构均衡演变的过程就是产业聚集的过程。我们可以用长期内点均衡时某区域的产业份额与对称均衡时该区域的产业份额之间的偏离程度来表示产业聚集过程，则可以得出以下结论：

第一，某区域的市场规模越大，产业就越向该区域集中，这是在前面讨论的市场接近效应引致的市场引力的表现形式。

第二，如果某区域的价格指数低，则该区域平均商品价格和生产资料价格较低，生产资料价格较低对厂商来讲具有很大的吸引力，这是在前面讨论的生活（生产）成本效应引致的降价引力的表现形式。

第三，存在竞争斥力，即随着某区域产业份额的增加会带来市场拥挤效应，显然这是由厂商间展开争夺消费者的竞争所致；当区位聚集力占优于分散力时，表现为产业的空间聚集。

第四，存在市场引力和降价引力的机理仍是我们熟悉的前后向联系，但此时厂商购买其他厂商的产出作为其中间投入品是前后向联系存在的基础。

第五，产业聚集只能在市场开放度达到某一临界值以后才能发生，一个封闭的区域是很难吸引外地产业进入区内的，进而很难发生产业的空间聚集。

（三）人力资本可转移与产业聚集

我们接着分析企业家自由转移时的产业聚集机理。假设有两个区域、两个部门；有可转移的知识资本，也就是人力资本（企业家），以及不可转移的普通劳动力；消费者效用函数依然是柯布-道格拉斯效用函数；制造业部门的固定成本包括中间投入品和劳动力投入，可变成本只包括劳动力投入；厂商在两个区域之间的进入、退出决策和前面的分析框架一样；厂商仍是短视的，在某一区域的纯利润为正时进入该区域，在纯利润为负时退出该区域。

当某一区域的纯利润为零时，厂商不再进入该区域，也不再退出该区域，因此，厂商数量不再变化，这就是长期的内点均衡。当处于长期内点均衡时，每个区域均有厂商存在。如果某区域的纯利润远远高于其他区域，则其他区域的厂商将大量聚集到该区域，出现核心边缘结构，此时所有厂商聚集在该区域。较为深入的分析表明，经济系统中出现核心边缘结构时的厂商数量大于经济系统为对称结构时的厂商数量。如果厂商全部聚集在市场份额大的区域，则可以节省大量的贸易成本，可以利用这些节省下来的贸易成本购买更多的本地生产的中间投入品，这种更多的中间投入品的购买意味着出现了新的厂商，显然厂商数量增多了。这同时意味着，在产业聚集区里可以实现经济活动的多样化。

根据长期均衡条件，我们可以得出一些结论：

首先，市场份额越大，产业份额也就越大，这是我们已经很熟悉的市场引力。

其次，某一区域的价格指数低，这使得该地区商品和生产资料的平均价格较低，消费者支付较低的生活成本和厂商支付较低的生产成本，这对厂商是很有利的，这是我们熟悉的降价引力。

再次，存在竞争斥力，也就是随着某一区域产业份额的增加会带来厂商之间的竞争，显然这由市场拥挤效应所致。当区位聚集力占优于扩散力时，产生产业活动的空间聚集。

最后，类似于前面的讨论，产业聚集只能在市场开放度达到某一临界点后才能发生。

三、产业内和产业间联系与产业聚集

在前面，我们只考虑要素流动的情况，现在我们把讨论的范围扩大到存在产业内和产业间联系时的情况。先从较为简单的情况开始讨论，即两个区域、两种产业、一种生产要素。我们假设两个区域已经实现完全工业化，不存在农业部门；每个区域都拥有1单位的劳动力，劳动力在区域间不流动，而在部门间流动；两个区域的消费者需求偏好相同，各占消费支出的一半，且需求弹性相同；投入产出矩阵如表5-1所示。

表5-1　　　　　　　　　　　　　　　**投入产出矩阵**

项　目	产业1	产业2
产业1	α	γ
产业2	γ	α
劳动力份额	β	β

　　从每个区域各个产业的投入份额来讲，来自于其他产业的中间投入品占总成本的份额为 γ，来自于同一产业的投入品占总成本的份额为 α，α>γ 意味着产业内联系大于产业间联系，劳动力份额是 β，当然 α+β+γ=1。从长期来看，劳动力会根据工资差异在某个区域内的两个产业部门之间进行转移。正如前面的讨论，产业扩散或产业聚集分析的重点在于解释产业从何种状态下开始扩散或聚集的问题。显然，聚集力和分散力的相对大小决定产业的聚集或分散。

　　对上述假定而言，可能存在两种均衡：一是产业的空间分散，即每个区域都拥有两种产业，且每种产业的份额各为 1/2；二是产业的空间聚集，即一种产业全部聚集在某一个区域，如产业 1 全部聚集在区域 1，产业 2 全部聚集在区域 2。

（一）聚集与分散

1.分析聚集情况

　　分析产业聚集的最简单的方法是先假定产业聚集已经发生。对区域 1 而言，如果想要产业 1 全部聚集在该区域，或者劳动力全部从事产业 1 而不是产业 2，或者使得这种状况得以维持，其最基本的条件是本区域产业 1 的工资水平不低于产业 2 的工资水平。当然，这种情况暗含的前提条件是：在长期，劳动力根据工资水平的高低在区内两种产业部门间自由转移。如果产业 1 的工资水平高于产业 2 的工资水平，那么可以维持产业 1 的聚集。但如果较为深入地进行分析，那么可以发现，若产业 1 和产业 2 之间的联系大于各自产业内联系，当市场开放度较高时，区域 2 的某些厂商（产业 2）转移到区域 1 是有利可图的，因为产业间联系大于产业内联系，转移到区域 1 的这些厂商可以以较低成本购入产业 1 所提供的中间投入品。因此，如果产业间联系大于产业内联系，则我们所假设的产业 1 聚集在区域 1、产业 2 聚集在区域 2 的现象不能维持，必然发生产业转移。但是，如果产业内联系大于产业间联系且市场开放度较低，则产业不容易发生转移，我们所假设的产业 1 聚集在区域 1、产业 2 聚集在区域 2 的现象是可以维持的，产业内联系越强，这种现象持续的时间也越长。

2.分析产业对称分布现象能否持续的问题

　　当市场开放度很低时，两种产业均匀分布在两个区域，但随着市场开放度的提高，聚集变得可能且很有必要；最终当市场开放度达到某一临界值时，经济实现完全的专业化，每个国家只存在一种产业。

（二）产业聚集与收入水平的变化

　　如果产业聚集度较高，那么聚集经济效应较大，因而经济增长率较高，平均工资水平也就较高。也就是说，劳动力在产业聚集时的实际工资水平高于产业分散时的实际工资水平，产业聚集带来区域实际工资水平的提高。但一方面，产业聚集提高最终产品的运输成本，这会降低消费者的福利水平；另一方面，产业聚集降低中间投入品的运输成本，这会提高厂商的利润水平。因此，产业聚集得以维持，则意味着后者要起主导作用，也就是说厂商为追求聚集经济效益愿意支付高工资来弥补聚集给消费者带来的福利损失，净效应就是实际工资水平的提高。

　　如果产业 1 聚集在区域 1（或产业 2 聚集在区域 1），则此时在区域 1 从事产业 1 的劳动力的实际工资水平高于产业 1 分散分布在两个区域时的劳动力的实际工资水平，因此在区域 1 从事产业 1 的劳动力的收入状况会得到改善；但它同时降低了在区域 1 从事产业 2 的劳动力的实际工资水平。尽管从事产业 2 的劳动力最终都转移到产业 1，但劳动力就业的改变需要时间和对人力资本的投资，因此劳动力从产业 2 转移到产业 1 不可能瞬时完成。此时，产业 2 的劳动力实际收入损失取决于职业调整速度和区域 1 的劳动力市场的完善程度。另一个区域的情况也是如此，其实现了产业 2 的专业化，产业 2 的劳动力实际工资水平高于产业 1 的劳动力实际工资水平。

四、多要素下的产业聚集

上面讨论的是两个区域、两种产业、一种生产要素的情况，但现实中不可能只有一种生产要素，因此需要把上述框架扩展到两种或多种生产要素。本部分主要讨论两种生产要素的情况，即两个区域、两种产业、两种生产要素下的情况。现在我们把上面的两个区域、两种产业、一种生产要素框架中作为生产要素的产业 1 的劳动力份额（λ_1）和产业 2 的劳动力份额（λ_2）不作为直接的生产要素，而把它们看作由基本的生产要素（两个或以上生产要素）生产出来的投入要素，即诸如劳动、资本等基本要素生产出来的。因此，考虑劳动力投入要素时，就相当于投入了多种生产要素，这就满足了多要素的假设，又能和前面两个区域、两种产业、一种生产要素框架衔接起来。假设 v_1 为投入要素 λ_1 的单位生产成本，v_2 为投入要素 λ_2 的单位生产成本。由于假定生产要素市场是完全竞争的，所以两种生产要素的价格也是 v_1 和 v_2。假设产业 1 集中在区域 1，产业 2 集中在区域 2。区域 1 的厂商支付给投入要素 λ_1、λ_2 的工资水平分别为 w_1、w_2。生产要素市场决定的要素 λ_2 和 λ_1 的价格比率为 v_2/v_1，则维持产业 1 聚集在区域 1 的条件为 $w_2/w_1 \leqslant v_2/v_1$。如果该不等式成立，则区域 1 的厂商放弃产业 1 转向产业 2 是无利可图的。因为 w_2/w_1 所表示的工资比值是区域 1 的厂商在产业 1 和产业 2 之间选择时的参考比率，即厂商为实现利润最大化，多投入 1 单位投入要素 λ_2 时应减少多少单位的投入要素 λ_1 的问题，所以 w_2/w_1 反映的是厂商的转换意愿。v_2/v_1 所表示的是市场决定的要素转换比率，即生产要素市场价格决定对投入 1 单位投入要素 λ_2 时应减少多少单位的投入要素 λ_1 的问题。因此，当 $w_2/w_1 \leqslant v_2/v_1$ 时，由产业 1 转向产业 2 无利可图，厂商不会转产；如果 $w_2/w_1 > v_2/v_1$，则转产对厂商有利，这样就发生产业转移，直到 $w_2/w_1 = v_2/v_1$。

（一）某一产业全部聚集在某一区域的情况

从前面的产业 1 聚集于区域 1 的维持条件 $w_2/w_1 \leqslant v_2/v_1$ 可以看出，在多种产业、多种生产要素情况下，某一种产业聚集于某一个区域的情形更难形成、维持。这种聚集状况的维持与市场开放度、v_2/v_1 的大小密切相关。市场开放度越低，则聚集维持的时间越长；v_2/v_1 比值越大，则产业聚集维持的时间越长。当市场开放度适中时，最容易发生产业聚集现象，因为市场开放度很低时，厂商按接近最终消费品的消费者的原则选择生产区位，以节省最终消费品的运输成本，此时从最终消费品销售中节省的成本大于购入中间投入品时节省的成本；当市场开放度很高时，若某一种产业聚集在某一个区域，则此时密集使用的要素价格高于非聚集区的相应要素的价格，这一要素价格的差异促使厂商转向其他产业。特别要指出的是，这种生产要素的价格差异在市场开放度很高（贸易完全自由）时不能维持，此时就实现了生产要素价格的均等化，显然也不存在聚集现象。

由上面的讨论可以看出，在多种生产要素的情况下，某种产业聚集于某一个区域的专业化的生产格局，比单种生产要素情况下更难以维持。多种生产要素的需求在一定程度上成了促使产业分散的分散力，可以抵消因前后向联系而形成的聚集力。发生这些现象的原因很简单，某一个区域很难具备制造业厂商所需的所有生产要素，因此，除非前后向联系足够强，某一种产业聚集于某一个区域的情形很难维持。

（二）产业均匀分布的情况

就对称均衡而言，在多种生产要素的情况下，λ_1的增加使得产业1所支付的工资w_1的增量大于λ_1的成本增量v_1时，产业的对称分布变得不稳定。此时，劳动力不会选择在产业1继续就业，而会转向产业2，厂商也因在产业1无利可图而转向产业2，前向联系和后向联系的作用会使这种转移过程持续下去，进而对称均衡被打破。一般来讲，在多种生产要素情况下，某种产业的完全聚集现象难以维持，大多数情况是产业的分散分布，但随着贸易成本的持续下降，聚集力最终大于分散力，总会发生聚集现象。

五、区域间产业分布总格局的形成

前面讨论的产业聚集与分散都遵循两个产业的假设，而现实情况远非如此，多种产业的情形才是常态，本部分将介绍多种产业情形下的产业聚集与分散问题。本部分的研究框架与上面的两个区域、两种产业、两种生产要素框架唯一的不同之处在于，产业是多个部门（用i表示），而不是两个部门，其余假定都相同。多种产业聚集框架还有一些附加假定：所有产业类型的数量为H，所有产业都是对称的；来自其他产业的中间投入品占总成本的份额为γ，来自同一产业的投入品占总成本的份额为α，劳动力成本占总成本的份额为β，假设$\gamma=0$（这意味着不存在产业间联系），$\alpha+\beta=1$。

多种产业情况下的产业聚集是指所有产业完全集中在一个区域。产业聚集维持分析，先要假设H种类型的产业分布在两个区域，然后讨论这种分布是否可以维持。假设所有产业分别属于两种产业集合Ⅰ和Ⅱ；产业集合Ⅰ中的产业区位在区域1，此时的产业种类用h_I来表示；产业集合Ⅱ中的产业区位在区域2，此时的产业种类用h_{II}来表示，$h_I+h_{II}=H$。各个区域的劳动力数量是相等的，因此，如果区域1的产业种类较多，则区域1的每个产业中的就业量要小于区域2的每个产业中的就业量。同时，通过深入分析可以得出两个区域所聚集的两种产业的工资之比应等于各区域拥有的产业数量之比的结论，这说明区域较高的工资水平与较多的产业数量相对应，较低的工资水平与较少的产业数量相对应。

根据上述假定和推论，产业聚集的维持条件与前面的情况类似。就区域1而言，聚集状态（产业集合Ⅰ全部在区域1，产业集合Ⅱ全部在区域2）得以维持的条件是区域1内产业集合Ⅱ的工资水平小于产业集合Ⅰ的工资水平，此时区域1的产业集合Ⅰ中的劳动力不会转移到该区域产业集合Ⅱ就业。由于产业集合Ⅰ聚集于区域1，为追求产业前后向联系，厂商愿意对产业集合Ⅰ的劳动力支付高于产业集合Ⅱ中某种产业的工资，再加上区域1的劳动力的自由选择，即选择进入支付更高工资的产业集合，最终的结果是产业集合Ⅰ中的产业专业化生产于区域1，而产业集合Ⅱ中的产业无法在区域1生存下去。

根据前面的产业集合Ⅰ聚集在区域1、产业集合Ⅱ聚集在区域2的假设，我们把可以维持第一种聚集的条件称为第一维持条件，把可以维持第二种聚集的条件称为第二维持条件。但第一种聚集状态还要涉及区域2。根据假设，区域2只存在产业集合Ⅱ中的产业，不存在产业集合Ⅰ中的产业，那么这种聚集在区域2可以维持的条件无非是区域2内产业集合Ⅰ的工资率低于产业集合Ⅱ的工资率。只有两个维持条件结合起来才能真正理解在多产业情形下产业聚集如何能够维持的问题。

第一维持条件的模拟结果表明，在区域1内，产业集合Ⅱ中的某些产业所能承受的工资成本都低于产业集合Ⅰ在区域1所能承受的工资成本，因此产业集合Ⅱ中的任意一种产业无法在区域1生存，这种情况下产业集合Ⅰ聚集在区域1的聚集模式可以维持，此时区域1拥有$h_Ⅰ$种产业，区域2拥有$h_Ⅱ$种产业。但如果产业集合Ⅰ的工资水平低于产业集合Ⅱ中任何一种产业的工资水平，则前面的区域1拥有$h_Ⅰ$种产业、区域2拥有$h_Ⅱ$种产业的聚集模式不能维持。

第二维持条件的模拟结果表明，在区域2内产业集合Ⅰ的工资水平低于产业集合Ⅱ的工资水平的情况下，区域2不支持区内产业集合Ⅰ的存在，区域1内的产业集合Ⅰ中的厂商转移到区域2也无利可图，因此，区域2拥有$h_Ⅱ$种产业、区域1拥有$h_Ⅰ$种产业的聚集模式是稳定的。反过来，在区域2内产业集合Ⅰ的工资水平高于产业集合Ⅱ的工资水平的情况下，区域2的厂商对产业集合Ⅰ支付的工资水平已经足以吸引区域2内产业集合Ⅱ中的劳动力。此时，有可能区域1内产业集合Ⅰ中的部分厂商转移到区域2，因此区域1拥有$h_Ⅰ$种产业、区域2拥有$h_Ⅱ$种产业的聚集模式是不稳定的。

根据上面的讨论，我们可以总结出下面的一些结论：

（1）在多种产业框架下的产业聚集与分散，其实质是产业在区域间的重新布局，而这种重新布局所反映的是区际实际工资水平的差异，产业份额较大的区域支付较高水平的工资，产业份额较小的区域支付较低水平的工资。这与现实是完全符合的。

（2）能否维持现有区际产业布局（能否维持现有区际工资差距），与市场开放度和产业内关联度有关。如果市场开放度较低，则现有产业布局容易维持；如果产业内关联度较强，则现有产业布局容易维持，现有区际工资差异可维持较长时间。

产业聚集与扩散的最终结果是区际分工格局的形成，而区际分工格局的形成与市场开放度的高低具有密切关系：当市场开放度较低时，两个区域内的分工主要以产业关联为主；当市场开放度较高时，两个区域内的分工主要以比较优势为主。

第三节　区际产业重新配置与专业化分工

在本章第一、二节，我们重点讨论了产业的聚集与分散，而产业聚集与分散的实质是产业在区际的重新配置。产业重新配置主要表现为原有一些产业的移出或淘汰、新产业的出现或区外产业的移入，这种重新配置必然导致区际专业化分工。对于区际专业化分工，传统理论认为主要的作用因素是区际比较优势，但是从近年来的区域发展现实来看，影响区际专业化分工的因素不仅限于各地区比较优势，随着区际经济联系越来越复杂，产业间垂直联系、地区市场规模等因素也影响区际分工格局的形成。本节在综合考虑各种影响因素的情况下，重点探讨区际要素禀赋差异与产业间垂直关联如何影响产业转移，进而如何影响区际专业化分工形成的问题。

一、分析区际专业化分工的基本框架

建立在新古典框架下的传统分工理论，在解释区际专业化分工形成机理方面存在一些局限性，无法解释产业内分工以及产品内分工现象。本部分以新经济地理学理论为基础，分析比较优势、产业间垂直联系对区际分工格局的形成问题。

（一）上下游产业转移与区际专业化分工

先考虑一个包括东部和西部两个地区的经济系统，假设：

（1）东部是资本相对充裕的地区，西部是劳动力相对充裕的地区。

（2）每个地区都拥有农业和制造业两种产业部门。农业部门以规模收益不变和完全竞争为特征，只利用劳动力生产同质产品，农产品的区内和区际交易无成本。制造业部门分为上游产业和下游产业，上下游产业的厂商都以规模收益递增和不完全竞争为特征，生产差异化的产品（具有替代性）。上游产业为资本密集型产业，利用劳动力和资本两种要素生产中间投入品；下游产业是劳动密集型产业，利用劳动力、资本和上游产业生产的中间投入品生产最终消费品。

（3）厂商追求利润最大化，消费者追求效用最大化。

从假设中可以看出，上下游产业间垂直关联和两个区域要素禀赋优势是影响产业转移的主要因素。从上游部门厂商角度来看，东部具有相对充裕的资本禀赋，因此会吸引资本密集型的上游部门，同时，上游部门厂商因市场需求又可能向下游产业聚集的地区转移。同理，西部具有相对充裕的劳动力禀赋，因此会吸引劳动密集型的下游部门，下游部门厂商还需要上游部门厂商生产的中间投入品作为投入要素，所以下游部门厂商也会向上游部门厂商聚集的地区转移。假设两个区域消费者的偏好相同，都偏好多样化产品，故只分析代表性消费者的消费行为就可以。代表性消费者消费农产品和制造业产品，其中农产品是同质产品，制造业产品是一组差异化的产品，在收入约束下，消费者尽可能实现其效应最大化。

根据基本假设，我们可以建立东西部要素市场和产品市场的出清条件，然后求出西部上游厂商数量（n_u）、西部下游厂商数量（n_d）、东部上游厂商数量（n_u^*）、东部下游厂商数量（n_d^*）的函数表达式，这些厂商数量的变化正好反映东西部专业化分工的变化趋势。但由于不存在有关上述4种变量的解析解，我们不得不借助数值模拟[①]讨论东西部上下游产业的变化趋势。图5-2模拟了东西部在要素禀赋方面存在比较优势（上游产业具有较高的资本密集度[②]）的情况下，随着中间投入品和最终消费品贸易自由化程度的提高上下游产业转移的情况。

从图5-2中可以看出，随着贸易自由化程度的提高，西部上游部门厂商将遵循比较优势原则转移到资本相对充裕的东部，使得西部上游部门厂商数量不断减少（n_u曲线向下倾斜），东部上游部门厂商数量不断增加（n_u^*曲线向上倾斜）。下游产业的转移情况分为两个阶段来讨论。

第一阶段为贸易自由化程度较低（贸易自由度大约为0~0.17）的阶段。在此阶段，贸易自由化程度较低，厂商的区际转移将受到很大的限制，因此，西部劳动力资源优势对东部

[①] 由于上述4种函数关系表达式很复杂，故本书不给出函数表达式以及模拟过程。
[②] 此时上游产业资本密集度为0.9，劳动密集度为0.1。

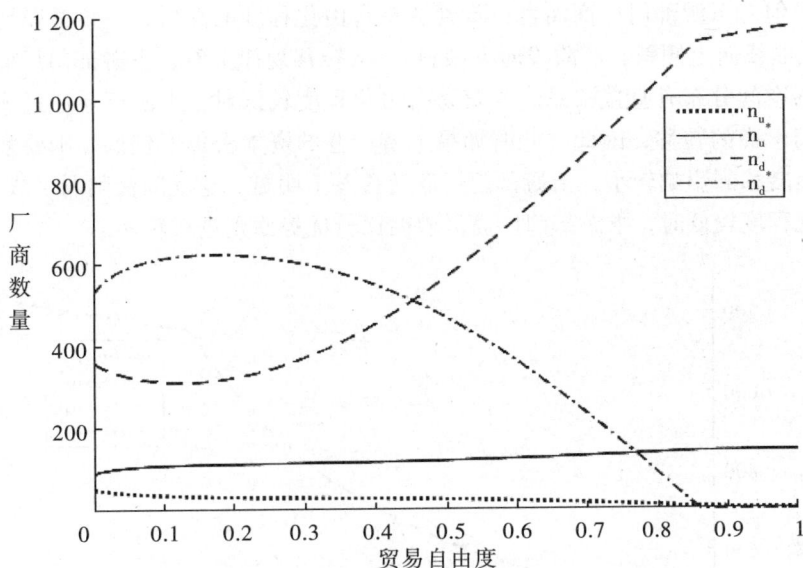

图 5-2　东西部上下游产业转移规律

下游产业的吸引力无法克服高额贸易成本带来的约束力；与此同时，西部从东部输入中间投入品还需要支付高额的贸易成本。因此，在这种情况下，西部下游部门厂商将转移到资本相对充裕且中间投入品生产比较集中的东部，此时西部下游部门厂商转移违背比较优势原则。随着贸易自由化程度的提高，越来越多的西部下游部门厂商转移到资本相对充裕的东部，导致西部下游部门厂商数量不断减少（n_d 曲线向下倾斜），东部下游部门厂商数量不断增加（n_d^* 曲线向上倾斜）。

第二阶段为贸易自由化程度较高（贸易自由度大约在 0.17~1 之间）的阶段。在此阶段，随着贸易自由化程度的提高，制约厂商转移的约束力变弱，输入中间投入品所要支付的贸易成本也变小，因此，西部劳动力禀赋对东部下游产业的吸引强度大于东部上下游产业间的成本关联效应强度，东部下游部门厂商将遵循比较优势原则向西部转移，导致东部下游部门厂商数量不断减少（n_d^* 曲线向下倾斜），西部下游部门厂商数量不断增加（n_d 曲线向上倾斜）。当贸易自由度大约大于 0.45 时，西部下游部门的厂商数量超过了东部，西部主要生产劳动密集型的最终消费品，东部主要生产资本密集型的中间投入品，从而实现区际专业化分工。

（二）上游产业资本密集度与区际专业化分工

不同类型的产业，要素投入比例不相同。在图 5-2 的模拟过程中，我们设定上游产业是资本投入参数为 0.9、劳动力投入参数为 0.1 的资本密集度高的产业。但如果上游产业资本密集度较低，则如何影响上下游产业的转移？

从对图 5-2 的讨论中可知，如果上游产业的资本密集度较高，则上游部门厂商在贸易自由化程度很低时就开始遵循比较优势原则进行转移。但在图 5-3 中，当上游产业的资本密集度较低，贸易自由化程度低于 0.3 左右时，上游部门厂商并没有发生明显的转移；当贸易自由度大于 0.3 左右时，上游部门厂商才开始根据比较优势原则进行转移（n_u 曲线向下倾斜，n_u^* 曲线向上倾斜）。这意味着，上游产业的资本密集度较低，则要素禀赋优势对上游产业空间分布的影响较小。但对下游部门厂商而言，不管贸易自由化程度的高低，一直遵循比较优势原则进行转移（n_d曲线向上倾斜，n_d^*曲线向下倾斜）。从转移规律上看，下游部门厂商的转移规律与上游产业的空间分布有直接关系。当贸易自由化程度较低时，上游产业通过成本关联效应影响下游部门厂商的转移，因此，此时如果上游产业的资本密集度较低，则要素禀赋优势对上游部门厂商转移的影响较小，上游部门厂商转移并不明显，这就间接削弱了成本关联效应。在贸易自由化程度较低时，下游部门厂商仍遵循比较优势原则进行转移。

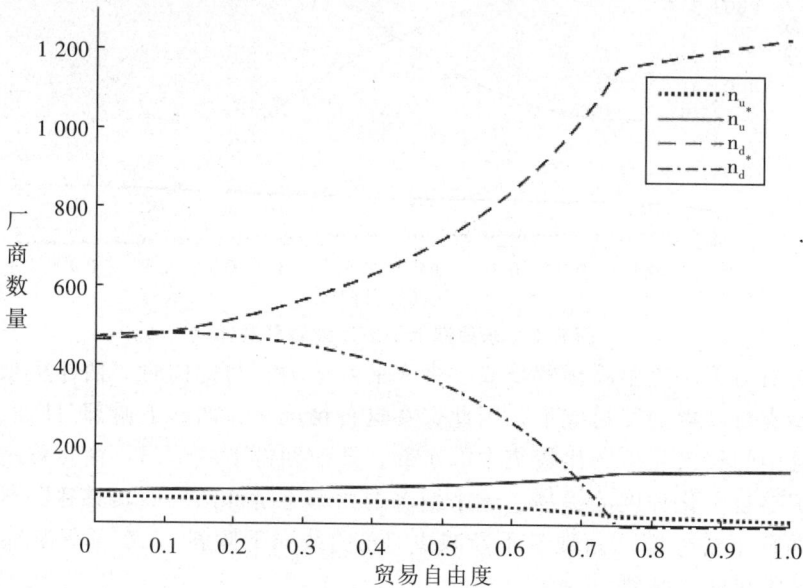

图5-3　上游产业资本密集度与专业化分工

（三）下游产业劳动密集度与区际专业化分工

下游产业劳动密集度也影响产业的空间分布和区际专业化分工。从图5-4中可以看出，上游部门的厂商转移趋势变化不大，依然遵循比较优势原则（n_u曲线向下倾斜，n_u^*曲线向上倾斜）。但随着下游产业劳动密集度的下降（相对于图5-2，图5-4中的下游产业劳动密集度较低），下游部门厂商转移的整体趋势向右侧移动了，这意味着下游部门厂商根据比较优势原则开始转移所需的贸易自由度变大了。从图5-4中可以看出，当下游产业劳动密集度较低时，在贸易自由度为0.54左右时出现专业化分工；在图5-2中，当下游产业劳动密集度较高时，在贸易自由度为0.45左右时出现专业化分工，这是因为当下游产业劳动密集度较低时，劳动力比较优势对下游部门厂商的吸引力减弱，成本关联效应对下游厂商的吸引力增强，存在一种促使下游部门厂商向上游部门厂商聚集区转移的作用力，因此，不易实现专业化分工。同时，也因为如此，在贸易自由度小于0.54左右时，东西部下游产业份额的变化幅度很大。除此之外，由于下游产业的劳动密集度较低，成本关联效应影响变大，因此，只有当贸易自由化程度较高时，下游部门厂商才会按照比较优势原则进行转移。

（四）上下游产业垂直关联度与区际专业化分工

上下游产业间的垂直关联度也影响产业转移与区际专业化分工。在本部分将重点分析垂直关联强度如何影响区际专业化分工的问题（如图5-5所示）。

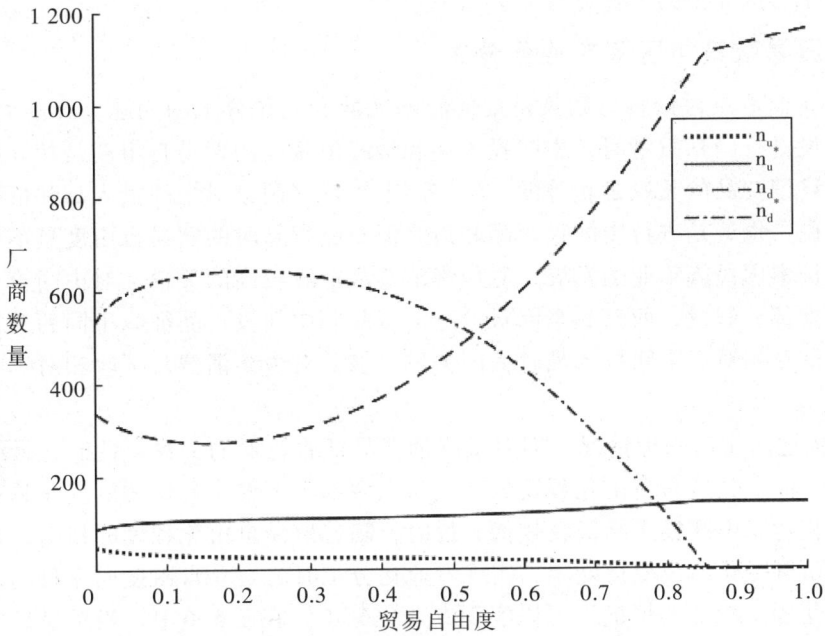

图5-4 下游产业劳动密集度与专业化分工

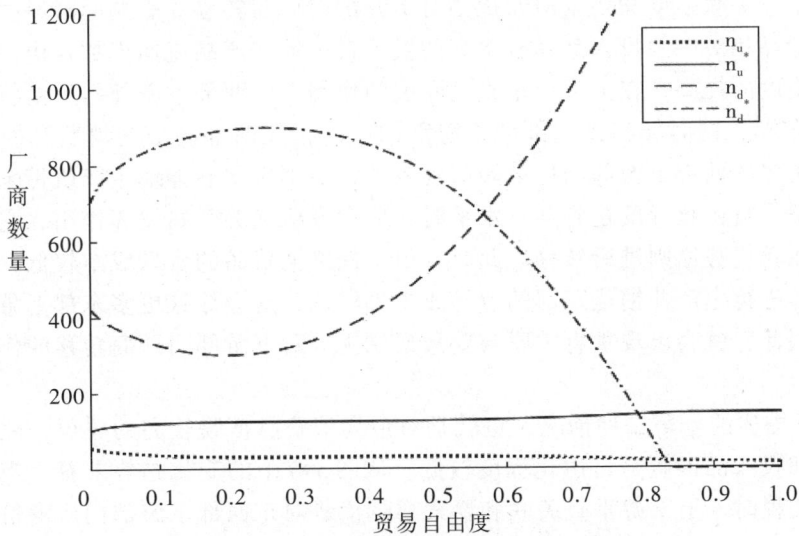

图5-5 上下游产业垂直关联与区际分工

在图5-5中，上下游产业间关联强度大于图5-2中的关联强度。从图5-5中可以看出，随着上下游产业间垂直关联程度增强，东西部下游部门厂商份额变化曲线（n_d曲线和n_d^*曲线）变得更为陡峭，但东西部上游部门厂商份额变化曲线（n_u曲线和n_u^*曲线）没有受到影响。这是因为当垂直关联度强度变大时，下游部门厂商将更加依赖上游部门厂商生产的中间投入品，所以当贸易自由化程度较低时，下游部门厂商不会按照要素禀赋优势原则进行转移；当贸易自由化程度较高时，下游部门厂商才会遵循比较优势原则进行转移。例如，在图5-2中，贸易自由度大约等于0.45时，东部和西部出现区际专业化分工，而在图5-5中，贸易自由度大约等于0.57时才出现区际专业化分工，这意味着上下游产业垂直关联越强，越不易于形成完全的专业化分工。

（五）贸易政策与区际专业化分工

这部分我们重点讨论贸易政策是如何影响区域专业化分工的问题。在前面的讨论中，我们一直假设进行国际贸易时，中间投入品和最终消费品的贸易自由度是相等的，即中间投入品和最终消费品的关税是相等的。但实际上，许多国家对中间投入品和最终消费品制定不同的关税，也就是进行中间投入品和最终消费品贸易时的贸易自由度是不相同的，有些国家为保护本国民族工业的发展，对最终消费品征收较高的关税，对中间投入品征收较低的关税。本部分假设，西部和东部对最终消费品和中间投入品征收不同的关税：（1）对最终消费品征收相对于中间投入品较低的关税；（2）对最终消费品征收相对于中间投入品较高的关税。

图5-6描述的是第一种情况，即对最终消费品征收较低的关税。此时，最终消费品相对于中间投入品，其贸易自由化程度较高。从东西部上下游产业份额的变化趋势来看，当最终消费品相对于中间投入品征收较低关税时，随着贸易自由化程度的提高，东西部下游部门厂商的份额变化曲线变得陡峭，实现专业化分工时的贸易自由度向左移动，这意味着在贸易自由化程度较低的情况下可以实现专业化分工。在图5-6中，当贸易自由度大约在0.34时，实现区际专业化分工。从整体变化趋势来看，当最终消费品关税不断降低时，上下游产业间垂直关联强度和要素禀赋优势对下游部门厂商转移的影响同时增强，这是因为此时最终消费品相对中间投入品具有更高的贸易自由度，产品流通更加自由。随着最终消费品贸易自由度的提高，在上下游垂直关联度的作用下，西部下游部门厂商将转移到上游产业聚集的东部，同时转移到东部的下游部门厂商销往西部的最终消费品的运输成本很低，这促使更多的西部下游部门厂商转移到东部，而不必担心异地生产所带来的贸易成本的增加。当贸易自由化程度达到某一水平时，要素禀赋优势开始发挥作用，它促使下游部门厂商遵循比较优势原则进行转移。此时，由于最终消费品的贸易成本较低，下游部门厂商转移到西部进行生产并销往东部的贸易成本也较低，这会导致更多东部下游部门厂商转移到西部。因此，就会出现垂直关联与要素禀赋优势对下游部门厂商转移的作用强度同时增强的趋势。

图5-7所描述的是第二种情况，也就是对最终消费品征收较高的关税，此时最终消费品相对于中间投入品的贸易自由化程度较低。从图5-7中的变化趋势来看，当对最终消费品征收较高关税时，上下游垂直关联和要素禀赋优势对东西部下游部门厂商份额变化的影响同时减弱。随着最终消费品关税的提高，东西部下游部门厂商的份额变化曲线变得平坦，且两条曲线的交点向右移动，实现区际专业化分工时的贸易自由度大约为0.64。当对最终消费品征收较高关税时，最终消费品的贸易成本上升，西部下游部门厂商转移到东部后在东部生产并销往西部的贸易成本将会上升。因此，贸易自由化程度较低时，在上下游产业垂直关联效应作用下，西部下游部门厂商转移到东部的厂商数量较少。同理，贸易自由化程度较高时，要素禀赋优势促使东部下游部门厂商转移到西部的厂商数量也较少。因此，从图5-7中可以看出，随着对最终消费品征收关税的提高，东西部下游部门厂商的份额变化曲线（n_d曲线和n_d^*曲线）变得更加平坦。

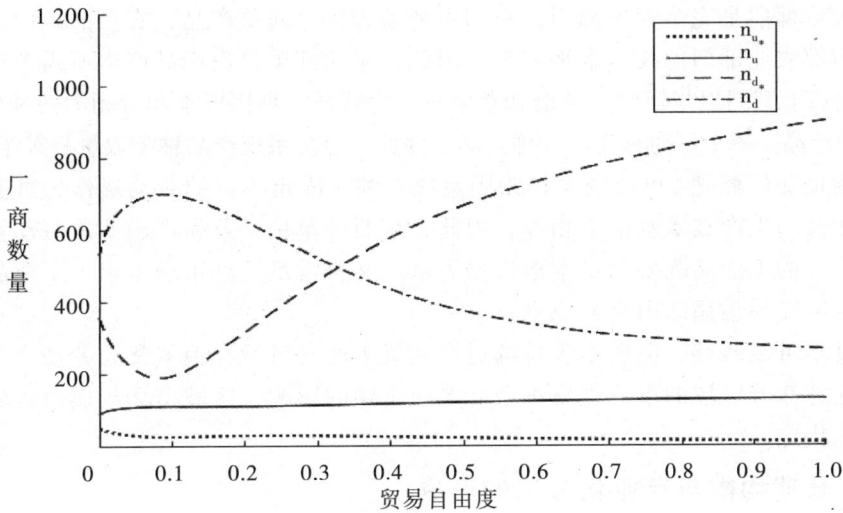

图5-6　征收最终消费品较低关税与区际专业化分工

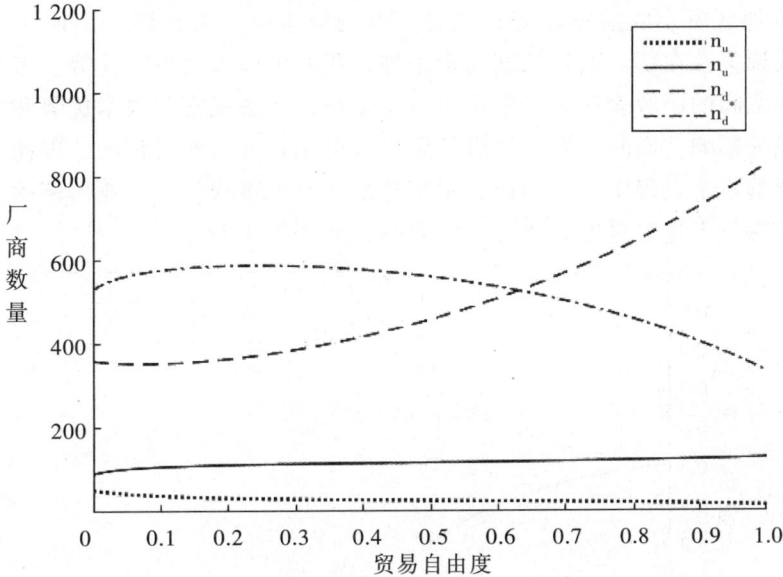

图5-7　征收最终消费品较高关税与区际专业化分工

二、技术、市场规模与区际专业化分工

在分析区际专业化分工的基本框架部分时，我们主要从要素禀赋与垂直关联两个角度探讨了区际产业重新配置和专业化分工问题。本部分将从技术优势和市场规模角度探讨区际产业重新配置和专业化分工问题。由于本部分的讨论不考虑产业间垂直关联效应，故从单个产业层面进行讨论。

（一）基本假设

通过以下假设，可以把技术优势和市场规模纳入分析框架中：

（1）有包括东西部两个区域的经济系统，该经济系统中的每个区域都拥有农业和制造业两种生产部门。

（2）农业部门是完全竞争部门，只利用劳动力生产同质产品，农产品区内区际交易无成本，东西部农业部门的技术水平相等，因此，东西部单位农产品产出所需劳动量相等。

（3）制造业部门以规模收益递增和垄断竞争为特征，利用资本和劳动力两种生产要素生产差异化的产品，每个厂商只生产一种产品，因此，经济系统产品种类数量就等于厂商数量。

（4）制造业厂商把1单位资本作为固定成本和某固定单位的劳动量作为可变成本，东西部制造业部门生产技术水平不相等，因此，东西部单位工业品产出所需劳动量不等。

（5）生产的工业品既要满足本地市场需求，又要满足区外市场需求，工业品区内交易无成本，区际交易遵循冰山交易成本。

（6）资本可以转移，但资本收益都返回到资本所有者所在地消费，劳动力不能在区域间转移。这意味着区域的市场规模不会受产业份额的影响，区域市场规模由区域初始要素禀赋所外生决定。

（二）长期均衡与专业化分工的形成

资本是可以区际转移的，因此在资本不再转移时经济系统达到长期均衡。均衡状态有两种：一是两地区资本收益率相等；二是所有的资本都聚集在同一个地区，此时产业或聚集在西部或聚集在东部。通过长期均衡条件，我们可以求出技术优势、市场规模与两个区域产业份额之间的函数表达式，但由于过于复杂，无法观察到技术优势和市场规模对专业化分工形成的影响。同时，两个区域的贸易自由化程度是非对称的，因此贸易政策对专业化分工的影响也不是很明显。为此，本部分借助Matlab软件对产业份额的变化情况进行了模拟。先考虑技术优势对专业化分工的影响，如图5-8所示。

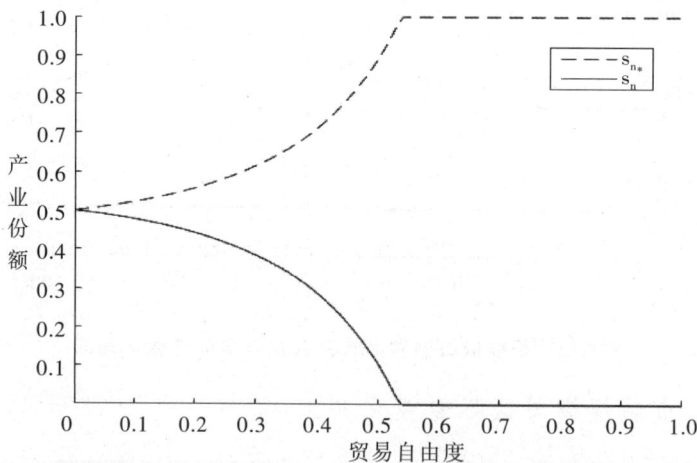

图5-8 西部具有技术优势且东西部市场规模相等时的专业化分工

市场规模是要素禀赋所外生决定的，故如果初始市场规模相同，则初始产业份额也相同。从图5-8中可以看出，初始两个区域的市场规模相同，因而产业份额也相同。随着贸易自由度的提高，东部的制造业部门将逐渐转移到西部（因为西部具有技术优势），逐渐形成专业化分工，也就是具有技术优势的西部从事制造业部门的生产，不具有技术优势的东部的制造业部门全部被吸引到西部。

当西部具有技术优势和较大市场规模时，在较低的贸易自由度下也可以形成专业化分工。例如，在图5-8中，形成专业化分工时的贸易自由度为0.52左右，而在图5-9中，形成专业化分工时的贸易自由度为0.3左右。可以看出，除了技术优势以外，市场规模也会影响专业化分工的形成。一个区域的技术水平越高，厂商生产成本就越低，越容易吸引产业转移；一个区域的市场规模越大，其支出水平也越高，产品需求也越大，越吸引产业转移。

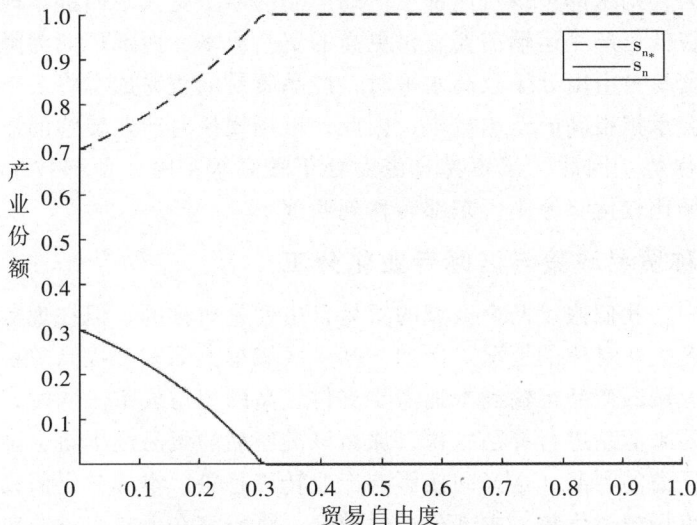

图5-9　西部具有技术优势且具有市场规模优势时的专业化分工

为进一步深入讨论技术优势与市场规模对专业化分工的影响，本部分模拟了东部具有较大市场规模但没有生产技术优势情况下的产业转移与专业化分工的形成问题，如图5-10所示。

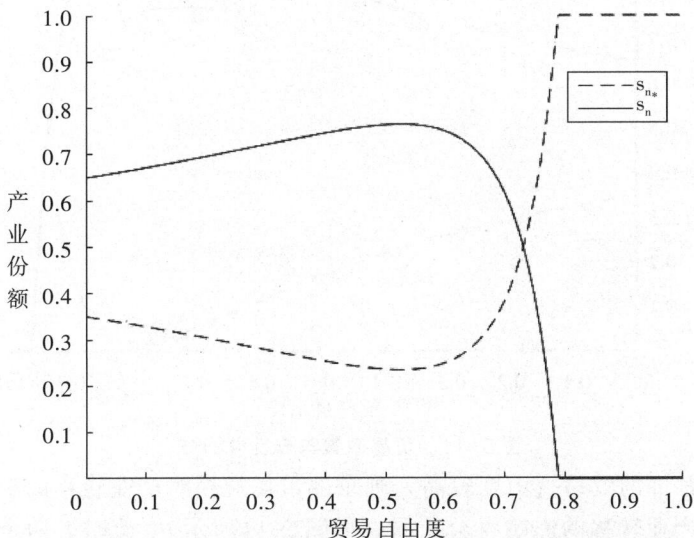

图5-10　东部具有市场规模优势、西部具有技术优势时的专业化分工

图5-10是东部具有市场规模优势、西部具有技术优势时的情形。从整体变化上看，市场规模优势与技术优势在不同贸易自由度水平下对产业转移的影响是不同的。当贸易自由度处于较低水平时，市场规模优势起主导作用，西部产业将违背比较优势原则转移到东部；当贸易自由度处于较高水平时，技术优势将起主导作用，东部产业开始遵循比较优势

原则转移到西部，贸易自由度在0.73左右时形成专业化分工。从整体变化趋势来看，技术优势与市场规模是影响专业化分工形成的重要因素，而贸易自由度是决定两种因素是否起到主导作用的关键变量。当贸易自由度处于较低水平时，市场规模起主导作用。若此时东部的市场规模较大，则东部市场对西部生产的产品的需求将大于西部本地的需求；但由于此时贸易自由度较低，产品运输需要支付更高的贸易成本，西部厂商为降低贸易成本将会转移到东部。当贸易自由度处于较高水平时，产品贸易的贸易成本将会下降。此时，厂商跨区域销售将不会承担很高的运输成本，因此，市场规模对产业转移的影响将会下降，取而代之的是技术优势。因此，当贸易自由度处于较高水平时，西部技术优势才会发挥作用，产业才会遵循比较优势原则由东部转移到西部。

（三）非对称贸易政策与区际专业化分工

在上述分析中，我们假设两个区域的贸易自由度是对称的，但在现实中可能出现两个区域的贸易自由度是非对称的情况。例如，某一区域单方面实施提高关税、减少配额等贸易政策，致使外区域的产品运输到本地需要支付较高的贸易成本。同时，若某一区域提高市场开放度，对外来商品进行补贴减税，那么该类产品的贸易成本将会降低。贸易政策的改变，直接影响厂商的利润，这又间接影响产业转移趋势。本部分仍假设西部具有技术优势，而东部具有市场规模优势。本部分通过模拟，将研究在贸易政策非对称的情况下，市场规模和技术优势对产业转移以及专业化分工的影响，模拟结果如图5-11所示。

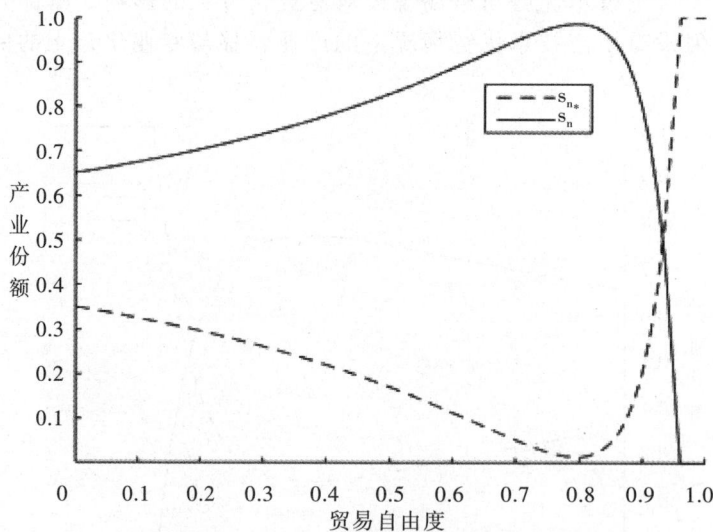

图5-11　贸易政策与专业化分工

如果西部对东部的贸易自由度较高，则东部市场规模对产业转移的影响将会增强，西部的技术优势对产业转移的影响将会减弱（如图5-11所示）。此时，两个区域间的专业化分工出现时的贸易自由度很高，达到0.93左右。

如果西部进一步提高对东部的贸易自由度，那么此时两个区域之间也不会形成专业化分工。在图5-12中，西部对东部的贸易自由度是东部对西部的贸易自由度的1.5倍左右，如果此时提高区际贸易自由度，则西部的产业将违背比较优势原则向东部转移，两个区域也无法形成专业化分工。这是因为当东部对西部的贸易自由度较低时，西部厂商生产的产品销往东部时需要支付很高的贸易成本，而东部厂商生产的产品销往西部时支付较低的贸易成本。当贸易自由度处于较高水平时，若此时两个区域的贸易自由度水平差别不大，则产业会遵循比较优势原则转移到西部；但若此时两个区域的贸易自由度差别较大，产业将完全违背比较优势原则转移到东部。

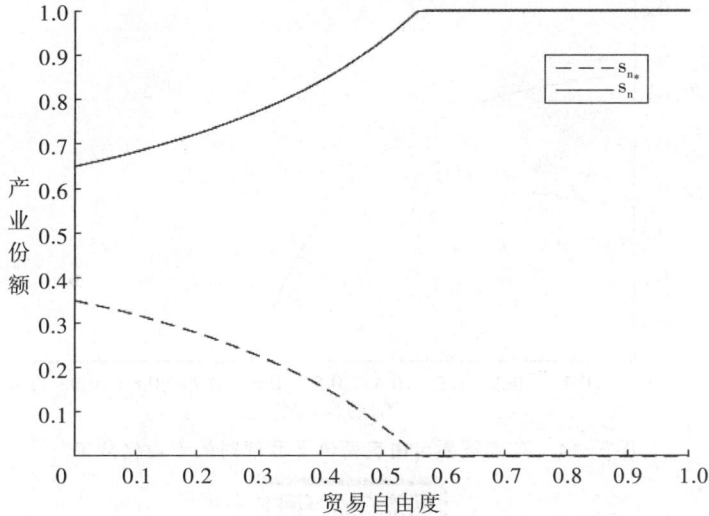

图 5-12　贸易政策与专业化分工

上述情况是西部具有较高贸易自由度水平时的情况。下面接着讨论当东部具有较高市场开放度的情况下两个区域的产业转移规律（如图5-13所示）。

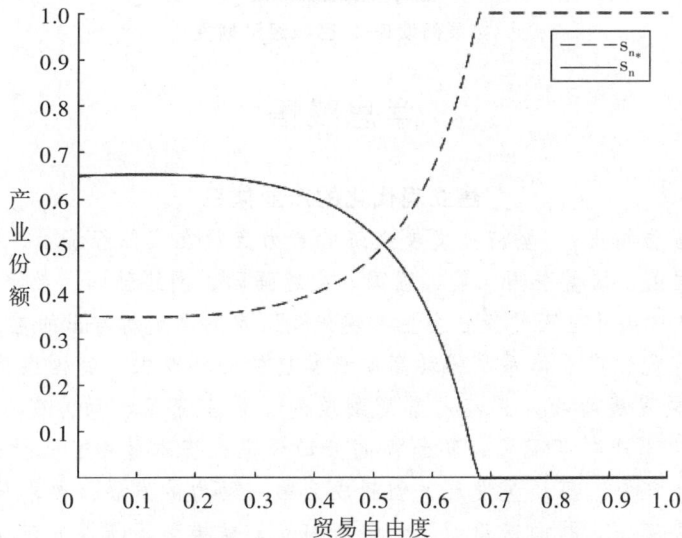

图 5-13　东部贸易自由度大于西部时的专业化分工

从图5-13和图5-14曲线的变化趋势可以看出，当东部对西部的贸易自由度大于西部对东部的贸易自由度时，东部市场规模对产业转移的影响将减弱，而西部技术优势对产业转移的影响将会增强。同时，随着东部市场开放度的提高，其市场规模对产业转移的影响将会逐渐减弱。例如，图5-13中，在贸易自由度为0.52左右时形成专业化分工，而在图5-14中，在贸易自由度为0.4左右时形成专业化分工。这是因为当东部对西部的贸易自由度较高时，西部厂商生产的产品销往东部时支付较低的贸易成本，所以东部对西部更加开放，则东部更多的产业转移到西部。

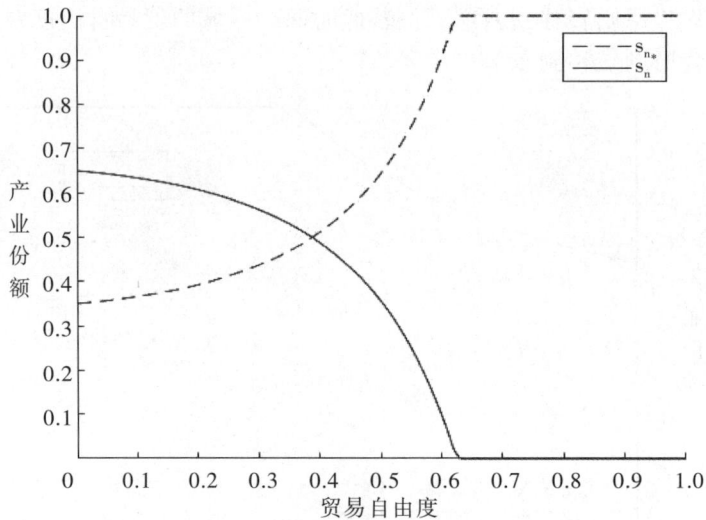

图5-14　东部贸易自由度两倍于西部时的专业化分工

拓展阅读5-1　区域经济韧性

学思践悟

建立现代化的产业体系

党的二十大报告指出："坚持把发展经济的着力点放在实体经济上，推进新型工业化，加快建设制造业强国、质量强国、航天强国、交通强国、网络强国、数字倾国。"建设现代化产业体系，是党中央从全面建设社会主义现代化国家的高度所作出的重大战略部署。

首先，建设现代化产业体系是推动高质量发展的必然要求。我国经济发展已由高速增长阶段转向高质量发展阶段，正经历量变到质变、效率变革、动力变革。推动高质量发展，要求持续优化生产要素配置，不断提高劳动效率、资本效率、土地效率、资源效率，不断提高全要素生产率。高质量发展是创新成为第一动力的发展，要求从主要依靠资源和低成本劳动力等要素投入转向新驱动，加快新旧动能转换，不断提升产业基础能力，推动传统产业优化升级，建立起优质、高效、创新的现代化的产业体系。

其次，建设现代化产业体系是赢得大国竞争的迫切需要。产业竞争已成了大国竞争的主战场，而现代产业体系成了最主要的"胜负手"。我国产业链整体上处于中低端，大而不强，宽而不厚。我国必须加快建设现代化产业体系，打造完整而有韧性的产业链和供应链，才能把经济安全、国家安全牢牢掌握在自己手中。

　　为建设现代化的产业体系，我国必须巩固优势产业的领先地位，实施重大技术装备攻关工程，推动制造业高端化、智能化、绿色化发展；要推动战略性新兴产业的集群化发展，推动信息化和新型工业化深度融合，大力发展科技含量高、竞争力强的战略性新兴产业；要构建高效的服务业新体系，发挥科技创新和优质高效服务的关键作用，推动现代服务业同先进制造业、现代农业深度融合；要加快发展数字经济，促进数字经济和实体经济深度融合，打造具有国际竞争力的数字产业集群；要优化基础设施布局、结构、功能和系统集成，构建现代化基础设施体系；要建设高效顺畅的流通体系，完善流通领域制度规范和标准。

　　资料来源　[1]习近平.高举中国特色社会主义伟大旗帜　为全面建设社会主义现代化国家而团结奋斗——在中国共产党第二十次全国代表大会上的报告（2022年10月16日）[M].北京：人民出版社，2022.[2]本书编写组.党的二十大报告辅导读本[M].北京：人民出版社，2022.

本章小结

　　无论是产业扩散还是产业聚集，其驱动力都是扩散力和聚集力彼此权衡的结果。在两区域两部门模型中，经济增长是否导致产业扩散取决于核心区的工资上涨和后向联系的净效应。如果工资上涨占主导地位，抵消后向联系效应，则产业从核心区向边缘区扩散；反之，则核心区的产业聚集会持续，不会发生产业的扩散。区际产业扩散的驱动力取决于区际工业部门工资水平的相对变化；根据区际工业部门工资水平的相对变化以及后向联系的具体情况，厂商选择生产区位。各个区域的劳动力则根据工业部门和农业部门工资水平的相对变化，选择该区域的农业部门或工业部门就业。

　　第一，如果我们不考虑产业特性，则一般情况是产业由核心区向多个边缘区扩散，一般是根据不同区域所得到的初始优势的顺序依次扩散，首先向较早获得初始优势的区域扩散，然后向其他区域扩散。

　　第二，如果我们考虑产业的劳动密集程度，则劳动密集度最大的产业最先离开核心区，在边缘区投资建厂，因为劳动密集型产业对工资水平最敏感，所以最早发生转移；较晚转移的产业是劳动密集程度较低的产业，但转移速度比先前转移的产业的转移速度快，因为先前转移的产业在转入区建立了自身的前后向联系，而且伴随劳动密集型产业的移入，降低了限制要素流动的各种约束力强度。这种转移可能发生跳跃式的扩散，也就是说，不一定按劳动密集度大小的顺序。这种情况的出现很大程度上与边缘区获得的初始优势有关。

　　第三，如果考虑产业间和产业内联系，则消费指向的产业首先从核心区转移出去；中间投入品需求较少的产业首先转移出去；上游产业首先发生转移，因为它很少使用中间投入品。如果上游产业转移到边缘区，则处于中游和下游的产业也较为容易地转移到边缘区，此时边缘区的工业化过程将大大加快。

　　第四，关联度最弱的产业最先转移到边缘区，但转移速度很慢，原因是这一产业的前向联系和后向联系都较弱；反过来，关联度最强的产业最后转移，但由于关联度很强，如果发生转移，则转移速度最快。前面的这些讨论告诉我们，不管是世界经济还是一国经济，在空间维度上都并非平滑的，常态是经济变量在空间维度上的不连续和间断。这就表现为世界经济或区域经济常常形成由核心区组成的富国俱乐部或富裕区域俱乐部，以及由边缘区组成的穷国俱乐部或落后区域俱乐部。如果从经济发展角度来考虑，则发展是各个国家或区域依次由一个俱乐部向另一个俱乐部过渡的过程。正因为这样，目前国内的许多学者都进行俱乐部趋同研究。

产业聚集与产业分散是正好相反的产业转移过程。

第一，从单要素角度来考虑，一般情况是企业聚集与市场规模的大小成正比，市场规模越大，则企业越向该区域聚集，这就是我们经常提到的市场引力；企业聚集与区域的生活成本成反比，生活成本指数越小，则实际收入水平越高，因此企业也越向该区域集中，这就是我们经常提到的降价吸力。当然，这里还存在竞争斥力，也就是说，产业份额的增加会带来同类企业的拥挤效应。再者，企业聚集与区际市场开放度密切相关。如果区际市场开放度比较小，则产业对称地分散在每个区域是一种稳定均衡，此时产业总处于扩散状态；如果区际市场开放度比较大，则产业完全聚集在核心区是稳定均衡，产业总处于聚集状态。产业聚集是发端于对外开放程度较低时的产业分散状态，随着对外开放程度提高到某一临界值，聚集力开始占优于扩散力，于是原先分散的产业开始聚集。一旦聚集力占优，其就会不断地自我增强，这种自我增强机制内生地促使产业进一步加速聚集，直到产业完全聚集到一个区域。

第二，如果考虑产业间联系和产业内联系，则产业间联系大于产业内联系时，必然发生产业的转移；但如果产业内联系大于产业间联系且市场开放度较小，则产业不容易发生转移。产业聚集在某一区域的现象是可以持续的，此时产业内联系越强，这种现象持续的时间也越长。

第三，如果考虑多要素下的产业聚集，则某产业聚集于某一区域的情形难以形成和维持，也就是某个产业聚集于某一区域的专业化生产格局比单要素情况下更难以维持。产业聚集的维持与市场开放度、两种产业要素（假设存在两种产业集合）生产成本比值的大小密切相关：市场开放度越小，则聚集维持的时间越长；两种产业要素生产成本之比越大，则要素生产成本更大的产业聚集在研究区域的时间越长。一个区域很难具备制造业厂商需要的所有生产要素，因此，除非前后向联系足够大，否则，某一产业聚集于某一区域的情形很难维持。这说明多种要素的需求在一定程度上成了促使产业分散的分散力，可以抵消因前后向联系而形成的聚集力。因此，大多数情况是产业的分散布局。

第四，当考虑多种产业时，产业聚集与分散的实质是产业在区域间的重新布局，而这种重新布局所反映的是区际实际工资水平的差异，产业份额较大的区域可以支付较高水平的工资，产业份额较小的区域支付较低水平的工资。能否维持现有区际产业布局（能否维持现有区际工资差距），与市场开放度和产业内关联度有关。市场开放度较低时，产业均衡分布可持续的范围大，现有产业布局容易维持；产业内关联度大，则产业均衡分布可持续的范围较大，现有产业布局容易维持，现有区际工资差异维持较长时间。

区际产业聚集与分散的结果是区际产业的重新配置与区际专业化分工格局的形成。首先，要素禀赋优势是产业重新配置与形成区际专业化分工格局的基础，但产业间垂直关联强度也对区际产业重新配置与区域分工发挥重要影响。当区际贸易自由度处于较低水平时，垂直关联起主要作用，由于下游部门厂商需要中间投入品作为投入，因此下游产业将违背要素禀赋优势原则向上游产业聚集的地区转移；当贸易自由度较高时，要素禀赋优势开始发挥主导作用，下游部门厂商将遵循比较优势原则进行转移。由于上游部门厂商不需要中间投入品，因此上游部门厂商的转移趋势将遵循要素禀赋优势原则；但当两个区域的要素禀赋优势较为相似时，上游部门厂商转移可能受到市场需求的影响。其次，如果上游产业是资本密集度较低的部门，则对资本禀赋差异不敏感。这意味着在资本密集度较低的情况下，资本密集型的国家很难形成以资本密集型产业为主的专业化分工，这又削弱了上游产业对下游部门厂商的垂直关联效应，使得下游产业容易形成专业化分工。如果下游产业的劳动密集度较低，则对劳动力禀赋的差异不敏感，因此，在贸易自由度较高的情况下，下游产业才开始形成专业化分工，但强化了垂直关联对下游产业厂商空间转移的影响，导致下游部门厂商转移越来越多地背离比较优势原则。如果上下游产业间垂直关联强度大，则下游产业不容易出现专业化分工，只有在贸易自由度很高的情况下，要素禀赋优势才会促使专业化分工的出现。如果两个区域的要素禀赋相似，则垂直关联强度是影响专业化分工的主导因素。当贸易自由度较低时，垂直关联不会引起产业转移，两个区域的上下游产业处于均衡状态；当贸易自由度是中等水平时，上下游部门厂商在垂直关联（成本关联效应和市场需求效应）的影响下将聚集在某一区域；当贸易自由度超出中等水平时，市场需求效应将会减弱，此时下游产业对上游部门厂商的吸引力也将减弱。

　　技术优势与市场规模也影响区际产业重新配置与专业化分工。其中，贸易自由度是影响市场规模与技术优势发挥作用的关键因素。当贸易自由度处于较低水平时，产业转移将违背比较优势原则转移到市场规模较大的地区；当贸易自由度处于较高水平时，产业将遵循比较优势原则，转移到具有技术优势的地区。如果某一具有较大市场规模或较高技术优势的区域单方面提高市场开放度水平，那么市场规模和技术优势对产业转移的影响会减弱。

参考文献

　　[1] FUJITA M，KRNGMAN P，VENABLES A J. The spatial economy：Cities，regions and international trade［M］. Cambridge，MA：MIT Press，1999.

　　[2] KRUGMAN P R. Development，geography，and economic theory［M］. Cambridge，MA：MIT Press，1995.

　　[3] TAKAHASHI T，TAKATSUKA H，ZENG D Z. Spatial inequality，globalization，and footloose capital［J］. Economic Theory，2013，53（1）：213-238.

　　[4] KRANICH J. Agglomeration，vertical specialization，and the strength of industrial linkages［J］. Papers in Regional Science，2008，90（98）：159-178.

　　[5] MURATA Y. Taste heterogeneity and the scale of production：Fragmentation，unification，and segmentation［J］. Journal of Urban Economics，2007，62（1）：135-160.

　　[6] EPIFANI P. Heckscher-Ohlin and agglomeration［J］. Regional Science & Urban Economics，2005，35（6）：645-657.

　　[7] PFLÜGER M，SUEDEKUM J. Integration，agglomeration and welfare［J］. Journal of Urban Economics，2004，63（2）：544-566.

　　[8] BALDWIN R，KRUGMAN P. Agglomeration，integration and tax harmonisation［J］.

European Economic Review, 2004, 48 (1): 1-23.

[9] FORSLID R, OTTAVIANO G I P. An analytically solvable core-periphery model [J]. Journal of Economic Geography, 2003 (3): 229-240.

[10] FORSLID R, WOOTON I. Comparative advantage and the location of production [J]. Review of International Economics, 2003, 11 (4): 588-603.

[11] AMITI M, PISSARIDES C A. Trade and industrial location with heterogeneous labor [J]. Journal of International Economics, 2002, 67 (2): 392-412.

[12] AMITI M. Location of vertically linked industries: Agglomeration versus comparative advantage [J]. European Economic Review, 2001, 49 (4): 809-832.

[13] BALDWIN R E, MARTIN P, OTTAVIANO G I P. Global income divergence, trade and industrialization: The geography of growth take-off [J]. Journal of Economic Growth, 2001, 6 (1): 5-37.

[14] RICCI L A. Geography and comparative advantage [J]. European Economic Review, 1999 (43): 357-377.

[15] TABUCHI T. Urban agglomeration and dispersion: A synthesis of Alonso and Krugman [J]. Journal of Urban Economics, 1998, 44 (3): 333-351.

[16] AKERMANY A. Industry location in export processing zones with vertical linkages and agglomeration [EB/OL]. (2009-08-31) [2020-03-10]. http://www.ne.su.se/polopoly_fs/1.174918.1397575796!/menu/standard/file/EPZ.pdf.

[17] 李强, 郑江淮. 基于产品内分工的我国制造业价值链攀升——理论假设与实证分析 [J]. 财贸经济, 2013, 34 (9): 95-102.

[18] 殷广卫, 李佶. 空间经济学概念及其前沿——新经济地理学发展脉络综述 [J]. 西南民族大学学报 (人文社科版), 2010, 31 (1): 75-82.

[19] 唐海燕, 张会清. 产品内国际分工与发展中国家的价值链提升 [J]. 经济研究, 2009 (9): 81-93.

[20] 唐海燕, 张会清. 中国崛起与东亚生产网络重构 [J]. 中国工业经济, 2008 (12): 60-70.

[21] 张纪, 吕小玲. 产品内国际分工的内在动因——理论模型与基于中国省际面板数据的实证研究 [J]. 数量经济技术经济研究, 2007, 24 (12): 39-48.

[22] 黄先海, 韦畅. 中国制造业出口垂直专业化程度的测度与分析 [J]. 管理世界, 2007 (4): 158-159.

第六章
区际贸易与区域经济一体化

欠发达国家或地区的工业化通常面临着许多困难。如果全部开放本国市场或本地市场，则因发达国家或地区的高回报率和高收入的吸引，可流动要素将大量向发达地区转移；如果对本国或本地区的产业活动进行适当保护，则因实施市场分割而遭到谴责。如何在市场开放和适度保护之间进行权衡，是很困难的。与此同时，在国际和国内学术界，关于区域经济一体化的呼声也很高。那么，这种区域经济一体化到底能对欠发达国家或地区的经济发展带来何种影响？本章将围绕欠发达国家或地区的贸易保护、贸易自由化、资本和产业转移、区域经济一体化等问题，重点讨论区际贸易对欠发达国家或地区工业化的影响。

为了讨论的方便，在第二节及其以后部分，我们对区域的描述主要以国家为例。实际上，区域可以适用于多个层面，大致包含许多国家的区域经济一体化组织，如欧盟或东盟，小至国家内部的不同级别的地区。也就是说，虽然我们讨论的是国际贸易问题，但它的结论在各种区域层面上都具有一定的适用性。

第一节　单边、双边与多边贸易问题

区域是空间经济组织，这种经济组织都以一定的空间范围为前提。因此，讨论区域经济时我们必须记住，由于空间的存在，任何经济主体都被赋予了一定的垄断性。因为要素转移和商品贸易总是需要支付贸易成本（包含运输成本），在不同区位上生产的产品，尽管在物理意义上完全相同，但在经济意义上就不完全相同了。同样，相同类型的生产者或消费者，如果处于不同的区位，则其经济意义也不再相同。因此，如果考虑空间因素，那么传统的完全竞争分析框架已不再适合进行区域经济分析了，这在导论部分已交代过了。同时，如果考虑空间因素，则还得考虑时间因素，因为生产要素区际转移或区际商品运输，不仅需要支付跨区域的贸易成本，还得消耗区际运输或区际转移所需的时间，尤其作为经济主体的人，其运输或转移具有特殊的运输成本和时间成本的内涵。在区域经济学的基本理论框架中，无论是规模收益递增和不完全竞争、区际非均衡力及循环累积因果律、市场开放度与要素流动性，还是产业份额决定国民收入地区分配、二元结构与城乡联系，无一不与区域的空间经济内涵紧密相联。

一、市场一体化与市场开放度

从总体上讲，区域及其边界的存在使得整个世界市场实际上处于相互分割的状态，所谓的建立统一市场都是相对于被分割的市场而言的。造成市场分割的原因很多，如自然地理环境、要素禀赋、政治和经济制度、文化和风俗习惯等，但根本原因仍是空间距离。空间距离一方面影响了区际货物运输，另一方面影响了厂商和消费者的自由迁徙。不同国家或地区之间必然存在市场分割现象，在同一个国家或地区内部也存在市场分割现象。一般来讲，区际市场分割程度远大于国内或区内的市场分割强度。这意味着，不同区域的市场统一程度是不相同的。即使作最极端的假设，假定不同区域的要素禀赋条件完全相同，也就是完全满足我们常假设的区际对称条件。此时，尽管不同区域的市场统一程度相同，但由于空间距离导致的运输成本和时间成本的存在，就总体而言，市场仍然是分割的。为了研究区际贸易，我们必须刻画国际或区际市场的分割程度和统一程度，常常利用贸易成本或市场开放度来表述市场分割或市场一体化程度。

　　贸易成本或市场开放度并无本质上的区别，只是表述方式不同而已，但它们之间为反向关系，贸易成本越大，贸易自由化程度越低。贸易成本或市场开放度都能落实到具体的区域，也就是说每个区域在贸易成本或市场开放度方面都存在一定的值。贸易成本也称交易成本，它反映的是商品贸易产生的一切成本，包括由交通运输技术水平所决定的运输成本以及其他影响市场分割和市场一体化程度进而影响贸易活动的成本，如制度成本。贸易成本是反映区域属性的一种变量，不因贸易实际是否发生而存在。在具体表示形式上，对贸易成本进行一些技术处理，即表现为萨缪尔森的冰山运输成本[①]。具体的含义是：假定最终有1单位商品运抵本区域以外的目的地，则最初需要从本区域运出 τ（$\tau > 1$）单位的商品，其中的（$\tau - 1$）单位商品即所谓的冰山运输成本，亦即贸易成本。贸易成本被假定为商品在始发地到目的地途中的损耗部分，就如同在大洋中拖运一块冰山时融化掉一部分冰一样，抑或相当于用牲口运送粮食时在途中被牲口吃掉的那一部分粮食。这是一种脱离现实的假定，但在解释具体现象时是十分有用的。需要注意的是，贸易成本不仅包括运输成本，还包括其他一切与贸易有关的成本，如为推进贸易而进行的谈判、监督执行成本，只不过所有成本都折算为冰山运输成本。

　　贸易成本的高低与区域的实际状况密切相关。例如，随着交通运输技术的发展以及区域之间贸易壁垒的降低，区际贸易成本会下降。贸易成本的存在可以视为对市场开放的阻碍。如果贸易成本为零，则意味着市场完全开放；如果贸易成本无穷大，则意味着市场完全封闭。这样，可用区间 [0，1] 来表示市场开放度的取值范围，贸易成本从无穷大到零的过程对应着市场开放度从0提高到1。需要指出，不同区域的市场开放度往往是不同的。例如，如果其他条件相同，一个区域实行自由贸易而另一个区域实行贸易保护，则两个区域的市场开放度是不同的，实行自由贸易的区域对其他区域的市场开放度很高，而实施地方保护的区域对其他区域的市场开放度很低，两种市场开放度是不相同的。这种区际市场开放度的不同，在分析本章下文的理论时通常作如下理解：

　　首先，在任意一个区域内部，我们假定产品的贸易是无成本的，这不仅意味着不存在运输成本，其他任何与贸易相关的成本也都不存在，即可以理解为冰山运输成本为零；

　　其次，在区际，由于各区域的贸易壁垒不同，进行贸易的区域不同，贸易成本往往存在很大差异，这就是区际市场开放度不相同的内涵所在。

　　举例来说，假设有区域1和区域2，它们相互开展贸易，但区域2的贸易壁垒更高，

　　① [1] SAMUELSON P A. The transfer problem and transport costs，Ⅰ：The terms of trade when impediments are absent [J]. Economic Journal，1952，62（246）：278-304. [2] SAMUELSON P A. The transfer problem and transport cost，Ⅱ：Analysis of effects of trade impediments [J]. Economic Journal，1954，64（254）：264-289.

也就是区域2从区域1输入产品时的关税相对于区域1从区域2输入产品时的关税高，这就意味着区域1对区域2的市场开放度大于区域2对区域1的市场开放度。

二、单边主义与多边主义

利用贸易成本或市场开放度，容易地表述区域市场分割、市场一体化程度以及区际或国际贸易的自由化程度。市场开放度是可以人为改变的。例如，某一国家提高或降低关税和其他贸易壁垒会改变该国的市场开放度，某一区域加强或减弱其贸易保护程度也会改变该区域的市场开放度。总之，贸易制度和政策安排可以大大改变市场开放度。此外，交通运输技术和基础设施状况也是市场开放度的重要影响因素。

区域政府（包括国家或国际经济一体化组织）通过各种手段改变区域的市场开放度，势必会对区际贸易（包括国际贸易）产生影响，由此产生区际贸易问题。当一个区域单独改变其市场开放度而其他区域不作出相应反应时，它所引发的问题是单边贸易问题。2018年美国挑起中美经贸摩擦，其实就是代表着单边主义和多边主义的斗争。目前世界范围内的单边主义，特指美国不考虑大多数国家和民众的愿望，单独或带头退出或挑战已制定或商议好了的维护国际性、地区性、集体性和平、发展、进步的规则和制度，并对全局或局部的和平、发展、进步有破坏性的影响和后果的行为与倾向。当两个国家或区域相互针对对方改变自身的市场开放度，但不涉及第三方时，它所引发的是双边贸易问题，双边贸易问题中的两个国家或区域政府在贸易上可能相互敌对的，也可能是合作、友善或互惠的。当市场开放度的影响涉及超过两个区域时，它所引发的是多边贸易问题。目前美国挑起的单边主义和保护主义严重冲击国际经济秩序，世界经济面临的风险和不确定性明显上升，全球发展处于重要关口。面对单边主义、保护主义逆流涌动，中国坚定维护多边贸易体制，为全球发展不断注入正能量，尤其共建"一带一路"丰富了国际经济合作理念和多边主义内涵，中国已成了捍卫多边主义、国际规则和自由贸易的重要力量。

需要说明的是，现实中单边贸易问题其实是很少见的（除了美国的单边主义政策以外），因为区际贸易至少涉及两个区域，而当一个区域改变其市场开放度时，另一个或其他区域势必会受到影响，从而不会坐视不理，因此，纯粹的单边贸易问题其实并不存在。但从假设性的单边贸易问题开始讨论是非常方便的，并且它实际上涉及了双边贸易问题，也可以直接过渡到多边贸易问题。

第二节　单边贸易保护与工业化

从本节开始，我们以国际贸易为例展开对区际贸易问题的分析，揭示区际贸易对产业空间分布从而对工业化和区域经济增长的影响。在本节，介绍在存在聚集力的条件下的单边贸易保护政策如何降低该国消费品价格的问题，也就是所谓的降价效应（也称它为PLP效应）。

一、贸易保护的降价效应及其分解

在国际贸易中，贸易保护主义挥之不去的原因在于贸易保护的降价效应。在典型的新贸易理论模型中，一国单边提高贸易壁垒有助于降低该国国内产品价格。首次提出这种观点的学者是维纳布尔斯（1987）[①]，在他的模型中不存在聚集力。鲍德温（2001）[②]则在存在聚集力的模型中得出了相同的结论，同时指出聚集力的存在强化了降价效应。为便于理解，用"贸易壁垒"一词替代原来的"贸易成本"，而不改变其"冰山运输成本"的含义。

假设两国进行贸易，其中一国单方面采取贸易保护政策，而贸易对象国对此没有反应，这就是单边贸易问题。一国贸易壁垒的提高对本国国内工业品消费价格或者本国商品价格指数产生重大影响，一般来讲这种影响产生三种效应，即单边贸易保护对本国商品价格指数的影响可以分解为三种效应。

1.贸易保护的区位效应

它指的是由于贸易壁垒妨碍商品进口，因此本国消费者只能购买本国生产的产品，减少对进口产品的购买，这就导致本国扩大工业品生产（包括种类和数量两方面），进而扩大本国产业规模和吸引国外产业向国内转移。由于需要支付运输成本和高额关税，进口消费品的贸易成本高于本国生产的产品的贸易成本，因此消费者大量购买本国生产的产品，就节省了大量的贸易成本，进而促使国内商品价格指数下降。商品价格指数下降，就意味着较低的生活成本和生产成本。因此，生产活动指向国内区位或者国外产业向国内转移，这正是区位效应中的"区位"一词的内涵所在。

2.贸易保护的直接效应

它指的是贸易保护直接引起本国商品价格指数的上升。这种直接效应来自两个方面：一是贸易壁垒的提高将提高进口品价格水平；二是贸易保护倾向于扩大对本国产品的消费，进而扩大本国的生产规模，而本国生产规模的扩大必然扩大对本国生产要素的需求。此时，如果本国无法充分满足本国厂商对生产要素的需求，则有可能导致本国生产要素价格的上升，国内生产要素价格的上升导致本国生产的产品价格的上升。这两个方面的效应叠加在一起，就导致国内总体价格水平的上升。

3.贸易保护的多样化效应

它指的是贸易壁垒的变化可能会影响产品种类数量，进而影响总体价格水平。一般情况下，贸易壁垒妨碍商品进口，因此在进口壁垒较高的情况下，任何国家都有选择性地进口消费品，这必然影响进口品的种类数量和商品的档次，进而影响消费者的效用水平。贸易壁垒与进口工业品种类数量之间的关系，一般包含在区位效应里面，故在具体分析贸易保护效应时常忽略它。

这样，本国的单边贸易保护对本国商品价格指数的最终影响就取决于降低总体价格水平的区位效应和提高总体价格水平的直接效应的相对大小，如果区位效应足够强，那么必然存在降价效应。上述分析可总结为如下结论：如果单边贸易保护导致的降低本国总体价格水平的区位效应大于贸易保护引起的提高总体价格水平的直接效应，则单边贸易保护可以降低本国总体价格水平。降价效应存在的条件是区位效应足够大。

---

① VENABLES A. Customs union and tariff reform under imperfect competition [J]. European Economic Review, 1987, 31 (1-2): 103-110.
② BALDWIN R E. The core-periphery model with forward-looking expectations [J]. Regional Science and Urban Economics, 2001, 31 (1): 21-49.

二、简单情形下的贸易保护降价效应

下面，我们先考虑一下资本流动条件下的单边贸易保护的效应问题。

（一）资本自由流动下的降价效应

在物质资本自由流动的情况下，如果两国的要素禀赋是对称的，那么两国贸易保护程度（贸易壁垒）相同或者两国的市场开放度相同，此时不管市场开放度如何，制造业在两国之间是均衡分布的；否则，资本国际流动不会停止，制造业企业的区位调整过程持续下去，直到资本（制造业）在两国均衡分布为止。如果本国单边提高贸易保护程度，则可以扩大本国的产业份额，即提高贸易保护程度可以扩大本国的产业规模；如果外国单边提高贸易保护程度，则将导致本国产业规模的缩小。如果定义本国市场开放度（或贸易壁垒）的单位变动所引起的本国工业份额的变化量为区位调整导数，那么随本国市场开放度的上升，区位调整导数（绝对值）将趋向无穷大。也就是说，当初始两国的市场开放度都较高时，如果某国采取单边贸易保护政策，那么该种政策所引发的工业区位调整幅度就很大。这意味着，在只考虑资本自由转移的情况下，实行单边贸易保护政策的国家可以扩大其产业份额；如果初始两个国家的市场开放度都较高，那么边际的单边贸易保护政策所引发的工业区位调整幅度也较大。

上述只考虑物质资本流动的条件下的单边贸易保护政策可以降低国内总体价格水平的结论，就意味着本国的单边贸易保护能够改进国内整体的福利水平。单边贸易保护政策能够降低本国价格指数，其原因在于区位调整导数足够大，使得提高价格总体水平的直接效应不足以抗衡降低价格总体水平的区位效应。

上述结论还有三点内容值得说明：

第一，降价效应完全来自贸易保护导致的工业企业的区位调整效应。由于垄断竞争，降价效应的大小随着消费者对工业品的支出份额的上升而上升，随着工业品之间的替代弹性的上升而下降。在极端情形下，也就是当工业品可以完全相互替代或本国消费者不消费任何工业品时，贸易政策变化虽然引起企业的区位调整，但对本国总体价格水平没有任何影响，这意味着区位效应和直接效应正好相互抵销，进而降价效应消失。另外，如果单边贸易保护政策对厂商的区位没有影响，那么此时本国贸易壁垒的消除反而有利于进口产品价格水平的下降，从而使国内总体价格水平下降。因此，如果贸易保护政策对区位没有什么影响，那么不存在贸易保护政策的区位效应，对价格指数起作用的只有贸易保护政策的直接效应，因此此时就不存在贸易保护政策的降价效应。

第二，如果两国的初始贸易壁垒是对称的，那么这一初始壁垒越低（市场开放度越大），本国实施单边贸易保护政策所获得的收益也就越大。这意味着，如果两国初始对称的市场开放度很高，贸易近乎无成本，那么本国只要将贸易壁垒略作提高，国内价格总水平就将大幅下降，从而就能从这种贸易保护中获得很大的福利改进。原因在于，当贸易成本几乎为零时，任何微小的区位优势都将对厂商有巨大的吸引力，从而可以引发厂商进行大规模的区位调整，即此时的区位效应极大。因此，从某种意义上说，随着贸易一体化的推进，每个国家面临的背离这种互惠的自由贸易的诱惑力越来越大，因此需要有强有力的监管机制。这被鲍德温（2000）称为"全球化放大效应"①，它有助于解释在一些经济高度一体化的组织，如欧盟（EU）和欧洲经济区（EEA），比起北美自由贸易区（NAFTA）和欧洲自由贸易联盟（EFTA）等自由贸易区需要有更强有力的多边监督、执行和调节机制的原因。从中可以得出如下重要的结论：如果贸易自由化程度很高，则此时某国实施单边贸易保护政策所获得的整体福利水平改进也很大，因此，该国受到的背离自由贸易体系的诱惑力也很大。

第三，如果聚集力强度很大，则制造业厂商对单边贸易保护政策的反应更强烈，此时贸易政策的细微变化会引致很大的区位效应，从而降价效应更大。

从前面的讨论中可以看出，在物质资本流动的情形下，某国工业生产份额的提高意味着另一国工业生产份额的下降，本国工业生产份额的下降对本国福利水平的改进是很不利的，而通过单边贸易保护政策增加本国工业生产份额又会损害外国的利益。因此，如果不考虑区位调整需要付出的成本，工业企业在国家间的区位调整是一个零和博弈。由于单边贸易保护政策的这种损人利己的性质，外国不会对本国的贸易保护政策不作出反应。实际上，如果两国进行贸易保护是纳什博弈，那么唯一的均衡就是双方都实行完全禁止贸易的保护壁垒，两国之间不存在贸易。因此，如果国家之间就市场开放度进行纳什博弈，那么唯一的均衡是都实行完全封闭的经济政策。这种极端的结果其实并不难理解，两国中的任何一方都想吸引对方的工业企业进入本国，同时不让本国工业企业向外转移。因此，任何一国的最优政策都是设定贸易壁垒并使之足够高，以确保所有工业企业都不会向外转移，于是两国竞相提高贸易壁垒，最终达到完全禁止贸易。单边贸易保护使得两国政府陷入"囚徒困境"。这意味着，单边贸易保护政策必然招致对方的强烈反应。单边贸易自由化政策有时也只是一厢情愿，善意的举动未必一定得到善意的回报。因此，通过协商的方式实现互惠的自由贸易，也许是现实中的最佳选择。

（二）降价效应的条件性

上述结论似乎告诉我们，一国实行单边贸易保护政策可以促进本国的工业化，有利于本国的经济增长，从而进口替代的贸易政策始终是制胜之策。但这种贸易保护政策的降价效应有严格的假定条件，与现实还相去甚远。原因在于：

首先，工业企业的区位调整（区际转移）是有成本的。在上述讨论中，我们并没有考虑区位调整成本。在上述讨论中，区位调整成本被隐含地假设为零，厂商在不同国家之间无成本地改变生产区位。然而在现实世界中，区位调整必须支付巨额的调整成本。如果引入厂商的区位调整成本，则上述的结论都将发生变化。

其次，实行进口替代政策的国家，其目的是通过对本国工业企业的保护，促进本国工业的发展，但如果保护国的市场规模非常小，那么有可能进口替代政策不能吸引足够的工业企业，进口替代政策最终也可能失效，甚至那些完全禁止国际贸易的进口壁垒政策也起不了什么作用。

再次，在上述讨论中，出于简化的需要，没有考虑传统意义上的国家的比较优势。为讨论方便，忽略比较优势有其合理性，但这种忽略比较优势情况下的贸易政策分析显然是

① BALDWIN R E, ROBERT-NICOUD F. Free trade agreements without delocation [J]. Canadian Journal of Economics, 2000, 33 (3): 766-786.

很不全面的。例如，在讨论拉丁美洲国家进口替代政策失败的时候，经济学家们已经指出，这些国家重点发展的那些工业部门实际上存在相当程度的比较劣势。

最后，正如我们前面已经指出的那样，一国的单边贸易保护会引起贸易对象国的报复性行动，而上述结论是把不存在这种报复行为作为假设前提的。

这样就发现，单边贸易保护政策导致降价效应，其实是有条件的，但这并不意味着放松严谨的假设条件后降价效应就不存在了。实际上，在放松一些条件后仍存在降价效应，只不过降价效应强度有所减弱。

三、多因素下的贸易保护降价效应

在上述前提下，贸易保护的降价效应一定存在，因而单边贸易保护总能促进工业化。但现实中，各个国家并不把单边贸易保护视为能够确保工业化成功的稳妥路径，因为贸易保护的降价效应需要一定的条件。如果引入一些条件，则需要对前面的结论进行修正。下面引入一些新的因素后，重新分析贸易保护的降价效应。首先，引入"工业重新配置障碍"，也就是"资本流动障碍"，这意味着厂商的区位调整是有成本的；其次，如果把工业产品划分为最终消费品和中间投入品，那么贸易自由化也能促进工业化的发展；最后，当关注国内与国外保护之间、国内与国外市场规模之间的相互作用以及比较优势时，我们发现小国通常难以吸引产业。

（一）区位调整成本与区位调整陷阱

现实中，厂商的区际转移显然要支付成本的，跨国转移更是如此。为讨论的方便，假设单位资本的国际转移需要付出固定比例的成本。国际的区位调整成本可分为两大类：

一类是自然成本，包括厂商在国外投资时由语言、文化、气候等差异所带来的成本，以及远距离的协调成本等。

另一类是人为成本，指人为障碍造成的成本，其范围更加广泛。很多地区的某些政策间接地给外资企业造成困难，如跨国投资要获取从事某行业的许可证，外资企业受到投资国不同体制的压力、获取当地信息的成本高昂、无法获得同等的"国民待遇"等。

引入资本的区位调整成本后，仍假定初始时两国市场规模相等，贸易保护程度也相同，即本国的市场开放度（用 ϕ 表示）等于外国的市场开放度（用 ϕ^* 表示）。此时，如果本国实行单边贸易保护，提高贸易壁垒（$\phi < \phi^*$），则根据上一节关于单边贸易保护引发降价效应的分析，本国的资本收益率将高于外国的资本收益率，本国对外国资本有很大的吸引力。在国际资本收益率水平不同的情况下，厂商进行区位调整，但厂商区位调整需要支付区位调整成本。因此，当资本转移成本小于两国资本收益之差时，厂商进行区位调整；当资本转移成本大于两国资本收益之差时，厂商不会进行区位调整。这意味着，在存在企业区位调整成本的情况下，如果外国的贸易壁垒既定，那么本国只能把贸易壁垒提高到足够高，使得本国的资本收益率足够高，以保证国外资本转移到本国后获得的资本收益在扣除了转移成本后还有盈余，才能吸引国外资本。

与上述情形类似，外国想要通过单边贸易保护政策吸引本国资本，也须把贸易壁垒提高到高于本国的程度才可行。这意味着对本国而言，即使贸易壁垒低于外国，只要差距控制在一定范围内，也不必担心资本外流。

  总之，区位调整成本仿佛起着阻碍资本跨境流动的"天然屏障"作用。因此，就本国的市场开放度而言，存在一个区间，在这个区间范围内，企业不会进行区位调整，或者说资本不会流动，我们称之为"无调整区间"，也称"区位调整陷阱"。该区间的市场开放度的两个临界值不妨分别用 ϕ_1 和 ϕ_2（$\phi_1 < \phi_2$）表示。当本国的市场开放度 ϕ 处于这两个值之间时，即使两国资本收益率存在一定差异，由于资本流动成本（区位调整成本）的限制，资本也不会转移，企业从而产业的分布格局维持初始状态。需要指出，随着外国市场开放度 ϕ^* 的提高，本国市场开放度 ϕ 的无调整区间的范围在扩大。这是因为，初始的市场开放度越高，企业对区位的敏感性越低，或者说，企业越对区位不在意，本国企业从既定程度的贸易保护中获得的利益越小，本国为吸引外国资本就得加大贸易保护的程度，这导致无调整区间范围的扩大。图6-1清楚地显示了这一无调整区间或区位调整陷阱，在区位调整陷阱内，企业不进行区位调整；在区位调整陷阱外，本国的单边贸易保护将提高本国的企业份额。该图还显示，随着区位调整成本的下降，区位调整陷阱的范围将变窄。当区位调整不存在成本时，则 $\phi_1 = \phi_2 = \phi^*$，这表明区位调整陷阱将不再是一个区间范围，而退化为一个唯一的临界值，这实际上回到了前面的简单情形。

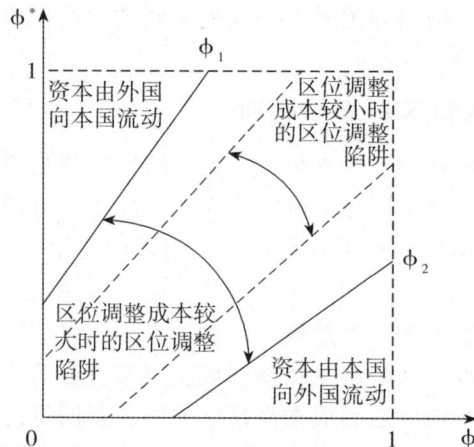

图6-1 企业区位调整陷阱

  资料来源 BALDWIN R E, FORSLID R, MARTIN P, et al. Economic geography and public policy [M]. Princeton: Princeton University Press, 2003: 289.

  区位调整陷阱使贸易保护的价格含义更加丰富。在区位调整陷阱范围内，企业分布维持初始状态不发生变化。这说明此时区位效应不存在，只有直接效应起作用，因此本国的单边贸易保护政策将提高本国的价格水平。例如，如果 ϕ^* 固定而 ϕ 降低，随着 ϕ 从 $\phi = \phi^*$ 处开始下降并接近 ϕ_1，则本国进口品价格因贸易壁垒提高而提高；同时，没有外国资本进入对本国商品价格产生影响，总的来看，本国价格指数上升。可以看出，只要市场开放度水平位于区位调整陷阱内，单边贸易政策就具有古典理论中的价格含义，即单边贸易保护提高本国的价格总水平，换言之，单边开放降低本国的价格总水平。

  当本国的市场开放度 ϕ 下降到 ϕ_1 以下并进一步下降时，外国资本开始向本国转移，本国生产份额上升，本国价格指数也开始下降，这种状况将一直持续到所有工业生产都集中到本国或 ϕ 达到0为止。引入区位调整成本后，贸易保护的价格含义如图6-2所示。

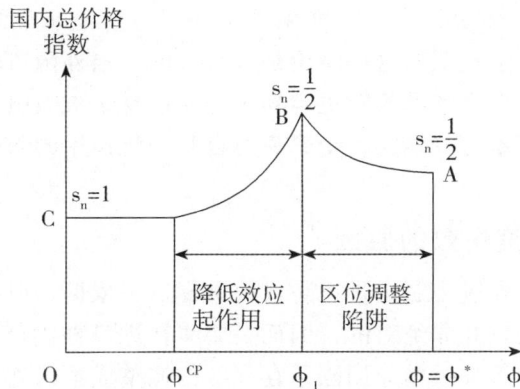

图6-2 区位调整成本与降价效应

资料来源 BALDWIN R E，FORSLID R，MARTIN P，et al. Economic geography and public policy ［M］. Princeton：Princeton University Press，2003：289.

图6-2表述了本国贸易自由度ϕ等于ϕ^*开始实施单边贸易保护政策直到将ϕ降为0对本国总体价格水平的影响过程。A点是两国贸易保护水平相同的初始位置，此时本国拥有一半的工业份额。在市场开放度ϕ下降到ϕ_1这一阶段，资本不转移，工业份额维持不变，此时不存在降价效应，本国价格总体水平上升。从B点开始，随着市场开放度ϕ继续下降，资本开始向本国转移，本国工业份额上升，总体价格水平下降。这种状况一直持续到所有工业集中到本国为止，此时对应的市场开放度记为ϕ^{CP}。在市场开放度ϕ从ϕ^{CP}进一步下降到0这一阶段，由于所有工业已经都集中到本国，总体价格水平保持不变。然而，图6-2所示的情形也未必是唯一的，当外国的贸易保护水平充分高时，即使本国把贸易壁垒提高到最高程度，也就是$\phi=0$，也不能使工业完全集中到本国。对应到图6-2中，这意味着不存在大于0的ϕ^{CP}。从中可以看出，如果一国的市场开放度处于区位调整陷阱以外，单边贸易保护政策可以降低该国的价格总水平。

在区位调整陷阱以外，本国的单边贸易保护虽然可以降低价格指数，但是下降的起点处的价格指数是高于初始的价格指数的。以图6-2所示的情形为例，B点的价格指数一定高于A点。这样，我们自然产生疑问：如果本国的市场开放度从$\phi=\phi^*$下降到$\phi=0$，那么本国的价格指数前后相比是上升还是下降？如果上升了，则本国无论怎样单边提高贸易壁垒都将得不偿失，还不如停留在初始位置。这个问题比较复杂，但可以简单地归纳为3种情形加以分析：

（1）如果资本流动完全自由，即区位调整成本为零，这实际回到了前面的简单情形下的结论，即本国的单边贸易保护能降低价格指数。

（2）如果区位调整成本非常大，资本流动被完全限制，这实际对应着区位调整陷阱覆盖整个开放度的情形，本国的单边贸易保护只会提高本国的总体价格指数，这就是前面得出的单边贸易保护提高本国的总体价格水平的结论。

（3）由（1）和（2）不难推断出，在区位调整成本从0增加到1的过程中，一定存在一个临界值，当实际的区位调整成本大于该临界值时，本国无论怎样单边提高贸易壁垒也不能使价格指数降低到初始水平以下，如果实际的区位调整成本小于该临界值则可以。

总结上面的讨论，我们可以得出以下结论：如果区位调整成本很大，则本国的单边贸易保护政策提高国内的总体价格水平；如果外国的贸易壁垒非常低以及本国的聚集力很强，则区位调整成本临界值较低。这一结论是很直观的，当外国市场开放度较高时，企业发现从本国向外国消费者提供产品相对更容易，企业就易于被吸引从而转移到本国来；聚集力的影响也类似，当聚集力较强时，受聚集力自我强化作用的影响，外国资本更容易吸引到本国来。

（二）进口替代政策失效的原因

贸易保护政策的降价效应为制定进口替代政策提供了依据，但区位调整成本的存在表明贸易保护政策的降价效应并非绝对的，因而，要实行进口替代政策，必须满足一定的条件。现实中，进口替代政策失效的原因除了存在区位调整成本以外，还可能涉及市场规模过小和比较劣势这两个因素，下面简单说明。

1.市场规模

即使是大力提倡进口替代政策的学者，通常也承认国家的市场规模很重要。如果国内市场规模很小，那么单边贸易保护政策对该国工业化的促进作用将很小，从而可能使进口替代政策失效。若对应到上面讨论的情形中，则如果允许市场规模不对称，进而本国的市场份额很小，那么本国即使把贸易壁垒提高到完全禁止进口的程度，国内价格指数仍然高于初始区际贸易壁垒相同时的水平，因此，外国资本不会进入，进口替代政策无效。

2.比较劣势

由于同样的原因，当一国的某些工业部门与国外相比处于明显的比较劣势时，如果该国实行进口替代政策，对这些工业部门提供单边贸易保护，最后也很可能归于失败。单边贸易保护政策可以降低本国的价格指数（即存在降价效应），与传统观点是相悖的。这种结论在很大程度上来自国家间不存在比较优势方面的差异的假设，即除了贸易保护政策强度不同以外，厂商对在何处生产是完全无差异的，即国家之间不存在比较优势方面的差异，厂商只关注利润率，而不在意生产区位，从而逐利的资本流动使得实行单边贸易保护的国家可以拥有更多的生产份额。然而，研究现实世界中的贸易政策时，比如研究保护导向的经济发展战略时，首先考虑的是国家的比较优势，而前面并没有考虑比较优势问题。重新考虑前面的简单情形的假设条件，则我们可以发现：两国要素禀赋相同的假设，排除了赫克歇尔-俄林的比较优势；两国生产技术水平相同的假设，又排除了李嘉图的比较优势。福斯里德和伍顿（2001）[①]研究国家间生产技术比较优势（李嘉图的比较优势）后指出，当一国的工业生产存在很大的比较劣势时，提高进口壁垒的政策很可能使该国蒙受巨大损失，原因在于单边贸易保护降低了消费者可以获得的产品种类数目，扭曲了资源配置，提高了国内总体的价格水平，降价效应失效。

综上所述，单边贸易保护政策确实可能通过降价效应吸引外国资本进入，扩大本国的工业生产份额，促进本国的工业化进程，却是有条件的。正因为这种条件，单边贸易保护并非在任何情况下都能促进一国的工业化进程。在现实中，许多发展中国家曾经实行的试图通过进口替代政策促进国家工业化发展的战略大都走向了失败。

---

① FORSLID R，WOOTON I．Comparative advantage and the location of production［J］．Review of International Economics，2003，11（4）：588–603．

第三节　贸易自由化与工业化

在满足一定条件的情况下，单边贸易保护政策可以促进工业化，但进行贸易政策分析时只着眼于降价效应是远远不够的。实际上，在一定条件下，与贸易保护政策完全相反的贸易自由化政策也能促进工业化。如果对工业产品进行分类，考虑到中间投入品，我们会发现贸易自由化是促进工业化的。现在我们假设一国的工业企业在进行生产时需要进口国外的工业产品作为中间投入品，从而工业生产中存在中间投入品的前后向联系，即所谓的垂直联系，这种假设无疑更接近现实。帕格和维纳布尔斯（1997）[①]最早对贸易自由化促进工业化的可能性进行了研究。然而，由于模型处理上的极大困难，他们没能给出结论与特定假设之间的精确关系。虽然如此，他们的发现还是具有重要意义的。下面介绍在资本流动情形中引入垂直联系后的贸易自由化与工业化之间的关系。

一、局部贸易自由化

在不存在中间投入品的情况下，贸易壁垒使得消费支出和生产支出从进口品转向国内产品，进而扩大对本国生产的产品的需求，这一方面促使扩大国内的生产规模，另一方面不用支付从国外进口产品时的高额的贸易成本，因而降低国内总体的价格水平，这就降低了本国的生活成本和生产成本。因此，从降价效应角度来讲，单边贸易自由化政策降低了对外商的吸引力。然而，如果假设工业企业使用进口产品作为中间投入品，那么贸易自由化会起到新的作用。因此，从中间投入品的角度来讲，一国的贸易自由化可以降低进口的中间投入品价格，节约生产成本，从而提高对工业生产的吸引力。如果引入垂直联系，假设厂商的可变投入既包括劳动力，又包括中间投入品，那么工业品可被分为两种类型：一是作为最终消费品的工业产品；二是作为厂商中间投入品的工业产品。因此，如果引入垂直联系，不仅存在需求关联的循环累积因果关系（厂商购买工业品作为中间投入品将导致生产的转移，而生产转移将导致消费支出的转移），又存在成本关联的循环累积因果关系（工业生产份额的上升导致本国中间投入品价格的下降，而生产成本的下降对厂商具有很大的吸引力）。资本总是向收益率高的地区转移，因此当国家资本流动处于均衡状态时，所有资本都获得相同的收益。

在存在中间投入品贸易的情况下，贸易壁垒对中间投入品贸易和最终消费品贸易所起的作用完全不同，因此，要分别考虑针对中间投入品贸易和最终消费品贸易的贸易壁垒。也就是说，即使是进口同一种工业品，因为用途不同（作为最终消费品或作为中间投入品），进口壁垒也可以不同。假设一国对最终消费品和中间投入品征收不同的进口关税，也就是实施不同的贸易壁垒。该国提高最终消费品进口关税所导致的效果与前面介绍的降价效应完全相同，但如果提高对中间投入品的进口关税，那么其效果完全不同。提高对中间投入品的关税，就意味着该国厂商要获取进口的中间投入品，需要支付更多的成本，这必然提高厂商的生产成本，降低厂商的利润率（资本收益率），不利于该国工业份额的扩大，这又不利于该国工业品总体价格水平的下降。也就是说，提高对中间投入品的进口壁

　　① PUGA D, VENABLES A. Preferential trading arrangements and industrial location ［J］. Journal of International Economics, 1995, 43（3-4）: 347-368.

垒，最终不利于该国工业化进程的加快。容易看出，需求关联和成本关联的循环累积因果关系都蕴含在这一过程中，它们导致的自我强化的聚集力是不容忽视的。因此，提高中间投入品的进口壁垒，对该国的工业化进程起阻碍作用；换句话说，就中间投入品进口而言，贸易自由化促进工业化进程。

上述针对中间投入品的局部的贸易自由化战略确实促进了工业化进程。许多发展中国家也正是通过提高最终消费品的进口壁垒和降低中间投入品的进口壁垒，促进了本国的工业化发展。因为这种案例较多，故在国际贸易理论中出现了一个新词，即"贸易保护效率"。这意味着，当最终消费品和中间投入品的进口关税不同时，贸易保护效率并不仅仅限于最终消费品的关税上。这样，我们可以得出很重要的结论，即如果一国在最终产品市场上通过贸易壁垒避免来自外国企业的竞争，并充分开放中间投入品市场，则可以降低该国的工业品生产成本，提高对工业生产的吸引力，这种局部的贸易自由化政策有利于本国的工业化。

二、全面贸易自由化

上述局部的贸易自由化可以促进本国的工业化进程。那么全面的贸易自由化，也就是对最终消费品和中间投入品征收相同的进口关税并降低该关税，是否也能促进一国的工业化进程？实际上，此时市场开放度（进口壁垒）存在某一临界值，当市场开放度大于该临界值时，贸易自由化可以促进工业化。此外，当国外的市场规模较大，市场开放度（ϕ^*）较高，以及对工业品的支出份额较大时，就本国而言，该临界值较小。这时，如果本国提高市场开放度，则可以促进本国的工业化。因此，同样可以得出有关全面贸易自由化的重要的结论，即全面的贸易自由化政策也可以促进欠发达国家的工业化，但需要一定的条件，即欠发达国家的市场规模相对要小，同时发达国家实行高度开放政策。

如果把前面的局部贸易自由化和全面贸易自由化的讨论进行总结，则得出很重要的结论：如果一国在最终产品市场上通过贸易壁垒避免来自外国企业的竞争，并在中间投入品市场上提高市场开放度，则可以降低该国的工业生产成本，提高对工业生产的吸引力，这种局部的贸易自由化政策有利于工业化的发展。全面的贸易自由化政策也可以促进工业化，但需要一定的条件，即该国的市场规模较小，同时国外市场相当开放。

三、考虑市场规模和比较优势的贸易政策与工业化

正如前面所分析的那样，在一定情况下，贸易自由化能够促进一国的工业化发展。下面继续讨论贸易政策与工业化之间的相互关系，但重点关注相对市场规模和比较优势因素。

（一）欠发达国家或地区工业发展滞后之谜

当发达国家的工会经常抱怨制造业的就业岗位流失到发展中国家的时候，大多数欠发达国家却发出相反的抱怨：为什么具有低劳动力成本优势的欠发达国家不能吸引大量的工业以及工业化进程如此缓慢？有一种观点认为，问题的根源在于欠发达国家或地区制造业部门的比较劣势。在欠发达国家或地区，各生产部门的劳动生产率普遍低下，低劳动生产率使得工业产品的生产成本远高于发达国家，欠发达国家虽然具有劳动力成本低的优势，

但低劳动力成本优势无法克服低劳动生产率的劣势。因此,欠发达国家或地区无法对制造业的发展提供更多的支持,制造业部门厂商愿意在发达国家或地区进行生产活动。似乎欠发达国家或地区的比较劣势是问题的关键所在,但纵观全球,很多曾经落后的国家或地区在较短的时间内迅速实现了工业化,这又不免使人产生怀疑。看来,对此问题的解释可能并非如此简单。

(二)资本流动与边缘化临界值

前面的相关模型表明,工业生产的空间分布取决于相对市场规模和两个区域的市场开放度,这里引入比较优势这个新的因素。本着循序渐进原则,我们从简单的资本流动情形开始讨论。假设北部是一个贫穷的小国,该国正在为实现自己的工业化不懈努力;南部则是一个发达、富裕的大国,开始时所有工业生产都集中在这个大国。现在引入比较优势,假设两国工业部门的生产技术存在差异,小国的工业部门在生产上具有劳动力成本低的比较优势①,则小国工业品的单位生产成本低于大国。

引入比较优势后,研究小国和大国的市场开放度、相对市场规模以及比较优势这些因素相互作用的主要途径是分析所谓的"边缘化临界点",即贫穷小国至少可以吸引一些工业生产的最小的市场规模。在市场规模、市场开放度、比较优势存在差异的情况下,根据资本流动达到均衡,即两国资本收益率相等从而资本停止流动这一条件,可以得到有关小国工业生产份额的表达式。如果该表达式大于零,则意味着小国拥有一定的工业份额;否则,小国没有工业,已经沦为一个被彻底边缘化了的国家。这样,通过令该表达式为零,就可以求出小国拥有最低份额工业生产所需的相对市场规模,这就是边缘化临界值。它意味着,如果小国的相对市场规模低于该临界值,那么小国不存在任何工业生产;如果相对市场规模大于该临界值,那么小国可以吸引一些工业生产。边缘化临界值表达式中含有两国的市场开放度和比较优势这3个重要变量,整个表达式实际上是一个方程,刻画了两国的市场开放度、相对市场规模和比较优势之间的相互关系。

我们感兴趣的是小国在工业生产方面具有比较优势时的情况。根据新古典经济学理论,不管国家间贸易成本如何,具有比较优势的小国总会拥有一定的工业生产份额。但是,根据上述边缘化临界值可知,即使小国在工业生产方面具有比较优势,工业品的单位生产成本低于大国,但如果小国的相对市场规模小于边缘化临界值,工业生产仍然全部集中在大国。这一结论与新古典经济学的比较优势理论迥然不同。边缘化临界值表明:小国在工业生产中的比较优势越强,小国拥有工业生产份额所需的最小市场规模就越小;大国的贸易壁垒越低,小国拥有工业生产份额所需的最小市场规模也越小;如果允许小国实行更多的贸易保护,小国拥有工业生产份额所需的最小市场规模也越小。简单地说,小国的比较优势越明显,大国实行更加开放的政策,小国实行一定的贸易保护,则越有利于小国的工业化。这与我们的直觉相一致。

上述分析过程非常抽象,下面通过数值模拟对上述分析过程进行再现,模拟结果如下。

图6-3模拟结果与上述理论分析完全一致。大国(国家1)具有明显的要素禀赋优势,小国(国家2)具有较强的比较优势。此时,随着贸易自由度的提高,具有要素禀赋的大

---

① 这种比较优势体现在生产技术上,属于李嘉图的比较优势。

国的产业份额一开始就增加，而具有较强比较优势的小国的产业份额一开始就下降。但随着贸易自由度持续提高，不具有比较优势的大国的产业份额开始迅速下降，具有较强比较优势的小国的产业份额迅速上升。贸易自由度低，就意味着运输成本和制度成本比较大，或贸易保护主义盛行，此时各种可流动要素无法充分流动，小国的比较优势无法与大国的要素禀赋优势相抗衡。贸易自由度高，就意味着运输成本和制度成本较低，或大大降低了贸易保护主义，此时各种可流动的要素可以充分流动，小国的比较优势充分发挥作用，大量吸引国外的资本。由此可知，国家间关系在经济一体化程度较低时体现的是"大国效应"，而在经济一体化程度较高时体现的是"强国效应"。

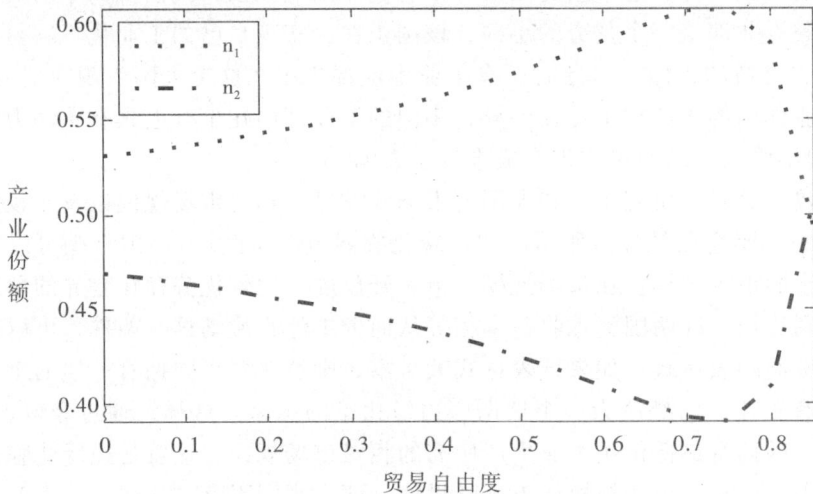

图6-3 要素禀赋、比较优势与产业空间分布

资料来源：刘军辉，安虎森，张古. 要素禀赋、比较优势与产业空间分布——兼论单边贸易保护与经济增长 [J]. 西南民族大学学报（人文社会科学版），2018（6）：124-131.

上述分析可总结为如下结论：如果存在聚集力，且国际贸易是有成本的，那么市场规模较小的欠发达国家或地区往往缺乏对工业生产的吸引力。但如果欠发达国家或地区具有明显的比较优势，实行适度的贸易保护政策，同时发达国家实行更加开放的贸易政策，这将有利于欠发达国家或地区的工业化。这些结论告诉我们，如果发达国家对欠发达国家实行严格的贸易保护政策，那么欠发达国家将难以实现工业化。这为世界贸易组织通过实行普惠制待遇来促进欠发达国家的经济发展提供了理论依据。

第四节　经济一体化的生产和投资转移效应

因为存在市场接近效应，如果所有国家对外高度开放其国内市场，那么市场规模较大的大国将吸引大部分产业，小国原有的产业基础将受到损害。因此，在实施自由贸易协定（优惠贸易协定）或多边贸易自由化的过程中，可以允许小国在与大国的贸易往来中保持较高的贸易壁垒。例如，欧盟在废止与中欧国家相互之间的关税问题上，允许中欧国家废止关税的速度慢于欧盟整体的速度；世界贸易组织谈判的重要内容之一也是发达国家和发展中国家之间在关税方面的差别化。本节主要讨论两个问题：一是自由贸易协定对产业区位产生何种影响；二是生产区位的变化对贸易协定的参与国以及非参与国的福利产生何种影响。

　　尽管本节的讨论基于国与国之间的关系，但这种讨论也适用于国内区域经济分析，因为可以把国际问题中的贸易壁垒以及经济政策上的差异看成影响要素流动的障碍，这种影响要素流动的障碍越大，就意味着区域间的市场开放度越低，进而区域一体化程度也就越低。

一、资本在多国之间流动情形下的生产和投资转移

　　资本在多国之间流动是资本在两国之间流动的推广。我们假设：国家或区域数量 $R>2$；任意两国或两个区域的市场开放度相同；任意两国或两个区域具有相同的资本-劳动比，即单位劳动拥有相同的资本量；相对禀赋相等，即各国或各区域的资本份额、劳动力份额、支出份额（相对市场规模）相等；市场开放度限定于一定范围，以保证各国或区域都拥有一定份额的工业。

　　如果把世界的市场规模看成1，那么根据上述假设，在 R 个国家的情况下，平均的市场规模为 $1/R$。如果此时某些国家的市场规模大于平均的市场规模 $1/R$，且国家间的市场开放度足够高，那么在市场接近效应作用下，市场规模小于平均规模的国家的资本被市场规模大于平均规模的国家的市场所吸引，向市场规模大于平均规模的国家转移。在经济自由化下，资本在国家之间转移不会受到限制，因此，当经济自由化达到较高水平时，市场规模小于平均规模的国家的工业活动大量向市场规模较大的国家聚集，市场规模大于平均规模的国家成了工业品的主要生产国，因而成了工业品的净出口国，市场规模小于平均规模的国家成了工业品的净进口国；市场开放度越高，市场规模大于平均规模的国家的市场份额也就越大。

　　上述的市场规模大于平均市场规模的国家成为工业品的净出口国，其他国家成为工业品的净进口国的结论，意味着资本在多个国家间流动的情况下也存在本地市场效应，这就是克鲁格曼的本地市场效应。不仅如此，本地市场效应还随着市场开放度的提高而增大，所以同样存在本地市场放大效应。上述这些意味着，全球经济自由化提高了大国的工业生产份额，降低了小国的工业生产份额。当一国的市场规模小于平均规模时，一旦市场开放度大于该国的边缘化临界点，该国的工业就全部被大国吸引走，该国沦为边缘国家。由于市场份额小于平均值的国家可能不止一个，并且随着这些国家工业的消失，还会出现新的市场份额低于平均规模的国家，这些国家也会逐步被边缘化，直到所有工业都集中到一个核心国家，这是一个连续、动态的核心边缘化过程。也就是说，随着市场开放度的增大，对于所有市场规模小于平均规模的国家而言，从市场规模最小的国家开始，依次成为农产品专业化国家（工业全部转移出去）；当市场完全开放（贸易成本为零）时，所有工业都集中在市场规模最大的国家。

　　总结上面的讨论，则可以得出如下结论：在简单的资本多国流动的情形下，由于存在本地市场放大效应，全球经济自由化有利于大国而不利于小国。在多边自由化过程中，市场规模最小的国家首先失去所有工业；随着自由化的推进，其他国家依市场规模小于平均市场规模的程度，依次被边缘化（某国的市场规模越小，其被边缘化所需的市场开放度的临界值越小，其工业越容易被大国吸引）；当市场完全开放时，所有工业都集中在市场规

模最大的国家。当然，这些结论只是纯理论结果，是一种忽略了很多现实因素的极端情形。例如，如果考虑分散力的存在，如区位调整（资本转移）成本或各国间比较优势差异，那么这一结论肯定会发生变化。尽管如此，上述结论阐明的是在资本多国流动的情形下也存在聚集力，在这种聚集力的作用下，全球经济自由化必然促使生产要素向市场规模较大的国家或区域转移，这是一种趋势。

二、生产和投资转移及福利变动

资本在多国之间转移情形下的一般结论表明，多边的优惠贸易协定相当于参与协定的所有成员形成一个贸易集团。贸易集团形成后的市场规模就等于原有国家或区域的市场规模之和，构成了巨大的市场规模，这样就必然存在巨大的聚集力。因此，加入优惠贸易协定的成员因产业从集团外向集团内转移而获益，这就是所谓的生产转移效应①。这种生产转移效应是政策制定者经常考虑的因素。例如，欧洲市场条块分割的"欧洲病"使得欧洲工业相比于美国和日本，其竞争力大大下降。欧盟致力于建立欧洲统一市场，其意图之一在于通过创建直追美国和日本的大市场，甚至更大的本地市场来医治所谓的"欧洲病"。

生产转移效应是本地市场效应的必然结果。对优惠贸易协定或集团的成员而言，贸易壁垒的降低扩大了所有成员的本地市场，而本地市场的扩大反过来使得集团的整体区位更具吸引力。对这一过程可举一个具体的例子来说明。假设有R（R>2）个规模相等的区域，设想其中两个区域（不妨称为区域1和区域2）组成完全自由贸易区（FTA）。所谓完全自由贸易区，意指区域1和区域2组合成一个经济区，然后区域1和区域2之间完全开放市场，此时贸易成本很小，理论上为零。该完全自由贸易区的形成将产生如下效应：在FTA形成前，由于R个区域完全对称，则区域1和区域2的产业份额和市场份额分别为1/R；FTA形成后，由于区域1和区域2组合成一个更大的区域，区域总数减少为（R-1），FTA形成后的市场份额恰好是FTA形成前区域1和区域2的市场份额之和2/R。显然，这时FTA的市场份额大于按（R-1）个区域重新平均的市场规模，而FTA以外的其他（R-2）个区域的市场份额均小于平均市场规模。由于本地市场效应和本地市场放大效应导致生产转移，产业将从（R-2）个市场规模较小的区域向FTA转移。

上述自由贸易区的例子只是生产转移效应的特例，实际上生产转移更一般地发生于优惠贸易协定（PTA）条件下。在PTA条件下，其内部成员之间的贸易仍有成本存在，即内部成员之间的市场开放度小于完全自由贸易时的开放度，这显然比上面的FTA例子更接近现实。可以用下面的假设构造一个理想的PTA（为便于表述，下文将PTA所有成员组成的集体或区域也称为PTA）：假定存在两种市场开放度ϕ（PTA内部成员之间的市场开放度，以下简称PTA内部开放）和ϕ'（非PTA成员之间及它们与PTA成员之间的市场开放度，以下简称PTA外部开放），且$\phi'<\phi<1$；假定区域总数R=3，其中两个区域（不妨称为区域1和区域2）构成PTA；假定贸易成本足够高，以致3个区域都拥有一定的工业份额。

在上述假设条件下，通过计算并比较PTA形成后和形成前的产业布局情况，可以判

① BALDWIN R E, VENABLES A J. Regional economic integration [M] //GROSSMAN G M, ROGOFF K. Handbook of international economics：Volume Ⅲ. Amsterdam：North-Holland, 1995.

断 PTA 形成后是否存在生产转移。计算表明，PTA 形成后确实发生了生产转移，因为 PTA 形成后的产业份额之和大于形成前的产业份额之和。[1]实际上，PTA 形成后，生产转移规模的大小取决于两个因素：PTA 内部开放度、PTA 外部开放度。首先，随着 PTA 内部开放度 ϕ 的增大，边际生产转移效应也增强，从而转移规模随 ϕ 的提高而扩大；其次，如果 PTA 内部和外部开放度同时、同向、同幅度变化，即（ϕ-ϕ′）是常数，那么生产转移规模随着这两个开放度的同步增大而扩大，这是本地市场效应的必然结果，因为随着开放度的增大，企业选择生产区位变得更加自由了。

上述分析主要集中于生产转移问题，而在理论上，生产或产业转移等同于区际资本转移。因此，PTA 形成后的产业转移在现实中也会导致投资转移效应。[2]这样，我们可以得出如下结论：优惠贸易协定导致产业由 PTA 外部向 PTA 内部转移，这导致资本由 PTA 以外的国家流向 PTA 内部的国家，生产转移意味着投资的转移。生产转移效应随 PTA 内部开放度的增大而增强。如果 PTA 内部与外部的开放度之差是常数，则生产转移效应随全球开放度的增大而增强。生产转移效应随 PTA 规模的增大而减弱。

生产和投资转移的结果必然导致各国福利水平的变化，讨论福利水平需要福利函数，普遍的做法是用间接效用函数代替福利函数，间接效用函数即为收入与价格指数的比值。显然，PTA 形成后，由于市场规模放大，PTA 以外的企业向 PTA 内部转移，这种结果必然扩大 PTA 的产业份额。又根据"国民收入地区分配取决于产业份额"的基本理论，PTA 的名义收入水平高于 PTA 以外的国家，价格指数又低于 PTA 以外的国家，因此，PTA 内部国家的福利水平高于 PTA 以外的国家。换句话说，PTA 的形成提高了其成员居民的福利水平，同时降低了非成员居民的福利水平。

三、两个层面的本地市场效应：空间不平衡及福利变动分析

前面的分析主要集中在 PTA 形成以后产业在其成员与非成员之间的分布，以及所带来的福利水平变化。实际情况是，PTA 的形成对其内部成员之间的产业布局也有不同的影响。这涉及两个层面的本地市场效应：一是 PTA 形成了特定的优惠贸易区，贸易区内的市场变成了一个很大的本地市场，使得贸易区内的企业受益，资本收益增加导致更多企业涌入贸易区。二是只要贸易区内各成员之间的市场不是完全开放的，就存在第二个层面上的本地市场效应，即随着 PTA 内部市场开放度的增大，产业倾向于向贸易区内市场份额较大的成员转移。因此，在 PTA 内部，市场份额最大的成员得到转移过来的产业，市场份额小的成员会逐渐失去产业。两个层面的本地市场效应如图 6-4 所示。

在图 6-4 中，横坐标表示 PTA 内部开放度；纵坐标表示各成员的产业份额，即各成员企业数量所占的比例；n_1、n_2 分别表示 PTA 成员 1、2 的产业份额，n_3 表示非成员（国家3）的产业份额。首先，优惠贸易协定使其成员 1、2 共同构成一个优惠贸易区，这导致产业向该区内转移，即 n_3 随 PTA 的内部开放度 ϕ 的增大一直下降至 0。其次，优惠贸易协定使市场规模最大的 PTA 成员始终受益，即 n_1 一直呈上升趋势。最后，两个层面的本地市场效

① BALDWIN R E, FORSLID R, MARTIN P, et al. Economic geography and public policy [M]. Princeton：Princeton University Press，2003：335.
② BALDWIN R E, FORSLID R, HAALAND J. Investment creation and diversion in Europe [J]. The World Economy，1996，19（6）：635-659.

企业数量（n）

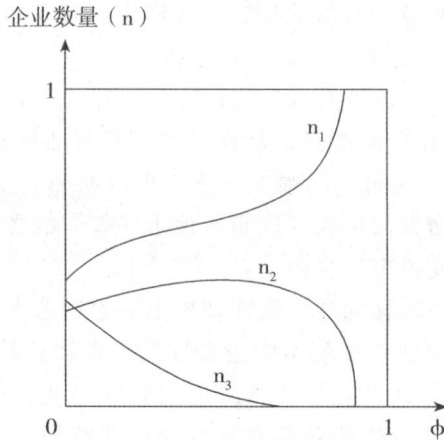

图6-4　两个层面的本地市场效应

资料来源　BALDWIN R E，FORSLID R，MARTIN P，et al.　Economic geography and public policy [M]．Princeton：Princeton University Press，2003：338.

应集中体现在 n_2 的变化趋势上， n_2 在 n_3 降为0之前上升，说明在此阶段，第一个层面的本地市场效应起主导作用，即 PTA 相对于其外部形成一个本地市场效应，因而 n_1 和 n_2 上升，而 n_3 下降； n_2 在 n_3 降为0，即在国家3的产业全部转移到 PTA 成员以后开始下降，直到0为止。这说明在此阶段，第二个层面的本地市场效应起主导作用，即随着 PTA 内部开放度的增大，PTA 内部市场规模最大的成员1相对于市场规模较小的成员2具有本地市场效应，产业开始由成员2转移到成员1；当 PTA 内部开放度增大到一定程度后， $n_2=0$ ，产业全部转移到市场规模大的成员1。另外，由图6-4可以发现，随着 PTA 内部开放度 ϕ 的增大，存在一个内部开放度的临界值，使得成员2的产业份额 n_2 先上升后下降。

既然 PTA 内部的产业布局在两个层面的本地市场效应的作用下会形成非均衡状态，甚至最终达到一种极端不平衡状态，那么产业布局的不平衡程度受哪些因素影响？通过把 PTA 的成员1和成员2的产业份额相减，可以发现：

第一，PTA 成员市场规模不均等程度越大，PTA 内部产业空间分布越不平衡；

第二，PTA 内部开放度越大，PTA 内部产业空间分布越不平衡；

第三，PTA 外部开放度对 PTA 内部产业空间分布不平衡程度的影响不确定，这将视 PTA 外部开放度大小而定。

如果 PTA 的外部非常封闭（开放度很小），那么 PTA 内部成员之间的关系非常接近资本在两国间流动时的情形。当 PTA 外部开放度不断增大时，PTA 内部产业空间分布不平衡程度加剧；相反，如果 PTA 外部市场开放度很大且与内部开放度的差额很小，那么随着外部开放度的不断增大，PTA 内部产业空间分布不平衡程度将缩小。实际上，只要 PTA 成员的市场规模不等，那么随着贸易自由化程度的提高，最终的结果是 PTA 内部形成核心边缘结构。

PTA 内部产业空间分布的不平衡状况也带来了福利水平的变化，PTA 形成对其内部以及非成员的福利影响前面已经讨论过。这里需指出，除非两个 PTA 成员的市场规模恰好相等，否则对市场规模较小的成员来说，贸易自由化（优惠贸易协定）对它的福利影响是不确定的。鲍德温等（2003）通过具体的例子说明，尽管市场规模较大的 PTA 成员在贸易自由化过程中获益更多，但如果采取积极措施，也可以提高市场规模较小的成员的福利水平。

综上所述，可以得出如下结论：PTA的形成扩大了市场规模，因此在本地市场效应作用下，随着市场开放度的提高，扩大了PTA的产业份额。PTA的形成同时改变了其内部的产业布局。由于本地市场放大效应，在PTA内部，产业将转移到市场规模最大的成员，这加剧了PTA内部产业空间分布的不平衡。如果PTA内部的贸易自由化是逐步推进的，那么PTA内部的所有产业将在内部市场达到完全开放前的某一开放度水平下聚集在市场规模大的成员。如果PTA内部的市场规模非对称程度较大，并且与外部的贸易受到很大限制，那么PTA内部这种非均衡结构将长期维持；反过来，如果PTA内部和外部开放度同时提高，那么PTA内部不容易形成非对称结构。

如果同时增大PTA内部和外部的市场开放度，则在PTA内部不容易形成非对称结构。这意味着从企业角度来讲，PTA内部市场规模较小的成员将对非对称的多边贸易自由化更感兴趣。也就是说，PTA内部市场规模较小的成员希望自己在PTA内部也能保持一定的贸易壁垒；否则，它们在PTA内部的产业份额无法维持，很容易被市场规模较大的成员所占据，这样它们当然会对此加以抵制，从而导致PTA瓦解或无法签订优惠贸易协定。这时，如果要维持或建立PTA，有两种途径：一是在PTA内部迅速推进贸易自由化，进而在短时间内消除内部贸易壁垒，这被称作休克疗法；二是市场规模大的国家单向降低对市场规模较小国家的贸易壁垒。这样，又可以得出如下结论：如果PTA内部的产业转移遭到政治上的抵制，那么循序渐进的贸易自由化将不可持续，此时可以采取休克疗法，即全面迅速地推进自由化进而消除PTA内部的贸易壁垒，这可以避免产业转移的发生或产业转移规模较小。此外，实施非对称的贸易自由化，即市场规模大的成员降低对市场规模较小的成员的贸易壁垒，也可以避免市场规模较小成员的产业大量向市场规模较大成员转移。这样就不易导致在PTA内部形成核心边缘的非对称结构，有利于提高市场规模较小国家的福利水平，可以在实现经济一体化的同时避免空间不平衡程度的加剧。

四、多米诺效应和内生集团规模

上述有关结论表明，由于FTA或PTA使相关国家或区域组成了贸易集团，随着贸易集团规模的不断扩大，加入贸易集团后享受的经济收益也随之扩大，这正是存在本地市场放大效应的表现。贸易集团内国家的生活成本随着集团规模（产业份额）的扩大而下降，贸易集团内国家的福利水平逐渐提升；反过来，不参与贸易集团的国家的生活成本随着贸易集团规模的扩大而不断上升，福利损失越来越大，其主要原因在于它们产业份额的流失。这些现象说明贸易集团的形成具有多米诺效应。[①]存在这种多米诺效应的原因在于贸易集团的形成或贸易集团内部经济自由化程度的提高所致的产业或投资从贸易集团外部向贸易集团内部转移。这种产业或资本转移对集团外的国家构成了越来越大的政治经济压力，迫使它们也想加入贸易集团，且这种压力随着贸易集团规模的扩大而与日俱增。某些区域经济一体化举措甚至可能诱发几轮非成员加入PTA的行动，因此具有明显的多米诺

　　　①　[1] BALDWIN R E. A domino theory of regionalism [R]. NBER Working Paper, No.4465, 1993.
[2] BALDWIN R E. The causes of regionalism [J]. The World Economy, 1997, 20 (7): 865-888.

效应，其结果是PTA规模越来越大，如图6-5所示。

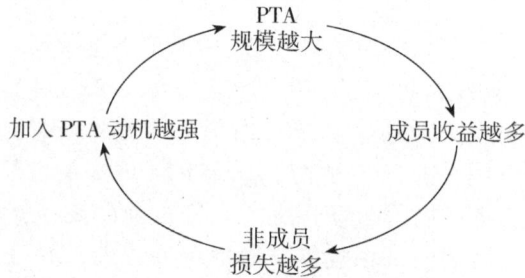

图6-5　PTA条件下的多米诺效应

资料来源　安虎森. 空间经济学原理［M］. 北京：经济科学出版社，2005：438.

　　鲍德温等对这种多米诺效应作了严谨的模型表达。他们假设：所有国家或区域的市场规模完全相等；其中两个国家组成FTA；其他国家陆续加入FTA，直至整个世界成为一个大的FTA。结论表明，在FTA外部市场开放度既定的条件下，涉及的国家或区域数量越多，所有产业越容易集中在FTA。按这一逻辑，最终结果是所有国家都会加入FTA，整个世界实现完全的贸易自由化。但世界经济运行的现实表明，情况并非如此，所有的贸易集团都有一定的最优规模，原因是非成员加入FTA后虽然福利水平有所改进，但需要付出一定的代价，即会导致部分主权的丧失（可视为加入FTA的成本），这引起一些国家的抵制，因此只有综合考虑福利水平改进和主权丧失，才能最终确定FTA的最优规模。

　　FTA的情况可以被扩展到PTA。由于PTA的成员之间存在一定的贸易壁垒（$\phi < 1$），这导致PTA的最优规模与FTA的最优规模相比要小。因此，也可以得出如下结论，PTA每一次经济自由化程度的提升都会引发新一轮的新成员的加入，导致PTA的规模随着经济自由化程度的提高而不断扩大。

五、轴心-附属协定

　　与FTA、PTA不同的另一种比较普遍的多边贸易协定形式是轴心-附属协定。在这种协定中，一些大国或区域，如美国或欧盟位于一系列多边贸易协定的中心。这种协定在现实中并不常见，其结构如图6-6所示，形如一个车轮，其中数字1代表唯一的轴心国，像是车轮的轴，其他数字代表多个附属国，它们连起来构成了类似于车轮的轮缘。

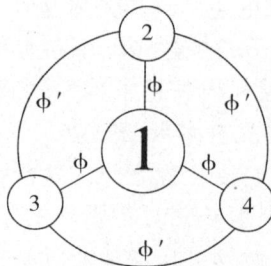

图6-6　轴心-附属协定

资料来源　安虎森. 空间经济学原理［M］. 北京：经济科学出版社，2005：441.

　　轴心-附属协定往往导致产业向轴心转移，这被克鲁格曼称为轴心效应。[①]正如"条条大路通罗马"一样，轴心-附属协定通常最终对轴心国是有利的。

　　为说明轴心效应以及相应的福利结果，构造如下轴心-附属关系，假设：国家总数 R=3，轴心国1分别与附属国2和3签订相同的双边优惠贸易协定；轴心国与各个附属国之间的市场开放度都相同，为 ϕ，我们称之为"轴向开放度"；各个附属国之间的市场开放度也彼此相同，为 ϕ'，我们称之为缘向开放度；$\phi>\phi'$，3个国家的支出份额各占总支出的1/3。

　　根据以上假定条件，在资本流动条件下可以发现，轴心效应的存在是有条件的，它取决于"轴向开放度" ϕ 与"缘向开放度" ϕ' 的关系。当 $\phi=\phi'$ 时，3个国家之间的关系是对称的，不存在轴心-附属协定，轴心效应也不存在；当 $\phi>(1+\phi')/2$ 时，轴心国因市场拥挤效应大于市场接近效应使部分产业外移，轴心效应不存在；当 $\phi'<\phi<(1+\phi')/2$ 时，轴心国的市场接近效应占主导，存在轴心效应，轴心国最终拥有更多的产业份额。

　　上述这些表明，轴心效应存在的条件是 $\phi'<\phi<(1+\phi')/2$。其中，$\phi'<\phi$ 是轴心-附属关系存在的前提，$\phi<(1+\phi')/2$ 才是轴心效应存在的条件。对其稍作变形，则可以表示为：$\phi-\phi'<1-\phi$。容易看出，轴心效应存在时，$(\phi-\phi')$ 的值比较小。

　　轴心效应带来产业分布的变化，也导致轴心国和附属国福利水平的改变。与前面的 PTA 福利分析类似，对福利水平的分析最终仍然落脚到生活成本指数上。福利变动过程可以表述如下：

　　首先，考查轴心国的福利变化。从 $\phi=\phi'$ 的条件出发，当 ϕ' 固定而 ϕ 略作提高时，表明轴心-附属关系开始形成，且 $(\phi-\phi')$ 的值较小。由前面的结论可知，将产生轴心效应，产业向轴心国转移，降低价格指数的直接效应和生产转移的间接效应都有利于轴心国。但 ϕ 提高到一定程度后，当 $(\phi-\phi')<(1-\phi)$ 条件不再满足时，轴心效应将不复存在，这至少表明了 ϕ 的提高并不一定一直有利于轴心国，需要进一步考查 $\phi>\phi'$ 时的情形。现在，从 $\phi>\phi'$ 的条件出发，当 ϕ 固定而 ϕ' 提高时，表明各附属国之间的市场开放度同时等量提高（这种性质的贸易自由化被称为"最惠国待遇自由化"），这会使轴心国的福利受损。

　　其次，考虑附属国的福利变化。显然，再次从 $\phi=\phi'$ 的条件出发，当 ϕ' 固定而 ϕ 提高时，附属国从轴心国进口商品的成本下降，这种直接效应有利于降低附属国总体的价格水平，但伴随的轴心效应不利于附属国，从而对附属国的净福利影响是不确定的。再从 $\phi>\phi'$ 的条件出发，当 ϕ 固定而 ϕ' 提高时，即附属国之间的市场开放度提高时，附属国的福利得到改善。如果不考虑产业转移成本，那么轴心国与所有附属国的福利水平变动具有零和博弈的性质。

　　上面的讨论总结如下：在轴心-附属体系形成后的初始阶段，这种体系的形成增进轴心国的福利水平而损害附属国的福利水平；若附属国之间的市场开放度即缘向开放度固定，而轴心国与附属国的市场开放度，即轴向开放度进一步提高，那么轴心国和附属国的福利变化是不确定的；若轴向开放度固定，缘向开放度的提高将使轴心国受损，附属国受

　　① KRUGMAN P. The hub effect: Or, threeness in interregional trade [M] //ETHIER W, HELPMAN E, NEARY J. Theory, policy and dynamics in international trade. Cambridge: Cambridge University Press, 1993.

益；若不考虑产业转移成本，那么轴心国与所有附属国的福利水平变动具有零和博弈的性质。

六、英国脱欧的启示

近几十年来，区域经济一体化浪潮席卷全球，各种类型的区域贸易协定不断涌现。目前欧盟已成为全球一体化程度最高也是最为成熟的区域经济一体化组织。然而，2016年6月，英国举行了脱欧公投并启动脱欧程序，这为世界经济一体化蒙上了一层阴影，卡梅伦和特雷莎·梅两任英国首相都因脱欧问题辞职。2020年1月30日，欧盟正式批准了英国脱欧。那么英国脱欧究竟是偶然事件，还是世界经济一体化深度推进的必然结果？如果是经济一体化所致，如何才能避免这种情况的发生？

考查欧盟各国的一体化水平，则可以发现1995—2008年欧盟各国的一体化水平稳步提高，但在2008年后开始出现波动，尤其近些年来欧盟内一些国家如葡萄牙、意大利、爱尔兰、希腊、西班牙等出现了严重的财政危机。这5个国家的经济危机很可能与欧盟一体化的推进密切相关，即随着欧盟一体化的深入推进，欧盟内部第二个层面的本地市场效应逐渐起主导作用。此时，产业转移趋势发生变化，即由原来的区际转移向区内转移转变，欧盟内部开始出现分化，欧盟内部空间不平衡性开始显现。

当观察英国与欧盟其他国家之间的一体化水平时发现，英国与欧盟一体化水平明显低于欧盟整体的一体化水平。由于英吉利海峡的自然阻隔，英国与欧洲大陆的联系弱于欧洲大陆国家间的联系，况且英国在经济上总爱孤立于欧洲大陆之外，经常充当"离岸操盘手"的角色，很少真正融入欧洲大陆。此外，英国与欧盟在经济政策上有很大的分歧，货币政策上英国是完全独立的，英国又对欧盟的难民政策相当不满，英国与欧盟之间在金融权、移民权方面的矛盾很大。这样英国既获得加入欧盟所带来的好处，又避免过度一体化所导致的负面影响，英国对欧盟长期以来就是这种若即若离的态度。而随着欧盟一体化进程的加速，英国与欧盟的各种矛盾开始显现，这必然要求清算这种若即若离的态度，即要么留欧，要么脱欧。

总之，随着区域一体化推进，区域贸易集团内部的各种矛盾开始暴露，空间不平衡性终将显现，这对区域贸易集团的稳定性提出挑战。一般来讲，可以通过成员间的转移支付（某种补偿方式）和差异化开放政策来化解区域贸易集团的不稳定性，即强国向弱国进行转移支付，或者适当降低弱国的开放程度和开放速度。但是，如果区域贸易集团内部受益地区出于利己考量而逃避其责任，上述维护区域贸易集团稳定性的措施将难以实施。同时，随着区域贸易集团一体化水平的提高，如果弱国利益不断受到损害，却又不能够获得适当补偿，那么弱国也存在脱离区域贸易集团的冲动。

由此可以推断出，以主权国家为主体成立的区域经济合作组织，由于缺少权威、统一的中央政府，不能够从中央层面协调成员的利益，区域贸易集团的稳定性通常依靠健全的法律制度和监管机制来维系；但如果强国单独（或带头）退出或挑战已制定或商议好了的维护国际性、地区性、集体性的规则和制度，那么区域贸易集团的稳定性会受到挑战。目前美国挑起的单边主义和保护主义严重冲击国际经济秩序，世界经济面临的风险和不确定性明显上升，全球发展处于重要关口。此时，除非构建以"共建""共治""共享"为基础的人类命运共同体，否则随着一体化深入推进，以主权国家为主体的一体化组织总存在内生的不稳定性。

该部分研究结论对中国区域合作事业的发展具有重要借鉴意义。首先，区域贸易集团具有多米诺效应，因此我国要积极参与或建立各种层面的区域贸易集团，尽可能获取加入区域贸易集团的好处，避免被边缘化。其次，当加入或构建区域贸易集团时，应预见到其空间不平衡性和不稳定性，尽可能完善各种法律制度和监管机制，采取差异化的开放政策来化解区域贸易集团的不稳定性，与强国进行谈判时应避免与其过度一体化，与弱国谈判时应适度让步一些利益以促进一体化的发展。这样，我们既能够获得一体化带来的好处，又能避免过度一体化所导致的负面影响。

拓展阅读6-1　贸易保护主义与特朗普的MAGA运动

学思践悟

建设贸易强国

习近平总书记在党的二十大报告中指出："推动货物贸易优化升级，创新服务贸易发展机制，发展数字贸易，加快建设贸易强国。"这是习近平总书记站在新的历史起点上，统筹中华民族伟大复兴战略全局和世界百年未有之大变局作出的重大战略安排，为新时代我国贸易强国建设指明了方向，提供了根本原则。

建设贸易强国，是全面建设社会主义现代化国家的必然要求，是加快构建新发展格局的重要任务。贸易是畅通国内国际双循环的关键枢纽，建设贸易强国就是要更好地发挥贸易对商品和要素流动的载体作用，促进市场畅通、产业相融、创新相促、规则相联，提高产业链、供应链的韧性和安全水平，深度参与全球产业分工与合作。建设贸易强国，是满足人民美好生活需要的客观要求，一方面，通过提高出口质量效益，更好地发挥对外贸易在稳就业、稳经济方面的重要作用；另一方面，通过扩大优质产品和服务进口，满足人民多层次、多样化的消费需求，提升人民生活品质，增强人民群众的获得感和幸福感。国际经贸往来是推动经济全球化向前发展的力量，是维护全球产业链供应链安全的稳定器。因此，建设贸易强国，就是要拉紧与世界各国的利益纽带，扩大开放合作，促进互利共赢，化解风险挑战，赢得战略主动；建设贸易强国，就是要坚定奉行互利共赢的开放战略，不断以中国新发展为世界提供新机遇，让全世界分享中国大市场，推动世界各国尤其是发展中国家产业发展和工业化进程，促进共同发展，推动开放型世界经济建设，推动构建人类命运共同体。

为加快建设贸易强国，一是要推动货物贸易优化升级，促进贸易创新发展，夯实贸易发展的产业基础，增强贸易创新能力，推动外贸质量变革、效率变革、动力变革，增强对外贸易综合竞争力；二是要促进服务贸易创新发展，持续推进服务贸易深层次改革、高水平开放、全方位创新，推动服务贸易增量增长、结构优化、效益提升，促进贸易高质量发展；三是发展数字贸易，建立健全促进政策，积极参与国际规则与标准制定，打造建设贸易强国的"新引擎"；四是坚定不移扩大开放，坚持真正的多边主义，全方位扩大国际经贸合作，深度参与全球分工和合作，为建设贸易强国营造良好的外部环境，同时防范和化解贸易领域风险，筑牢安全屏障。

资料来源　[1]习近平.高举中国特色社会主义伟大旗帜 为全面建设社会主义现代化国家而团结奋斗——在中国共产党第二十次全国代表大会上的报告（2022年10月16日）[M].北京：人民出版社，2022.[2]本书编写组.党的二十大报告辅导读本[M].北京：人民出版社，2022.

本章小结

本章告诉我们，区域或国家之间的市场开放度（贸易壁垒或贸易成本）成为产业空间分布的决定性因素。第一节的目的在于深入阐明市场开放度的内涵，它使我们对区域的空间本质、区域本身以及区际关系进行描述或刻画有了非常有用的理论上的指标。第二节重点讨论的是单边贸易保护引发的效应。简化的情形表明，一国的单边贸易保护政策能够降低国内总体的价格水平，这有利于吸引工业企业和提高居民的福利水平，这就是贸易保护的降价效应。对降价效应形成机制的分析表明，降价效应实际上是有条件的，但这并不意味着放松严谨的假设条件后降价效应就不存在了。这些条件主要包括区域调整成本、市场规模以及比较优势等。如果区位调整成本很大，则本国的单边贸易保护政策提高国内的总体价格水平。如果外国的贸易壁垒非常低以及本国的聚集力很强，则区位调整成本临界值较低，国外企业容易吸引到国内。如果国内市场规模很小，那么本国即使把贸易壁垒提高到完全禁止进口的程度，国内总体价格水平仍然高于初始区际贸易壁垒相同时的水平，因此外国资本不会进入。当一国的工业生产存在很大的比较劣势时，提高进口壁垒的政策很可能使该国蒙受巨大损失，因为单边贸易保护降低了消费者可以获得的产品种类数目，扭曲了资源配置，这提高了国内总体的价格水平，降价效应失效。

进行贸易政策分析时只考虑降价效应而着眼于贸易保护是不够的，贸易自由化也能促进工业化。在考虑生产中的垂直联系从而区分消费品市场和中间投入品市场后发现，贸易保护政策对这两种市场的效应是不同的。一般而言，适度保护消费品市场和适度开放中间投入品市场，对提高本国工业生产份额而言有积极的作用。如果一个国家在最终产品市场上通过贸易壁垒避免同外国企业竞争，并在中间投入品市场上提高市场开放度，则可以降低本国工业生产成本，增强该国对工业生产的吸引力，这种局部的贸易自由化政策有利于工业化的发展。全面的贸易自由化政策也有可能促进工业化发展，但需要一定的条件，即该国的市场规模相对小一些，同时国外市场相当开放。分析还表明，市场规模是经济发展的一个重要条件。在存在聚集力的情况下，市场规模过小的欠发达国家或地区往往对工业生产没有什么吸引力。欠发达的小国能够拥有一定产业份额的最小市场规模，取决于其比较优势的大小和两国的市场开放度：比较优势明显，发达国家实行更加开放的政策，欠发达国家实行适度保护政策，则有利于欠发达国家的工业化。如果发达的工业化国家对欠发达小国实行更严格的贸易保护政策，那么后者很难实现工业化。

第四节讨论的则是双边和多边贸易交织在一起的多边贸易自由化问题，集中讨论的是多边贸易自由化过程中的生产和投资转移效应。一旦考虑聚集力的存在，多边贸易协定就将产生很多效应。第一，生产转移效应。它是本地市场效应导致的结果，一方面指贸易自由化使产业从大国向小国转移；另一方面指如果两国或多国之间取消或降低贸易壁垒，则它们形成贸易集团，集团形成一个很大的本地市场，吸引集团外的产业向集团内转移，集团的所有成员因此受益。简而言之，当存在聚集力时，贸易集团的形成会导致投资转移或催生资本创造。第二，两个层面的本地市场效应。它在本质上是生产转移效应，包括两个层面：一是贸易集团的形成吸引集团外部的产业向内部转移。二是贸易自由化的推进使得集团内部的产业向市场规模大的成员转移。第三，各国加入贸易集团的多米诺效应。这涉及各国加入贸易集团的动机，基于前面的两种效应，各成员加入和不加入贸易集团的政治经济利益差异很大。贸易集团的形成能产生自我强化的吸引力，贸易集团规模越大，非集团成员加入的动机就越强；反过来，如果不加入贸易集团，则成本损失越来越大。因此，贸易集团一旦形成，就会诱发多米诺效应，导致贸易自由化向全世界逐步扩散。第四，轴心效应。这一效应源于轴心-附属协定，即一个国家（轴心国）与其贸易伙伴（附属国）分别签订一系列双边优惠贸易协定，但附属国之间不存在优惠贸易。基于本地市场效应，轴心-附属体系的建立会使轴心国的产业区位更受青睐，从而导致产业向轴心国聚集的轴心效应。

随着区域一体化推进，区域贸易集团内部的各种矛盾开始显现，这对区域贸易集团的稳定性提出挑战。一般来讲，可以通过成员间的某种补偿方式或差异化政策来化解区域贸易集团的不稳定性。但如果强国单独或带头退出或挑战已制定或商议好了的维护国际性、地区性、集体性的规则和制度，区域贸易集团的稳定性就会受到挑战。除非构建以"共建""共治""共享"为基础的人类命运共同体，否则随着一体化深入推进，以主权国家为主体的一体化组织总存在内生的不稳定性。

参考文献

[1] BALDWIN R E, FORSLID R, MARTIN P, et al. Economic geography and public policy [M]. Princeton: Princeton University Press, 2003.

[2] BALDWIN R E, VENABLES A J. Regional economic integration [M] // GROSSMAN G M, ROGOFF K. Handbook of international economics: Volume Ⅲ. Amsterdam: North-Holland, 1995.

[3] KRUGMAN P. The hub effect: Or, threeness in interregional trade [M] //ETHIER W, HELPMAN E, NEARY J. Theory, policy and dynamics in international trade. Cambridge: Cambridge University Press, 1993.

[4] FORSLID R, WOOTON I. Comparative advantage and the location of production [J]. Review of International Economics, 2003, 11 (4): 588-603.

[5] FORSLID R, HAALAND J, MIDELFART-KNARVIK K H. A u-shaped Europe? A simulation study of industrial location [J]. Journal of International Economics, 2002, 57 (2): 273-297.

[6] BALDWIN R E. The core-periphery model with forward-looking expectations [J]. Regional Science and Urban Economics, 2001, 31 (1): 21-49.

　［7］　BALDWIN R E，ROBERT-NICOUD F．Free trade agreements without delocation［J］．Canadian Journal of Economics，2000，33（3）：766-786．

　［8］　BALDWIN R E．The causes of regionalism［J］．The World Economy，1997，20（7）：865-888．

　［9］　BALDWIN R E，FORSLID R，HAALAND J．Investment creation and diversion in Europe［J］．The World Economy，1996，19（6）：635-659．

　［10］　PUGA D，VENABLES A．Preferential trading arrangements and industrial location［J］．Journal of International Economics，1995，43（3-4）：347-368．

　［11］　VENABLES A．Customs union and tariff reform under imperfect competition［J］．European Economic Review，1987，31（1-2）：103-110．

　［12］　SAMUELSON P A．The transfer problem and transport cost，Ⅱ：Analysis of effects of trade impediments［J］．Economic Journal，1954，64（254）：264-289．

　［13］　SAMUELSON P A．The transfer problem and transport costs，Ⅰ：The terms of trade when impediments are absent［J］．Economic Journal，1952，62（246）：278-304．

　［14］　ROBERT-NICOUD F．New economic geography：Welfare，multiple equilibria and political economy［D］．London：London School of Economics，2002．

　［15］　BALDWIN R E．A domino theory of regionalism［R］．NBER Working Paper，No.4465，1993．

　［16］安虎森，等．新经济地理学原理［M］．2版．北京：经济科学出版社，2009．

　［17］安虎森．空间经济学原理［M］．北京：经济科学出版社，2005．

　［18］刘军辉．多米诺效应、空间不平衡性与区域贸易集团稳定性——简析英国脱欧的原因及对中国的启示［J］．财经研究，2018，44（9）：124-137．

　［19］刘军辉，安虎森，张古．要素禀赋、比较优势与产业空间分布——兼论单边贸易保护与经济增长［J］．西南民族大学学报（人文社会科学版），2018（6）：124-131．

第七章
区域产业结构演进及研究方法

产业聚集与分散过程，是产业在空间中重新配置的过程。在此过程中，产业结构发生演进，从时间维度上看，技术进步和产业升级都是应有之义；从空间维度上看，产业活动在区域中的重新配置，必然伴随着区域产业结构的优化和高级化。总之，区域经济增长和区域产业结构演进浑然一体，是区域经济发展的相互联系的不同方面。对此，传统的新古典经济学理论、产业经济学、发展经济学、区域经济学等已进行了大量的研究，新兴古典经济学、新经济地理学等新兴学科也在此领域的研究中取得了突破性进展。本章将从区域经济结构的演化规律、理论框架和定量分析方法方面加以梳理此领域的研究进展。

第一节　区域产业结构演进

区域产业结构是指区域经济中各类产业的构成和各产业之间量的比例和质的联系的总和。传统理论对产业结构已有较多研究，但由于主流经济学长期有意无意地忽略空间维度（Blaug，1997），有关产业结构的大量传统文献也不可避免地表现出缺乏空间维度的空中楼阁式的产业结构和产业升级的研究。尽管区域经济学等非主流经济学科关注和重视空间维度，但由于缺乏能够处理规模收益递增和垄断竞争的技术工具（Fujita et al.，1999），长期以来对区域产业结构演进和产业结构升级等的分析缺乏清晰的数理表述。在近些年来，尤其是随着新经济地理学理论研究的快速发展，这种状况得到了很大的改观。我们研究区域产业结构演进旨在揭示区域产业结构演进的基本机理，优化各产业间的资源配置，有效调控区域产业结构的"腾笼换鸟"（双转移战略）和"凤凰涅槃"提升，加快区域经济发展。

一、产业结构的划分

为了更好地研究区域产业结构，首先需要将区域产业按一定的标准进行分类，在此基础上研究不同类型产业之间的相互联系和比例关系。由于产业结构研究角度和目的的多样性，产业分类法也分化出了多种体系。

（一）霍夫曼产业划分法

德国著名经济学家霍夫曼是较为系统地研究产业结构演变的结构主义经济学家之一，他研究产业结构的目的是指明各国的工业化进程中存在的某种普遍规律，即"一般模式"或"统一模式"。为了构建这种一般模式，霍夫曼提出了以下重要假设[①]：

[①]　WALTER H. Growth of industrial economics［M］. Manchester：Manchester University Press，1958：2-6.

假设1：工业分为两个部门（或产业），即消费品生产部门和资本品生产部门。然而，大多数制造业部门的产品既有消费品，又有资本品，这使得两部门分类法给实际操作带来了一定的困难。为解决此问题，霍夫曼提出了假设2。

假设2：如果某个行业75%以上的产品是消费品，这个行业就归属于消费品生产部门；如果某个行业75%以上的产品是资本品，这个行业就归属于资本品生产部门。

假设3：消费品生产部门包括4个主要的行业——食品业、纺织业、皮革业和家具业；资本品生产部门也包括4个主要的行业——金属材料业、运输设备制造业、一般机械制造业和化工产品制造业。当时，这8个行业的净产值占工业总净产值的2/3。限于当时有关资料的缺乏，霍夫曼所说的净产值实质上是指净生产值（附加价值）加上折旧。

在上述3个重要假设前提下，霍夫曼通过对历史的观察和霍夫曼系数[1]的比较，得出了**霍夫曼定理**：随着工业化的发展，消费品产业与资本品产业的净产值之比逐渐下降。

（二）克拉克三次产业分类法

英国著名经济学家和统计学家克拉克基于澳大利亚经济学家费夏的研究成果，把整个产业划分为三类，并在其著名的经济学著作《经济进步的条件》（1940年）中，运用三次产业分类法，总结了伴随着经济发展的产业结构变化规律，开拓了应用经济学新的研究领域。克拉克三次产业分类法把全部经济活动涉及的产业划分为第一产业、第二产业和第三产业。通常，第一产业的子产业包括种植业、畜牧业、林业和狩猎业等；第二产业的子产业包括制造业和建筑业等[2]；第三产业的子产业包括商业、金融及保险业、运输业、服务业、公务和其他公益事业[3]等。概括地说，第一产业就是广义的农业，第二产业是广义的工业，第三产业是广义的服务业。从理论经济学角度来看，三次产业分类法并不很严谨；但从应用经济学角度来看，它对研究伴随经济发展的资源配置结构的演化趋势十分有用。

（三）库兹涅茨的产业划分方法

在分析产业结构演变的动因时，库兹涅茨基于配第和克拉克的研究，把产业结构划分为农业部门、工业部门和服务部门，这与克拉克的产业划分方式相对应。农业部门就是第一产业，它是劳动力比重和实现国民收入比重不断下降的产业部门；工业部门就是第二产业，它是劳动力比重和实现国民收入比重大体不变或略有上升的产业部门；服务部门就是第三产业，它是劳动力比重和实现国民收入比重都在上升的产业部门。

（四）其他产业分类方法

尚有很多其他的产业分类方法，如马克思的两大部类分类法、联合国的国际标准行业分类法、生产要素密集程度分类法、农轻重分类法、功能分类法、赫希曼分类法和日本产业厅的产业分类法等。

1.马克思的两大部类分类法

两大部类即生产资料部类和生活资料部类。该分类法其实就是基于实物形态对社会总产品根据最终使用方向进行划分，同时相应地把生产这些产品的部门分为生产生产资料部

---

[1]　霍夫曼系数：$\beta = XNP/ZNP$。其中：XNP是消费品产业的净产值；ZNP是资本品产业的净产值。
[2]　采矿业和煤气、电力、供水也在第二产业之中，但有一定的争议。
[3]　其他公益事业划分在第三产业有一定的争议。

类和生产生活资料部类。此分类法曾是我国区域产业结构研究的基本理论基础。

2.联合国的国际标准行业分类法

联合国经济和社会事务统计局制定了《所有经济活动的国际标准行业分类》（International Standard Industrial Classification of All Economic Activities），简称《国际标准行业分类》。该分类的第四版将国民经济划分为21个门类：①农业、林业及渔业；②采矿和采石；③制造业；④电力、煤气、蒸气和空调的供应；⑤供水，污水处理、废物管理和补救活动；⑥建筑业；⑦批发和零售业、汽车和摩托车的修理；⑧运输和储存；⑨食宿服务活动；⑩信息和通信；⑪金融和保险活动；⑫房地产活动；⑬专业、科学和技术活动；⑭行政和辅助活动；⑮公共管理和国防、强制性社会保障；⑯教育；⑰人体健康和社会工作活动；⑱艺术、娱乐和文娱活动；⑲其他服务活动；⑳家庭作为雇主的活动，家庭自用、未加区分的物品生产和服务活动；㉑国际组织和机构的活动。

3.生产要素密集程度分类法

该分类法根据不同产业在生产过程中对生产要素的依赖程度的差异将产业划分为资源密集型产业、劳动密集型产业、资本密集型产业、技术密集型产业和知识密集型产业等。这种分类方法可以直接表明区域产业结构的生产要素特征，并易于用以解释区域产业结构的发展趋势。

4.农轻重分类法

该分类法把社会生产划分为农业、轻工业和重工业三大部门。划分轻重工业的依据通常是产品单位体积的相对重量，重的归入重工业部门，轻的归入轻工业部门。这种分类方法在研究工业化的程度、过程、阶段及特征时在表达和解释方面有其明显的优势。[①]

5.功能分类法

该分类法依据各个产业在区域产业系统中的地位、作用和功能将区域全部产业划分为：

（1）主导产业，是指区域产业体系中处于支配地位的产业。它具有明显的相对优势，产出和产品调出规模都很大，是区域经济系统的主体和核心。

（2）关联产业，是指直接配合和围绕主导产业发展起来的产业。它在投入产出或工艺技术上与主导产业的联系最紧密。

（3）基础产业，是指前两者以外的产业，是主导产业和关联产业的基础。

（4）潜导产业，是指当前规模小、对区域经济发展作用有限，但是代表着未来产业的发展方向，发展潜力大、前景广阔的产业。这类产业可能在短期内上升为新的主导产业，发展空间较大。

综上所述，依据不同的标准，产业结构划分方法多种多样，以上也只是几种典型的划分法，现实中我们根据不同的研究对象和研究目的选择不同的分类法。

二、区域产业结构演变规律

在经济学理论的发展过程中，人们很早就注意到了产业结构变革的历史顺序及其与人均收入之间的规律性联系。最早阐述这种联系的是英国经济学家配第，后来，斯密、克拉克、库兹涅茨、霍夫曼、里昂惕夫、钱纳里等大批经济学家都对产业结构演变规律进行了

---

　① 从2013年下半年起，我国国家统计局在工业数据发布中不再使用"轻工业""重工业"分类，工业企业划分为采矿业，制造业，电力、燃气及水的生产和供应业3个门类行业。

深入研究，有许多精辟的实证性分析，得出了大量富有指导意义的结论。下面通过介绍他们的研究成果，来认识区域产业结构的演变规律及原因。认识、理解和掌握产业结构演变规律并用以指导实践，有助于促进区域产业结构向理想的目标方向转换。

（一）配第定律

最早洞察产业结构演变及其动因的当属英国经济学家配第。早在17世纪，他就在其著名的《政治算术》一书中描述了不同产业之间的收入差异，并将这种差异与劳动力就业结构联系起来。他指出："工业的收益比农业多得多，而商业的收益又比工业多得多。"[①]这种产业间收入差异，导致不同产业劳动者之间的收入差异。产业间收入差异也使得具有不同产业结构的欧洲国家在经济实力方面出现差异。配第注意到，大部分人口从事工业、商业和外贸的荷兰，其人均国民收入要比欧洲大陆其他国家高得多，即劳动力就业以非农业产业为主体的结构与较高的人均收入相联系。配第认为，这种产业间的收入差异会推动劳动力由低收入产业向能获得高收入的产业流动，因此"荷兰人当农民和步兵的很少"，而是"将这些工作推给丹麦人和波兰人去做，而从丹麦人和波兰人那里取得自己所需要的幼畜和谷物"。[②]配第还注意到随着经济的发展农业份额下降的历史趋势。他指出："应该注意的是，随着各种产业和新奇技艺的增加，农业趋向衰落。"[③]

上面的叙述体现了配第的一种思想，即产业不同，其收入也不同，这种产业间相对"收入差"推动劳动力由低收入产业向高收入产业转移，劳动力就业层次提高，增加了人均国民收入，降低了农业份额。这种产业间相对收入差异推动劳动力就业结构变化的论断，在经济学说史上被称为配第定律。

（二）斯密顺序

在古典经济学家中，对产业结构演变及其动因作出精辟论述的另一位经济学家是斯密。在《国富论》中，斯密把国民经济活动作为一个有机整体，对各种经济变量进行了详尽描述和分析。斯密关于三个阶级、三种收入、生产劳动、资本及社会再生产的学说，实际上是分析了资本主义的经济结构。尽管斯密的经济结构理论并未形成体系，而且首尾也不尽一致，但他的价值学说、分工学说、交换学说无疑为经济整体性思想，亦即日后发展起来的经济结构理论奠定了基础，深刻地影响了经济理论基本学派的生成。因此，在经济学说史上，斯密被誉为经济结构理论的鼻祖。

在《国富论》中，斯密从资本要素投向的角度，对产业结构变革的历史顺序进行了精辟论述，并探讨了这一历史顺序的深层动因。斯密指出："按照事物的自然趋势，进步社会的资本，首先大部分投在农业上，其次投在工业上，最后投在国际贸易上。这种顺序实际是自然的。我们相信在所有拥有领土的社会，资本总是在某种程度上按照一定的顺序投用。"[④]可见，在斯密看来，随着社会的进步，资本投用将以农业→工业→贸易业的顺序变更，是一个自然规律。有些学者把斯密的这一论断称作"斯密顺序"[⑤]，即随着经济的发

① 配第. 政治算术 [M]. 陈冬野，译. 北京：商务印书馆，1978：19.
② 配第. 政治算术 [M]. 陈冬野，译. 北京：商务印书馆，1978：31.
③ 配第. 政治算术 [M]. 陈冬野，译. 北京：商务印书馆，1978：33.
④ 斯密. 国民财富的性质和原因的研究：上卷 [M]. 郭大力，王亚南，译. 北京：商务印书馆，1972：349.
⑤ 冯海发. 结构变革的历史顺序 [J]. 当代经济科学，1989（3）：42-51.

展，社会的产业结构必然发生由以农业为主向以工业为主再向以贸易业为主的转变。斯密顺序的正确性已经被人类社会的经济发展历史所实证。社会资本投向呈现斯密顺序的原因正如斯密所指出的那样，是社会需求的有序变动，不是市场上有了许多酒馆，我们社会上才有饮酒的风尚，而是社会上由于某种原因产生了好饮酒的风尚，才使市场上有了许多酒馆。[①]这表现为需求对生产的导向作用。事实上，人作为消费者，其需求是有层次的，这种层次性随着人均国民收入的提高表现出有规律性的变化，需求层次随着人均收入水平的提高而提高。当人们还处于低收入水平阶段时，在需求结构中生理性需求占统治地位。为了解决吃饭问题，就要发展食物生产，社会产业结构的核心是农业，社会资本的大部分投向农业。随着收入水平的提高，人们有能力消费比食物层次更高的东西，因此，消费取向转移到穿、用、住上，继而发展轻工业。这是工业化首先从轻工业，特别是从纺织业起步的需求结构上的原因，而轻工业的有效发展又有赖于重工业的支撑，从而社会产业结构的主体转向工业，社会资本的大部分由农业转向工业。随着国民收入水平的进一步提高，人们对服务产品的需求增加，服务产业崛起后社会产业结构的主体将会转向服务业，此时社会资本的大部分又将投向服务业。因此，"斯密顺序"的深层动因是需求导向。

（三）克拉克定律

20世纪50年代，英国经济学家克拉克独立地研究了经济发展过程中产业结构的演化规律，从而揭示了劳动力就业结构与经济发展水平之间的深刻关系。克拉克的研究基于他所收集的20多个国家各部门劳动投入和总产出时序资料。这是经济史上一项著名的、开创性的统计研究，具有以下特征：

第一，以现实经济的统计时序资料为依据，这种时序资料本身就代表和展示着经济发展过程，因为它与人均国民收入水平的不断提高互为对照；

第二，以劳动就业结构表示产业结构；

第三，以三次产业分类法为基础。

通过对随着经济的发展劳动力就业取向所发生的规律性变化的实证研究，克拉克得出以下结论：随着人均收入水平的提高，劳动力首先由第一产业向第二产业转移；当人均国民收入水平进一步提高时，劳动力便向第三产业转移。总的结构趋势是，劳动力在第一产业的份额逐渐减少，在第二、第三产业的份额依次增加。在经济学说史上，克拉克的这一结论被誉为克拉克定理。这个定理的逆向解释就是，随着劳动力由第一产业向第二产业和第三产业的转移，人均国民收入水平将会不断得以提高，即劳动力就业结构的变革推动了经济发展。克拉克认为，造成劳动力在产业间转移的原因是经济发展中各产业间出现的收入水平的相对差异，劳动力总是向高收入产业转移。

克拉克认为，他的发现只不过是印证了配第的观点，所以经济学说史上把配第的观点和克拉克发展的观点统称为配第-克拉克定理。配第-克拉克定理不仅可以从区域经济发展的时间序列分析中得到印证，而且可以从对不同发展水平的国家在同一时点上的横向比较中得到类似结论。总之，人均国民收入水平越高的国家，农业劳动力在全部劳动力中所占的比重越小，第二、第三产业劳动力所占比重越大；反之，人均国民收入水平越低的国

---

① 斯密．国民财富的性质和原因的研究：上卷［M］．郭大力，王亚南，译．北京：商务印书馆，1972：331．

家，农业劳动力所占比重越大，第二、第三产业劳动力所占比重越小。

（四）库兹涅茨的研究

在克拉克研究的基础上，被誉为"GDP之父"的美国经济学家库兹涅茨进一步收集和整理了欧美主要国家的长期统计数据，从劳动力分布和国民收入两个方面对结构变革与经济发展的关系作了分析，使结构变革的研究从投入结构发展到产出结构[①]，从而大大推进了经济产业结构理论的发展。库兹涅茨研究的一个显著特征就是对截面数据和时间序列数据进行统计回归，以人均国民收入作为"基准点"，得出了在一定"基准点"上的经济产业结构的格局及其变化，因此他的结论更具有一般性。表7-1和表7-2分别列出了库兹涅茨得出的人均国内生产总值基准点价值上的产值结构和劳动力结构。表中A部门代表农业部门，I部门代表工业部门，S部门代表服务部门。从表7-1和表7-2中可以看出在不同的经济发展水平上国民产值结构和劳动力就业结构的变化趋势。

表7-1　　　　　1953年和1965年人均国内生产总值基准点价值上的产值结构（%）

不同人均GDP的区域		A部门（1）	I+S部门（2）	I部门（3）	S部门（4）	制造业（5）
65美元	1953	50.3	49.7	17.9	31.8	8.6
	1965	46.7	53.3	21.4	31.9	11.0
135美元	1953	40.7	59.3	23.9	35.4	12.8
	1965	38.0	62.0	26.3	35.7	14.2
270美元	1953	28.5	71.5	34.1	37.4	20.1
	1965	26.3	78.7	35.1	38.6	20.0
450美元	1953	20.2	79.8	41.7	38.1	24.9
	1965	18.1	81.9	43.0	38.0	26.0
900美元	1953	12.6	87.4	50.1	37.3	29.1
	1965	11.1	88.9	51.7	37.2	31.4

资料来源　库兹涅茨. 各国的经济增长——总产值和生产结构［M］. 常勋，等译. 北京：商务印书馆，1985：195-196.

库兹涅茨把国民收入和劳动力在产业间的分布结合起来，分析了经济结构演进与经济发展的关系，得出了如下结论：随着经济的发展，在国民生产总值不断增长和人均国民收入不断提高的情况下，社会产业不论是其产值结构还是劳动力结构都在变化。其变化的一般趋势是：农业部门的产值份额和劳动力份额都趋于下降，工业部门和服务业部门的产值份额与劳动力份额都趋于上升，但在这两个部门中，产值份额与劳动力份额的变化趋势略有不同，工业部门在产值份额持续上升的同时，劳动力份额处于大体不变或略有上升的趋势；服务业部门在产值份额处于大体不变或略有上升的同时，劳动力份额呈现上升幅度较大的趋势。库兹涅茨把这种趋势称作产值结构的"工业化"、劳动力结构的部分"工业化"和部分"服务化"。库兹涅茨还注意到产业结构变革过程中非农产业在产值份额方面的百分比

　　[①]　在这里投入结构指劳动力结构，产出结构指国民收入结构。

表 7-2　　1950 年和 1960 年人均国内生产总值基准点价值上的劳动力结构（%）

不同人均GDP的区域		A部门（1）	I+S部门（2）	I部门（3）	S部门（4）
65美元	1950	71.8	28.2	11.0	17.2
	1960	—	—	—	—
135美元	1950	64.8	35.2	17.6	17.6
	1960	65.2	34.8	16.6	18.2
270美元	1950	47.2	52.8	26.6	26.2
	1960	49.0	51.0	25.8	25.2
450美元	1950	34.0	66.0	36.0	30.0
	1960	35.8	64.2	34.2	30.0
900美元	1950	21.4	78.6	43.7	34.9
	1960	19.8	80.2	44.5	35.7

资料来源　库兹涅茨. 各国的经济增长——总产值和生产结构［M］. 常勋，等译. 北京：商务印书馆，1985：195-196.

变化与在劳动力份额方面的百分比变化的差异。也就是说，在一定时期内，在总产值和人均国民收入提高的情况下，某个部门在总产值中所占份额的变化是一种百分比，其在总劳动力中所占份额的变动又是另一种百分比。他指出，这种情况的发生受很多因素的影响，如城市人口自然增长率差异、各部门劳动生产率的差异以及各部门产品价格的差异等。

在分析农业、工业、服务业三大产业结构变化趋势的基础上，库兹涅茨进一步深入分析了工业和服务业内部结构的变化趋势：制造业份额的上升幅度最大，大约占工业部门份额上升的 2/3。在制造业内部，与现代技术密切联系的新兴部门增长得最快，其在整个制造业总产值和劳动力中所占的相对份额都是上升的；相反，一些较老的生产部门的相对份额是下降的，如纺织、服装、木材、皮革加工等。在服务部门内部，教育、科研及政府部门的相对份额趋于上升。在库兹涅茨看来，促进产业结构变化的上述趋势的基本动因有三：一是需求诱导；二是对外贸易；三是技术创新。对技术创新，他提出了一个著名的"技术创新平均分布模式"，即在现有所有生产部门的技术创新水平都相同的情况下，技术创新是否还能促进产业结构演进的问题。库兹涅茨认为，即使如此，"由于不同收入对各种工业产品的不同消费需求弹性以及国际贸易中对比较优势的不同影响，作为人均收入水平上升的反映，同一市场差异化产品生产之间会有某些结构性变动，但与由某个部门有了重要的技术突破以及技术革新中心转移而发生的生产结构改变相比较，这种生产结构变动只是细微的变动，因为在没有出现增长速度很快的生产部门的情况下，人均产值的全面上升就会低得多"[①]。这样，库兹涅茨又把结构变化的技术创新动因与需求导向动因结合起来了。

库兹涅茨的分析深化了配第-克拉克定理，使结构变革与经济发展之间的关系更加明

① 库兹涅茨. 各国的经济增长——总产值和生产结构［M］. 常勋，等译. 北京：商务印书馆，1985：348.

晰化，更有助于人们对结构变革规律性的把握。

（五）钱纳里的产业结构演进

20世纪70年代以来，对结构变革与经济发展关系的研究深入到更为广泛的领域。美国经济学家钱纳里的"标准结构"具有广泛影响。钱纳里曾任世界银行行长和世界银行发展委员会副主席，也许因获取信息的便利条件，他能够在更为丰富的世界经济信息方面分析结构变革与经济发展的关系，揭示产业结构变革的历史规律性。钱纳里基于101个国家1950—1970年的统计资料进行研究。他使用与库兹涅茨相同的统计归纳法，构造出了著名的"世界发展模型"，从发展模型求出了一个经济发展的"标准结构"，即经济发展的不同阶段所具有的经济结构的标准数值。表7-3是钱纳里标准结构的一部分。

表7-3 　　　　　　　　　　　　　钱纳里标准结构

人均国民收入	<100美元	100美元	200美元	300美元	400美元	500美元	800美元	1 000美元	>1 000美元
1（Vp）	0.522	0.452	0.328	0.266	0.228	0.202	0.156	0.138	0.127
2（Vm）	0.125	0.149	0.215	0.252	0.276	0.294	0.330	0.347	0.379
3（Vu）	0.053	0.061	0.072	0.079	0.085	0.089	0.098	0.102	0.109
4（Va）	0.300	0.338	0.385	0.403	0.411	0.415	0.416	0.413	0.385
5（Lp）	0.712	0.658	0.557	0.489	0.438	0.395	0.300	0.252	0.159
6（Lm）	0.078	0.091	0.164	0.206	0.235	0.258	0.303	0.325	0.368
7（Ls）	0.210	0.251	0.279	0.305	0.327	0.347	0.397	0.423	0.473
8（URB）	0.128	0.220	0.362	0.439	0.490	0.527	0.601	0.634	0.658
9（S）	0.103	0.135	0.171	0.190	0.202	0.210	0.226	0.233	0.233
10（I）	0.136	0.158	0.180	0.203	0.213	0.220	0.234	0.240	0.234
11（EOEXP）	0.026	0.033	0.034	0.035	0.037	0.041	0.043	0.039	0.013
12（E）	0.172	0.195	0.218	0.230	0.238	0.244	0.255	0.260	0.249
13（Ep）	0.130	0.137	0.136	0.131	0.125	0.120	0.105	0.096	0.058
14（Em）	0.011	0.019	0.034	0.046	0.056	0.065	0.086	0.097	0.131
15（Es）	0.028	0.031	0.042	0.048	0.051	0.053	0.056	0.057	0.059
16（M）	0.205	0.218	0.234	0.243	0.249	0.254	0.263	0.267	0.250
17（Cr）	0.414	0.392	0.315	0.275	0.248	0.229	0.191	0.175	0.167

资料来源　CHENERY H, SYCQUIN M. Patterns of development: 1950-1970 [M]. Oxford: Oxford University Press, 1975: 38.

在表7-3中，第一列是各个经济指标名称的英文缩写，各自的含义是：1表示初级产业产出占GDP的比重；2表示制造业产出占GDP的比重；3表示基础设施产出占GDP的比重；4表示服务业产出占GDP的比重；5表示初级产业的劳动力占总劳动力的比重；6表示制造业的劳动力占总劳动力的比重；7表示服务业的劳动力占总劳动力的比重；8表示城市人口占总人口的比重；9表示国民总储蓄占GDP的比重；10表示国民总投资占GDP的比重；11表示政府教育支出占GDP的比重；12表示出口占GDP的比重；13表示初级产品出口占GDP的比重；14表示制成品出口占GDP的比重；15表示劳务出口占GDP的比重；16表示进口占GDP的比重；17表示食品消费占GDP的比重。其中，1、2、3、4项之和（初级产业、制造业、基础设施及服务业的产出分别占GDP的份额之和）等于5、6、7项之和（各产业劳动力份额之和）等于1。由钱纳里标准结构可以看出，在经济发展的不同阶段，有着不同的经济结构与之相对应，如当人均国民收入达到400美元时，农业的产值份额为22.8%，工业的产值份额为27.6%，服务业的产值份额为41.1%，基础设施的产值份额为8.5%；农业的就业份额为43.8%，工业的就业份额为23.5%，服务业的就业份额为32.7%。随着经济的不断发展，经济结构呈现出有规律的变化，如当人均国民收入由400美元飞跃到1 000美元时，农业的就业份额降至25.2%，工业的就业份额升至32.5%，服务业的就业份额升至42.3%。

为了体现区域大小不同引起的结构变动规律偏差，钱纳里在标准结构的基础上，进一步从24个半工业化大国[①]的数据分析中得出了大国的一般结构，并与标准结构进行比较，抽象出了大国结构与标准结构的差异。表7-4列示出了在人均国民收入为100美元、200美元和300美元时大国结构的几个主要指标及其与标准结构的差异。可以看出，大国可以在收入水平较低时就进入结构的迅速变革时期。拥有广大的国内市场的大国，在结构变革的进程中处于有利地位，这被称为结构变革的大国效应。

表7-4   大国结构与标准结构及二者的差异

项目	大国结构			标准结构			二者的差异		
	1	2	3	4	5	6	7	8	9
	100美元	200美元	300美元	100美元	200美元	300美元	1-4	2-5	3-6
Vp	0.458	0.320	0.254	0.452	0.328	0.266	0.006	−0.008	−0.012
Lp	0.596	0.496	0.404	0.658	0.570	0.489	−0.062	−0.064	−0.085
Lm	0.215	0.252	0.348	0.091	0.164	0.206	0.124	0.088	0.142
Ls	0.190	0.244	0.308	0.251	0.279	0.305	−0.061	−0.035	0.003
S	0.140	0.182	0.199	0.135	0.171	0.190	0.000	0.010	0.013
I	0.157	0.199	0.216	0.158	0.188	0.203	−0.001	0.011	0.013
E	0.130	0.123	0.123	0.195	0.218	0.230	−0.065	−0.095	−0.107
Ep	0.082	0.062	0.049	0.137	0.136	0.131	−0.055	−0.074	−0.082
M	0.149	0.143	0.142	0.218	0.234	0.243	−0.069	−0.091	−0.101

资料来源   CHENERY H, SYCQUIN M. Patterns of development: 1950-1970 [M]. Oxford: Oxford University Press, 1975: 40.

---

①   这些半工业化大国都是人口多、达到中等收入水平和工业化已取得实质性进展的国家。

钱纳里标准结构为人们分析和评价不同区域在经济发展过程中结构组合是否"正常"提供了依据，同时为不同区域根据经济发展目标制定结构转换政策提供了依据。用钱纳里标准结构评判我国结构变革，可以获得我国的结构变革过程是否"正常"的参考信息，但它只能作为一种参考，而不能作为结论。表7-5记录了1981年我国的结构状态及其与钱纳里标准结构的差异。[①]表中我国人均国民收入为300美元（按1980年美元收入计算），同样把钱纳里标准结构中的美元调整到1980年美元收入水平。可以看出，在人均国民收入300美元水平上，我国的结构与钱纳里标准结构存在较大差异，基本特征是：我国的农业产值份额与农业就业份额、工业产值份额与工业就业份额、工业化与城市化不协调；工业的产值份额偏大而就业份额偏低，恰与农业的就业份额偏大而产值份额偏小形成对照；工业化超前、城市化滞后的这种结构与我国长期推行城乡分割下的工业化政策不无直接关系。

表7-5   人均国民收入300美元时中国与钱纳里标准结构的偏差

项　　目	中国结构	标准结构	大国结构	中国与钱纳里标准结构之差异	
	1	2	3	1-2	1-3
农业产值份额	0.42	0.45	0.46	-0.03	-0.04
农业就业份额	0.72	0.65	0.59	0.07	0.13
工业产值份额	0.26	0.15	0.17	0.11	0.09
工业就业份额	0.13	0.09	0.22	0.04	-0.09
城市人口率	0.20	0.22	—	-0.02	—

三、工业结构高度化规律

配第、斯密、克拉克、库兹涅茨和钱纳里等人对产业结构演变规律的分析，实际上是对整个国民经济的产业结构随着经济规模的扩大而演变的分析。在这种分析中，工业是对科学技术进步最敏感的部门，是一个区域经济发展的主导部门，以至于人们往往把近代经济发展的过程同工业的发展紧密联系起来，把经济发展过程称为"工业化"过程。大量的研究表明，工业结构高度化规律表现为：工业结构由重工业化到高加工度化，由高加工度化到技术集约化的趋势。

（一）产业重工业化

资本和技术等生产要素的稀缺性，使得早期的工业化进程受到很大限制。世界各国经济发展的历程表明，工业化过程都是从资本投入少、技术要求不高的轻工业开始的，之后，随着资本积累的增加和技术水平的提高，产业结构开始由轻工业向重工业演进。最早进行工业化的英国就是从纺织工业开始的。美国从18世纪末开办第一家棉纺厂，直到20世纪20年代初将近一个半世纪的时期里，轻工业产值在工业总产值中的比重一直高于重

① 根据以下资料整理计算：［1］CHENERY H, SYCQUIN M. Patterns of development: 1950-1970［M］. Oxford: Oxford University Press, 1975. ［2］世界银行1984年经济考察团. 中国：长期发展的问题和方案（主报告）［M］. 北京：中国财政经济出版社，1985. ［3］国家统计局. 中国统计年鉴（1986）［M］. 北京：中国统计出版社，1987.

工业（见表7-6）。但是，随着产业结构的演进，工业结构由以轻工业为主的工业结构向以重工业为主的工业结构转化，这种现象通常被称为重工业化。

表7-6 美国工业总产值中轻重工业的比重 金额单位：百万美元

年份	总计	轻工业		重工业	
		产值	百分比（%）	产值	百分比（%）
1880	5 411	3 540	65.4	1 871	34.6
1890	8 809	5 280	60.0	3 529	40.0
1900	12 734	7 110	55.8	5 624	44.2
1921	47 248	23 310	49.4	23 838	50.6
1929	74 868	33 150	44.3	41 718	55.7
1939	62 510	29 457	47.1	33 053	52.9
1967	606 716	221 114	36.5	385 002	63.5
1969	703 339	251 290	35.7	452 049	64.3
1975	1 185 726	406 458	34.3	779 268	65.7

资料来源 经济结构组办公室资料组，经济研究参考资料编辑部. 主要资本主义国家的经济结构 [M]. 北京：中国社会科学出版社，1981：13.

（二）霍夫曼定理

首先对工业结构重工业化规律进行研究的是德国著名的经济学家霍夫曼。他在前述3个分类假设的前提下，分析了近20个区域的制造业时间序列数据，通过对消费品工业和资本品工业的数值进行比较得到霍夫曼比例。霍夫曼比例就是消费品工业净产值和资本品工业净产值之比，用公式表示为：

$$\rho = Y_C/Y_K \tag{7-1}$$

其中：ρ表示霍夫曼系数；Y_C表示消费品工业的净产值；Y_K表示资本品工业的净产值。霍夫曼以上述系数或比例为指标，把工业化过程分为4个阶段：第一阶段，霍夫曼比例为5（±1）：1；第二阶段，霍夫曼比例为2.5（±1）：1；第三阶段，霍夫曼比例为1（±0.5）：1；第四阶段，霍夫曼比例更低。[①]

霍夫曼解释说，在工业化的第一阶段，消费品工业在整个制造业中居于压倒性优势的地位，其净产值平均为资本品工业净产值的5倍。在第二阶段，消费品工业最初所具有的主导地位趋于削弱，资本品工业逐渐发展起来，但前者的净产值仍为后者的2.5倍。在第三阶段，两类工业的净产值大致相当。到了第四阶段，消费品工业远不及资本品工业增长得迅速，后者的净产值将大于前者。简言之，随着工业化的升级，消费品工业与资本品工业的净产值之比是逐步下降的，这就是人们所说的"霍夫曼定理"。

那么，为何消费品工业会先于资本品工业发展呢？霍夫曼认为，其主要原因是：

---

① 以上括号中的数字表示前面的数字作为基准时所允许存在的偏离幅度。参见：WALTER H. Growth of industrial economics [M]. Manchester：Manchester University Press，1958.

第一，纺织和食品等消费品工业的发展所需的技术水平较低，与资本品工业相比，消费品工业能够较为充分地利用熟练的手工业匠人已获得的传统技能。

第二，消费品工业的发展所需要的起始资本量要比资本品工业所需量少得多。[①]

霍夫曼还详细地测算了若干区域的霍夫曼比例数值及其变化，通过与霍夫曼工业化阶段指标比较得出，在20世纪20年代，巴西、智利等国家处于工业化的第一阶段，日本、加拿大等国家处于工业化的第二阶段，英国、美国等国家处于工业化的第三阶段，处于第四阶段的区域当时还没有出现。

后来一些学者循着霍夫曼的足迹进一步研究，发现霍夫曼比例下降幅度递减，并逐渐趋于稳定，这说明重工业化到一定程度后会达到饱和。当今发达国家的重工业化率均在60%~65%。这说明经济发展到一定阶段，重工业化将停滞下来，其原因与重工业内部结构有关。由表7-7可知，在美国的重工业结构中，重工业中的原材料工业比重从1948年的36.1%下降到1983年的34%。[②]可见，在重工业化过程中尤其是在工业化过程的后期，机械工业的增长是重工业化的支柱，而耐用消费品工业又是机械工业增长的一大支柱。例如，家用电器工业和汽车工业在发达国家中发展非常快。显然，当耐用消费品不再成为人们生活的稀缺品时，机械工业的增长也就趋于稳定，这时重工业化也就趋于停滞。

表7-7　　　　　　　　　1948—1983年美国制造业结构（按国民收入计，%）

年份 行业	1948	1960	1965	1970	1975	1980	1981	1982	1983
食品	11.1	9.8	8.5	9.0	9.7	7.8	8.1	8.4	8.1
制烟	0.6	0.9	0.6	0.8	0.7	0.8	0.9	0.9	0.9
纺织品	7.3	3.6	3.4	3.5	2.8	2.7	2.6	2.5	2.7
服装	5.2	3.9	3.9	4.0	3.4	3.0	2.9	3.1	3.3
纸张	3.4	3.8	3.5	3.8	3.1	3.8	3.6	3.7	3.9
印刷和发行	4.9	5.4	5.1	5.5	5.3	5.3	5.3	6.0	6.4
化学制品	6.0	7.1	7.1	7.3	7.8	7.2	7.4	7.7	7.2
石油和煤炭制成品	5.7	3.5	2.9	3.0	4.7	6.8	6.2	7.3	6.3
橡胶和塑料	1.8	2.3	2.5	2.8	2.7	2.9	2.8	3.0	3.2
木材和木制品	4.0	2.8	2.9	2.8	2.6	2.9	2.6	2.2	2.7
家具	1.7	1.6	1.6	1.6	1.5	1.5	1.4	1.5	1.6
石陶玻璃	3.3	3.7	3.3	3.2	3.2	3.0	2.9	2.6	2.9
金属冶炼	9.0	8.4	8.1	7.1	7.1	7.2	7.2	5.1	4.6
金属加工	6.3	7.0	7.4	7.6	7.7	7.8	7.8	7.3	7.1

---

① WALTER H. Growth of industrial economics [M]. Manchester: Manchester University Press, 1958.
② 美国的原材料工业包括化学制品、石油和煤炭制成品、橡胶和塑料、木材和木制品、石陶玻璃、金属冶炼、金属加工等。

续表

年份 行业	1948	1960	1965	1970	1975	1980	1981	1982	1983
机械	9.2	9.5	10.7	11.5	1.7	12.9	13.1	12.5	11.1
电器和电子设备	5.9	8.4	8.6	9.2	8.4	9.1	9.3	9.8	9.9
汽车	5.8	6.7	8.5	5.6	6.0	3.8	4.3	4.5	5.9
仪器	1.5	2.7	2.7	2.9	2.9	3.4	3.4	3.8	3.8
皮革和皮制品	1.8	1.3	1.1	1.0	0.8	0.8	0.7	0.7	0.7
运输设备	3.0	5.9	6.1	5.9	5.0	5.7	5.7	5.7	5.4
其他工业	2.3	1.8	1.7	1.8	1.7	1.5	1.6	1.6	1.5

资料来源　洪君彦. 当代美国经济［M］. 北京：时事出版社，1985：36.

（三）工业结构高加工度化

所谓的高加工度化，是指无论轻工业还是重工业，都会由以原材料工业为重心的结构向以加工、组装工业为重心的结构发展，这是工业化过程中工业结构演变的一个重要特征。下面我们可以通过表7-8观察日本工业结构高度化的趋势。表7-8是日本几个工业部门1955—1975年销售总额和职工人数的变化情况。显然，不同行业的增长速度不同，纺织业对于服装、服饰业而言是原材料工业，后者是组装加工工业；木材业对于家具、木器业，钢铁和有色冶金工业对于各种机械工业，也是同样的情况。总体来看，组装加工工业增长速度是原材料工业增长速度的2~5倍。显然，日本的工业结构已高加工度化了。

表7-8　　　　　　　　　　　　　　　　日本工业结构的高加工度化

项　目	出厂销售总额（十亿日元）			职工人数（千人）		
	1955	1975	1975/1955	1955	1975	1975/1955
纺织	1 096	6 457	5.89	1 061	996	0.94
服装和服饰	85	2 180	25.65	144	531	3.65
木材	274	3 618	13.20	383	465	1.21
家具和木器	65	1 974	30.37	145	315	2.17
钢铁	650	11 306	17.39	276	506	1.83
有色冶金	280	3 909	13.96	99	209	2.11
普通机械	312	10 611	34.01	383	1 103	2.88
电器机械	251	10 821	43.11	233	1 214	5.21

续表

项　目	出厂销售总额（十亿日元）			职工人数（千人）		
	1955	1975	1975/1955	1955	1975	1975/1955
运输工具	371	14 881	40.11	322	945	2.93
精密仪器	56	1 729	30.88	79	239	3.03
金属制品	219	6 573	30.01	358	855	2.39

资料来源　篠原三代平. 经济学入门：下册 ［M］. 东京：日本经济新闻社，1975.

表 7-9 是日本 1965—1982 年加工和原材料工业的附加价值、就业人数和固定资产投资额 3 个指标的变动状况，反映了其工业结构由原料型向加工型的转变。表中加工型产业附加价值所占份额从 1965 年的 30% 上升到 1982 年的 37%，而原材料型产业所占份额由 40.5% 下降到 31.9%；对于就业人数而言，加工型产业所占份额由 27.3% 上升到 35.5%，而原料型产业所占份额由 39% 下降到 26.6%；固定资产投资也表现出了同样的变化趋势。日本加工和原材料工业随着时间的推移发生截然相反的变化，这表明其工业结构的高加工度化。

表 7-9　　　　　　　　　　日本由原材料型产业到加工型产业的转变

项　目	年份	合计	加工型产业（%）	原材料型产业（%）	其他产业（%）
附加价值（千亿日元）	1965	95.2	30.0	40.5	29.7
	1975	413.9	33.4	34.3	32.2
	1980	698.4	32.6	36.4	32.1
	1982	761.8	37.0	31.9	31.1
就业人数（千人）	1965	7.481	27.3	39.0	33.6
	1975	10.660	32.1	31.4	36.5
	1980	10.292	34.2	30.2	35.5
	1982	10.475	35.5	26.6	37.8
固定资产投资额（千亿日元）	1965	18.4	24.5	54.9	20.7
	1975	52.7	22.7	61.0	16.4
	1980	75.9	39.8	36.7	23.6
	1982	92.1	43.3	38.2	18.5

资料来源　吴家骏，汪海波. 经济理论与经济政策 ［M］. 北京：经济管理出版社，1986：174.

工业结构高加工度化的事实说明，工业的增长对原材料的依赖程度到一定时期会出现相对下降的趋势，从而对能源、资源的依赖程度相对下降。高加工度化是指工业加工程度不断深化，也就是当原材料工业发展到一定程度，加工组装工业的发展将大大超过原材料工业的发展速度。

（四）生产要素密集度转化规律

工业化初期，劳动力在工业生产要素结构中处于最突出的地位，是一种劳动密集型工业结构。当时，轻工业在工业结构中处于中心位置，纺织、食品、造纸和皮革等轻工业部门的工艺技术并不复杂，仅需要大量劳动力进行简单劳动和操作。随着工业结构的重工业化，重工业中原材料工业的地位将不断上升，钢铁、石油、石化、有色金属冶炼、煤炭等原材料部门都是需要大量资金投入的部门，不对生产设备进行巨额投资是无法实现大规模、高速度发展的。因此，此工业化阶段，资本处于最突出的地位，是一种资本密集型工业结构。之后，随着工业结构的高加工度化，加工组装业将逐步取代原材料工业成为增长最快的产业部门，各种机械工业占据中心地位，而机械工业需要先进的技术支持，否则不会有高加工度化。因此，在此阶段，技术在工业的生产要素结构中处于最突出的地位，是一种技术密集型工业结构。

从上述分析可知，随着工业结构的中心由轻工业到重工业，从原材料工业向组装工业转移，工业的生产要素结构的中心也发生由劳动力到资本再到技术的相应转移。要顺利完成工业化的过程，一是需要从第一产业中释放劳动力进入轻工业部门；二是需要积累足够的资本支持重工业化的发展；三是需要开发和获得先进技术，促使工业结构的高加工度化，实现高质量发展。高加工度化和技术密集型产业的内涵随工业化的深入发展而变化。在工业化高度发展的后工业化社会里，技术密集型产业是指具有简单技术的机械工业，而现在的技术密集型产业是指用激光技术、微电子信息技术、航空航天技术、海洋工程技术、生物遗传工程技术、人工智能等高新技术武装的产业部门，技术已成为工业发展中最重要的因素。

因此，至今工业化过程已经历了三个发展阶段，即重工业化阶段、高加工度化阶段和技术密集化阶段。其实，工业化的第四阶段——信息化阶段即将来临，美国、日本等发达国家已开始进入此阶段，我国也正竭力追赶。我国第五代移动通信网络技术（5G技术）、人工智能研究已位于世界前列。2019年6月，中国工信部已向中国电信、中国移动、中国联通、中国广电发放5G商用牌照；我国已成了计算机视觉、自然语言处理、机器学习专利申请量最多的国家。

（五）区域产业链条

现代化的迂回生产方式使区域产业分工越来越细，形成许多产业链条，众多承担分工任务的细小产业都是这些产业链条上不可或缺的生产环节——产业链节。这些产业链节在区域产业链条上的作用巨大，它们是相互联系、不可分割的统一体。按照它们与主导产业的前后关联性，可以把主导产业与区域产业链条上各产业的关联作用分为三大类：

1.前向联系

前向联系也就是罗斯托的"前瞻影响"，指主导部门对新工业、新技术、新能源的诱导作用，以便解决生产中的瓶颈问题。前向联系是指对投资部门产品的需求，其压力主要来自现有生产者扩大产品市场并使产品市场多样化的努力。前向联系能为下一个主导部门的产生筑建台阶。

罗斯托以18世纪棉纺织业的扩张为例说明了这个问题。棉纺织业的扩展刺激了棉纺制造业摆脱对水的依赖，这诱导了蒸汽机的发明。在此基础上，棉纺织业的扩展又直接刺激了寻求新的运输途径的努力,以便便宜地在港口和工厂之间运输棉纺织品原材料和最终产品。铁路的修建替代了传统的运输方式,但铁轨的迅速老化,对解决廉价钢铁问题产生了刺激。主导部门不仅在技术、原材料上,而且在新的制度组织形式上都具有前向联系效应。如铁路的修建刺激了从更大规模小额储蓄者那里动员长期资本的方式,引起企业制度和金融制度的创新;如股份制公司和有组织的证券交易的初步尝试,为下一个主导部门的出现准备了制度条件。

2.后向联系

后向联系也就是罗斯托的"回顾效应",是指主导部门处于高速增长时期,对原料要求和机器生产产生的对新投入要素的需求,它引发在主导部门之外的传统部门中引入新型分工。如近代棉纺织机械和水力动力,在广泛的领域促进和改进了冶炼技术,机器的发明与改进使分工水平不断演进。对原材料投入的需求导致了集约化生产,以集约化方式使用土地并对农业实施改造。近代棉纺织业中的职位分工和工序需要新型工人、领班和经理,这与家庭手工业或分料到户制中的分工几乎是完全异质性的,当它发生后向联系时,特别是采用资本更密集的纺织机械时,更增强了扩散力。后向联系在欠发达地区工业化过程中占据重要位置,产品的国产化过程遵循着如下程序,即新型分工首先通过进口最终产品植入人们的观念之中,接着在国内建立生产最终产品的新生工业,但要进口机器设备,还需要进口很多原材料、中间投入等。所谓后向,指国产化过程中新增投资的刺激从最终产品到半成品或原材料的过程;从这种过程再到制造最终产品的机器设备,被称为进口替代。

3.旁侧联系

旁侧联系是指主导部门对各种基础设施、服务行业及各种制度安排方面的诱导。这种结果必然导致各种经济活动的空间聚集,这就是我们比较熟悉的聚集经济。聚集经济最具有代表性的就是城市以及城市化过程。因此,可以说工业化过程以城市化为象征,城市化是区域分工演进和区域经济发展的主要形式。

总之,在区域产业链条上,各个产业链节都是依据各自的特性和功能分别与主导产业结成前向联系、后向联系和旁侧联系。

四、产业结构演变机理分析

区域产业结构随着区域经济的发展而演化,其演化遵循着一定的路径,形成了上述产业结构演变规律。区域产业结构之所以具有规律性演变,其原因在于以下几个方面:

(一) 产品需求收入弹性的变动

社会需求结构和人们消费结构都是随人均国民收入水平的提高而发生变化的,而产业结构又会随着这两者的变化而演化。我们可以用产品需求收入弹性来说明这种变化。产品需求收入弹性是在价格不变的前提下,某一产品需求的增长率和人均国民收入的增长率之比,体现出人们对某一产品的需求随人均收入的变化而变化。

$$\varepsilon = \dot{D}/\dot{G} \tag{7-2}$$

其中:ε 表示某一产业的产品的收入弹性系数;$\dot{D}$ 表示某一产业的产品需求增长率;$\dot{G}$ 表示人均国民收入的增长率。如果把收入弹性与实际产业结构进行对比分析,则可以发现生产高收入弹性产品的产业在产业结构中能够占有更大的份额。当人均收入水平很低时，维持生存是第一需要，所以消费结构中的主要部分是解决吃饭问题。此时，食品的需求收入弹性远远高于其他产品的收入弹性，因此，首先在人类历史上兴起的是农业。这是人们在历史上所处的生理性需求占统治地位的第一阶段。随后，消费结构中用于饮食的部分随收入水平上升而下降，食品的收入弹性也下降，其他消费品收入弹性相对上升，于是人们的消费需求向穿、用等方面转移。这种消费需求的转移必然导致消费结构的相应变化，此时，需求促使社会发展消费品工业，所以轻工业特别是纺织工业开始兴起。

农业和轻工业的发展，推动人均国民收入进一步提高，于是人们的消费结构进入追求便利和机能的第二阶段，人们需要增加耐用消费品的消费，从而耐用消费品和投资品的需求收入弹性迅速上升，而轻工业品的收入弹性下降。同时，人均国民收入的提高也为资本的大量积累提供了可能性，为资本型工业的发展奠定了基础。这两者都促使工业结构走上重工业化道路。其后加工组装业迅速发展，也必然促使工业结构高加工度化。

随着工业结构高加工度化的到来，人们消费结构进入追求时尚与个性的第三阶段。最后，当人均收入达到一定水平后，非物质需求在社会需求结构中的比重逐步增大，而制造业产品的收入弹性不断降低。在这种需求结构拉动下，第三产业得到迅速发展，特别是其中的信息产业发展十分迅速。

（二）劳动生产率的不均等上升

下面我们定义相对劳动生产率：

$$p = \lambda_Y/\lambda_L \tag{7-3}$$

其中：p 表示生产某种产品的相对劳动生产率；λ_Y 表示某种产品产值在国民收入中的相对比重；λ_L 表示生产某种产品的劳动力的相对比重。由式（7-3）可以看出，某种产品的相对劳动生产率就是该产品产值占国民收入的相对比重与生产该产品的劳动力的相对比重之比，可以用它来说明产业或产品之间在生产率水平提升方面的差异。通常，各种产业或产品的相对劳动生产率都上升，但各产业或产品的劳动生产率上升速度不同，从而造成劳动生产率上升率的不均衡。这种劳动生产率上升率不均衡是产业结构演变的重要原因之一。导致劳动生产率上升率不均衡的因素很多，最突出的因素是不同产业之间技术进步方面的差异。如果某种产业不是处于垄断的市场结构中，同时它的劳动生产率上升较快，那么该产业的技术进步速度较快，因而该产业的生产成本会较快地下降。此时，这一产业就可能在国民收入中占有很大的优势，生产要素将向该产业转移。因此，具有较高生产率上升率的产业部门将在产业结构中占有较大的比重。显然，工业比农业、重工业比轻工业、组装加工工业比原材料工业在生产率上升率方面具有较大的优势。这是三次产业转换、工业结构重工业化和高加工度化的一个重要原因。

（三）国际贸易的促进作用

里昂惕夫是投入产出分析方法的创始人。他的投入产出分析为研究社会生产各部门之间的相互依赖关系，特别是系统地分析经济内部各产业之间错综复杂的交易提供了一种实用的方法，在经济领域产生了重大影响。我们可以借助该模型说明交易或贸易对产业结构演化的影响。著名的开放型里昂惕夫投入产出模型可表示为：

$$Z_i = (C_i + I_i) + \sum_{j=1,\, j \neq i}^{n} \alpha_{ij} Z_j + (E_i - M_i) \tag{7-4}$$

其中：Z_i表示第 i 产业部门的产出，$(C_i + I_i)$ 表示国内最终需求（C_i 表示用于消费的部分，I_i 表示用于投资的部分），$(E_i - M_i)$ 表示净国际贸易（E_i 表示出口，M_i 表示进口），$\sum\limits_{j=1,\ j\neq i}^{n} \alpha_{ij} Z_j$ 表示国内中间需求（参数 α_{ij} 表示投入产出系数，用来度量 j 部门每单位产出所需 i 部门的投入，Z_j 表示 i 部门以外的所有其他产业部门）。在式（7-4）中，假定投入产出系数 α_{ij} 和国内需求（$C_i + I_i$）向量不变。钱纳里曾就大国贸易模式对产业结构的效应进行过两个模拟实验，模拟结果表明，大国进口替代在一定限度内对产业结构转变是有效的，但是当进口替代达到一定程度后，其对产业结构转变的作用非常小。钱纳里最后得出结论：国际贸易水平和结构是促进产业结构演变和现代化的重要因素之一，在进口替代达到一定程度时，不失时机地迅速实现贸易模式由进口替代向出口导向的转变，是加速还是延缓产业结构转变和现代化的关键所在。

在传统的贸易理论中，有两种学说对国际贸易促进和带动产业结构演进提出了解释，即雁行产业发展形态说和产品循环说。

雁行产业发展形态说立足于发展中国家的理论，由日本学者赤松要提出。他从日本棉纺工业的发展历史中发现，明治初期，日本现代化的棉纺工业尚未发展起来。此时，日本向西方开放门户，就出现了西方棉纺产品大量涌入日本市场的情况。国外棉纺织品的大量进口，拓展了日本的棉纺织品市场，为日本棉纺织工业的发展准备了市场条件，国内市场与近代技术、低工资成本的组合，促进了日本本国棉纺织工业的发展，其规模不断扩大。规模经济加上低工资，棉纺织品的生产成本大幅下降，在国际市场上具有价格优势，成了日本的重要出口产品，国际市场的开拓又促进了日本棉纺织工业的进一步发展。这种从进口到国内生产再到出口的发展过程，在图形上像 3 只大雁，所以将上述过程称为"雁行"（如图 7-1 所示）。通过进口→国内生产→出口这种国际贸易的作用，发展中国家的产业结构随着发达国家技术和产业发展的推动而发生演化。

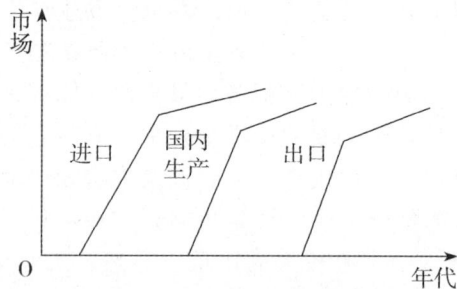

图 7-1　雁行产业发展形态

产品循环说立足于发达国家的理论，是由美国哈佛大学教授弗农提出的。产品循环表现为以下若干过程：

第一个过程，从新产品问世到扩大市场直到国内市场饱和；

第二个过程，从国内市场饱和到产品出口到国外再到开拓国外市场；

第三个过程，随着国外市场的形成，出现资本和技术的出口，并与当地廉价劳动力和其他资源结合，在当地生产这种产品；

第四个过程，国外生产能力形成，随后这种产品以更低的价格返回本国市场，于是最初开发该产品的输出国不得不放弃这种产品的生产而去开发其他产品。

所谓的产品循环，就是指新产品开发→国内市场形成→产品出口→资本和技术出口→产品进口→开发更新的产品……的过程，按照这种顺序不断循环。

如果我们把"雁行产业发展形态"和"产品循环"进行比较，就可以发现前者的3个过程和后者的第2至第4个过程是一致的，只是立足点不同。雁行产业发展形态说立足于发展中国家，而产品循环说立足于发达国家。但是，这两种学说揭示了同一个道理：国际贸易促进了发达国家新产品开发和技术创新，又促进了发展中国家产业结构的演变和高级化，因此，国际贸易对一国产业结构的演变起着重要的促进作用。

五、时空角度的区域经济结构演进

区域经济增长和区域结构演进是区域发展的两个方面：区域经济增长表现为生产能力和经济规模的扩大，对时间维度的考查是重点；区域结构演进表现为新的经济结构不断取代原有的经济结构，对空间维度的考查是重点。因此，要完整地解释区域发展过程，一方面要解释区域经济增长的机理，另一方面要解释原有经济结构被新的经济结构替代的机理。尽管新古典的区域经济理论很好地诠释了区域经济增长的机理，新经济地理学理论也很好地阐述了经济活动空间聚集以及区域经济增长的机理，但这些理论对区域经济结构如何演进都缺乏解释。若要从时间和空间两个维度同时解释区域经济发展，就必须建立既包括区域经济增长又包括区域经济结构演进的空间经济分析框架，德斯米特和罗西-汉斯伯格为在新古典框架内构建这种空间经济分析方法作出了重要贡献。①

（一）时间维度的技术水平提升和区域经济增长

假设连续线性经济系统中存在制造业和服务业两个部门，厂商使用劳动力和土地两种要素进行生产活动，由于土地资源是有限的，所以厂商的生产函数实际上具有规模收益递减的特征。初始时制造业部门的技术水平较高，处于产业发展的成熟阶段，而服务业部门的技术水平较低，且处于产业发展的起步阶段。制造业部门是成熟的产业部门，发展历史较长，就业人数相对于服务业部门较多，就业份额也大于服务业部门。由于某一行业的技术创新概率常与受过培训的劳动力数量有关，高技能劳动力较多，则发生技术创新的概率也就较高，大量技能劳动力聚集的制造业部门，因其技术创新成功的概率较高，从而该部门的技术水平和生产率水平也较高。

劳动力大量就业于制造业部门，一方面提升了制造业部门的技术水平和劳动生产率，另一方面技术水平的提升意味着不再需要更多的劳动力与之相匹配，即随着技术水平的提升，劳动力需求逐渐减少。这样，劳动力聚集导致的技术水平提升效应逐渐由规模收益递减效应所抵销；当技术水平达到某种水平时，制造业部门不能再雇用更多的劳动力，大量的剩余劳动力从制造业部门退出来。为了解决就业问题，这些从制造业部门退出来的劳动力就转向开始起步的服务业部门，同时自然增长的劳动力主要进入服务业部门。这些从制造业部门退出的劳动力具有与当时制造业技术水平相适应的人力资本水平，是高水平人力资本，因此，尽管制造业部门生产技术和服务业部门生产技术不可通用，但这些高水平人力资本在服务业部门的聚集，创造了服务业部门启动技术创新的条件，开启了服务业部门

---

① ［1］DESMET K, ROSSI-HANSBERG E. Innovation in space ［J］. American Economic Review, 2012（3）：447-452. ［2］DESMET K, ROSSI-HANSBERG E. Spatial development ［J］. American Economic Review, 2014, 104（4）：1211-1243.

的技术创新过程。从制造业部门转移到服务业部门的高水平劳动力越多，服务业部门的技术创新概率也就越高。

技术存在空间溢出效应，每个企业均使用它所能接触到的从其他区位扩散到本区位的最先进的技术进行创新活动或生产活动；同时，技术溢出遵循空间衰减规律，距离越长，技术衰减得就越多，企业所能够获得的技术就越少。尽管制造业部门和服务业部门的技术不可通用，但这种技术溢出对新兴的服务业部门技术水平的提升具有很大的促进作用。此时，制造业部门已步入产业发展的成熟阶段，这意味着制造业部门通过技术创新进一步提高劳动生产率的空间较小；与此相反，由于服务业部门刚进入快速发展阶段，通过技术创新进一步提高劳动生产率的空间还很大。因此，劳动力向服务业部门大量转移以及技术的空间溢出效应，极大地促进了服务业部门技术创新能力的提升。当这种外生技术创新冲击下的服务业部门的技术创新达到某一水平时，服务业部门将开启内生的技术创新过程，这种内生的技术创新过程与外生的技术溢出的互交效应，使得服务业部门的技术水平逐渐接近制造业部门（或出现某些服务业部门企业技术水平高于制造业部门企业的现象），且逐渐发展成为新兴的产业部门。

随着劳动力的转移和技术的空间溢出，两部门间的相对技术水平也将发生变动。如果服务业部门的技术水平超过制造业部门的技术水平，那么其劳动生产率水平也将高于制造业部门，在其他条件相同的情况下，生产性服务业部门的单位面积土地产值将大于制造业部门的单位面积土地产值。因此，在某一区位上，新兴的生产性服务业部门取代原有的较低劳动生产率的制造业部门，实现该区位产值水平的进一步提升。若这个过程在其他区位上也可以得到复制，则可以实现区域经济的全面增长，这种区域经济增长是技术进步或技术创新带来的结果。

（二）空间维度的区域经济结构转型升级

制造业部门和服务业部门在从事生产活动时都需要占用一定数量的土地，但土地资源是有限的，因此总存在制造业部门和服务业部门间对优势区位土地的竞争，这种竞争必然提升土地价格。如果新兴服务业部门，尤其是新兴的生产性服务业部门的技术水平超过传统制造业部门，则在其他条件相同的情况下，生产性服务业部门的单位面积土地产值将大于制造业部门的单位面积土地产值，因而能够支付高于制造业部门的土地竞标租金，从而获得原先被制造业部门占据的具有优势区位的土地，制造业部门则不得不在其他区位上寻找新的生产区位。随着新兴的生产性服务业部门取代原有的制造业部门获得优势区位，在外部规模经济、技术扩散效应和技术创新效应的激励下，大量的生产性服务业部门将聚集在此地，进而提高服务业部门的产值份额和就业份额，使该区位从以制造业为主的经济结构逐渐转变为以生产性服务业为主的经济结构。如果这些被挤出的制造业部门在郊区找到了租金较低的区位，则会形成由制造业部门聚集而成的工业园区；如果在郊区无法找到较低租金的生产区位，则这些制造业部门将不得不在远离原生产区位的地区寻找新的生产区位，或者遭淘汰，这就是我们常说的产业结构优化或产业转移。如果这个过程可以在其他区位上得到复制，则整个区域的经济结构将会得到转型升级，这就是整个区域经济结构的演进过程。这种某区位原有的经济结构由新的经济结构所取代的过程，就是空间维度的区域经济发展过程。

　　如果服务业部门的技术水平很高且进入产业发展的成熟阶段，则它又通过上述机制带动制造业部门技术水平的提升，并使制造业部门取代服务业部门成为该地区经济发展的主要动力。这样，制造业部门和服务业部门的技术水平和生产率水平将交替上升，导致整个区域经济的持续增长和经济结构的不断演进。

　　由上可知，时空维度的区域经济分析的着眼点在于技术进步带来的经济总量增长和产业空间布局变化而导致经济结构转型的过程。我们可以以美国从20世纪初到21世纪初的100多年间的经济结构演进过程为例。在20世纪初，美国的经济结构已发生了很大的变化，农业不再是支撑国民经济的主导产业，制造业所占比重越来越高，在制造业部门就业的劳动力比重越来越大。从20世纪初开始的以电子技术为代表的通用技术的发展，极大地促进了美国的工业化进程，使得美国制造业部门逐渐发展成为成熟的产业部门。20世纪90年代开始的以信息通信技术为代表的另一类通用技术的发展，再次使美国的经济结构发生了深刻的变化，服务业部门逐渐发展成为新兴产业部门。随着生产性服务业部门技术水平逐渐赶上甚至超过制造业部门，劳动力快速地从制造业部门向生产性服务业部门转移，土地价格和住房价格也快速提升，制造业的主导地位逐渐被生产性服务业所取代。在产业空间分布方面，生产性服务业部门开始向美国东北部和中西部地区聚集，这些地区曾经是美国的主要制造业地区，而制造业部门逐渐向南部地区转移；与此同时，生产性服务业部门聚集地区的土地价格逐渐上升，通常高于制造业部门聚集地区的土地价格，且随着服务业的较快发展，高地价现象在空间上出现了扩散趋势。

第二节　结构演进的定量分析方法

　　一般而言，想要完整地研究区域产业结构演进，仅仅依靠理论分析是远远不够的。无论是为了验证理论的正确性，还是为了确切掌握经济状况以给现实经济提供政策性指导，均需要准确、具体地分析和评价产业聚集、分散及产业结构演进状况，此时，定量分析十分必要。

一、产业结构演进的度量方法

　　为了更好地把握既定区域的产业结构现状和存在的问题，我们在这里介绍一些常规的区域产业结构定量分析指标。当然，研究者也可根据自身的研究构造相应的指标体系。本节所述的度量方法只是一般意义上的工具。

1.工业化结构比重数

　　工业化结构比重数是用来度量工业化程度的指标，其表达式如下：

$$G = [(Z_1/Z_2) \times (S_1/S_2)]^{1/2} \tag{7-5}$$

　　其中：Z_1和S_1分别表示研究区域的工业总产值和工业劳动力人数；Z_2和S_2分别表示研究区域的社会总产值和社会劳动力总数；G表示所研究区域的工业化结构比重。这个指标可以反映区域工业化水平的高低和工业结构素质，G越大，则该区域的工业化水平越高。

2.产业结构变化率

　　产业结构变化率是用来衡量所研究区域的产业结构变化程度的指标，其表达式如下：

$$C_2 = \sum \left| Q_{j1} - Q_{j2} \right| \tag{7-6}$$

其中：Q_j 表示所研究区域某产业部门在整个产业中所占的百分比，下标 1、2 分别表示不同的年份；C_2 表示区域产业结构的变化率。C_2 反映了随着时间的推移区域产业结构的变化程度，计算方法与产业专门化系数指标相同。C_2 越大，则在研究期间内该区域产业结构的变化幅度越大；反之，亦然。

3. 相关系数

相关系数反映所研究的两个区域的产业结构的相关程度，其表达式如下：

$$r_{ij} = \left[\sum_{k=1}^{n} \left(X_{ik} - \overline{X}_i \right) \left(X_{jk} - \overline{X}_j \right) \right] \Big/ \left[\sum_{k=1}^{n} \left(X_{ik} - \overline{X}_i \right)^2 \left(\sum_{k=1}^{n} \left(X_{jk} - \overline{X}_j \right)^2 \right) \right]^{1/2} \quad (0 \leqslant r_{ij} \leqslant 1) \tag{7-7}$$

其中：X_{ik} 和 X_{jk} 分别表示区域 i 和区域 j 各部门在其产业结构中所占的比重；$\overline{X}_i = \sum_{k=1}^{n} X_{ik}/n$ 和 $\overline{X}_j = \sum_{k=1}^{n} X_{jk}/n$ 分别表示区域 i 和区域 j 各部门在其产业结构中所占比重的平均值；r_{ij} 表示区域 i 和区域 j 产业结构的相关系数。如果 $r_{ij} = -1$，则两个区域的产业结构完全相异；如果 $r_{ij} = 1$，则两个区域的产业结构完全相同；如果 $r_{ij} = 0$，则两个区域的产业结构不相关。

4. 相似系数

相似系数是衡量所研究的几个区域产业结构的相似性程度的指标，其表达式如下：

$$S = \left(\sum_{k=1}^{n} X_{ik} X_{jk} \right) \Big/ \left(\sum_{k=1}^{n} X_{ik}^2 \sum_{k=1}^{n} X_{jk}^2 \right)^{1/2} \quad (0 \leqslant S \leqslant 1) \tag{7-8}$$

其中：X_{ik} 和 X_{jk} 分别表示区域 i 和区域 j 的产业部门 k 在产业结构中所占的比重；S 表示两个区域的产业结构的相似系数。如果 S = 1，则两个区域的产业结构完全相同；如果 S = 0，则两个区域的产业结构完全不相同。通常情况是 S 介于 0 和 1 之间，S 越大，则两个区域的产业结构越相似；S 越小，则两个区域的产业结构差异越大。

5. 产业结构效益指数

产业结构效益指数用来衡量区域产业结构效益的变化，其表达式如下：

$$H = \sum_{i=1}^{n} \left[\left(e_i / E \right) P_i \right] - P \tag{7-9}$$

其中：e_i 表示区域第 i 个工业部门的产值；E 表示区域工业总产值；P_i 表示第 i 个工业部门的资金利润率；P 表示区域各工业部门的平均资金利润率；H 表示区域产业结构效益。如果 H < 0，则表示区域产业结构恶化；如果 H > 0，则表示区域产业结构优化。若与某一时期的某一时点相比，H 上升，则表示结构效益提高；反之降低。

6. 结构影响指数

结构影响指数的表达式如下：

$$J = \left(\sum_{i=1}^{n} p_{ji} q_{ji} \right) \Big/ \left(\sum_{i=1}^{n} p_{ji} q_{oi} \right) \tag{7-10}$$

其中：p_{ji} 表示所研究区域 j 的 i 产业部门的资金利润率；q_{ji} 表示所研究区域 j 的 i 产业部门的资金占其全部产业部门资金总额的比重；q_{oi} 表示对比区域 o 的 i 产业部门的资金占

其全部产业部门资金总额的比重；J表示结构影响指数。如果J > 1，则区域j的产业结构素质较高，整体效益高于对比区域o；如果J < 1，则区域j的产业结构素质差，总体经济效益低于对比区域o。

7.效益超越系数

效益超越系数的表达式如下：

$$X = \alpha/A \tag{7-11}$$

其中：α表示区域净产值的增长率；A表示区域总产值的增长率；X表示效益超越系数。这个指标可以衡量区域产业结构素质，如果X > 1，则该区域结构素质较好，结构性效益较大；如果X < 1，则该区域结构素质差，结构性效益较小。

二、投入产出法

除了上述常规的定量分析方法以外，在产业结构演进的实际分析中常用的是投入产出法。里昂惕夫创立的投入产出法是以投入产出表为基础的。图7-2为高度简化的核算结构表框架，从中可以看出，投入产出表不妨理解为国民经济的核算体系。

图7-2 高度简化的核算结构

如图7-2所示，纵向Ⅰ、Ⅱ两个象限反映了国民经济的价值形成过程，用公式表示为：

$$W + Y = q \tag{7-12}$$

式（7-12）的含义是：生产资料转移价值（c）+新创造价值（v + m）=总产值。

图7-2中的横向Ⅰ、Ⅲ两个象限反映了国民经济的价值分配过程，用公式表示为：

$$W + f = q \tag{7-13}$$

上式的含义是生产消费+最终消费=总产值。

投入产出表具有如下特征：

其一，价值形成过程与价值分配过程在总量上相等，即W + Y = W + f。

其二，价值形成过程中新创造价值和价值分配过程中的最终消费相等，即Y = f。

公式"W + Y = W + f"和公式"Y = f"有着丰富的经济内涵：

首先，它可以表示在实际的国民经济运行过程中，当年国民收入形成与国民收入使用之间的数量关系，即在静态意义上，国民收入的使用额不能大于新创造的国民收入，以公式表示即f ≤ Y。

其次，当Y等于劳动者报酬加社会纯收入、f等于消费加积累时，图7-2和公式"Y = f"还表示国民收入初次分配与再次分配之间的关系，即劳动者报酬+社会纯收入=消费+积累。

最后，对价值形成与价值分配过程的分析还表明，在国民经济发展中起关键作用的积累水平的确定取决于两个重要的因素：一是在分配中，它取决于国民收入的初次分配和再分配中积累与消费的比例；二是价值形成过程中国民收入与总产值的比例。二者的比值越大，则一国或一区域的经济发展潜力越大；反之，亦然。同时，投入产出表可以表示某一产业部门的投入与分配结构（见表7-10）。

表7-10   简化的部门联系表

投入 / 分配	中间产品			最终产品		合计
	X_1	X_2	X_3	消费	积累	
X_1	20	14	26	20	20	100
X_2	25					
X_3	15					
v	20					
m	20					
合计	100					

表7-10的纵向列合计表示 X_1 部门在时间 t 内的价值形成过程，其中 X_1、X_2、X_3 分别为价值形成过程中的部门自身投入和其他部门对本部门的投入量。表7-10的横向行合计表示 X_1 部门在时间 t 内的价值分配过程。其中，X_1、X_2、X_3 分别为本部门的自身购买及其他部门中间产品的消费。表7-10中虽然仅有一个部门的投入与分配结构，但它能准确地反映出社会化大生产过程中产业部门间的相互依赖关系。从列向量看，在 X_1 部门的100单位总产值中自身投入量为20单位，比重为0.2；X_2 部门的投入量为25单位，比重为0.25；X_3 部门的投入量为15单位，比重为0.15。它表明 X_1 部门每增加1单位的总产值，将使自身直接消耗增大0.2，相应地，X_2 部门为0.25，X_3 部门为0.15。在里昂惕夫投入产出分析中，这种消耗关系被定义为直接消耗系数。同理，在行向量中，X_1 部门自身购买为20单位，类似地，X_2 部门购买为14单位，X_3 部门购买为26单位，表明 X_1 部门每增加1单位总产值，部门自身购买将增加0.2单位，相应地，X_2 部门为0.14单位，X_3 部门为0.26单位。在投入产出分析中，将中间产品在部门之间的购买关系定义为分配系数。将上述部门间投入和购买的比例关系列成表格就形成了一个部门中间产品的直接消耗系数与分配系数（见表7-11）。

表7-11 X_1 部门的直接消耗系数与分配系数

投入 / 分配	中间产品		
	X_1	X_2	X_3
X_1	0.20	0.14	0.26
X_2	0.25		
X_3	0.15		

最后，投入产出表揭示了在社会再生产过程中包括部门间完全的消耗与分配关系等内容在内的全面的社会经济活动（见表7-12）。

表 7-12　　　　　　　　　　　　　　　　产业部门直接消耗系数

项　目		1	2	3	4	5	6
		农业	轻工业	重工业	建筑业	运输邮电业	商业
1	农　业	0.15796	0.27173	0.03711	0.13989	0.00877	0.04513
2	轻工业	0.04621	0.27366	0.05627	0.10020	0.01808	0.22984
3	重工业	0.09001	0.11023	0.39874	0.42931	0.20417	0.06737
4	建筑业	—	—	—	—	—	—
5	运输邮电业	0.00480	0.01131	0.02660	0.03947	0.02013	0.01238
6	商业	0.00855	0.01633	0.02476	0.01718	0.03556	0.02584
7	小计（1至6）	0.30753	0.68331	0.54347	0.72605	0.28672	0.38056
8	固定资产折旧	0.01860	0.02180	0.08143	0.03397	0.20005	0.06824
9	个人收入	0.52550	0.05897	0.10109	0.20562	0.23237	0.22426
10	社会纯收入	0.14837	0.23591	0.27402	0.03436	0.28087	0.32650
11	小计（9+10）	0.67387	0.29489	0.37510	0.23998	0.51324	0.55120
12	总投入（7+8+11）	1.00000	1.00000	1.00000	1.00000	1.00000	1.00000

（第1列"物资消耗"为第1至6行的纵向合并标注）

表 7-12 是我们根据 1981 年全国投入产出表给出的产业部门直接消耗系数，它反映了以下多方面的基本内容：

第一，全面地揭示了社会再生产过程中国民经济各部门在产品和消耗上的相互依赖关系；

第二，揭示了简单再生产实现条件中固定资产折旧费用这一重要因素在价值形成与分配过程中的重要地位，同时揭示了国民收入的价值构成即部门构成；

第三，全面反映了社会再生产过程中初次分配与再分配之间的关系，并准确反映了最终产品中积累与消费间的比例关系；

第四，通过库存项的统计[①]，揭示了判断一国社会再生产过程是否正常的标准，因为过高的库存与总产值比例是社会再生产实现过程中存在明显缺陷的标志，它直接表现为社会性生产结构失调及社会产品流通环节的不平衡；

第五，通过对进口、出口项目的分析，可以准确地了解一国的国际收支情况及在国际分工中的比较优势。

表 7-12 中部门间的投入产出联系，可以用数学方程进行描述，即行向量为：

$$\begin{cases} X_{11} + X_{12} + \cdots + X_{1n} + Y_1 = X_1 \\ X_{21} + X_{22} + \cdots + X_{2n} + Y_2 = X_2 \\ \vdots \\ X_{n1} + X_{n2} + \cdots + X_{nn} + Y_n = X_n \end{cases} \tag{7-14}$$

如果把式（7-14）简写为和的形式，则：

$$\sum_{j=1}^{n} X_{ij} + Y_i = X_i \quad (i = 1, 2, \cdots, n) \tag{7-15}$$

同理，列向量可表示为：

_____

① 在我们利用的 1981 年全国投入产出表的最终产品构成中，没有分列出库存项，但它是构成其他项的重要因素。

$$\begin{cases} X_{11} + X_{21} + \cdots X_{n1} + V_1 + m_1 = X_1 \\ X_{12} + X_{22} + \cdots X_{n2} + V_2 + m_2 = X_2 \\ \vdots \\ X_{1n} + X_{2n} + \cdots + X_{nn} + V_n + m_n = X_n \end{cases} \qquad (7\text{-}16)$$

也可以把式（7-16）简写为如下形式：

$$\sum_{i=1}^{n} X_{ij} + V_j + m_j = X_j \qquad (j = 1, 2, \cdots, n) \qquad (7\text{-}17)$$

根据式（7-14），平衡方程为：

$$\sum_{i=1}^{n} X_{ij_o} + V_{j_o} + m_{j_o} = \sum_{j=1}^{n} X_{ij_o} + Y_{i_o} \qquad (i_o = j_o) \qquad (7\text{-}18)$$

对式（7-18）两边分别求和，得：

$$\sum_{j=1}^{n} V_j + \sum_{j=1}^{n} m_j = \sum_{i=1}^{n} Y_i \qquad (7\text{-}19)$$

如果把直接消耗系数和分配系数分别表示为 $a_{ij} = X_{ij}/X_j$ 和 $b_{ij} = X_{ij}/X_i$，并把直接消耗系数代入式（7-15），则有：

$$\sum_{j=1}^{n} a_{ij} X_j + Y_i = X_i \qquad (i = 1, 2, \cdots, n) \qquad (7\text{-}20)$$

对式（7-20）进行移项，则：

$$X_i - \sum_{j=1}^{n} a_{ij} X_j = Y_i \qquad (7\text{-}21)$$

把式（7-21）写成矩阵形式，则为著名的里昂惕夫矩阵：

$$(I - A)X = Y \qquad (7\text{-}22)$$

式（7-22）中，矩阵（I - A）是单位矩阵 I 的元素减去矩阵 A 的对应元素而得到的：

$$\begin{aligned} I - A &= \begin{pmatrix} 1 & 0 & 0 & 0 & 0 \\ 0 & 1 & 0 & 0 & 0 \\ 0 & 0 & 1 & 0 & 0 \\ 0 & 0 & 0 & 1 & 0 \\ 0 & 0 & 0 & 0 & 1 \end{pmatrix} - \begin{pmatrix} a_{11} & a_{12} & a_{13} & a_{14} & a_{15} \\ a_{21} & a_{22} & a_{23} & a_{24} & a_{25} \\ a_{31} & a_{32} & a_{33} & a_{34} & a_{35} \\ a_{41} & a_{42} & a_{43} & a_{44} & a_{45} \\ a_{51} & a_{52} & a_{53} & a_{54} & a_{55} \end{pmatrix} \\[2mm] &= \begin{pmatrix} 1 - a_{11} & -a_{12} & -a_{13} & -a_{14} & -a_{15} \\ -a_{21} & 1 - a_{22} & -a_{23} & -a_{24} & -a_{25} \\ -a_{31} & -a_{32} & 1 - a_{33} & -a_{34} & -a_{35} \\ -a_{41} & -a_{42} & -a_{43} & 1 - a_{44} & -a_{45} \\ -a_{51} & -a_{52} & -a_{53} & -a_{54} & 1 - a_{55} \end{pmatrix} \end{aligned} \qquad (7\text{-}23)$$

因为矩阵 A 的所有系数都不会大于 1，所以矩阵（I - A）的所有元素都介于-1 和 1 之间。矩阵（I - A）有着丰富的经济内容，其中纵列表示每个部门的投入与产出关系，以负号表示投入，则矩阵内每一列都说明为生产 1 单位产品需要投入的其他产品数量；正号表示产出，即每个部门扣除了自身消耗后的净产出。可见，矩阵（I - A）的重要价值在于它能够准确地反映 X 与 Y（社会总产品与最终产品）之间的相互依赖关系。当（I - A）与 X 为已知时，可以推出 Y。

然而，在把式（7-22）运用于区域经济发展分析时，会受到很大的限制，因为在实际的分析过程中，总产出 Y 往往是需要加以确定的未知数。为解决这一问题，里昂惕夫提出了著名的"里昂惕夫逆矩阵"。对式$(I-A)X=Y$进行变换，则有$X=(I-A)^{-1}Y$。如果矩阵A的各元素$a_{ij}<1$，则矩阵$(I-A)^{-1}$可写成如下形式：

$$(I-A)^{-1}=I+A+A^2+A^3+\cdots+A^n=I+A+\sum_{j=2}^{n}A_j \tag{7-24}$$

在式（7-24）中，右边的I是满足1单位最终需求的产出，A是生产这1单位最终需求的直接投入，A^2是生产直接投入A所需要的第一轮间接投入，A^3是生产第一轮间接投入A^2所需的第二轮间接投入，依此类推。这说明，在$(I-A)^{-1}$中既包括生产单位最终需求的直接投入，也包括生产单位最终需求的各轮间接投入。设$R=(I-A)^{-1}$，并假定r_{ij}是里昂惕夫逆矩阵$R=(I-A)^{-1}$中的第i行、第j列的元素。r_{ij}的含义是j部门生产每单位最终产品时i部门的应有的产品总量。由此可见，r_{ij}与a_{ij}的区别在于，r_{ij}反映j部门的完全消耗关系。因为r_{ij}比a_{ij}更本质、更全面地反映了部门内部与部门之间的技术经济联系，所以完全消耗系数r_{ij}在投入产出分析中具有更重要的作用。表7-13是依据1981年全国投入产出表，按前述的矩阵（I-A）计算的完全消耗系数矩阵$(I-A)^{-1}$。

表7-13   **完全消耗系数矩阵（I-A）$^{-1}$**

项 目		1	2	3	4	5	6
		农业	轻工业	重工业	建筑业	运输业	商业
1	农业	1.2304	0.4851	0.1312	0.2823	0.0539	0.1812
2	轻工业	0.1006	1.4479	0.1597	0.2368	0.0739	0.3583
3	重工业	0.2091	0.3524	1.7347	0.8280	0.3777	0.2176
4	建筑业	0.0000	0.0000	0.0000	1.0000	0.0000	0.0000
5	运输业	0.0131	0.0291	0.0502	0.0675	1.0325	0.0241
6	商业	0.0183	0.0385	0.0497	0.0476	0.0490	1.0405

上述投入产出分析的一般原理可以适用于区域投入产出分析，但与全国投入产出模型相区别的是，区域是一个更为开放的经济系统，区域输出和输入因素在区域经济发展中发挥重要的作用，因此，在区域投入产出模型中，对输出和输入因素与区域经济发展的关系应进行清晰的描述。

表7-14和表7-15是两种比较典型的区域投入产出表。表7-15不仅划分了输入的产品结构，而且划分了输入的区域结构以及输出产品的部门需求结构。

尽管区域投入产出表的结构比较复杂，但它满足投入产出的基本平衡条件：

$$\sum_j\sum_i X_{ij}+\sum_i S_i+\sum_i J_i+\sum_i E_i=\sum_j\sum_i X_{ij}+\sum_j\sum_i I_{ij}+\sum_j V_j+\sum_j M_j \tag{7-25}$$

或者：

$$\sum_i S_i+\sum_i J_i+\sum_i E_i=\sum_j\sum_i I_{ij}+\sum_j V_j+\sum_j M_j \tag{7-26}$$

其中：S_i为消费；J_i为积累；I_{ij}为输入；E_i为调出。在区域投入产出表中，输入产出的直接消耗系数为部门输入产品价值与总产品的比值，以a_{ij}^*来表示，且$a_{ij}^*=I_{ij}/X_j$。

表7-14　　　　　　　　　　　　　**区域投入产出表（a）**

项　目		中间产品		最终产品					总产品
		$1, 2, \cdots, n$	合计	消费	投资	库存	输出	合计	
区域生产部门	$1, 2, \cdots, n$	$X_{11}, \cdots, X_{1n}$ $\vdots$　I $X_{n1}, \cdots, X_{nn}$				II		Y_1 $\vdots$ Y_n	X_1 $\vdots$ X_n
	合计								
外地输入产品	$1, 2, \cdots, n$	$U_{11}, \cdots, U_{1n}$ $\vdots$　III $U_{m1}, \cdots, U_{mn}$				IV		W_1 $\vdots$ W_m	U_1 $\vdots$ U_m
	合计								
固定资产折旧									
新创造价值	劳动报酬 社会纯收入	$V_1, \cdots, V_n$ $\vdots$　V $M_1, \cdots, M_n$				VI			
	合计								
总产品		$X_1, \cdots, X_n$							

表7-15　　　　　　　　　　　　　**区域投入产出表（b）**

项　目			中间产品		最终产品								总产品
					本地使用				输出				
			$1, 2, \cdots, n$	合计	消费	投资	增加库存等	合计	$1, 2, \cdots, k$		出口	合计	
输入（分区域）			本地生产	$1, 2, \cdots, n$										
$1, 2, \cdots, k$	进口	合计		合计									
			外地生产	$1, 2, \cdots, m$										
				合计									
			固定资产折旧										
			新创造价值	劳动报酬 社会纯收入									
			总产品										

三、产业聚集与分散的度量方法

（一）产业比较优势度

我们可以选用下面两个指标从不同的侧面衡量一个产业是否具有比较优势，能否为所在区域带来聚集效应。

1. 比较成本

$B_1 = C_1/C_2$

其中：C_1 表示所研究区域某产业某产品的销售成本；C_2 表示比所研究区域层次更高区域的同产业同产品的销售成本；B_1 表示所研究区域某产业某产品的比较成本。如果 $B_1 < 1$，则所研究区域该产业的这种产品的成本低于高层次区域的平均值，从而该区域的该产品具有比较优势；B_1 小于1的程度越大，则这个产品的优势度越大。如果 $B_1 > 1$，则该区域该产品的成本高于高层次区域的平均水平，因而不具有比较优势。

2. 比较劳动生产率

$B_2 = L_1/L_2$

其中：L_1 表示所研究区域某产业某一时期的劳动生产率的年增长率；L_2 表示较高层次区域同产业同一时期劳动生产率的年增长率；B_2 表示所研究区域某产业某一时期的劳动生产率的相对上升率。如果 $B_2 > 1$，则所研究区域该产业劳动生产率的增长率高于较高层次区域的平均水平，说明该区域的该产业具有比较优势；如果 $B_2 < 1$，则所研究区域的该产业不具有比较优势。

上述两个指标，比较成本是从投入角度反映区域的产业比较优势，比较劳动生产率是从产出角度反映区域的产业比较优势。如果两个指标配合使用，则可较好地衡量区域的产业比较优势度。

（二）产业专门化率

产业专门化率的表达式如下：

$$Z = (g_1/g_2)/(Q_1/Q_2) \tag{7-27}$$

其中：g_1 和 g_2 分别表示所研究区域某产业以及较高层次区域同产业的净产值；Q_1 和 Q_2 分别表示所研究区域以及较高层次区域的总产值；Z 表示所研究区域的产业专门化率。如果 $Z > 1$，则该产业是所研究区域的专门化部门，其集中度较高；Z 值越大，该产业在所研究区域中的专门化程度越高，集中度也就越高，该产业产品输出规模也就越大。如果 $Z \leqslant 1$，则该产业不是所研究区域的专门化部门，其集中度较低。

（三）区位商

区位商表达式如下：

$$Q = (j_1/j_2)/(b_1/b_2) \tag{7-28}$$

其中：j_1 和 j_2 分别表示所研究区域以及较高层次区域相同产业部门的就业人数；b_1 和 b_2 分别表示所研究区域以及较高层次区域的总就业人数；Q 表示所研究区域该产业部门的区位商。如果 $Q > 1$，则所研究区域该产业部门的产业集中度大于较高层次区域的平均水平，是所研究区域的专业化部门和产品输出部门；Q 值越大，则所研究区域该产业部门的产业集中度越高。如果 $Q \leqslant 1$，则该产业部门不是所研究区域的专业化或专门化部门。

产业专门化率指标和区位商指标反映的都是区域产业结构中的专业化部门及专业化程度，只是反映问题的角度不同而已。前者用的基础指标是净产值，而后者用的基础指标是就业人数。某区域是否形成了主导产业，一个简要的衡量指标就是产业专门化率或区位商。但需要说明的是，产业专门化率和区位商只是反映了区域专门化的相对程度，并不能完全反映区域的实际专业化程度。产业专门化率和区位商大于 1 的产业部门有可能总体规模很小；如果是这种情况，这一产业部门的专业化产品在区域内所占的比例将会非常小。同时，产业专门化率和区位商只是反映所研究区域与其较高层次区域在产业构成上的差异或相似程度。对于经济实力较弱的区域而言，由于总体经济规模较小，即使区域内某一产业部门的区位商和专门化率较高，这一产业部门本身在其较高层次区域同一产业部门的总量中也只占很小的比重，甚至低于别的区域中产业专门化率和区位商小于 1 的同一部门在全国所占的比重，这样一些产业就难以成为区域的主导产业部门。真正成为区域主导部门的专业化部门必须具备较大的规模，且 $Z > 1$，$Q > 1$。

（四）产业专门化系数

产业专门化系数是反映研究区域与对比区域产业结构的差异程度，用来衡量所研究区域的产业结构特色。其表达式为：

$$C_1 = \sum |Q_{i1} - Q_{i2}| \tag{7-29}$$

其中：Q_i 表示第 i 产业部门在整个产业中所占的比重，下标 1、2 分别表示不同的区域；C_1 表示区域产业专门化系数。C_1 反映研究区域与对比区域在产业结构方面的差异程度，首先计算两个区域同一年份各产业部门占各自整个产业的百分比，然后将两个区域相同产业部门的百分比相减。这样可能是负值或正值，取绝对值，最后把这些绝对值加总，这个总和就是区域产业专门化系数。从式（7-29）可知，如果两个区域的产业结构完全相同，那么 C_1 的值为 0；如果两个区域的产业类别互斥，那么 C_1 的值为 2。因此，区域产业专门化系数在 0～200% 之间变化，该值越大，则区域产业结构的特色越明显，产业在所在区域的集中度越高，同时说明其与对比区域的经济互补性越强；相反，区域产业专门化系数越小，说明所研究区域与对比区域的产业结构越相似，即产业分散、重复建设和同构现象严重。

（五）偏离-份额分析

在一定时间内，以国民生产总值（评价第一、二、三产业结构）或工业总产值（评价工业结构）的年增长率为基准，分别测算区域按全国平均增长率可能形成的假定份额，将这一假定份额同区域实际增长额进行比较，即可分析区域国民生产总值增长相对于全国平均水平的偏离状况。这种偏离主要是由区域产业结构因素和区位因素所致的。

第一，区域份额偏离因素，以较高层次区域的总产出年增长率为基准，反映当假定所研究区域按此增长率增长时应达到的增长水平。

第二，产业结构偏离因素，反映所研究区域的产业结构类型对该区域经济增长的影响。

第三，区位偏离因素，反映所研究区域的区位条件或竞争能力对其经济增长的影响。它们的表达式为：

$$\begin{cases} G_j = N_j + P_j + D_j \\ N_j = (E_t/E_0) \cdot e_{j0} - e_{j0} \\ P_j = \sum_{i=1}^{n}\left[\left(E_{it}/E_{i0}\right) \cdot e_{ij0}\right] - \left(E_t/E_0\right) \cdot e_{j0} \\ D_j = e_{jt} - \sum_{i=1}^{n}\left[\left(E_{it}/E_{i0}\right) \cdot e_{ij0}\right] \\ (P + D)_j = P_j + D_j \end{cases} \qquad (7\text{-}30)$$

其中：G_j 为所考查区域的 j 产业增长率；N_j 表示份额分量-全国平均增长效应，是指 j 产业部门的全国平均增长率，如果所考查区域 j 部门规模发生变化，那么全国平均增长率也发生变化；P_j 表示结构的偏离分量-产业结构效应，是指所考查区域 j 部门比重与全国相应 j 部门比重的差异，此差异导致该区域 j 部门增长相对于全国标准所产生的偏差，此值越大，部门结构对经济总量增长的贡献越大；D_j 表示区域竞争力偏离分量-区域份额效应，是指所考查区域 j 部门增长速度与全国相应部门增长速度的差别引起的偏差，反映所考查区域 j 部门的相对竞争能力，此值越大，所考查区域 j 部门的竞争力对经济增长的作用越大；$(P + D)_j$ 表示区域总偏离量；e_j 表示区域国民生产总值；E 表示高层次区域的国民生产总值；i 表示第 i 个产业；0 表示基期；t 表示末期（以年为单位）。

P_j 值为正，表示所研究区域的产业结构素质较好，促进了区域经济总量较快增长，区域的产业集中程度较高；相反，P_j 值为负，说明区域产业结构素质差，影响区域经济总量增长，区域的产业集中程度较低。

N_j 是区域 j 按高层次区域产业年均增长水平增长时应达到的产业增长水平。如果 $N_j > 0$，则区域实际经济增长率高于高层次区域；如果 $N_j < 0$，则区域实际经济增长率低于高层次区域。

D_j 反映区域的区位条件或区域产业竞争能力对区域经济增长的影响。如果 $D_j < 0$，则区域处于不利区位，产业竞争能力弱，聚集力弱；如果 $D_j > 0$，则区域处于有利区位，产业竞争能力强，聚集力强。

（六）区域产业结构联系水平分析

区域经济学中的聚集经济是指一些在经济上有相互联系的农业、工业及服务业集中在一定空间范围内所形成的一种经济效应，又称聚集经济效应。产生聚集经济的原因在于区域系统内部产业联系的加强而产生的内在的生产扩张力，也就是我们前面多次提到的聚集性循环累积因果链。这符合整体大于各孤立部分之和的系统论观点。区域内部产业联系包括产业内部的纵向联系、产业间的横向联系和生产与消费之间的联系。投入产出分析作为系统工程的重要方法，可以为我们提供有效的产业联系分析工具。我们可以把前面讨论的投入产出表转化为一个三角矩阵（如图7-3所示）。

从图7-3中可以看出，产业1的投入过程明显地依赖其他产业的生产过程，但是其产出对其他部门的生产过程没有任何影响；与之相反，处在该表最底部的产业n，在其生产过程中可以不依赖其他产业部门的任何投入，但是其产品的绝大部分用于其他所有部门的中间产品投入。由此可见，产业1是投入方面依赖性最强的产业，产业n是产出方面依赖性最强的产业，这就是我们在第一节讨论的处在最上游的产业和最下游的产业。

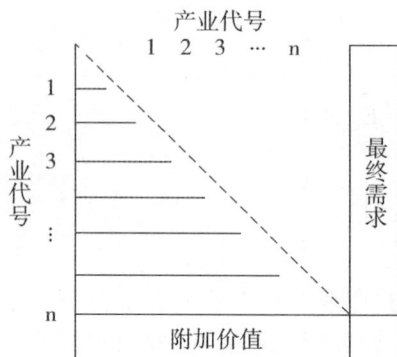

图7-3　三角形投入产出表

现在我们结合三角形投入产出表分析赫希曼提出的前向联系和后向联系。前向联系（$F_i = \sum_j a_{ij}X_i$）作为投入产出表的直接分配系数的横向合计值，表示该产业在产出方面对其他产业的依赖程度。后向联系（$F_j = \sum_i a_{ij}X_i$）作为投入产出表的直接消耗系数的列向量合计值，表示产业在投入方面对其他产业的依赖。作为与之对应的概念，日本经济学界使用的是影响力系数和感应度系数。

某一产业的影响力系数用下式来表示：

$$\rho = \left(\sum_j r_{ij}/n\right) \bigg/ \left(\sum_i \sum_j r_{ij}/n^2\right) \tag{7-31}$$

其中：ρ为影响力系数；r_{ij}为里昂惕夫逆矩阵系数。也就是说，某一产业的影响力系数等于该产业纵向逆矩阵系数的平均值与该产业逆矩阵全部系数的平均值平方之比。

某一产业的感应度系数用下式来表示：

$$\beta = \left(\sum_i r_{ij}/n\right) \bigg/ \left(\sum_i \sum_j r_{ij}/n^2\right) \tag{7-32}$$

其中：β为感应度系数，它等于该产业横行逆矩阵系数的平均值与全部该产业横行逆矩阵系数的平均值平方之比。

显然，在一定时期内，如果一个区域产业的前向联系（感应度系数）及后向联系（影响力系数）趋于上升，则表明该区域产业间联系趋于加强，聚集力也在增强。

学思践悟

推动经济实现质的有效提升和量的合理增长

党的二十大报告指出："我们要坚持以推动高质量发展为主题，把实施扩大内需战略同深化供给侧结构性改革有机结合起来，增强国内大循环内生动力和可靠性，提升国际循环质量和水平，加快建设现代化经济体系，着力提高全要素生产率，着力提升产业链供应链韧性和安全水平，着力推进城乡融合和区域协调发展，推动经济实现质的有效提升和量的合理增长。"推动经济实现质的有效提升和量的合理增长，是以习近平同志为核心的党中央从全面建设社会主义现代化国家的高度所作出的重大战略部署。

经济发展是质和量的有机统一。质指的是经济发展结构、效益，量指的是经济发展的规模、速度；质的提升为量的增长提供持续动力，量的增长为质的提升提供重要基础，两者相辅相成。我国已经迈上全面建设社会主义现代化国家的新征程，新的发展阶段、新的使命任务和新的发展环境对经济实现质的有效提升和量的合理增长提出了更高、更为紧迫的要求。在持续实现质的有效提升的同时，持续实现经济量的合理增长，才能做大做强中国经济，加强和巩固全面建设社会主义现代化国家的物质技术基础。

推动经济实现质的有效提升和量的合理增长，并非一时一地之举措，它贯穿全面建设社会主义现代化国家的整个过程，需要持续激发经济发展的内生动力，充分调动一切积极因素，形成推动高质量发展的强大合力。要充分发挥市场在资源配置中的决定性作用，更好地发挥政府的作用；发挥好中央和地方两个积极性，加强顶层设计和统筹协调，完善发展目标、政策体系和考评标准，为地方发展经济提供原则，同时要充分激发地方干事创业的主观能动性，鼓励地方结合实际积极探索差异化的发展路径，因地制宜推动高质量发展；要坚持以深化供给侧结构性改革为主线，不断夯实实体经济基础，突破供给约束堵点，形成高效率的投入产出关系，坚持扩大内需这个战略基点，增强消费对经济发展的基础性作用和投资对优化供给结构的关键作用，促进新动能加快成长；要通过深化改革增添动力，通过完善政策解放活力，形成共同推动高质量发展的强大合力；要推进高水平自立自强，增强自主创新能力，提升发展的自主性和安全性；要顺应和引领经济全球化基本趋势，深度参与全球产业分工和合作，在开放合作中实现自立自强和互利共赢。

资料来源　［1］习近平. 高举中国特色社会主义伟大旗帜　为全面建设社会主义现代化国家而团结奋斗——在中国共产党第二十次全国代表大会上的报告（2022年10月16日）［M］. 北京：人民出版社，2022. ［2］本书编写组. 党的二十大报告辅导读本［M］. 北京：人民出版社，2022.

本章小结

本章讨论了区域产业结构演进的基本原理及定量分析方法，这是区域经济增长和区域经济发展的重要基础，也是区域经济学的核心内容之一。区域产业结构划分是区域产业结构研究的基础。历史上，霍夫曼、克拉克、库兹涅茨等从不同角度发展了产业结构划分的几种典型方法，其中克拉克划分法是区域产业结构研究中最常用的方法。区域产业结构演变规律是区域产业结构的历史变化轨迹的规律性反映。通过对产业结构演变规律的认识，可以能动地促进区域产业结构及时、顺利地转换，从而推动区域经济的快速、协调发展。配第、斯密、克拉克、库兹涅茨和钱纳里等均对产业结构演变规律进行了分析。虽然他们的很多分析是基于区域层次的，但对区域产业结构的演变也有一定的指导和借鉴意义。本章还对产业结构高度化、区域产业的前后向联系、区域产业链条及产业结构规律性演变的原因作了详细的分析，这些理论解释区域产业结构演变的侧重点不同，在实际应用时应根据区域经济实际情况对号入座。

通常意义上的区域发展，不仅包括区域经济增长，还包括区域经济结构的演进过程。因此，要解释区域经济发展，不仅要解释区域经济增长，还要解释区域经济结构如何演进，它们是区域经济发展相互联系、相互作用的两个方面。传统的新古典经济学理论，从区外需求、区外供给以及区际要素流动角度解释了区域经济增长的基本机理，然而它们无法解释区域经济结构演进过程及基本机理。新经济地理学理论虽然能够很好地解释经济增长的驱动力和经济空间聚集的基本机理，但同样无法揭示区域经济结构的演进过程及基本机理。连续时空视角的空间经济研究，不仅关注区域经济增长，还强调通过产业布局的变动而呈现出来的经济结构演进。连续线性经济模型假设所有经济单元位于一条连续可分的直线上，在该经济空间中有大量的制造业厂商和服务业厂商，这些厂商都位于一个连续的区位上，每一个区位上只有1单位的土地。企业使用劳动和土地两种投入要素进行生产。相对于技术而言，这些生产要素具有规模收益不变的性质，但由于每个区位上的土地资源是有限的（每个区位上只有1单位土地），因此，生产函数实际上是规模收益递减的，这意味着土地资源有限性在该经济系统中起到分散力的作用。起初，制造业部门的技术水平较高，且劳动力雇用数量与企业创新成功概率之间的正向联系使得企业倾向于吸收大量劳动力参与生产活动，但最终由于规模报酬递减的生产函数（土地数量为1），技术所带来的"好处"完全被土地资源的有限性束缚，制造业不能再大量消化劳动力：一方面，由于技术水平不断提升，劳动力逐渐退出制造业部门；另一方面，自然增长的劳动力和退出制造业部门的劳动力一起进入服务业部门，进而最终提升了服务业部门的技术水平和劳动生产率，单位土地面积的产值不断增长，这表现为地价和地租的不断上升。此后，服务业部门逐渐具备了与制造业部门竞标优势区位土地使用权的经济能力，服务业"挤出"制造业只是时间上的问题，服务业部门最终将取代处于优势区位的制造业部门，这就完成了区域经济结构的转换。随着时间的推移，基于同样的运行机理，服务业部门也将再次被更高层次的制造业部门取代，这在时间维度上表现为区域经济的不断增长，在空间维度上表现为产业结构的不断优化升级。当然，上述产业结构更替机理运行于一条连续的线性空间之上，若要获得一个区域的空间发展规律，只需将这一条直线围绕其端点旋转一周后即可获得二维空间平面的区域经济系统（如图7-4所示）。

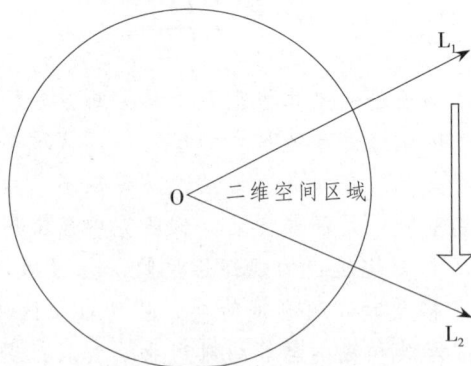

图7-4　二维空间区域形成过程

如果能够及时准确地对区域产业空间分布和产业结构的现状加以定量分析和评价，充分认识区域的特点及与其他区域间的互补联系、区域的比较优势与劣势，不但可以使我们正确地认识区域产业结构的现状，而且可为我们准确、及时地优化区域产业结构提供理论与现实依据。一些定量分析方法，尤其投入产出法、产业比较优势度法和区位商法等在实际操作中不仅十分便利，同时具有重要的作用。例如，投入产出法能够提供区域内产业结构间相互关联的数量关系，揭示不同产业所处的地位及产业间联系程度的欠缺，有助于对各产业的正确认识，帮助我们及时发现问题、解决问题。

参考文献

［1］CAPELLO R. Regional economics ［M］. 2nd ed. New York：Routledge，2016.

［2］HOOVER E M，GIARRATANI F. An introduction to regional economics ［M］. 3rd ed. New York：Alfred A. Knopf，1984.

［3］CHENERY H，SYCQUIN M. Patterns of development：1950–1970 ［M］. Oxford：Oxford University Press，1975.

［4］WALTER H. Growth of industrial economics ［M］. Manchester：Manchester University Press，1958.

［5］DESMET K，ROSSI-HANSBERG E. Spatial development ［J］. American Economic Review，2014，104（4）：1211–1243.

［6］DESMET K，ROSSI-HANSBERG E. Innovation in space ［J］. American Economic Review，2012（3）：447–452.

［7］KRUGMAN P. Increasing returns and economic geography ［J］. Journal of Political Economy，1991，99（3）：483–499.

［8］DIXIT A K，STIGLITZ J E. Monopolistic competition and optimum product diversity ［J］. American Economic Review，1977，67（3）：297–308.

［9］安虎森，等. 高级区域经济学 ［M］. 4版. 大连：东北财经大学出版社，2020.

［10］库兹涅茨. 各国的经济增长——总产值和生产结构 ［M］. 常勋，等译. 北京：商务印书馆，1985.

［11］世界银行1984年经济考察团. 中国：长期发展的问题和方案（主报告）［M］. 北京：中国财政经济出版社，1985.

［12］配第. 政治算术 ［M］. 陈冬野，译. 北京：商务印书馆，1978.

［13］斯密. 国民财富的性质和原因的研究：上卷 ［M］. 郭大力，王亚南，译. 北京：商务印书馆，1972.

［14］冯海发. 结构变革的历史顺序 ［J］. 当代经济科学，1989（3）：42–51.

第八章
城乡二元结构与城市

城市内的交易效率大大高于乡村分散居住情况下的交易效率,城市内的分工水平也大大高于乡村分散居住情况下的分工水平,因此,城市和乡村之间在生产力发展水平、商业化程度等方面会出现差距,城市的生产力水平和商业化水平远高于乡村地区。可以看出,经济从自给自足向高水平分工演进时,就会出现用生产力水平和商业化水平来表示的城乡二元结构,这种城乡二元结构是经济发展过程中的必然过程。在这种二元结构中,乡村居民的专业化水平较低,生产力水平和商业化程度也较低,因而从商业化水平和从市场中得到的收入也低,出现了城乡差异。如果能够把城乡之间的交易效率提高到较高的水平,则城乡之间的实际收入差距将逐渐收敛,从市场中得到的收入、商业化程度及生产力水平都将趋于均衡。当然,如果无法提高城乡之间的交易效率,则这种二元结构将长期存在。提高城乡之间交易效率的主要途径是:首先,要建立城乡统一的大市场,就是要解决城乡市场分割问题,这也就是目前我们反复强调的城乡统筹以及资源要素的双向流动问题。其次,在乡村地区,各种各样的农产品都通过中小城镇得以出售,农民也在这里购买城市生产的工业产品,这些中小城镇成为城乡联系的节点,在城乡联系中扮演着极其重要的角色,因此我国强调建立较为完整的城镇体系,坚持走新型城镇化道路。

自20世纪90年代以来,在世界范围内的城市经济学研究取得了巨大的进步,如在新经济地理学领域,藤田昌久和森智也在规模收益递增和垄断竞争假设下,利用市场潜能函数解释城市和城市体系的演变机制。许多学者仍沿着杜能、韦伯、克里斯泰勒和廖什等的研究思路,从几何学和拓扑学的角度阐述了城市体系形成和演进规律(池田等,2012)。但由于篇幅的关系,无法在本书中进行较为深入的讨论。在本章中,我们讨论有关城乡二元结构的基本理论,然后讨论城市在城乡二元结构中的重要角色。在城市经济研究中,我们将重点地讨论城市土地利用、城市就业、城市住房、城市基础设施等。

第一节　区域空间的二元结构

区域空间结构是指社会经济客体在区域空间中的相互作用和相互关系,以及反映这种关系的客体和现象的空间聚集规模和聚集形态。区域空间结构的实质是社会经济发展的非均衡问题。有些地区的经济活动强度和密度大,常成为该区域的核心地区;有些地区的经济活动强度和密度小,常成为该区域的边缘地区。核心地区支配区域经济活动和边缘区的经济活动,这就是我们常说的城市和乡村所组成的区域的二元结构,这种核心边缘结构成了区域社会经济空间组织的基本单元。这种核心边缘结构可以应用到各种各样的地域范围之中,大至国家间,小至地区间或城乡间。

一、基于经济活动强度差异的二元结构理论

大多数有关二元结构理论都是从经济发展的空间差异角度提出的。20世纪50年代以来，学界先后形成了以区域经济不平衡发展为基本内容的一系列二元结构理论，包括增长极理论、循环累积因果理论、不平衡增长理论、中心-外围理论等。不过，这些已在第四章讨论过，读者可以参见第四章的相关理论部分。

上述理论研究的是区域不平衡发展问题，而这种不平衡必然导致经济活动强度在空间上的差异，而这种强度的差异将导致核心边缘的二元结构，这种二元结构对具体区域而言就是城乡二元结构。

二、基于交易效率差异的二元结构理论

不同于前面的理论，新兴古典经济学是从城乡交易效率差异的角度来解释城乡二元结构的形成，并认为这种二元结构是经济发展过程中的必然过程。

经济活动聚集在城市可以降低交易成本，因此城市内各种交易活动的效率比乡村分散居住情况下的交易效率高得多。分工的演进主要取决于交易效率，交易效率越高，分工水平也就越高，而分工水平越高，产业部门越多，生产的产品种类也就越多。当生产部门越多进而产品种类越多时，为了降低因不同部门、不同企业间直接交易而扩大的交易成本，出现了专门从事商品交易的中间交易商，因此城市的商业化程度也高于乡村。由于城市内的交易效率大大高于乡村分散居住情况下的交易效率，城市内的分工水平也大大高于乡村分散居住情况下的分工水平，因此，城市和乡村之间在生产力发展水平、商业化程度等方面就会出现差距，城市的生产力水平及商业化水平远高于乡村地区。同时，城市的分工与专业化水平总是比乡村增加得快。可以看出，经济从自给自足向高水平分工演进时，就会出现可以用生产力水平和商业化水平差异来表示的城乡二元结构，这种城乡二元结构是经济发展过程中的必然过程。在这种二元结构中，乡村居民的专业化水平较低，生产力水平和商业化程度也较低，因而从商业化和市场中得到的收入也低，出现了城乡差异。一旦城市的生产力水平和商业化程度较高，则在较长时期内社会资本就会向城市集中，进而使城乡联系中的各种要素（包括经济的、政治的）向城市集中，进一步加大城乡差距。如果能够把城乡之间的交易效率提高到较高的水平，则城乡之间的实际收入差距将逐渐收敛，从市场中得到的收入、商业化程度以及生产力水平都将趋于均衡。如果无法提高城乡之间的交易效率，则这种二元性将继续存在，并会出现类似于目前的城乡劳动力市场的分割、信用市场的分割以及商品市场的分割等诸多市场的分割现象。可以看出，城乡二元结构是经济发展过程中的必然过程，存在这种二元结构的原因在于城乡之间交易效率的差距。

三、基于劳动力转移的二元结构理论

完全不同于前面的理论，有些学者是从乡村过剩劳动力转移的角度提出二元结构理论的。

（一）刘易斯的二元结构理论

1954年，刘易斯发表了著名的《劳动力无限供给条件下的经济发展》一文，对经济发展过程中的"二元经济"现象进行了系统研究，提出了二元结构理论。

在刘易斯的模型中，经济由两个部门组成：

一是传统的、人口过剩的、仅能维持生存的农业部门，其特征是农业劳动力的边际产出为零或负。农业劳动力是在最低工资水平上提供劳动的，因此存在无限的劳动供给。

二是城市现代工业部门，其特征是具有远高于农业部门的边际产出，因而其部门工资较高。乡村剩余劳动力转移和现代工业部门就业的增长取决于现代工业部门的产出增长，而它又由现代工业部门的投资率和资本积累率所决定。假定现代工业部门的投资均来自资本家所赚取的利润，投资量的多寡就由现代工业部门的盈利水平决定，超过工人工资的利润越多，则投资量越大，资本积累速度越快；反之，亦然。

同时，刘易斯假定现代工业部门的工人工资不变，其数量为农业部门仅能维持生存的平均固定工资加上一个增加值，这一增加值是吸引乡村剩余劳动力转移所必需的补偿费用。刘易斯认为城市现代工业部门的人均工资应至少比农业部门的人均工资高出30%，否则将不会产生足够的吸引力。在城市现代工业部门工资不变的条件下，乡村劳动力的供给曲线被认为具有无限弹性（如图8-1所示）。

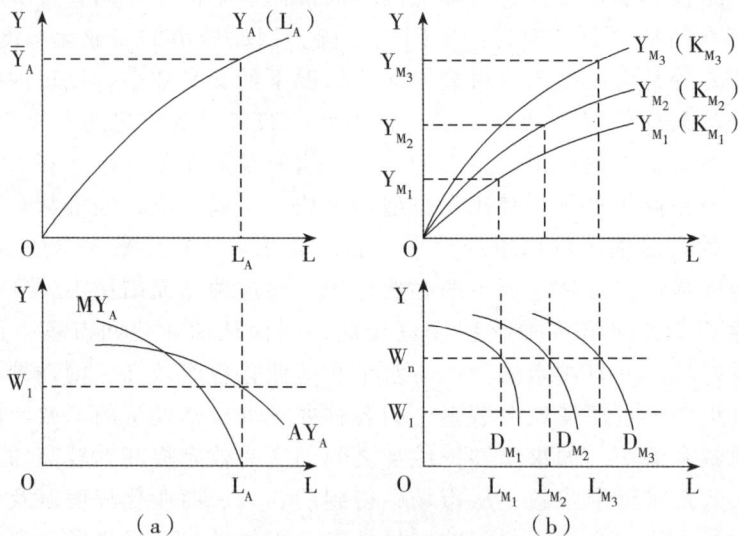

图8-1 刘易斯的两部门模型

图8-1（a）的上方为农业部门的总产出量曲线。在生产技术不变，资本数量（$\overline{K}$）一定的条件下，农业总产出只取决于唯一的可变生产要素——劳动力。由于受边际产出递减规律的影响，当劳动投入达到均衡点 L_A 时，农业总产出也达到最大值 $\overline{Y}_A$。在劳动投入超过此点后，由于乡村剩余劳动力的边际产出为零，因此，增加劳动投入不会带来任何产出的增加。

图8-1（a）的下方为农业部门劳动力的平均产出曲线 AY_A 和边际产出曲线 MY_A。刘易斯对农业部门作了两个假定：（1）剩余劳动力的边际产出为零；（2）乡村劳动力的产出能力是均等的。所以，农业劳动力的实际工资并不由劳动力的边际产出决定，而是由

他们的平均产出决定。在农业总产出达到最大时，农业劳动力的实际工资为 $W_A = Y_A(\overline{K})/L_A$。

图 8-1（b）的上方为现代工业部门的总产量扩张曲线。在技术水平不变的条件下，当资本存量为 K_{M_1} 时，总产出曲线为 $Y_{M_1}(K_{M_1})$。随着投资的不断增加，当资本存量分别上升到 K_{M_2} 和 K_{M_3} 时，总产出曲线分别为 $Y_{M_2}(K_{M_2})$ 和 $Y_{M_3}(K_{M_3})$。

图 8-1（b）的下方表示在现代工业部门劳动力工资水平不变的条件下资本扩张使现代工业部门就业增长的情况。D_{M_1}、D_{M_2} 和 D_{M_3} 分别代表在资本存量为 K_{M_1}、K_{M_2} 和 K_{M_3} 时的劳动力需求曲线。图中的 W_1 表示农业部门的平均实际工资，该水平的工资仅能维持生存。W_n 为现代工业部门的实际工资，在此工资水平下，乡村劳动力的供给被认为具有无限弹性，即现代工业部门无须担心工资上涨的威胁，在此工资水平下可以吸纳无数的乡村剩余劳动力。

现代工业部门总产出和就业的增长以及资本积累的过程如图 8-1（b）所示。在完全竞争的要素市场，追求利润最大化的厂商按照要素的边际收益等于边际成本的原则确定劳动力的实际工资，同时给出了厂商劳动力需求曲线。在资本存量为 K_{M_1} 时，劳动力的均衡需求为 L_{M_1}，此时总产出为 Y_{M_1}。厂商将全部利润用于投资，因此资本存量上升至 K_{M_2}；在劳动力工资不变的条件下，就业人数从 L_{M_1} 提高到 L_{M_2}，总产出由 Y_{M_1} 提高到 Y_{M_2}。这个过程将一直持续进行下去，直到所有的乡村剩余劳动力全部被现代工业部门吸收为止。此后，由于农村部门劳动力的边际产出不再为零，因此要想得到更多的乡村劳动力，现代工业部门必须支付更高的工资。这样，随着现代工业部门工资和就业量的不断增长，工业化、城市化进程也相应地同时进行，经济结构也处在不断的演进之中。刘易斯的二元理论是具有开拓性的，把传统部门和现代部门联系起来，用现代部门的不断扩大和传统部门的不断缩小来说明欠发达国家的发展过程，也解释了相互分割的城乡二元结构是如何通过劳动力转移最终实现一元结构的。

然而，批评者认为刘易斯的二元经济理论对欠发达国家二元经济结构的形成没有给出明确解释。他把欠发达国家的二元经济结构当作给定的外生变量，而且刘易斯模型的一些假设条件与现实不符。

第一，劳动力供给无限的假定不符合实际，现实中劳动力转移存在种种障碍。

第二，忽略了技术进步因素。在刘易斯的模型中，工业部门中劳动与资本的使用比例是固定不变的，因此工业部门吸收劳动力的能力随着生产规模的扩大而等比例扩大。但在实际中，随着科技的发展，以及新技术、新机器的大量使用，资本与劳动的比例越来越大，因而工业部门吸收劳动力的能力并没有随着生产规模的扩大而增强。

另外，刘易斯模型将农业当作一个被动的部门，在整个二元经济结构转化过程中，没有看到农业在经济发展中的地位和作用，把农业对经济发展的贡献缩小到只为工业部门的扩张提供所需的廉价劳动力方面，事实上，农业部门还为工业部门的扩张提供必需的粮食、原料、资本、市场及外汇等。

针对这些不足，拉尼斯与费景汉对刘易斯的理论进行了修正，提出了拉尼斯-费景汉模型。

（二）拉尼斯和费景汉的二元结构理论

拉尼斯和费景汉于1961年提出了一个新的二元经济结构转换模型。该模型的前提假设与刘易斯的假设相同。不同的是，他们首次将农业部门的发展结合进来，构成了工业部门和农业部门同时发展的二元经济结构转换模型。在他们看来，农业部门不仅像刘易斯模型那样能够为工业部门的扩张提供丰富而廉价的劳动力，还为城市工业部门提供农业剩余；否则，在农业生产率不变的条件下，工业中新吸收的来自农业的劳动力就可能没有口粮，以农产品为原料的工业也得不到发展。农业剩余是指农产品剩余，即农业总产量和农民总消费量之间的差额。拉尼斯-费景汉模型论述的二元经济向一元经济转换过程可以分为三个阶段：

第一阶段：农业劳动力的边际生产率等于零。这时候剩余劳动力向城市工业部门转移，农业总产量不受任何影响，所出现的农业剩余正好可以满足转移的劳动力对粮食的需求，农业部门和工业部门的工资不发生变化。第一阶段与刘易斯模型基本相同，从农业部门中转移出来的是边际产出为零的那部分剩余劳动力。

第二阶段：农业劳动力的边际生产率大于零，小于不变制度工资。不变制度工资是由习惯和道德因素决定的，并且在剩余劳动力完全消失之前始终不变。此时剩余劳动力向城市工业部门转移会使得农业总产量下降，不足以按平均消费水平向工业部门劳动力供给农产品，出现农产品短缺、工业部门的工资上升、工业企业的利润下降的情况，导致经济增长和劳动力转移的速度减缓。在第二阶段，农业中的边际产出大于零但小于平均收入的那部分劳动力转移出来。通过这两个阶段，农业部门的剩余劳动力得以消除。

第三阶段：经济运行进入新古典阶段，此时经济发展到农业部门中边际产出大于平均收入的劳动力进行转移的阶段。农业劳动力的边际生产率等于或大于不变制度工资，农业剩余劳动力完全被城市工业部门所吸收，农业和工业的工资水平都由其劳动力的边际生产率来决定，传统农业进入了发达的资本主义经济阶段。据此，拉尼斯和费景汉强调在发展工业部门的同时，推动农业劳动生产率的提高，使农业发展和工业发展同步进行，以保证有足够的农业剩余，维持工资水平不变，使经济发展顺利地从第二阶段过渡到第三阶段。在前两个阶段，拉尼斯和费景汉认为："任何实际工资明显上升的趋势和由此而产生的工业和农业部门间的非正常工资差别，都会由于农业劳动力向工业部门的流动而受阻。"只有到了第三阶段，农业劳动力的工资水平才会由市场来决定。

通过城乡之间的人口转移使农业劳动力脱离农业部门转入工业部门，一方面表现为工业化进程，另一方面体现为城市化进程。从这种意义上讲，城市化实际是工业化的另一种表述方式。这一特征与西欧和美国等发达资本主义国家历史上的经济发展过程比较吻合。在现实中，尤其是在20世纪六七十年代，许多发展中国家开始遇到了始料未及的严重的城市失业问题，大批劳动力在城市中找不到工作；同时，有越来越多的农民试图离开乡村进入城市，人口流动不仅未能带来经济增长，反而成为经济发展的障碍，因此，城市化进程与工业化进程并非保持一致。如何解释这种现象并寻找相应的对策，哈里斯和托达罗给出了自己的答案。

（三）哈里斯和托达罗的二元结构理论

哈里斯和托达罗在1970年发表了经典的《人口流动、失业和发展：两部门分析》一文。在他们的模型中，人口流动是一种经济现象，人口流动过程是人们对城乡预期收入差异而不是实际收入差异作出的反应。乡村劳动力向城市转移的决定因素不是现行实际收入的差异，而是城乡间预期收入的差异，即乡村向城市流动的劳动力的数量（M）是移民在城市找到工作的概率（P）与能在城市工作后的预期工资（W）的乘积和在乡村劳动力的平均收入（R）之差的函数，用公式表示就是：

M=PW−R

举例来讲，假设城市年平均收入为100单位，当失业率达到30%时，在城市工作预期收入为70单位。只要乡村劳动力的年平均收入低于70单位，那么尽管城市存在很高的失业率，乡村劳动力作出迁移的决策也是理性的。从长期看，迁移决策依赖迁移期内预期城市收入的净现值与预期农村收入净现值的比较。

尽管哈里斯–托达罗模型与刘易斯模型、拉尼斯–费景汉模型有区别，但在城乡二元结构通过劳动力转移逐步实现城乡一体化方面是一致的。

第二节　城市等级体系与城市内部结构

一、城市及城市的分层结构

（一）城市的形成

农产品的生产是土地密集型的，工业品的生产不是土地密集型的，因此农业活动不能像工业活动那样集中在一个小区域内。工业品的生产由于不需要占用大量土地，既可以分散布局，也可以集中布局。随着分工的演进，在农业和手工业的分工之外，又出现制衣、房屋建造、家具制造等制造业。由于这些制造业的生产并非土地密集型，所以它们可以选择分散的区位，也可以选择集中的区位。但是，为了节省由于不同制造业之间的贸易而引起的贸易成本，它们最好聚集在一起。根据规模收益递增原理，每个制造业企业根据自身的技术水平和专业化特性，从事具有规模收益递增特性的某种产品的生产，因而可以认为每个行业的厂商数量和产品种类数量是相等的。因此，当社会的分工水平提高时，厂商数量大幅增加，整个社会的产品种类也随之进一步增多，这个过程就是整个社会经济发展的过程。因此，社会分工水平的提高就是经济发展的表现。此时，每个厂商不可能只与一个或两个厂商进行贸易，而是与许多厂商进行贸易。因此，当分工水平的提高扩大社会分工网络时，这些参加贸易活动的厂商不能聚集在一起，而是分散布局。假设每个厂商与其他贸易伙伴只能在它们区位连线的地理中点进行贸易，那么此时由分工演进而导致的社会贸易网络的扩大，使得社会出行距离及相关费用以几何级数增加。因此，降低这种以几何级数增加的贸易成本的最好方法，就是把众多的交易活动集中在某一区位。如果把这种交易活动集中在一个小范围，则会大大缩短社会总体的出行距离，同时可以大大降低区位分散导致的信息不对称现象和厂商间的不信任感，进而大大地提高贸易效率。这个小范围就是城市。分工的演进扩大贸易网络规模，贸易网络规模的扩大增加贸易成本，而贸易活动的地理集中降低社会总体贸易成本，贸易成本的降低又提高贸易效率。因此，我们可以从分工的网络效应和贸易活动的地理集中提高贸易效率之间的一般均衡角度来解释城市化。城市化就是把一个很大的贸易网络集中到某一区位以降低贸易成本的过程，这种由于聚集而扩大的分工网络效应和由于贸易的地理集中而产生的交互效应就是城市化效应。这种城市化效应产生的经济就是我们常说的城市化经济。当城市出现、各种厂商集中在城市时，为这些厂商和人口服务的各种服务业也开始大量出现。因此，城市的生产力发展水平、商业化程度都高于产业活动稀疏的乡村地区，这就是我们在第一节讨论的出现城乡二元结构的根本原因。上述的贸易成本的倒数就是我们在前面经常提到的贸易自由度或市场开放度。

（二）城市分层结构的形成

随着分工水平的提高，市场上进行交易的产品种类急剧增加，参与交易活动的厂商数量也急剧增加。如果此时在某一区域范围内只有一个城市，那么该区域的所有厂商或者人口都只能到这个城市进行贸易。但是，有些贸易活动可能要在邻居之间或相邻厂商之间进行，因此把这种贸易活动安排在邻居或相邻厂商的周边地区，可以节省往返城市而导致的贸易成本。如果双方都到城市进行贸易，则反而要支付不必要的成本。因此，根据贸易对象的不同，人们不会把所有的贸易都集中在城市进行，也不会把所有贸易分散在各地进行，与邻近贸易伙伴的贸易活动就安排在附近的小城镇进行，与邻省贸易伙伴的贸易活动就安排在中等城市进行，与邻国贸易伙伴的贸易活动就安排在大城市进行。这样，就出现了贸易活动的分层结构，而贸易活动的分层结构导致了城市的分层结构。要特别注意贸易结构与城市之间的关系，下文将直接应用这种关系。

（三）城市类型结构的形成

贸易的分层结构可以解决贸易对象的不同导致的贸易成本问题，但不能解决贸易种类的不同导致的贸易成本问题。如果把所有种类的贸易品散布在所有城市里进行交易，就会扩大人们搜寻同类贸易品的信息成本。因此，人们不会把所有种类的贸易品散布在所有城市进行贸易，而是把不同种类的贸易活动安排在不同的城市进行，这样就形成了贸易活动的类型结构，而贸易活动的类型结构又导致了城市的类型结构。这就是城市之间的专业化分工。我国江浙一带的各种专业化城市的兴起，就是这种城市之间分工的最好例子。

可以看出，把分工网络扩大，使大量的贸易活动集中在小范围进行，进而提高贸易效率，就是城市形成的机理；把很大的贸易网络集中到某一区位以降低贸易成本的过程，就是城市化过程；根据贸易对象的不同，把不同的贸易活动安排在不同规模的城市进行，就是城市的分层结构；根据贸易类型的不同，把不同的贸易活动安排在不同的城市进行，就是城市之间的专业化分工。

二、城市分层结构最优层次数和每层的城市规模

在前面，我们讨论了城市的分层结构和类型结构。如果分工水平很高，则在同一地点进行所有贸易比分散在多个地点进行多个双边贸易更有效率；但在区域范围较大的时候，把所有贸易集中在中心市场进行，会使邻居之间的贸易由于必须前往遥远的中心市场而产生不必要的贸易成本，那么这种通过中心市场贸易提高贸易效率与去遥远的中心市场使交通成本扩大之间的两难选择，就需要一种贸易活动的分层结构来平衡，因而出现了贸易的

分层结构和城市的分层结构。与此类似，城市的类型结构也出现了。在本部分，我们重点讨论城市分层结构的最优层次数和每一层次的城市规模问题。

（一）分层结构层次数与效率之间的关系

平常我们看到的较为典型的分层结构是图书馆的目录系统、城市系统、批发零售网络及邮政系统。

以图书馆的目录系统为例，说明分层结构与效率之间的关系。[①]在一个有1 000册藏书的图书馆找到一本英汉词典，有两种方法：

一是逐个书架查找。如果检查一本书需要1分钟，则可以在1 000分钟内找到。

二是利用该图书馆的目录系统。该目录系统分为3层：目录的第一层，根据学科类型，把1 000册书分为10种类型的书，如"社会科学""工程""工具书"等；目录的第二层把第一层的10种类型中的每一个大类又分为10个子类，如把"工具书"分为"社会科学工具书""工程工具书""语言工具书"等；目录的第三层又把第二层的子类分为10种不同的书，如"语言工具书"包括"英汉词典""德汉词典""日汉词典"等。如果我们假设在10分钟内找到"工具书"类，又利用10分钟找到"语言工具书"类，再利用10分钟找到"英汉词典"，那么利用第二种方法，我们可以在30分钟内完成任务。这说明分层系统的效率约是无分层系统的效率的33倍。

如果把目录系统只分为两层：第一层仍分为"社会科学""工程""工具书"等10种类型的书；第二层不再把第一层的10种类型中的每一大类分为10个子类，即不再把"工具书"分为"社会科学工具书""工程工具书""语言工具书"等，而是把"工具书"都排列在同一个书架上，假设每一种类型的书有100册，则找出"英汉词典"的时间是110分钟。这说明，当目录系统为两层时，该分层系统的效率近似于无分层系统之效率的10倍，但相当于目录系统为3层时的效率的1/3。这说明，当某一系统中的基本元素（我们可以把每一册书看成一个基本元素）的数量保持不变时，如果层次数增加，那么查找效率也随之提高。

现在假设在藏书10 000册的图书馆查找"英汉词典"，图书馆的目录系统分为4层，第一、二、三层都不变，但第四层把第三层的"英汉词典"子类分为"英汉词典""成语词典""双语词典"等10种不同的书，则我们利用40分钟可以找到"英汉词典"。此时的效率为无分层系统之效率的250倍。藏书10 000册的情况下4个层级系统之效率为藏书1 000册的情况下3个层级系统之效率的7倍。如果我们假定藏书10 000册时的最优层次数为4、藏书1 000册时的最优层次数为3，则上述例子说明，最优层次数的效率随着基本元素的增加而提高。

总结上面的讨论，我们可以得出很重要的结论：随着基本元素数量的增加，分层结构最优层次数也会增加，查找效率也会得到提升。要记住该结论，因为我们将在下面直接应用该结论。

（二）城市分层结构的层次数

在上面我们指出，分层结构最优层次数随某一系统基本元素数量的增加而增多，也就

---

① 杨小凯，黄有光. 专业化与经济组织——一种新兴古典微观经济学框架 [M]. 张玉纲，译. 北京：经济科学出版社，1999：317.

是说，某一分层系统的最优层次数是该系统基本元素数量的增函数。现在我们讨论城市系统。

我们假设某个经济系统的贸易效率适度，也就是说贸易效率不高也不低。在这里所说的贸易效率与我们在前面多次提到的贸易自由度或市场开放度是类似的，贸易效率高意味着可以大量节约贸易时的运输成本和制度成本，而很低的运输成本和制度成本又意味着贸易自由度很大或者市场开放度很大。这样，根据我们前面讨论的贸易自由度到达某一临界值以前整个经济系统保持对称结构的原理，整个经济系统被划分成若干区域性市场区（这种市场区就是我们在前面经常提及的南部和北部，不过在这里我们假设多个区域），各个市场区之间不发生贸易。每个区域性市场区里有 n 个生产者（也就是 n 个厂商）及若干专门从事贸易活动的交易商，这 n 个厂商各自生产一种产品提供给其他（n−1）个厂商，并通过交易商购入（n−1）种产品。因此，每个市场区里的厂商必须与其余（n−1）个厂商交换产品。此时，根据每个厂商的生产和需求必须均衡的条件，每个市场区里的所有厂商的贸易额相同。

现在我们假设贸易效率的提高幅度很大。根据贸易效率的高低决定经济系统分工演进程度的原理，贸易效率足够高意味着分工演进程度也足够高。此时，n 足够大，也就是厂商数量足够多，这也是经济发展水平很高的表现。根据贸易自由度足够高时可以实现一体化的原理，贸易效率足够高意味着贸易自由度很高，因此，整个经济系统实现了一体化。此时，不同市场区的厂商可以和本区域的厂商进行贸易，也可以通过专门交易商与不同市场区的厂商进行贸易。根据贸易结构决定城市结构的原理，这就形成了一体化的城市系统。在该一体化的城市系统中，城市系统可以划分成若干层次，大城市位于顶层，中等城市位于中间层，小城镇位于最底层。这样，与邻近贸易伙伴的贸易活动就安排在附近的小城镇进行，与邻省贸易伙伴的贸易活动就安排在中等城市进行，与邻国贸易伙伴的贸易活动就安排在大城市进行，于是出现了贸易活动的分层结构，这就是我们在前文讨论的贸易的分层结构及城市的分层结构。

此时城市分层结构的最优层次数如何决定呢？为了回答这个问题，我们有必要回顾对分层结构层次数与效率之间关系的讨论。图书馆目录系统分层结构的出现是为了提高查找效率，那么同样地，贸易分层结构的出现是为了提高贸易效率。根据对分层结构层次数与效率之间关系的讨论，我们知道分层结构最优层次数随该系统基本元素数量的增加而增多。在一体化的城市系统中，基本元素就是厂商，我们用 n 来表示厂商数量，而 n 又表示分工演进水平，若分工水平很高，则厂商数量很多，进而 n 也很大。因此，我们可以得出如下很重要的结论：一体化城市系统中的最优层次数随着生产中分工水平的演进而增多。当生产中的分工水平很高（生产者或厂商数量很多）时，一体化城市系统中的城市层次数较多；反过来，生产中的分工水平很低（生产者或厂商数量很少）时，城市层次数较少。

（三）城市规模与层次数的关系

在上面我们讨论了城市分层结构的最优层次数的问题，现在我们根据有关研究[①]，讨

---

① 杨小凯，黄有光. 专业化与经济组织——一种新兴古典微观经济学框架 [M]. 张玉纲，译. 北京：经济科学出版社，1999：331.

论层次数与城市规模之间的关系。层次数指的是从最底层城市、第二层城市，一直到顶层城市的层次序号。如果城市层次数为 m，那么第 m 层城市为顶层城市，城市规模最大；第一层城市为最底层城市，规模最小。我们常常用人口规模的大小来表示城市规模。如果我们假设厂商都以一定量的劳动力作为其固定投入和一定量的劳动力作为其可变投入，且城市人口中的劳动力比重较为稳定，那么人口规模可以表示为生产者数量或厂商数量，而厂商数量大意味着同外区域的贸易量也大。这样，我们把城市规模的大小用通过该城市进行的贸易量来度量。

1. 假设

现在我们描述上面提及的一体化的城市系统。该城市系统的层次数为 m，最顶层为第 m 层，最底层为第 0 层。假设第 m 层的城市数目为 1 个，该城市是整个经济系统的市场中心；第（m-1）层的城市数目为 x，第 i 层的城市数为 x^{m-i}，第一层的城市数为 x^{m-1}；最底层为第 0 层，第 0 层里没有城市，只有厂商或企业，假设有 n 个厂商，$n = x^m$。假定层次数和每一层的城市数都取最优值。

假定该经济系统中的每个厂商都与其他厂商进行交易。该系统的顶层为第 m 层，城市数目为 1 个，该城市是由第（m-1）层的 x 个子市场所组成的市场区的中心。第（m-1）层被划分成 x 个子市场，该层的每个城市是第 m 层市场的成员，又是该层各个子市场的中心。在第（m-1）层，每个子市场内厂商之间的所有贸易都通过第（m-1）层的城市进行，而不通过顶层（第 m 层）的城市进行，只有这些子市场间的贸易才通过顶层的城市进行。

第（m-1）层的每个子市场在第（m-2）层又被划分为 x 个子市场，故第（m-2）层的子市场总数为 x^2。第（m-2）层的每个城市是第（m-1）层的子市场的成员，又是第（m-2）层各子市场的中心，第（m-2）层的城市总数为 x^2。同样，在第（m-2）层，每个子市场内厂商之间的贸易都通过第（m-2）层的城市进行，而子市场间的贸易才通过第（m-1）层的城市进行。

在该城市系统的第一层，有 x^{m-1} 个城市，其中每个城市都是第二层子市场的成员，又分别为第一层各子市场的中心，该层有 x^{m-1} 个子市场，每个子市场由最底层的 x 个生产者或企业组成，显然 x≥2。如果我们用 A_1 来表示第一层的 1 个子市场，用 B_1 来表示该子市场的中心（也就是第一层的某个城市），则子市场间厂商之间的贸易不通过城市 B_1 进行，而必须通过 B_2（B_2 是位于 B_1 上层的第二层的某个城市）进行。因此，通过城市 B_1 进行的贸易量是全体生产者或企业间的总贸易量和在子市场 A_1 之外的生产者或企业间的贸易量之差。

2. 城市规模的表达式

为了讨论不同层次的城市规模大小，有必要建立城市规模表达式。为此我们假设，一对厂商之间的贸易量为 an，其中 a 为贸易量度量单位，n 为该城市系统的总的厂商或企业数量，又等于该城市系统的分工水平。这样，整个城市系统厂商间的贸易量就等于 an 乘上厂商之间总的交易次数，而这个交易次数就是从 n 个数中任意取 2 个数的组合（因为该经济系统中有 n 个厂商或企业），故等于 n（n-1）/2。同时，根据前面的讨论，子市场 A_1 内的厂商数量为 x，而子市场 A_1 以外的厂商数量为（n-x），故这（n-x）个厂商之间的交易次数为从（n-x）个数中任意取两个数的组合，等于（n-x）（n-x-1）/2。这样，我们可

以得出通过城市 B_1 进行的贸易量 V_1:

$$V_1 = an(C_n^2 - C_{n-x}^2) = an[n(n-1) - (n-x)(n-x-1)]/2 \qquad (8-1)$$

同样地，我们可以求出通过城市 B_2 进行的贸易量 V_2。虽然 V_2 的推导过程较为复杂[①]，但其求解思路是很清晰的，因为通过城市 B_2 进行的贸易量是全体厂商间的总贸易量减去两个部分的贸易量：一是在子市场 A_2 之外的厂商之间的贸易量；二是在子市场 A_2 之内的厂商或企业间而无须通过城市 B_2 进行的贸易量。这样，我们也可以给出通过城市 B_2 进行的贸易量 V_2:

$$V_2 = an[n(n-1) - x^2(x-1) - (n-x^2)(n-x^2-1)]/2 \qquad (8-2)$$

结合式（8-1）和式（8-2），我们很容易写出通过第（i-1）层某一个城市和第 i 层某一个城市进行的贸易量：

$$\begin{cases} V_{i-1} = an[n(n-1) - x^{i-1}(x^{i-2}-1) - (n-x^{i-1})(n-x^{i-1}-1)]/2 \\ V_i = an[n(n-1) - x^i(x^{i-1}-1) - (n-x^i)(n-x^i-1)]/2 \end{cases} \qquad (8-3)$$

3.不同层次城市的规模

在第 i 层，有 x^{m-i} 个城市且该层每个城市的规模都相等，用 V_i 来表示通过该层城市进行的贸易量，则 V_i 为第 i 层城市的规模。同样地，在第（i-1）层，有 $x^{m-(i-1)}$ 个城市，该层的每个城市的规模都相等，V_{i-1} 为该层城市的规模。比较式（8-3）中的 V_i 和 V_{i-1} 的大小。把 $n=x^m$ 代入式（8-3）后发现，如果 $2x^m > x^{m-2}(x+1)^2$[②]或者 $x \geq 1+\sqrt{2}$，则对一切 i 来说，不等式 $V_i > V_{i-1}$ 总是成立，尤其当 i<m 时，不等式 $V_i > V_{i-1}$ 必定成立。我们知道，i 的最大值为 m，而第 m 层的城市为最顶层城市。因此，对包括最顶层城市在内的所有层次的城市而言，如果满足 $x \geq 1+\sqrt{2}$ 的条件，则某一层次的城市规模总是大于比它低一个层次的城市规模。我们同时注意到，当 i=m（也就是 i 取最大值 m）时，如果不满足 $x \geq 1+\sqrt{2}$ 的条件（也就是 $x < 1+\sqrt{2}$），则顶层城市（第 m 层城市）的规模可能小于第（m-1）层城市的规模。

上面的表述理解起来可能比较困难，现在我们用语言重新表述一下。前面讲的是这样一个故事：假设一个有 4 个层次的城市系统，而且上一个层级的每个城市与下一个层级的 3 个城市相联系（也就是 x=3）。这样，第四层也就是最顶层的城市数为 1 个（3^0）。第三层的城市数为 3 个（3^1），第三层的市场也划分为 3 个子市场区，第三层的 3 个城市分别与第二层的 3 个城市相联系。第三层的 3 个城市分别是各子市场区的中心，又是第四层市场区的成员。这样，对于第三层的 3 个市场区来说，每个市场区内厂商之间的贸易是通过各市场区中的中心城市来进行的，但 3 个市场区之间的贸易是通过第四层城市来进行的。第二层的城市数为 9 个（3^2），市场区也有 9 个，第二层的各个城市也与第一层的 3 个城市相联系。同样，第二层的各个城市既是第二层各个市场区的中心，又是第三层市场区的成员，各子市场区内的贸易是通过各子市场区的中心城市来进行的，而市场区之间的贸易是通过第三层城市来进行的。第一层的城市数为 27 个（3^3），市场区也是 27 个，所属关系与贸易情况与上面的情况相同。最底层为第 0 层，没有城市也没有市场区，只有厂商，此时的分工水平或者厂商数量为 81（$n=x^m=3^4$）。在这种情况下，当满

---

① 杨小凯，黄有光. 专业化与经济组织——一种新兴古典微观经济学框架［M］. 张玉纲，译. 北京：经济科学出版社，1999：332.
② 该条件实为：$2x^m > x^{i-2}(x+1)^2$。

足 $x \geq 1+\sqrt{2}$ 的条件（在上面的例子中 $x=3>1+\sqrt{2}$）时，最顶层的城市也就是第四层的城市规模大于第三层的城市规模，第三层的城市规模大于第二层的城市规模，第二层的城市规模大于第一层的城市规模。这就是上面指出的当满足 $x \geq 1+\sqrt{2}$ 条件时，对于包括最顶层城市在内的所有城市，不等式 $V_i>V_{i-1}$ 总是成立的含义。此时，整个城市体系结构是单中心结构或者单核结构。

我们知道，x 的最小值为 2，因为不同层次上的城市数量都是 1 个或者整个城市系统中只有 1 个厂商是不现实的，因此 x 不能等于 1。不满足条件 $x \geq 1+\sqrt{2}$ 就意味着 x 无限接近其最小值 2。现仍然假设 4 个层次的城市系统，但与上面的例子不同的是，上一个层次的每个城市与下一个层次的两个城市相联系，也就是 x=2，显然，$x=2<1+\sqrt{2}$。此时，上面所说的顶层城市（第 m 层城市）规模可能小于第（m-1）层城市规模的含义就是，最顶层的城市也就是第四层的城市规模小于第三层的城市规模。但是，第三层的城市规模仍然大于第二层的城市规模，第二层的城市规模仍然大于第一层的城市规模，这就是我们在上面指出的当 i<m 时不等式 $V_i>V_{i-1}$ 必定成立的含义。最顶层的城市也就是第四层的城市规模小于第三层的城市规模意味着，此时第四层城市也就是最顶层城市不存在了，层次数变成 3，第三层的城市变成最顶层城市，最顶层城市的数量为 3 个。此时，城市体系结构是多中心结构或多核结构。

那么，在何种情况下 x 无限接近其最小值 2 呢？我们先考虑一下公式 $n=x^m$，由此可得 $x=n^{1/m}$，x 取决于表示分工水平或生产者数量的 n 和表示城市系统层次数的 m。当 n 给出时，x 随 m 的变大而变小。城市系统最优层次数 m 是分工水平或生产者数量 n 的增函数，是城市规模经济和贸易效率的减函数：分工水平（厂商数量）越高，最优层次数就越大；城市规模经济和贸易效率越高，最优层次数就越小。[①]因此，分工水平 n、城市规模经济和贸易效率决定 x 的大小：若分工水平足够大，则 x 很小，接近于极小值，也就是 x→2；若城市规模经济和贸易效率足够低，则 x 很小，接近于极小值，也就是 x→2。

总之，若分工水平适度，或者城市规模经济和贸易效率适度，则某一城市系统结构是单中心结构；反过来，若分工水平足够大，或者城市规模经济和贸易效率足够低，则某一城市系统结构是多中心结构。

（四）城市分层结构演进过程

在上面，我们讨论了城市分层结构中上、下层次城市规模的大小，以及多极和单极结构问题。在此部分，我们根据上面的讨论总结一下城市体系的演进过程。上面提到的分工水平足够高（n 足够大）或者城市规模经济和贸易效率足够低（m 足够大）是经济发展的两种极端情况。分工水平足够高意味着经济发展水平很高，正如上面讨论的情况一样，此时城市数量多，且按规模大小有规律地排列；城市规模经济程度足够低，意味着城市规模都很小，贸易效率足够低，意味着这些规模小的城市之间因贸易效率极其低下而无法进行贸易活动，这些小城镇几乎相互独立。因此，我们平时经常看到的 $V_i>V_{i-1}$ 的单中心结构是城市系统的常态，也就是当满足 $x \geq 1+\sqrt{2}$ 时，包括顶层城市在内，所有上一层城市的规模都大于下一层城市的规模。可以这么理解，我们平时常看到的单中心结构是分工水平没有

---

① 杨小凯，黄有光. 专业化与经济组织——一种新兴古典微观经济学框架［M］. 张玉纲，译. 北京：经济科学出版社，1999：329.

足够高、城市规模经济和贸易效率没有那么低时出现的城市系统，就是处在聚集极化阶段的城市系统。这种城市结构是常态。反过来，分工水平足够高或者经济发展水平足够高，则将出现 $V_m < V_{m-1}$ 的多中心结构（须注意，前文认为多中心结构或多核结构的出现是以顶层城市的消失为条件的），此时城市数量很多，但城市规模层次数相对于处在聚集极化阶段的城市规模层次数要小，城市之间的规模差异不像处在聚集极化阶段的城市规模差异那样明显，从而实现高水平的平衡状态。城市规模经济和贸易效率足够低，意味着经济发展水平很低，此时城市数量很少且城市规模也很小，因此，城市规模层次数也少，各个小城镇之间几乎没有贸易活动，处于相对独立状态，这是低水平的均衡状态。这样，可以得出有关城市分层结构演进过程的重要结论：

当经济发展水平很高时，整个经济系统已经历聚集的极化过程，进入高水平的平衡状态，表现为城市数量多、城市规模差异相对小的多中心城市结构；当经济发展水平较高时，整个经济系统处在聚集的极化阶段，进入非平衡极化状态，表现为城市数量多、城市规模差异大的单中心城市结构，这种单中心城市结构是一种常态；经济发展水平很低时，整个经济系统未进入聚集的极化阶段，处于低水平的平衡状态，表现为城市数量少、规模小，而且相互独立的集市散布在区域空间上。

三、城市内部空间结构

城市内部空间结构主要指城市中各物质要素的空间位置关系及其变化的特点，它是城市发展程度、阶段与过程的空间反映。城市内部空间结构有三种类型：单中心结构、多中心结构和网络结构。城市内部空间结构是由建立在特定经济活动基础上的、承担特定经济功能的城市内部功能区在空间上的不断分化而形成的。城市不仅存在内部功能分区，而且与不同等级的城镇相互联系构成城市网络，这就是我们在前面讨论的城市的分层结构，而这种分层结构就是我们平常所说的城镇体系。

（一）单中心结构

城市单中心结构的形成，一般来讲是市场力量起主导作用。单中心城市中只有一个中心，一般称这种城市中心为中央商务区（CBD），它以金融业和其他高端服务业集中的高楼大厦为特征，而且在高楼大厦的周围地区分布着大量的商业零售活动。确定中央商务区的方法之一是计算建筑面积与实际土地面积之比，如果某一地块的该比值很高，则该地块可以被确定为中央商务区。另一种方法是计算城市土地租金。如果某一地块的土地租金很高，则该地块可以被确定为中央商务区。

国外发达国家在20世纪60年代以前，以及我国在20世纪80年代以前，主要的城市类型为这种单中心城市。单中心城市结构一般表现为城市各组成要素分布集中，布局紧凑，因此可以节省用地，节约能源，有利于缩短通勤距离，降低通勤成本。但城市规模很大时，这种单中心城市会带来一系列问题，如交通拥堵、地价高昂、生态环境恶化。目前，发达国家的单中心城市一般具有以下特征：城市土地租金一般随着离中央商务区的距离的增加而下降；居住密度随着离中央商务区的距离的增加而下降；高收入人群和低收入人群的居住区是相互隔离的；非居住区，根据经济活动类型的不同可以划分成为工业区、仓储区、金融区、零售业区等。

　　然而，在过去的半个世纪里，城市由单一的中央商务区所主导的现象已基本消失，城市已经是多中心结构，而不是单中心结构。

（二）多中心结构

　　20世纪60年代，北美和欧洲一些城市在外围地区建设了与中央商务区展开竞争的新的城市中心，这是一种新的城市开发模式。随之，城市景观发生了很大变化，工业区中的一些轻工业开始大量布局在公路沿线的产业聚集区，因为这些地区的土地和劳动力价格相对低廉。郊区的购物中心开始提供以前只能在中央商务区看到的种类繁多的零售服务，底特律、波士顿等城市的中央商务区，因来自郊区购物中心的强有力的竞争而开始大量萎缩。20世纪80年代，在北美和欧洲一些大城市的外围地区出现了类似于城市中央商务区的核心区，这些核心区密集布局了成片的高楼大厦，在街道两旁也集中了各种各样的商店和餐厅。这些城市外围中心深刻影响了城市区域的租金模式、土地利用和居住密度等。

　　城市多中心结构指的是在快速的城市化进程中，在交通拥堵、污染及地价上涨等导致的分散力及聚集经济和城市化经济效应的共同作用下，一些原本位于城市中心的经济活动开始向外围扩散，并为追求方便的商务联系和低廉的贸易成本，在中心商务区以外形成多个次中心，这些次中心的规模大到足以对整个区域的人口、产业布局以及土地价格产生重大影响。城市多中心结构的形成，与城市扩张是分不开的。城市扩张定义为具有以下四种特征的现象：城市边界向外快速扩张、低居住密度、分割的土地利用以及高密度交通网络。城市边界向外快速扩张导致农业用地和农村景观的消失、低居住密度和土地利用的分隔，又排除了利用非机动交通工具的可能性，使得发展公共交通的成本极其昂贵。因此，在高密度的道路网络的支持下，私家车就成了主要的交通运输方式。与此同时，城市扩张会导致能源消耗率的提升以及为分散化的人口提供公共服务的成本的提高。

　　那么，为什么会出现次中心呢？中央商务区除了其良好的交通可达性以外，最主要的特征是具有聚集经济优势，因为经济活动空间聚集时，经济运行变得更加富有效率。然而，经济活动大量聚集所导致的拥挤成本和污染成本会限制经济聚集的最优规模。厂商发现，如果选择中央商务区以外的一个合适的区位，则会给其带来更大的收益。小型公司是无法单独迁至这些区位的，因为虽然该区位具有良好的交通可达性，但它无法享受聚集经济红利。大型开发商通过在这些地区建设购物中心、工业园区或高密度住宅区，可以建设经济活动聚集区。尽管这些开发行为的风险较大，但其潜在收益也非常大。因此，最初建立次中心是一种空间的创业行为，这样的例子包括把自发发展起来的购物中心周边地区建设成为巨大的聚集中心，如亚特兰大，或综合性开发区，如多伦多。次中心形成后，如果很多家庭在次中心商务区就业，那么其周围的租金价格将会上升，开始出现高密度居住区，城市边缘进一步向外扩张。在这个过程中，连接中央商务区和外围商务区的高密度开发走廊建立起来了。从这种讨论中可以看出，这种城市外围中心的形成，首先是由决策者离散的、重大的决策所驱动的，这些决策者通常是指各种规划制定者和大型开发商。显然，这些决策者和开发商是城市多中心结构形成的外生变量，因为多中心结构形成的内生过程是聚集经济驱使下的不同经济活动主体的区位竞标过程。其次，城市外围中心的形成具有路径依赖特征，如果事件发生的顺序不同，也就是规划制定者或开发商选择了点a而不是点 b，则由此产生的城市发展模式可能完全不同。

（三）网络结构

信息社会的到来使得信息技术在各种产业和社会生活中的应用日益广泛，这使得城市网络化结构成为城市空间结构发展的必然趋势。目前，一些经济技术发达的国家已经开始对大城市进行网络化结构规划，比如东京已将网络空间结构作为城市规划的目标。在信息社会，信息化是城市发展的原动力，准确快捷的信息和通信网络使交通可达性因素对产业区位的影响有所减弱。尽管现代城市交通在信息社会中仍不可替代，但其地位在下降。信息社会的网络化特征将改变传统城市空间结构的特征，大城市内部空间结构从整体上将趋于分散化、均衡化，这将逐步消除大城市中心区交通拥堵、环境恶化的状况。信息社会生产的无害化、轻型化及小型化特征，将使生产、流通、办公、居住等多功能的兼容成为可能，这将导致多功能综合性社区的形成。

第三节　城市土地利用

城市土地研究是城市经济学的核心内容，城市财富的最大部分体现在城市的土地上。任何城市经济理论都非常强调城市土地定价模型的重要性。可以认为，城市经济学的核心原理是土地价格随区位发生变化，而这些不同的土地价格导致了城市不同的土地使用类型和土地使用密度。因此，研究城市土地市场是把握城市经济脉搏的重要途径。土地价格是随着区位、住房、特殊区位、土地所有制的不同而发生变化的。本节将对城市个人和企业的区位选择形成的土地利用模式和城市内部空间结构进行分析。

一、地租与土地利用

（一）地租与土地价格基本原理

土地作为一种生产要素，同其他生产要素一样，可以为所有者提供收益。地租通常被描述为"在一定时期内，为使用土地而支付的费用"。土地价格是资本化的租金，土地的价值等于土地产生的租金收入流的现值。假设某一块土地第 t 年的租金为 R_t，市场利息率为 i，则 N 年内其收入现值为：

$$PV = \sum_{t=1}^{N} [R_t/(1 + i)^t]$$

当 N 趋于无穷大时，PV 为该块土地的价值。当土地的年租金不变时，土地价值变为 PV = R/i，其中 R 为固定的年租金。

另一种比较实用的方法是引入时间概念，地租从 t=0 开始的无限期的租金流的现值为：

$$W_0 = \int_0^\infty e^{-rt} [P_b(t)] dt$$

如果土地在 t=0 出售且 $P_b(t)$ 代表产生于所有相继时间内的预期的租金流，则将它作为生产性资产的市场价值为 $P_h^0 = W_0$。如果土地的拥有者打算在将来的第 T 期将其出售，则其现值为：

$$W_0' = \int_0^T e^{-rt} [P_b(t)] dt + P_h^T e^{-rT}$$

T 期后预期租金流的现值必须与 P_h^T 相等，即

$$P_h^T = \int_T^\infty e^{-r(t-T)} [P_b(t)] dt$$

这样，$W_0 = W_0'$，在 t=0 期，有限期持有土地所获得的报酬，并不比无限期持有土地所获得的报酬多。假定期望不变，在任意时刻的资产价格充分反映未来生产的现值，那么，即使土地市场与金融市场完全一体化，也不存在从购买土地进行生产或转售中获得正常回报的可能性。[①]

（二）地租、土地区位与土地利用

在经济学中，土地和土地上的附着物具有独一无二性，因此土地市场通常被看作产品完全差异化的市场，没有任何两宗土地产品是完全相同的。城市土地是完全差异化的产品，这使得很难说明某一特定地段的建设用地的供给和需求情况。根据限定条件，任何地段的土地供给都是固定的，因此它的价格是完全非弹性的。此外，某一宗特定建设用地的需求对价格非常敏感，具有弹性。这是因为在与其毗邻的地段，具有许多竞争性的建设用地，具有可替代性。对于每一宗建设用地，土地的价格必须使其使用者的支付额能够由他从该宗土地的区位优势中获得的收益来补偿。

大卫·李嘉图认为农业用地的价格是由土地的生产力决定的。土地越富有生产力，农民愿意为其支付的地租就越多。对土地肥力的分析指出了地租的一些重要概念。考虑一个农业国家，农民利用肥力程度不同的土地来种植玉米，当地的经济特征如下：

（1）固定价格。全国市场上的产出（玉米）和投入（劳动、种子、肥料和资本）的价格已定，农民是价格接受者，农民根据此价格作出生产决策。该价格在任何区位上都一样。

（2）零利润。农业是竞争性行业，农民完全自由进入和退出，故均衡时的经济利润为零。

（3）土地的肥沃程度不同。土地有 3 种类型：最肥沃的土地、中等肥沃的土地、贫瘠的土地。

（4）土地租给出价最高的人。

（5）零运输成本。假设运输成本非常小，可以忽略不计。

图 8-2 给出了 3 种不同类型土地的成本曲线。成本曲线包括了除土地以外的所有生产成本和机会成本。这些成本曲线的位置取决于土地的肥沃程度，农民在相对肥沃的土地上能够以较少量的投入生产出同样数量的玉米。因为农民在种子、肥料、拖拉机和劳动上花费了较少的资金，所以他的平均成本曲线位置较低。总之，土地的肥沃程度越高，成本曲线的位置就越低。

在图 8-2 中，玉米的全国均衡价格为 10 美元，供给曲线和需求曲线在 10 美元处相交。由于我们假定农民是价格接受者，并且当价格等于边际成本时利润最大，因此在最肥沃的土地上，利润最大化时的产出量为 220，产生的利润为 1 320 美元（总收益 2 200 美元减去

---

① 曹建海. 中国城市土地高效利用研究 [M]. 北京：经济管理出版社，2002：22.

总成本880美元），农民愿意支付的每年的土地租金为1 320美元。同理，在中等肥沃的土地上，农民只愿意支付320美元作为土地租金。对于贫瘠的土地，由于生产成本使得价格为10美元时无利可图，因此农民根本不会租用贫瘠的土地。

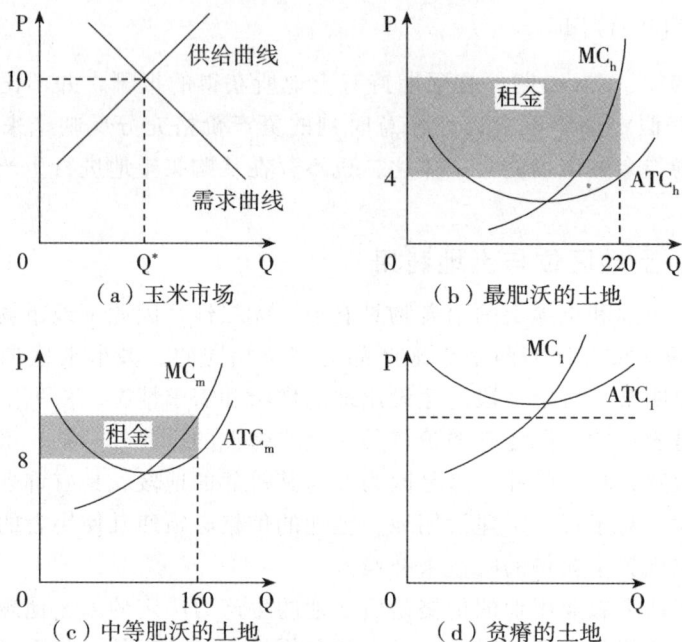

图8-2   不同肥沃程度的土地和地租

资料来源   O'SULLIVAN A. Urban economics ［M］. 4th ed. New York：McGraw-Hill Higher Education，2000：185.

在均衡时，地租等于总收入减去非土地成本的剩余，这就是剩余法则。因为农民对土地的竞争，地主获得了剩余。如果对进入和竞争进行限制，则剩余法则不能起作用，地主不可能获得所有剩余，而只能获得部分剩余。

李嘉图的结论在城市内部同样适用。在城市内部，对于每一块土地而言，土地价格必须使得该土地使用者的支付额度能够由他从这块土地的区位优势中获得的收益来补偿。

二、区位选择与城市土地利用[①]

（一）家庭区位选择

消费者（家庭）区位决策研究是在一些假设基础上进行的。首先，假设城区是均质平面，这个平面上的某一点就是中央商务区。为了便于分析，把中央商务区缩小为一点，城区被视为圆形实体，中央商务区就是圆心。从中央商务区到市内任何一点的距离（u）都是从中央商务区到该点的射线长度。假设交通费用随u的增加而增加；边际交通费用不变，故交通费用随u的增加而同比例增加。

家庭离中央商务区越远，交通费用就越高。交通费用和前面讨论的聚集经济的存在都促使家庭靠近中央商务区。所以，可以预期，靠近中央商务区的土地租金较高。这

---

①   赫希. 城市经济学 ［M］. 刘世庆，李泽民，廖果，译. 北京：中国社会科学出版社，1990：68-77.

样，家庭就必须在距离中央商务区的远近和土地租金的高低之间加以权衡。对于中央商务区外的某一地点，当其离中央商务区的单位距离所引起的土地费用的边际节约等于单位距离交通费用的边际增加时，效用达到最大化，此时家庭可以选择该地点为居住区位。这可以用图8-3来表示。线段AT表示任意距离u的交通费用边际增加。根据假设，远离中央商务区每单位距离的交通费用增加量为OA。远离中央商务区每单位距离的土地费用边际节约表示为线段BC。当距离增加时，土地费用就下降，从线段BC到横轴的垂直距离表示土地费用。线段BC的斜率为负，负斜率表示离中央商务区的距离越远，土地费用的节约越少。假设某一家庭居住在u_C处，可以看出该家庭存在转移的动机，在此处每单位距离的土地费用边际节约等于$u_C G$，而交通费用的边际增加是$u_C F$。由于边际收益超过边际费用（边际收益与边际费用之差为正），该家庭就有远离中央商务区的动机。这种激励一直持续到点$\bar{u}$为止。在这一点上，边际节约正好等于边际费用（FG变为零）。如果超出距离$\bar{u}$，则任何一点的边际交通费用都会超过土地费用边际节约。同样，居住在u_J处的家庭也有转移的动机，但是此时是向中央商务区靠拢。只要交通费用的节约超过了土地费用的增加，该家庭就有更加靠拢中央商务区的动机，因而在$\bar{u}$处获得最佳居住区位。

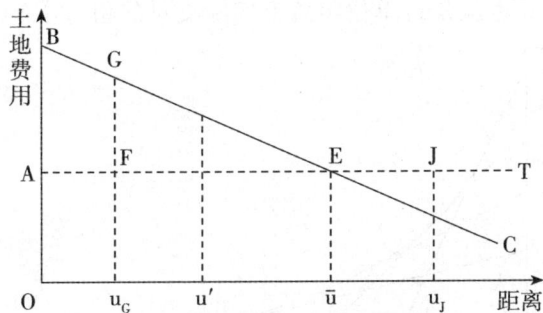

图8-3 最佳居住区位选择

（二）厂商区位选择

假设厂商选择土地投入和非土地投入。非土地投入主要是指劳动力和资本投入。土地投入和非土地投入之间是不能替代的。假设无论厂商选择何种区位，都必须把其产品运到中心地出售，产品运输需要支付运输成本，厂商实际所得价格是扣除运输成本的价格。假设厂商要素边际产出递减，即任何投入增加1个单位时，这种投入的边际产出尽管起初可能增加，但最终必将减少。现在把要素边际产出递减规律与产出价格联系起来。如果产品以价格P出售，且市场是完全竞争的，那么追加1个单位要素对产出贡献的价值就等于价格和边际产出之积。由于厂商所得的价格是扣除运输成本的价格，故边际产出价值VMP就等于扣除运输成本的价格和边际产出之积。厂商是用边际产出价值来决定对某种要素的使用，即厂商通过使要素的边际产出价值等于要素的边际成本来决定要素的使用量。

现在考察厂商的区位选择。厂商希望接近中央商务区，因为这不仅节约运输成本，而且可以获得聚集经济效益。因此，所有厂商都为中央商务区附近的有限土地进行竞争，出价最高的厂商获得离中央商务区最近的土地。地租随着离中央商务区的距离u的增加而下降。厂商面临着中心商务区和便宜的土地之间的权衡。土地租金是一种要素的价格，距离也与厂商对每种要素使用数量的选择有关。厂商的区位影响产出的净价格，也增加土地费用。厂商将选择租金等于土地的边际产出价值的区位。这就引出了租金梯度的概念。

租金梯度是表示土地租金随距离而变动的一条曲线。家庭选择居住区位时的租金梯度曲线是向下倾斜的，即斜率为负，因为土地租金随距离 u 的增加而下降。为了推导租金梯度曲线，有必要引入租金出价曲线。租金出价曲线表示，某一厂商为了维持某种利润水平而在每单位距离上愿意为土地支付的最大租金。当一块土地的租金高于土地的边际产出价值时，企业就不再愿意支付。所以，租金出价曲线由每单位距离 u 处土地的边际产出价值决定。图 8-4 中有 4 条可能的租金出价曲线 B_1、B_2、B_3、B_4，图中的租金出价与距离线性相关（如果接近中央商务区的区位的运输成本较低，但所有区位上土地的生产力相等，则会出现这种情况）。为了推导租金梯度曲线，假设不同的厂商有不同的租金出价函数，这种租金出价函数取决于每一块接近中央商务区的土地对厂商的重要性程度。B_1 代表厂商对接近中央商务区的土地意愿支付的最高租金，其次是 B_2、B_3、B_4。每一区位上的最高租金出价曲线决定着谁使用这块土地及出价为多少。因此，租金梯度曲线就是所有最高租金出价曲线的包络线 R（u），也就是每单位距离上实际支付的租金。

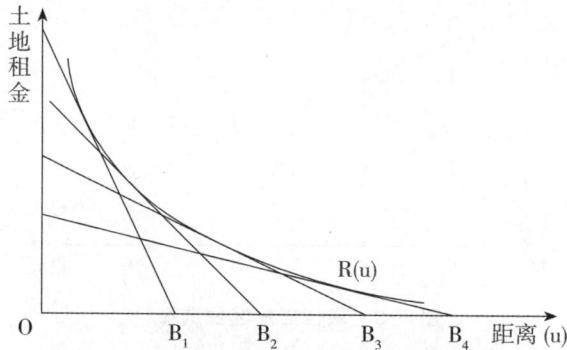

图 8-4　租金梯度曲线为租金出价曲线的包络线

假定市场是完全竞争的，厂商不会获得垄断利润，也就是厂商的全部收入分配给土地要素和非土地要素。如果非土地投入价格在城市中的任何地方均相等，则厂商为距离 u 处的土地支付的最大租金等于该区位土地的边际产出值。如果土地边际产出 MP_L 在所有距离上都相等，则如上所述，土地的边际产出价值 VMP_L 将随运输成本的节约 t_u 而发生变化。用等式表示就是：

$$VMP_L = (P - t_u)MP_L$$

当 u 增加时，（$P-t_u$）变小，因此土地的边际产出值 VMP_L 也减少。如果土地的边际产出 MP_L 不变，则土地的边际产出值 VMP_L 将随距离的增加而线性减少（如图 8-4 所示）。但是，如果土地的出价随离中央商务区的距离 u 的减少而增加，并且非土地投入的价格不变，则土地与其他投入相比会变得越来越贵。如果允许在土地投入和非土地投入之间进行替换，那么生产者在 u 减少时会用非土地投入来替代土地投入。但是，若边际产出递减，则土地的边际产出会因使用土地面积的减少而增加。所以，土地的边际产出价值不仅由于 u 的减少而增加，而且由于土地边际产出的增加而增加。如果各种要素均按其边际产出价值支付，那么离中央商务区的距离减少，厂商的租金出价曲线的增加数量就大于线性增加的数量，租金出价曲线的形状就类似于租金梯度曲线的形状，这样得到的租金梯度曲线仍然是厂商租金出价曲线的包络线。

当厂商向中央商务区方向靠近时，往往使用更多的劳动力和资本，非土地与土地要素的替代比率越来越高。一般来说，可以预期，商业企业或办事机构往往设在城市中心，因为它们使用在小块土地上建起的高楼就可以完成许多工作。工业企业一般不能如此有效地使用高层建筑物，因为楼层之间的搬运需支付大量的成本。因此，工业企业往往选择离中央商务区较远的区位。

第四节　城市就业

城市劳动力市场是全国劳动力市场的一部分，但城市劳动力市场有其自身的特点。本节从城市劳动力市场的供需分析入手，重点分析城市劳动力市场的作用机理。

一、劳动力需求及其影响因素

劳动力需求常常被称为派生需求，因为它是从对产品和服务的需求派生出来的。因此，劳动力需求主要来源于两个方面，即制造业部门把产品销售给城市外部的消费者，非制造业部门把产品销售给城市内部的消费者，这两者之间存在一定的联系。

（一）乘数原理

因为出口部门的劳动力的大部分收入都用来购买本地的产品，因此出口部门增长能够增加本地产品的销售额，产生一种乘数效应。在第一轮，出口销售收入 A 以工资、利息和地租的形式支付给工人、资本家和土地所有者，本地收入增加 A。如果增加的收入中有60%花在本地产品上，那么本地产品的消费将增长60%×A。本地产品消费的第一轮增长是本地收入的第二轮增长，本地生产者支付给工人、资本家和土地所有者的收入中有60%又花费在购买本地生产的产品上。本地产品消费的第二轮增长为36%×A，消费和收入持续增长，但每一轮都比上一轮少一些，因为存在40%的进口漏出。

城市总收入的增长超过了出口部门收入的最初增长。本地消费的边际倾向（m）是收入花费于本地产品的那一部分，在上例中为60%。如果出口销售的最初变化为ΔX，总收入的增长ΔT是各轮收入增长的加总，即

$$\Delta T = \Delta X + m \times \Delta X + m^2 \times \Delta X + m^3 \times \Delta X + \cdots$$

整理上式，则：

$$\Delta T = \Delta X \times [1/(1 - m)]$$

收入乘数被定义为出口销售的单位变化所引起的总收入的变化，即

$$\Delta T/\Delta X = 1/(1 - m)$$

由于劳动力的需求为派生需求，所以在收入乘数的作用下，当出口销售的增加使得总收入增加时，本地产品生产部门的劳动力的需求也会大幅增加。

就业乘数同样影响就业。就业乘数是指出口部门就业的单位变化所引起的总就业的变化。假设本地产品生产部门和出口部门的销售额增加1单位对劳动力的需求都相同，那么

就业乘数和收入乘数相同[1]；如果本地产品生产部门的销售额增加1单位对劳动力的需求超过出口部门对劳动力的需求，就业乘数就会大于收入乘数。因此，资本或技术密集型的出口部门的就业乘数比较大。

计算就业乘数的第二种方法是利用劳动力数据。如果 B 为出口部门的劳动力数量，L 是为本地服务的产业部门的劳动力数量，则城市总就业数量为（B+L），记作 T。L/B 表示每个出口部门的就业所支持的为本地服务的产业部门的就业数量，则就业乘数可以写成：

$$\Delta T/\Delta B = T/B$$

（二）劳动力需求曲线

城市劳动力需求就是在不同的工资水平上，一个人口既定的城市市场所需要的劳动力数量。劳动力需求曲线是向右下方倾斜的，也就是说劳动力需求曲线的斜率是负的，这主要有两个方面的原因。

首先，随着城市工资水平的提升，出口部门的厂商和为本地服务的产业部门的厂商都会用资本来替代相对昂贵的劳动力，这就是替代效应，也就是工资水平提升所产生的要素替代降低了对劳动力的需求。换句话说，工资的增长导致厂商用非劳动投入替代劳动力投入。

其次，随着城市工资水平的提升，产品成本上升，因而产品价格上涨。随着出口产品价格的上涨，出口需求量下降，出口部门需求的劳动力数量也随之减少。随着本地产品价格的上升，城市居民用进口产品来替代相对昂贵的本地产品，随之地方厂商对劳动力需求就减少，这就是产出效应，也就是城市工资水平的提升导致价格水平的上涨和产出的下降，降低了对劳动力的需求。因为工资水平提升导致的替代效应和产出效应，需求曲线的斜率为负。

替代效应和产出效应的大小决定着劳动力需求曲线的斜率。替代效应和产出效应越大，劳动力需求对工资变化的反应越大，需求曲线越平缓。如果厂商很容易用非劳动力要素替代劳动力要素，那么替代效应较大。产出效应大多是由两个原因导致的：

第一，如果劳动力在总成本中所占比例较大，则产出价格对工资变化很敏感；

第二，如果产出的需求价格弹性较大，则产出价格的上涨会导致总产出的下降。

总之，需求曲线相对平缓的条件，首先是劳动力和非劳动力要素之间可以很好地替代，其次是劳动力成本在总成本中的份额较大，最后是城市产出的需求弹性较大。

影响城市劳动力需求曲线移动的因素主要有：

第一，出口。对城市出口行业产品需求的增长会扩大出口品的生产，使得市场上的劳动力需求曲线向右移动，在每一个工资水平上将需要更多的劳动力。

第二，劳动生产率。新技术的应用会提高劳动生产率，降低厂商的生产成本，使得出口厂商降低出口价格并增加产出。在这种情况下，厂商只需要较少的劳动力就能够生产出给定量的产品。如果产出的增长较多（产品的需求价格弹性较大），则出口部门的劳动力需求增加，需求曲线向右移动。同时，劳动生产率的提高使得本地产品的价格低于进口产品价格，从而扩大了对本地劳动力的需求。

---

① 奥沙利文. 城市经济学 [M]. 周京奎，译. 8版. 北京：北京大学出版社，2015：89-90.

第三，税收。与厂商经营有关的税收的增加使得厂商的生产成本提高，因此理性的厂商会减少其产出量，劳动力需求曲线会向左移动。同理，如果政府降低厂商经营的税收负担或是给予厂商一定程度的补贴，那么劳动力需求曲线会向右移动。

第四，社会制度因素。除了受到出口、劳动生产率及税收等因素的影响外，社会制度因素也影响劳动力需求。在新制度经济学中，诺斯（1994）把制度定义为"一些被制定出来的规则、守法程序和行为的道德伦理规范，它旨在约束追求主体福利和效用最大化的个人行为"。影响劳动力需求的制度因素主要包括两种：

一是正式制度，即一定的经济体制及其相应的就业制度、用人制度、工资制度、福利制度等各项制度安排；

二是非正式制度，即对人们的意识和行为有潜在规范作用的社会意识形态、伦理道德、风俗习惯等。

图8-5给出了出口需求增长的直接效应和乘数效应。假设出口需求增加，对出口部门劳动力的需求提高了10 000人，城市劳动力需求曲线将从D_1移向D_2，这是出口需求增加的直接效应。如果就业乘数是2.5，每一个出口部门带动了1.5倍的为本地服务的产业部门的就业，需求曲线将再向右移动，增加15 000个就业岗位（从D_2到D_3），这就是出口需求增加的乘数效应。

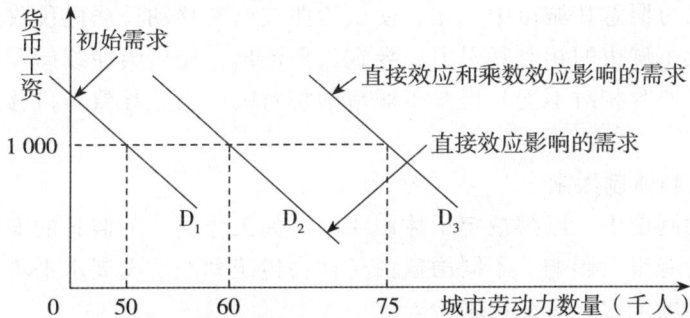

图8-5　出口需求增长的直接效应和乘数效应

资料来源　O'SULLIVAN A. Urban economics [M]. 4th ed. New York: McGraw-Hill Higher Education, 2000: 145.

二、劳动力供给及其影响因素

劳动力供给就是在不同的工资水平上一个人口既定的城市市场所能提供的就业量。因为人口流动效应，城市劳动力市场的供给曲线是向上倾斜的，工资水平的提升增强了城市的吸引力，导致人口从其他城市流入本地。总就业的提高扩大了产品的总需求，导致了土地、住房和其他商品价格的上涨。城市必须提供更高的工资来弥补劳动力更高的居住成本。除了工资水平引起劳动力供给曲线的变动外，还有一些影响劳动力供给的因素：

1.人口的自然特征

在其他条件不变的情况下，高人口增长必然引起劳动力供给的增加，但是人口规模的形成并不是短期内实现的。高人口增长引起的劳动力供给的增加需要一个时间过程，因为每个国家对劳动力的定义都有严格限制，只有出生后的劳动力达到了法定年龄，比如在中国是16岁，才会对劳动力供给总量产生影响，因此我们将其称为"滞后效应"。人口的自然特征还包括人口的性别比例、人口的年龄结构、人口的民族构成等。

2.劳动力的工作偏好

不同的劳动力对工作收入和闲暇的态度是不同的，这种不同的态度可以通过工资率变化所产生的收入效应和替代效应反映出来。经济学上的收入效应是指工资增加使劳动力感到比以前更富有，从而减少劳动供给的一种行为，是在保持工作不变的条件下，收入变动所引起的工作时间变动的比例。在通常情况下，收入效应使闲暇增多，劳动时间减少。替代效应是指工资增加后，劳动力感到闲暇比以前更加昂贵，从而增加劳动供给的一种行为。

由于收入效应和替代效应对于劳动力供给的影响方向存在差异，因此，当工资率上升时，劳动力供给是增加还是减少完全取决于这两种效应的相互关系。当替代效应大于收入效应时，工资率的上升会导致增加劳动力供给，而当替代效应小于收入效应时，工资率的上升会导致减少劳动力供给。只有当替代效应等于收入效应时，工资率的上升对劳动力的劳动供给才没有影响。

3.城市的吸引力因素

城市的环境、居民税收和居民的公共服务等因素都会影响劳动力供给曲线的移动。城市环境质量的提高增强了城市的相对吸引力，导致人口向城市转移，在每一个工资水平下，更多的劳动力愿意在城市中工作，使供给曲线向右移动。居民税收的增长（公共服务相对不变）降低了城市的相对吸引力，导致人口流出，使供给曲线向左移动。居民公共服务数量的增加（税收相对不变）提升了城市的相对吸引力，导致人口移入，使供给曲线向右移动。

4.劳动制度和体制因素

一国的劳动制度中一般都规定了休假年限，如工作周、节假日的安排等。这些制度安排对于劳动供给有很大影响。不同国家由于社会传统和经济发展水平不同，对节假日的安排都不同，有的国家多，有的国家少。

在计划经济体制时期，我国的劳动力供给不能灵活地反映劳动力需求；在市场经济条件下，劳动力是独立的产权主体，他与管理者的关系是契约关系，而不是行政隶属关系，因而劳动力的供给机制很大程度上由市场进行调节。

除了社会体制之外，我国现行的户籍管理制度也是影响劳动力供给的一个重要因素。由于城乡户籍制度在很大程度上人为地割裂了农民从农村到城市的自由流动，农村劳动力提供劳动供给的愿望受到了很大的限制。虽然经过多年的改革与调整，农村劳动力向城市的转移和流动已有了很大程度的改善，但是仍有一些城市以种种借口，不允许农民工进入城市的某些部门或岗位，甚至某些工作也只有拥有本市户籍的人才可以参与。这些限制措施在很大程度上限制了劳动力供给。

由于存在滞后效应，短期内劳动力供给对整个国民经济而言是缺乏弹性的；但是对特定的城市而言有一定的弹性，这是因为城市内较高的工资可以吸引其他城市的劳动力进入该城市。在长期内，如果一个城市的就业机会和工资很有吸引力，又渴望吸引新的劳动力进入，那么其劳动力市场具有较大的弹性。在一个发展良好的城市环境中，人们愿意在教育和培训上投资，也愿意提高其劳动参与率。对培训、教育和技能的要求也影响一个地区的劳动力供给弹性。例如，如果城市的工业部门需要高技术水平的劳动力，那么短期内劳动力供给是缺乏弹性的。然而，随着时间推移，由于人口流动和培训新工人，劳动力供给将变得较有弹性。类似于其他的供给函数，经历的时间越长，劳动力供给的状况就越容易调整，弹性也就越大。

三、劳动力需求和供给的均衡效应

劳动力市场的均衡效应就是当劳动力供给等于劳动力需求时的均衡工资和均衡就业人数。均衡工资就是在此工资水平下劳动力的供给量和需求量处于均衡状态（如图8-6所示）。

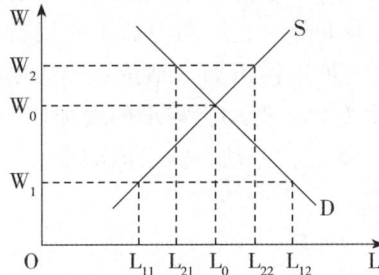

图8-6　城市劳动力市场均衡

当工资率低于 W_0，如在 W_1 时，劳动力需求 L_{12} 就会超过劳动力供给 L_{11}，此时市场上出现了劳动力短缺；厂商为了雇佣劳动力，自然会提高工资，直到工资达到均衡工资时为止。同样，当工资率为 W_2 时，劳动力供给 L_{22} 超过了劳动力需求 L_{21}，市场上为劳动力提供的就业岗位不多，因而劳动力为了获得就业机会，也愿意在较低的工资条件下工作，因此工资会降低，直到均衡工资为止。在工资率为 W_0 时，劳动力市场处于均衡状态，劳动力供给等于劳动力需求。

（一）劳动力供给变动对均衡的影响

首先分析在劳动力需求不变的情况下，劳动力供给的变动对均衡的影响（如图8-7所示）。当人口的自然特征、劳动者的工作偏好、城市的吸引力及劳动的相关制度安排发生变化时，劳动力的供给曲线也会发生变化，此时 W_0 不再是均衡工资。假设城市政府提高了对居民的公共服务水平，改善了居民的生活质量或降低了居民的税负，那么在这种情况下，会有更多的人愿意来到城市工作，因而劳动力供给曲线就会向右移动至 S_2 处。此时，劳动力供给大于劳动力需求，为了获得就业机会，劳动力之间会产生竞争，进而迫使均衡工资下降至新的均衡点 W_2。同理，当各种影响因素促使劳动力供给减少时，劳动力供给曲线向左移动，均衡工资率会上升，均衡时的就业量下降至与新的均衡点 W_1 相对应的 L_1。

（二）劳动力需求变动对均衡的影响

接着分析在劳动力供给不变的情况下，劳动力需求变动对均衡的影响（如图8-8所示）。当出口、劳动生产率、税收及社会制度因素发生变化时，劳动力的需求曲线也会发生变化；劳动力需求曲线变化后，W_0 不再是均衡工资。假设出口增加，那么厂商将扩大生产，增加对劳动力的需求，劳动力需求曲线就会向右移动至 D_1 处，在原来的均衡工资处，劳动力需求将会大于劳动力供给，从而迫使厂商提高工资，最终工资上升至新的均衡

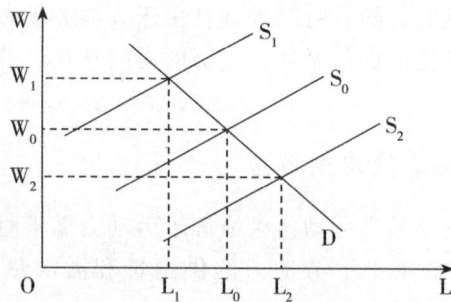

图 8-7　劳动力供给变动对劳动力市场均衡的影响

工资 W_1 处。同理，当劳动力需求下降时，劳动力需求曲线就会向左移动至 D_2 处，工资下降至新的均衡工资 W_2 处。因此，可以得出如下结论：当影响劳动力需求的各种因素发生变化时，劳动力需求曲线也发生变化，劳动力需求的增加使劳动力需求曲线右移，提高均衡工资率，增加均衡就业人数；反之，劳动力需求的减少会使劳动力需求曲线左移，降低均衡工资率，减少均衡就业人数。

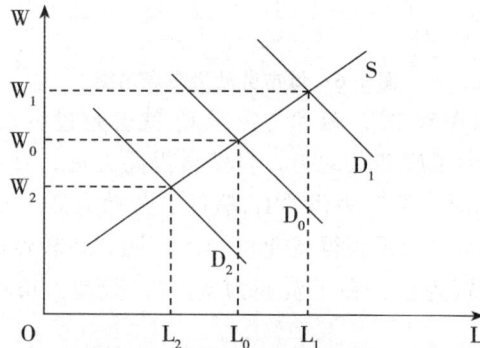

图 8-8　劳动力需求变动对均衡的影响

（三）劳动力供给曲线和需求曲线同时变化对均衡的影响

在现实的城市劳动力市场，劳动力供给和需求可能同时发生变化，变化方向可能是同向的，也可能是反向的。同向和反向变化又可以分为劳动力需求变化幅度大于劳动力供给变化幅度的情况与劳动力需求变化幅度小于劳动力供给变化幅度的情况。

在图 8-9 中，劳动力供给和需求反向变化。例如，劳动力供给增加，导致供给曲线从 S_0 移至 S_1，而劳动力需求减少，导致需求曲线从 D_0 移至 D_1，此时均衡工资率 W_0 将降至 W_1 处。

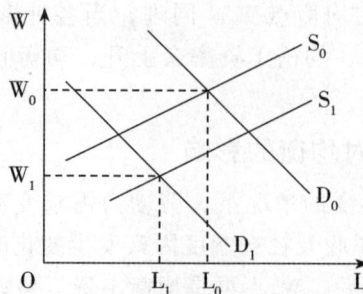

图 8-9　供给增加、需求减少的劳动力市场均衡曲线

供给和需求同向变化时，如果劳动力供给增加，则劳动力供给曲线向右移动，均衡工资率就有下降的压力。当劳动力需求增加时，劳动力需求曲线也向右上方移动，这又会提高均衡工资率。因此，最终结果取决于两种力量的对比程度（如图8-10所示）。如果供给增加的力量占优势，那么均衡工资率从 W_0 降到 W_1；如果需求增加的力量占优势，那么均衡工资率从 W_0 上升到 W_1。具体分析要根据劳动力供给和劳动力需求变动的程度进行，这样才能确定均衡工资率和均衡就业的变动情况。

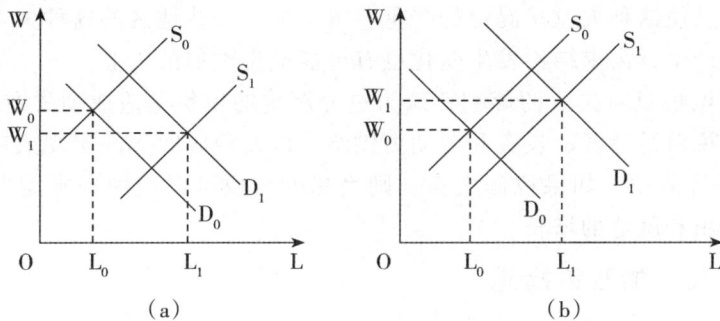

图8-10　供给和需求同向变化的劳动力市场均衡曲线

四、城市就业政策

在讨论城市就业政策之前，首先要了解一下城市失业。失业虽然不是独一无二的城市现象，但它作为制定就业政策的测试指标，是一个有特色的城市现象。在农村，失业常常被掩盖起来，因为在农村工资的支付并不主要由生产率来决定。然而在城市，市场机制使得生产率成为就业需要考虑的因素。当人们的边际生产率太低，以至于不能通过市场的考验时，他们就会发现自己已经失业了。在不同城市之间，失业的原因和失业者的个人情况是不尽相同的，因此为特定的城市制定就业政策时，对城市失业的类型和原因进行了解是十分必要的。

（一）城市失业类型

反映劳动力供求平衡关系的城市失业，包括摩擦性失业、结构性失业、周期性失业、总需求不足和税负导致的失业等。

摩擦性失业是城市中的某一部分劳动力因就业类型和就业区位偏好的变化、劳动力需求的变化而进行工作调整时的临时性失业。一定数量的摩擦性失业对劳动力市场的有效运行是必要的。

结构性失业是因产品和服务的构成发生变化，或因某些过时的技能或技术遭淘汰而引起的失业。对一个地区产品需求的减少，也可能造成结构性失业。如果技术构成或需求构成的变化很大，并经常出现变化，那么，即便职业流动非常快，结构性失业率也可能很高。在这种情况下，每年可能都有不少劳动力遭受结构性失业。当人们因为不了解市场要素，或无法接受新的技能训练，以致最终丧失劳动技能而不再被雇用时，长期性失业便发生了。这种失业是结构性变化造成的，同时因市场调整缓慢而难以消除。

周期性失业产生的原因是经济中的总需求不足以为劳动力创造足够的就业岗位。在摩擦性失业和结构性失业中，问题在于工作机会与求职者不能互相匹配，而周期性失业的发生是因为市场上没有足够多的工作机会。相对于摩擦性失业和结构性失业而言，周期性失业随着经济扩张与收缩在每年的表现都各不相同，可能涉及整个经济领域。

如果降低工资不能减少劳动力供给，则将出现总需求不足性失业，进而产生非自愿失业。在引起失业方面，总需求不足的重要性在各个城市之间是不同的。例如，全国性总需求的微量下降可能集中在少数几种商品上，这几种商品碰巧又仅在少数几个城市生产。结果，在全国范围内很难察觉到的劳动力需求下降，可能会在少数城市内引起大规模的失业，而乘数效应又使这种失业状况更趋严重。事实上，一些地区的这种失业并非完全由全国性需求下降而产生，需求结构发生变化也有可能产生类似的失业。

供给学派强调税负对失业的影响，认为过分沉重的税负是造成高失业率的重要原因。供给学派强调减税对总储蓄、投资和劳动力供给，以及税收收入的宏观效应，而税额反过来又影响整个经济活动。如果税额太高，则大幅度减税可以增加资本需求量和资本供给量，从而促进产出和就业的增长。

（二）城市失业的政策措施

前面我们探讨了失业特别是城市失业的一些根源，现在要考察解决城市失业问题的一些具体的政策措施。凯恩斯的财政措施是现在解决城市失业问题常用的措施。在经济萧条时期，该措施采用增加政府开支、减税的方法来促进就业。财政措施有时间上的优势，一旦获得批准，就可立刻执行；但是，可能产生较大的通货膨胀压力，尤其是在长期。

在发达国家，一些常见的反失业措施包括公共就业计划、就业减免税计划等。我国近些年也开始关注城市就业制度，并为城市失业者提供保障和再就业帮助。

1.失业保险制度

失业保险制度是社会保障系统的一个组成部分，是国家以立法形式集中建立保险基金，对因失业而暂时中断收入的劳动者提供经济保障的制度。失业保险作为社会保险的特点是：

（1）强制性。目前实施失业保险制度的国家或地区中绝大多数采用的是强制性失业保险制度，即国家通过颁布有关法律，对失业保险的适用范围、资金来源、待遇标准、资格条件、管理机构及其职责，以及法律责任等内容作出规定，以国家法律和行政的强制力保证失业保险制度的实施。

（2）互济性。失业保险基金的收缴在一个大范围内遵循"大数法则"，把社会上分布不均的失业风险在一个足够大的范围内进行分散。

（3）社会性。失业保险是整个社会的，其目的在于保障整个社会的劳动者在遭受失业风险的情况下能够维持基本的生活需要，并通过有利于促使失业者重新就业的有关规定，为其尽快就业创造条件，从而维护整个社会经济活动顺利进行，促使劳动力资源配置优化和统一劳动力市场的形成。

（4）福利性。失业保险属于国民收入再分配，其制度遵循有利于低收入劳动者的原则，同时在劳动者丧失收入的情况下，提供物质帮助。国家实行失业保险，并非以营利为目的，这一点与商业保险有本质的区别。

2.再就业工程

再就业工程作为一项缓解城市失业压力的措施具有特别重要的意义。再就业工程在我国是以政府劳动部门为主来推动的，通过一定的资金投入，综合运用政策扶持和各种就业服务手段，实行企业安置、个人自谋职业和社会帮助安置相结合，为失业职工和企业富余职工提供就业指导、职业介绍、转岗培训、生产自救等各种服务，促使他们尽快实现再就业。再就业工程就其内容来讲，主要有如下几点：

（1）大力培育劳动力市场，为劳动要素的供求双方提供信息，增强劳动要素的流动性，在流动中提高劳动要素的配置效率；

（2）对失业职工和企业富余人员进行各类职业培训，提高他们的劳动技能，把他们推向新的职业岗位；

（3）通过各种政策手段和舆论手段，使全社会关心失业职工；

（4）通过税收优惠和资金扶持等手段，抓住居民收入提高以后需求转移的机会，实行就业创新，拓展就业渠道；

（5）在职工失业和接受培训期间给予必要的生活费补助。

第五节　城市住房

一、城市住房的特征

1.空间位置的固定性

因为住房是固定的，不可移动，因而住房的位置成为住房的一个重要特征。住房的购买者购买住房的同时选择了居住区位。区位特征有如下内容：

（1）可达性，即不同地点对于工作、购物和娱乐的可达性的差异。

（2）拥有地方公共服务。不同的地方政府征收不同的税，并提供不同的公共服务（教育、消防和警力等）。

（3）环境质量，如不同地点的空气质量和噪声水平不同。

（4）邻里的外部状况。如果一个居民通过对住房的维修和对外观的修缮改善了住房的外部景观，对邻里会产生积极的影响，邻近地区会变得更适合居住，周围住房的价值会得到提升，这就是住房的外部性。住房外观的良好改观对周围的住房产生了溢出效益（提高了市场价值）。

总的来说，住房是同居住地点联系在一起的，所以住房的特征包括居住地点的特征，即对于不同服务设施的可达性，以及税负、公共服务、环境质量和邻里特征。

2.住房的耐用性

住房的耐用性体现在以下方面：

（1）由于住房的耐用性和未来升值性决定了住房的消费过程，购买住房也是一个资产拥有的过程（投资过程），购房者购买住房可以期待未来的升值从而获利。从某种程度上说，住房也是一种投机品。

（2）住房比大多数商品更为耐用。如果住房保持良好，可以持续百年以上。尽管随着时间的推移，住房也会受损，但是住房损坏的速度相当慢，而且房主可以通过修缮和维护控制住房的损坏速度。

（3）短期内住房供给无弹性。住房的耐用性决定了即使住房价格升得再快，住房在短期内也不能够大量提供，这同时说明每年新住房的供给在整个供给中占有非常小的比重。

通常的规律是，在给定的年份，新建筑只占总住房存量的2%~3%，在10年间，新住房的供应量约为总住房存量的20%~30%，所以大约有70%~80%的居民是居住在10年以上的住房内。

3.住房市场的层次性

一般的市场分层是厂商根据消费者收入水平、性别、年龄等消费属性自行确定的，分层的目的是使产品针对不同消费群体或市场层次，在不同消费群中分别实现收益最大化。与之相对应的市场价格也具有很大的差异性，它纯粹是企业自身的行为。然而在住房市场上，由于低收入人群的购买力低，市场往往忽视他们的需要，社会资源的配置倾向于高收入阶层，因此除了上述这种一般的分层外，还有政府住房政策规定的针对低收入住房消费者的市场层次。与之相应，市场价格也具有明显的区别。世界各国由于住房政策干预和调节的范围和方法不同，市场层次的运行方式和范围也各不相同。

4.复杂和多重异质性

因为每套住房都具有一系列不同的特征或提供不同的服务，所以住房具有异质性。住房具有两种特征：居住特征和位置特征。仅从住房的居住特征来看，住房的差别在于面积（生活的空间）和结构（住房内空间的安排）。同样，住房在设备的质量和效率以及其他的实用系统（供热、空调、室内给排水设施和供电）方面也存在差别。其他的差别在于内部设计（地板、窗户和柜橱的种类）和结构的完整性（地基和屋顶的耐用性）。总的来说，每套住房都提供不同的面积、结构、实用系统、内部设计和结构完整性。

5.政府行为性

任何城市在经济发展的不同阶段，其住宅行业的发展都体现了城市政府的行为。在住宅开发前期，由于土地是国家的一种重要资源，政府对土地的批准、利用、规划和交易都有严格的控制，为鼓励住宅市场的发展，政府可以降低银行的个人贷款利率和放松对住宅开发商的贷款条件，促进住宅消费和投资。为协调整个城市的利益，政府会向低收入群体提供经济适用房，向最低收入群体提供廉租房等。当住宅市场机制不能通过自我调整而达到均衡状态时，政府将通过必要的宏观调控手段进行干预。因此，同一般的商品市场相比，政府对住宅市场的干预性较强。

二、住房需求及影响因素分析

住房需求是指在一定的时间内，在一定的价格水平下，人们愿意并且能够购买的住房数量。通常来说，影响住房需求的因素主要包括：住房价格水平（P）、家庭收入水平（Y）、宏观政策因素（M）、对未来的预期（E）、城市人口数量和结构（UP）等。需求函数可以写成 $D = f(P, Y, M, E, UP)$。

1.住房价格水平

住房价格水平是影响住宅需求数量和结构的主要因素。同其他生活消费品一样，在通常情况下，社会对住房的总需求量与其价格水平之间存在反向变动的关系。住宅需求随着住宅价格水平的上升而递减，随着住宅价格水平的下降而增加。因此，住房需求曲线是一条向下倾斜的曲线。住房需求量变动对价格变动的敏感程度可用需求价格弹性表示：

$$E_P = (\Delta Q/Q)/(\Delta P/P)$$

若 $|E_P| = 1$，则为单位价格弹性，即需求与价格等比例变化；若 $|E_P| > 1$，则为富有弹性，即1个单位的价格变动会引起大于1个单位的住房需求的变动；若 $|E_P| < 1$，则为缺乏弹性，即1个单位的价格变动会引起小于1个单位的住房需求的变动。

2.家庭收入水平

家庭收入水平从两个方面对住房需求产生影响：

第一，收入水平会影响家庭在住房上的持续的现金支付（如租金或分期付款）能力，这种现金支付能力影响住房需求；

第二，收入水平变动会影响家庭成员的财富积累预期，这种财富积累预期的变化影响住房需求。

因此，在其他条件不变的情况下，居民收入与住房需求呈同向变化，即居民收入增加，就刺激住房需求上升；居民收入减少，住房需求也减少。同样，住房需求变动对家庭收入水平变动的敏感程度可用需求收入弹性表示：

$$E_Y = (\Delta Q/Q)/(\Delta Y/Y)$$

若 $|E_Y| = 1$，则为单位价格弹性，即需求与收入等比例变化；若 $|E_Y| > 1$，则为富有弹性，即1个单位的收入变动会引起大于1个单位的住房需求的变动；若 $|E_Y| < 1$，则为缺乏弹性，即1个单位的收入变动会引起小于1个单位的住房需求的变动。

3.宏观政策

宏观政策对住房的生产性需求和消费性需求有着重要的影响。宏观政策主要包括财政政策和货币政策。通常来说，由于住宅的昂贵性，购房者仅仅依靠自有资金是远不能实现购房需求的，必须借助各类金融机构发放的抵押贷款或按揭贷款等方式集资，因此各类金融机构的信贷规模、利率水平等都会对住房购买者的需求带来直接影响。由于住宅兼具消费品和投资品的双重属性，无论是消费性需求还是投资性需求，利率都是影响它们的重要因素。当抵押贷款利率上升时，如果家庭有购房需求，考虑到未来消费将比当前消费便宜，家庭可能会推迟购买住宅，进而减少对住宅的现实需求；如果家庭是投资者，投资成本的增加会使家庭对住宅投资的需求减少。

4.对未来的预期

无论是把购房作为投资行为还是消费行为，居民的住房需求不仅会受到现实经济形势的影响，更主要的是受对未来经济发展趋势、未来住房价格水平及增长速度的预期的影响。对于那些把住房作为投资品的投资者来说，如果他们预期未来经济形势不好，那么住房的价格走势可能会下跌，购买者的购买意愿下降，他们也会选择持有货币，而不是购买住房，因而更多的潜在需求难以转化为现实需求。反过来，如果预期未来的经济形势上升，投资者预期经济回升后房价将会上升，为了获得更多的投资收益，购买者的购房投资意愿将会上升，从而增加对住房的需求。另外，有些时候不合理的预期也会导致住房价格扭曲。当投资者预期已经上涨的住房价格将来还会上涨时，他们就会继续增加购买住房的需求，而由于住房供应短期内无弹性，住房需求将远远大于住房供应，从而进一步导致住房价格上涨，这种恶性循环链有时候会导致住房价格严重扭曲。如果这时住房价格因一些特殊事件或原因导致人们的预期突然发生变化，那么人们会大量抛售住房，导致住房价格突然下降，甚至会引发经济危机。

5.城市人口数量和结构

城市人口数量和增长速度决定住房需求和增长速度。一般来说,人口数量越多、人口增长速度越快,居民对住房的需求量也就越大。另外,随着城市化水平的提高,城市人口变动也对住房需求产生影响。城市人口结构和家庭结构既影响住房规模,又影响住房结构。家庭小型化、分散化越快,则住房需求增加也就越快,而人口增加和家庭小型化所造成的对住房的需求量的增加,将使房地产市场需求结构中住房需求的比重上升。因此,城市人口的数量和占总人口比例的不断增加,对房地产市场的消费需求产生很大影响。

三、住房供给及影响因素分析

住房供给是指住房开发企业在一定的时间内、在一定的价格水平下愿意并且能够提供的住房数量。通常来说,影响住房供给的因素主要包括住房价格水平（P）、宏观政策（M）、对未来的预期（E）等。供给函数可以写成 S=f（P，M，E）。

1.住房价格水平

与其他商品一样,在一般情况下,住房价格愈高,开发商获利的可能性越大,因而其供给意愿也就越强,供给量也越多,两者之间存在正向关系。通常来说,供给量会随着住房价格的上升而增加,随着住房价格的下降而减少,因此住房供给曲线是一条向上倾斜的曲线。与住房的需求价格弹性的定义类似,住房的供给价格弹性也分为3种情况:大于1、小于1、等于1。在短期内,住房的供给弹性是非常小的,价格的变化不会影响到住房的短期供给;从长期来看,住房的价格供给弹性较大,价格波动会导致供给量的较大波动。

2.宏观政策

政府的土地供应计划、财政政策、金融政策都会影响房地产市场的供给。尤其对那些土地国有的国家来说,如果计划扩大土地供给量,则房价可能下降;如果计划紧缩土地供给量,则房价可能上涨。另外,政府通过税收、财政补贴和政府投资等财政政策也可以对房地产供给进行调节。政府通过提高房地产行业的税率可以增加提供住房的成本,因而能够抑制房地产投资,从而减少房地产供给量;反之,则会增加房地产供给量。财政补贴与税收的作用正好相反,如果对住房开发企业提供补贴或其他的优惠措施,就会促进住房供应量的增加。另外,房地产业是资本密集型行业,其发展需要大量资金,而这些发展资金不可能完全通过企业自筹来解决,自有资金只能是其中的一部分,其他资金主要是通过金融市场这个渠道来筹集。不同的金融政策将直接影响开发商通过金融市场筹资的难易程度和成本高低,进而也会影响到住房供给量。

3.对未来的预期

住房开发企业对未来预期显然会影响到住房的供给水平。由于住房开发周期较长,开发企业对未来的预期显得非常重要,并且对住房供给量的影响也非常大。这种预期包括对国民经济发展形势、通货膨胀状况、住宅价格和需求状况、税收政策及产业政策等的预期。如果预期乐观,开发企业认为未来的预期投资回报率高,就会增加对住房的投资,导致住房市场供给增加;如果预期悲观,开发企业认为未来的预期投资回报率低,就会减少对住房的投资,导致住房市场供给减少。

四、城市住房政策

成功的住房政策有两个基本原则：一是有利于低收入家庭；二是为中等收入家庭提供不同风格的住房。①政府可以通过供给政策和需求政策对住房市场进行调控。供给政策主要是降低修建和更新住房的成本；需求政策则是通过转移支付，使某些阶层能够在住房方面消费更多。下面分析几种有代表性的供给和需求政策。

（一）建筑补贴及其对住房市场的影响②

假设政府对为中等收入家庭所建的住房实行补贴，那么补贴如何对低收入家庭产生影响？为了说明这一问题，假设存在这样一个城市：家庭的数量是固定的，假设为120户；存在两个住房子市场，即中等质量的住房市场和低质量的住房市场；房主通过在两个子市场之间转移来对住房相对价格的变化作出反应；两种类型的住房不能完全替代，仅可部分替代。

图8-11显示了住房市场的原始均衡。在中等质量的住房子市场上，在每平方米30美元的价格上存在40个家庭；在低质量的住房子市场上，在每平方米20美元的价格上存在80个家庭。此时，两个住房子市场都已经达到均衡。

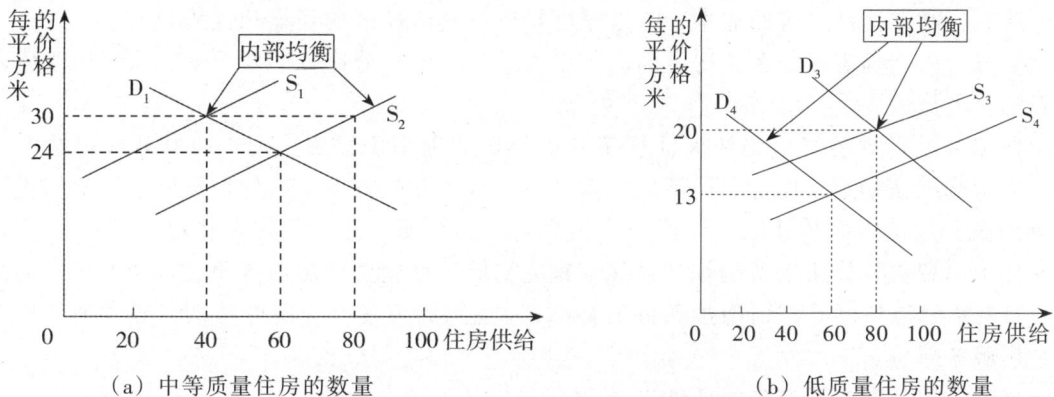

（a）中等质量住房的数量　　　　　　　　（b）低质量住房的数量

图8-11　补贴中等质量住房对中等质量和低质量住房子市场的影响

假设城市对新建的中等质量住房进行补贴。在图8-11中，补贴使供给曲线向右移动，即从S_1移向S_2，从而提高了在每一价格水平上的供给量，因为供给量超过了需求量，中等质量住房的价格下降。这会产生两种效应：

一是需求效应。中等质量住房相对价格的下降提高了其需求量，一些家庭从对低质量住房的需求转向对较高质量住房的需求，沿着需求曲线D_1向下移动。

二是供给效应。随着中等质量住房价格的下降，一些新建的中等质量的住房需要降级为尚且有利可图的低质量住房；中等质量住房的供给下降，沿着供给曲线S_2向下移动，到达新的内部均衡。

在均衡时，对新建的中等质量住房进行补贴提高了中等质量住房的数量，降低了价格。中等质量住房子市场的改变使得低质量住房子市场产生了两种类型的变化：

一是替代效应。随着中等质量住房的价格下降，部分低质量住房的消费者转向消费中

① RASMUSSEN D W. Urban economics [M]. New York：Harper & Row Publishers，1973：102.
② O'SULLIVAN A. Urban economics [M]. 4th ed. New York：McGraw-Hill Higher Education，2000：381.

等质量住房，低质量住房的需求曲线向左移动，因为这两种类型的住房是可以替代的，中等质量住房价格的下降降低了对低质量住房的需求。

二是过滤效应。从中等质量住房降级到低质量住房的家庭数量增加，使得低质量住房的供给曲线向右移动，即从 S_3 移向 S_4。新的内部均衡出现在新的需求曲线 D_4 和新的供给曲线 S_4 的交点上，从而使低质量住房的需求和价格都下降。

建筑补贴将使得一些家庭废弃原有的住房，在图 8-11 （a）上可以看出新建的中等质量住房数量是 40 套。因为人口是固定的，所以每新建一套住房就会使一套已有的住房被废弃。均衡时，中等质量住房子市场的住房仅增加了 20 套，使得 40 套新增住房中的 20 套降级到了低质量住房子市场上。同时，低质量住房子市场的家庭数减少了 20 户，所以在低质量住房子市场上多出了 40 套住房，而这 40 套住房在住房存量中被废弃了。

（二）住房补贴计划

住房补贴是指向贫困住户的自用住房提供补贴，因而可能扩大住房需求。住房补贴是西方国家常用的一种住房政策。[①] 实施住房补贴计划需要进行一些事先的准备工作：

第一，必须确定计划中的家庭情况和收入水平，即确定谁有资格享受住房补贴；

第二，必须估计住房的成本，考虑家庭规模、具体社区的环境和性质；

第三，应当确定家庭在住房方面的支出占总收入的百分比，即要求了解家庭用于住房消费的收入比例。

住房补贴计划的好处是能保证住房专用补贴的确用于住房，但有时其效应可能不明显，因为贫困家庭不仅住房条件不好，而且在饮食和穿戴方面的条件也不好，故他们更希望得到没有规定用途的补助，允许他们买最需要的东西，而不一定是住房。图 8-12 分析了非住房消费代替住房消费的福利含义。家庭初始选择消费住房服务单位 q_0 和非住房商品 Z_0。如果家庭得到没有任何附加条件的补贴 S，预算约束线就会向外移动，导致消费更多的住房服务单位 q_1。

接受住房补贴有两个先决条件：

一是家庭必须将一定比例的收入用于住房消费。图 8-12 中的 q' 表示用这一比例可以买到的住房服务单位的数量，所以要考虑的范围应在经过 q' 点的垂直线的右方区域。

二是最低限度住房服务单位的数量。家庭只有在住房服务单位的消费大于某个最小值 q_{min} 时才能得到补贴。我们根据 q_{min}、q_0、q_1 之间的关系，得到如下 3 种情况[②]：

第一种情况如图 8-12 （a）所示，初始住房消费 q_0 要大于最小值 q_{min}，即 q_0 在 q_{min} 的右方。这就意味着在接受补贴前，这种家庭的住房消费已经能够满足最低限度住房服务单位的数量，因而这种家庭会把这笔补贴当作额外收入，而住房收入弹性又相当小，因此可以预期住房支出增加较少。

第二种情况如图 8-12 （b）所示，这种家庭的初始住房消费尚未达到最低限度住房消费要求。如果这种家庭接受这笔补贴，收入增加就使住房消费增加，达到最低限度住房消费要求。图 8-12 （a）和图 8-12 （b）中的家庭不受最低限度住房消费要求的影响，因此其能把补贴作为额外收入对待，且都能够不受限制地实现补贴下的福利最大化。

---

① 例如，美国 1964 年通过的联邦租金辅助计划要求接受补贴的家庭有 25% 的收入用于住房租金。
② 赫希. 城市经济学 ［M］. 刘世庆，李泽民，廖果，译. 北京：中国社会科学出版社，1990：119-121.

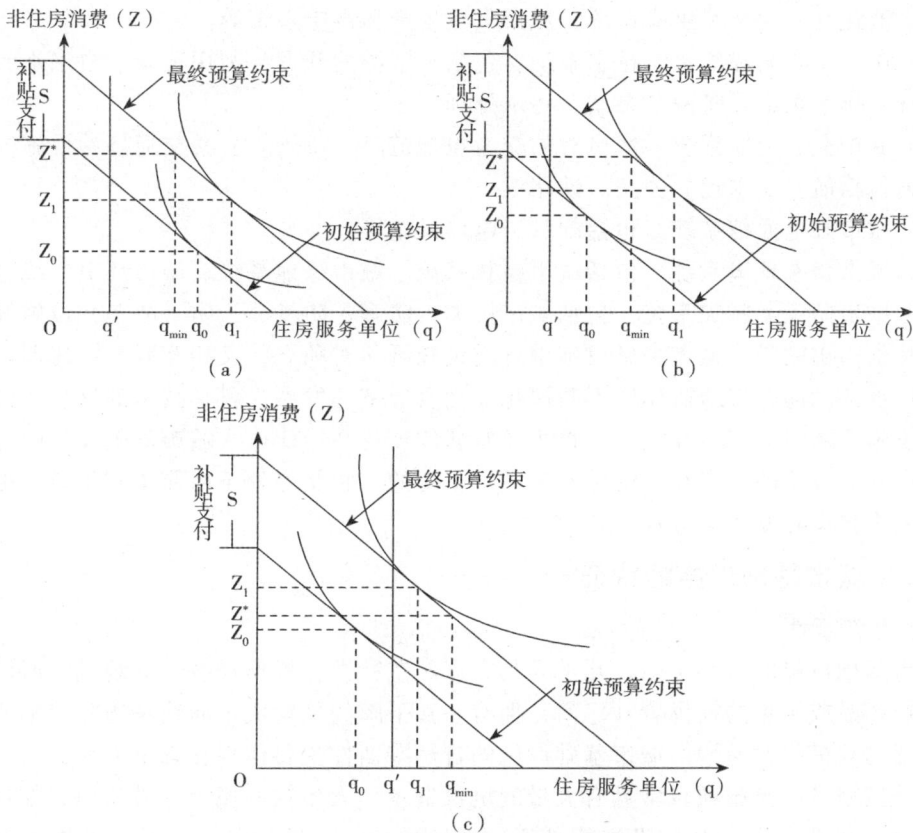

图8-12 非住房消费代替住房消费的福利含义

第三种情况如图8-12（c）所示，这种家庭即使得到补贴的额外收入，其住房消费q_1仍然小于q_{min}，因此就会被迫分配更多的补贴用于住房消费。由于这种家庭被迫作出非最佳的分配（需要将补贴中更大比例用于住房消费，以实现最低限度住房消费要求），他们从这种补贴计划中获得的利益（福利改进）就低于无条件补贴的利益。不过，只要这种家庭享有这笔非最佳分配的补贴的效用大于没有这笔补贴时的效用，其就会选择参加这种补贴计划。

第六节 城市基础设施

一、城市基础设施的概念与特征

（一）城市基础设施的概念

城市基础设施是城市生存和发展所必须具备的工程性基础设施和社会性基础设施的总称，是城市中为顺利进行各种经济活动和其他社会活动而建设的各种设施的总称。它对生产单位尤为重要，是其取得经济效益、环境效益和社会效益的必要条件之一。通常来说，城市基础设施的内容大体包括以下方面：

（1）城市能源动力系统，主要包括城市电力生产和供应系统、城市燃气（天然气、人工煤气、液化气）生产和供应系统、城市供热生产和供应系统等。

（2）城市水资源和给水、排水系统，包括水资源的开发与利用设施、自来水的生产与供应系统、排水渠道、管网、泵站、污水处理厂等。

（3）城市交通运输系统。城市对内交通包括道路、桥梁、公共交通场站设施等；城市对外交通包括航空、水运、公路、铁路等。

（4）城市邮电通信系统，包括邮政、电信设施等。

（5）城市生态环境系统，包括城市园林系统、城市绿地系统、城市环卫系统等。

（6）城市防灾、减灾系统，包括城市抗灾、防震、防洪、人防（战备）设施等。

应特别指出的是，城市基础设施中各类设施既相对独立，又相互联系、协调。随着城市社会经济活动的分工与协作的不断深化、社会经济的发展、科学技术的进步，已有的城市基础设施不断得到充实和完善，将不断有新的项目和行业进入城市基础设施的范畴。因此，城市基础设施的内容和范围并不是固定不变的，它始终处于由简单到复杂、由低级到高级的逐步扩展和变化的过程。

（二）城市基础设施的特征①

1.自然垄断性

城市基础设施的六大子系统几乎都具有自然垄断性。根据经济学的观点，所谓自然垄断性是指产品或服务的提供者（厂商）拥有一直下降的平均成本曲线和边际成本曲线，它表示持续的规模收益递增。城市基础设施的自然垄断性主要体现在以下方面：

一是城市基础设施项目常具有大量的沉没资本。大多数的城市基础设施，如供水、供电、供气、供热、通信基础设施等必须一次性进行大规模的投资，且这种投资具有不可分性。

二是服务的区域性。城市基础设施提供的几乎全部产品或服务都具有就地生产、就地消费的显著特点。

三是规模经济性。一些城市基础设施建成后，在现有的需求水平上，随着服务提供量的增加，某一城市基础设施提供服务的边际成本递减，提供服务的平均成本也会随提供服务量的增加而下降。

2.混合产品属性

布坎南指出，在私人产品和公共产品之间的准公共产品为俱乐部产品，即混合产品，在消费上具有有限的非竞争性和局部的排他性。②大部分城市基础设施，如供水、供电、供热系统等都具有这种混合产品的性质。其他设施或服务（如收费道路、桥梁等）则具有非竞争性和排他性，在一定条件（不拥挤状态）下增加这种公共服务（或产品），消费者的边际成本仍为零，但是要将某些人排除在消费之外也是可行的（如设立收费机制）。同时，某些城市基础设施的服务具有较为明显的外部效应，如城市污水与垃圾处理设施，具有改善生态环境的外部效应，这些设施也具有混合产品性质。需要指出的是，在实际生活中，仍有一部分城市基础设施具有纯公共产品性质，如开放式城市道路，自由通行的桥梁，开放性的城市公园，城市消防、防洪排涝及排水设施等，这类设施和服务具有消费上

---

① 这里主要是从社会属性角度来考查的，对基础设施的一些工程属性如整体性、地域性和建设超前性则没有详述。

② BUCHANAN J M. An economic theory of clubs [J]. Economica, 1965, 32 (125): 1-14.

的非竞争性和非排他性。城市出租车服务等则主要表现为私人产品性质，在消费上具有竞争性和排他性。

3.外部性

人们对某些城市基础设施产品（服务）的提供或消费，会给别人带来额外的损失或收益。例如，城市污水、垃圾的处理以及向居民提供洁净的饮用水，有利于消费者的健康和环境保护；地表饮用水的过量供应将减少河水流量，改变河流的原有面貌，甚至影响河流及沿岸的生态系统；交通运输会造成空气污染和温室效应等。

4.竞争性

由于城市基础设施的共同消费性和个人消费性，使得有些行业处于垄断竞争状态，较为突出的是城市公交、电信市场等领域。对这些领域的不同行业而言，其竞争程度是不同的。可见，竞争性的存在使得该领域难以形成完全的垄断状态，呈现出垄断竞争状态。

由于城市基础设施具有公益性，如果仅有市场调节，将导致其供给不足，因而需要政府或财政的投入。垄断意味着非竞争，它损害经济效率进而损害社会福利，为此垄断性活动必须受到政府的管制。正因为这样，公益性与垄断性的特点决定了城市基础设施的建设和投资具有"非市场性"的特点。此外，收费性与竞争性的存在决定了城市基础设施的建设和投资是市场性的，即它的建设和经营应采用市场手段。

由此可见，城市基础设施本身具有市场性和非市场性的两重性。就一项具体的设施而言，关键之处在于市场性和非市场性中哪一方处于主导地位。

二、城市基础设施的供求理论

作为一个综合系统，城市基础设施是城市各种活动的载体，其需求是由城市的性质、功能、发展水平所决定的，其供给则直接或间接由政府和（或）私人企业来负责。

（一）城市基础设施的需求

决定城市基础设施的需求的主要因素如下：

1.城市人口规模

城市人口规模是决定城市基础设施需求水平的基本因素。人口数量决定了基础设施内部各组成部分的需求水平。人口增长从以下方面对城市基础设施产生影响：

一是对直接提供城市基础设施服务需求的增加，如对自来水需求、医疗服务设施和能力需求的增加等。

二是人口增长会带来经济活动规模的扩张，从而要求城市基础设施直接、间接提供的服务增加，如对能源需求、通信服务需求的增加等。

三是人口增长使得城市区域向外扩张，这种扩张也必然导致对城市新区配套基础设施需求的增加。

2.城市性质

城市性质决定着城市基础设施的需求水平和城市基础设施内部的组成比例。一个以商业、旅游业为主的城市，必然需要更多的直接为人民服务的社会性基础设施，而一个工业城市对能源供应、交通运输设施有更高的需求。

3.城市功能设施

从城市设施的组成上看，社会性设施和基础性设施处于从属地位，是为功能性设施提供服务的。因此，对城市基础设施的需求必然取决于城市功能性设施的水平和结构。功能性设施的发展和现代化，要求更高质量的现代化城市基础设施，特别是高效率的信息和通信服务、交通运输服务、高质量的生活环境和齐全的公用服务。

4.城市基础设施存量

现有的城市基础设施的负荷能力，决定着新增设施的数量和结构。因为城市基础设施具有整体性和超前性的特点，它的发展是一种阶段性的跳跃发展，呈阶梯状，而不是平滑的发展曲线。城市基础设施存量对新增需求的影响是很明显的。

5.科技进步水平

科技进步水平既影响城市基础设施的需求，也影响城市基础设施自身。科技进步能引起城市经济结构、城市布局、城市功能、城市体系、城市间关系等方面的变革，从而引起城市对基础设施服务需求的变化。同时，科技进步使得城市基础设施自身发生变化。

6.城市人均收入水平

城市人均收入水平对城市基础设施的影响主要体现在对社会性基础设施的需求上。人均收入水平的提高会使人们的需求层次上升，人们需要更高雅、舒适的生活环境，从而对文化教育和生态设施的需求增加；同时，人均收入水平的提高使得人们更加关注自己的健康，从而对医疗保健设施的需求增加。

（二）城市基础设施的供给

社会生产和消费的产品可根据生产、消费和效用等方面的特点分为三大类型：公共产品、私人产品，以及兼具公共产品和私人产品属性的准公共产品。从效率与公平角度来看，产品与服务的不同属性决定了不同的市场供给方式。因为属性各异的产品与服务的市场均衡条件不同，同时城市基础设施产品和服务的种类繁多，所以城市基础设施大体上也可以分为公共产品、私人产品和准公共产品，也相应地有不同的供给方式。

1.具有公共产品性质的城市基础设施产品（服务）的供给

公共产品在消费过程中具有非竞争性和非排他性，如开放的城市道路、桥梁、城市排水设施等。在公共经济学理论中，非竞争性指增加一个人的消费（直到"容量约束线"）不会导致他人对该产品消费的变化，即对公共产品的消费的边际成本为零；非排他性是指这些设施和服务的效用不能为某个人或某些人所专有，要阻止其他人享有这些服务和产品几乎是不可能的，或者要实现排他性，则需要支付很高的成本以致得不偿失。这种非竞争性和非排他性的特点，使得人们对这类产品的需求或消费是公共的或集体的；如果由私人企业提供，那么每个消费者都不会自愿购买，而是等着他人购买而自己顺便享用它所带来的利益，这也是经济学中的"搭便车"现象。因此，这类产品和服务只能由政府来提供。这类产品和服务提供的质量和水平也在一定程度上反映了当地的城市竞争力水平，有利于促进当地经济的发展。

2.具有准公共产品性质的城市基础设施产品（服务）的供给

在私人产品和公共产品之间的准公共产品具有一定程度的非竞争性和排他性，因而准公共产品也兼具私人产品和公共产品的性质，在消费上具有非竞争性和排他性，或具有外部性。目前大部分城市基础设施，如供水、供气、供热、供电系统，收费的道路、桥梁，以及污水和垃圾处理设施等，都具有这种混合产品的性质。一些学者主张，对具有非竞争性和排他性的城市基础设施，宜采用市场提供方式，即使用者只有购买才能消费。[①]这种主张认为，由政府提供这类产品和服务缺乏经济学依据：如果采用政府提供方式，即由社会免费提供给消费者，可能无法避免人们过度消费而导致该产品（服务）的个人边际效用和社会边际效用低于其边际成本。但是，具有非竞争性和排他性的城市基础设施完全由市场提供，也存在收费损失，如建设收费设施、配备管理人员等都将直接耗费社会资源，以收费机制限制消费还将影响经济运营效率等。因此，在实践中，需要对市场提供方式下的收费成本和收费的效率损失与政府提供方式下的征税成本和税收的效率损失进行比较，采用两者之间成本最小的提供方式。

3.具有私人产品性质的城市基础设施产品（服务）的供给

根据公共经济学理论，具有私人产品性质的城市基础设施产品（服务）在消费过程中具有竞争性和排他性。一方面，消费者在消费这些设施和服务时，消费者边际成本的增加部分大于零；另一方面，这些设施和服务的提供者只对支付使用费者提供设施和服务，而将不付费者排斥在消费者之外。在现阶段，除出租车服务外，不少具有良好收费机制或投资回报机制的城市基础设施（如收费桥梁，废弃物利用，特许经营的供水、供热等）正在采用私人提供的方式。与其他私人产品一样，具有私人产品性质的城市基础设施由于在消费方面不具有市场缺陷，因而由政府提供不仅不会提高效率，反而会造成巨大的效率损失。因此，具有私人产品性质的城市基础设施产品（服务）应主要采用市场而不是政府的提供方式。

三、城市基础设施的融资方式

在西方的城市化进程中，城市基础设施资金的筹措一直是制约城市发展的主要问题。由于各国历史、传统和体制不同，资金筹措方式的演变也各不相同。在西方国家的工业化早期，信贷融资曾起着支柱作用。证券融资虽然很早就存在，可是规模有限。在当时，政府投资和银行贷款是城市基础设施建设资金的主要来源。进入20世纪80年代，西方工业化国家的信贷融资达到了极限，并开始转向资本市场证券融资。美国率先利用资本市场融资，其后欧洲国家也是如此。这使得其承受和分散风险的能力大为增强，经济结构调整能力大为提高，从而保证了金融体系的安全和整个经济体系的稳定性，也为城市的建设和维护提供了充足的资金。近些年，在欧美国家尤其是美国，证券融资发展迅速，融资方式以直接融资为主，日趋发达和完善的资本市场在经济发展中扮演重要角色，而信贷融资退居次要地位。债券及其相关的融资衍生工具成为城市基础设施资金的重要来源。

世界主要市场经济国家的城市基础设施融资方式主要包括如下几个方面：

（1）项目融资。这类融资的操作比较灵活，政策限制较少，是吸引社会资金参与城市基础设施投资的理想方式，但其融资总量有限。

（2）银行信贷和产业发展基金等专业机构融资。这类融资的操作程序较为规范，融资成本较低，具有较大的融资规模，但融资风险也大。

① 邓淑莲. 中国基础设施的公共政策 [M]. 上海：上海财经大学出版社，2003.

（3）资本市场的债券、股票融资和资产证券化融资。资本市场融资更具有融资的规模优势，且融资成本低，是促进私人资本参与城市基础设施投资的最佳方式，但对资本市场发育水平及政府监管水平的要求很高。

（4）民间资本直接融资。

（5）境外信贷融资、国外资本市场融资和外商直接投资等。利用外资或境外融资的资本成本一般很高，特别是直接利用外资还需要政府出台特别的优惠政策。

目前，我国城市基础设施的融资主要依靠国内信贷市场，以银行贷款为主，且主要依靠地方政府财政信贷的支持，项目直接融资、企业债券和股票融资比例很低，利用国外资本融资也尚处于开发阶段。稳定银行信贷融资体系，积极发展专业机构融资和市政债券融资，探索新型项目融资方式，应是现阶段我国城市基础设施融资方式创新的重要方向。

拓展阅读8-1　深入推进以人为核心的新型城镇化

学思践悟

加快转变特大城市发展方式

党的二十大报告指出："坚持人民城市人民建、人民城市为人民，提高城市规划、建设、治理水平，加快转变超大特大城市发展方式，实施城市更新活动，加强城市基础设施建设，打造宜居、韧性、智慧城市。"这是以习近平同志为核心的党中央立足全面建设社会主义现代化国家新征程，对城市发展和城市治理所作出的重大部署，是今后一个时期推进大城市发展的根本遵循和行动指南。

城市是我国政治、社会、经济、文化中心，尤其超大特大城市在社会经济发展中发挥动力源和增长极的作用。加快转变特大城市发展方式，是全面建设社会主义现代化国家的必然要求，是构建新发展格局的必然要求，是推进新型城镇化的必然要求，是更好满足人民对美好生活向往的必然要求。

加快转变超大特大城市发展方式，要求我们深入贯彻《国家新型城镇化规划（2021—2035年）》，聚焦推动高质量发展、创造高品质生活、实现高效能治理，统筹谋划、系统推进，将各项任务落实到位。

一是聚焦推动高质量发展，着力提高超大特大城市能级和核心竞争力。要以大力度推进超大特大城市经济发展质量变革、效率变革、动力变革，更好地发挥示范引领、辐射带动作用，强化中心城市核心功能，优化城市空间布局，引领和带动城市群发展。

二是聚焦创造高品质生活，着力推进新型超大特大城市建设。要牢牢把握城市生命体、有机体特征，落实习近平生态文明思想，坚持总体国家安全观，打造宜居、韧性、智慧城市，要更加重视舒适便利、安全灵活、创新活力、智慧高效、人文魅力。

三是以"绣花功夫"推进城市精细化管理。要树立精明紧凑城市发展理念，强化发展规划引领和国土空间规划的约束功能，统筹老城和新城，生产、生活和生态，地上和地下等空间开发利用，促进土地节约集约利用。要加强城市设计和建筑设计，避免"千城一面、万楼一貌"，努力扩大公共空间，让老百姓有更多休闲、健身、娱乐的地方。要坚持综合施策，完善城市规划建设管理领域的法规标准，着力解决违法建筑、中小河道污染、高空坠物等难题顽症。

资料来源　［1］习近平. 高举中国特色社会主义伟大旗帜　为全面建设社会主义现代化国家而团结奋斗——在中国共产党第二十次全国代表大会上的报告（2022年10月16日）［M］. 北京：人民出版社，2022. ［2］本书编写组. 党的二十大报告辅导读本［M］. 北京：人民出版社，2022.

本章小结

经济活动强度和力度在不同地区具有很大的差异。经济活动强度和力度较大的地区常成为该区域的经济中心，支配周围地区的经济活动，进而形成支配区域经济活动的核心和受核心区支配的边缘区，这就是我们常说的城市和乡村所组成的区域的二元结构。这种核心边缘结构是区域社会经济空间组织形式的基本单元。这种二元模式可以应用到各种各样的地域范围之中，大至国家间，小至地区间或城乡间。

大多数二元结构理论都是从经济发展的空间差异角度提出的。20世纪50年代以来，先后形成了以区域经济不平衡发展为核心的一系列二元结构理论，包括增长极理论、累积因果关系理论、中心-外围理论、不平衡增长理论等。这些理论都承认空间二元结构和区域经济发展不平衡的客观存在。经济的不平衡发展必然导致经济活动强度在空间上的差异，而这种强度的差异将导致核心-外围的二元结构，最常见的二元结构就是城乡二元结构。新兴古典经济学是从城乡交易效率的差异来解释城乡二元结构的形成，存在城乡二元结构的根本原因在于城乡之间交易效率的差距，并认为这种二元结构是经济发展过程中的必然过程。有些学者是从农村过剩劳动力转移的角度提出二元结构理论的。刘易斯在其《劳动力无限供给条件下的经济发展》一文中，把传统部门和现代部门联系起来，用现代部门的不断扩大及落后部门的不断缩小来说明落后国家的发展过程，并解释了相互分割的城乡二元结构是如何通过劳动力的转移最终实现一元结构的。

分工的演进扩大贸易网络规模，贸易网络规模的扩大增加贸易成本，而贸易活动的地理集中降低贸易成本，贸易成本的降低又提高贸易效率。把因分工网络扩大而导致的大量贸易活动集中在小范围进行，进而提高贸易效率，是城市形成的核心机制。把很大的贸易网络集中到某一区位以降低贸易成本的过程，就是城市化过程。根据贸易对象的不同，把不同的贸易活动安排在不同规模的城市进行，就是城市的分层结构。根据贸易类型的不同，把不同的贸易活动安排在不同的城市进行，就是城市间的专业化分工。城市系统中的城市规模最优层次数随生产中分工水平的演进而增加，当生产中的分工水平很高时，城市系统中的城市层次数较多；反过来，当生产中的分工水平很低时，城市层次数较少。如果分工水平适度，或者城市规模经济和贸易效率适度，则某一城市系统结构是单中心结构；反过来，如果分工水平足够大，或者城市规模经济和贸易效率足够低，则某一城市系统是多中心结构。经济发展水平很高，则整个经济系统已经历过聚集的极化过程，进入高水平的平衡状态，表现为城市数量多、城市规模差异相对小的多中心结构；经济发展水平较高，则整个经济系统处在聚集的极化阶段，进入非平衡极化状态，表现为城市数量多、城市规模差异大的单中心结构，这种城市结构是一种常态；经济发展水平很低，则整个经济系统未进入聚集的极化阶段，处于低水平的平衡状态，表现为城市数量少、规模小，相互独立的集市散布在区域空间上。城市内部空间结构主要指城市中各物质要素的空间位置关系及其变化的特点，它是城市发展程度、阶段与过程的空间反映。城市内部空间结构有三种类型，即单中心结构、多中心结构和网络结构。

城市经济学的核心原理是土地价格随区位而变化，而这些不同的土地价格导致城市土地使用类型和土地使用密度的不同。土地价格是资本化的租金，土地的价值等于土地产生的租金收入流的现值。对于每一宗建设用地，土地的价格必须使其使用者的支付额能够由他从该宗土地的地理优势上获得的收入来补偿。李嘉图的地租和土壤肥力模型给出了这个结论。

家庭在离中央商务区的单位距离所引起的土地租金和交通费用之间进行权衡，当土地费用边际节约等于交通费用边际增加时，达到效用最大化。在这种距离上，家庭找到了最佳住宅区位。企业面临着 CBD 区位和便宜的土地价格之间的权衡。企业在选择区位时，会选择地租等于土地的边际产出的距离，这就引出了租金梯度的概念。当企业接近中央商务区时，往往使用更多的劳动力和资本，非土地要素与土地要素的比率越来越高。一般来说，生产型服务业往往选择中央商务区，工业企业一般远离中央商务区。

在城市劳动力市场中，替代效应和产出效应的大小决定着劳动力需求曲线的斜率。要素替代效应和产出效应越大，劳动力需求对工资变化的反应越大，需求曲线越平缓。影响城市劳动力需求的主要因素包括出口、劳动生产率、税收，以及一些社会制度因素等。影响城市劳动力供给的主要因素包括人口的自然特征、劳动者的工作偏好、城市的吸引力因素，以及劳动制度和体制因素等。劳动力市场的均衡效应就是当劳动者的供给等于对劳动力的需求时的均衡工资和均衡就业量，这是一个动态调整的过程。城市失业包括摩擦性失业、季节性失业、结构性失业、总需求不足和税负导致的失业等各种情况。

城市住房具有复杂性、多重异质性、空间位置固定性、耐用性、多层次性及政府行为性等特点。影响城市住房需求的因素主要包括住房价格水平、家庭收入水平、宏观政策因素、对未来的预期、城市人口数量和结构等。影响城市供给需求的因素主要包括住房价格水平、政策因素以及对未来的预期等。成功的住房政策有两个基本原则：一是住房政策应该有利于低收入家庭；二是为中等收入家庭提供不同风格的住房。对住房市场进行补贴会改变住房市场的均衡结构。住房补贴计划的好处是能保证住房专用补贴的确用于住房消费，但这种补贴可能存在低效益。

城市基础设施是一种可共享的投入，它直接影响城市（特别是大城市）的运行效率，因此促进了聚集经济的实现。城市基础设施具有自然垄断性、混合产品属性、外部性及竞争性等特点。城市基础设施产品和服务的种类繁多，大体上可以分为公共产品、私人产品及准公共产品。对于公共产品类城市基础设施，应该主要由政府提供；对于具有私人产品性质的城市基础设施，应该主要由市场提供；对于具有准公共产品性质的城市基础设施，应该对市场提供方式下的收费成本和收费的效率损失与政府提供方式下的征税成本和税收的效率损失进行评价和比较，选择两者之间成本较小的提供方式。

参考文献

［1］FUJITA M，THISSE J. Economics of agglomeration：Cities，industrial location，and globalization ［M］. 2nd ed. Cambridge：Cambridge University Press，2013.

［2］O'SULLIVAN A. Urban economics ［M］. 4th ed. New York：McGraw-Hill Higher Education，2000.

［3］FUJITA M，KRUGMAN P，VENABLES A J. The spatial economy：Cities，regions，and international trade ［M］. Cambridge，MA：MIT Press，1999.

［4］BVOUDEVILLE J R. Problems of regional economic planning ［M］. Edinburgh：Edinburgh University Press，1996.

［5］RASMUSSEN D W. Urban economics ［M］. New York：Harper & Row Publishers，1973.

［6］FRIEDMANN J. A general theory of polarized development ［M］. New York：Free Press，1972.

［7］MYRDAL K G. Economic theory and underdeveloped regions ［M］. New York：Harper & Row Publishers，1957.

［8］IKEDA K，AKAMUTSU T，KONO T. Spatial period-doubling agglomeration of a core-periphery model with a system of cities ［J］. Journal of Economic Dynamics & Control，2012，36（5）：754-778.

［9］MASAHISA F，KRUGMAN P，MORI T. On the evolution of hierarchical urban systems ［J］. European Economic Review，1999，43（2）：209-251.

［10］MASAHISA F，MORI T. Structural stability and evolution of urban systems ［J］. Regional Science and Urban Economics，1997，27（4-5）：399-442.

［11］MASAHISA F，MORI T. The role of ports in the making of major cities：Self-agglomeration and hub-effect ［J］. Journal of Development Economics，1996，49（1）：93-120.

［12］HARRIS J，TODARO M. Migration，unemployment and development：A two-sector analysis ［J］. The American Economic Review，1970，60（1）：126-142.

［13］BUCHANAN J M. An economic theory of clubs ［J］. Economica，1965，32（125）：1-14.

［14］FEI J C，RANIS G. A theory of economic development ［J］. The American Economic Review，1961，51（4）：533-565.

［15］LEWIS W A. Economic development with unlimited supplies of labor ［J］. Manchester School of Economics and Social Studies，1954，22（2）：139-191.

［16］安德森. 经济地理学 ［M］. 安虎森，等译. 北京：中国人民大学出版社，2017.

［17］安虎森，等. 新区域经济学 ［M］. 3版. 大连：东北财经大学出版社，2015.

［18］奥沙利文. 城市经济学 ［M］. 周京奎，译. 8版. 北京：北京大学出版社，2015.

[19] 魏后凯. 现代区域经济学 [M]. 北京：经济管理出版社，2006.

[20] 周伟林，严翼. 城市经济学 [M]. 上海：复旦大学出版社，2004.

[21] 邓淑莲. 中国基础设施的公共政策 [M]. 上海：上海财经大学出版社，2003.

[22] 迪帕斯奎尔，惠顿. 城市经济学与房地产市场「M]. 龙奋杰，等译. 北京：经济科学出版社，2002.

[23] 曹建海. 中国城市土地高效利用研究 [M]. 北京：经济管理出版社，2002.

[24] 布朗，杰克逊. 公共部门经济学 [M]. 张馨，主译. 北京：中国人民大学出版社，2000.

[25] 顾朝林，甄峰，张京祥. 聚集与扩散——城市空间结构新论 [M]. 南京：东南大学出版社，2000.

[26] 杨小凯，黄有光. 专业化与经济组织——一种新兴古典微观经济学框架 [M]. 张玉纲，译. 北京：经济科学出版社，1999.

[27] 中国社会科学院研究生院城乡建设经济系. 城市经济学 [M]. 北京：经济科学出版社，1999.

[28] 赫希曼. 经济发展战略 [M]. 曹征海，潘照东，译. 北京：经济科学出版社，1992.

[29] 赫希. 城市经济学 [M]. 刘世庆，李泽民，廖果，译. 北京：中国社会科学出版社，1990.

[30] 鲍里索夫. 城市建设经济学 [M]. 周惠珍，刘树云，译. 北京：中国建筑工业出版社，1986.

[31] 胡彬，孙海鸣. 二元经济理论的发展演变及现实启示 [J]. 上海财经大学学报，2004（2）：27-33.

[32] 马清裕，张文尝，王先文. 大城市内部空间结构对城市交通作用研究 [J]. 经济地理，2004（2）：215-220.

[33] 范瑛. 试论城市空间结构的历史演变 [J]. 天府新论，2001（3）：78-82.

[34] 陈星. 从住房市场的特点看政府对住房市场的干预和作用 [J]. 社会学研究，1998（6）：113-123.

第九章
农村经济与乡村振兴

在前面,我们讨论了城乡二元结构,并指出经济从自给自足向高水平分工发展时就会出现城乡二元结构,这种城乡二元结构是经济发展过程中的必然过程。在这种二元结构中,农村的专业化水平较低,生产率水平也较低,因而商业化水平以及由市场中得到的收入也低,这就出现了城乡差异。如果能够把城乡之间的交易效率提升至较高的水平,则城乡之间的实际收入差距会逐渐收敛,从市场中得到的收入、商业化程度以及生产力水平都将趋于均衡。如果无法提高城乡之间的交易效率,则这种二元性将继续存在,并会出现类似于目前的城乡土地市场、劳动力市场、金融市场、商品市场的分割等诸多市场的分割现象。本章以欠发达地区的传统农村为对象,分析农村经济的特征,研究农村经济中的土地、劳动力、资本等要素市场,分析农村贫困的根源并探讨反贫困的理论与实践,研究如何加强城乡联系、实现乡村振兴的问题。

第一节 农村经济的基本特征及形成原因

农村经济是指在农村地域内直接或间接从事物质生产和非物质生产的经济综合体,是农村中各种经济活动和经济关系的总称。农村经济发展表现出很强的二重性,即传统型农村经济与现代型农村经济并存。一般来说,现代型农村经济主要存在于发达国家,但在发展中国家的部分较发达地区也存在;传统型农村经济主要存在于欠发达国家,但在发达国家的偏远地区也存在。由于区域经济学更关注欠发达地区的经济发展问题,因此本节侧重传统型农村经济问题。

一、农村经济的基本特征

相对于市场健全、产业化程度高、以规模经营为主、人均产值高的现代型农村经济,传统型农村经济具有如下方面的一些特征:

1.产业结构以农业为主

在农村地区,人们主要从事农业生产,第二、三产业从业人数和产值比重都较低,其基本特点是技术进步缓慢,劳动生产率低。耕作工具和生产方式世代传递,年复一年地耕种同样类型的土地,播种同样的作物,使用同样的生产要素和技术。尽管传统农业也有优良品种的选用、耕作方式的改进等,但总体上仍延续以畜力为主要动力、以田间经营为主要形式的生产方式。舒尔茨在考察了许多发展中国家的农业后指出,尽管传统农业是一种贫穷经济,但是一种有效率的经济。也就是说,在既定的技术条件下,虽然农业劳动生产率很低,但农业要素的配置已经达到或接近最佳配置,重新配置农业要素不能使农业生产率有显著的提高。传统型农村经济中技术进步缓慢,使得农业生产效率难以提高,限制了传统型农村经济的增长,这是造成传统型农村经济落后和人们贫困的主要原因。

2.生产具有明显的生存性和自然性

由于欠发达地区农村以传统农业为主,因此生产技术进步缓慢,生产率水平低下,收入水平维持在低水平上,扣除劳动者自身和家庭的最低生存需要后,几乎没有多少剩余能够供给市场。农民即使有少量的农产品剩余,也不得不将其储存起来,用于应对将来某一时期可能发生的食物短缺。虽然在欠发达地区农村也可能有一些第二、三产业,但发展水平十分低下,经营水平落后,规模很小,产值所占比重很低,对农村居民的收入贡献很小。因此,传统型农村经济几乎是一种生存经济,没有更多的资金剩余作为工业化所需的资本投入。

传统型农村经济的自然性表现在两个方面:一方面,传统农业生产受到自然条件的影响和制约,产出水平取决于土地肥沃程度、气候条件、自然灾害等自然环境和变化。尽管在漫长的农业历史发展中,也有不少发明和技术进步,如采用良种、改变耕作方式、利用灌溉工程等,但在自然力的强大作用下它们显得微乎其微。另一方面,由于生产力水平和收入水平低下,难以形成规模较大的市场,不可能出现专业化经营和劳动分工,专业化程度和分工水平很低。

3.经济增长主要靠土地的扩张和劳动力的投入

亚当·斯密认为国民财富的增加取决于两个条件:一是专业分工促进劳动生产率提高;二是人口和资本的增加导致从事生产劳动的人数增加。在传统型农村经济中,技术进步十分缓慢,要素配置已经达到最优,劳动生产率低下,土地的产出水平很低,故要满足人们日益增长的农产品需求,只能依靠更多的土地投入来增加农产品总产量。在20世纪中叶以前,绝大部分发展中国家由于城市化水平较低,还可以依靠开垦更多的土地来维持增长;但随着城市化的深入推进,可开垦的土地不断减少,自然环境日益恶化,因此由扩大开垦土地的生产方式向集约、高效利用土地的生产方式转变已成了许多欠发达地区追求农业发展的目标之一。亚当·斯密还认为交换和资本的积累是分工的前提,但在传统型农村自给自足的生产和生活方式下,商品经济和市场经济发育不良,资本的积累微乎其微,不利于分工和专业化的发展,造成生产率水平低下。对于劳动力的使用,一方面伴随土地的扩张,只能通过增加劳动力来耕作新增耕地;另一方面,由于技术落后和资本不足,劳动力成为传统农业生产唯一可以支配的可变要素,在原有土地上只能通过劳动力的密集投入来增加产出水平。由于土地与劳动力存在一定的投入比率关系,因此随着人口规模的扩大,农村出现了大量的剩余劳动力。

二、农村经济基本特征形成的原因

传统型农村经济是技术落后、生产率低下和粗放型的经济。其形成的原因可以从以下几个方面加以解释:

1.缺乏适宜的技术替代

印度经济学家加塔克认为,缺乏适宜的技术替代是欠发达国家农村地区农业技术长期停滞不前的主要原因。传统农业的特点是劳动力密集投入、资本投入少、生产规模小,对农民的文化和技术水平要求低。因此,存在大量剩余劳动力、资本缺乏、教育基础薄弱的欠发达地区农村,不具备实施节约劳动、密集使用资本、包含高技术的现代农业的客观条件。

2.适宜的新技术传播不畅

即使存在适宜的新技术，由于欠发达国家的农村地区一般位置较偏远，交通、通信等基础设施缺乏，教育水平低下，因而农民获得新的农业技术相当困难。另外，贫困使得农民无力负担获得新技术的费用。政府通过直接委派专家到农村推广新技术的做法，也面临现实的困难，如受过良好教育的专家和技术人员不太愿意到农村服务。

3.社会保障机制不健全

欠发达地区的农民绝大多数生活在生存线水平上，维持生存是他们的首要目的，没有能力承担采用新技术所带来的风险，社会保障机制也没有为他们提供经营失败时所需的基本保障。同时，劳动生产率很低，因此农民的收入水平不是由边际生产率决定的，而是由平均生产率决定的。为了共享维持生存的劳动成果，每个家庭成员必须共同分担一份工作；否则，就会有人面临饥饿的威胁。

4.难以进入金融市场融通生产经营所需资金

欠发达地区农民拥有的财富少，经营收益低，生产受自然因素影响和制约，往往不能提供向现代商业银行贷款所需的抵押和担保，因此难以在金融市场上获得所需的资金支持，这使得他们难以改进技术、扩大生产、提高生产效率、增加收入。

第二节　农村土地市场

土地和人是最重要的两种基本资源，因此必须重视土地资源在维持人类生存和日常生活中所起的重要作用。农村土地市场是农村最为重要的要素市场之一，它在有效配置土地资源、提高土地利用效率和生产效率、实现土地集约利用和规模化利用方面起着极其重要的作用。此外，农村土地市场为城市发展提供所需土地，农村又是城市扩张的可能空间。

一、农村土地与土地经济

（一）农村土地的特性

土地作为人类生产、生活的一项重要资产，与其他一般资产相比具有很多特性。土地经济学家伊利在其《土地经济学原理》一书中指出："成功的土地利用是以对土地特性的认识为基础的。"伊利认为，土地的特性包括其自然特性、经济特性、社会特性和法律特性；农村的土地特性也是如此。

1.农村土地的自然特性

农村土地的自然特性是农村土地自然属性的反映，是农村土地所固有的，与农民对农村土地的利用与否没有必然的关系。

土地具有经济意义的最主要的自然特性就是不动性。举例来说，我们不能因为北京或上海的地价飞涨就把农村土地搬到北京或上海。土地的不动性表明了区位的重要性，解释了农村地区因距离城市远近不同而形成的土地价格的巨大差异。

土地的第二个重要的自然特性是土地面积的有限性。人们无法创造土地，只能在满足一定条件时转换土地的用途。

土地的第三个自然特性是土地质量的差异性，也就是说土地在满足某种需要的能力上存在差异。要注意的是，首先，土地质量的差异在地区之间，甚至在地区内部是客观存在的；其次，土地质量的差异是针对土地的特定用途而言的；最后，有些土地的质量是可以通过人类的劳动和投入改良的，但改良是有成本的。土地的质量存在差异这一特性使得农民在利用农村土地时必须注意因地制宜、合理利用，以取得土地利用的最佳综合效益。

土地的第四个自然特性是耐久性，即土地可以被一次一次地重复使用，如耕地可以被连年耕种。但要注意，土地的耐久性是有条件的，如果人类过度开发甚至破坏土地，就会导致土地功能无法恢复。土地的耐久性使得人们必须注意适度利用和保护土地资源。

2.农村土地的经济特性

农村土地的经济特性是以其自然特性为基础的，在利用土地时才表现出来。

新古典经济学的收益递减规律不限于土地的利用上，对农业生产也特别重要。收益递减规律指的是，随着投入某块土地上的劳动和资本的增加，在到达某一产出水平时，产出的增加比率低于劳动和资本的增加比率。

土地的第二个经济特性是供给的稀缺性。这一稀缺性主要体现在对某些地区（如人口稠密的市区）和某种用途（农用土地）的土地的供给上，这种特性是由于土地本身的不动性、质量差异和收益递减规律导致的。试想，如果边远山区的土地可以搬到城市里，土地没有肥沃贫瘠之分，土地是收益递增的，人们就无须考虑土地的成本和收益的关系，土地的稀缺性问题也就不存在了。

土地的第三个经济特性是用途难以变更。一块土地可能有多种用途，一旦投入某项用途后，要改变其利用方向，往往会产生巨大的成本和损失。这一点对于农业的生产用地来说尤其明显，它会导致农产品产量对价格变动的滞后性，容易因价格变动而带来损失。土地利用方向变更缓慢这一特性，使得人们在利用土地时必须进行细致的勘查、周密的规划。

3.农村土地的社会特性

农村土地的社会特性主要有两个方面：

一是依附土地所有权的政治和社会权利以及经济权利。显然，农村土地是农民的资产，拥有土地就意味着拥有财富。在过去漫长的历史时期中，拥有土地的地主才相应地拥有政治和社会权利，而佃农和少地的农民的政治和社会地位极其低下。现代社会为了防止滥用土地，维护公共福利，加强对土地的社会控制。

二是土地对很多人起到储蓄、保障的作用。人们普遍觉得对土地的投资有安全感。此外，欠发达地区的农民由于缺乏教育和其他技能，只能密切地依附土地来维持自身的生活所需。

4.农村土地的法律特性

农村土地的法律特性是农村土地经济利益实现的前提，农村土地的经济利益是农村土地法律特性的具体体现。土地的法律特性表现在：立法当局对一切财产区分为动产和不动产两大类，而土地由于其不动性属于不动产。在经济学中使用"不动产"这个名词，不只是因为法律上的界定，还因为土地及附着其上的设施形成一个经济单元和产生收益的单元。农村土地权属的法律规定决定着农村土地经济利益的归属范围。

（二）土地经济

农村土地经济涉及在农村土地资源的利用活动中农民与自然之间和农民与农民之间的经济关系和经济规律。农村土地经济包括三个方面：

（1）农村土地资源利用，是指农村土地资源在国民经济各部门的分配和使用，具体包括土地资源勘探、技术经济评价、土地资源利用的规划和计划、土地集约利用、土地区位利用、土地规模利用，以及土地可持续利用等方面。它所研究的是人与土地之间的关系。

（2）农村土地财产制度，是指农村土地财产的权属制度，具体包括土地所有制、土地使用制，以及土地国家管理制度的建立、演变及实施方面的问题。它所研究的是土地利用中人与人之间的关系。

（3）农村土地资产流转，即农村土地市场，指的是农村土地作为资产，其权属在市场上的流转和随之产生的土地收益分配问题，具体包括土地市场的建立及供求关系、土地使用权流转中使用者向土地所有者支付的地租、土地作为商品买卖形成的价格，以及以土地资产作为担保而形成的债务抵押关系和土地税收等问题。它所研究的是土地利用中人与人之间的经济关系，但不同于土地财产制度，它只涉及在土地资产流转和土地收益分配过程中产生的人与人之间的经济关系。

现在，我们把关注的问题集中在农村土地市场上，因为土地资源利用所涉及的主要是勘探、评价、规划等技术问题，而土地产权制度所涉及的是制度因素，因而土地市场与农村经济的关系最为紧密。

二、农村土地市场

在市场经济条件下，农村土地作为一种资产也进入市场流转，使得农村土地通过市场配置实现合理利用。农村土地市场是指在农村地域范围内土地流通中所发生的经济关系的总和。农村土地市场是农村重要的要素市场之一。农村土地对于农民的重要性是不言而喻的，既是用于从事农业生产的重要生产资料，又是农民持有财富的主要形式，也是农民进行保障性储蓄的主要资产形式。完善农村土地市场，有利于充分和有效地利用土地资源；有利于促进农业的产业结构调整和优化；有利于土地的流动和集中，实现土地集约化和规模化经营；有利于土地增值收益的合理分配，保障农民的利益；有利于有效地为城市化进程提供土地，提高土地利用效率。

农村土地市场具有以下特征：

一是地域性。因为土地具有不动性，所以土地市场就有强烈的地域性特征，所形成的是地域性市场，无法形成全国性的统一市场。

二是竞争的不充分性。土地市场的参与者不多，市场信息较难获取，这使得土地市场的竞争是不充分的。

三是供给的滞后性。因为土地用途的改变很慢且开发周期较长，所以土地的供给往往根据前期需求确定，土地供给难以按市场需求及时调整。

四是供求的特殊性。土地的自然供给总量几乎没有弹性，从而土地价格上涨对土地供给的激励极小，虽然在具体用途上土地的供给具有一定弹性，但土地价格主要由需求决定。

五是政府介入较深。因为农村土地是重要的农用资源，它具有社会性，对社会经济、政治利益的分配有重要的影响，所以政府对农村土地的控制往往比较严格。

此外，土地的开发使用具有外部性，所以政府对土地的开发、使用、交易等都有严格的规定，以避免出现危害社会的情况。

（一）农村土地的供需

1.农村土地的供给

农村土地供给指的是农村可利用土地的供给，因为地球上的农村土地并不是都能用于农业生产和生活的。农村土地的供给可以分为自然供给和经济供给。

农村土地的自然供给指的是农村土地中自然形成的可供人类利用的部分，其数量包括已被利用的土地和未来可供利用的土地资源。它是相对稳定的，一般来说，不受任何人为因素或社会经济因素的影响，或者可以说土地的自然供给是无弹性的。土地的自然供给受到气候、土壤、水资源、其他自然资源和交通条件等是否适合人类居住和生产的因素的制约，而这些因素对于主要从事农业生产的农村尤为重要。根据美国地理学家贝克的研究，世界上最好的耕地只占陆地面积的7%，可耕种的土地只占陆地面积的17.5%；可耕地面积在各国的分布和结构方面还存在很大的差异。例如，美国、印度、法国、德国等的可耕地面积占国土面积的20%以上，而加拿大、巴西和俄罗斯等的可耕地面积占国土面积的比重不足8%；我国的可耕地面积占国土面积的10%左右，但考虑到我国自然灾害频繁、人口众多的实际，我国的土地承载力已经处于"临界状态"，保护有限的土地资源对于我国的农业甚至整个国民经济至关重要。

农村土地的经济供给指的是在自然供给的基础上，投入劳动进行开发以后，成为人类可直接用于生产、生活各种用途的土地的有效供给。开发新土地、用地结构的调整等活动都可以影响农村土地的经济供给，农村土地的经济供给是有弹性的。影响农村土地的经济供给的因素主要有：

一是各类土地的自然供给。其从根本上限定了土地经济供给的变化范围，是土地经济供给的基础和前提。

二是经济发展水平。经济发展会影响各种土地经济供给的数量。例如，城市化进程意味着农村人口向城市转移，相应的变化是耕地转变为城市建设用地，这是土地经济供给结构的变化。

三是土地开发利用计划。因为土地对任何国家或地区而言都是稀缺的资源，所以各个国家和地区都非常重视土地的合理开发，并制订相应的土地开发计划。此类计划的实施不但会影响土地的经济供给数量，还会影响土地的经济供给结构。

四是利用土地的知识和技能。人类利用土地的知识和技能不断进步，使得人类可以更多地利用原来未被利用的土地，或者使原来效率不高的土地变为效率较高的土地，从而变相地增加土地的经济供给。

五是土地价格。土地价格上涨会使得土地的供给量增加，土地价格下降会使得土地的供给量减少。土地的供给是由土地供给者根据上述影响因素理性供给土地的结果。

2.农村土地的需求

土地需求是人类为了生存和发展利用土地进行各种生产和消费活动而产生的需求。在农村，人们对土地的需求不外乎两大类：农业用地需求和非农业用地需求。

（1）农业用地需求。

人类最基本的需要就是对食物的满足，粮食又是人类最主要的食物来源，所以土地需求的第一位就是耕地需求，人们只有在满足了对耕地的需求之后，才能考虑土地的其他需求。农业用地的需求具体包括耕地、园地、林地、牧草地和其他农用地的需求。

影响耕地需求的因素主要有人口数量、粮食消费水平和结构、农业技术水平和国民经济发展状况等。人口增加以及国民经济的发展，都需要有更多的耕地来满足人们对更多的农产品和工业产品的需要，人们对耕地的需求是不断增加的。

人们对园地的需求主要有食品需求和非食品需求，前者主要包括水果，后者主要包括橡胶、桑蚕等工业原料。

人们对林地的需求，主要包括对木材以及森林生态功能的需求，对林地的破坏在很大程度上破坏了人类赖以生存的生态环境。

人们对牧草地的需求不只在于牧草地能为发展饲养业提供牧场和饲料，还在于它是维持生态环境平衡的重要部分。

（2）非农业用地需求。

非农业用地需求包括工业、商业、交通、科教、医疗卫生、文化娱乐及住宅建设等多项需求。随着国民经济的发展，对农村非农业用地的需求会逐渐增加，其中既有农村自身对非农业用地的需求，也有城市发展和城市化过程中城市空间扩张产生的需求。

土地的总量是一定的，各类用地之间存在此消彼长的关系。非农业用地增加，会使保证人类生存的农业用地减少，而且土地用途的变更缓慢，特别是已经变为非农业用地的土地要恢复为农业用地，不仅困难，而且成本很高。因此，应注意农村土地的周密规划和集约利用。

农村土地是一种特殊的农资商品，它具有位置固定不变、自然供给不变、经济供给弹性小等特殊性。它既受一般商品供求规律的制约，又与一般商品的供求关系和均衡有所不同：土地的供求平衡是相对的、暂时的，而不平衡是绝对的、普遍的；土地供求关系的变化受当时社会和政治局势稳定与否和经济的繁荣与衰退等因素的影响很大。从不同用途的农村土地的供求来看，耕地的供求关系主要取决于人口对粮食的需求。由于粮食的供给和需求弹性不大，所以耕地的买卖频率较低，投机活动较少，土地价格较为稳定。非农业用地在一定范围内遵循价格上涨、供给增加这一供给规律，特别是在城市化进程加快和经济持续快速发展的情况下，对非农业用地的需求会不断增加，在供给有限的情况下，最终必然是在较高的价位上实现供求平衡。

（二）地租理论

地租是由于土地所有者和土地使用者分离，土地使用者在土地利用中产生的剩余生产物被土地所有者占有而产生的。地租是土地所有权在货币形式上的实现方式。地租是社会经济生活中重要而普遍的现象，很多经济学家都对地租问题进行了研究，形成了相应的地租理论。

古典经济学家最早对地租问题进行了研究。威廉·配第在《赋税论》中首次提出地租概念。他认为地租是土地上生产的农作物所得的剩余收入，并且由于土壤肥沃程度和耕种技术的差异，以及产地距离市场的远近不同，地租和地价也因而不同。大卫·李嘉图在《政治经济学及赋税原理》中指出，对土地的占有产生地租，地租是为使用土地而付给土地所有者的部分。地租的产生有两个条件，即土地的有限性和土地肥沃度与位置的差异。土地产品的价值由劣等土地的生产条件，即最大的劳动消耗决定，因而优等、中等土地的产品价格，除了补偿成本并获得利润之外，还有超额利润，因而形成级差地租。杜能是农业区位理论的创始人，他解释了土地位置与地租的关系，即某一农产品的产地价格通常与产地到消费中心市场的距离直接相关，它等于农产品在中心市场的价格与产地到中心市场运费的差额，这个差额减去农产品的生产成本就是区位地租。

马克思、恩格斯在批判继承前人成果的基础上，创立了科学的地租理论，揭示了资本主义土地私有制及地租的本质。马克思主义的地租理论把资本主义的地租按其形成的条件和原因的不同，分为级差地租、绝对地租和垄断地租。级差地租和绝对地租是资本主义地租的普遍形式，垄断地租仅是个别情况下的特殊形式。

资本主义级差地租是经营较优土地的农业资本家获得的，并最终归土地所有者占有的超额利润。其来源于产品个别生产价格与社会生产价格的差额，这个差额与土地等级有关。随着社会对农产品需要的扩大，劣等土地也开始进入农产品的生产领域。此时产品的社会生产价格由劣等土地决定，因此经营优等土地和中等土地的农业资本家可以获得一定的超额利润。这些超额利润最终由土地所有者获得，转化为级差地租。级差地租由于形成条件的差异又分为级差地租Ⅰ和级差地租Ⅱ。级差地租Ⅰ的形成是由于土地肥沃程度和土地位置（距离市场远近）的差别。级差地租Ⅱ是对同一块土地连续追加投资，使得投资的劳动生产率高于劣等土地的劳动生产率而产生的超额利润。

资本主义绝对地租是指无论租种土地的优劣程度如何都必须缴纳的地租。它来源于农产品价值高于社会生产价格的差额，是农业工人创造的剩余价值的一部分。

资本主义垄断地租是由产品的垄断价格带来的超额利润转化成的地租。这些产品之所以获得垄断地位往往是由于生产它们的土地具有某些特殊的自然条件，离开这些自然条件就很难生产出此类产品。

到了现代，西方经济学中的地租理论得到了进一步的发展。美国经济学家阿朗索以杜能的农业区位理论为基础，建立了厂商对城市土地的竞标曲线，然后根据一般均衡原理，以土地市场均衡为前提，建立了包括农业、工商业和居住用地在内的土地价值模式。阿朗索创立的地租理论的要点主要包括三个方面：

一是揭示了各行业的地租成因。他将土地面积、产品价格、经营成本及单位产品的运输成本作为变量，建立了农业地租模型和农业地租竞标曲线；利用住户收入开支的三个方面，即租用土地的支出、通勤费用及各种商品消费和服务支出，建立了住户的地租模型和相应的竞标曲线；以追求最大利润为目标，将经营成本、利润额、营业量及土地成本作为变量，建立了厂商地租模型和相应的竞标曲线。

二是利用所谓的地租结构分析了不同农作物的竞标，并揭示了杜能环的形成机制。阿朗索认为，在农业竞标模型中，不同的作物都有各自的产量、价格、成本和运费，与别的作物形成明显的差异，所以它们的竞标曲线也各不相同；将众多的作物竞标曲线同时显示在二维坐标系中，便可决定不同农作物的分布和区位地租。

三是利用地租结构揭示了城市土地市场出租价格的空间分布特点。将从城市中心向外、处于不同位置的土地的市场出租价格在二维空间坐标系中连接起来，就可以得到真实的土地价格（出租价格）曲线，阿朗索称它为价格结构。

萨缪尔森认为，地租是土地要素的相应报酬，其大小取决于生产要素互相依赖的边际生产力；地租取决于供求关系形成的均衡价格。由于土地供给缺乏弹性，所以土地需求成为唯一的决定因素，地租完全取决于土地需求者支付的竞争性价格。

（三）农村土地价格

1.农村土地价格的含义

农村土地能够向人类永续地提供农产品和服务，农村土地这一特殊的使用价值使得在土地私有权垄断条件下产生地租，给土地的所有者带来收益。由于土地的恒久性，这种收益流也是恒久的。伴随土地所有权的转移，其带来的收益流的流向也发生转移，所以购买土地实际上是购买一定时期内土地所带来的收益。土地纯收益的现值之和就是土地价格。因此，马克思认为土地价格是地租的资本化。在一般情况下，农村土地价格指的是公开市场上形成的农村土地价格，就像巴洛维所认为的：在公开市场中，在信息充分的条件下，买卖双方愿意接受的市场价格。

2.农村土地价格的形成

农村土地作为一种特殊的商品，其价格的形成与一般商品有所不同：

第一，农村土地价格是土地权益的价格。土地是一种资产，能够给人们提供恒久的产品和服务，这些产品和服务的获得是以土地权利为基础的，购买土地实际上是购买一种获得土地收益的权利，所支付的价格是为了获得该项权利而支付的代价。

第二，农村土地价格不以土地成本为依据。土地本质上是一种自然物，无所谓土地的生产成本，即便人类在长期的土地利用过程中固化在土地中的劳动，形成了所谓的土地资本，也不能表现为土地价格。

第三，农村土地价格由土地的供求决定，但受土地需求的影响更大。萨缪尔森认为，土地的自然供给是无弹性的，而土地的需求是一种引致需求，土地价格由土地的市场供给和需求决定，由于土地供给无弹性，因此土地价格主要由土地需求决定。

第四，农村土地价格在总体上呈上涨趋势。这是由于人口增加使人们对土地的需求日益增长，而土地供给缺乏弹性。

第五，农村土地价格具有强烈的地域性。这是由于土地的不动性使得土地不能像其他商品那样到处移动，调剂余缺，因而土地市场具有强烈的地域性，各地市场之间难以形成统一的均衡价格。

3.影响农村土地价格的因素

影响农村土地价格的因素有很多，凡是影响土地供给和需求或者影响土地收益即地租的因素都影响土地价格。这些因素可以分为三大类：

（1）一般因素。其主要有经济发展状况、财政体制、地价或金融等相关政策、城市化进程的速度、国家或地区的土地禀赋、土地产权状况等。一般来说，经济发展越快，政府财政对经济干预程度越高，鼓励房地产消费的政策越宽松，城市化进程越快，土地资源越匮乏，土地价格就越高，而土地产权界定不清会使土地交易非市场化，产生土地价格的扭曲。

（2）区域因素。其主要有土地区位、基础设施条件、规划限制和环境质量等。一般来说，土地与正效应因素（农产品市场）越近，与负效应因素（化工厂等）越远，基础设施条件越好，自然环境、人文环境越好，土地价格就越高。

（3）个别因素。其也会影响土地价格，如某一块农地的土壤肥力、供水和供电条件等。

第三节　农村劳动力市场

所谓农村劳动力市场，是指农村劳动力供求双方对劳动力使用权的转让和购买所自愿达成的一系列合约的总和。农村劳动力市场的基本功能是在各部门间和各部门内部配置劳动力资源。在农村地区，土地和劳动力是最为重要的两种生产要素，但这两种生产要素在不同人之间的分配是不平衡的，其中土地分配尤为不平衡。在许多国家，大片的土地往往集中在少数人手中，而绝大多数农村人口只拥有少量土地，甚至没有土地。在农村地区，人们从事的主要是农业生产，它与土地经济是紧密联系在一起的，即农业生产必须有一定范围内的劳动-土地比例。在这种情况下，拥有过剩劳动力的个人就会在拥有过剩土地的个人那里寻找就业机会，形成劳动力市场，或者拥有过剩土地的个人把土地出租或出售给其他个人，形成土地市场。特别是发展中国家的农村往往存在大量的剩余劳动力，他们不断涌入城市，转化为非农业人口，从事第二、三产业。这一转移过程是发展中国家经济发展和城市化进程的客观要求和必然结果。因此，农村劳动力市场起着既配置农村地域内的劳动力资源，又向城市输送剩余劳动力的作用。

一、农村劳动力市场的特点

农村人口主要从事农业生产，但农村劳动力不能等同于农业劳动力。如果农业劳动力按劳动者从事的职业性质来划分，那么与之相对应的是非农产业劳动力；如果农村劳动力按劳动力就业地域划分，那么与之相对应的是城镇劳动力。因此，农村劳动力所涉及的范围比农业劳动力更为广泛。在欠发达国家的农村，劳动力主要从事的是农业，即使存在第二、三产业的就业，所占的份额也很小，并且在经济地位上也处于从属地位。农村劳动力市场所具有的特点与农业生产的特性密切相关，主要表现如下：

1.农村劳动具有不同于城市劳动的特征

农村基础产业即农业受自然条件的影响和限制，因而农村劳动的特征表现为：

第一，劳动时间上的季节性。农业生产受农作物自然生长周期和季节的限制，不同季节的农业劳动的项目、劳动量、劳动紧张程度存在巨大差异。

第二，劳动空间的分散性和地域性。农业生产深受自然条件的制约，不同地域由于自然条件不同，往往只能经营适合当地自然条件的生产项目，使得农业劳动不得不在广大空间上分散进行。

第三，劳动内容上的多样性。一种农业产品的生产过程也包含多种工序，一个农业劳动力往往不能长年固定在一种农活上，需要掌握多种劳动技能，以从事多种农活。

第四，劳动条件的差异性。农业劳动者所面对的劳动资料和劳动对象千差万别，由于地形、土壤肥沃程度、气候、自然灾害等情况的不同，工具选择、物质资料使用、操作方式、农业技艺也不同。

第五，劳动措施的机动性。农村劳动要根据所处劳动条件的差异和变化，灵活地作出决策和反应，采取相应的措施。

第六，由于上述原因，劳动投入和劳动产出之间不存在稳定的函数关系。

2.工资水平很难确定

在大部分情况下，农业可以被看作一个非常大的非正式部门，一个农民的产出很难确定，其收入可能既包括货币性收入，也包括其他形式的报酬；可能是由于长期雇佣获得的工资，也可能是由于临时工作而获得的收入。相应地，政府部门无法对其进行管制，包括难以实施最低工资法，难以对农民的实际收入征税。因此，诸如退休计划、失业保险、组织化的养老保障实行起来也是比较困难的。不过，近年来，我国将城乡养老保险并轨，并尝试建设农村失业保险制度，通过一系列制度创新稳定农民收入，提高农民的社会保障水平。

3.劳动产品的市场化程度不同

农民种植农业作物既是为了自己消费，也是为了在市场上销售，其市场化程度依据作物的性质不同而变化。经济作物，如棉花、甘蔗等的市场化程度高，主要为市场销售而生产；粮食作物，如小麦、水稻等的种植目的既是自己消费，也是在市场上销售；一些零星种植的水果、蔬菜则主要是为了自己消费。

4.劳动的组织形式多样

在农村，农业生产主要是通过下列方式组织起来的：

一是以家庭为单位的生产方式，主要是在家庭自有的土地上种植作物并以自己消费为主，只有剩余农产品才就近在市场上销售。这种生产组织模式在欠发达地区的农村最为普遍。

二是大农场模式，雇用大量的劳动力在大面积的土地上采用现代化的技术来从事农业生产。这种模式在美国、加拿大、澳大利亚等土地广阔的国家的农村较为普遍。

三是合作社形式。合作社是以农村生产为基础，通过提供农产品的销售、加工、运输、贮藏以及与农业生产经营有关的技术、信息等服务来实现成员互助目的的组织，从成立开始就具有经济互助性。在政府的支持和引导下，近年来我国各地农村成立了大量的合作社。

二、隐蔽失业与劳动力转移

隐蔽失业是指劳动边际产出率等于或接近零时的就业。换句话说，如果从总的就业中撤出一部分劳动者并不会使总产量减少，就存在隐蔽失业，失业的人数就是能被撤出的人数。在欠发达的农村普遍存在隐蔽失业。

按照微观经济学理论，厂商会持续雇用劳动力，直到劳动力的边际产出等于工资水平为止；如果所雇用的劳动力多于这一点，厂商就可以通过减少雇用量而增加收益。为什么在农村的农业部门中存在工资为正（至少能够维持生活）而边际产出为零的现象？作为传统部门的农业在生产组织上与现代部门有很大的差别，在欠发达地区的农村更是如此。追求利润最大化的厂商将工资支付作为生产成本。与此不同，家庭则注重家庭中每个成员都能获得维持生活的收入，因此家庭可能使用更多的劳动力，使得使用的劳动力数量超过边际产出等于工资所确定的劳动力数量，为的是家庭成员能够平均分配。此时的工资不是通常意义上的工资，而是家庭的平均产出。这就意味着只要劳动力的平均产出等于某些活动的边际产出，就不会有人愿意从农业生产中转移出去。如果经济体系中存在某种工资率可以真实地衡量某地区的经济活动的边际产出，而且传统部门的边际产出低于该工资率水平，那么劳动力从传统的农业部门中转移出去，此时农业部门的效率会得到改善。因此，从理论上说，现有农业部门的实际劳动力投入量和那种边际产出等于工资率水平所决定的劳动力投入量之差额，就是农业部门中存在的隐蔽失业数量。

农村隐蔽失业的劳动力转移，也就是农村剩余劳动力的转移主要有两个途径：一是农村剩余劳动力向城市转移；二是由农村本身的工业化来吸纳剩余劳动力。

随着工业化进程和城市化进程的加快，许多发展中国家的城市人口增长快于总的人口增长，其中主要的增长来自农村的迁移者。有两种因素吸引农村人口向城市流动，即推力因素与拉力因素。推力因素主要与农村就业机会的有限和教育、运输、通信的发展有关。由于农村普遍存在隐蔽失业，劳动力向城市转移的机会成本很低甚至是零，这就刺激了农村劳动力向城市转移来寻找新的就业机会。此外，教育、运输和通信的发展提高了农村劳动力素质，拓宽了他们的视野，并且为他们向城市的迁移提供了便利条件。拉力因素是城市中较高的劳动报酬和相对优越的生活条件。发展中国家的城乡工资水平差距一般都很大，城市工人的收入水平一般比农村劳动力的收入高出2~3倍。此外，发展中国家的基础设施建设投入一般都集中在城市，城市居民相比农村居民更容易获得清洁的饮用水、较好的医疗服务、更多的教育机会等。这些都吸引着农村人口向城市转移。但是，随着越来越多的农村劳动力进入城市劳动力市场，城市的失业人口不断增加，引发了城市贫困、犯罪、生活环境恶化等一系列社会问题。

影响农村人口向城市迁移的因素主要有目的地和出发地的特征、转移距离，以及迁移者的特征。目的地和出发地的特征主要包括相对收入和就业条件。目的地的工资水平更能影响迁移率，因为目的地的工资水平影响了迁移者选择某个目的地的概率；出发地的收入水平低，意味着较低的迁移成本，但同时意味着难以获得迁移所需的资金。距离对迁移有明显的抑制作用。这并不是由于交通成本，而主要是由于心理成本和劳动力市场信息的可得性。迁移是有选择性的，不同的人群具有不同的流动倾向。这可以被称为"熟路效应"，即本村的人或本乡的人选择了某一目的地，并告诉本村的其他人，则本村其他人也会主要前往该目的地，前往路径基本一致。因此，在一些大城市的某些城区里会出现同乡或同类群体集中居住的现象。从现实的情况来看，受过教育的、未婚的青年人是从农村向城市迁移的主要人口。

大城市的规模过大可能导致一系列"城市病"，而广大的小城镇大多没有工业支撑，容易导致"空洞化"。这些都将阻碍农村剩余劳动力的转移。农村工业化是指依托市场和农民自身优势，在农村兴办工业，并使工业成为农村的支柱产业，从而大量吸纳当地农业中的剩余劳动力。

政府可以通过行政手段和市场引导的方法，尽量把城乡工业剥离成两个层面，使城市走高级化工业道路，而把以农产品为原料的劳动密集型产业转移到农村，以实现农村剩余劳动力的转移和城乡经济的协调发展。

三、农村劳动力转移理论

针对农业劳动力向城市和工业部门转移及劳动力转移对经济发展的影响等问题，许多学者进行了大量的研究分析，并获得了大量的理论成果，其中最为典型的理论是刘易斯的农业劳动力转移理论。刘易斯在《无限劳动供给下的经济发展》一文中认为，在发展中国家普遍存在二元结构，即传统农业部门和现代工业部门。前者没有资本投入，土地资源也十分有限，随着人口的不断增加，劳动力的边际生产率非常低，甚至为零；后者主要集中在城市，集合了大量资本，具有较高的劳动生产率。只要城市工业部门的工资水平高于农村农业部门，就会有无限供给的劳动力从农村转移到工业部门。随着资本家利润的不断投入，工业部门的生产规模进一步扩大，从而吸收更多的剩余劳动力。经济发展的过程就是剩余劳动力被不断增加的资本所吸收的过程，直到剩余劳动力全部转移到城市现代工业部门为止，从而推动经济不断增长。随着剩余劳动力被完全吸收而消失，逐渐形成一体化的城乡结构。

1961年，拉尼斯和费景汉对刘易斯所提的理论进行了补充和修正，认为农业不仅为城市工业部门提供劳动力，还为城市工业部门提供农业剩余。该理论具体请参见第八章第一节的内容。

不同于刘易斯、拉尼斯和费景汉的理论观点，乔根森建立了新的劳动力转移模式，但其分析框架仍然是二元的，包括工业部门和农业部门。该理论不是建立在剩余劳动和不变工资率假设基础上的，而是认为农业中边际产出等于零的剩余劳动力不存在。他认为，劳动力转移的前提条件是农业剩余。当农业剩余为零时，不存在农业劳动力的转移；只有当农业剩余大于零时，才能有农业劳动力的转移。农业剩余规模决定了城市工业部门的发展和农业劳动力的转移规模。城市工业部门的工资水平随着技术进步和资本积累而不断提高，农业部门的工资水平也不是不变的，但两个部门在工资水平上存在差异，且这一差异几乎是固定的。相比于前两种理论，乔根森的理论更强调农业发展和技术进步对农业劳动力转移的影响。

在前面几种理论中，劳动者从农村迁入城市的唯一决定因素是城乡间的实际收入差异，都暗含了城市部门不存在失业这一假设。实际上，在20世纪六七十年代，伴随着农村人口的涌入，城市的失业问题越来越严重。针对这一事实，托达罗和哈里斯指出，尽管农业的边际产出为正，城市的失业率很高，但农村向城市的劳动力迁移不仅存在，而且实际上在加速。其原因在于，农村劳动者决定其是否迁移到城市，不仅取决于城乡间实际收入水平的差异，还取决于城市就业率或失业率。当预期的城市实际收入水平高于农村实际收入水平时，劳动力才不断从农村向城市迁移；当移民数量使得城市失业率增加、工资水平下降，足以使城市的预期收入与农村收入相等时，农村劳动力将停止向城市迁移；当城市的预期收入低于农村收入时，就会出现"逆城市化"。

第四节　农村金融市场

农村金融市场是农村地域范围内资金融通，即与货币流通和信用有关的各种农村金融活动的总称。农村金融市场在农村生产经营过程中起着重要的中介作用，不论是农业还是其他农村产业，都需要农村金融机构对其提供融通资金、调剂余缺的金融支持和服务。同时，农村金融市场作为整个金融市场的子集，发挥组织和调节城乡区域货币流通、促进农村区域市场经济的发展和产业升级的作用。此外，农村金融市场还是国家对农业和农村经济进行宏观调控的重要场所。莱文在《金融发展与经济增长——观点和议程》一文中指出，一个功能完善的金融市场具有降低风险、有效配置资源、动员储蓄、降低交易成本等功能，这些功能又能有力地促进资本形成和技术创新，进而促进经济增长。

一、农村金融市场的二元结构

农村金融市场的一个重要特点就是它的二元结构，即在由政策性银行、商业银行和信用社构成的正规金融体系之外，还存在一个与之基本平行的金融体系——非正规金融体系。农村金融市场的二元结构是由农村金融的特点决定的。农村金融的特点主要是：

第一，农村金融市场的涉及面很广。它不仅涉及农业，还涉及农村的工商业、服务业等多个产业，并随着农村产业升级及市场化程度的提高而不断增加其市场的深度；它是沟通农村和城市资金供求和流动的场所，并随着农村的城市化进程不断增加其市场的广度。

第二，农村金融市场的稳定性差。这是与城市金融市场相比的显著特点。这一特点由如下几方面的原因形成：

其一，作为农村主要产业的农业受到自然条件的影响和制约，其生产状况容易波动，这使得为其提供服务的农村金融业受到除市场风险以外的自然风险的影响；

其二，农村金融服务的对象主要是广大农户和农村中小企业，其特点是分散，抵抗风险的能力较弱，盈利状况不稳定，这些都使得难以对其建立有效的信用评估和管理制度，以及对金融风险进行有效的管理。

第三，现代金融企业的经营管理难度很大。其主要原因包括：

其一，作为农村金融服务主要对象的农户和农村中小企业的空间分布分散，金融企业网点分布也受成本约束，难以有效地覆盖所有农村地区；

其二，农业生产周期长并且受自然条件的制约，农产品价格波动幅度较大，经营成果难以确定，这增加了金融企业资产负债管理的难度；

其三，农村金融需求的层级和规模不同，对资金数量、期限及利率安排的要求也不同，这增加了金融企业管理的成本。

第四，资本市场发展落后。特别是在欠发达地区的农村，几乎不存在资本市场，而且金融工具缺乏，农户和中小企业无法通过多种渠道、多种方式大规模组织和融通社会资金来进行生产性投资，从而进一步导致资本的不足。

第五，政府对金融的干预不适当。长期以来，国家对农村金融中的正规金融部门实行各种严格和僵化的管制和干预，而对非正规金融部门的管制则严重缺失，造成欠发达地区农村金融市场上正规金融部门供给不足和利率链扭曲的现象。

理论界对农村二元金融结构有不同的看法。大多数学者是从麦金农和肖的金融抑制和金融自由化的角度来进行研究的。麦金农和肖认为，在发展中国家，政府为了刺激投资，利用行政力量人为地将利率规定在远低于市场均衡利率的水平上。过低的利率水平抑制了储蓄，导致了可贷资金的减少，同时刺激了投资需求，投资又主要是投向资本密集型产业，而不利于劳动力就业的增加。由于资金供不应求，资金往往是通过信贷配额投向重点发展的现代部门和大中型企业或少数特权阶层，而中小企业、小商人和农户的资金需求被排斥在金融市场之外。就如麦金农在《经济发展中的货币和资本》一书中所指出的："有组织的银行业在欠发达国家的经济渗透上，在为一般的农村地区，尤其是为小额借款者服务方面，是很不成功的。"这些资金需求只能依靠自身积累和在非正规的金融市场融资来满足。这就是所谓的金融抑制。对此他们提出通过"金融自由化"，即放弃国家对金融市场的过度干预，取消利率限制和信贷配额，鼓励金融业间的竞争和金融创新，提高利率，平衡资金供求。持这种观点的学者们认为二元金融结构源于政府对正规金融的管制，因此随着金融自由化和金融深化，非正规金融会趋于萎缩。

在现实中，广大发展中国家在金融深化方面的实践并不成功，就此新结构主义学派的学者提出了金融约束观点，认为金融自由化将导致利率提高、生产成本上涨和经济产出下降。同时，他们肯定了非正规金融市场的重要作用，认为运行良好的非正规金融市场有助于增加信贷总量。因此，尽管新结构主义学者认可金融抑制影响生产扩张的观点，但在消除金融抑制的路径选择上，他们提出了不同于金融自由化的观点。他们认为，金融自由化带来的实际利率的上升会引起资金从非正规金融市场向正规金融市场转移，导致整个社会的可贷资金减少，进而推动非正规金融市场的利率提高，引发通货膨胀，使得经济增长放缓。他们肯定非正规金融市场的作用，认为非正规金融市场有助于减轻金融抑制对工资、产出和失业的影响。因此，他们认为非正规金融是难以消除的，主张金融发展的重点不在于利率自由化，而在于消除金融市场准入障碍和制度束缚。

斯蒂格利茨和韦斯提出的"不完全信息市场上的信贷配给模型"，从微观角度分析了发展中国家的金融问题。他们认为在发展中国家的正规金融市场上，由于信息不对称，银行无法对借款人的风险进行适当评估，只能通过信贷配给来挑选借款人，这就会出现逆向选择和道德风险问题。他们对金融自由化的预期效果的看法是，由放松管制导致的利率上升，会造成银行新的信贷资产质量下降和原有的信贷配给政策失效，进而危及整个金融体系的安全；金融自由化所带来的利率大幅度上升是金融秩序混乱的根源。

综合来说，农村金融市场二元结构的形成既有诸如人为低利率等国家政策因素，也有诸如不完全信息和合约实施成本高等经济结构和制度因素，完全依赖金融自由化来消除非正规金融市场，难以令人信服。

二、农村的正规金融与非正规金融

(一) 农村的正规金融

尽管具体形式可能有所差异，但世界上大多数国家的农村金融市场中的正规金融部门都包括政策性金融、商业性金融和合作性金融。

1.政策性金融

政策性金融一般由政府发起和组织，是为了配合执行政府产业政策和其他发展政策，不以营利为主要目的，主要是为了支持一国经济发展，并且服务于特定金融领域。具体的政策性金融机构有中国农业发展银行、印度国家农业和农村发展银行等。农业政策性金融的作用主要在于：

一是利用低息贷款和补贴引导农业生产按照国家制定的政策方向发展；

二是帮助贫困的农村地区和农民获得信用支持，解决资金短缺的问题；

三是促进改善农村基础设施不足和环境恶化的问题；

四是救济由自然灾害造成的损失。

政策性金融机构提供的金融服务具有社会公益性质，在针对特定的对象和用途提供资金方面起到了主导性的作用。

2.商业性金融

商业性金融主要是商业银行。商业银行是以利润最大化为目标、以金融资产和金融负债为经营对象的综合性、多功能金融企业。它是各国现代金融体系的主体。商业银行对农业和农村地区的贷款是以营利为目的的，所以在预期风险小、有收益的前提下才会进行。许多国家的商业银行在农村地区的信贷面临着这样两个问题：

一是利率。国家往往对农贷利率设定最高限，在高利率时期，商业银行就会存在将农贷资金转移到其他领域获得高利率的动机，造成农贷资金的减少。

二是风险问题。农业生产受到自然条件的影响，各类自然灾害对农业生产产生重大影响，进而影响农贷资金的还贷安全。当前，随着我国互联网金融的发展，以"互联网金融+农村"的模式能够有助于农村金融业务的开展。依托互联网金融服务平台办理线上业务，能够节约金融机构开展农村金融业务的成本，从而一定程度上降低农村信贷的利率。以互联网形式搭建信用评价平台，通过多种授信方式的创新及组合，突破了商业银行传统的评级授信要求，拓展了农村金融服务的广度，提高提供资金的效率，简化环节，并使得风险能够被有效控制。

3.合作性金融

合作性金融是以自愿、民主、互惠、共同积累和按股份分红等合作原则为标准，以金融资产参与，并专门从事规定范围内金融活动的经济形式，如我国的农村信用社就属于此种情况。合作性金融组织没有统一的模式。随着发展，合作金融组织原有的非营利、一人一票、服务于社员的原则逐渐异化，开始向类似于股份制商业银行的经营组织模式转变。

（二）农村的非正规金融

在许多发展中国家，除了正规的金融市场外，还存在一个基本与之平行的金融市场——非正规金融市场，两者有着各自相对稳定的利率和有效需求群体，在一定的条件下又相互交融、相互作用。对于非正规金融，目前理论界还没有一致的定义。目前我国学者普遍认同亚洲发展银行对非正规金融的界定：非正规金融是指不受政府对金融机构资本金、储备和流动性、存贷款利率限制、强制性信贷目标及审计报告要求约束的金融部门。非正规金融也被称为民间金融、地下金融。

非正规金融的形式主要包括民间借贷和民间集资、合会、地下钱庄等。

民间借贷又称私人借贷，资金来源于贷款人的自有资金，利率高低不一，借款形式不规范，其中高利贷风险较大。民间集资是民间借贷的变异形式，是民间借贷向专业化形态（私募基金等）演变过程中的一种中间形态。两者的区别在于借贷对象的范围不同，民间借贷向特定对象借贷，民间集资则不限定借贷对象。

合会是其成员定期交纳一定份额的资金，以汇聚成一笔金额较大的基金，然后将其部分或全部交由某一成员使用。在合会的运转期间，每期至少有一个成员获得基金，但每个成员只能得到一次基金，这一过程直到所有成员都得到基金为止。合会的目的一般是互惠互助，所以我国常称其为互助会，在国外的正式名称是轮转基金。

地下钱庄又称地下银行，是指没有经过政府授权且不受相关管制约束的经营存贷款及其他业务的银行。它是介乎民间借贷与信用社之间的一种形式，通常以高于国家法定存款利率收储，也以高于国家法定贷款利率放贷，交易方式简单、快捷、成本低，客户群体有信用基础、较稳定。

作为正规金融的补充，非正规金融在农村的经济建设中发挥了一定的作用，因为其具有一些信息和成本方面的优势。相对于正规金融在农村融资时面临的信息不对称问题，由于地域、血缘和职业上所形成的社会网络，非正规金融市场上的借贷双方更容易获得信息渠道，从而能够降低信息不对称带来的风险，并且节约交易成本。此外，非正规金融机构对抵押的安排较为灵活，许多在正规金融市场不能被抵押的资产和由于管理成本高或价值低而不愿被接收为抵押的物品也能成为抵押品。

非正规金融在发展中国家的农村非常普遍。尽管从20世纪50年代以来，很多发展中国家，如印度、泰国、菲律宾及拉美国家等，都对农村地区采取不同程度的信用扩张，或推出了一些贷款计划，试图缓解农村地区资金紧张的局面，但都没有取得预期的效果。此外，非正规金融游离于政府的金融监管之外，常涉及违法问题，如地下钱庄等在我国一直为法律所禁止。

三、农村金融需求

农村金融需求的主体是农户和农村中小企业。不同类型的农户和农村中小企业对金融服务的形式和手段的要求不同，因此农村金融市场具有多层次性。

根据农户的金融需求特点，农户可以分为贫困农户、维持型农户和市场型农户。贫困农户的生产和生活资金均较缺乏，他们往往无法提供有效的抵押和担保，还贷风险很大，因此被排斥在正规金融组织的贷款供给范围之外。他们的金融需求只能通过特殊的方式来满足，主要是政策性的优惠贷款、民间渠道的小额贷款、国际金融组织和国外非政府机构的低息贷款等。维持型农户已经基本解决温饱问题，具有传统的负债观念和意识，一般比较讲究信誉，向他们提供小额贷款较为安全，是农村小额信贷的主要对象。市场型农户的生产经营活动以市场为导向，从事专业化技能生产，对于资金的需求量更大。

农村的中小企业主要从事的是农村工业，尽管其在农村经济中的地位正在加强，但在欠发达地区的农村经济中仍处于从属地位，并且往往依附当地资源，它们的生存和发展都离不开资金的支持。

尽管农村地区存在总量巨大的金融需求，但就单个农户或中小企业的具体金融需求而言，则具有规模小、期限短和随机性强的特点。它们往往无力提供正规金融所需的担保和抵押，在信息透明度、资产规模等方面很难满足正规金融开展业务的要求，所以其金融需求的很大部分都由非正规金融来满足。

四、城乡差距与农村资金外流

发展中国家普遍存在区际发展不平衡和城乡差距很大的问题。一个地区的经济增长取决于生产要素、技术和经济制度等因素，同时与该地区的资金配置效率和制度有关。在由市场指导资金配置的体制下，资金流动由资本收益率所决定。正如第一章指出的，资金往往从资本收益率低的地区流入资本收益率高的地区。资金在区际的流动和配置很大程度上直接影响各地区的经济发展情况，进而可能加剧区际经济发展的不平衡性。

一个地区经济发展的过程通常也是工业化和城市化的过程。在这一过程的初期，农村和农业往往承担着为工业化和城市化输送大量农产品、劳动力和资本的职能。资金从农业和农村向资本收益率更高的工业和城市转移。虽然在这期间农村和农业的人均GDP和收入仍在增长，但与城市的差距会持续拉大，而且这一阶段持续时间比较长。往往当一个地区经济发展到一个较高的阶段时，农业部门和农村向工业与其他非农部门和城市的资金输出才会得到缓解，甚至出现生产要素和资金回流到农业和农村的局面。这种回流一开始只在部分地区出现，如城市的周边地区，继而扩展到更大的区域。发展中国家存在的农村资金外流现象会随着经济发展阶段的不同而有所不同。

在市场配置资金的情况下，这种回流的前提是农村和农业部门的资本收益率和劳动生产率有长足的提高。这种提高可能是农村地区的人力资本和实物资本积累的结果，也可能是农村产业结构调整的结果，还可能是工业化和城市化的进程扩大了农产品市场，对资源的需求及技术扩散的结果。

第五节　农村基础设施

基础设施一直被人们认为是经济发展的先行资本，是经济起飞的必要条件，但基础设施在城乡的分布是很不平衡的。由于对工业和城市的重视，国家一般在城市基础设施上投入很多，而对广大的农村地区投入不足，农村地区往往无力自己进行大规模的基础设施建设。基础设施不足是欠发达地区农村的一个普遍和重要的现象，并且严重束缚了这些地区的经济发展。

一、基础设施与农村经济发展

经济学家很早认识到了基础设施对经济发展的重要性。例如，亚当·斯密就对基础设施进行了很多论述。在《国富论》中他阐述的主要观点有：交通运输对国家的经济发展非常重要；基础设施的发展应与经济发展相适应；公共工程的建设和运营是国家的重要职能；应该根据不同种类的基础设施特点决定其日常维护的主体；地方基础设施应由地方政府负责建设和维护。凯恩斯更是把公共基础设施建设看作政府反经济危机的手段。发展经济学认为，基础设施是社会经济发展的基础，在一般产业投资之前，一个社会必须具备基础设施方面的积累，基础设施的发展是一国经济起飞的必备条件，是工业化不可逾越的阶段；政府必须承担起基础设施建设的重要职责。世界银行在《1994年世界发展报告——为发展提供基础设施》中首先肯定了基础设施对经济发展的重要性，其次通过对发展中国家情况的考察，指出基础设施的发展依赖建立有效的激励机制。农村基础设施与农村经济发展的关系可以从以下几个方面考虑：

1.农村基础设施是农村经济发展的基础条件

尽管占农村经济主导地位的农业对基础设施的要求不及工业要求的规模大、水平高，但农业的生产和发展同样离不开基础设施。农村的基础设施主要包括水利灌溉设施、道路交通、电力、通信等。农业受自然条件的限制,水利灌溉设施可以避免和减轻农业生产中的旱涝危害,保证农业生产顺利进行。随着农产品的商品化和市场化,越来越多的农副产品要从乡村运输出去,以满足城市的需求,这就离不开道路交通;农业生产所需的生产资料,如化肥、种子、农药等也要通过道路交通运往乡村。电力是乡村重要的基础设施,电力的使用可以改善传统农业生产中以人力和畜力为主的局面。通信设施,尤其互联网是乡村与外界交流的重要平台,可以促进新的科学技术在乡村的传播和应用,可以扭转乡村落后的观念和思想,提高劳动者的科学文化素质。随着城市化、工业化的推进,乡村对基础设施的需求会更加强烈。

2.农村基础设施是农村微观经济主体活动的基础

一方面,交通运输、水、电和信息等是农民或农村企业经济活动的中间投入要素,其中水、电是生产过程的基本投入,交通、信息增加了农村货物和服务的流动性,这些基础设施服务成本的任何下降都会提高农民或农村企业的盈利水平,从而有利于提高农村居民的收入。另一方面,基础设施服务可以提高劳动力和其他资本的生产力。大量资料表明,基础设施的改善降低成本,或者在其他投入一定的情况下增加产出,而基础设施服务的不充分和不完备会增加成本或降低产出。

3.农村基础设施决定农村对资本的吸引力

农村地区发展的瓶颈之一就是资本不足。资本具有逐利性,即资本会向资本收益率高的地区流动,良好的基础设施条件有利于降低生产成本、提高利润率,从而使该地区吸引更多的资本的流入。同时,由于良好的基础设施条件有利于增加农村居民的盈利能力,所以他们有条件扩大生产,即留住本地的资本,进一步增加收入和就业。

4.农村基础设施影响农村地区社会福利的水平

世界银行在《1994年世界发展报告——为发展提供基础设施》中认为贫困与基础设施落后密切相关:"穷人的概念很大程度上可以定义为:不能消费最低数量的清洁水,生活环境、卫生条件恶劣,除直接的定居外,流动性和与外界的联系都极其有限的居民。"在现实中,世界上的穷人主要分布在农村地区,特别是欠发达地区的农村,要改善他们的状况就必须依赖基础设施的改善。良好的供水和环境卫生设施可以为人们提供清洁的饮用水和健康的生活环境,降低发病率和死亡率;发展交通和灌溉设施可以增加和稳定低收入者的收入;改善交通和通信设备,有助于穷人获得市场信息以及就业和培训机会。

大量的实证研究也表明,基础设施对经济发展具有积极的促进作用,基础设施的发展提高了劳动力和资本的生产能力,它与农业产值的增长正相关。

二、农村基础设施供给

1.非排他性带来的搭便车行为、偏好的决定和融资问题

作为公共产品的农村基础设施,从供给或消费方面来说,它的收益具有非排他性的特征。所谓非排他性,就是一个团体无论是否为产品和服务的供给作出贡献都能够享受到产品和服务的收益。当限制他人享受基础设施的收益要花很大的成本时,那些追逐利润、必须依靠交换才能收回投资的私人企业就不愿进行这样的投资。这样容易产生搭便车和投资不足的问题,解决这些问题需要公共部门的介入。

由公共部门提供农村基础设施，在选择上会产生一些问题，因为如果产品具有排他性，那么偏好可以通过交易来显示；如果产品不具有排他性，那么需要个人偏好综合为公共偏好，偏好不能通过交易来显示，其机制往往是通过投票或者代表协商来完成。公共选择的研究表明，以投票表达偏好存在各种困难，从而难以准确表达消费者的偏好；以非投票方式表达偏好，则由于没有偏好加总的工具或制度，而难以传达关于偏好的信息，即使有信息传递，也会有很大的扭曲。

因为没有私人部门进行投资，所以必须由公共部门进行投资，这时通过税收来融资是有效的选择；但由于产品具有非排他性，人们就有搭便车的动机，会产生逃税的现象；为了使税收手段行之有效，会涉及高额的税务行政成本。这就带来了农村地区，特别是欠发达地区的农村普遍存在的基础设施严重不足、结构不合理和由基础设施建设带来的税费加重农民负担的现象。

2.共用性带来的开发和维护问题

农村基础设施具有共用性，即其所提供的服务是由众多使用者共同使用的。这时，用户的特征，如用户数量的多少、其分布是集中还是分散、用户之间的利益方面是相似还是相异，对于农村基础设施的开发和维护都有影响。如果用户数量少、居住集中、其利益方面比较相似，农村基础设施的开发和维护问题就比较容易解决；反过来，则难以解决。农村基础设施是公共产品，常具有非竞争性，即服务流量在一些情况下不一定会因使用而减少。但是在某些情况下农村基础设施具有竞争性，一个用户的使用会影响到其他用户的使用。例如公共的灌溉系统，如果一个上游的农户抽走1立方米的水，那么意味着下游的农户只能少用1立方米的水，这就是不具有排他性但具有竞争性的基础设施的典型案例。这时，服务的分配规则、服务用途的限定是否合理，会影响用户的积极性，进而影响基础设施的开发和维护。因此，在农村往往会出现基础设施开发和维护困难、可持续性差的现象。

3.在设计、建造、运行、使用和维护等各阶段中出现的衡量问题

最困难的就是对基础设施的需求进行分析。此外，在设计阶段，对特定设施的投资可能带来的收益难以进行可信的评估；在建造阶段、维护阶段，由于衡量困难，也难以准确监督基础设施建造的质量，显然也就难以观察维护活动的频率和质量。与覆盖广大地区的大型基础设施系统相比，人们比较好确定小型设施的使用情况。由于需求和收益等方面衡量困难，农村基础设施往往会有服务不当和公平收费困难的现象。

4.政府的介入产生寻租的问题

政府大规模介入基础设施供给虽然克服了搭便车和投资不足的问题，但也引起了寻租问题。少数人，如潜在的使用者、政府官员等，通过寻租可以在基础设施建设中获得可观的私人利益，从而使该项基础设施的建设不符合公共利益。在现实中，在农村基础设施建设中常会出现贪污、行贿等腐败现象。

5.服务地区的依附性带来的分布问题

基础设施提供的是服务，而不是产品，其显著的特点是就地生产、就地消费，而且服务的提供依赖一定的地区和特定的网络。这使得农村基础设施所提供的服务不能像一般商品一样通过流通调剂余缺，也就出现了农村基础设施在空间分布上的不平衡。

三、农村基础设施供给中的政府和市场

人们普遍认为市场机制能够充分发挥个人从事经济活动的主动性，实现供需均衡，使得资源配置达到帕累托最优。但是，市场失灵时常出现，从而需要政府干预经济活动，通过政策调控实现协调微观组织行为、公平收入分配、提供公共产品等弥补市场缺陷的目的。政府的作用也具有其局限性，原因在于政府和私人部门一样面临不完全信息的问题，而且政府在决策过程中往往存在信息陈旧的问题，还存在政府利益和公共利益不一致的问题。

在历史上，基础设施建设经历了政府和市场作用相互替代的过程。最初的基础设施是由私人和私人企业或组织筹资和建设的，如简单的村间道路、桥梁、水井、小型的水力发电站等。随着经济发展，社会对基础设施的需求越来越大、要求越来越高，私人无力提供基础设施建设所需的巨额资金，也无力实现大规模的基础设施规划，所以基础设施的提供又转变为政府的职能。进入20世纪80年代，在世界范围内又出现了基础设施领域的大规模私有化浪潮。私有化的原因主要有：

一是公共部门提供基础设施的缺陷，主要是基础设施建设和经营的效率低，如管理维护不善、资金管理混乱、人员冗余等。

二是筹资的需要。资金不足是发展中国家在基础设施发展中普遍存在的问题，单一的财政资金供给不能满足需要。

三是技术的进步。原来具有自然垄断性的基础设施行业可以进行业务分离，使私人进入和竞争成为可能。

四是普遍推行的以弥补成本为目标的基础设施价格改革，扭转了使用财政补贴弥补基础设施成本的局面。

基础设施由市场还是政府来供给，可根据基础设施服务的性质来选择。基础设施通常被划分为：

（1）具有公共产品性质的基础设施，其在消费过程中具有非竞争性和非排他性。较为典型的例子是农村道路。这样的基础设施不能由市场提供，因为市场提供是以付费购买为前提的，消费者只有支付了费用才能享有这一产品或服务，所以只能由政府来提供。

（2）具有私人产品性质的基础设施，其具有竞争性和排他性。它们和其他私人产品一样，人们要从基础设施服务中获得收益就必须支付费用，如电力、通信部门除了网络业务之外的其他业务。这种基础设施由市场供给更有效率。

（3）具有准公共产品性质的基础设施，其在消费上兼具公共产品和私人产品的性质。对于那些既有非竞争性又有排他性的产品，可以由市场供给。对于由市场供给的基础设施所产生的外部成本，应通过政府管制和税收来加以控制。

第六节　农村贫困与反贫困

尽管贫困问题在城市和农村都存在，但人们发现城市的贫困率要比农村低。事实上，对于所有发展中国家来说，城市的人均实际收入要比农村高得多，从农村转移到城市的人口尽管仍然被划为城市贫困人口，但他们的生活水平普遍得到了提高。由于生产力低下、

劳动力冗余、高度依赖低利润率的农业生产，欠发达地区农村普遍存在贫困问题。消除农村贫困是反贫困的主要内容和任务。世界各国在消除农村贫困方面进行了大量的实践，本节的最后部分将简要介绍改革开放以来我国的农村扶贫实践。

一、农村贫困的特征

人们对贫困问题的关注由来已久，但直到1899年，英国学者朗特里才第一次系统地给出了贫困的定义，即一定数量的产品和服务对于个人和家庭的生存和福利是必需的，贫困就是缺乏获得这些产品和服务的经济资源和经济能力的人或者家庭的生活状况。这个定义在很长一段时间内影响了人们对贫困的认识。最初人们对贫困概念的理解是从单纯的经济意义上来说的。后来人们逐渐认识到，贫困问题不只是一个经济问题，也不是一个静态的概念。阿马蒂亚·森认为贫困更是一个"被剥夺"的问题，即贫困不仅是收入低下的问题，更是由于权利分配不均或权利被剥夺造成的，而权利是一种可以用来换取食物的能力。阿马蒂亚·森对贫困的理解进一步加深和拓展了对贫困和反贫困问题研究的思路和视野，他的观点成为当今世界研究贫困和反贫困问题的理论基石，也是世界银行制定反贫困战略的主要理论依据。

贫困可能是绝对的，即基本的生活资料被剥夺，而无法维持最低生活标准；也可能是相对的，即相对于社会中的高收入阶层的生活标准而言，无能力维持某种现代标准的生活水平，这种生活水平往往由衡量安乐程度的某种指标，如平均收入来表示。绝对贫困可以随着经济的发展而消除，但如果在收入分配方面穷人没有更大的平等，那么从相对角度而言，贫困将始终伴随着他们。

尽管在过去的几十年间，农业生产和农村就业都得到了很大的发展，但欠发达地区农村的贫困问题仍然没有得到根本解决。农村贫困主要有以下特征：

一是土地有限。其原因可能包括人口的增加、耕地的减少、自然环境的恶化、不合理的土地所有制等。欠发达地区的贫困人口主要依附农业生产，但他们通常没有土地或只拥有少量土地。

二是对现代科学技术的采用非常缓慢，如采用良种、采取新的科学的种植技术等，贫困农户和非贫困农户之间存在很大差距。其原因包括缺乏制度创新、识字率低而导致信息缺乏，以及缺乏信贷支持而导致资金不足等。

三是家庭负担重。贫困家庭通常人口多，能挣得收入的人远比不能挣得收入或者被抚养的人少。

四是缺乏资产。农村贫困人口所占有的资产，如土地、农机具、牲畜都很少，他们所拥有的唯一的资产往往是劳动力。他们的劳动力质量也很低。农村贫困家庭的户主往往是文盲或者没有接受过正规教育的人，他们的识字率低。

五是大多集中在落后地区。农村贫困人口主要集中在那些土地贫瘠、缺乏水利设施和边远的地区，如我国的贫困人口就主要集中在土地贫瘠、缺水和偏远的中西部地区农村。这也就说明贫困问题与地区经济发展状况是紧密联系的。

此外，在少数民族大量集中的地方，贫困率往往也较高。

二、农村贫困的根源

认清贫困的根源对于解决农村贫困问题非常重要。人们对贫困根源的认识也是逐步发展和深入的。

最早对贫困根源的认识是从财产所有制角度进行的。卢梭在其《论人类不平等的起源和基础》一书中就认为不平等是建立在私有制基础上的，私有制是贫富差距的根源。

马尔萨斯则认为人口增长规律是贫困的原因，即人口以几何级数增长，而生活资料以算术级数增长，人口的增长速度超过生活资料的增长速度，引起人类生活恶化。

马克思批判了马尔萨斯的观点，他从剩余价值的规律出发，提出随着资本有机构成的提高，对劳动的需求相对减少，所雇用的工人就相对减少，从而出现过剩的人口，产生失业和贫困。

第二次世界大战后，经济学家们对发展中国家贫困落后的成因进行了大量的研究。

纳克斯在1953年提出了"贫困恶性循环"理论。他认为在发展中国家存在"贫困恶性循环"。从供给方面来看，发展中国家经济不发达，人均收入水平低，收入低就意味着储蓄很少，导致资本形成不足，而资本形成不足就使得生产难以扩大、生产率难以提高，造成经济增长率低、收入水平提高缓慢，低收入又意味着储蓄不足……如此循环往复；从需求方面来看，发展中国家经济不发达，人均收入水平低，收入低就意味着低消费和低购买力，使投资吸引不足，进而导致资本形成不足，投资不足又使得生产规模难以扩大、生产率难以提高，造成经济增长率低、收入水平提高缓慢，低收入又意味着低消费和低购买力……如此循环往复。由此，纳克斯得出一个著名的命题："一国之所以贫穷是因为它贫穷。"

纳尔逊在1956年提出了"低水平均衡陷阱"理论，认为发展中国家的人口过快增长是阻碍人均收入迅速提高的"陷阱"，只要人均收入处于低水平，国民收入的增长就会被更快的人口增长所抵销，使人均收入退回到维持生存的水平上。

缪尔达尔在1957年提出了循环累积因果理论，并以此来解释不发达国家由收入低下导致越来越贫困的问题。他认为经济发展不是单纯的产出增长，而是包括了产出和收入、生产条件、生活水平、对待工作和生活的态度、制度和政策几大因素。在经济发展过程中，各个因素相互联系、相互影响、互为因果，呈现出"循环累积"的发展态势。不发达国家由于人均收入水平低，导致人民生活水平低，从而使人口质量下降、劳动力素质低，进而使得劳动生产率难以提高，引起产出增长停滞或下降，又导致低收入，低收入进一步强化经济贫困，这是一个"低收入的循环累积因果律"。

经过20世纪五六十年代的"有增长无发展"阶段后，人们开始认识到贫困不仅仅是经济增长水平低下的产物。以舒尔茨为代表的一些经济学家认为，贫困的根源在于人力资本投资不足。他们通过分析美国和西欧国家的经济增长情况发现，产出增长中有相当大的部分不能用物质投入增长来解释，这个余额只能由人的质量或人力资本来解释。据此他们认为贫困在很大程度上是人力资本投资不足的结果。有些经济学家把经济不发达和贫困的根源归于制度安排的不合理和缺损，而人均收入的差距只是经济落后或贫穷的表征。

尽管关于贫困根源的分析多是针对不发达国家整体进行的，但由于大多数不发达国家的贫困问题主要在农村地区，所以上述理论分析对欠发达地区农村的贫困问题研究仍然适用。综合上述观点和理论，我们发现对农村贫困的根源追究，可以从经济增长、人力资本和制度安排方面出发，其中经济增长缓慢是导致贫困的直接原因，而人力资本投入不足和制度安排不合理或欠缺是贫困人口不能分享经济增长成果的主要因素。

三、反贫困理论与农村反贫困

反贫困与实践中经常提到的扶贫或者减贫的概念在一定程度上有所区别。扶贫或减贫是从国家或社会的角度出发，视贫困地区和贫困群体为受体，认为它们处于被动的地位；反贫困虽然也注意国家和社会的作用，但更注重贫困人口和贫困地区自身摆脱贫困和发展能力的提高。

反贫困理论是随着实践和经济理论的发展而逐步发展的，反映了人们对贫困和反贫困问题研究的深入和视野的扩展。马克思认为，消除贫困的根本出路在于铲除私有制，在生产力水平高度发达的基础上建立一个没有剥削的公有制社会。

第二次世界大战后，很多经济学家在探讨发展中国家贫困的根源的同时，也提出各自的反贫困理论和观点。

罗森斯坦·罗丹认为发展中国家解决贫困问题的唯一途径就是大力发展工业，实现工业化。他认为少量的投资解决不了发展中国家长期贫困、工业落后、基础设施不健全、劳动生产率低下、收入水平低下、市场容量小、投资规模小等问题，必须大规模地在各个工业部门，尤其是基础设施部门进行投资，通过资本的"大推进"来突破经济贫困落后和经济发展停滞的困境。

与罗森斯坦·罗丹的观点不同，纳克斯认为应该在工、农、商、外贸等各个国民经济部门进行大规模的、不同比例的投资，以实现各产业部门平衡增长，最终摆脱贫困落后的经济困境。

利本斯坦在1957年提出了"临界最小努力"理论。他认为打破发展中国家"贫困恶性循环"的方法是必须在经济发展的初始阶段进行大规模的投资，使投资水平或投资率达到使国民收入的增长超过人口增长、人均收入大幅度提高的水平，从而产生"临界最小努力"。

20世纪中叶，经济学家们提出的反贫困理论主要是以工业发展为中心的发展战略，认为只有通过工业化才能实现国家的经济发展和摆脱贫困，而工业化主要是通过大规模的投资促进资本形成来实现的。这些理论和观点往往忽视农业和农村的地位和作用。

舒尔茨反对轻视农业和农村的观点。他认为，在现代经济中，人力资本的提高对经济增长的贡献远比物质资本、劳动数量的增加更为重要，因此，资本积累的重点应从物质资本转移到人力资本。他还认为农业是大多数发展中国家的支柱产业和主导产业，改造传统农业对发展中国家摆脱贫困、发展经济有特别重要的意义，而改造传统农业主要是通过引入新的生产要素来改变传统农业生产要素和技术状况的长期停滞。舒尔茨着重论述了以下问题：一是建立一套适用于传统农业改造的制度；二是从供给和需求两方面为引进现代生产要素创造条件；三是对农民进行人力资本投资。

贫困特别是农村贫困问题是很多发展中国家面对的长期和重要的课题，各国都根据自己的实际情况和经济理论的指导进行了反贫困实践。其主要内容包括：

一是绿色革命。20世纪60年代后期，墨西哥、菲律宾、巴基斯坦、印度、泰国等国在农村大面积推广高产小麦和水稻品种，使粮食产量大幅度增加，缓解了粮价的大幅度上涨和饥荒；同时，由于良种需要精耕细作，又扩大了农业劳动力的需求量，缓和了农村劳动力的盲目流动和失业。绿色革命也带来了一些负面作用，其中最重要的就是加剧了农村的收入分配不均，大农场主、大地主获得了更多的收益。它还扩大了地区间的收入差距。在那些自然条件适合于发展种植业的地区，农民的收入水平较高，而在不适合发展种植业的地区，农民的收入水平较低。

二是土地改革，包括土地所有权的有偿和无偿再分配、地租契约的改革、降低地租等。土地改革的作用是直接的，因为它本身就是财富平等分配的一种形式。贫困主要集中在农村地区，特别是无地或少地的农民更是最贫困的阶层，这些人获得土地后，生活状况自然会得到改善。

三是政策支持，包括理顺农产品价格、加大农业和农村基础设施投资、对农民提供必要的信贷支持、推广和普及教育。这些政策支持的作用在于增强农业和农村自身发展的能力，促进农业和农村生产率的提高。从20世纪80年代开始，发展中国家逐渐关注到经济增长虽然对消除贫困有积极影响，但存在增长的不均衡和增长效益分配的不平等。在这一背景下亚洲各国开始了反贫困战略的调整，直接针对贫困地区和贫困人口实施相应的反贫困项目，如孟加拉国的小额信贷项目。世界银行和联合国开发计划署等一些国际组织也纷纷为发展中国家提供专门的扶贫贷款项目，旨在帮助最贫困人口解决生存问题。直接援助战略的特点是目标明确、重点突出，以提高贫困地区和贫困人口自身能力为关键，注意提高贫困地区和贫困人口的参与度和积极性，并且注意在政策上予以保障，从而在很多国家取得了成果。

四、改革开放以来我国的农村扶贫实践

我国自改革开放以来，把扶贫工作纳入国家总体发展战略，开展有组织、大规模的扶贫工作。

1978年，我国农村有2.5亿贫困人口，占农村总人口的30.7%。1979—1985年，我国在农村进行了家庭联产承包责任制改革，同时大幅度提高农产品收购价格，随之我国贫困发生率由30.7%下降到14.8%，贫困人口下降到1.25亿；但一些重点地区的贫困问题依然严重。

为了有效地解决贫困问题，1986年我国政府成立贫困地区经济开发领导小组，以专门的扶贫机构、专项经费和对口政策作为保障，由政府主导进行农村扶贫。由于确立了开发式的扶贫指导方针，因此我国的扶贫工作从一般的社会救助事业中脱离出来，成为相对独立、有组织、有规划的社会工程。1986—1993年，全国贫困发生率从14.8%下降到8.9%，贫困人口从1.25亿减少到8 000万人。

1994年我国政府颁布了《国家八七扶贫攻坚计划（1994—2000年）》，提出计划用7年的时间解决8 000万农村贫困人口的绝对贫困问题。在此期间，全国未实现温饱的贫困人口从8 000万减少到3 000万。

进入21世纪后，为了进一步实现农村的减贫工作，我国政府发布了《中国农村扶贫开发纲要（2001—2010年）》，对10年的农村扶贫工作提出了战略目标、指导方针、具体措施等。期间，我国推行了"社会主义新农村建设"，相继取消了牧业税、农林特产税及

农业税；2007年开始在全国范围内建立了农村最低生活保障制度，将符合条件的农村贫困人口纳入低保范围，以低保维持生存与扶贫促进发展相结合，解决农村贫困人口的温饱问题；2009年开始开展了新型农村养老保险的尝试，从保障农民老有所养的角度来缓解贫困。10年间，我国贫困地区经济全面发展，贫困发生率降至2.8%，贫困地区社会事业、生态环境、基础设施建设得到明显加强。

2010年前后，我国农村贫困问题依旧突出，农村返贫问题严重，城乡收入差距居高不下。长期以来我国的扶贫是一种"粗放扶贫"，贫困居民底数不清、情况不明、针对性不强、扶贫资金和项目指向不准的问题较为突出，意味着扶贫制度设计存在缺陷。为此，以家庭为瞄准单位的精准扶贫政策于2013年被我国政府纳入农村扶贫开发的基本方略中。精准扶贫是指针对贫困区域环境、贫困农户状况等方面的不同，运用科学、有效的程序对扶贫对象实施精确识别、精确帮扶、精确管理的贫困治理方式。精准扶贫战略切实摸清谁是贫困人口、贫困程度如何、为何贫困、怎样脱贫、谁来帮扶，然后逐户建档立卡，因户施策，做到精准化识别、针对性扶持、动态化管理。精准扶贫以建档立卡、驻村帮扶、扶贫品牌三大措施相结合，实现"六个精准、五个一批"：扶持对象精准、项目安排精准、资金使用精准、措施到户精准、因村派人精准、脱贫成效精准；发展生产脱贫一批、易地搬迁脱贫一批、生态补偿脱贫一批、发展教育脱贫一批、社会保障兜底一批。"十二五"期间，我国农村贫困人口由1.66亿人减少到6 000万左右，共减少了约1亿人。2015年，我国成为发展中国家中最早实现《联合国千年宣言》（2000年）中减贫目标的国家。

"十三五"时期是我国全面建成小康社会决胜阶段，也是脱贫攻坚的冲刺阶段。2016年，我国政府颁布《"十三五"脱贫攻坚规划》，提出到2020年稳定实现农村贫困人口不愁吃、不愁穿，义务教育、基本医疗和住房安全有保障；贫困地区农民人均可支配收入增长幅度高于全国平均水平，基本公共服务主要领域指标接近全国平均水平；确保我国现行标准下农村贫困人口实现脱贫，贫困县全部摘帽，解决区域性整体贫困；5 630万建档立卡贫困人口实现脱贫，12.8万个建档立卡贫困村有序退出和832个贫困县全部摘帽。为实现上述目标，《"十三五"脱贫攻坚规划》提出了产业发展脱贫、转移就业脱贫、易地搬迁脱贫、教育扶贫、健康扶贫、生态保护扶贫、兜底保障、社会扶贫等方面的具体路径和举措。通过"十三五"脱贫攻坚的努力，我国脱贫攻坚战取得了全面胜利，近1亿农村贫困人口实现脱贫，832个贫困县全部摘帽，12.8万个贫困村全部出列，960多万贫困人口实现易地搬迁，区域性整体贫困得到解决，完成了消除绝对贫困的艰巨任务，历史性地解决了绝对贫困问题。

经过改革开放40多年的努力，我国有7.7亿农村贫困人口摆脱贫困；按照世界银行国际贫困标准，我国减贫人口占同期全球减贫人口70%以上。特别是在全球贫困状况依然严峻、一些国家贫富分化加剧的背景下，我国提前10年实现《联合国2030年可持续发展议程》减贫目标，加速了世界减贫进程，为全球减贫事业作出了重大贡献。我国的扶贫和脱贫实践为世界各国的减贫事业提供了大量的宝贵经验。

第七节　乡村振兴与实现途径

在前面已经讨论过，城乡二元结构是经济发展过程中的必然产物，其根本原因在于城乡间要素市场分割所造成的城乡间交易效率低下。这种城乡间要素市场分割常表现为城乡土地市场的分割、城乡劳动力市场的分割、城乡信用市场的分割、城乡产业链分割等。要实现农村的发展，就需要提高城乡间的交易效率，而要提高城乡间交易效率则必须实现城乡市场的统一，城乡市场统一又是把城市的高级循环和农村地区的低级循环统一成大循环的问题。

一、城乡联系理论

（一）自上而下的城乡联系理论

最早研究城乡关系的是马克思和恩格斯。他们认为城乡分离是分工的结果，分工导致城乡分离，而这又在较长时期内使社会资本向城市集中，进而使城乡联系中的各种要素（包括经济的、政治的）向城市集中；城乡联系中的各种要素向城市集中是社会进步的表现，但政治、经济要素向城市过度集中，城市对农村的统治不断加强，最终必然导致城乡之间的对立。他们认为，这种城乡对立在私有制下是无法解决的，只有在公有制下才能把农业和工业结合起来，促使城乡间的对立逐渐消失，最终实现城乡一体化。

新兴古典经济学理论认为，城乡二元结构是经济发展过程中的必然过程，城乡分离由城市和农村的交易效率差异所致。尽管在二元结构下农村的专业化水平、生产率水平、商业化水平和从市场中得到的真实收入较低，但不会导致资源分配的扭曲和内生的交易费用，只要实现人们自由转移、择业自由、市场定价以及保护私有财产制度，就可以消除这种二元结构。显然，马克思和恩格斯及新兴古典经济学理论强调的是以城市为中心的自上而下的城乡联系理论。

刘易斯的剩余劳动力转移模型[①]是以城市工业部门为主导因素的、以城市为中心的自上而下的城乡联系模式。佩鲁的增长极理论、缪尔达尔的循环累积因果理论、赫希曼的不平衡增长理论以及弗里德曼的中心-外围理论，都强调了区域经济增长的不平衡性，认为核心与外围之间的联系主要通过资源要素的自上而下的流动来实现，这种主张强调的仍是城乡联系中的城市的主导作用以及自上而下的联系。

上述这些理论在侧重点上有所区别，但都表现为城市偏向的城乡关系，这种城乡联系理论的核心就是以城市为中心的垂直联系。

（二）自下而上的城乡联系理论

利普顿（1976）认为，不发达国家之所以不发达、穷人之所以穷，是因为这些国家没有处理好本国的城乡关系。这些国家的政府采取一种偏袒城市的政策，这种政策有利于城市的生产者和消费者，而不利于农村居民。政府偏袒城市的政策表现在如下方面：一是宏观经济政策（主要是贸易政策和价格政策）扭曲了经济信号；二是政府把资本主要投资在

---

① 刘易斯二元结构模型详细内容参见第八章第一节。

城市基础设施建设上，不考虑农村地区的各种基础设施建设；三是城市公共部门的就业份额过高。

利普顿还区分了两种偏向城市的政策：一是扭曲的价格政策；二是城市偏向的支出政策。价格扭曲主要指农产品价格低于市场价格、城市生产的商品价格高于市场价格。城市偏向的支出政策是指因城市的投资乘数效应比农村地区更强而导致的对城市经济活动的倾斜式支出。利普顿认为，发展中国家城乡关系的实质就是城市集团利用自己的政治权利，通过城市偏向政策使社会的资源不合理地流入自己的利益所在地，资源的这种流向不利于农村的发展。城市偏向政策不仅延缓了农村经济的发展，还加剧了农村地区的不平等，使穷人更穷、富人更富。

科布纳基认为城市偏向的症结在于低廉的食物价格和不利于农村的价格政策，偏向于城市工业的投资战略和因这种投资战略引起的农村地区资金、技术的缺乏，使得农村地区的医疗、教育等基础设施普遍落后。

不同于利普顿、科布纳基的观点，朗迪勒里认为任何精心设计的农村发展规划，如果不考虑与城市的联系，完全采取自下而上的策略是无法落实的，因为农业剩余产品的市场在城市，大部分的农业投入由城市提供，农业生产率提高而释放出来的农村劳动力需要到城市寻找就业机会，许多社会、医疗、教育等服务设施也都由城市提供。因此他认为，发展中国家政府要实现社会经济的全面发展，其投资应在地理上分散，这要求有一个既完整又分散的城镇体系，以给整个国家或地区的人们提供进入市场、获得各种服务的机会。朗迪勒里的核心思想是，相对分散地对一些农村地区进行战略性投资，为这些农村地区的居民提供发展经济和逐步实现自立的基本条件。他强调农村与小城镇、小城镇与大城市之间的经济联系，认为中小城镇社会经济基础的提高可以使农村发生根本性变化。朗迪勒里的这种观点与我国费孝通的观点相类似，费孝通认为我国农村经济发展缓慢的主要制约因素是我国中小城镇发展滞后。

斯多尔和泰勒认为自下而上的发展以各地的要素禀赋和制度资源的最大利用为基础，以满足农村居民的基本需求为首要目标，它所面对的就是农村的贫困问题。因此，这种自下而上的发展应由最下层的农村地区发起。斯多尔还指出，为使自下而上的发展成功，需要四个方面的政策；一是在政治上应给予农村地区更多的自主权，改变政治权利从城市向农村的单向流动格局；二是调整全国的价格体系，使其有利于农村的发展和农业产品的生产；三是激励农村的经济活动超过当地需求，以便形成更多的出口；四是加强交通、信息网络的建设。

总之，利普顿、科布纳基、朗迪勒里、斯多尔和泰勒的自下而上的城乡联系理论，其核心是以农村为中心的分散发展。

（三）城乡要素相互作用的城乡联系理论

既不同于传统的以城市为中心的自上而下的联系模式，也不同于自下而上的分散的发展模式，麦基认为应从城乡要素双向流动角度把握城乡联系。麦基的这种城乡联系理论与上述两种城乡联系理论是完全不同的。城乡要素相互作用的结果，必然是在地域空间上形成一种独特的经济单元，麦基称之为desakota，在国内通常被称为城乡融合区或城乡一体化区域等。城乡融合区是位于城市和农村之间，以城市土地利用方式和农村土地利用方式相混合、以人口和社会特征的城乡过渡性为主要特征的一个独特地带。城乡融合区经济是城市经济和农村经济相互作用的结果。随着城市规模的扩大，聚集所产生的经济将逐渐被不经济所取代，劳动力工资和土地价格开始上涨，居住环境的恶化和城市居民的生活质量开始下降，使得厂商和居民向城市外围迁移，这直接促成了城乡融合区形成。从农村发展的角度来看，农村经济发展的需要也推动了城乡融合区的形成。随着城市的发展，城市周围农村的可耕地面积逐年减少，农业的持续发展受到了限制，同时农业与非农产业之间在比较利益上存在巨大反差，这些促使农村向非农化发展，使得原有的农村在经济发展模式上向城市转化。可见，城市经济和农村经济的共同发展刺激了两者之间出现一个区别于城市和农村的过渡地带——城乡融合区。

可以看出，基于城乡要素相互作用角度的城乡联系理论既不同于以大城市为中心的自上而下的城乡联系理论，也不同于以农村为中心的分散的发展理论，该理论强调的是城乡要素的相互影响和社会经济变迁对特定区域经济格局的影响。

总之，上面的三种理论是建立在市场体制完善或趋于完善、较为单一的土地所有制基础上的。在我国，市场机制尚不够完善，土地所有制为国有和集体两种所有制，区际自然环境和发展悬殊，因此上述理论在我国的应用是大打折扣的。在我国，制度上的创新及土地流转机制的建设，比世界上的任何国家或地区更迫切，因为户籍制度、国有和集体两种土地所有制、土地流转机制的缺失，严重阻碍了城乡要素的自由流动。

二、城乡联系的主要模式

（一）城市工业导向的城乡联系模式

这种城乡联系模式是刘易斯首先提出并经拉尼斯和费景汉的补充而进一步完善的，是用来解释发展中国家经济发展过程的经典模式。从城乡联系角度上看，这种城乡联系模式主张以城市现代工业为经济发展的主体，通过城乡联系，城市中的现代工业部门不断地吸收农业的剩余劳动力。在工资水平不变的情况下，资本形成和技术进步扩大了厂商的利润，厂商把扩大的利润部分用来再进行投资，从而使发展过程不断地持续下去，直到农业部门的剩余劳动力全部转移到工业部门中来。这种工业部门的利润→积累→投资→提高工业部门劳动生产率→吸收农村中剩余劳动力的循环过程周而复始，直到农业剩余劳动力全部转移。随着农业剩余劳动力的转移，农业劳动力的边际产出将会提高，当工业吸收农业剩余劳动力达到某一水平时，农业部门劳动力的收入与工业部门劳动力的收入水平趋于均衡，在某一工资水平下的劳动力无限供给结束，经济发展进入现代化阶段。这种模式下的城乡联系具有明显的城市工业倾向，因而是城市工业导向的城乡联系模式。

（二）发展小城镇的城乡联系模式

小城镇发展模式的类型较多，有的模式强调农村集镇的发展，有的模式强调城市的均衡布局，但这些模式都有一个共同点，即都强调农村地区小城镇的发展，以这些小城镇为节点实现城乡联系。

弗里德曼和道格拉斯提出的农业城镇发展模式，其核心是强调通过合理的城乡联系实现社会经济发展的区际均衡。他们提出，在农村区一级管理层次（人口为5万~15万人，相当于我国的县一级）集中发展农业城镇，不仅可以分散过度集中于大城市的行政和规划权力，而且为农村居民创造有利于他们自身发展的经济环境。他们同时指出实施这种模式应注意的几个问题：

一是该战略所强调的并不是单纯的农村经济的增长，而是整个农村社会的发展；

二是要改变过去以农业发展为主的农村经济政策，农村政策应强调农村综合发展，也就是在继续促进农业生产的同时，加大农村社会基础设施建设；

三是发展规划要适合国情或区情，要注意生态环境的制约作用；

四是农村居民要广泛参与农村发展规划的制定和实施过程。

城市均衡布局模式是由朗迪勒里提出的。他认为自上而下或自下而上的发展计划都不是很有效的发展计划，只有通过加强城乡联系才能有效地实现城乡同步发展，而加强城乡联系的关键是建立遍及全国的分散的城市体系，使城市均衡分布于全国各地，实现城市规模等级结构的合理化。这种均衡的城市布局模式不仅有利于农村剩余与城市市场的衔接及城乡要素市场（特别是劳动力市场）的形成，而且有利于城市投资对农村发展的扶持和城市基础设施向农村的延伸与扩展。

费孝通的小城镇发展模式强调了乡镇企业和农村小城镇在实现城乡协调发展中的重要作用。他认为农村小城镇在大城市和广大农村之间布下"棋子"，成为城乡相互交流的"节点"，把城市和农村有机地衔接起来。这样，以大城市为中心，以中小城镇为节点，形成资源要素双向流动的网络系统，最终实现城乡一体化。

（三）综合发展农村的城乡联系模式

提出这种发展模式的学者较多，其中有代表性的学者为托达罗。他认为发展中国家农业发展相对落后主要是因为在20世纪50至60年代忽视农业发展，片面强调对城市工业部门的投资。托达罗指出，在这20多年间，这种忽视农业发展而片面强调城市工业的认识充斥了整个经济发展的理论和经济发展战略。与刘易斯不同，托达罗认为：

第一，加强农村的综合发展与综合建设，包括重视农业发展，积极发展农村的非农产业，加强农村基础设施的建设，改善农村人口的生活环境和生存条件；

第二，缩小城乡之间就业机会的差别，缩小城乡之间的收入差距；

第三，改革追求以学历为目标的教育制度，发展实用性强的中等职业教育，为农业及农村发展提供人才。

斯多尔和泰勒有关城乡联系的模式也类似于托达罗的模式。他们认为自上而下的城乡联系导致农村社会的发展很不平衡，合理的城乡联系首先要建立在人们的基本要求得到满足的基础上，因此政府政策的出发点应放在充分开发各地的自然、人力及制度资源，使它们在当地得到最有效的利用，满足当地居民的基本需求。他们提出：

第一，自上而下的经济发展政策必须与最下层居民的基本要求得到满足结合起来；第二，政府首要的任务是解决农村贫困问题；

第三，城乡发展的核心是农村发展问题，因此政府应在政治上给予农村地区更多的自主权，修正价格体系使之更有利于农业和农村的发展，积极鼓励农村地区的出口，重建农村地区的交通、通信网络。

三、城乡联系的主要途径

(一) 建立城乡统一的劳动力市场

我们比较熟悉刘易斯（1954）通过农村剩余劳动力转移来实现城乡联系的模型。

托达罗（1969）以及哈里斯和托达罗（1970）曾进行了很有意义的研究，称其为 HT 范式。该范式指出，尽管农业的边际产出为正，城市的失业率很高，但只要城市的预期实际收入高于农村的实际收入，农村劳动力就将向城市迁移。但如果城市预期实际收入低于农村的实际收入，那么有可能发生从城市到乡村的"逆向人口迁移"。因此，劳动力将发生双向流动，而这种双向流动把城市劳动力市场和农村劳动力市场衔接起来，形成一个统一的劳动力市场。

柯尔和桑德尔（1985）对墨西哥人口移动的研究表明，人口迁移随现代部门工资水平、找到工作的概率以及城市化水平的提高而增加，随迁入地贫困程度和非正规部门提供工作时的成本的增大而下降。

班纳吉和坎布尔（1981）对印度的研究也证实了预期收入对人口移动的吸引效应和推动效应，同时发现迁出地的贫困程度是人口流动的阻碍因素。[①]

总之，刘易斯的两部门劳动力模型、HT 范式，都强调了城市工业导向下的从农村到城市的人口转移。这种人口转移过程就是把相互分割的城市劳动力市场和农村劳动力市场统一起来，建立城乡统一的劳动力市场的过程，也就是加强城乡联系的过程。

(二) 建立城乡供应链体系和城镇体系

任何一种产业或规模较大的企业都有自己的供应链体系，在许多情况下这种供应链向产业所在地以外地区延伸（当然也存在就地配套的供应链体系）；当这种供应链体系向农村地区延伸，并利用当地原材料来生产与主导产业配套的中间投入品或初级产品时，就发生以产业链为核心内容的城乡联系。

佩鲁的增长极理论认为，在极化空间中存在富有活力的活动单元，这种活动单元就是推进型产业，也就是我们所说的主导型产业，受这种活动单元影响的其他产业为被推进型产业，也就是为该产业所服务的产业。如果在推进型产业与被推进型产业之间建立一种非竞争性的联合体，并通过产业间的供应链体系（产业的前后向联系）把推进型产业（增长极）的增长推力传递给其他部门（配套产业或企业），则会带动其他部门的发展。产业链就是指从原材料到最终消费品生产过程中的所有生产部门之间的投入与产出关系。经济发展水平高，产业链条长，或者生产的迂回程度大，或者出现一系列中间投入品生产部门，这在地区投入产出表中表现为非零元素的增多与系数的高度分散化。因此，这些中间投入品生产部门（或配套企业）就形成了经济联系渠道，也就是说要形成经济联系渠道，就必须有规模不等、生产技术水平不等、处于产品不同生产阶段的一批生产部门。这就是要强调以农产品为主要原料的加工业的发展的原因。

布代维尔认为增长极为位于城市的、正扩张的、诱导受其影响的地区经济进一步发展的产业的组合，且每一个主要城市都拥有由许多卫星城镇组成的空间范围，而每一个卫星

---

① 切希尔，米尔斯. 区域与城市经济学手册（第3卷）：应用城市经济学［M］. 安虎森，朱妍，谌雪莺，等译. 北京：经济科学出版社，2003：318.

城镇又具有许多卫星村落。①根据布代维尔的主张，增长极是推动型产业所在的城市，不同规模的中心城市就构成了空间增长极的等级体系，中心城市是通过这些规模不等的城镇体系来实现对其腹地的影响的，这些规模不等的中小城镇也就成了城乡联系的节点。这样，增长极理论也成了有关区域城镇体系的理论和区域经济政策的理论。

（三）建立城乡统一市场

城乡二元结构是经济发展过程中的必然产物，它的产生主要与城乡之间交易效率的差异密切相关，而城乡之间这种交易效率的差异主要与城乡之间相互分割和未能形成统一的大市场有关。从这种意义上讲，农村经济发展的核心是如何建立城乡间统一的大市场的问题。

分享空间理论是20世纪70年代发展起来的有关欠发达国家区域经济发展的一种理论。该理论认为欠发达国家的区域经济并不是一个完整的整体，而是由高级循环和低级循环所组成：高级循环主要由金融业、贸易与出口品生产部门、现代城市产业部门、批发和交通运输部门等组成；低级循环主要由非资本密集型制造业部门、商品零售等非现代服务部门、非现代的小额贸易等经济部门所组成。②在空间关系上，低级循环产业活动在城市及其毗邻地区寻找合作伙伴，而高级循环产业活动在城市与所在地之外寻找合作伙伴。因此，高级循环产业活动的影响范围在空间上是不连续的，在城市等级结构中是以从上到下的垂直联系为主，即商品往往从大城市、中等城市向小城镇的方向流动。低级循环产业活动的影响范围在空间上是连续的，且以横向联系为主，它承担了城镇与广大乡村之间的经济联系。但这种横向经济联系并不能保证农民从城市经济增长中得到好处，因为农民通常都是弱势群体，不管出售他们生产的粮食还是购买城市生产的商品都处于不利的位置上，农民与城市厂商之间的中间商凭借其位于城乡联系中的核心地位压低农产品收购价格。根据分享空间理论，在资本主义生产体系中，城乡之间联系不能把城市经济增长的影响扩散至乡村地区，边缘地区远离大城市且经济发展水平也很低，因此，要寻找能够把高级循环和低级循环"沟通"起来的途径。这种途径必须包括能够把资源有效且公平地进行再分配的空间组织，以及能够实现区际人力和物质资源有效配置的生产组织。③也就是说，要实现区域经济的均衡发展，必须打通高级循环和低级循环两种封闭的循环系统，主要通过资源要素的自由流动实现资源要素在两种循环中的有效配置，由此要有与此相匹配的空间组织和生产组织。空间组织通过"从上到下""从下到上"的双向资源要素转移渠道，也就是通过"城-乡""乡-城"的双向资源要素转移渠道实现资源要素的有效配置；生产组织主要通过把各种资源要素有效配置在城市产业部门和乡村产业部门中，也就是把各种资源要素有效配置在制造业和农业及农产品加工部门，以实现经济效益的最大化。

空间分享理论对实现乡村振兴具有重要意义。

首先，它强调了建立统一的大市场，包括统一的土地市场、劳动力市场、信用市场、商品市场及较为完整的供应链体系，这也是目前我国大力倡导的城乡统筹问题。

---

① BOUDEVILL J R. Problems of regional economic planning [M]. Edinburgh：Edinburgh University Press，1966：10-11.
② SANTOS M. The shared space：The two circuits of the urban economy in underdeveloped countries [M]. New York：Routledge，Taylor & Francis Group，2018：18.
③ SANTOS M. The shared space：The two circuits of the urban economy in underdeveloped countries [M]. New York：Routledge，Taylor & Francis Group，2018：205.

其次，它强调了建立较为完整的城镇体系的重要性。低级循环的产业的投入产出方式与农村经济具有更紧密的联系，而中小城镇又是城市与广大农村地区发生经济联系的连接点，因此在低级循环占主导地位的中小城镇在城乡联系中扮演着极其重要的角色。如果没有这些中小城镇，大城市产业与农村产业之间因经济活动内容、产品、规模、资金、技术等方面的巨大差异，无法形成大城市资源要素向农村地区扩散的通道。

四、我国的乡村振兴战略

乡村是具有自然、社会、经济特征的地域综合体，兼具生产、生活、生态、文化等多重功能，与城镇互促互进、共生共存，共同构成人类活动的主要空间，乡村兴则国家兴，乡村衰则国家衰。

世界大多数国家都通过推进城市化进程促进区域经济发展，提高居民的福利水平。20世纪中后期，世界上很多国家的农村经济遭受了严重的衰退，这导致乡村人均收入水平远远低于城市人均收入水平，也导致乡村地区公共服务的丧失、高失业率以及受教育程度较高的年轻成员的外流，严重危及了乡村地区的社会和经济结构。[1]乡村人口的大规模流失又引发了乡村的"空心化"，导致传统农业效益低下、非农产业发展滞后，以及耕地撂荒、宅基地空闲、土地资源利用效率低下等。在我国，目前人民日益增长的美好生活需要和不平衡不充分的发展之间的矛盾在乡村最为突出；我国处于社会主义初级阶段的特征很大程度上表现在乡村；全面建成小康社会和全面建成社会主义现代化强国，最艰巨、最繁重的任务在乡村。同时，乡村具有巨大的潜力和后劲。

2017年，党的十九大提出实施乡村振兴战略，这是以习近平同志为核心的党中央把握现代化建设规律和城乡关系变化特征基础上所作出的重大决策部署，是新时代做好"三农"工作的总抓手。2018年9月，我国颁布《乡村振兴战略规划（2018—2022年）》，按产业兴旺、生态宜居、乡风文明、治理有效、生活富裕的要求，对实施乡村振兴战略进行了谋划。我国的乡村振兴战略以政府为主导，以农民为主体，通过城乡联系的加强，在人员、要素、资金投入和公共服务等方面向农村倾斜，因地制宜、循序渐进地实现农村经济、政治、文化、社会和生态等全方位的建设。

我国的乡村振兴战略强调乡村振兴和新型城镇化双轮驱动，并从城乡融合发展和优化乡村内部生产、生活、生态空间方面提出重塑城乡关系、促进农村全面进步的路径，具体包括：

一是统筹城乡发展空间，加快形成城乡融合发展的空间格局；

二是优化乡村发展布局，坚持人口、资源、环境相均衡，经济、社会、生态效益相统一，延续人与自然有机融合的乡村空间关系；

三是完善城乡融合发展政策体系，推动城乡要素自由流动、平等交换，为乡村振兴注入新动能；

四是把打好精准脱贫攻坚战作为优先任务，把提高脱贫质量放在首位，推动脱贫攻坚与乡村振兴有机结合、相互促进。

我国的乡村振兴战略明确了实施战略的重点：

一是以农业供给侧结构性改革为主线，促进乡村产业兴旺，坚持质量兴农、品牌强

---

① OECD. What future for our countryside? A rural development policy [R]. Paris: Organization for Economic Cooperation and Development, 1993.

农，构建现代农业产业体系、生产体系、经营体系，推动乡村产业振兴；

二是践行"绿水青山就是金山银山"的理念，促进乡村生态宜居，统筹山水林田湖草系统治理，加快转变生产和生活方式，推动乡村生态振兴；

三是以社会主义核心价值观为引领，促进乡村乡风文明，传承发展乡村优秀传统文化，培育文明乡风、良好家风、淳朴民风，建设邻里守望、诚信重礼、勤俭节约的文明乡村，推动乡村文化振兴；

四是以构建农村基层党组织为核心，自治、法治、德治"三治结合"的现代乡村社会治理体系为重点，促进乡村治理有效，把夯实基层基础作为固本之策，建立健全党委领导、政府负责、社会协同、公众参与、法治保障的现代乡村社会治理体制，推动乡村组织振兴，打造充满活力、和谐有序的善治乡村；

五是以确保实现全面小康为目标，促进乡村生活富裕，加快补齐农村民生短板，让农民群众有更多实实在在的获得感、幸福感、安全感。

通过规划先行及完备的制度保障，我国的乡村振兴战略设定了三个阶段目标：到2020年，全面建成小康社会的目标如期实现；到2022年，形成一批各具特色的乡村振兴模式，乡村振兴取得阶段性成果；到2035年，乡村振兴取得决定性进展，农业农村现代化基本实现；到2050年，乡村全面振兴，农业强、农村美、农民富全面实现。

经过不断努力，至2022年，我国乡村产业实现新发展，现代农业产业体系、生产体系、经营体系日益完善。坚守18亿亩耕地红线，粮食产量稳步增长，实现自给自足；棉油糖、肉蛋奶等主要农产品供给充裕。农民收入大幅提升，城乡收入差距缩小，脱贫攻坚取得全面胜利。农业绿色发展水平大幅提升，资源利用集约化、投入品减量化、生产清洁化、废弃物资源化、产业模式生态化初步形成。

为了全面实施乡村振兴战略，促进农业全面升级、农村全面进步、农民全面发展，加快农业农村现代化，全面建设社会主义现代化国家，《中华人民共和国乡村振兴促进法》于2021年实施。2022年，党的二十大报告又提出："全面推进乡村振兴。全面建设社会主义现代化国家，最艰巨最繁重的任务仍然在农村。坚持农业农村优先发展，坚持城乡融合发展，畅通城乡要素流动。加快建设农业强国，扎实推动乡村产业、人才、文化、生态、组织振兴。"要做好六方面的工作：

（1）树立大食物观，构建多元化食物供给体系；全方位夯实粮食安全根基，确保中国人的饭碗牢牢端在自己手中。

（2）发展乡村特色产业，拓宽农民增收致富渠道。

（3）巩固拓展脱贫攻坚成果，增强脱贫地区和脱贫群众内生发展动力。

（4）统筹乡村基础设施和公共服务布局，建设宜居宜业和美乡村。

（5）巩固和完善农村基本经营制度，深化农村改革和体制机制创新。

（6）完善农业支持保护制度，健全农村金融服务体系。

学思践悟

乡村振兴与宜居宜业和美乡村建设

党的二十大报告指出，要"全面推进乡村振兴"，"建设宜居宜业和美乡村"。这是以习近平同志为核心的党中央立足全面建设社会主义现代化国家新征程，正确处理工农城乡关系而作出的重大战略部署。全面推进乡村振兴，建设宜居宜业和美乡村，是全面建设社会主义现代化国家的重要内容，是亿万农民过上现代生活的迫切需要，也是焕发乡村文明新气象的内在要求。

全面推进乡村振兴，建设宜居宜业和美乡村，涵盖物质文明和精神文明各个领域，既包括"物"的现代化，也包括"人"的现代化，还包括乡村治理体系和治理能力的现代化。全面推进乡村振兴，建设宜居宜业和美乡村，最重要的是要构建现代乡村产业体系，在大力推进农业强国建设、不断提高粮食和重要农产品供给保障水平的同时，要促进农村第一、二、三产业融合发展，科学布局生产、加工、销售、消费等环节，把产业增值环节更多留在农村，把增值收益更多地留给农民；巩固拓展脱贫攻坚成果，牢牢守住不产生规模性返贫的底线，强化防止返贫监测帮扶机制落实，健全农村低收入人口和欠发达地区常态化的帮扶机制；统筹推进城乡基础设施建设，坚持不懈地改善农村人居环境，加快填平补齐农村教育、医疗卫生、社会保障、养老托育等基本公共服务短板；加强和改进乡村治理，不断提高乡村治理体系和治理能力现代化水平，创新乡村治理方式和方法；加强乡村精神文明建设，加强农村公共文化阵地建设；健全宜居宜业和美乡村推进机制。

资料来源　[1] 习近平. 高举中国特色社会主义伟大旗帜　为全面建设社会主义现代化国家而团结奋斗——在中国共产党第二十次全国代表大会上的报告（2022年10月16日）[M]. 北京：人民出版社，2022. [2] 本书编写组. 党的二十大报告辅导读本 [M]. 北京：人民出版社，2022.

本章小结

农村经济一般以农业为主，生产具有明显的生存性和自然性，产出增长主要靠土地的扩张和劳动力的投入。这种经济的形成主要是由于缺乏适宜的技术替代，适宜的新技术传播不畅，社会保障机制不健全，农民难以进入正规金融市场融通生产经营所需的资金。土地作为人类生产、生活的一项重要资产，与其他一般资产相比具有很多特性。农村土地的自然特性是农村土地自然属性的反映，是农村土地所固有的，它表现为不动性、面积有限性、质量差异性、耐久性；农村土地的经济特性以其自然特性为基础，表现为收益递减、资源稀缺、用途改变困难；农村土地的社会特性是指依附土地所有权的政治、社会、经济权利。农村土地经济涉及在农村土地利用过程中农民与自然和农民与农民之间的经济关系和经济规律，农村土地经济包括农村土地资源利用、农村土地财产制度以及农村土地资产流转。农村土地市场是指在农村地域范围内土地流通中所发生的经济关系的总和。农村土地市场是农村重要的要素市场之一，完善的农村土地市场有利于充分和有效地利用土地资源；有利于促进农业产业结构的调整和优化；有利于土地的流动和集中，实现土地集约化和规模化经营；有利于土地增值收益的合理分配，保障农民的利益；有利于有效地为城市化进程提供土地，提高土地利用效率。因为土地具有不动性，所以农村土地市场具有地域性特征，无法形成全国性的统一市场。地租是由于土地所有者和土地使用者分离，土地使用者在土地利用中产生的剩余产品被土地所有者占有而产生的，地租是土地所有权的货币实现方式。马克思主义的地租理论把资本主义的地租按其形成的条件和原因的不同，分为级差地租、绝对地租和垄断地租。阿朗索建立了农业地租的竞标曲线，并且利用地租结构分析了不同土地用途的竞标，同时利用地租结构揭示了城市土地市场出租价格的空间分布特点。

农村劳动力市场是指农村劳动力供求双方对劳动力使用权的转让和购买自愿达成的一系列合约的总和。农村劳动力市场是分割的，即一个地区存在两个或多个不同的劳动力市场，这些劳动力市场相互独立，劳动力流动受到诸多因素的制约。农业生产一个重要的特性是存在隐蔽性失业。隐蔽性失业是指劳动力的边际生产率等于或接近零时的就业，从总就业中撤出部分的劳动者不会影响总产出。在欠发达国家的农村普遍存在大量的剩余劳动力，这些剩余劳动力的转移问题是这些国家农村经济研究的主要内容之一。农村金融市场是农村地域范围内的资金融通，即与货币流通和信用有关的各种农村金融活动的总称。农村金融市场在农村生产经营过程中起着重要的中介作用，可以筹措和配置资金，支持农村经济发展。农村金融市场的重要特点就是它的二元结构，即在由政策性银行、商业银行和信用社构成的正规金融体系之外，还存在一个与正规金融体系基本平行的非正规金融体系，主要包括民间借贷和集资、合会、地下钱庄或地下银行、商业信用等。尽管农村地区存在总量上巨大的金融需求，但就单个农户或中小企业的具体金融需求而言，都具有规模小、期限短及随机性强的特点。他们往往无力提供正规金融所需的担保和抵押，在信息透明度、资产规模等方面很难满足正规金融开展业务的要求，所以其金融需求的很大部分由非正规金融来满足。基础设施一直被人们认为是经济发展的先行资本，是经济起飞的必要条件，但农村地区基础设施严重不足。基础设施的非排他性、共用性、需求和收益度量难、寻租现象、所提供的服务缺乏流动性，导致农村地区基础设施严重不足与空间分布的不平衡。基础设施由市场还是政府来供给，可根据基础设施服务的性质来选择：具有公共产品性质的基础设施只能由政府来提供；具有私人产品性质的基础设施由市场供给更有效率；具有准公共产品性质的基础设施在消费上兼具公共产品和私人产品的性质，对于那些既有非竞争性又有排他性的产品，可以由市场供给。

阿马蒂亚·森认为贫困是一个"被剥夺"的问题，即贫困不仅是收入低下的问题，更多的是由权利分配不均或权利被剥夺造成的。贫困可能是绝对的，即基本的生活资料被剥夺，无法维持最低生活标准；也可能是相对的，即相对于社会中的高收入阶层的生活标准而言，无能力维持某种现代标准的生活水平。对农村贫困的根源追究可以从经济增长、人力资本和制度安排方面出发。经济增长缓慢是导致贫困的直接原因，人力资本投入不足和制度安排不合理是贫困人口不能分享经济增长成果的主要原因。世界反贫困的实践主要包括绿色革命、土地改革、政策扶持等。改革开放以来，我国以政府为主导开展有组织、大规模的扶贫工作，取得了良好的成效；但由于农村贫困人口日趋明显的分散性、流动性、异质性的特点，2013年我国政府推行了以家庭为瞄准单位的精准扶贫战略，以替代之前的粗放式扶贫。精准扶贫是指针对贫困区域环境、贫困农户状况等方面的不同，运用科学、有效的程序对扶贫对象实施精确识别、精确帮扶、精确管理的贫困治理方式。截至2020年年底，我国的贫困县全部实现脱贫摘帽。经过改革开放40多年的努力，我国有7.7亿农村贫困人口摆脱贫困，提前10年实现《联合国2030年可持续发展议程》提出的减贫目标。我国的扶贫实践为世界减贫事业提供了大量宝贵经验。

城乡二元结构是经济发展过程中的必然产物，其根本原因在于城乡各种要素市场的分割造成城乡间交易效率极其低下。要实现农村的发展，就需要提高城乡间交易效率，实现城乡统一的大市场，也就是城乡联系问题。城乡联系理论可以分为自上而下的城乡联系理论、自下而上的城乡联系理论以及城乡要素相互作用的城乡联系理论。自上而下的城乡联系理论表现为城市偏向的城乡关系，其核心就是以城市为中心的垂直联系。自下而上的城乡联系理论的核心是以农村为中心的分散发展。城乡要素相互作用的城乡联系理论强调的是城乡要素的双向流动。城乡联系模式可以划分为城市工业导向的城乡联系模式、发展小城镇的城乡联系模式及综合发展农村的城乡联系模式。城市工业导向下的城乡联系具有明显的城市工业倾向，发展小城镇模式下的城乡联系强调中小城镇的节点作用，综合发展农村模式强调的是相对分散的城市化道路。城乡联系的主要途径包括建立城乡统一的劳动力市场，强调城乡劳动力市场的统一；建立城乡供应链体系，强调供应链体系向农村地区的延伸；建立完整的城镇体系，强调城乡联系节点网络；建立城乡统一大市场，强调建立包括土地市场、劳动力市场、信用市场、商品市场及较为完整的供应链体系的统一大市场。

在党的十九大以后，我国推行了乡村振兴战略。这是在以习近平同志为核心的党中央把握现代化建设规律和城乡关系变化特征基础上所作出的重大决策部署，是新时代做好"三农"工作的总抓手。我国的乡村振兴战略强调乡村振兴和新型城镇化双轮驱动，并从农业农村优先发展、城乡融合发展和优化乡村内部生产、生活、生态空间方面提出重塑城乡关系、促进农村全面进步的路径，提出了实施战略的重点，即促进乡村产业兴旺、促进乡村生态宜居、促进乡村乡风文明、促进乡村治理有效、促进乡村生活富裕。通过乡村振兴战略的顺利实施，在中国农村经济发展、农民生活水平提高、农村基础设施建设等方面取得了大量成果。党的二十大报告又提出全面推进乡村振兴："加快建设农业强国，扎实推进乡村产业、人才、文化、生态、组织振兴。"

参考文献

［1］SANTOS M. The shared space：The two circuits of the urban economy in underdeveloped countries ［M］. New York：Routledge，Taylor & Francis Group，2018.

［2］BARLOW E R. Land resource economics：The economics of real estate ［M］. 4th ed. Upper Saddle River，NJ：Prentice-Hall，1986.

［3］BOUDEVILL J R. Problems of regional economic planning ［M］. Edinburgh：Edinburgh University Press，1966.

［4］OECD. What future for our countryside？ A rural development policy ［R］. Paris：Organization for Economic Cooperation and Development，1993.

［5］毕宝德. 土地经济学 ［M］. 7版. 北京：中国人民大学出版社，2016.

［6］王克强，王洪卫，刘红梅. 土地经济学 ［M］. 上海：上海财经大学出版社，2014.

［7］刘民权，俞建拖，徐忠. 中国农村金融市场研究 ［M］. 北京：中国人民大学出版社，2006.

［8］蔡昉，都阳，王美艳. 中国劳动力市场转型与发育 ［M］. 北京：商务印书馆，2005.

［9］周天芸. 中国农村二元金融结构研究［M］. 广州：中山大学出版社，2004.

［10］邓淑莲. 中国基础设施的公共政策［M］. 上海：上海财经大学出版社，2003.

［11］米尔斯. 区域和城市经济学手册（第2卷）：城市经济学［M］. 郝寿义，徐鑫，孙兵，等译. 北京：经济科学出版社，2003.

［12］切希尔，米尔斯. 区域与城市经济学手册（第3卷）：应用城市经济学［M］. 安虎森，朱妍，谌雪莺，等译. 北京：经济科学出版社，2003.

［13］尼茨坎普. 区域和城市经济学手册（第1卷）：区域经济学［M］. 安虎森，等译. 北京：经济科学出版社，2001.

［14］麦金农. 经济发展中的货币与资本［M］. 卢骢，译. 上海：上海三联书店，上海人民出版社，1997.

［15］费景汉，拉尼斯. 劳动剩余经济的发展——理论与政策［M］. 赵天朗，等译. 北京：经济科学出版社，1992.

［16］缪尔达尔. 亚洲的戏剧——对一些国家贫困问题的研究［M］. 谭力文，张卫东，译. 北京：北京经济学院出版社，1992.

［17］托达罗. 经济发展与第三世界［M］. 印金强，赵荣美，译. 北京：中国经济出版社，1992.

［18］徐唐龄，石丹林. 农村经济学［M］. 北京：中国金融出版社，1992.

［19］舒尔茨. 经济增长与农业［M］. 郭熙保，周开年，译. 北京：北京经济学院出版社，1991.

［20］缪尔达尔. 世界反贫困的挑战——世界反贫困大纲［M］. 顾朝阳，等译. 北京：北京经济学院出版社，1991.

［21］刘易斯. 二元经济论［M］. 施炜，等译. 北京：北京经济学院出版社，1989.

［22］舒尔茨. 改造传统农业［M］. 梁小民，译. 北京：商务印书馆，1987.

［23］伊利，莫尔豪斯. 土地经济学原理［M］. 滕维藻，译. 北京：商务印书馆，1982.

［24］魏后凯. 如何走好新时代乡村振兴之路［J］. 人民论坛·学术前沿，2018，139（3）：16-20.

［25］李周. 乡村振兴战略的主要含义、实施策略和预期变化［J］. 求索，2017（12）：44-51.

［26］安虎森，等. 高级区域经济学［M］. 4版. 大连：东北财经大学出版社，2020.

［27］卡佩罗. 区域经济学［M］. 安虎森，等译. 2版. 北京：经济管理出版社，2022.

第十章

公共产品与地方财政

党的二十大报告指出要"着力解决好人民群众急难愁盼问题，健全基本公共服务体系，提高公共服务水平，增强均衡性和可及性，扎实推进共同富裕"。实现基本公共服务、公共产品供给的均等化，是习近平新时代中国特色社会主义思想的核心要义。但全国性公共产品和地方性公共产品的区别又是十分明显的，两者之间最主要的区别在于前者受到空间距离的限制，后者则在主权范围内不受空间距离的限制。中央政府要理所当然地承担起全国性公共产品的提供责任，而地方公共产品要根据谁受益谁负担的原则，依照受益范围的区别，由各级地方政府来提供。这种因受益范围不同而形成的公共产品的层次性，对于讨论和分析中央政府与地方政府之间的权利划分，以及各级地方政府之间的关系起着非常重要的作用。地方公共产品主要是由地方财政来提供的，而地方财政收入的主要来源是地方税收，地方财政收入的多少主要取决于税率及税基，税基较大且税率较高，则地方财政收入较多。因此，不同区域间围绕税率和税基展开竞争，这种竞争将影响技术、资金、劳动力等生产要素的流出和流入，进而直接影响区域公共产品的供给。

第一节　公共产品的供需分析

一、公共产品的定义

大家公认的对公共产品的严格定义是萨缪尔森给出的。[①]按照萨缪尔森的定义，纯公共产品是指这样的一种产品，即每个人对这种产品的消费不会导致别人对该产品消费的减少。如果用数学语言表述，私人产品可以写成：

$$X = \sum_{i=1}^{n} x_i \quad (i = 1, 2, \cdots, n) \tag{10-1}$$

即某一种商品的社会总消费量等于所有个人消费量的总和，因此对消费者来说，私人产品是完全可分的；公共产品可以写成：

$$X = x_i \quad (i = 1, 2, \cdots, n) \tag{10-2}$$

即对于任何一个消费者来说，他自己消费的公共产品的数量等于社会对该公共产品的总消费量，这说明公共产品在效用上具有不可分割性。因此，在萨缪尔森看来，国防、法律、空气污染控制、消防、路灯、天气预报及大众电视等都是典型的公共产品。与私人产品相比较，公共产品具有两个重要的特征，即非排他性和非竞争性。对于私人产品来说，产权一旦确定，便决定了所有者对产品的所有权，拥有所有权的个人可以独享产品给他带来的

① SAMUELSON P A. The pure theory of public expenditures [J]. Review of Economics and Statistics, 1954, 36 (4)：387-390.

效用或收益，有权排斥任何他人对该产品的占用和消费。对于公共产品来说，使用者无法排除他人从公共产品获得利益，或者经过一些处理后可以使公共产品具有一定的排他性，但因为设置排他性障碍的成本太高而在经济上不可行。以一个国家的国防为例，政府提供了国防服务，但是要想让任何一个生活在该国领域的人不享受国防是极其困难的，或者说，即使这种做法在技术上是可行的，但花费的成本可能非常昂贵，而且当这种排他成本远远超过使用该产品所能获得的收益时，这种排他性做法在效率上也是不可行的。在私人产品或服务上，则不存在这种可能。例如一件家用电器，消费者购买后就拥有了这种产品的所有权和使用权，可以排斥他人享用该产品。

消费的非竞争性是指在一定范围内某个人或厂商对某种公共产品的消费，不能排斥和妨碍他人或厂商对其进行消费。私人产品或服务的情况则正好相反，它在消费上具有竞争性。对于私人产品来说，某个人一旦消费了该产品，其他人就无法再消费该产品，并且新增加其他人消费就要增加成本，由此便产生了私人产品消费的竞争性。对于公共产品而言，在一定范围内，任何人对某一公共产品，如桥梁、电视广播等的消费都不会影响其他人对其的消费，并且新增其他人消费的边际成本为零。

二、公共产品的需求

在具体分析公共产品的需求特性之前，假设我们知道每个人愿意消费的公共产品数量及其愿意支付的价格。这样，与私人产品的消费者行为分析一样，我们可以得到一条个人的公共产品需求曲线，它类似于私人产品需求曲线，也是向下倾斜的。[①]但是必须强调的是，根据公共产品的非排他性和非竞争性特点，尽管每个消费者消费的公共产品数量是相同的，但每一个人因此所获得的效用可能不同。因此，根据边际成本定价原则，每个消费者对同样数量的公共产品所愿意支付的价格不一样。

私人产品需求的竞争性决定了私人产品的市场需求可以由个人需求加总得到。在私人产品市场上，个人是价格接受者，他面对既定的市场价格并根据他的偏好选择他意愿消费的数量，把这些不同个人的消费数量相加，就可以得出既定价格水平下的整个市场的需求量。假定 A 和 B 两个典型消费者构成一个市场需求，对于价格水平 P_0，社会可提供的私人产品的数量为 Q_0，且有 $Q_0=Q_A+Q_B$。私人产品的社会需求曲线如图 10-1 所示。

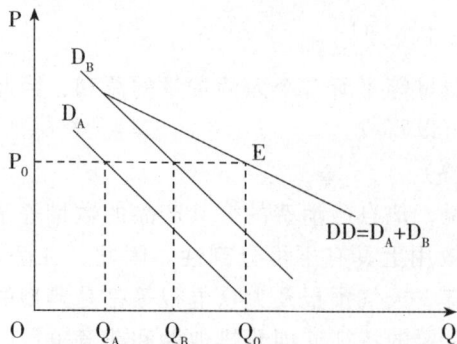

图 10-1　私人产品的社会需求曲线

①　关于公共产品需求曲线的推导可以参见：布朗，杰克逊. 公共部门经济学 ［M］. 张馨，主译. 北京：中国人民大学出版社，2000：55-56.

　　然而，公共产品的社会需求曲线和私人产品的社会需求曲线截然不同，如图10-2所示。当每个消费者在使用公共产品时，对相同数量的公共产品而言，每个人都有自己的价格偏好。当面对数量为Q_0的公共产品时，消费者A愿意承担的价格为P_A，而消费者B愿意承担的价格为P_B，从而形成了不同的公共产品个人需求曲线。因此，就整个社会而言，对于Q_0数量的公共产品，社会应承担的价格水平为P_0，且$P_0=P_A+P_B$。

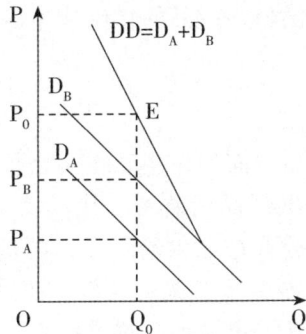

图10-2　公共产品的社会需求曲线

　　私人产品的社会需求曲线是该私人产品个人需求曲线在水平方向上的相加，而公共产品的社会需求曲线是个人需求曲线在垂直方向上的相加。之所以出现这种差异，是因为对私人产品而言，每个消费者只是既定价格的接受者，他能改变的只是消费量。而对公共产品而言，一个人对公共产品的消费不会影响其他人对该公共产品的消费，每个消费者的公共产品消费量都相同，但其消费公共产品获得的效用各不相同，愿意支付的价格也不一样。

三、公共产品的供给

（一）市场失灵

　　因为公共产品消费的非排他性与非竞争性特征，在竞争性的市场上由私人企业按照市场行为准则来提供公共产品是很难实现帕累托最优的。由于公共产品具有非排他性，向享用公共产品的人强制征收生产公共产品的成本是十分困难的，或即使能够征收，其代价也是十分昂贵的，因此单个消费者的理性选择就是不支付任何费用，即"搭便车"。大卫·休谟早在1740年就提出了"公共的悲剧"。"公共的悲剧"是指，在一个社会中，如果有公共产品或公共服务的存在，则搭便车者的出现是不可避免的。如果社会所有的成员都成为搭便车的人，则最终结果是任何人无法享受公共产品，因为没有人提供公共产品。

　　由此可见，搭便车行为使得私人企业投入的成本无法收回。追求利润最大化的私人企业自然也就不愿意提供这类公共产品。因此在市场行为条件下，公共产品就会出现严重的短缺，从而导致社会福利水平的下降。通常来说，公共产品往往是增进社会福利不可或缺的，私人部门提供公共产品的无效率使公共部门的介入成为必然，公共部门通常通过税收手段筹集提供公共产品所需的资金。几乎没有人对公共部门是否应提供公共产品质疑，即便是主张"自由放任"的亚当·斯密也承认政府应当提供最低限度的公共服务。

　　公共产品的非竞争性意味着新增一个消费者的边际成本为零。如果按照帕累托最优所要求的边际成本定价原则，这些公共产品就必须免费供给，这样私人部门提供公共产品的成本就无法得到补偿，导致私人部门不愿意提供公共产品。

综上所述，由于私人部门在提供公共产品上的无效率和困难，政府的存在和出现是一种帕累托改进。政府部门必须承担起公共产品的供给责任。关于供给公共产品所需的资金问题，由于政府部门拥有向全体社会成员征税的权力，因此税收保证了公共产品供给的资金来源，在一定程度上解决了补偿公共产品的供给成本的困难，这为公共产品的有效供给提供了必要的物质基础。

（二）政府失灵

林达尔把政府在提供公共产品方面的作用看作一个拍卖过程。政府首先把公共产品的生产成本（税收）透明地告诉公共产品消费者。比如消费者 A 和 B，由 A 和 B 申报在既定的税额下各自对公共财政支出（公共产品供给水平）的偏好水平。如果 A 和 B 对公共财政支出水平的偏好不一致，则政府需要重新调整税额，提高需求者的份额以使其需求降低，同时降低低需求者的份额，以使其需求增加。这种拍卖过程将一直持续下去，直到双方在各自不同的税负下对公共财政支出水平的偏好相同为止。这个全体一致的均衡点意味着实现了公共产品自愿交换的均衡，或者说实现了政府参与下的公共产品供给的帕累托效率。政府提供公共产品的帕累托效率需要满足一系列严格的假设条件：一是每个消费者都真实地表示自己的偏好；二是社会中存在一个无所不知、无所不能、博学又仁慈的政府，它完全了解每个人的公共产品偏好和愿意为其支付的价格，以及个人的效用函数。

在现实中，即使消费者知道自己的真实需求曲线，也有隐瞒其真实偏好的倾向。因为公共产品的消费是不可分的，每个人都认为自己的需求对公共产品的总需求或总供给只有轻微的影响，所以每个消费者都倾向于隐瞒其真实偏好，以达到少付成本、多享受的目的。例如，政府在制定公共产品的强制性价格即税负时，如果税额依据的原则是人们披露的对公共产品的偏好，那么理性的消费者将隐瞒自己对公共产品的偏好，或者尽可能少地披露自己的偏好。这不仅使消费者支付的边际税额不足，而且降低了公共产品给他带来的边际收益，更重要的是这种行为往往导致公共产品供给数量的不足。相反，如果政府不是出于征税的目的，而是为了获得社会对某种公共产品的需求量信息，以决定该公共产品的供给量而向社会公众要求披露他们的偏好，人们就会有夸大其边际偏好的倾向。这是因为，在给定的税负水平上，人们总是希望能得到更多的公共产品的收益，这有可能导致公共产品供给过多。

然而，有一点需要注意，公共产品由政府来供给并不意味着一定要由政府来生产。由政府供给公共产品无非是强调这种产品要通过政府财政预算来供给，而消费者通常可以免费获得。政府虽然有提供公共产品的责任，但并不意味着政府一定具有比私人企业更好的生产技术优势，政府可以通过政府采购、招标、合同出租、BOT、签约等方式与私人企业合作，把公共产品授权给私人企业来生产，并用政府的财政来补偿私人企业生产公共产品的成本。

四、公共产品的局部均衡分析

这是指分析单个公共产品获得均衡价格和产量时的需求与供给条件。在这里，我们不考虑私人产品的存在及影响，只对公共产品本身进行均衡分析。

为了比较公共产品和私人产品的市场均衡，我们首先看一下私人产品的市场均衡（如图10-3所示）。假定市场中只有两个消费者A和B，他们对某私人产品的需求曲线分别为 D_A 和 D_B。根据上面的讨论，总的市场需求曲线是个人需求曲线的横向加总，即 $DD=D_A+D_B$。对于给定的市场供给曲线S，它与需求曲线相交时可以得到私人产品供需均衡时的价格与产量，即均衡产量为 Q_0，均衡价格为 P_0。在均衡价格为 P_0 的情况下，消费者A消费的私人产品数量为 Q_A，消费者B消费的私人产品数量为 Q_B，市场消费的总的私人产品数量为 Q_0，且 $Q_0=Q_A+Q_B$。

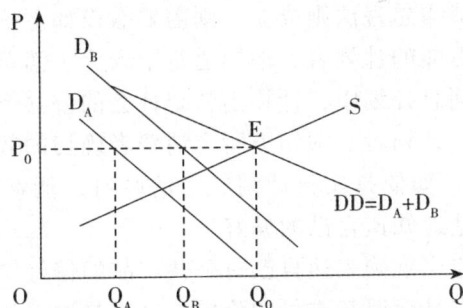

图10-3 私人产品的市场均衡

与私人产品的市场均衡不同，公共产品的市场均衡如图10-4所示。我们假定市场只有两个消费者A和B，消费者A的公共产品需求曲线为 D_A，消费者B的公共产品需求曲线为 D_B。根据前面的公共产品社会需求曲线的特点，我们可以得到市场总需求曲线为DD，市场需求曲线与市场供给曲线的交点为E，E点的均衡价格为 P_0，均衡产量为 Q_0。对公共产品需求而言，每个人都是公共产品数量的接受者，因而在均衡数量 Q_0 处，A愿意出的价格为 P_A，B愿意出的价格为 P_B，且 $P_0=P_A+P_B$。公共产品价格 P_0 又等于边际成本，但该边际成本是A和B所支付的价格之和，即 $P_0=MC=P_A+P_B$。

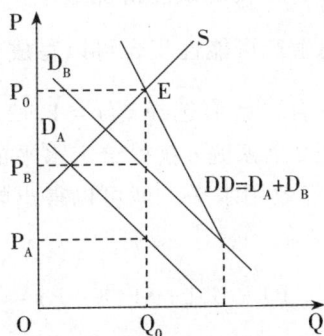

图10-4 公共产品的市场均衡

公共产品与私人产品市场需求曲线的差别主要是，因为消费者的出价与其消费公共产品所获得的边际效用相一致，所以所有消费者出价的总和就是其边际效用的总和，即社会边际收益。这样，在社会边际成本等于社会边际收益的E点，可实现帕累托最优。因此，公共产品帕累托最优的实现条件可以写成：

$$MSR = \sum_{i=1}^{N} MR_i = MSC \tag{10-3}$$

在现实中，由于消费者消费公共产品时存在搭便车倾向，因此，政府只能通过税收手段强制征收一定的费用以供公共产品的成本开销。个人支付的公共产品价格也就表现为其纳税的数额，理想的税收制度应能保证个人所承担的税负与个人享受公共产品的收益相一致。

五、公共产品的一般均衡分析

与局部均衡分析不同，公共产品的一般均衡分析把研究的对象扩展到公共产品与私人产品同时存在的情况。为此，下面我们将推导有关公共产品最优供给的萨缪尔森法则。而要使公共产品市场均衡的萨缪尔森法则成立，则需要假设如下一些严格的条件：

首先，假设存在一个万能的计划者，他知道每个人为了消费公共产品而愿意支付的价格，然后把这些价格反馈到总计划中，计算出整个社会的公共产品和私人产品的组合。为了解决社会福利分配问题，计划者必须知道所有消费者确切的效用函数。显然，在现实社会中，没有哪一个计划者，即使是实行计划经济的政府，能够完全了解消费者的所有信息。有时消费者也未必清楚地知道自己的偏好。

其次，每个消费者都应当准确表达自己对公共产品的偏好，这样才有可能使计划者获得每个消费者为消费公共产品而愿意支付的价格。这就是说，如果消费者对公共产品的偏好表达有所偏差，计划者便无法得到正确的公共产品需求价格。公共产品的非排他性特征使得每个人都有搭便车的动机，因而他们不会真实地表达自己的偏好。因此，政府要设计一些制度和措施让消费者真实地表达他们的偏好。

现在我们推出萨缪尔森法则。设经济由 n 个家庭组成，家庭 i（i = 1, 2, …, n）的效用函数为：

$$U_i = U_i(x_i, P) \tag{10-4}$$

其中：x_i 是私人产品向量中家庭 i 的消费量；P 是公共产品的总供给量，每个家庭的效用函数都包含公共产品总供给量 P。假定该经济能够生产的所有 x_i 和公共产品 P 的组合的约束条件为生产可能性集合，则生产可能性集合可以写成 F(X, P) ≤ 0，其中，$X = \sum_{i=1}^{n} x_i$。

为了确定帕累托最优配置集合，政府选择 x_i(i = 1, 2, …, n)和 P 使第一个家庭的效用水平最大化，约束条件为家庭 2 至家庭 n 获得给定水平的效用及这种配置具有的生产可行性。变动家庭 2 至家庭 n 的给定效用水平，就可以得出帕累托最优配置集合。这一最大化问题的拉格朗日方程为：

$$L = U_1(x_1, P) + \sum_{i=2}^{n} \mu_i [U_i(x_i, P) - \overline{U}_i] - \lambda F(X, P) \tag{10-5}$$

其中：$\overline{U}_i$ 为家庭 2 至家庭 n 必须取得的效用水平。假定所指定的效用水平可以同时达到，那么选择 x_i 的一个分量 x_i^k（1 < k ≤ n）的必要条件为：

$$\frac{\partial L}{\partial x_i^k} = \mu_i \frac{\partial U_i}{\partial x_i^k} - \lambda \frac{\partial F}{\partial X_k} = 0 \quad (i = 1, 2, …, n) \tag{10-6}$$

其中：$X_k = \sum_{i=1}^{k} x_i$。当 i = 1 时，$\mu_i = 1$。在最优状态时，上式对所有的 i = 1, 2, …, n 均成立。为了选择公共产品的供给量，对 P 求一阶微分，则：

$$\frac{\partial L}{\partial P} = \sum_{i=1}^{n} \mu_i \frac{\partial U_i}{\partial P} - \lambda \frac{\partial F}{\partial P} = 0 \quad (i = 1, 2, \cdots, n) \tag{10-7}$$

把式（10-6）代入式（10-7）中，则可得：

$$\sum_{i=1}^{n} \frac{\partial U_i / \partial P}{\partial U_i / \partial x_i^k} = \frac{\partial F / \partial P}{\partial F / \partial X_k} \quad (i = 1, 2, \cdots, n) \tag{10-8}$$

在式（10-8）中，左边求和项中的每一项都为$(\partial U_i / \partial P)/(\partial U_i / \partial x_i^k)$，右边是第 i 个家庭关于公共产品与第 k 种私人产品之间的边际替代率，故式（10-8）可以写成如下形式：

$$\sum_{i=1}^{n} MRS_i^{ZK} = MRT^{ZK} \tag{10-9}$$

式（10-9）就是萨缪尔森法则，即当公共产品与每一种私人产品的边际替代率等于所有家庭关于这两种产品的边际替代率的总和时，公共产品的最优供给就实现了。

第二节　地方财政

一、地方政府存在的必然性

从本章第一节可知，非排他性和非竞争性是公共产品的基本特征，全国性公共产品与地方性公共产品都是如此，但两者之间存在明显的区别。两者的最大区别在于前者受到地理空间的限制，后者则在主权范围内不受地理空间的限制。从这个意义上说，大部分地方公共产品相对于全国公共产品而言是准公共产品，因此地方公共产品相应地位于某一特定的地理空间范围内，其成本与收益基本上局限在某一区域范围之内。地方公共产品的消费者只能确定自身所处的地理范围后才能对该地区所提供的公共产品进行选择。非排他性和非竞争性是公共产品的一般特征，但在现实生活中，同时具有两个特征的公共产品并不是很多，即使同时具备这两个特征，其强弱程度也存在很大差异。正因为如此，公共产品具有明显的层次性。由受益范围不同导致的公共产品的层次性，直接关系到中央政府与地方政府，以及地方各级政府间的事权、财权的划分及相互关系，是讨论集权与分权谁优谁劣的理论基础。中央政府要理所当然地承担起全国性公共产品的提供责任，地方公共产品要根据谁受益谁负担的原则，依照受益范围的不同由各级地方政府提供。这种公共产品的层次性特征为各级地方政府的存在提供了理论依据。[①]对于地方政府存在的合理性，不同的经济学科有不同的解释，我们在导言部分是从监管交易活动和经济活动的组织的角度提出地方政府存在的合理性的，现在从不同的角度进一步讨论地方政府存在的合理性。

（一）斯蒂格勒的最优分权模式

斯蒂格勒（1957）在《地方政府功能的合理范围》一文中对为什么需要地方政府给出了一个合理性的解释。他认为：第一，地方政府更接近当地居民，因此相对于中央政府，地方政府更了解其管辖选民的效用与需求；第二，在一国内部，不同辖区的人们有权选择自己偏好的公共产品种类与数量，而中央政府不能做到这一点。第一种观点是从资源配置

---

① 樊勇明. 公共经济学［M］. 上海：复旦大学出版社，2001：298-300.

的有效性角度出发的，第二种观点是从选民的公平性角度出发的。斯蒂格勒认为，为了实现资源配置的有效性与分配的公平性，决策应该在最低行政水平的政府部门进行。然而，斯蒂格勒并不完全否定中央政府的作用。他指出，行政级别较高的政府对于实现资源配置的有效性及分配的公平性目标来说也许是必要的，尤其是对于解决分配上的不平等及地方政府之间的竞争与摩擦而言，中央一级政府的存在是一种必要的制度性安排。

（二）奥茨的分权定理

奥茨在《财政联邦主义》一书中提出分权定理，为地方政府存在的合理性提供了理论基础。奥茨假定，全部人口分为两个子集 A 和 B，每个子集内部的人口具有相同的偏好，但是 A 和 B 之间的偏好是不同的（这种假设符合现实，历史、经济发展水平、消费习惯等因素的差异会影响不同子集人口的偏好）。他还进一步假设，社会生产纯粹的私人产品 X 和 Y，社会的全体成员都要消费 X 和 Y。但是，尽管 Y 是纯粹的私人产品，但它是由政府（中央政府或地方政府）提供的。最后他还假定，收入分配在全社会范围内已达到最优，因此可把每一个人口子集看作只含 1 个人的人口单位。在上述假定条件下，社会福利最优化可以表示为如下问题：

$$\max_{(X^A,\ Y^A,\ X^B,\ Y^B)} U^A(X^A,\ Y^A)$$

$$s.t.: \begin{cases} U^B(X^B,\ Y^B) = \overline{U} \\ F(X^A + X^B,\ Y^A + Y^B) = 0 \end{cases} \tag{10-10}$$

其中：$F(X^A + X^B,\ Y^A + Y^B) = 0$ 为生产可能性条件。为了简单起见，我们这里只求 A 的福利最大化，A 的福利取决于其所消费的 X^A 和 Y^A 的商品数量。有两个约束条件：一是不会损害人口子集 B 的福利水平，即 $U^B(X^B,\ Y^B) = \overline{U}$；二是 X 和 Y 的生产总量要满足生产可能性的约束条件，即 $F(X^A + X^B,\ Y^A + Y^B) = 0$。根据一般均衡分析，满足上述最优化的一阶条件为：

$$MRS^A_{(X^A,\ Y^A)} = MRS^B_{(X^B,\ Y^B)} = MRT_{(X,\ Y)} \tag{10-11}$$

即 A 对 X 和 Y 的边际替代率要等于 B 对 X 和 Y 的边际替代率，并且两者的边际替代率都要等于生产 X 和 Y 的边际转换率。又因为 A 和 B 之间的偏好不相同，所以有 $X^A \neq X^B$，$Y^A \neq Y^B$。在满足上述条件的前提下，由一个中央政府向所有公众提供 Y^A 还是 Y^B，或者由每一个人口子集所形成的地方政府向自己子集内的消费者提供 Y^A 还是 Y^B，是没有差异的，因此每个人口子集的帕累托最优条件都会得到满足，即有：

$$\begin{cases} MRS^A_{(X^A,\ Y^A)} = MRT_{(X,\ Y)} \\ MRS^B_{(X^B,\ Y^B)} = MRT_{(X,\ Y)} \end{cases} \tag{10-12}$$

但是，如果中央政府向每一个人口子集 A 和 B 提供同一水平的 Y，即 $Y^A = Y^B$，则中央政府在资源配置上的效率要低于地方政府。这是因为资源配置处于社会福利最优状态时，要求 $Y^A \neq Y^B$。这样上述最优化问题将会增加一个约束条件，此时式（10-11）的一阶条件变为：

$$MRS^A_{(X^A,\ Y^A)} = MRS^B_{(X^B,\ Y^B)} = MRT_{(X,\ Y)} + \lambda^3/(\lambda^2 F_X) \tag{10-13}$$

其中：λ^3 为与社会生产可能性 $F_X = 0$ 相联系的拉格朗日乘子，λ^2 为与新的限制条件 $Y^A = Y^B$ 相联系的拉格朗日乘子。

显然，由中央政府统一供给 Y，会破坏社会福利最大化的一阶条件。中央政府所处的地位使它不可能顾及人口子集 A 和 B 的不同需求偏好，而只会按照最一般的公平要求把 Y 产品按统一数量分配给 A 和 B，这就忽略了各个子集的特殊性，这种均分的供给无疑会降低资源配置效率。反之，如果让各个地方政府来提供 Y 产品，就不会有 $Y^A = Y^B$ 这个限制条件，因而各个地方政府会自行决定生产多少产品 Y，因而可以满足上述福利最优化的一阶条件。

根据上述论证，奥茨提出了著名的分权定理：对于某种公共产品，如果该公共产品的消费遍及整个区域内的所有人口子集，且该产品的边际成本无论对中央政府还是对地方政府都相同，那么由地方政府为其选民提供帕累托有效的产出量，比中央政府向全体选民提供等量的产品有效得多。

实际上奥茨的分权定理并没有论证在最优政策环境下地方政府的存在性问题，它实际上是在次优的框架下，为地方政府在配置公共资源中的作用作出了说明。在证明该定理时，他假设中央政府对每个人口子集都提供等量的公共产品，但这种假定在实际生活中是非常苛刻而少见的，很难使人信服。在后续的研究中，奥茨对此作出了进一步的说明。他指出，在完全信息条件下，中央政府很可能根据各地不同的需求提供不同的产出，以使社会福利最大化，此时就不存在财政分权的必要性。但现实是，由于信息不对称，地方政府对其辖区内居民的偏好、公共产品生产成本等，比中央政府了解得多，相对来说更具有信息优势。另外，分权与地方政府之间对公共产品的需求差异及供给成本的差异有关，即使政府供给公共产品的成本相同，只要需求不同，由中央政府统一供给带来的福利损失就将随着公共产品需求价格弹性的下降而增加，而大量实证研究表明，地方政府的公共产品需求价格弹性恰恰很低。

（三）特里西"偏好误识"的分权理论

上面介绍的两种分权理论都有一个明显的漏洞，即都把中央政府设想为全知全能的贤人政府，具有所有适宜的政策工具，对全体公民的消费偏好的认识和了解都是准确无误的。尤其是这些理论还假定，中央政府完全了解社会福利函数的偏好序列，因此，当发生地区冲突时，中央政府可以出来解决地区冲突以及收入在不同地区间的再分配问题。上述理论都认为中央政府是一个全知全能的理性人，没有考虑到在现实中中央政府错误认识社会偏好，从而错误地把自己的偏好强加给全民的可能性。

美国经济学家特里西（1981）从理论上提出了"偏好误识"问题，并分析了中央政府提供公共产品失误的可能性，从而在某种程度上弥补了上述两种理论的缺陷。特里西通过数学模型证明，如果一个社会能够获得完全的信息，并且经济活动也是完全确定的，那么无论是由中央政府还是地方政府来提供公共产品都是无差异的。社会经济活动信息不可能是很完备的，且相对于中央政府来说，地方政府更了解本区域内居民的偏好，它可以确切知道本区居民的边际消费替代率。由于信息传递存在距离阻隔，中央政府对全体居民偏好的了解并不很清楚，它只能用随机方式来了解每个居民的边际消费替代率，因此中央政府在提供公共产品的过程中会发生偏差，从而导致其提供公共产品的数量偏离最优数量。

（四）蒂伯特的"用脚投票"理论

上面的分权理论没有回答这样一个问题，即人们是否自愿地聚集在地方政府的周围并要求地方政府为大家提供最优的福利，而只是解释了地方政府在某些方面比中央政府更有效。如果不能回答人们为什么会聚集在某一地方政府周围的问题，则地方分权失去了基本依据。"用脚投票"理论就是为了解决上述问题而提出的。蒂伯特在1956年发表的论文《地方支出的纯理论》中指出，人们之所以居住在某一地方政府管辖范围内，是因为他们发现该地区的地方政府所提供的公共服务与当地税负水平是一种最优的组合，在这种公共服务与赋税组合下，消费者获得的效用水平最大。如果他们发现在某地更能实现自己的效用最大化目标，那么他们将从现有的居住地迁移到该地区生活和就业，并接受当地政府的管辖。这个过程就是"用脚投票"的过程。蒂伯特通过引入"用脚投票"的市场机制，从三个方面论证了地方政府提供公共产品的均衡模型不仅有解，而且有最优解。他指出，如果全体居民都能自由迁移、自由搜寻，那么结果是：

（1）区域之间在公共服务及税收的组合上会"相互学习、相互模仿"，有可能实现整个社会福利水平的最大化；

（2）偏好相同的人组合在一起，可以实现地方政府提供公共服务成本的最小化；

（3）由于人们从公共服务成本较高地区流向成本较低地区，故区际竞争将逐步消除区际提供公共服务的成本差异。

上述观点的实质就是强调了地方政府间竞争机制的作用。其基本的逻辑是，如果政府活动空间中也存在类似于商品市场的政治市场，那么在这个市场中，消费者是选民，消费者手中的货币变成了选票，选民如果不满意某一地方政府提供的公共服务，就会迁移到另一个他认为更为合适的地方工作和生活。正是公民的这种自由选择，迫使各个地方政府提供更为合适的公共产品和服务，以便吸引更多的消费者，获得更多的税源。这样，竞争可以实现有效率的公共产品资源配置。

上述分权理论说明，在一定条件下，某些公共产品由地方政府提供比由中央政府提供更具有效率。

第一，地方政府可以很好地把握不断变化的地方居民的偏好。如果由距离较远的中央政府来提供公共产品，则因其掌握的信息有限，中央政府很难提供满足当地居民偏好的公共支出和公共产品。需求偏好能够得到满足是居民福利水平的主要标志，满足消费者偏好的资源配置可以提高经济效益和福利水平。

第二，在地方政府之间存在提供公共产品方面的竞争，这种竞争可以促使地方政府采用更有效率的生产技术。

第三，分散化提供而不是集中提供公共产品，可以使每单位公共产品的产出更有效率，因为公共支出决策与实际资源成本密切相关，分散化提供可以更加精细地计算公共产品成本。

二、地方政府的财政职能

财政的三大职能是收入分配、宏观调控和资源配置。如果只有一个政府，那么只能由唯一的政府来行使这些职能；如果是多级政府体制，那么中央和地方财政在履行职能时应有所分工，有所侧重。奥特斯在《财政联邦制》一文中指出，联邦制下的各级政府有三个主要目标：有效地配置资源、合理地分配负担和收益、稳定经济运行。从经济学角度上看，与市场失灵有关的公共产品的提供、外部性等应由地方政府来负责。因此，与有效配置资源相关的事务应由地方政府承担，合理分配收入和稳定经济事务应由中央政府来承担。

（一）收入分配职能

通常来说，收入分配职能应由中央政府统一行使。在劳动力、资本等生产要素可以自由流动的前提下，如果某一地方政府对高收入者进行征税，然后对低收入者进行补贴，那么高收入者会大量迁出该地区，低收入者会大量迁入该地区，该地区的财政支出将大量增加，而财政收入会大幅度下降。高税率也会使本地投资大量流出，外地投资不愿进入，最终导致收入再分配政策达不到预期的目标。在封闭和半封闭的经济中，地方政府可能在收入再分配方面起着一定的作用，但这无疑会导致地方保护主义的盛行，最终影响资源的有效配置。

再从地区之间的收入再分配角度看，由于同一行政级别的地区之间是相互平等的关系，所以欠发达地区的政府没有权力强迫发达地区无偿转让一部分财政收入给欠发达地区，而发达地区从自身利益出发也不会无偿转让部分财政收入给欠发达地区以协调区际贫富差距。因此，区际贫富差异必须由中央政府来调节，中央政府可以把发达地区的一部分财政收入集中起来，再通过转移支付的方式支付给欠发达地区。

因此，无论是从个人之间还是地区之间来看，收入再分配职能应由中央政府统一行使，各个地方政府的作用力很有限。

（二）宏观调控职能

由于宏观调控需要财政政策和货币政策相互配合，而这些财政政策和货币政策都无一例外地由中央政府所控制，地方政府也没有权力发行货币，因此，中央政府在宏观调控职能方面相对于地方政府来说具有很大的优势。

当然，中央政府承担宏观调控职能，并不意味着地方政府在这方面会毫无作为。格兰里奇（1987）认为，经济形势和传统观念的变化可以使地方财政政策变得更加有力甚至完全有必要。

第一，人口流动并非全部由经济原因所致，追求良好的居住环境也是人口流动的主要原因之一。这种良好的居住环境与当地政府的公共支出有密切关系，而政府的公共支出主要是用于购买地方性劳务，因此如果当地的人口流动较少，那么地方财政通过购买地方性劳务的方式能为辖区居民创造较好的收入环境。

第二，一些经济要素只影响特定产业的经济活动，中央政府的某些宏观调控政策将变成地方性政策，而不是全国性政策。此时，地方财政政策是很有必要的，因为其他一些地区实行紧缩政策时，该地区可以实行扩张的财政政策。

第三，尽管单个地方政府不能实施宏观经济调控，但所有地方政府的总和对国民经济有重要的影响，因为地方财政收支在一国财政收支和GDP中占相当一部分。同时，在一些发达地区，地方财政总体上是有预算盈余的，这种盈余可以在一定程度上弥补中央政府的财政预算赤字。

（三）资源配置职能

资源配置职能是中央财政和地方财政的共同职能，公共产品根据受益范围可分为全国性公共产品和地方性公共产品。全国性公共产品，如国防等应由中央政府统一提供，而对于地方性公共产品来说，由于其受益范围局限在一个特定的地理区域内，因此应由地方政府提供。如果由中央政府统一提供地方性公共产品，那么将导致效率损失，如图10-5所示。

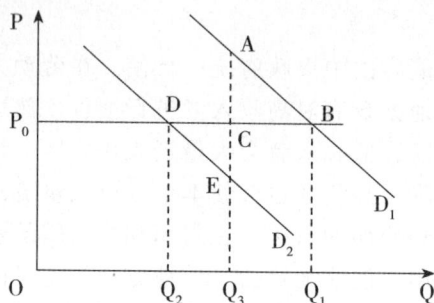

图10-5　中央政府统一提供地方性公共产品时的效率损失

假设有两个地区，地区1的公共产品需求曲线为D_1，地区2的公共产品需求曲线为D_2。假设两个地区有相同的边际成本曲线P_0B。从资源配置效率的角度来考虑，提供给地区1的公共产品的最优产出量为Q_1，提供给地区2的公共产品的最优产出量为Q_2，但中央政府为两个地区提供相同数量的公共产品Q_3。Q_3对地区1而言数量不足，消费者的效用没有达到最大化，此时发生效率的损失，效率损失部分为三角形ABC的面积；Q_3对地区2而言数量过剩，同样发生效率损失，效率损失部分为三角形DCE的面积。如果公共产品由地方政府供应，那么地区1的政府将提供Q_1数量的公共产品，地区2的政府将提供Q_2数量的公共产品，因而两地居民的福利状况都会得到改善，同时避免效率损失。

按照公共产品的受益范围来确定中央和地方政府在提供公共产品上的责任，其意义在于可以把公共产品的成本与收益统一在同一个政府管辖范围内，不仅使各级财政把公共产品成本和效益内部化，进而建立有效的资源配置约束机制，而且可以使政府的财政行为受到公共产品效益和成本两方面的制约。

第三节　地方税收体系与原则

地方政府履行职能，为本辖区提供公共产品，必然要筹集资金，这就涉及地方政府的财政收入问题。按照公共产品的谁受益谁负担的原则，地方税收是地方政府收入的主要来源。下面我们分析地方税收及其设计原则问题。

一、地方税收体系

（一）地方税收体系的划分原则

在存在多级政府的政治体制下，地方政府必须有相应的财力才能更好地履行提供地方公共产品及服务的职能。地方政府收入主要包括地方政府本身的收入和中央政府的转移支付。地方政府本身的收入是主体，主要包括地方税收收入和非税收收入。因此，一个完善的地方税收体系对协调中央与地方政府间的财政关系、保证地方政府有效行使职能有着非常重要的作用。地方税收体系的建立首先涉及在一国税收体系中中央政府和地方政府的税种划分问题。通常来说，税种划分应该遵循以下原则：

1.马斯格雷夫的税种划分七原则

美国财政学者马斯格雷夫根据税收的公平与效率原则，对税种划分提出了以下七项原则：

一是用于调节社会收入分配的累进性税收应归中央；

二是作为经济稳定手段的税收归中央，而带有周期性稳定特征但收入起伏不大的税收应划归地方；

三是地区间分布不规则的税源归中央；

四是对流动性生产要素所课征的税收归中央；

五是依附居住地的税收适合由地方政府来管理；

六是生产要素基本不变的税源归地方；

七是收益性税收及收费对各级政府都适用。

马斯格雷夫的税种划分原则与财政三大职能是基本一致的，但也有人认为这些原则都是从单纯的经济学角度进行分析和提炼，而不是从政治学和行政管理角度进行全面分析。

2.杰克·明孜的税种划分五原则

加拿大学者杰克·明孜提出了税种划分的五项原则：

一是效率原则，税收划分应尽量减少对资源优化配置的影响；

二是简化原则，应使税制简化，便于公众理解和执行，提高税务的行政效率；

三是灵活原则，有利于各级政府灵活地运用包括预算支出、税收补贴等措施在内的一系列政策工具，使税收与事权相适应；

四是责任原则，各级政府的支出与税收的责任关系应协调；

五是公平原则，全国各地的税种结构、税基、税率大体上平衡。

杰克·明孜的五项原则是从政治学和行政管理角度而不是从经济学的角度提出的，可能更符合现实。

（二）地方税收体系的构成

由于历史、制度及经济发展水平的差异，各个国家的地方税收体系都有其各自的内容及特点，世界上主要国家的地方税收体系见表10-1。

中国从1994年起实行分税，即按照税种划分收入范围，确定哪些税种归中央，哪些税种归地方，另有哪些税种由中央和地方共享。从税收管理权限上看，由于我国实行的是高度集中的税收管理体制，各个税种的立法权主要在中央政府，因此中央税与地方税主要是按照税收的征收管理权和收入归属权或税款支配权来划分的。这导致了中央税和地方税的税收管理权与收入归属权上存在不匹配的情形。例如，城镇土地使用税、车船税、耕地占用税、契税、土地增值税等税收收入属于地方财政收入，印花税、关税、消费税、海关代征的消费税和增值税、车辆购置税等税收收入属于中央财政收入。中央与地方政府主要对企业所得税、个人所得税、增值税、城市维护建设税、资源税等进行税收共享。不同税种的共享程度不同。2016年营改增后，增值税税收收入中（不含进口环节由海关代征的部分）中央与地方占比为50：50；资源税税收收入中除海洋石油企业缴纳部分归中央政府税收收入外，其余部分归地方政府税收收入等。

表10-1　　　　　　　　　　世界上主要国家的地方税收体系

国家	地方税收体系
美国	州税：州公司所得税、州个人所得税、销售税、遗产税和继承税、机动车牌照税等 地方税：销售税、个人所得税及财产税等
日本	都道府县税：居民税、事业税、汽车税、地方消费税、机动车牌照税、不动产登记税等 市町村税：居民税、固定资产税、市町村卷烟消费税、城市规划税等
澳大利亚	州税：工薪税、印花税、土地税、银行账户税、机动车辆税、资源特许权使用税等 地方税：财产税、房产税、土地税等
英国	地方税：家庭财产税、工商财产税等
法国	地方税：居住税、行业税等
印度	邦税：货物与劳务税、印花税、娱乐博彩税、土地收入税等 地方税（所占比例很小）：财产税、入市税、供水和排水等公用设施的使用税等
韩国	地方税：财产征税、所得征税、消费征税
巴西	州税：商品流通税、转让税等 市税：劳务税、不动产税、不动产转让税等
俄罗斯	联邦主体税：企业财产税、不动产税、销售税等 地方税：自然人财产税、土地税、继承与赠与税、广告税等

资料来源　　[1]国家税务总局税收科学研究所. 外国税制概览［M］. 3版. 北京：中国税务出版社，2009.［2］韩正明. 分税制及地方税制模式的国际比较与借鉴［J］. 开发研究，2009（1）：115-117.

2018年6月15日，全国各省（自治区、直辖市）级以及计划单列市国税局、地税局合并且统一挂牌，这意味着国税与地税的合并管理。国税与地税的合并说明在税收征收层面国家税种和地方税种合并征收管理，其中，国税收入只由国家税务总局收管，地方税收收入由国家税务总局分配给地方税务局管理，地方税收收入由地方政府使用。国税与地税合并不但能降低纳税人的"遵从成本"与税务管理部门的征收成本，而且有利于协调中央与地方政府长期以来财权与事权不匹配、不协调的顽疾，有利于构建全国统一大市场。

经过1994年的分税制、2016年的营改增、2018年的国税与地税合并，我国已形成了由多个种税组成的复税制体系，从税收结构来看，主要包括商品（货物）和劳务税类（包括增值税、消费税和关税）、所得税类（包括企业所得税、个人所得税和土地增值税）、财产和行为税类（包括房产税、车船税、印花税和契税）、资源税和环境保护税类（包括资源税、环境保护税和城镇土地使用税）、特定目的税类（包括城市维护建设税、车辆购置税、耕地占用税、船舶吨税和烟叶税）。[①]

二、地方税收原则

税收既是一国政府筹集财政收入的最基本的手段，又是政府实现有效的资源配置、公平的收入分配及稳定的经济增长的重要手段。因此，税收制定、税制设计必须符合某些基本要求，这些要求就是制定税收制度所要遵循的原则。现代税收原则是在亚当·斯密和瓦格纳等人的税收原则基础上发展起来的，它主要包括税收的财政原则、稳定原则、公平原则、效率原则。

（一）税收的财政原则

税收的财政原则是指税收为国家取得必不可少的财政收入。它包括两层含义：

一是税收的充分性。这是税收的最基本的要求，即政府通过税收获得的收入，能够满足一定时期政府公共支出的需要。

二是税收的弹性。由于政府的支出不是一成不变的，因此税收制度的设计应该使税收收入有弹性，能够随着国民经济的发展而增长，以满足日益增长的财政支出的需要。

（二）税收的稳定原则

税收的稳定原则是指税收制度应有利于政府的宏观政策运作，以相对稳定国家的宏观经济。它主要体现在两个方面：

一是税收具有自动稳定器的作用。所得税一般按累进制征税，故在经济繁荣期，所得税收入自动增长；在经济萧条期，所得税收入自动减少。这就使得税收逆经济周期而动，从而自动地对宏观经济起稳定作用，缓解经济的周期性波动。

二是政府可以根据一国的宏观经济情况采取相机抉择的税收政策，即政府通过变更税收制度可以增加和减少税收，有意识地对宏观经济进行干预和调节。

（三）税收的公平原则

税收的公平原则是指应根据个人的纳税能力来确定个人应承担的税收。衡量纳税人的实际纳税额的标准有两种，即受益原则和能力原则。

1.受益原则

受益原则是指每个人所承担的税负应与他从公共产品中获得的收益相一致。根据受益原则，税收似乎是个人为从政府提供的公共产品中受益而支付的价格，它要求每个人都能够像对待私人产品那样根据自己的偏好来评价政府所提供的服务，并根据边际效用纳税。但是，公共产品所特有的非竞争性和非排他性决定了消费者一般不会主动表达其对政府公共服务的偏好；相反，为了减轻或解除税负，还会有意隐瞒自己的偏好。因此，政府提供产品或服务，在绝大多数情况下是无法通过受益原则来筹措资金的。只有政府提供的公共产品具有排他性，或受益对象能够准确地披露自己的受益程度，受益原则才能得到贯彻实施。

2.能力原则

能力原则是指应根据个人的纳税能力来确定个人应承担的税负。根据能力原则，横向

---

① 中国注册会计师协会. 税法［M］. 北京：中国财政经济出版社，2022.

公平指的是能力相同者应承担同等的税负；纵向公平指的是能力不同者应承担不同的税负，也就是能力强的多纳税，能力弱的少纳税。通常，人们主要从主观与客观两个方面来制定衡量个人纳税能力的标准。

（1）主观说。

主观说根据比较每个人在纳税过程中所牺牲的效用或边际效用来进行分析。它主要分为以下三种：

①绝对均等牺牲说，即每个人由税收造成的福利损失应该相等。

②比例均等牺牲说，即每个人因税收造成的效用损失与其纳税前的福利成同一个比例。

③边际均等牺牲说，即每个人因税收而造成的最后1个单位货币收入的效用损失应该相等。但是在主观说的税制设计中，其关键是衡量个人效用的多少，但很难用数字来度量。由于效用也涉及对个人进行评价的问题，因而同样的收入或财产给每个人带来的效用可能是不相等的。仅仅从损失的效用入手，显然在现实中缺乏可操作性，这也就促进了客观说的发展。

（2）客观说。

客观说认为应该将可以被客观地观察并衡量的某种指标作为衡量个人纳税能力的依据。指标通常主要有以下三种：财产、消费和收入。虽然根据客观说，能力原则有了可操作性，但由于它只是强调了单方面的因素，无法将税收与支出结合起来，因而难以评价政府通过征税筹集的资金的使用效率如何，所以它必须与受益原则相结合。

在具体税种方面，个人所得税最有利于实现收入的公平分配：一是它可以实行累进税率；二是它有能够体现纳税能力的广义税基。这种所得包括：实物所得的市场价值、未来所得和累计保险金的利息所得、自用住宅的净租金，以及经通货膨胀调整后的所有资本利得。企业所得税是否具有公平分配功能，取决于企业所得税的税负转移和归宿，一般认为它不能成为有效的再分配工具。财产税有利于公平分配。商品税有利于公平分配的条件是高收入者消费支出中所含的商品税高于低收入者，即对低收入者消费的商品及一些必需品实行较低的税率，而对主要供高收入者消费的商品实行较高的税率。如果按照与所得税相同的标准来衡量商品税的累进程度，那么由于低收入者的消费占其所得的比重要远高于高收入者的消费占其所得的比重，因而要达到公平的目的，必需品和奢侈品之间的税率差别就要很大。

（四）税收的效率原则

税收的效率原则是指税收制度必须符合市场效率的要求，应尽可能采取能够减少市场效率损失的措施。它通常包括以下两个方面：

1.税收经济效率原则

税收经济效率是指政府实施征税时应尽可能避免或减少对经济运行产生不良影响。税收直接减少了纳税人拥有的收入和财产，直接减少了企业和个人从事经济活动的资源，同时可能扭曲市场活动主体的经济行为，所有的这些都造成效率损失，这种效率损失被称为超额负担。这些损失都无法由纳税人和政府获得，似乎是从这个社会中"蒸发"了（如图10-6所示）。

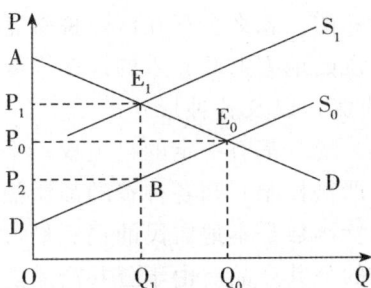

图 10-6　税收的超额负担

在没有税收的情况下，某产品的市场均衡点为 E_0，即以 P_0 价格出售 Q_0 数量的产品，消费者的剩余为 AP_0E_0，生产者剩余为 DP_0E_0。若政府对产品的供应方征收 T 数量的税，那么供给曲线从 S_0 的位置上移到 S_1 的位置，税后价格上升到 P_1，生产者实际得到的价格为 P_2，产出水平下降到 Q_1。此时，政府得到的税收为 $P_1P_2BE_1$，消费者剩余的减少为 $P_0P_1E_1E_0$，生产者剩余由 DP_0E_0 变为 DP_1E_1B，这样就损失了相当于三角形 E_1E_0B 面积的福利，即为税收的超额负担。理论界把三角形 E_1E_0B 称为哈伯格三角形。[①]

关于税收的超额负担，税收归宿的局部均衡分析表明：对供给和需求完全没有弹性的产品征税不会影响其均衡产出，从而没有效率成本。如果商品具有供给和需求弹性，那么对其征税具有超额负担，超额负担的大小与弹性大小同向变化。对某个产业的利润征税时，如果这个产业是追求利润最大化的，那么税收不会影响企业的产出和价格；如果这个产业只追求销售量的最大化，那么对利润征税会改变企业的均衡产出和价格水平。因此，如何降低税收超额负担，以较小的税收成本换取较大的经济效率，便成为税收经济效率原则的核心。要提高税收的经济效率，就要在有利于国民经济有效运行的前提下，一方面，尽可能压低税收的征收数额，减少税收对资源配置的影响；另一方面，尽可能保持税收对市场机制运行的中性影响，并在市场机制失灵时，将税收作为调节杠杆加以纠正。

2.税收行政效率原则

税收行政效率是指以尽可能少的税收成本取得最多的税收收入。它可以通过一定时期直接的征税成本及入库的税收收入的比值来衡量，该比值越小，税收行政效率就越高。对于特定的税收，纳税人及政府总要付出一定的征税成本。征税成本由征管成本与遵从成本共同构成。征管成本就是税务当局为征税所直接付出的成本，如办公费用、税务人员的工资与津贴等；遵从成本是纳税人纳税时产生的各类费用，如申报、缴纳税款的费用，聘用会计师、税务顾问的费用等。

第四节　公共产品供给与税费竞争

税收是政府财政收入的重要来源，而政府部门又是公共产品的主要提供者，所以对公共产品供给进行研究不可避免地要讨论区域（政府）间的税费竞争。很多人对此可能会产

[①]　美国学者哈伯格最早提出了税收超额负担的测定方法，因此该三角形被命名为哈伯格三角形。请参见：HARBERGER A C. Taxation, resource allocation and welfare [M] //DUE J. The role of direct and indirect taxes in the federal revenue system. Princeton：Princeton University Press, 1964.

生疑惑：一个国家的税率是统一的，怎么会存在区际税费竞争问题呢？这主要是因为地方政府用于本地公共基础设施建设的地方财政收入的许多来源不是税收，而是各种形式的土地使用权转让费和其他名目的费，以及各种形式的集资。尽管各种费都有一定的额度范围，但并不是国家统管的领域，地方都有一定的自主权。半时我们经常会看到各个地方在土地使用权转让费（尽管国家严格控制）和各种费的征缴额度上存在很大的差异。我们假定地方政府是理性的，它的目标函数是本地居民的福利最大化。因此，地方政府会尽可能扩大地方财政收入，提供更多的公共产品。由于公共产品能给消费者和工业企业带来正效用，公共产品供给状况优越的地区必然具有吸引力，因而公共产品本身也成了一种聚集力。某一地区提供的公共产品的数量和质量成为能否吸引外来资本的重要因素之一。正因为这种理性政府的目标函数和公共产品的聚集力特征，不同区域之间必然存在公共产品方面的竞争，而这种竞争必然表现为争夺财源的竞争。本节涉及的税收竞争就是指这种竞争，只不过是用税收收入和税率来代替财政收入（不包括中央的转移支付）和各种税率、费率罢了。也就是说，为尽可能简化分析，我们把税和费统一用税来表示，或者只需记住税中包含费即可。

传统的税收竞争研究几乎都是建立在具有渐进特征的基本模型基础上的。所谓"渐进"是指微小的边际变动产生微小的作用，不会发生突变现象。区域经济学的研究表明，现实经济更多地具有突变特征，突变的原因在于聚集力，在考虑突变特征的基础上分析税收竞争，就会得出与传统的基本税收竞争理论完全不同的结论。此外，由于公共产品本身是一种聚集力，引入公共产品后税收竞争势必对原有的聚集力产生很大的影响，因此研究区域经济政策时，对此应给予足够的关注。无论从国际还是国内角度考虑税收竞争，都涉及改善营商环境的问题，前者考虑吸引国际资本，后者既考虑吸引国际资本，又考虑吸引本国其他地区的资本。我国的各种税率虽然是固定的，但各地在为吸引外部资本而采取的各种优惠政策方面存在很大差异，而这种优惠政策的核心就是提供各种补贴。补贴不外乎两种方式：一是直接的补贴；二是减免各种税费。在吸引外资的减免税费措施方面，地方政府具有独立的决策权，因而不同地区之间为吸引更多的外资展开竞争，其中最重要的竞争就集中在税费优惠上。因此，本节中的税收竞争主要是指区域之间为吸引外部资本而进行的税费竞争。

一、传统税收竞争理论

理论经济学家研究税收和国际经济一体化之间的关系已经有很长时间了。早期的文献，如蒂伯特（1956）在其经典文献中认为，地方政府之间的税收竞争是提高政府效率和居民福利的一种方式。与之相反，近期文献的主流观点认为，对可流动税基的竞争将导致可流动要素承担的税负太少，形成次优的低税负。次优税负论离不开"政府是功利主义的"这一假设，该假设认为利己的政策制定者出于自身利益的考虑，总是期望获得更多的税收，从而倾向于制定过高的税率，但竞争的结果是形成低税率的局面。

（一）基本税收竞争模型

研究税收竞争的传统文献大多都把资本流动性看作衡量经济一体化程度的唯一尺度。传统的税收竞争研究一般都涉及基本税收竞争模型，该模型的核心在于分析资本流动性对均衡税率的影响。

　　为了讨论基本税收竞争模型，我们假定整个经济系统由两个地区（南部和北部）组成；只有两种生产要素（资本 K 和劳动力 L），资本可以自由流动，而劳动力不能流动；完全竞争和规模收益递减；产品的输出或输入没有贸易成本；区域要素禀赋不同，故要素价格在两个地区不同；税收可以无成本地转化为公共产品；纳税遵循生产地原则；政府是理性的政府，其目标函数就是本地居民的福利最大化。

　　两个地区政府在税率上进行税收博弈，如果南部的税率给定，北部政府所考虑的就是选定一个税率 t，使本地居民的福利最大化，同时要考虑政府的预算平衡，也就是北部政府的税收收入（tY）等于北部政府的公共产品支出（G）。该最优化问题可以表示为：

$$\max_{t} U(G, C)$$
$$s.t.: \begin{cases} G = tY \\ C = (1-t)I \end{cases} \tag{10-14}$$

　　其中：Y 为北部的地区生产总值。因为征税发生在资本的使用地，而不是资本的所有地，地区生产总值也就是北部的税基。I 为北部的地区净收入，它等于北部的地区生产总值减去南部所拥有的资本在北部的收益，再加上北部所拥有的资本在南部的收益。由于资本是在区际流动的，所以地区生产总值和地区净收入存在差异。G 为公共产品，我们假设公共产品的单位成本为 1，这样区域提供的公共产品等于在当地征收的税收收入。求出政府效用最大化的一阶条件并解此方程，则可以得到如下公式：

$$\frac{U_G}{U_C} = -\frac{dC/dt}{dG/dt} \tag{10-15}$$

　　式（10-15）的左边表示私人产品和公共产品的边际替代率，也就是提高税收收入的社会收益；右边表示税率变化对消费的边际影响与税率变化对公共产品供给的边际影响的比值。右边的分子反映的是税率变化对消费的影响。一般来说，税率将从两个方面影响消费者的消费。一方面，在消费者的收入一定的情况下，税率的提高将降低消费者的可支配收入，从而降低其消费。另一方面，税率会影响到产业布局。税率的提高将使产业向外地转移，降低北部的产业份额，从而改变北部消费者的收入。在这个模型中，均衡时北部和南部的税后收入相等，资本在生产地纳税，所以产业区位的改变并不影响资本的税后收入，也就不会影响消费者的资本收益，而劳动力不流动，劳动力收入是一定的，所以税率变化不会通过产业布局的调整影响消费者收入。因此，税率对消费的影响只通过消费者可支配收入的变化而实现。右边的分母反映的是，如果北部提高税率，则对公共产品的提供有两种不同的效用。一方面，税率的提高将使得消费者的部分可支配收入成为税收，从而增加公共产品的供给；另一方面，税率的提高将降低北部企业的税后利润，使部分北部企业迁移到南部，因为遵循生产地纳税原则，北部将因为缩小税基而导致税收下降，公共产品的提供减少。

　　比较右边的分子和分母，可以发现，尽管税率的提高将会导致部分产业转移到南部，但收益将返回资本所有者所在地，不会影响资本所有者的收益，也不会影响消费者的收入。但是，资本的转移无疑会影响政府的税基，进而影响政府的税收，导致税收和公共产品供给的增加幅度小于消费者可支配收入的减少幅度，因而是很不经济的。

（二）市场开放度和区域规模不等时的基本税收竞争

新古典基本税收竞争的核心，是资本流动性的强弱和区际市场规模的差异，而资本流动性取决于市场开放度。

1.较高的区际市场开放度

在第一章我们曾指出，市场开放度的提高增强可流动要素的流动性。现在我们是在新古典框架下讨论税收竞争问题。新古典框架的一个重要假设是规模收益递减或不变。假如资本从某一区域向其他区域转移，则会扩大资本流入区域的资本份额。此时根据规模收益递减规律，资本份额较大区域的资本边际收益递减，因而资本份额较大区域的资本向资本份额较小区域转移。在新古典的规模收益递减规律下，只要市场开放度较高，资本就从资本聚集区向资本稀疏区转移。因此，当资本流动处于稳定状态时，两个区域的资本份额相等。当资本份额处于对称状态时，如果两个区域对资本征收的税率不同，则因资本的税后收益不同，必然导致资本的转移。也就是说，此时两个区域对资本征收的税率不同，实行较高税率的区域将失去资本。正因为每个区域都担心一旦本区的税率高于其他区域的税率会失去资本，又由于市场开放度较高导致较强的资本流动性，所以所有区域制定的资本税率一般都低于社会最优的税率，资本税率与资本流动性（或市场开放度）呈反向变化，资本流动性越强（或市场开放度越大），资本税率越低。

2.区际市场规模不等

我们利用反证法来证明两个区域市场规模不等时税率不相等的问题。假设两个区域的税率相同。根据资本的流动性特点，资本在两个区域的税后收益率相等时就处于稳定状态，此时如果两个区域的税率相等，则两个区域资本的税前收益率相等。资本税前收益率相等意味着资本的边际产出相等。就新古典的生产函数而言，生产函数的边际产出取决于资本-劳动比，也就是只要资本-劳动比相等，边际产出就相等。由这些讨论可以看出，两个区域的初始状态就是资本-劳动比相等（如果不等，则可流动要素会流动）。资本-劳动比相等意味着不会发生资本的区际流动，而资本在区域间不能流动意味着这些要素的流动性较弱。在要素流动性较低的情况下，任何产业都无法对税率的高低作出反应，也就是此时产业对税率的敏感程度较弱。我们同时可以证明，产业对税率的敏感程度随该区域产业数量的增加或随该区域资本存量的增加而下降。[1]这就意味着在市场规模较大的区域，企业对税率的变化并不敏感，因此随税率增加而流失的税基较小。这说明市场规模较大区域可以制定更高的税率，市场规模较小区域则相反，此时两个区域的税率不等。当然，此时我们是用不可流动要素的数量来度量区域市场规模的。

因为政府的目标是提高本地居民的福利水平，所以市场规模较大区域的政府会发现，尽管随着税率的提高，一部分本地产业会转移到区外，但以此为代价换取更多的财政收入是值得的，因此市场规模较大区域可以制定较高的税率。这样，我们可以得出重要的结论：如果区域市场规模由不可流动要素决定，那么市场规模较大区域可以比市场规模较小区域征收更高税率的税收。这表明，拥有更多不可流动要素的区域更容易保持一定份额的产业。因此，上面的结论还可以表述为，某一区域在经济系统不可流动要素

---

① 由于篇幅的关系，我们略去了所有的数学证明。对该结论的数学证明过程感兴趣的读者，可以参考：安虎森. 空间经济学教程［M］. 北京：经济科学出版社，2006：293.

总供给中所占份额较大，则该区域税基对税率变动的敏感程度较低，因而可以征收较高税率的税。

（三）基本税收竞争下的资本税和劳动税

上述的基本税收竞争模型可以扩展到允许对劳动力和资本征收不同税率的情况。在资本完全可流动的情况下，所有的政府不会对资本征税，而是对劳动力征税。其原因很简单，当资本可以流动时，对资本征税会导致资本的流失，但由于劳动力一般假定为不流动，因此对劳动力征税不会导致劳动力的大量流失。资本的流动性越强，对资本征税所占份额越小；劳动力的流动性越弱，对劳动力征税所占份额越多。

二、含有空间维的税费竞争理论

区域经济最大的特征是块状经济，它与新古典的平滑经济是完全不同的。这种块状经济的来源是区际的聚集力。正因为存在这种聚集力，各种可流动要素的流动不是连续的过程，而往往是非连续或突发的，从而不再显现出平滑和渐进性特征。这种聚集力的存在意味着经济活动在某一区域的集中，会产生促使经济活动进一步向该区域集中的力量，这与新古典经济学理论形成鲜明的对照。如果考虑到这种聚集力对税收的影响，那么会得出与上述传统的税收竞争理论完全不同的结论。

（一）含有空间维的税费竞争与新古典税费竞争的区别

为与存在聚集力情况下的税收与资本流动性进行比较，我们在这里回顾一下新古典情况下的税收与资本流动性问题。如果资本向某一区域转移，则流入区域的资本的边际收益是递减的，因为在新古典的世界里规模收益是递减的。这又等价于资本份额较小区域的资本收益率高于资本份额较大区域的资本收益率，促使资本份额较大区域的资本向资本份额较小区域转移。这样，在新古典的世界中，资本流动处于稳定状态的情况只有在两个区域的资本份额相等时才会出现。这意味着资本流动处于稳定状态时，两个区域各占经济系统资本总额的一半。在两个区域资本份额对称的新古典情况下，对资本征税将导致原有资本配置的重新调整，这就是在上面讨论的如果北部对资本征收的税率高于南部，则北部的资本将向南部转移；反过来，南部的资本将向北部转移。

现在我们考虑一下区域间存在聚集力的情况下的税收竞争问题。如果经济是开放经济，且区际市场开放度足够高，那么在聚集力的作用下可流动要素将向市场规模较大区域集中。又如第一章所指出的，规模收益是递增的，因此产业聚集所导致的经济活动规模的扩大必然导致聚集区规模收益递增，这种过程具有不断自我强化聚集力的趋势。结果，产业聚集区的资本边际收益率逐渐提高，最终大多数产业将聚集在该区域里。这种产业的聚集又带来一种额外的租金，也就是聚集租金。正是因为这种聚集租金的存在，即使产业聚集区在一定程度上提高税率也不会使产业向其他地区转移，这种聚集带给企业的收益常常高于提高一定程度的税率而导致的企业税后收益的损失部分。这意味着资本等具有完全流动性的生产要素，在这种情况下不再具有流动性了。这样，我们可以得出很重要的结论：市场开放度足够高时，聚集力促使流动要素在某一区域集中，在这种具有聚集力的经济系统中，具有完全流动性的生产要素对税率的反应与在传统的税收竞争理论中的反应完全不同。这意味着，只有在市场开放度足够小或不存在聚集力时，传统的税收竞争理论才能成立。因此，传统的税收竞争理论是含有空间维的税收理论的一种特例，即在市场开放度足够小或不存在聚集力时的一种特例。

（二）产业聚集时的税费竞争

由上面的讨论可知，含有空间维的经济系统的最大特征是聚集力的存在。聚集力导致的产业向某一区域的集中不仅提高了企业的边际收益率，而且聚集导致的聚集租金提高了企业的收益率。与此相反，在产业移出区，因产业规模变小，企业的边际收益率低于产业聚集区的边际收益率，也无法获得产业聚集导致的聚集租金。产业聚集导致的边际收益率的提高和聚集租金，为产业聚集区政府提高税率进而扩大财政收入创造了条件，因为只要产业聚集区与产业迁出区资本的实际收益率差距大到足以抵消两个区的税率差距，聚集在产业聚集区的可流动要素就不会向外转移。这样，不同于传统税收竞争理论，我们可以得出这样一种结论：聚集创造了特定的租金，对此租金征收一定税率的税收不会导致产业聚集区可流动要素的向外转移。这意味着产业聚集区可以征收较高税率的税。

（三）产业对称时的税费竞争

上面讨论了聚集情况下的税收竞争，现在讨论产业对称分布时的情况，也就是两个区域不可流动要素相等时的情况。我们将看到，两个区域产业布局对称时的税收竞争与产业聚集在某一区域时的税收竞争有很大的不同。此时，聚集力可能影响对称分布的稳定性，因而两个对称区域中的任何一个区域几乎不可能单方面地对流动要素征税。现在我们讨论一下产业对称分布时的税收竞争问题。

1.税基与开放度

由于我们假定初始时两个区域的产业布局是对称的，此时如果某一区域税率较高而另一个区域税率较低，则税率较高区域的企业将向税率较低区域转移，因为两个区域的实际边际收益率在税前相同，但在税后不等，税率较高区域的税后实际边际收益率较低。如果税后实际边际收益率不同而使企业发生转移，则税率较高区域的税基变小，因此税基对税率很敏感。税基对税率的敏感程度取决于要素流动性的强度，要素流动性越强，这种敏感程度就越大。我们知道要素流动性取决于市场开放度，市场开放度越高，要素流动性也就越强。因此，税基对税率的敏感程度取决于市场开放度，市场开放度越高，税基对税率越敏感。这就意味着，市场开放度很高时，不同于传统的税收竞争理论，两个区域提高税率对流动要素生产区位的影响将很大，哪怕是轻微地提高税率，也会产生很大的影响，也就是说，我们假定的初始时对称的均衡状态很容易遭到破坏。这样，我们就可以得出很重要的结论：提高税率将导致可流动要素尤其是资本转移，资本转移将导致资本移出区税基变小，而在其他条件相同的情况下，税基变小的程度取决于市场开放度，市场开放度越高，税基变小得越多。市场开放度的提高使产业的区位选择更容易，因此市场开放度很高时，既定的税率差异将导致更大的税基转移。如果从传统的税收竞争理论来解释，则市场开放度很高时，区际税收竞争更加激烈。

2.税基与聚集力

上面我们分析的是税基与市场开放度之间的关系，现在分析一下税基与聚集力之间的关系。随着聚集力的增强，产业对税率变化的反应能力将增强。也就是说，随着聚集力的增强，产业开始向聚集力较大区域集中，此时聚集区的企业对某一范围内的税率变动并不作出反应。也就是说，尽管税率提高了，但企业不会因税率的提高而向外转移，因为在此种税率变化范围内，企业因税率提高而遭受的税后实际边际收益率的损失可以由聚集租金补偿。换言之，聚集力的提高降低了税基对税率的敏感度。这又等价于当存在聚集力使产业聚集时，各个区域自己独立制定税率的范围变大了。

然而，与上面的情况相反，当产业还没有聚集而是分散分布时，税基对税率很敏感，因为此时如果存在聚集力，则某一地区哪怕是轻微地提高税率，也将导致该区域损失税基。也就是说，初始产业分散分布时，如果存在聚集力，则单个区域独立制定税率的范围很小。

把前面的两种情况，即聚集分布和分散分布的状况综合起来，则可以得出以下重要的结论：当流动要素完全聚集时，聚集力将提高单个区域独立制定税率的可能性；当流动要素分散分布时，聚集力将降低单个区域独立制定税率的可能性。

3.税收差异与突变

上面的讨论告诉我们，存在聚集力时，提高税率将导致资本转移减少和税基变小，而税基缩小的程度又取决于市场开放度。在前面，对市场开放度，我们是用较高或较低来描述的，但这种表述并不很确切。在第一章，我们是用市场开放度是否超出某一临界值来表述市场开放度的高低的，该临界值也就是我们常说的突破点。现在我们以是否超出或低于突破点来表示市场开放度的高低。

我们仍分析产业分散分布且两个区域产业份额相同的情况，也就是在对称分布情况下讨论税率对税基的影响问题。假定两个区域的要素禀赋相等，即市场规模相等，此时如果某一区域提高税率，则因两个区域的税率差异，提高税率的区域的产业将向外转移，税基将变小。如果此时区际市场开放度低于突破点的市场开放度（也就是约束要素流动的力量仍然很大），而且税率的提高幅度并不是很大，则此时因提高税率而损失的产业份额较少。也就是说，市场开放度低于突破点时，税率的提高与税基的损失是遵循线性规律的，税率的提高幅度越大，损失的产业份额或税基也就越大。

然而，如果区际市场开放度很高，也就是区际市场开放度超出了突破点的市场开放度（此时约束要素流动的力量已经远远小于聚集力），则此时税率的边际变动将导致产业布局的巨变，也就是税率的微小变动将促使所有产业向没有提高税率因而税率较低的区域转移，因为此时如果整个经济系统要想处于相对稳定状态，则必须所有产业聚集在一个区域。这就说明当市场开放度超出某一临界值时，税率的边际变动将导致产业布局的巨变，提高税率或税率较高区域的所有产业将转移到没有提高税率或税率较低的区域。此时，税率的高低与税基的损失不遵循线性规律，而遵循非线性规律。因此，区际市场开放度达到很高水平时，仍以以往的线性经验来预测税收变动的影响将会犯极大的错误。

总结上述市场开放度不同时的两种情况，可以得出重要的结论：当市场开放度很高时，某一区域税基对税率差异的反应具有很强的非线性特征，税率差异的逐渐扩大将导致较高税率区域部分产业的转移突变为所有产业的转移。因此，根据传统税收竞争模式的渐进的线性思维方式来预测市场开放度较高时税率对产业布局的影响，将犯极大的错误。

三、公共产品供给与政府行政效率

我们仍然假设政府，包括中央政府和地方政府，都是理性的政府，其目标函数就是尽可能扩大当地的财政收入，提供良好的公共产品。显然，这种公共产品是由当地的财政收入（当然还包括部分中央财政收入的转移支付）来提供的。我们同时注意到，一个地区公共产品的供给状况还决定能否吸引更多的外资，因为公共产品的供给状况在很大程度上决定移入企业能否降低边际成本。从这种意义上讲，公共产品供给水平的高低也成了吸引外资的聚集力之一。因此，可以看出，任何区域的公共产品都具有两个方面的功能：一是提高当地居民的福利水平；二是吸引外资。

（一）公共产品的聚集力特性

流动要素总是寻找能够获得最大收益的区位，但它同时考虑当地的公共产品供给情况，因为公共产品的好坏决定流入该区域后能否降低生产成本的问题。从这种意义上说，公共产品也是一种聚集力。下面我们根据安德森和福斯里德（1999）的思路[①]，讨论公共产品的聚集力特征。

为了讨论的方便，我们进行如下假设：

（1）税收收入完全用于生产公共产品，并且税收是生产公共产品唯一的财政来源。

（2）厂商和消费者对公共产品的偏好相同，效用函数可以写成：

$$U = C_M^\mu C_A^{1-\mu} G^\gamma \tag{10-16}$$

其中：C_M 为工业品需求；μ 为总支出中对工业品的支出份额；$(1-\mu)$ 为总支出中对农产品的支出份额；C_A 为农产品需求；G 为政府提供的公共产品；参数 γ（>0）为效用中公共产品的重要程度。

（3）用税收收入来生产公共产品时，仍然把工业品和农产品作为投入，μ 部分的投入来自于工业品，$(1-\mu)$ 部分的投入来自于农产品，这意味着工资水平、产品价格和商品市场不受税收收入的影响，同时政府预算是平衡的，即

$$PG = tn\pi \tag{10-17}$$

其中：$G = C_M^\mu C_A^{1-\mu}$；P 为价格指数；t 为税率；n 为企业数量；π 为每个企业的收益，对另一个区域的假设也相同。

（4）只对流动要素征税，流动要素的间接效用函数可以写成：

$$V = \xi \pi G^\gamma / P \tag{10-18}$$

其中：ξ 为间接效用系数。

在上述假定下，把相关数学表达式代入间接效用函数中并进行数学运算，则可以得出包括市场拥挤效应、本地市场放大效应、生活成本效应和设施关联效应的数学表达式。市场拥挤效应是维持产业对称分布的作用力。本地市场放大效应和生活成本效应是破坏产业对称分布的作用力。设施关联效应是我们在效用函数中加入公共产品以后出现的新的作用力，它也是破坏产业对称分布的作用力，是与公共产品有关的作用力。设施关联效应的形成与生活成本效应的形成相类似，产业转移导致税基转移，从而使两个区域的公共产品供

---

① ANDERSSON F, FORSLID R. Tax competition and economic geography [J]. Journal of Public Economic Theory, 2003, 5（2）：279-303.

给水平产生差异。企业迁入区域因为税源扩大可以改善公共产品的供给水平，而企业迁出区域则与之相反。由于迁移者关注可享受的公共产品的水平，因此生产活动的转移衍生出一种激励转移的作用力，对公共产品的偏好程度（由参数γ来度量）越强，该作用力就越强。从本质上说，这是公共产品生产中的规模经济的例子，因为这种规模经济的存在，规模较大的区域更具有吸引力，而规模较小的区域则因为无法大量提供各种类型的公共产品而丧失吸引力。值得注意的是，这里的设施关联效应并不涉及市场开放度，当两个区域的税率相等时，该作用力仍然起作用。这样，可以得出有关公共产品供给的重要结论：因人们对公共产品的偏好不同，公共产品供给显示为一种破坏产业对称分布的聚集力。这种聚集力的大小与市场开放度的高低无关，主要取决于消费者和企业对公共产品或服务的偏好。

可以看出，从本质上而言，公共产品供给是吸引产业迁入某一区域的一种聚集力，因此从区域经济发展的角度而言，这种聚集力比居民福利水平的改进具有更重要的意义，它直接关系到能否扩大本地区产业份额的问题。

（二）蒂伯特结论的修正与政府行政效率

政府的财政收入主要用于购买公共产品，但在具体运作中不可避免地要把一部分收入用于购买其他产品和服务，这部分不会增强本区域对流动要素的吸引力，也不会形成聚集力，这样不同地方政府在把税收收入转化为公共产品的效率方面就存在差异。下面讨论税率相同但政府把税收转变为公共产品的效率存在差异的问题。其实，这个问题可以看成税率差异，也可以理解为政府行政效率方面的差异，因为政府行政效率高的区域在提供与其他区域相同水平的公共设施时支出的财政收入较少，这可以理解为政府在税率较低因而财政收入较少的情况下也可以提供相同的公共产品或服务；反过来，政府行政效率低的区域，在提供与其他区域相同水平的公共设施时支出的财政收入较多，也就是政府在税率较高因而财政收入较多的情况下只能提供与其他区域相同的公共产品或服务。这样，我们可以把地方政府行政效率的高低转化为税率的高低来进行讨论。

为了讨论的方便，我们把前面有关产业聚集时的税收竞争的一些结论进一步概括如下：

（1）聚集创造了特定的租金，对这些租金征收一定税率的税收不会导致聚集区可流动要素向外转移，也就是产业聚集区可以征收较高税率的税。

（2）产业聚集区可以征收较高税率的税，而且不会导致聚集区的产业向外转移的结论，又意味着产业聚集与政府行政效率之间存在负相关关系。政府的行政效率低意味着它提供相同水平的公共产品或服务时支出的财政收入较高，也就是没有把所有的财政收入都用在公共产品或服务的提供上，一部分财政收入用在了其他方面。这可以看成政府在提供相同水平的公共产品或服务时用了更多的财政收入，多出的财政收入是通过提高税率收缴上来的。聚集区创造了一种特殊的租金，即聚集租金，因此即使聚集区的税率较高也不会导致产业大量外迁。这意味着产业聚集区政府的行政压力比产业迁出区政府的行政压力小，没有像产业迁出区政府那样提高行政效率的紧迫感，行政效率自然较低。这就是对产业聚集与政府行政效率之间存在负相关关系的解释。

（3）产业聚集区的特殊租金，即聚集租金是产业聚集的外部性导致的对聚集区企业的一种额外的正向补偿。聚集租金与市场开放度之间存在密切的关系。假设经济系统由两个区域组成，初始时两个区域处于均衡状态，两个区域的生产要素相等，产业为对称分布。此时没有要素流动，意味着初始时区际市场开放度较低。随着市场开放度的提高，要素流动性增强，如果此时发生某种扰动（可能是历史事件或突发的自然事件或政策上的较大举措等），则可流动要素将迅速向某一个区域转移。随着市场开放度的提高，这种转移的规模和速度都增大，最终产业全部聚集在某一区域。产业聚集将产生聚集租金，而聚集租金曲线呈驼峰状①，即市场开放度较低时聚集租金较少；随着市场开放度的提高，聚集租金逐渐变多；当市场开放度达到某一特定值时，聚集租金达到最大值；随着市场开放度的进一步提高，聚集租金又逐渐变小；当市场开放度达到最高值时，聚集租金变为零。市场开放度达到最高值，意味着不存在任何影响要素流动和产品交易的障碍，任何区位的边际产出收益率都相等，此时区位已经没有任何意义，聚集租金也变成零。

从前面的结论（2）可以发现，聚集租金的存在使得产业规模较大区域的产业在较高税率的情况下不会向外转移，因此规模较大区域的政府的行政压力较小，缺少提高行政效率的紧迫感。

上述的驼峰状聚集租金曲线告诉我们，政府的行政压力随聚集租金的变化而变化，而聚集租金的多少又随市场开放度的变化而变化，因此，政府的行政压力也随市场开放度的变化而变化：

（1）当市场开放度较低时，聚集租金较少，此时聚集租金的变化趋势是随市场开放度的提高逐渐变多，政府的行政压力逐渐变小，政府的行政效率逐渐变低。此时，规模较大区域的政府可以提高税率，获得更多的财政收入。

（2）当市场开放度达到某一特定值时，聚集租金达到最大值，此时政府行政压力达到最小值，行政效率也最低。此时，产业规模较大区域的政府可以把税率提到很高的水平，财政收入达到最大值。

（3）当市场开放度高于某一特定临界值时，聚集租金的变化趋势是随市场开放度的提高逐渐变少，政府的行政压力逐渐变大，提高行政效率的紧迫感逐渐强烈。此时，产业规模较大区域的政府不能以提高税率的方式扩大财政收入，而只能提高行政效率。

有了上面的概括与讨论，我们现在可以讨论蒂伯特关于对流动要素的竞争可以提高政府行政效率的结论。我们发现，蒂伯特的上述结论存在缺陷，应进行修正。对蒂伯特理论的修正如下：当市场开放度足够低时，对流动要素的竞争会提高政府的行政效率，但市场开放度足够高时，因为产业聚集和驼峰状聚集租金曲线的存在，政府在征收较高税率的税的情况下也不会失去流动要素，因此规模较大区域的地方政府的行政效率较低。也就是说，市场开放度足够高时，对流动要素的竞争不会提高市场规模较大区域政府的行政效率。一般来讲，随着市场开放度的提高，市场规模较大区域的地方政府的行政压力先减后增，行政效率先低后高。

从修正后的蒂伯特结论可以看出：相对于市场规模较小区域的政府，市场规模较大区域（如大城市）政府的机构更加臃肿，工作效率更低，更容易滋长浪费、腐败等行为，大案、要案也常集中在这些区域；经济发展水平越低，市场开放程度越低，经济越封闭，政

---

① 驼峰状聚集租金曲线及其推导过程可以参考：安虎森. 空间经济学教程［M］. 北京：经济科学出版社，2006：59.

府的行政效率也越低，地方官员的行政行为越偏离规范的行政行为。这些与现实的观察结果基本吻合。

（三）对可流动要素和不可流动要素征税的区别

前面我们对不可流动要素不征税的情况进行了讨论，现在讨论对可流动要素和不可流动要素同时课税但税率不同的情况。

1.对可流动要素的高税率征税增强现有产业布局的不稳定性

仍从要素禀赋对称分布的情况开始，两个区域的公共产品都由税收收入来生产，但流动要素和不可流动要素的税率不同，对资本（也就是厂商）征收的税率为 t_H，对不可流动要素征收的税率为 t_A，$t_H \neq t_A$。因为我们只关注可流动要素和不可流动要素的税率差别对产业布局的影响，故我们假设就同种要素而言北部和南部两个区域的税率是相等的，并假定两个区域政府的预算是平衡的。由于我们假设 $t_H \neq t_A$，因此可流动要素的税率与不可流动要素的税率之比（t_H/t_A）不可能等于1，该比值越大，则表明对可流动要素（在此是指资本）征收的税在地区财政收入中显得更重要；该比值越小，则表明对不可流动要素征收的税在地区财政收入中占重要地位。我们通过给该比值赋予不同的值来分析可流动要素与不可流动要素的不同税率对初始对称状态（因为我们是从对称分布开始讨论的）的影响。我们发现，较大的 t_H/t_A 值与较高的市场开放度对初始对称状态的影响是相同的。我们在前面已经多次讨论过，市场开放度的提高可以强化要素流动性。当市场开放度超出某一临界值（也就是在前面提到的突破点）时，聚集力开始增强，可流动要素向聚集力较大地区聚集，因为当市场开放度很高时产业聚集在一个地区是稳定均衡的。因此，上述结论可以这样表述，即 t_H/t_A 值越大，意味着聚集力就越大，可流动要素向聚集力较大的地区聚集，因为此时产业聚集在一个地区是稳定均衡的。注意 t_H/t_A 值越大的含义，它意味着对可流动要素征收的税率较高。因此，我们可以得出对流动要素的高额赋税将增强聚集力这个看似矛盾的结论。其实，这个结论并不矛盾，理解起来也很容易。

首先，企业和消费者都偏好较高水平的公共产品或服务，而这种较高水平的公共产品或服务都是用税收收入来提供的，如果政府的行政效率很高，则可以将用较高税率征收的税收全部用于公共产品或服务的生产，提供较高水平的公共产品或服务。由于公共产品是一种聚集力，因而较高水平的公共产品或服务将进一步增强聚集力。

其次，t_H/t_A 值很大意味着对可流动要素（主要指资本）征收的税率较高，此时可流动要素对税率的敏感程度也很强，也就是可流动要素发生转移的趋势很强烈，如果此时两个区域提供的公共产品或服务水平不同（聚集力水平不同），则这种可流动要素将向公共产品或服务水平较高的区域（聚集力大因而吸引力大）迅速转移，转移规模也很大。转移速度快和转移规模大意味着转入区域的吸引力很大，也就是转入区域的聚集力很大。

这样，从公共产品的聚集力特性和可流动要素对高税率的反应程度更强烈两个角度来理解，上面看似矛盾的结论是完全成立的。

上面的结论告诉我们，当 t_H/t_A 值变大时，也就是对可流动要素征收较高税率的税收时，聚集力将增强，而经济系统存在较强的聚集力时，原有产业布局是很不稳定的，地方政府要保持原有产业份额不变也是很困难的。这就意味着，对可流动要素征税，将增强原有产业布局的不稳定性，也就是将改变原有的产业布局或原有的经济增长方式。因此，对可流动要素征税是改变原有经济增长方式的一种途径。

2.对不可流动要素的高税率征税增强现有产业布局的稳定性

正如上面讨论的，当 t_H/t_A 值变大时，也就是对可流动要素征收较高税率的税时，聚集力将增强。当经济系统中存在较强的聚集力时，地方政府要保持原有产业份额不变是很困难的，因为经济系统中的不稳定因素在增强。这种不稳定因素既取决于设施关联效应（聚集力），又取决于可流动要素与区位的联系程度（产业转移的难易程度）。

现在我们从另一个角度思考：t_H/t_A 值变大将增强聚集力，那么 t_H/t_A 值变小是否可以减弱聚集力？答案是肯定的。尽管不可流动要素也厌恶较高的税率，因为税率较高意味着税后收益率较低，也偏好较高水平的公共产品或服务，然而它们缺乏流动性，对税率的高低无法反应或反应程度很小。因此，与可流动要素不同，它们不会因税率较高而增强聚集力。如果政府把对流动性要素的征税转变为对不可流动性要素的征税，则整个经济系统将处于相对稳定的状态，各个区域较容易保持原有的产业份额（主要指资本）。这种观点可以这样理解：当政府把对可流动要素的征税转变为对不可流动要素的征税时，一方面通过提高不可流动要素的课税税率，可以为提高公共产品或服务水平提供更多的财政收入；另一方面通过降低可流动要素的课税税率，可以提高本区域可流动要素的税后实际收益率，从而防止可流动要素向外转移。

总结上面的讨论，我们可以得出结论：如果对可流动要素的征税转变为对不可流动要素的征税，则可以稳定现有的产业布局，降低经济自由化带来的不稳定性。这个结论与我们在现实中观察到的现象是吻合的。随着世界经济一体化趋势的发展和我国统一大市场的逐渐建立，国内外资本的流动速度正在加快，要保持我国经济的相对稳定，首先要保持资金流的相对稳定。调控资金流相对稳定的方法可能有多种，而在税收方面，由资本税转为消费税以保证资本的税后实际收益率较高也是稳定经济的一种途径。

（四）聚集力很大情况下的税费竞争

前面的讨论大都是从两个区域的要素禀赋相同即要素禀赋对称的情况开始的，但在现实中某一区域具有较强的区位优势因而具有很大的聚集力的情况很普遍，在我国更是如此。从某种意义上说，我国东部地区、珠三角、长三角及京津冀地区已经成了"黑洞"，具有很大的聚集力。现在我们讨论某一区域具有很大的聚集力因而产业活动高度集中的情形。

1.分析框架

我们假设已经出现了产业高度聚集在某一区域的现象，把产业高度聚集的区域称为核心区，把产业迁出区域称为边缘区。我们现在根据博弈论中的有限多阶段重复博弈模型的基本思路思考：第一阶段，核心区设定其税率；第二阶段，边缘区设定其税率；第三阶段，出现要素流动和生产转移。很明显，边缘区在核心区之后行动，因此边缘区在税收竞争方面具有更大的灵活性。我们仍然假设每个区域对生产要素课以相同的税率；假设政府关注的是中间投票人，因此政府提供公共产品时更多地考虑工人阶层的公共产品需求，这些工人阶层就是中间投票人。我们还考虑区域财富对公共设施偏好的影响，富有的投票人通常希望政府支出更多。因为税收用来生产公共产品，所以核心区对税收有更强的偏好，核心区的税率通常会高于边缘区。对现实观察的结果也表明，那些富裕且资本相对充裕的地区的税率通常较高，但那些落后且资本相对短缺的地区的资本仍向高税率地区转移。另外，因为核心区的中间投票人比边缘区的中间投票人更富裕，他们对较高水平的公共产品的偏好更强。

2.临界条件

为求解上面的三阶段博弈，我们采取多阶段动态博弈的逆推法，首先从第三阶段入手，在此基础上分析第二阶段边缘区的税率，再分析第一阶段核心区的税率。第三阶段是要素流动和生产转移阶段，企业根据前两个阶段中两个区域制定的税率，作出继续留在核心区还是迁往边缘区的决策。当所有资本都聚集在核心区时，核心区存在驼峰状的聚集租金曲线，因此核心区可以对聚集租金征税，而且不会导致资本外流，税率的变化不会改变资本分布，核心区税率的边际变化不会导致核心区实际收益率的变化。

可流动要素会向税后实际收益率高的地区转移，如果核心区的税率超过某一临界值，税后实际收益率降低，则可流动要素将大量向边缘区转移。现在我们要讨论在不引起核心区可流动要素大量外逃的前提下核心区应对可流动要素课以多高的税率的问题。要回答这个问题，我们就要找到核心区在保证产业不流失的情况下所能维持的与边缘区的最高税率差异。如果核心区的税前实际收益率和税率的乘积大于1，则可流动要素不会向边缘区转移；反之，如果核心区的税前实际收益率和税率的乘积小于1，则可流动要素将向边缘区转移。我们把税前实际收益率和税率的乘积大于1称为核心区的临界条件。

3.第二阶段边缘区的税率选择

明确了第三阶段核心区可流动要素转移的条件（也就是税前实际收益率和税率的乘积大于1），我们就可以进入第二阶段的分析。在第二阶段，边缘区选择其税率，但此时边缘区选择的税率依赖第一阶段核心区选择的税率。如果边缘区选择的税率很高，那么可流动要素不可能从核心区转移到边缘区；如果边缘区选择足够低的税率以至于把所有可流动要素都吸引过来，那么此时的边缘区实际上成为核心区，并将拥有较大的税基。在任意给定的税率下，它都能获取较高的税收收入，我们把该税率称为边缘区的税率门槛值。

我们分两种情况讨论在核心区最优税率已知的情况下边缘区的最优税率选择。原有核心区的地位没变，边缘区可以自主地选择成为核心区或继续保持边缘区的地位。如果边缘区认为原有的核心区继续成为核心区对它有利，那么边缘区可以选择能够使原有核心区的地位不变并可以实现边缘区效用最大化目标的税率（此税率被称为税率1）；如果边缘区认为自己变成核心区并把原有核心区的可流动要素都吸引过来对它更有利，则边缘区可以选择足够低的税率（此税率被称为税率2）。显然，对于边缘区选择的税率而言，税率2低于税率1。然而，边缘区是否选择税率2，主要看边缘区成为核心区后效用是否会增加。如果边缘区成为核心区后的效用大于边缘区继续成为边缘区的最大效用，则边缘区将尽可能争取核心区的地位，它一定选择较低的税率（税率2）；如果效用并没有增加，则边缘区将继续维持其边缘区的地位，选择较高的税率（税率1）。值得注意的是，边缘区是否选择税率2依赖第一阶段核心区所选择的税率。当核心区在第一阶段选择一个较高的税率时，在第二阶段边缘区选择的税率2也较高；当核心区在第一阶段选择的税率较低时，在第二阶段边缘区选择的税率2也较低。这说明，边缘区在选择税率方面比核心区更自由，它选择税率时受到的限制较少。

4.第一阶段核心区的税率选择

核心区知道，它的税率选择对边缘区的税率选择有重要的影响。如果在第一阶段它所选定的税率较低，那么边缘区在第二阶段选择的税率也较低。因此，在第一阶段，核心区会选择一个较低的税率，使得边缘区认为成为核心区并没有什么好处。此时核心区选择的税率一般是满足核心区临界条件的税率（该临界条件在上面讨论过，我们把满足核心区临界条件的税率称为核心区临界税率）。这种临界税率使边缘区发现，不成为核心区并自由选择最优税率和成为核心区但只能选择有约束的税率并无差异。这样，核心区将选择其临界税率继续保持其核心区的地位，而不会选择较高的税率成为边缘区。一般来讲，核心区选择临界税率继续保持其核心地位后，不会降低税率，因为此时的临界税率已经足够保持核心区的地位，再降低税率只能导致税收损失。如果核心区提高税率，则边缘区可以通过降低税率获得核心区地位来提高效用，此时核心区会变成边缘区，所以对于核心区来说，选择能够保持其核心区地位的税率是最优的。这说明核心区的税率选择不能像边缘区那样自由，所受到的约束较大。

5.结论

根据上面的讨论，我们可以得出以下结论：

（1）可流动要素完全自由流动条件下的税收竞争意味着，初始市场规模（由不可流动要素的数量来定义的规模）相等的两个区域，随着市场开放度的提高，最终在税率上存在差异。

（2）税收竞争对两个区域的影响是不同的。市场规模较大且比较富裕的区域，选择税率时受到的约束较大，它所选择的实际税率通常低于政府所希望的税率；市场规模较小且比较落后的区域，选择税率时不会受到限制。市场规模大的区域不得不选择较低的税率，该税率与地方政府的期望值存在较大的差距。

（3）税率的高低与区域的资本-劳动比呈正相关关系，也就是经济发展水平高，则可以选择较高的税率，这与基本税收竞争理论正好相反。尽管经济发展水平高且市场规模较大的区域选择的税率较高，但仍能吸引大量的可流动要素。

这些结论与我们平时观察到的现象是完全吻合的。首先，尽管不同省份或地区为吸引更多的外资，相互降低各种税费，也就是提供各种优惠条件，但最终这些优惠条件必然存在差异，在经济发展水平相同的情况下，外资倾向于提供更多优惠条件的地区。其次，经济发达地区（除各种综合改革试验区以外，这种综合改革试验区是一种特殊的地区，没有可比性）所提供的优惠条件的浮动范围较小（经济发达地区选择税率时的自由度较小，受到的限制较大），而欠发达地区所提供的优惠条件的浮动范围很大，有些地区几乎无偿提供土地。最后，地区提供的优惠条件与经济发展水平呈负相关关系（税率的高低与经济发展水平正相关），因此尽管欠发达地区所提供的优惠条件比经济发达地区提供的优惠条件更优惠（欠发达地区的税率低于发达地区的税率），但无法吸引外资或吸引的外资较少。

第五节　补贴政策与资本转移

党的二十大报告指出，要加大税收、社会保障、转移支付等对收入分配的调节力度。政府间财政转移支付主要以提高欠发达地区居民的福利水平、缩小区际差距为主要目标。为研究方便，本节以地区支出份额 s_E 来度量两地区间的相对发展差距，并假定东部为发达地区（$s_K > 1/2$），所以本节主要在非对称情形下讨论不同的税收补贴与差异化税率对区域发展的影响。

本部分引入对西部（欠发达地区）的补贴率 z（$0 \leq z < 1$），并考虑到对不同行为主体实施补贴后可能产生的不同效果，构建了 2 个税收补贴模型，即补贴欠发达地区厂商的模型和补贴欠发达地区劳动力的模型。每一种模型在均衡时必然存在 4 种基本关系：

（1）资本在区域间可以自由流动，实现均衡时东部和西部资本收益率相等；

（2）国家层面的税收收入必须等于补贴支出；

（3）充分就业，即劳动力总供给等于传统部门和制造业部门的劳动力需求；

（4）用税收补贴后的地区支出份额来度量区域发展水平。

一、补贴西部厂商的政策

假设在东部和西部分别按税率 t 和 t^* 征收个人（包括劳动者和资本所有者）所得税，并对西部的厂商按其营业利润额以补贴率 z 进行补贴。这样，西部厂商的利润将由 π^* 变为 $(1 + z)\pi^*$。在资本自由流动假设下，长期均衡时两个区域的厂商的利润率相等，从而有 $\pi = (1 + z)\pi^*$。我们还假设两个区域的税率存在线性关系，即 $t = \gamma t^*$，其中 $\gamma \geq 0$，为两个区域的税率比。显然，$\gamma = 1$ 表示在全国按同等税率征税，$\gamma \neq 1$ 表示按差异化税率征税，$\gamma = 0$ 表示只在西部征税，$\gamma = \infty$ 表示只在东部征税。在这种假设下，我们可以求出 π、π^*、s_E、s_E^*、s_n、s_n^*、t、t^* 的表达式，它们又是可变变量 z 的函数。

（一）补贴西部厂商的效应分析

从区域支出份额变化来看，补贴厂商的政策以两个方向相反的作用力影响支出。

首先，只要 $\gamma \neq 0$，征收东部税收的税收收入直接向西部转移，这就减少东部的支出。

其次，这些向西部的转移支付主要补贴西部厂商，西部厂商利用这些额外资本投入扩大其生产规模，但由于西部当地生产的机器设备或中间投入品种类较少，不得不到东部购买机器设备或中间投入品，因此补贴中的大部分向东部转移，扩大东部的支出份额和市场份额。

此外，补贴西部厂商就等于额外地增加西部厂商的"营业收益"，这向外界释放的信息是西部资本收益率较高，这促使东部的资本向西部转移。因此，尽管对西部的转移支付是政府行为，而不是市场行为，但从资本的区际流动角度来考虑，这等价于西部资本收益率高于东部资本收益率，进而促使东部的资本向西部转移，当处于均衡时两地区的资本收益率相等。这意味着向西部的转移支付同时提高了东部和西部的资本收益率，东西部的厂商均享有资本收益率提升带来的递增收益。但由于东部拥有更多的资本，所以东部从利润增加中得到了更多的收益，这也增加东部的支出。如果东部获得的收益大于其税收支出，则存在西部向东部的净转移支付。

因此，有必要找到使东部对西部的净转移支付 $z = 0$ 时两个区域税率比的某一门槛值，设该门槛值为 $\bar{\gamma}_e$（$\bar{\gamma}_e > 1$），即在该税率比时，补贴西部厂商不会导致区际差距变大。

当 $\gamma = \bar{\gamma}_e$ 时，东部向西部的净转移支付为 0，因而也不会改变东部的支出份额，这意味着当补贴西部厂商时，如果要避免区际差距的扩大，则必须在发达地区征收更高的税率（$\bar{\gamma}_e > 1$）。

当 $0 \leqslant \gamma < \bar{\gamma}_e$ 时，东部的支出份额扩大，因为此时虽然补贴政策使财政收入从东部向西部转移（东部的税收收入转向西部），但由于西部厂商扩大生产规模所需的机械设备以及中间投入品还得从东部购入，这必然扩大东部的支出规模；同时，东部资本份额大于西部资本份额，因此东部分得的因资本收益率提升而得到的资本收益部分大于西部，该收益都返回到东部，这也必然扩大东部的支出规模。因此，此时东部获得的实际收益大于其税收支出，实际上造成西部向东部的净转移支付，区际差距将扩大。

当 $\gamma > \bar{\gamma}_e > 1$ 时，东部的支出份额将减少，因为此时东部赋税的税率高，贡献了全国税收收入的绝大部分，东部的税收支出超过了东部的实际收益，存在东部向西部的净转移支付，区际差距将缩小。

前述的这些说明，若要通过补贴西部厂商的方式提高西部的经济发展水平，缩小区际发展差距，则两地区的差异化税率比要大于临界值 $\bar{\gamma}_e$；否则，补贴政策只能扩大区际发展差距。

从区域产业份额的变化来看，首先，补贴西部厂商政策就释放出西部的资本收益率高于东部的市场预期，这就吸引东部的厂商到西部投资，这必然扩大西部的产业份额；其次，征税直接减少东部和西部的支出规模，进而缩小东部和西部的市场规模，同时东部和西部的资本份额不同，因而通过提高资本收益率所获得的资本收益也不同，这些又改变东部和西部的市场规模，在市场接近效应作用下厂商具有向市场规模较大区域集中的趋势，这必然导致产业份额的差距。这意味着，如果东西部之间实施差异化的税率制度，使得东部和西部的市场规模发生变化，则可以导致产业份额发生变化。

为此，需要寻找使两个区域的产业份额不会发生变化的税率比的门槛值，设该门槛值为 $\tilde{\gamma}_e$（$\tilde{\gamma}_e < 1$），它表示补贴西部的厂商，但不会导致产业份额发生变化的两个区域差异化税率比的门槛值。

当 $\gamma = \tilde{\gamma}_e$ 时，税收补贴政策不会改变东部和西部的产业份额。由于 $\tilde{\gamma}_e < 1$，故在补贴西部厂商时，在东部征收较低税率的税就可以保证产业份额不会发生变化。

当 γ 值变大且 $\gamma > \tilde{\gamma}_e$ 时，厂商将由东部向西部转移；当 γ 值变小且 $\gamma < \tilde{\gamma}_e$ 时，厂商将由西部向东部转移。

当 $\gamma > \bar{\gamma}_e > 1$ 时，如果东部的税率大于西部，则补贴政策导致厂商向西部转移，区际差距趋于收敛。

当 $\gamma < \tilde{\gamma}_e$ 时，如果东部的税率小于西部，则补贴政策导致厂商向东部转移，区际差距趋于扩大。

当 $\tilde{\gamma}_e < \gamma < \bar{\gamma}_e$ 时，如果税率比介于两个门槛值之间，则补贴政策导致厂商向西部转移，区际差距趋于扩大。

关系式 $0 < \tilde{\gamma}_e < 1 < \bar{\gamma}_e$ 说明，地方政府通过补贴当地厂商的方式吸引投资的目标相对容易实现，但通过吸引投资带动地区经济发展进而缩小区际发展差距的目标则相对难以实现，吸引投资与区际差距收敛并不相关。

上述这些不管是从支出份额还是从产业份额角度的分析，都告诉我们如下结论：

首先，西部通过向当地厂商提供补贴等优惠政策手段能够吸引一些投资，但这种吸引投资的行为不一定提高西部的经济实力、推动西部经济发展、缩小区际发展差距。如果实施补贴政策的补贴资金主要来自在全国范围内实施均衡税率而获得的税收收入，则这种政策只能导致虚假繁荣，区际差距进一步扩大，因为此时西部厂商扩大生产规模所需的各种技术设备和大量中间投入品都要从东部购入，这就导致东部支出规模的扩大，同时东部的一些厂商因补贴政策释放出的西部资本收益率较高的虚假信息向西部转移，但在西部获得的资本收益全部返回到东部，这又扩大东部的支出规模，进而区际差距进一步扩大。只有对西部厂商的补贴主要来自东部并能克服东部对西部经济收益的虹吸效应（实际支出转移效应和资本收益转移效应），才能真正实现西部的繁荣，厂商向西部转移，区际差距也趋于收敛。

其次，我们还可以证明成立 $dx/dz > 0$、$dx^*/dz < 0$（x 和 x^* 分别表示东部和西部厂商的均衡产出量，也就是厂商规模），这意味着如果实施补贴西部厂商的政策，那么西部厂商规模将缩小，东部厂商的规模将增大。这是因为，补贴增加了西部厂商的"营业利润"，这使得西部厂商以较低的产出量获得较高的营业利润，西部厂商意愿供给的产出水平下降，在东部和西部厂商生产能力或固定投入相同的情况下，西部厂商的产出量比东部厂商的产出量低，这意味着西部厂商的劳动生产率低下，缺乏竞争力。对东部厂商来讲，尽管生产能力或固定投入与西部厂商相当，但赋税导致生产成本的扩大，因此需要更大的产出才能弥补成本支出，东部厂商意愿供给的产出水平上升，产出水平比西部厂商的产出水平高，劳动生产率变高，具有较强的竞争力。

（二）补贴西部厂商的总体福利分析

补贴西部厂商的政策对东部总体福利水平的影响，难以进行判别。

首先，对西部厂商的补贴资金来自于全国的税收收入，这意味着存在东部向西部的转移支付，东部劳动力收入水平下降，导致东部总体福利水平下降。

其次，对西部厂商的补贴增加了西部厂商的"营业收益"，这向外界释放西部资本收益率较高的虚假信息，吸引东部产业向西部转移，导致西部产业份额增加，而东部产业份额减少，进而东部生活成本上升，东部的福利水平降低。

最后，西部厂商补贴释放出的西部资本收益率较高的信息将吸引东部厂商向西部转移。当资本流动处于均衡状态时，所有资本均获得较高的资本收益率；但由于东部拥有较多的资本份额（$s_K > 1/2$），所以东部分得的资本收益远大于西部分得的资本收益，也就是东部存在虹吸资本收益的虹吸效应。

补贴西部厂商的政策对东部总体福利水平的影响，就是由上述作用方向相反的三种作用力的合力所决定，其合力的作用方向难以进行判别。

补贴西部厂商的政策对西部总体福利水平的影响，也难以进行判别。

首先，对西部厂商的补贴资金来自于全国的税收收入，这意味着对西部厂商的补贴相当于西部把自己的部分收入补贴给本地的厂商，这导致西部总体福利水平的下降。

其次，向西部厂商的补贴扩大了西部厂商的"营业收益"，这将吸引东部厂商向西部转移，扩大了西部的产业份额，这将减少西部为满足消费者多样化偏好而输入的产品种类，进而节省大量的贸易成本，西部的生活成本降低，西部整体的福利水平提高。

最后，向西部厂商的补贴导致东部厂商向西部转移，但由于东部的资本份额大于西部的资本份额，东部分得的资本收益远大于西部分得的资本收益，且这部分资本收益都返回到东部进行支出。

补贴西部厂商的政策对西部总体福利水平的影响，就是由上述作用方向相反的三种作用力的合力所决定，其合力的作用方向难以进行判别。

上述分析表明，一方面，对西部厂商的补贴提高西部厂商的"营业收益"，吸引东部产业向西部转移，这意味着补贴西部厂商确实吸引一部分区外资本；另一方面，补贴西部厂商的一大部分资金来自于西部本身，西部经济收益的减少将降低西部整体的实际支出水平，同时东部资本转移到西部后获得的资本收益全部返回到东部，这意味着补贴西部厂商的政策在许多情况下进一步扩大区际发展差距，而不是缩小。总之，补贴西部厂商的区域经济政策无法解决吸引外资和缩小区际发展差距的问题，也就是这种补贴政策无法实现帕累托改进。

二、补贴西部劳动力的政策

假设补贴西部的区域经济政策主要针对西部的劳动力，如适度提高劳动力的基本工资水平，或为劳动者提供失业保险、医疗保障等社会保障以及提供便利的社会服务、基础设施等。为了简化分析，假设由中央政府对西部劳动力按人均补贴率 z 提供补贴，这种补贴只改变西部劳动力的名义收入，不影响西部农产品和工业品的市场结构，故西部劳动力的工资水平仍然为 $w^* = 1$。在经过政府补贴后，西部劳动力的人均名义工资水平为 $\hat{w}^* = 1 + z$。类似于前面的讨论，我们同样可以求出 π、π^*、s_E、s_E^*、s_n、s_n^*、t、t^* 的表达式，它们又是可变变量 z 的函数。

（一）补贴西部劳动力的效应分析

从支出变化来看，首先，只要 $\gamma \neq 0$，东部的税收收入直接向西部转移，这就减少东部的支出规模；其次，这些向西部的转移支付主要补贴西部劳动力，不是像补贴西部厂商那样购入机器设备或中间投入品后全部转移到东部，而是就地支出，因此补贴西部劳动力的政策扩大了西部支出规模，进而扩大了西部市场规模；最后，西部市场规模的扩大使得东部的厂商在市场接近效应作用下向西部转移，东部资本在西部以较高收益率获得资本收益，而这些资本收益都返回到东部，扩大东部的支出规模。上述三种作用力的方向不一致。为此，设东部对西部的净转移支付为0时税率比的门槛值为 $\bar{\gamma}_w$，它表示补贴劳动力时不会使区际差距发生变化的差异化税率比的门槛值。对于任意 $s_K \in [0, 1]$，有 $\bar{\gamma}_w < 1$，这意味着，当用全国的税收收入补贴西部劳动力时，在东部征收的税收，哪怕是远低于西部税率的税收，也能留在西部，可以避免补贴西部厂商时的经济收益向东部的净转移，并且区际差距保持不变。由于 $\bar{\gamma}_w < 1 < \bar{\gamma}_e$，所以当 $\bar{\gamma}_w < \gamma < \bar{\gamma}_e$，尤其是东部和西部实行统一税率（$\gamma = 1$）时，这种补贴西部劳动力的政策将缩小区际发展差距，这与前述的补贴西部

厂商的政策的效应完全相反。由于这种补贴政策对发达地区税率的要求很低，因此具体落实这种税收政策远比落实补贴西部厂商的税收政策容易得多，落实政策的可行性也远高于补贴西部厂商的政策。另一方面，由于 $s_K > 1/2$，故当 $0 < \gamma < \bar{\gamma}_w$ 时，税率比低于门槛值，这意味着如果东部的税率较低，则经济均衡时，东部从西部获得的资本收益回流大于东部的税收支出，也就是此时仍存在由东部资本的高收益率引发的虹吸效应，此时补贴西部劳动力的政策扩大区际差距。当 $\gamma > \bar{\gamma}_w$ 时，如果东部的税率较高，则经济均衡时，东部从西部获得的资本收益回流小于东部的税收支出，即不存在虹吸效应，此时补贴西部劳动力的政策将缩小区际差距。

从产业份额来看，对西部劳动力进行补贴，主要通过市场规模效应影响厂商的重新布局。一是征税降低东部的支出规模，进而缩小东部的市场规模；二是对西部劳动力的补贴直接扩大西部支出规模，进而扩大西部的市场规模；三是西部市场规模的扩大，通过市场接近效应促使东部厂商转移到西部，东部厂商在西部获得的资本收益又全部返回到东部，这就扩大了东部的市场规模。

我们可以证明当 $ds_n/dz = 0$ 时，$\tilde{\gamma}_w = \bar{\gamma}_w$ 成立。这意味着当补贴西部劳动力时，产业份额的变化趋势与支出份额的变化趋势相一致，也就是说明如果补贴西部劳动力，则吸引资本投资与缩小区际差距是同一个命题。一方面，补贴西部劳动力扩大西部的支出规模，这就扩大了西部的市场规模，又吸引东部的资本向西部转移，这样就实现西部大量吸引区外资本的目标。另一方面，补贴西部劳动力就可以提高劳动力的名义收入水平，同时东部厂商向西部转移，会扩大西部的产业份额和西部生产的产品种类，这就降低了西部的总体价格水平，使西部名义收入水平提高，生活成本下降，提高了西部的实际收入水平，进而提高西部的福利水平，因此可以实现缩小区际发展差距的目标。总之，补贴西部劳动力的政策可以实现吸引投资与区际差距收敛的双重目标。

同时，我们可以证明 $dx/dz = dx^*/dz > 0$ 成立。这意味着如果实施补贴西部劳动力的政策，则东部和西部的厂商规模都会扩大，厂商的生产能力均得到增强，因为补贴西部劳动力就增强了西部消费者的购买力，从而扩大了西部的需求规模。为满足扩大的市场需求，西部厂商要不断扩大生产能力或者不断提高劳动生产率，因而厂商变得更加有竞争力。东部也是如此，向西部转移的资本在西部获得的资本收益都返回到东部，这些返回到东部的资本收益可以弥补或补充为补贴西部而导致的税收支出，这可以保证东部的市场需求规模至少不会低于补贴西部之前的市场需求规模，促使东部厂商也扩大生产规模或者不断提高劳动生产率。总之，补贴西部劳动力的区域经济政策有利于东部和西部厂商都具有较高的劳动生产率和较强的竞争力。

（二）补贴西部劳动力的总体福利效应分析

我们可以用 V 和 V^* 来表示东部和西部的福利水平，则整体福利水平可以写成 $W = V + V^*$。求整体福利水平 W 对劳动力补贴 z 的微分，则我们可以证明 $dW/dz > 0$。这意味着补贴西部劳动力的政策提高了整体的福利水平。一方面，对西部劳动力的补贴，提高了西部劳动力的名义收入水平；另一方面，东部厂商向西部转移会扩大西部的产业份额和西部生产的产品种类，这可以降低西部总体的生活成本，因此提高名义收入水平和降低生活成本的叠加效应提高了西部总体的福利水平。对东部而言，尽管补贴西部劳动力降低了东部的收入水平，但东部通过虹吸效应而吸引过来的资本收益可以弥补为补贴西部劳动力而支付的税收支出，因此东部的福利水平至少可以保持原有水平不会下降。总之，实施补贴西部劳动力的政策可以通过以下路径实现帕累托改进：

第一，补贴西部劳动力的政策。因为对制定东部和西部税率没有苛刻的要求，税率制定较为灵活，落实政策较为容易。如果东部的税率很低，则此时税收收入较少，但也可以改善西部的福利水平；但因东部的虹吸效应，资本收益的大部分都转移到东部，西部改善福利水平的幅度弱于东部。因此，当东部税率很低时，补贴西部劳动力的政策仍然扩大区际差距；如果东部的税率较高且大于西部的税率，则此时东部获得的资本收益小于东部的税收支出，即不存在资本收益的虹吸效应，此时补贴西部劳动力的政策将缩小区际差距。

第二，补贴西部劳动力的政策统一了西部吸引投资与区际发展差距收敛的两大命题，即实现吸引投资和缩小区际发展差距的双重目标。一方面，对西部劳动力的补贴扩大了西部的市场规模，这就吸引东部的资本向西部转移；另一方面，对西部劳动力的补贴，提高了西部劳动力的名义收入水平，同时东部厂商向西部转移会扩大西部的产业份额，这就降低了西部总体的生活成本，因此提高名义收入水平和降低生活成本的两种效应叠加，提高了西部总体的实际收入水平和福利水平。

第三，实施补贴西部劳动力的政策，可以扩大东部和西部厂商的生产规模，提高厂商的劳动生产率和增强厂商的竞争力。

学思践悟

加大税收、社会保障、转移支付等的调节作用

党的二十大报告指出，"分配制度是促进共同富裕的基础性制度。坚持按劳分配为主体、多种分配方式并存，构建初次分配、再分配、第三次分配协调配套是制度体系"，"加大税收、社会保障、转移支付等的调节力度"。这为我们指明了在全面建设社会主义现代化国家新征程中迈向共同富裕的目标任务、改革举措和政策取向。

要扎实推进共同富裕，则必须完善分配制度，分配制度是促进共同富裕的基础性制度。初次分配是基础，是实现共同富裕的重要途径，要健全生产要素由市场评价贡献、按贡献决定报酬的机制；再分配是保障，是促进共同富裕的重要手段，要完善政府调节收入分配的机制；第三次分配是补充，是促进共同富裕的辅助方式，要建立社会自愿参与公益慈善事业的机制。三个层次分配机制相互协调、相互配套，依法依规运行，有利于有效市场、有为政府、有爱社会的结合，扎实推进共同富裕。

加大税收、社会保障、转移支付等的调节力度。

首先，要完善税收调节机制。税收是国家财政收入的主要来源，是收入分配的调节机制，它优化税制结构，完善个人所得税制度，完善消费、财产等方面的税收，完善税收征管。

其次，要促进基本公共服务均等化。公共服务均等化，是促进共同富裕的重要途径，完善低收入人口的保障服务，促进教育公平，完善养老和医疗保障体系，完善住房供应和保障体系，完善公共文化服务体系。

再次，要加大转移支付。转移支付，是促进区域协调发展的重要工具，2022年中央

对地方转移支付规模近 9.8 万亿元。要完善财政转移支付制度，继续增加财政转移支付，缩小区域人均财政支出差距，逐步实现主要按常住人口进行均衡性转移支付，加大对口支援和帮扶工作力度；优化转移支付结构，明确中央和地方财政事权与支出责任，稳定提高一般性转移支付比重，提高均衡性转移支付在一般性转移支付中的比重。

最后，要规范收入分配秩序，这是消除分配不公、防止两极分化的重要措施。要保护合法收入，调节过高收入，取缔非法收入。

资料来源　[1]习近平.高举中国特色社会主义伟大旗帜 为全面建设社会主义现代化国家而团结奋斗——在中国共产党第二十次全国代表大会上的报告（2022年10月16日）[M].北京：人民出版社，2022.[2]本书编写组.党的二十大报告辅导读本[M].北京：人民出版社，2022.

本章小结

非排他性与非竞争性的特点决定了公共产品的需求、供给与私人产品之间存在较大的差别。私人产品的市场需求曲线是该种私人产品的个人需求曲线的水平相加，而公共产品的市场需求曲线是个人需求曲线的垂直相加。公共产品所具有的特点决定了在竞争性市场上由私人企业按照市场行为准则来提供公共产品很难达到帕累托最优。这就使得政府的存在和出现是一种帕累托改进。政府部门必须承担起供给公共产品的重任。政府部门拥有向全体社会成员征税的权力，保证了公共产品供给的资金来源，为公共产品的有效供给提供了必要的经济条件。公共产品的均衡分析表明萨缪尔森法则是成立的，即当公共产品与每一种私人产品的边际转换率等于所有家庭关于这两种产品的边际替代率的总和时，就实现了公共产品的最优供给。但是，萨缪尔森法则需要满足非常严格的假设条件：存在一个全知全能的政府；个体消费者都应当准确表达自己对公共产品的偏好。

地方财政职能非常重要。斯蒂格勒的最优分权模式、奥茨的分权定理、特里西"偏好误识"的分权理论和蒂伯特的"用脚投票"理论都告诉我们地方财政的合理性。这些理论都认为，地方政府相对于中央政府来说具有信息优势，其能够及时把握地方居民变动不定的偏好，而且地方政府在提供公共产品方面的竞争，也可以促使地方政府采用更有效的生产技术。另外，分散化提供公共产品能使产出本身更加有效。在一定条件下，某些公共产品由地方政府提供比由中央政府提供更有效率。在多级政府的政治体制下，地方政府必须有相应的财力保障，以便更好地履行提供地方公共产品或服务的职能。地方政府收入主要包括地方政府本身的收入和中央政府的转移支付，其中地方政府本身的收入主要包括归属地方的税收收入和非税收入。因此，在一个完善的国家税收体系中，协调好中央和地方政府间的财政关系对于保证地方政府有效行使职能具有非常重要的意义。而一个良好的中央与地方财政关系体系必然涉及合理的中央政府和地方政府的税种划分问题。通常来说，税种划分应该遵循的原则主要包括财政原则、稳定原则、公平原则、效率原则。

新古典框架下的传统税收竞争理论认为，如果一个区域提高税率，则对公共产品的提供有两种不同的效应。一方面，税率的提高将使得消费者的部分可支配收入成为税收，从而增加公共产品的供给；另一方面，税率的提高将降低该地区企业的税后利润，使产业向外迁移，但收益将返回资本所有者所在地，不会影响资本所有者的收益，也不会影响消费者的收入。因为遵循生产地纳税原则，这个地区将缩小税基，从而导致税收下降，提供的公共产品减少。

含有空间维的税费竞争理论表明，市场开放度足够高时，聚集力促使流动要素在某一区域集中，在这种具有聚集力的经济系统中，具有完全流动性的生产要素对税率的反应与传统的税收竞争理论中的反应完全不同。只有在市场开放度足够低或不存在聚集力时，传统的税收竞争理论才能成立，传统的税收竞争理论是含有空间维的税收理论的一种特例。当市场开放度很高时，某一区域税基对税率差异的反应具有很强的非线性特征，税率差异的逐渐扩大将导致较高税率区域部分产业的转移突变为所有产业的转移。因此，根据传统税收竞争模式的渐进的线性思维方式来预测市场开放度较高时税率对产业布局的影响，将犯极大的错误。

因为人们对公共产品的偏好不同，公共产品显示为一种破坏产业对称分布的聚集力。这种聚集力的大小与市场开放度的高低无关，它主要取决于消费者和企业对公共产品或服务的偏好。从本质上而言，公共产品供给是吸引产业迁入某一区域的聚集力，因此从区域经济发展角度而言，比起居民福利水平的改进，这种聚集力具有更重要的意义，因为它直接关系到能否扩大本地区产业份额的问题。蒂伯特认为，区域间对可流动要素的竞争可以提高政府行政效率。然而，我们发现蒂伯特结论存在缺陷。当市场开放度足够低时，对流动要素的竞争会提高政府的行政效率，但市场开放度足够高时，因为驼峰状聚集租金曲线的存在，政府在征收较高税率的税的情况下也不会失去可流动要素，所以市场规模较大区域的地方政府的行政效率较低。也就是说，市场开放度足够高时，对流动要素的竞争不会提高市场规模较大区域政府的行政效率。一般来讲，随着市场开放度的提高，市场规模较大区域的地方政府的行政压力先降后增，行政效率先低后高。对可流动要素征税和对不可流动要素征税相比，效果完全不同。对可流动要素征税将增加经济的不稳定性，但对不可流动要素征税可以降低经济的不稳定性。因此，对可流动要素的征税转变为对不可流动要素的征税，可以稳定经济局势。这个结论与我们在现实中观察到的现象是吻合的。

从可流动要素完全自由流动条件下的税收竞争中可以看出，初始市场规模（由不可流动要素的数量来定义的规模）相等的两个区域，随着市场开放度的提高，最终在税率上存在差异。税收竞争对两个区域的影响是不同的。市场规模较大且比较富裕的区域，选择税率时受到的约束较大，它所选择的实际税率通常低于政府所希望的税率；市场规模较小且较落后的区域，选择税率时不会受到限制。税率的高低与区域的资本-劳动比呈正相关关系，也就是经济发展水平高，可以选择较高的税率，这与基本税收竞争理论正好相反。尽管经济发展水平高且市场规模较大的区域选择的税率较高，但仍能吸引大量的可流动要素。

相对于补贴企业的政策，补贴劳动力的政策更有利于区域引进资本和区际差距收敛，且对差异化税率的要求较低，财政上的可行性更强。在税收补贴政策中，只要对落后地区实施补贴且发达地区的税率不为零，就存在通常意义上所说的发达地区对落后地区的财政转移支付。但是转移支付资金最终在多大程度上能够转移化为落后地区的地区生产总值则与该资金的使用形式有关。若采取补贴企业的模式，则在资本收益均等化的机制下，发达地区的资本优势产生的虹吸效应导致资本收益向发达地区净转移；为了防止发达地区的资本收益超过其税收支付而形成转移支付资金倒流、区际差距扩大的现象，就必须对发达地区征收更高的差异化税率，而这一措施在现实中又难以操作。若采取补贴劳动力的模式，则转移支付资金将直接转变为劳动者收入，增加落后地区的有效需求和地区生产总值，并通过市场规模效应提高全社会企业的利润。由于补贴劳动力模式能够使转移支付成为欠发达地区的实际支出，所以较低的差异化税率比也能保证发达地区对落后地区的净转移支付为正。补贴企业的政策会导致吸引投资（企业移动）与区际差距收敛两大目标相分离，而补贴劳动力的政策则能够实现两大目标的统一。因此，实施补贴欠发达地区劳动力的政策，可以实现吸引区外投资和缩小区际发展差距的双重目标。

参考文献

［1］BALDWIN R E，FORSLID R，MARTIN P，et al. Economic geography and public policy［M］. Princeton：Princeton University Press，2003.

［2］TRESCH R W. Public finance：A normative theory［M］. Plano Texas：Business Publications，Inc.，1981.

［3］OATES W E. Fiscal federalism［M］. New York：Harcourt Brace Jovanovich，Inc.，1972.

［4］HARBERGER A C. Taxation，resource allocation and welfare［M］//DUE J. The role of direct and indirect taxes in the federal revenue system. Princeton：Princeton University Press，1964.

［5］MUSGRAVE R A. The theory of public finance［M］. New York：McGraw-Hill，1959.

［6］STIGLER G J. The tenable range of functions of local government［M］//U. S. CONGRESS JOINT ECONOMIC COMMITTEE. Federal expenditure policy for economic growth and stability. Washington，D. C.：Government Printing Office，1957：213-219.

［7］OATES W E. An essay on fisical federalism［J］. Journal of Economic Literature，1999，37（3）：1120-1149.

［8］GRAMLICH E M. Subnational fiscal policy［J］. Perspectives on Local Public Finance and Public Policy，1987（3）：3-27.

［9］BERGSTROM T C，GOODMAN R P. Private demand for public goods［J］. American Economic Review，1973，63（3）：280-296.

［10］TIEBOUT C M. A pure theory of local expenditure［J］. Journal of Political Economy，1956，64（5）：416-424.

［11］SAMUELSON P A. The pure theory of public expenditures［J］. Review of Economics and Statistics，1954，36（4）：387-390.

［12］卡佩罗. 区域经济学［M］. 安虎森，等译. 2版. 北京：经济管理出版社，2022.

［13］安虎森，等. 高级区域经济学［M］. 4版. 大连：东北财经大学出版社，2020.

［14］安虎森，等. 新经济地理学原理［M］. 2版. 北京：经济科学出版社，2009.

［15］黄新华. 公共部门经济学［M］. 上海：上海人民出版社，2006.

［16］杨志勇，张馨. 公共经济学［M］. 北京：清华大学出版社，2005.

［17］陈永良. 外国税制［M］. 广州：暨南大学出版社，2004.

［18］国家税务总局税收科学研究所. 外国税制概览［M］. 2版. 北京：中国税务出版社，2004.

［19］洪银兴，刘建平. 公共经济学导论［M］. 北京：经济科学出版社，2003.

［20］朱柏铭. 公共经济学［M］. 杭州：浙江大学出版社，2002.

［21］钟晓敏. 地方财政学［M］. 北京：中国人民大学出版社，2001.

［22］布朗，杰克逊. 公共部门经济［M］. 张馨，主译. 北京：中国人民大学出版社，2000.

［23］财政部财政制度国际比较课题组. 美国财政制度［M］. 北京：中国财政经济出版社，1998.

［24］平新乔. 财政原理与比较财政制度［M］. 上海：上海人民出版社，1995.

［25］安虎森，周亚雄，朴银哲. 差异化税率、转移支付和区域差距收敛分析［J］. 西南民族大学学报（人文社会科学版），2013，34（1）：144-151.

［26］叶文辉. 中国公共产品供给研究［D］. 成都：四川大学，2003.

第十一章

区域经济政策

第一章有关"区域的本质"的解读和第十章"公共产品的供需分析",从理论上论证了政府干预区域经济运行的可能性和必要性。本章主要是从政策主体、政策对象、政策目标、政策手段、政策效应评价方面提供一个相对完备的框架体系,期望为相关理论应用于政策实践提供操作指南。

广义的区域政策包括经济政策、社会政策、环境政策等。但区域政策最初就是为解决区域经济问题而产生的,而区域的其他问题也直接或间接由区域经济问题所引发,因为区域经济发展水平直接影响区域的营商环境、社会状态、环境状况等。因此,狭义的区域政策主要是指区域经济政策。另外,区域经济政策按照政策作用对象的空间范围,可进一步区分为三个类别,即超国家经济合作组织内的经济协调政策、国家层次的区域经济政策以及地方层次的经济政策,具体表现为指向特定产业或企业的政策。本章重点关注国家层次和地方层次的区域经济政策。

第一节 政策主体——基于内生组织的视角

区域经济发展有关"政府角色"的规范定义主要包括如下活动:计划——设定目标、事前评估(通常是成本效益分析)和制定规则;融资——以征收税费、预扣所得税以及发行债券的方式为长期项目筹集资金,提供优惠条件、奖励和补贴;控制——制定和推行产权、征税以及其他管制行为的各种规则;管理——协调、签约、事后评估和其他事项。从这个角度来看,很难想象区域发展中没有政府将会是什么样子。反过来讲,没有政府本身也是一种控制行动,因为无政府就涉及私有化和放松管制。[1]下面,我们从政府作为经济系统内生组织的视角,概述政府干预经济的理论依据。

一、作为内生变量的政府

区域作为含有空间维的经济组织,存在于这种经济组织的所有变量都是内生变量。政府作为这种经济组织中的一个重要变量,也是内生的。随着分工的演进,经济系统中的生产部门和产品种类日益增多,参加生产和交易活动的企业和自然人激增。为了提高生产效率和交易效率并防止各种欺诈行为,生产活动和交易活动就需要各种规范和规则,也需要相应的监管机构,制定各种游戏规则并担当监管功能的机构——政府由此产生。正如在第一章所指出的那样,这类监督机构一旦出现,它们不会只消极地监督制度或规则的实施情况,也会采取主动的干预行为:制定和完善各种游戏规则或制度以提高经济组织的生产效

---

[1] 马丁内斯-维斯奎泽,瓦利恩考特. 区域发展的公共政策 [M]. 安虎森,等译. 北京:经济科学出版社,2013:28-29.

率和交易效率；提供各种有利条件，提高经济组织的生产效率和交易效率；进行不同经济组织的高效性试验，包括改革产权制度、税收制度等，建立各种类型的经济开发区、试验区、自贸区等，制定各地区经济发展战略和各种产业政策等。同样，随着监管空间范围的扩大，政府运行的交通成本和信息成本高昂、行政效率低下，因此，上述监管功能不能完全集中在中央政府，最好是在一定的空间范围内设立派出机构，由这些派出机构代表中央政府行使该空间范围内的监管功能，这种派出机构就是地方政府。总之，政府是内生产生的，而不是外生安排的，政府的功能是内生的，而不是外部强加的。

正如上面所指出的那样，这种具有监管功能的政府一旦出现，它就进一步发挥主观能动性，扩展自身的职能界限和强化功能强度。然而，现实告诉我们任何一个政府都不是万能的，以追求居民福利最大化为主要目标的政府也无法设计出完全符合本国或本地区的经济运行模式。政府真正成为"局内人"，才能及时地把握经济运行的新特点和国情、民情的变化，及时制定有利于经济运行的各种措施，并及时消除各种市场扭曲现象，这就是政府行政理念创新与行政效率提升的过程。总之，在本书中，我们把上述这些活动都视为政府的干预行为。

二、区域经济发展中的市场和政府

作为区域经济内生变量的政府，干预区域经济运行的边界是如何设定的？这就涉及市场和政府的关系。

（一）市场失灵

尽管供给总量和消费总量是由众多生产者和消费者独立决定的，然而价格信号使得生产者和消费者独立决定的供需总量实现均衡。尽管对个体来说，商品和服务的价格是既定的，然而对整个市场来说，如果消费者对某种商品或服务的总需求超过厂商对某种商品或服务的总供给，那么该种商品或服务的市场价格上涨；如果商品或服务价格上涨，那么厂商增加供给或者消费者减少消费，最终市场实现均衡。如果总供给超过总需求，那么价格下降，这使得厂商减少供给或者消费者增加消费，最终也实现市场均衡。由于价格机制具有调节功能，所有商品或服务的供需将趋于一致，最终实现均衡。在这个过程中，各种要素禀赋得到最有效的配置。另外，竞争可以使各种生产要素不断分配到要素回报率较高且收益机会比较多的部门中，从而行业间的收益不断得到调整，实现公平而有效的收益分配。按这种理论，政府对经济的干预有可能会破坏市场机制正常发挥作用，因此，政府的作用只局限在国防、维持市场秩序、公共部门等。

然而，一个市场要成为完全竞争市场，至少具备如下四个条件：买者和卖者的数量很多，且都是价格接受者；产品是同质的；资源流动不受任何限制；信息是完全的。但上述四个条件是非常严格的，在现实经济生活中，几乎不可能得到全部满足。当某一厂商或消费者的供给或需求行为影响市场价格时，或者在某一行业的资源流入或流出过程中存在某种人为障碍时，完全竞争的前提便不能成立，价格也就不能成为有效的信息传递手段了。上述情况在现实经济生活中是屡见不鲜的。事实上，无论是在历史上还是在当今世界中就不曾存在过完全竞争市场。

市场失灵的另一种情况是外部性的存在。外部性是指人们的经济行为使得部分利益不能归自己享受，或者部分成本不由自己负担。如果产生的收益自己不能享受，则那一部分利益被称为外部经济；当发生的成本自己不必负担时，那种成本被称为外部不经济。外部经济与外部不经济被统称为外部性。外部性之所以存在，根本原因在于无法建立适当的市场以供外部性的制造者和承受者进行交易。这种市场不存在的原因可以概括为以下两点：一是公共财产的不可分性。例如，空气、河流及环境等都是社会大众共同拥有，法律通常无法明确划分其所有权。二是无法排斥别人坐享其成或难以保障财产权。例如，某人庭院花香四溢，无法阻止邻居和路人享受这种花香。可见，公共产品因具有外部性而影响市场机制的正常发挥。公共产品与私人产品不同，具有非排他性和非竞争性，这已在第十章详细讨论，因此公共产品无法由私人来充分提供，必须由政府或其他团体来提供。

市场机制所实现的收入分配通常带来严重的不公平问题。在市场机制下，收入分配在很大程度上取决于对资源或者资产的所有权。因而，根据资源和资产所有权的初期条件，拥有资产所有权的人将有权依据所有权获取资本收益，而不拥有资产的人只能凭借自己的劳动获取劳动收益。因此，在资源和资产相对缺乏，因而资本收益大于劳动收益的情况下，不直接进行劳动的资产所有者将越来越富，而直接参加劳动的劳动者相对越来越穷，这就造成了社会不公平问题，可能引发社会的不稳定，也降低劳动者的劳动意愿，回过来又影响企业或整个经济的效率。

总之，因为上述诸多原因，价格机制事实上并没有像新古典经济学理论所预期的那样发挥作用，这就是所谓的"市场失灵"。

（二）政府失灵

市场失灵为政府介入经济活动提供了依据，尤其是在20世纪30年代经济危机时期，为凯恩斯提出政府积极干预经济的主张提供了依据。凯恩斯主义主张，政府的作用不能仅仅停留在维护市场机制健康运行进而保护市场环境，而应该运用以财政收入、财政支出等为核心的财政政策，以及以法定存款准备金政策、再贴现政策、公开市场操作为核心的货币政策，积极介入经济运行过程，从而实现经济增长和充分就业等政策目标。这种政策主张的背后隐藏着这样一种认识，即政府比单个经济主体掌握更多的信息，是一个全知全能的主体，因而政府干预可以有效地消除单个经济主体从事经济活动时的种种试行错误。在这种思想支配下，第二次世界大战以后，政府对经济的直接干预受到了空前的重视，发达国家纷纷进入所谓的"总需求管理"时代。然而，这种政府的高强度干预也产生了各种问题，政府干预下的总需求刺激又引发了通货膨胀率和失业率居高不下的局面，也就是我们常说的"滞胀"，这种现象被称为"政府失灵"。

产生"政府失灵"主要有以下几个方面的原因：

其一，政府并非如主张政府干预的人所想象的那样全知全能。在目前的技术水平下，政府不具备完全准确地搜集各种信息进而形成与整个社会利益相一致的社会偏好的能力。

其二，由于个人偏好不同，如何通过民主来选出对整个社会最有利的政策方案，是至今仍未解决的理论难题。

其三，政府官员与普通百姓一样，也有私心，不要过分指望他们所作出的决策都与公众的偏好是一致的。根据公共选择理论，一个人从私人部门进入公共部门后，不可能从追逐私利完全转变为追求社会利益。

上述的"市场失灵"并不意味着市场机制对上述失灵问题以及区际差异不起任何作用，市场机制对上述问题仍然起调节作用，不过作用程度有限，调整进程滞后。因此，作为次优措施（政府干预并不是最优措施），政府干预经济运行过程，要不断纠正市场扭曲，采取积极的措施解决区际差距问题。但这并不意味着可以否认甚至干扰市场机制的正常发挥。正确的做法是要肯定政府的作用，也不应过于夸大政府的作用。政府干预经济活动，除了制定并执行各种规则和法规以外，还采取价格管制或制定市场准入规则，保护有效竞争；提供各种公共产品或经营自然垄断行业，尽可能降低企业的生产成本，提高居民的福利水平；利用课税和补贴政策，对制造外部成本者课税，对受害者进行补贴；采取积极的分配政策和公共财政政策，改善贫富差距或福利差距；通过适度的财政政策和货币政策，维持经济稳定，减少失业，扶持落后地区的经济发展。

三、政府干预经济活动的三个方面

在理性政府假设下，中央政府的目标函数是提高总体福利水平，尽可能实现区际收入水平的均衡。由于企业的目标函数就是扩大利润，因而企业定价时价格高于边际成本，或企业选择生产区位时不考虑消费者福利的损失和其他厂商的损失。这就是我们在前面讨论的市场失灵的主要表现形式。根据政府的目标函数假设，政府的主要职责并不是干预市场的正常运行，而是主要解决各种市场失灵问题，也就是解决定价过高、消费者福利的损失以及对其他厂商的损失问题。这是政府干预经济活动的第一个方面。

同时，区际、人际收入差异不仅对经济的有效运行产生有害的影响，而且可能带来有害的政治和社会后果。收入水平上的巨大差异可能引发低收入区域居民的不满和怨恨情绪，经济萧条区域的长期高失业也会造成社会负担及高犯罪率。同时，经济快速发展对社会资本的高额需求，也可能使得经济快速增长区域的城市承受巨大的经济代价，区际失业率的巨大差异将通过通货膨胀的压力使整个经济受损。产业在一些地区的高度聚集，会增加边缘区居民的对立情绪，将影响全局的稳定。因而，政府尽可能采取各种有效措施，协调区际发展差异，这是政府干预经济活动的第二个方面。

上述是一般意义上的政府应采取的干预行为，然而我们更感兴趣的是政府所进行的各种经济组织的试验活动。"社会不但会试验有效率的组织结构，也会试验无效率的组织结构"，"经济发展的有效方法是，由政府提供人们利用价格制度自由试验各种经济组织结构的条件"。①这种组织试验就是我们常看到的包括产权制度、税收制度在内的各种制度改革，特区、经济技术开发区以及各种试验区（如深圳中国特色社会主义先行示范区、天津滨海新区、粤港澳大湾区、上海自贸区等），各地区经济发展战略的制定以及主导产业的选择（包括生产的组织方式试验），各种产业政策和相关政策的制定等。政府的经济组织试验还有一个很重要的方面，就是引进、吸收或模仿发达国家或地区的经验，因为经济组织试验需要大量的成本，包括货币成本和时间成本，所以欠发达国家或地区借鉴发达国家或地区组织试验方面的经验，可以越过工业化的一些中间过程，加快工业化进程。这可以算作政府干预经济活动的第三个方面。

---

① 杨小凯，黄有光.专业化与经济组织———一种新兴古典微观经济学框架［M］.张玉纲，译.北京：经济科学出版社，1999：359.

第二节　政策实施的对象——具有块状特征的区域经济

区域经济发展意味着努力扩大特定地区的收入、财富、就业和各种机会。区域经济发展包括了工业、劳动力、基础设施和其他各种类型的发展。区域经济为块状经济，而块状经济的最大特征为区域之间的非均衡力的存在，政府介入区域经济活动时必须注意区域经济的这种特点。块状经济的一些特征与新古典经济学的区域经济特征完全相反。块状经济意味着，一些变量之间或者模块之间的关系，并非新古典经济学所描述的简单的互动关系或线性关系，它们通常呈现为一种非线性关系，而这种非线性关系是制定各种规划或评估政策绩效时政府必须考虑的区域特性之一。

一、区域块状特征的现实经济含义

有关区域的块状经济特征，已在第一章详细讨论过，本部分将进一步讨论区域块状特征赋予现实区域经济的一些含义。

（一）循环累积因果关系与积累贫困的机制

欠发达地区已形成不断加剧贫困的循环累积过程。

从资本需求的角度看，由于欠发达地区的人均收入水平低，人们购买力水平低，因而市场规模狭小，资本无法在市场接近效应的作用下向欠发达地区转移，由此欠发达地区无法吸引投资，本地的投资规模小，无法提供足够的就业岗位，从而人均收入水平低，形成一种资本需求方面的恶性循环。

从资本供给的角度看，欠发达地区的人均收入水平低，因而人均储蓄水平低，资本供给不足，形成资本供给方面的恶性循环。资本供求双向的恶性循环，最终导致贫困不断积累贫困的循环累积过程。这样，经济发达地区形成了不断激励经济增长的良性循环，而欠发达地区常形成不断积累贫困的恶性循环，从而一个国家或地区的整体经济被分割成两种不同的循环系统。从这个意义上说，要实现区域协调发展，则必须打破这种二元的循环格局，建立一个统一的大循环。然而，这种循环格局又是相当稳健的，也就是说循环累积体本身是无法生成能够打破这种稳态的冲力。这要求政府制定力度很大的经济政策措施，产生强有力的外生冲击，打破已形成的不断累积贫困的恶性循环，改变现行的经济运行轨迹或者实现"弯道"超车；政策上的边际调整根本起不了作用。

（二）区域系统内生力量与区际差异

即使不存在外生的非对称冲击因素，区域经济系统的内生力量也可以促生经济活动的空间差异。这就意味着，当我们考虑区域经济发展或区域经济协调问题时，认为只要强化要素流动性或者实现区域经济一体化，就可以实现区域经济的较快发展或区际协调发展，这种想法是很幼稚的。在包含聚集力的现实经济中，如果强化要素流动性或实现经济一体化，那么可流动的要素将向市场规模较大或已获得先机的区域集中，这种结果只能延缓后发地区的经济发展或进一步加剧区际经济发展差距。因此，不应基于完全竞争市场情景的新古典模式来指导现实经济，因为块状经济的不同块体间的非均衡力总是促使可流动要素向聚集力较大区域聚集。

（三）量变和质变与区域产业结构调整

在包含聚集力的块状经济中，上述非对称现象的发生是区域经济的质变现象。区域经济中的量变现象是指某种经济增长方式下的资源配置问题，而区域经济的质变现象是指经济增长方式的变化。区域经济的这种量变和质变的讨论对于理解现实经济具有重要意义。

首先，它告诉我们，当区域经济运行处于相对稳定状态时，想打破原有的均衡路径并建立一种新的区域经济运行路径，则需要力度很大的政策措施。但当区域经济运行接近某一临界状态时，采取力度较小的政策措施也可以把区域经济从一种运行模式推向另一种运行模式中。那么何时出现这种区域经济运行可能向另一种运行路径转变的临界值呢？我们无法给出一种判别这种路径转换临界值的计算方法，但这种迹象是存在的，如出现了在现有区域经济运行模式下无法解决的一系列问题，区际发展差距扩大、城乡差距加剧、环境污染严重、现有的产品结构逐渐失去竞争力、原有的主导产业逐渐失去主导功能以及区域整体的竞争力明显下滑等。当这种迹象出现的时候，及时把握时机，迅速采取有力的措施，则可以把现有的运行路径推向新的运行路径，实行西部大开发、振兴东北老工业基地、建设粤港澳大湾区和深圳先行示范区等都可以看成应对这种迹象而采取的措施。

其次，它还告诉我们，产业结构调整主要通过要素流动来实现，当区域经济运行处于相对稳定状态或者运行路径改变后的相对稳定状态时，主要通过增大市场开放度的方式，促使可流动要素迅速转移到更加适合的部门或产业，而增大市场开放度主要是指建立和完善市场机制，保护合理竞争，尽可能消除市场的扭曲。可以看出，某一区域产业结构的调整过程并不是外生的，而是内生机制作用下的过程。我们经常看到"大力发展高新技术产业""大力发展第三产业"等口号，其实这种"大力发展"并不依赖我们的主观意志，在没有具备发展高新技术产业的条件时，除非把其他地区的高新技术产业整体"搬过来"，否则任何外生力量都无法促成高新技术产业的出现。

总之，这些告诉我们，经济运行模式的改变或产业结构调整都是经济运行内生机制作用下的过程，而不是外生过程，外生力只能起到引发这种内生过程或助长这种内生过程的作用。

（四）路径依赖与外生冲击

不知何种缘故，历史上选择了某种经济运行模式或发展路径，那么在较长的历史过程中，各种经济活动就会适应这种模式或路径，紧紧地"黏"上这种模式或路径；要改变这种模式或路径，需付出很大的成本或产生较强的外生冲击。块状经济的这种特征具有重要意义。

首先，当经济活动格局或路径被锁定时，经济系统的内生力量是很难改变这种均衡状态的。此时，外生冲击如某种政治事变、人们预期的变动或出台新的区域经济政策等，将起到重要作用。如果外生冲击改变了原有的格局或路径，也就是改变了原有的均衡状态，则经济系统沿着变化了的路径运行，这等价于选择了另一种经济运行模式。

其次，因为这种"黏性"，要改变原有的均衡状态，那么外生冲击力要大于经济系统内生的约束力。如果新出台的政策的力度小，则这种政策是无法改变原有经济运行模式的。比如，要改变我国东西部之间的巨大差距，那么国家必须出台有关收益再分配的强有力的政策，包括东西部差别化的产业政策、税收政策等。

（五）预期变动与政府的引导作用

人们预期的变化或政府的示范作用对经济增长路径产生极其深刻的影响，这是块状经济的又一重要特征。我们已经多次提到过人们预期变化与经济运行模式选择之间的关系，也就是说，在区域经济运行过程中存在这么一种区间，在这种区间内人们预期的变化将对选择新的经济运行模式起到重要的作用；至于选择何种经济运行模式，这主要取决于人们预期或偏好的变化。

由于无法判断运行模式的优劣，人们常采取从众的方法，即大多数人选择的模式是优良的模式，此时如果某个人作出某种"示范"，则许多人跟着他走，这为政府积极参与经济活动提供了理论依据。我们有理由假设地方政府是理性的，它的目标函数就是提高该区域居民的福利水平（或实际收入水平），则地方政府为发展当地经济，常常采取选择某一产业或一些企业作为"示范产业"或"示范户"，根据当地的比较优势制定经济发展战略，规划区域经济发展蓝图，政府的这种行为极大地影响当地的经济发展。尤其使我们感兴趣的是一些领导人在经济发展中所起的作用以及对这种作用的理论解释。邓小平同志的"对外开放""科技是第一生产力"的主张深刻地影响了我国经济的发展，习近平同志提出的"中国梦"也深刻地影响了我国经济的总体格局。这些都说明，在经济运行的某些区间（处于需要经济变革的时期，这就是上述的经济运行处于某种阶段的含义），一些领导人根据变化了的或正在发生变化的经济运行特征，高瞻远瞩地提出一些发展思路和政策主张，可以引导经济运行模式向新的运行模式转变。我们经常看到，在一些地区，有魄力的领导人根据变化了的或正发生变化的区内外经济形势，大胆采取一些力度很大的措施或大胆引进一些项目，使得整个区域经济运行发生很大变化。在区域经济运行过程中，在某些区间内，人们预期的变化以及从众行为为我们解释上述问题提供了重要的理论根据。

（六）聚集租金与税费竞争

产业聚集导致的驼峰状聚集租金曲线也是块状经济的一大特征。聚集力导致的产业向某一区域的集中不仅提高了资本的收益率，聚集带来的聚集租金也提高了厂商的收益率。与此相反，产业移出区因产业规模变小，企业的边际收益率低于产业聚集区的边际收益率，无法获得产业聚集带来的聚集租金。产业聚集导致边际收益率提高以及聚集租金，这为产业聚集区政府提高税率从而扩大财政收入提供了条件，因为产业聚集区与产业迁出区的资本实际收益率差距足以弥补税率差距。即使产业聚集区政府提高税率，聚集在产业聚集区的可流动要素也不会向外转移。聚集创造了特定的租金，即聚集租金。

初始规模相等的两个区域，随着市场开放度的增大，最终在税率上会存在差异。一般来讲，税率的高低与该区域资本–劳动比之间为正相关关系，也就是经济发展水平高，就可以选择较高的税率。尽管这些经济发展水平高且规模较大的区域选择的税率较高，但仍能吸引大量的可流动要素。这与现实经济是完全符合的。欠发达地区为吸引投资，为外商提供极为优惠的条件，如减免税、近似无偿提供土地等，但仍然无法吸引比发达地区更多的投资。欠发达地区的不同区域之间为了吸引投资展开激烈竞争，最终两败俱伤。这种现象对欠发达地区来讲是很不公平的。此时，欠发达地区可以从两个方面去思考：

一是应采取"先内后外"的实事求是的工作路线。"先内"主要包括加强区内基础设施建设和人力资本投资，完善企业进退机制，建立和完善区内各种要素市场等。如果投资环境得到改善，逐步扩大区内市场，资本也会流入该区域，也就是"后外"。

二是中央政府设立适度的"政策壁垒"来约束欠发达地区的产业进一步向发达地区集中，这就要求在发达地区和欠发达地区之间实行差别化政策。

二、区域块状特征的政策含义

在前面，我们重点讨论了块状特征所导致的区域经济运行有别于新古典经济学理论设想的情景。现在我们重点讨论区域块状特征对政府干预行为的启示。

（一）厂商区位选择与产业扩散和聚集

产业扩散源于核心区生产成本，尤其是工资成本持续上涨。假设某一区域在初始时有自我强化的生产优势，使得该区域较其他区域可以支付较高的工资。随着经济系统对工业品需求的增加，该区域的生产活动更加活跃，强化产业聚集的同时进一步提高工资水平，这种循环累积过程使得区际工资差距过大且难以维持。此时，在另一个区域投资设厂是有利可图的，产业逐渐扩散到区外，第二个、第三个区域也经历同样的过程。产业扩散具有一定的规律：

第一，多区域情况下，产业由某个核心区向外围扩散，但并非同时扩散，而是依次扩散，首先向那些因外生因素较早获得初始工业化优势的区域扩散。

第二，多产业情况下，依各产业的劳动密集程度以及投入产出结构等特征的不同，产业扩散的先后次序不尽相同。劳动密集型产业首先从产业聚集区迁移出去，消费指向的产业首先从产业聚集区迁移出去，中间投入较少的产业首先从产业聚集区迁移出去。

总之，对工资成本较敏感或产业关联度较弱的产业对产业聚集区的依赖程度弱，最先迁移出去。产业的聚集过程与产业的迁移过程相反，若源于产业前向联系和后向联系的成本节约足以超越聚集导致的工资成本的上涨，那么产业聚集会维持下去，不会发生产业扩散。因此，在区域经济学中，产业内联系成为主导产业聚集的核心内容，而从整体经济系统来讲，产业聚集的过程又是产业专业化的过程。在区域经济学中，产业聚集的突出共性就是产业聚集与市场开放度之间的倒 U 形关系，也就是前面讨论的驼峰状聚集租金曲线。市场开放度处某一特定区间时，最易形成产业聚集；产业完全聚集在一个区域时，区际差距最大。

上述讨论的政策含义是，外资进入某一区域有一定的规律和顺序，不是我们所想象的那样采取一些优惠措施会吸引所有类型的产业。一般是先进入劳动密集型产业，这些产业在当地滞留 20 年左右。在此期间，该区域的经济获得较快发展，人均收入水平逐渐提高。此时如果劳动力工资水平超出这些产业可承受的限度，则这些劳动密集型产业开始向外转移。不过在我国，这种一般规律并不起作用。尽管外资进入我国东南沿海地区已经 40 多年了，然而至今没有明显的迹象表明这些较早进入东南沿海地区的产业向我国中西部地区转移。尽管在东部地区存在明显的产业转移现象，然而这些产业向东部地区内部或东南亚一些国家转移，而不是向中西部转移。这些对我国中西部地区来讲是很不利的，吸引东部地区的产业向中西部转移可能需要较长的时间。

（二）经济一体化的绩效问题

一般认为贸易自由化可以促进工业化的发展，但块状经济特征意味着：适度保护消费品市场，开放中间投入品市场，有利于欠发达地区的工业化进程。如果一个国家在最终消费品市场上通过壁垒避免同国外企业的竞争，并在中间投入品市场上扩大市场开放度，则可以降低本国工业化成本，增强对工业生产的吸引力，有利于欠发达国家或地区的工业化进程。当然，如果发达国家或地区实行严格的贸易保护政策，那么欠发达国家或地区难以实现工业化。对应到我国区域协调发展格局，就要求东部发达地区对中西部欠发达地区实施更加开放的政策。

如果两个以上的地区组成一体化组织，那么块状经济的聚集力将产生不同的影响：

首先，如果某一区域的市场规模大于平均规模，则贸易自由化使得该区域成为主要的工业品生产地区，其他区域成为工业品进口地区。贸易自由化有利于市场规模大的区域，而不利于市场规模小的区域。

其次，如果多数区域取消贸易壁垒，形成一个较大的一体化组织，则将导致非一体化区域的产业活动向一体化区域内部转移。这样一体化区域的成员受惠，非一体化区域的成员受损。

最后，在一体化组织内部，随着贸易自由化的推进，产业活动逐渐向一体化组织内部市场规模大的区域转移。这样一体化组织内部市场规模最大的成员受益。实际上，如果一体化组织内部所有成员间的贸易壁垒完全消除，那么一体化组织内部的所有产业将聚集在一体化组织内部市场规模最大的区域，这种结果必然导致一体化组织成员与非一体化组织成员、一体化组织内部不同成员之间在产业份额方面的不均衡。

我们应该搞清楚的是，一体化所追求的是经济效率，而不是区际公平。产业向某一区域的集中，也就是不平衡增长方式，可以提高经济效益，加快工业化进程。因此，有些人认为经济增长率的提高，可以通过核心区对外围区的补偿作用，实现整体福利水平的提高；但要注意，外围区居民对工业品的支出份额要大，只有在这种情况下，核心区对外围区的补偿作用才能发挥出来。然而，总收入中对工业品的支出份额较大的地区，严格来讲不是很落后的地区。目前在我国整体经济发展水平较低的情况下，区域经济一体化不可能提高整体的福利水平。如果不是从经济效率而是从区际协调发展的角度来考虑，那么我们不应过分推崇区域经济一体化。

（三）公共产品供给与资本流动

由于产业或劳动力都偏好较高水平的公共产品供给，因而提供较高水平的公共产品的地区具有更大的吸引力，公共产品的供给水平也就成了吸引产业和劳动力的聚集力。区域的公共产品主要是利用纳税者的税收来进行生产的。因此，从这种意义上说，区际公共产品竞争主要表现为区际的税收竞争。存在聚集租金时，核心区可以对资本征收高税率，而不会造成产业流失。市场开放度足够大时，核心区或资本-劳动比高的地区征收更高税率的税是完全可能的，也就会提供更多的公共产品，吸引资本的能力也很强。总之，不考虑其他条件的情况下，资本愿意选择这些提供较高水平公共产品的地区。

（四）国民收入区际分配与区际差异问题

正如前面指出的那样，国民收入地区分配主要取决于各区域拥有的资本份额的大小，所拥有的资本份额越大，则所分得的国民收入也就越多。可流动要素的重新布局导致产业活动的重新布局，从而导致区际收益分配差距。

政府希望的理想的产业布局，应是规模较大区域拥有较大份额的产业。然而，产业的市场配置主要考虑市场规模，尽可能把更多的产业配置在市场规模较大且资本收益率较高的地区。不管是市场配置还是政府的计划配置，市场规模较小地区的福利水平总是低于市场规模较大地区的福利水平，这是无法调节的一对矛盾。除非完全对称的世界，否则在存在聚集力的块状世界中，区际福利差异是永远存在的，不可能实现绝对的公平。但它还告诉我们，如果政府的目标为提高福利水平，那么通过政府的规范行为，可以把这种差距控制在不会激化社会矛盾的范围内。由此，政府干预经济应主要从如下两个方面着力：一是建立和完善市场机制，保护合理竞争，尽可能消除市场的扭曲；二是对市场规模较小的欠发达地区和弱势群体实行有别于发达地区和强势群体的一些特殊政策，尽可能予以保护。

第三节　区域经济政策的目标选择

一般而言，区域经济政策是指政府为实现有序的空间布局和坚持正确的经济活动方向、缩小区际发展差距而进行的干预活动。区域经济政策首先是一种发展政策，试图提高国家整体未来的GDP；但在中短期内，这种目标有可能与经济活动的有序空间分布发生冲突。区域经济政策通常是一种反应性的（事后）政策，主要是试图改善现有的区域发展不平衡状况，并不是从根本上避免产生新的区域发展不均衡。前瞻性政策应该是力图提高当地产品的市场竞争力以及微观主体的收益率。[①] 在本节，我们将结合中国的具体国情，说明区域经济政策的分层结构和决策模式，随后尽可能具体地表述我国区域经济政策的目标。

一、区域经济政策的分层结构和决策模式

一般来讲，发达国家的区域经济政策是为了纠正"市场失灵"而出现的，但改革开放以前的我国，区域经济政策是为替代"市场机制"而出现的。因此，发达国家的区域经济政策带有"补偿"性特点，而改革开放以前我国的区域经济政策具有"主导"性特征。在计划经济体制下，政府考虑的是社会目标，但政府不是全知全能的主体，不可能形成与整个社会需求相一致的社会偏好，并在适当的时机以适当的方式干预经济活动。因此，政府的干预往往以资源配置效率的损失来换取社会的公平。

随着我国改革开放的进一步深入，中央指令性计划的资源配置功能逐渐弱化，市场机制配置的功能逐步增强。在这个过程中，我国的区域经济政策开始为了"补偿"市场失灵而出现，尽管计划经济体制的烙印还很浓厚。我国的区域经济政策主要是为解决我国区域

① 约万诺维奇. 演化经济地理学——生产区位与欧盟 [M]. 安虎森，等译. 北京：经济科学出版社，2012.

之间、城乡之间的差距而出现的。目前我国所面临的区域经济问题，不同于世界上大多数国家所面临的区域经济问题。发达国家没有真正意义上的区际差距问题，因为这些国家的区际差距是相对差距；其他发展中国家的大多数区域问题都没有像我国那样复杂，因为那些国家的经济发展水平总体上较低，人口规模也较小。我国不仅存在东部沿海等经济发达地区，还有经济发展水平较低的广大中西部地区。我国东西部之间的经济发展差距是绝对差距，我国城乡之间的发展差距在很大程度上也是绝对差距，因此，我国特别重视区域经济政策。

国家层次的区域经济政策主要是指一国为解决本国区域经济问题而制定的一系列经济政策。例如我国"一五""二五"期间生产力布局向内地推进，支援"三线"建设；改革开放后对沿海地区实施倾斜政策，推行西部大开发、东北老工业基地振兴、中部崛起战略等；进入21世纪，大力推进"一带一路"建设、京津冀协同发展、长江经济带建设等。

地方层次的区域经济政策是指一国内部地方政府所制定的针对本区域的经济政策。在我国，随着经济体制改革的不断深入，中央指令性计划的资源配置功能逐渐削弱，地方政府逐渐成为地方经济的主要推动力量。随之，地区经济发展政策受到格外的重视，各个省（自治区、直辖市）、市、县，甚至乡镇都制定地区经济发展战略，并出台与此相关的一系列地方经济政策、法规。因此，如何制定地方经济发展战略以及地方经济政策、法规，具有普遍的意义。

值得一提的是，国家一级的区域经济政策由中央政府制定并联合地方政府共同实施。由于地方政府与中央政府具有不同的目标函数，在区域经济政策的实施过程中往往会出现两级政府的博弈行为，因而最终政策效果也出现偏差。[1]地方政府应成为实施区域经济政策的主体，不应成为区域经济政策的实施对象[2]；中央政府应对地方政府充分放权，让地方政府去实施区域经济政策。

尽管区域经济政策是为了解决区域问题而提出的，但它本身是很有限的，并不能解决区域的所有问题。区域问题不仅包括经济问题，还包括社会、政治、环境等诸多领域。区域经济政策所涉及的主要是经济领域，但要解决好区域经济问题，它必须同其他政策紧密结合起来。区域经济政策还具有阶段性特征，它主要是为解决社会经济发展某一阶段所面临的经济问题而提出的。区域经济发展的不同阶段所面临的经济问题不同，因而解决这些问题的方法和手段也不同。

二、区域经济政策的核心抉择——效率与公平

区域经济政策的核心是经济效率与社会公平的取舍和平衡。追求经济效率目标，就是通过资源在空间上的有效配置，取得最佳的经济效益，实现区域经济快速发展；追求社会公平目标，就是通过运用各种手段逐步缩小区际差异，取得最大社会公平，实现区域之间尽可能均衡发展，从而实现全社会的协调发展。然而区域经济政策的效率与公平目标，既矛盾又统一，因而在实际执行过程中这两者孰先孰后、如何结合与兼顾，是制定区域经济

① 李培. 政府间博弈与中央政府政策绩效分析 [J]. 经济与管理研究，2005（10）：71-74.
② HUDSON R. Region and place: Devolved regional government and regional economic success? [J]. Progress in Human Geography，2005，29（5）：618-625.

政策时首先要解决的问题。然而，在区域经济政策的目标取向上，经济效益和社会公平目标谁先谁后、谁主谁次，在不同国家或同一国家的不同发展阶段是不同的。确定区域经济政策目标时，应根据目前的经济发展阶段，确定现阶段的主要区域问题以及未来的经济发展趋势。

我国学者是从实践的角度探讨我国区域经济政策目标设定问题的。在我国区域经济政策目标选择上，在近期以效率目标为主、效率与公平目标相结合，在远期向以公平目标为主、效率与公平目标相结合过渡。根据威廉姆森的倒U形理论，随着国民经济的高速增长，区际差距逐渐加大，国民经济发展进入某一临界值（因国情不同可能有很大的不同，在我国至今还没有统一的认识）以前，区际差异达到最大；进入某一临界值以后，随着经济的发展，区际差距逐渐缩小。根据该理论，进入某一临界值以前，区际差异的扩大是无法避免的，缩小区际差距的种种努力将会导致经济效率的损失，进而延缓进入临界值区间的时间；进入某一临界值以后，尽管存在区际差异，但差异是逐渐收敛的，可通过适度的财政政策消除这种差异。

在经济发展的初级阶段，由于效率目标与公平目标之间的这种此消彼长的反向关系，制定区域经济政策时就产生了不同的政策主张。有些人主张效率优先、兼顾公平，有些人主张公平优先、兼顾效率。进入中等发达阶段以后，效率和公平目标的权衡逐渐向公平目标转移，因为经过经济的快速增长阶段，较发达地区的经济已步入了良性循环轨道，建立了比较完整的经济结构，全社会的财富积累达到了空前的程度，国家有能力在财政方面大力支援欠发达地区的经济发展。同时，公平问题直接影响效率，因为区际差距过大将影响社会稳定，导致诸多社会问题，因此，区域经济政策开始强调公平目标，从资源和政策方面支援欠发达地区的经济发展。经济进入高度发达阶段以后，区际差距随着经济的持续发展将逐渐缩小，发达地区与落后地区间的经济差距表现为相对差距，不存在严格意义上的区域问题。由于该阶段的区际差距为相对差距，因而通过适度的财政政策可以缩小这种差异，但这需要较长历史时期的努力。

三、政策目标的多重性

欧盟最初推出区域经济政策，是为了促进落后地区的经济增长，推出这种政策的前提是存在市场失灵。当然自20世纪90年代开始，欧盟区域经济政策的重点已经从吸引外资和进行全面补贴转向促进区域经济内生增长和人力资源开发。我国区际发展差距很大，且不同地区都处于不同的发展阶段，因此我国区域经济政策目标选择就会相当复杂。

（一）促进区域经济增长

区域经济增长是主要的区域经济政策目标之一。区域经济增长问题的实质就是提高本区域居民的收入水平以及解决本区域居民的就业问题，以及在多大程度上抑制现有消费并把它转变成投资的问题。然而，如何把握这种"度"将取决于我们的价值判断。一般认为，区域经济增长是提高居民的收入水平以及福利水平的主要途径，也是实现充分就业的重要途径。一方面，区域经济增长提高区域内人均实际收入水平，从而促进区域劳动供给的增加；另一方面，生产的不断扩大又刺激劳动力需求的增加，使得区域经济在更高水平上实现均衡。

不同区域如何实现经济增长，因区情不同，有很大的区别。在经济比较发达地区，为追求经济增长，大量采用劳动节约型技术，则难以解决失业问题，在短期内甚至加剧失业问题。经济欠发达地区因为市场规模较小，无法吸引外资，工业化起步较为困难，但如果其具有一些比较优势，就大力发展具有比较优势的产业。发达地区对欠发达地区实行更加开放的政策，欠发达地区实行循序渐进的开放政策，则欠发达地区在较小的市场规模下也可以开启工业化过程。

（二）改善资源配置

改善资源配置作为区域经济政策的目标之一，与资源是有限的这一事实相联系。许多天然资源并不是任何一个国家都拥有的，即使拥有这种资源，其又是不可再生的。对我国而言，丰富的劳动力资源仍是我国的优势，然而如何有效配置劳动力资源，在更大层次上涉及制度约束问题。例如，目前我国的城镇户口和农村户口制度严重阻碍劳动力的有序流动，形成了城乡劳动力市场的分割现象。在金融市场，大量的流动资金向股市和房地产集中，而在农村，由于无法提供正规金融所需的担保和抵押，农民无法获得正规金融的支持，形成了截然不同的两种金融市场。由于区域的块状特征，大量可流动要素向具有强大聚集力的地区集中，而广大的外围地区无法吸引这些可流动要素，出现要素聚集区和要素稀疏区。因此，从要素的有效配置角度来讲，首先要消除阻碍要素流动的各种制度上的障碍；其次，要建立统一的城乡要素市场，为此我国强调城乡统筹和乡村振兴战略；最后，从区际协调发展的角度来讲，政府要实行差别化的政策，对欠发达地区提供更多的财政支持，提供更多有利于企业生存的条件。

（三）提高劳动力就业率

在西方发达国家，失业主要由有效需求不足、高技术的应用以及激烈的竞争等原因所造成；但在大多数发展中国家，其国内经济一般为供给约束型，并在市场发育程度、国际贸易条件等方面与发达国家不同，因此发展中国家的失业率比发达国家高得多。[①]事实上，不管是发达国家还是发展中国家，如何解决劳动力就业问题，都是国家经济政策的重要内容之一，对发展中国家而言更加紧迫。尽管劳动力就业涉及国家宏观经济政策问题，但不同地区在经济发展水平以及人口压力方面有差异，所面临的就业压力也不同。因此，除了国家宏观政策以外，各个地区根据本区的情况，制定刺激劳动力就业的各种政策，前者表现为国家的劳动力就业政策，而后者为地方性政策。我国各个地区都制定刺激劳动力就业的各项政策就是一个例子。

（四）提高社会福利水平

尽管发达国家的区域经济政策所涉及的内容较为广泛，但其核心问题还是如何提高当地居民的福利水平。在发达国家，近些年来比较流行分权化研究。分权化是指地方财政权限下放给地方政府，包括由地方政府来制定和实施财政政策、财政收入和支出计划，以及由地方政府来决定征税对象、税基、税率等。在分权化情况下，对地方政府来说，其核心问题是选择何种社会基础设施和标准以及选择何类税种和税率。这些不仅直接关系到当地居民的福利水平，而且关系到能否培育区域经济长期发展的动力问题。

① 罗润东. 城市下岗失业及其治理 [M]. 北京：中国发展出版社，2000：52-54.

在我国，税权高度集中在中央，地方政府不能根据本地区的实际情况由地方立法机构决定是否开征或废止某些税种，也不能调整地方税税率。我国地方税税制结构也不合理，地方税体系中缺乏能够对地方财力具有决定性影响而且能够长期稳定的税种。因此，我国地方政府的财政收入相当有限，同时为了加快本地区的工业化过程，把很有限的地方财政收入投在当地基础设施建设和吸引外来资本的激励措施上。尤其在城市，由于地方政府没有足够的城市基础设施建设所需的财政收入，常常在城市土地有偿转让上做文章，这就为地方政府和房地产开发商相互勾结提供了条件。

（五）扶持研发和新兴产业

如果单从厂商目前的收益率角度考虑，就不存在进行研发的激励，因为研发成本很高，同时风险很大。此时，政府采取资金方面的激励措施，制定激励研发的相关政策，则可以激励企业的研发活动。根据企业生产产品种类的不同，有些企业是广告集约型企业，而有些企业是研发集约型企业。如果政府对这些研发集约型企业进行研发补贴，激励这些企业的研发活动，那么可以提高这些企业的收益率，进而可以提高这些企业的竞争力。政府还可以起"引导作用"。政府根据目前世界经济或某一地区经济的发展趋势以及产业结构的演变趋势，高瞻远瞩地选择一批具有发展潜力的产业部门，并在资金和产业政策方面大力扶持这些产业，可能会引导其他金融机构也向该产业进行投资。

（六）推动区际分工与适度竞争

由于各地自然和社会经济条件不同，不同区域形成不同类型的经济活动和产业结构，进而形成一国较为完整的经济系统，但这些不同区域的经济不应该是门类齐全、自成体系的"国家经济"，应根据扬长避短、发挥优势的原则，有效地利用本地资源，合理组织区域内各种生产要素，形成适合当地的产业结构，并形成各具特色的区域经济。随着我国改革开放的进一步深入，地方政府在区域经济中的地位和作用明显增强，地方政府发展地区经济的强烈冲动已成了我国发展区域经济的主要动力，随之地区之间为争夺原材料市场以及吸引区外投资展开竞争。区际竞争在许多情况下都是零和博弈，一方面大量开发区内资源、控制与封锁本地市场，另一方面为争夺外部市场自相残杀。区域的竞争优势是通过完善和规范区内各种要素市场，加大对区内人力资本和公共基础设施的投入，激励企业不断进行创新而实现的。因此，区域经济政策应包括把区域经济增长冲动引向正确轨道的具体措施。

（七）扶持特殊区域

区域经济增长并不是平滑的过程，人们常用不同的"阶段"来描述区域经济增长过程。尽管至今我们还不清楚如何划分这种阶段，但区域经济发展将经历某些关键性的区间或时期，此时存在区域经济运行脱离原有的运行模式而进入新的运行模式的可能性。因此，如果我们正确地把握目前的运行特征并采取有效的示范或引导作用，则可以建立新的经济运行模式。面临这种运行模式转换期的区域是多种多样的，这里重点讨论落后地区以及萧条地区。

1.落后地区

极端贫困地区的共同特征是地域偏远，交通不便，生态环境恶劣，文化教育落后，资本和技术要素极为稀缺。这些地区目前仍处在自然经济阶段，产业活动全靠传统的农业耕种。这些地区的经济运行主要是以劳动力替代资本（或技术）并超强度地开发土地资源所维系的。生态环境的不断恶化迫使投入更多的劳动力，就形成了不断扩大劳动力投入的恶性循环，形成了一种不断积累贫困的机制。任何以实现工业化为目标的政策或战略都不适合这些地区。对这些极端贫困地区而言，应把国家的各种转移支付和政策性贷款集中投资在社会基础设施建设上，提供贫困成员改善农业生产基础条件和环境条件所需的资金、技术。大多数落后地区目前仍停滞于工业化的门槛上。一般认为，尽可能发展具有比较优势的产业部门，建立和完善各种要素市场并实现各种要素在区内的自由流动，发达地区对这些落后地区高度开放等，是这些欠发达地区开始工业化的比较可行的路径。

2.萧条地区

萧条地区与落后地区是完全不同类型的区域。它们是较为成熟的工业化地区，但后来发生了许多不利于经济发展的变化，没能及时地调整经济结构，没能抓住发展机遇。这种区域不仅存在于发达国家，也存在于发展中国家，我国东北和中西部的一些老工业基地是比较典型的地区。

萧条地区的特征是容易看出来的：经济增长速度长期下滑；失业率逐年上升，而且持续时间长；人口大量外迁，失去了往日的增长势头，整个区域显得死气沉沉，如不发生决定性的变革，整个区域无法恢复过去的辉煌。事实上，任何区域的经济发生波动都是很正常的，但不同区域因其经济基础完善程度以及抗风险能力的不同，对区内外经济环境变化所作出的反应不同，有些地区作出积极、主动的反应，而有些地区总是被动地去应对这些变化。因此，不同地区对区域经济政策的需求也不一样，在制定区域经济政策时，应区别对待。已经步入工业化门槛的区域，尽管它不能保持持续的增长，有时会发生经济下滑、失业增加的情况，但它通过进一步完善原有的经济运行机制，可以把损失降到最低限度。因此，针对这种区域的政策主要是提供必要的资金援助，使它们尽可能平缓地度过这种转换期。但那些经济基础很不完备或竞争优势已丧失的地区，无法对经济环境的变化迅速作出反应。因此，针对这些地区的政策是通过财政政策上的支援，使它们尽可能把原有资源转移到具有发展潜力的新的产业部门上来。

第四节　区域经济政策的主要手段

实现区域经济政策的目标必须有适当的政策手段。就区域经济政策而言，政策手段主要是为了影响个人和企业的区位选择或改变特定区域的收入和支出水平。传统区域经济政策手段一般都以物质资本为靶向，大体可划分为宏观区域经济政策手段和微观区域经济政策手段。宏观区域经济政策手段旨在改变特定区域总收入和总支出状况，主要包括中央政府对不同地区财政、货币和贸易等方面的政策。微观区域经济政策手段旨在影响劳动力和资本的区域配置，主要包括影响劳动力重新配置和资本重新配置的政策手段。以人力资本为靶向的区域经济政策手段，则提出一些注重知识积累和技能培训的政策手段。但从人力资本和物质资本的视角出发的经济政策设计，仅限于经济系统运行本身。如果我们从社会文化与经济发展之间的关系以及经济、社会和环境协同发展的角度来设计区域经济政策，则可以提出新的政策手段，如社区发展政策。

一、宏观经济政策手段

（一）宏观经济政策手段的主要内容

宏观经济政策手段主要包括：

第一，贸易政策、财政政策及货币政策权限下放给地方，这涉及第九章讨论的分权化；

第二，区域差别化的财政政策，主要指税收和支出政策，包括自动稳定装置（所得税累进制和社会保障制度）和区域间差别化的政策（如政府的一些政策向受援地区倾斜）；

第三，区域差别化的货币政策，如给予萧条区更大的信贷使用权限等；

第四，区域差别化的贸易政策，如对萧条区进口中间投入品制定较低关税，设置相对宽松的配额限制等。

财政政策主要包括自动稳定装置和酌情处理手段。国家的大多数税制和转移支付，都是为了稳定就业和收入而设计的，如累进制税制、失业补助等属于自动稳定装置。但当发生严重的经济衰退或通货膨胀时，仅靠这些自动稳定装置不足以保证宏观经济的稳定，因而各国政府还采取酌情处理手段，企业所得税和消费税的减免是最主要的酌情处理手段。财政政策的实施主要是为了控制整个经济的总需求。一国经济形势深刻地影响该国企业的经济活动，而有些地区的企业对这种经济形势的变化比另一些地区的企业更敏感，因而这些地区的失业率也比其他地区更高。在高失业率地区，解决失业问题的方法是采取积极的财政政策，扩大总需求。但采取这种政策，可能导致价格水平的上升，因而会面临通货膨胀的危险。这种政策目标之间的相互矛盾意味着，地区之间的差距不可能通过扩大整个经济总需求的方法来解决，这也说明应该制定区别于其他地区的、有利于落后地区或萧条区域的倾斜性财政政策。严格来讲，自动稳定装置中已经包含了区域偏向，它可以扩大低收入地区的需求，降低高收入地区的需求，如失业补助就是倾向于高失业地区的一种转移支付。累进所得税能抑制高收入地区或高就业率地区的经济过度膨胀，也缩小区际收入差距。与此相反，固定财产税常把高收入地区的税负转嫁给贫困落后地区。政府采取的差别化的财政政策还包括政府的商品和服务采购计划，通过这种地区倾斜性采购计划，政府可以为落后地区创造更多的就业机会。实行差别化的财政政策一般需要如下步骤：首先，详细分析所有主要赋税类型和支出项目对区域的影响；其次，分析财政政策调整对区域的影响；最后，将财政政策调整和区域经济政策调整密切联系起来，因为当财政政策调整对区域经济产生负面影响时，可以通过区域政策来抵消这种影响。

货币政策手段是指为解决高失业率地区的就业问题，在经济衰退期采取刺激经济增长的方法。但正如在上面所指出的那样，扩大经济总需求会导致通货膨胀或国际收支的恶化。这种货币政策的主要手段是对欠发达地区或萧条区域在信贷使用方面规定比较少的限制条件。这种政策显然是差别化的政策。但这种政策也存在问题，即对萧条区域的扩大投入，有时通过各种渠道转移到发达地区，这是所有差别化的区域经济政策的一种通病。尽管如此，在受援地区布局新的企业或建设新的工程项目时，提供方便的信贷条件，可以缓解萧条区资源短缺之压力。

贸易政策的核心是尽可能把国内需求引向国内生产资料的使用上，这样既可以保护国内的新生产业，又可以保障国家经济的安全。尽管关税、进口控制等并不带有区域倾向性，然而通过对欠发达地区或萧条区域所需进口品制定较低的关税率和比较宽松的配额限制的方式，可以促进欠发达地区或萧条区域的经济发展。除了关税、配额以外，出口奖励也影响区域经济。出口奖励一般采取退税的方法。它有两个方面的作用：一是间接降低出口品价格，使得这种出口品具有价格优势；二是激励出口，推动出口品生产地区的经济活动，解决这些地区的就业问题。

（二）主要的财政政策手段

由于货币系统高度一体化，货币政策的区域化是比较困难的。因此，世界各国较少用货币政策来促进区域发展。贸易政策包括关税、进口配额、进出口许可证、出口补贴、出口信贷等，这些政策手段均具有明显的区域影响。为实现区域协调发展的目标，贸易政策区域化也会受到很大的限制。因此，目前世界范围内主要采用财政政策作为区域经济政策的主要手段。区域财政政策可以分为支持性财政政策与限制性财政政策。其中大量使用的是支持性财政政策，如政府投资、税收优惠、转移支付等。限制性财政政策，如对某些行业实行高税率、多税种的税收政策来控制其发展规模等，但该政策使用得较少。这里主要以转移支付和基础设施建设为代表讨论支持性财政政策，以产品开发许可证制度为代表讨论限制性财政政策。

1.转移支付

由于欠发达地区政府财力入不敷出，公共产品和服务供给严重不足，与发达地区存在很大差距，因而实施财政转移支付成为缩小区际公共产品供给差异的一个非常重要的工具。在发达国家，转移支付的基本目的是实现地区之间公共支出和公共服务水平的均等化。换言之，欠发达地区尽管经济落后、收入水平低，但在公共产品方面，应当实现与发达地区大体相当的标准，如享有基本的教育、医疗、文化娱乐、市政设施等条件。另外，实行分税制的国家都实行财政转移支付，大多数国家把建立规范的转移支付制度作为实施区域经济政策的重要手段，尤其是增加对欠发达地区的转移支付。

在转移支付资金分配上，多数国家都以要素法来确定。德国分别制定了计算财政平衡指数和各州财政能力指数的公式，并根据两者的相对大小决定各州的应补助数额或转移支付额度。印度对贫困落后地区除给予经常性援助、特殊目的援助、地区发展专项资金援助之外，在产品税和个人所得税的分享比例上也给予特殊照顾。

2.基础设施建设

在建设工业企业的过程中，工厂本身的建设只占总投资的一小部分，厂外基础设施的建设费用有时超过工厂本身的建设费用。有些经济比较落后的地区，尽管有很好的投资项目，但没有人愿意进行投资，其主要原因之一是基础设施很落后。国家出资修建一批基础设施，如交通、通信、能源、供水、住房等，则将大大改善这些地区的投资环境。我国在西部地区进行的铁路、高速公路、机场、光缆、村村通路等交通和通信设施建设，以及西气东输、西电东输、铁路建设、南水北调等工程，都是这种政策手段的具体表现。

当区域交通网络和通信网络落后时，因距离的缘故，这些区域形成一种"保护"性屏障，与核心区的经济活动被隔离开，这不利于本地区吸引外来企业或劳动力。如果欠发达地区的交通、通信联络成本高于核心区的成本，那么核心区良好的基础设施条件对各种经济活动的强大的吸引力、技术专业人员对核心区良好的服务环境的偏好进一步扩大这两者之间的差距。这种讨论的政策寓意是很明确的，即应加大对区域间交通、通信设施的投资；不仅对制造业区位采取优惠政策，对各种服务业和信息处理行业的区位也应采取优惠政策；为缓解服务部门技术人员的供给短缺，应在全国范围内进行人力资源投资。

3.许可证制度

限制在经济发达地区布局产业，就意味着鼓励在欠发达地区或萧条区域布局产业。一般来讲，限制性政策主要适用于核心区和经济高密度地区。这种限制性政策的手段多样，但最主要的是对企业的投入（包括资本、土地、劳动力等）或产出进行课税。还有一种比较有效的手段是许可证制度。根据有关英国的研究，这种制度有以下几个方面的积极作用：

第一，有效推动企业进入受援地区；

第二，对政府而言，只支付了行政方面的成本，因而大大节省了财政层面的转移支付；

第三，制度的实施弹性比较大，可根据经济景气情况及时调整，因此尽管它也有负面影响，但比起强制性手段，其负面影响较小；

第四，取得许可证的审批过程就是企业与政府有关部门相互沟通、交流信息的过程，也是企业参与政府决策的过程，又是有关当局尽可能说服企业在经济中心以外的地区布局的过程。

尽管这种"接触和说服"的绩效无法量化，然而英国的调查数据表明，这种"接触和说服"为英国产业活动的分散作出了重要贡献。[①]

当然，这种手段也有一些问题：

首先，这种措施严格限制企业在有效率的区位上扩大投入，从而影响了经济效率。

其次，这种限制对国内投资产生负面影响。如果企业在它所选择的区位上的扩大投资受到限制，那么它很可能放弃扩大投资计划，其中一些企业有可能转移到国外。

二、微观经济政策手段

微观经济政策手段主要包括劳动力重新配置和资本重新配置。区域经济政策的主要目标是尽可能把资源要素引向欠发达地区和萧条地区。这些不仅包括促使劳动力和资本向欠发达地区转移，还包括促使萧条地区通过自身的内生发展来解决众多劳动力的就业问题。

（一）劳动力重新配置手段

劳动力重新配置手段包括劳动力在原地重新配置和区域间重新配置。前者主要指职业培训、职业教育、远距离通勤补助等；后者包括迁移政策（如以迁移费用和精神补偿为主要内容的补贴）、激励流动政策（如为潜在的迁移者提供各种信息，专门为迁移者提供住宅、方便住房交易的政策等）和提高劳动力市场效率的政策（如完善的社会保障制度、规

---

① 阿姆斯特朗，泰勒. 区域经济学与区域政策［M］. 刘乃全，贾彦利，张学良，等译. 3版. 上海：格致出版社，上海人民出版社，2007：202-203.

范的劳动合同等）等。

劳动力并没有人们所想象的那样简单地对区际工资率和失业率差异作出反应。其实，劳动力流动是一个相当复杂的过程，尽管不同国家都制定促使劳动力流动的各种政策，但这些政策的效果并不很明显。影响劳动力流动的主要是如下三个方面的原因：

一是区域间、产业间及职业间的收入差异并不反映劳动力的边际生产率差异；

二是制度障碍，如我国的城乡户口制度严重阻碍劳动力在城乡间的自由流动，形成了城乡两种不同的劳动力市场；

三是人口移动或者改变职业需要较大的成本，如学习成本、培训成本、放弃原有知识的机会成本、迁移成本等。

收入不能反映边际生产率是影响劳动力流动的主要原因，而劳动力市场的不完备及由此产生的信息不对称是收入不能反映边际生产率的背后原因。为了解决上述问题，可以采取如下措施减少劳动力流动障碍：

一是制度创新，尽可能消除人为的劳动力流动障碍，建立比较完善的社会保障制度和用工制度；

二是提供就业信息，建立大范围多层次的就业信息网络；

三是政府支持民营企业制订培训或再培训计划，并对参加培训人员支付补贴等。

（二）资本重新配置手段

资本重新配置手段主要包括：

（1）税收和补贴政策，又可以划分为投入、就业、产出及技术等政策。

①投入方面的优惠政策包括资本、土地、厂房方面的优惠政策，这些包括厂房和建筑物补贴、资本补贴、降低贷款利率、投资税收减免、降低地方税费及土地价格等。其他投入方面的优惠政策包括运输、能源方面的补贴。

②就业方面的优惠政策包括工资补贴、建立社会保障制度和用工制度所需的成本，以及医疗卫生、教育等方面的补贴等。

③产出方面的优惠政策包括出口退税和价格补贴政策。

④技术方面的优惠政策包括对企业研发活动的资助、对普及和推广新技术进行补贴、对培训该技能劳动力方面的补贴等。

（2）提高资本市场效率的政策，主要包括提供贷款保证、风险资金、交易保证等。

（3）提高企业效率的政策，主要包括为小型企业提供管理咨询、展销推广机会等。

（4）行政管制，包括免除布局在落后地区的企业在规划、出口等方面的限制，消除行政以及官僚机构对企业的干预。

资本补贴已经成了许多国家激励企业在边缘区布局的主要措施。巴西为了激励国内企业在东北部地区布局，根据企业创造就业机会的多少、工业部门的性质、是否进口替代、是否形成出口、原材料是否在当地采购，以及劳动密集程度和所有制性质等，采取了差别性补贴的方法，其补贴额度可以达到计划总投资的75%、60%、50%、40%、30%。①马来西亚也采取了类似的做法，把这种补贴同国家优先发展的工业部门、在马来西亚采购的原材料所占比重以及创造就业机会的数量结合起来。为了防止这些资金的流失，许多国家都

---

① NIJKAMP P. Regional economics［M］. Amsterdam：Elsevier，1996：669.

由那些训练有素的、有知识和技术而不腐败的公务员来管理这些项目。

然而，许多国家在边缘区布局工业企业时所面临的一个共同问题是这些企业区位选择上的"非经济"因素。企业的迁移首先考虑董事长或总经理是否愿意迁移的问题。例如，在1980年巴西圣保罗工业布局调查中，有20%的企业把"所有者个人和家庭的原因"作为是否从圣保罗都市区迁出的决定性因素，而那些"有利的环境会吸引管理人才"方面的因素的作用并不是很重要，只有19%从中心区迁出的企业认为它是重要的决定因素。①因此，我们不应对这种激励措施的作用过分乐观，当然也不应该失去信心。

三、基于人力资本的政策手段

如果我们把区域看成由决策者和劳动者所组成的一种空间，人们在这种空间中建立工厂、购买设备、雇佣劳动者生产各种产品和服务，则可以用"劳动力正在做而不是制造"②的角度来看待经济活动，这就凸显"职业"研究的重要性。如果从职业角度来分析区域经济，则强调人力资本而不是物质资本作为区域经济发展的核心要素，因此教育培训机构、培训活动布局以及具有高技能人才的迁移和职业转换，显得与产业、公司以及厂商的区位选择和迁移同等重要。③从职业角度出发的研究为政策制定者提供了新的思路。对中央政府而言，从职业角度出发的研究可以告诉他们何种类型的人力资本支出和培训项目在特定区域的绩效更好。对地方政府而言，从职业角度的研究可以为区域规划者和决策者解决就业岗位日趋减少的问题，为解决一些与区域经济发展相联系的区外人员的就业机会并形成适合当地技术经济特征的人才策略，提供理论依据。下面我们给出以人力资本为中心的区域经济发展政策工具。④

1.鼓励职业网络、组织和机构的发展

地方政府可以以行业协会、职业联盟、教育和培训机构以及相关招聘网站为基础，制定改善本地就业环境的政策。许多职业，尤其是不同行业和科学研究领域的职业，都具有相应的行业协会，而且这些行业协会往往与国家最高级别的行业协会有着密切的联系。在国家层面，这些组织为行业发展制定标准，为行业论坛和技术研讨提供场所，为知识产权保护和合约履行提供支持，监督相关公共政策（税收、福利方面的政策）的落实情况。在区域层面，这些组织是地区经济发展的推动者和参与者。

2.提升主导行业的企业家精神

人力资本战略对培育企业家精神给予特别的关注。地方政府的主要政策手段是推动不同行业间知识的相互交流，而这种相互交流可以为地区经济发展培育新的企业家，加深区域专业化水平。政府对新创企业的减税和简化手续，也为培育企业家精神作出贡献。

3.保护和加强区域人才储备

区域人力资源发展战略的主要目标就是开发那种能够供给和保有该地区专业化领域一

① NIJKAMP P. Regional economics ［M］. Amsterdam：Elsevier，1996：669.
② FESER E J，LUGER M I. Cluster analysis as a mode of inquiry：Its use in science and technology policymaking in North Carolina ［J］. European Planning Studies，2003，11（1）：11-24.
③ MATHUR V K. Human capital-based strategy for regional economic development ［J］. Economic Development Quarterly，1999，13（3）：203-216.
④ MARKUSEN A，KING D. The artistic dividend：The hidden contributions of the arts to the regional economy ［D］. Minneapolis，MN：Project on Regional and Industrial Economics，University of Minnesota，2003.

流人才的能力，包括培育国内人才和引进国际人才，从而形成一种职业的区域特色。决策者主要通过如下手段来实现上述目标：一是鼓励发展完善的教育和培训机构；二是与劳动力市场建立密切的对接关系以及良好的互动关系；三是改善当地的居住环境。

4.建设职业社区

最典型的例子就是各类艺术村。集中居住的艺术家促进了当地商业和零售业的发展以及当地农产品的销售，而当地各种全盛期或者衰落期的艺术品，可以吸引成千上万的人到此参观访问，艺术家可以在他们的工作室向他们展示各种艺术成果或技艺。现在有许多小城镇为了恢复活力，低价甚至免费向艺术家提供居住和工作场所。

5.鼓励中介组织的发展

人们的职业选择一般依据目前的行业状况、薪金水平、升值前景、行业间的流动性以及居住环境。但人们的这种预期还与企业家所期望的劳动力职业构成和所愿意支付的激励措施相匹配，这中间有可能会出现信息不对称的情况，需要中介组织的发展和参与，中介组织的沟通可以有效降低匹配成本。

四、基于社会资本的政策工具

社会资本理论首先是由普特南（Putnam，1993）提出的，用来解释意大利南北经济发展的历史差距。社会资本理论认为，部分的经济发展取决于当地社区的文化特征。经过漫长的历史发展过程，社区会形成一种本地化的市民传统，这些传统可能支持经济发展，也可能阻碍经济发展；社会资本可以是好的，也可以是坏的，但一旦形成，这种文化传统就很难改变。[1]在区域经济研究中，社会资本理论为新产业区和社区经济发展这两种政策手段提供理论依据。

（一）新产业区

对新产业区的研究起源于20世纪70年代后期对"第三意大利"一些比较成功的中小企业群的研究（Bagnasco，1977；Piore & Sabel，1984）。"第三意大利"主要指意大利的东北部和中北部地区，这些区域与意大利西北部（米兰、都灵）的老工业区形成鲜明对比，更加区别于落后的意大利南部地区。"第三意大利"新产业区的企业以生产享誉世界的豪华服饰、家具、机器工具和陶器的小手工企业为主。新产业区远远超出经典的马歇尔工业区的特征范畴，其典型特征主要如下：一是社会文化的支持；二是促使中小企业形成聚集的公共和私人机构服务网络。

对社会文化的分析主要依赖社会资本理论。普特南认为，如信任、道德等社会资本，可以协调人们之间的各种行为且可以提高社会效率。企业、顾客和劳动力之间的相互信任可以免除合约、监督，进而大大降低社会成本。相互信任是通过互惠标准和市民网络逐步建立起来的，互惠标准是有关个人与企业之间关系的一组不成文的规则。随着时间的推移，这种信任会在地方社区中逐渐建立起来，并通过社会制裁来惩罚违反者而得以加强。

传统的产业区分析中并没有社会资本。虽然马歇尔认为商业协会可以起到一定的作用，但19世纪的产业区是以自由企业为主。新产业区与传统的产业区完全不同，当地地

---

① PUTNAM R. Making democracy work［M］. Princeton：Princeton University Press，1993.

方政府对新产业区的发展起着重要的作用，还包括企业与各种公共和私人机构的联系网络。Amin 和 Thrift（1995）将上述网络强度视为"组织厚度"，并认为这种"组织厚度"对区域经济发展起着重要的作用，它不但可以鼓励信任的形成，也可以鼓励企业家精神的形成，并使企业更好地融入当地，创造并享受聚集效应。①

（二）社区经济发展

根据欧盟 1998 年度报告，社区经济发展是一种基于特殊目标的社会经济实践活动。由于欠发达地区的社区居民无法融入主流区域的经济活动，无法享用区域发展带来的福利，所以欠发达地区社区经济发展的关键在于为本地区企业和居民提供社会经济发展的机会，制定和实施本地区的经济发展战略，逐步融入区域发展的主流。社会资本理论为社区经济发展提供了理论支撑。基于社会资本的区域发展理论认为，强有力的社区联系和密切的当地网络可以改善地区的经济发展前景。社区经济发展与许多传统区域经济政策手段是不同的，主要区别在表 11-1 中列出。

表 11-1　　　　　　　社区经济发展与传统区域经济政策手段的比较

方　面	传统区域经济政策手段	社区经济发展
代际公平	在短期内，利用暂时的方法吸引投资，解决就业；由短期目标和政治目标所驱动	长期建设和培育当地的社会经济发展能力，创造长期的就业机会
社会公平	降低工资可以创造财富和就业	强调有社会价值的产品和服务，包括鼓励培训、就业和维持生存水平的收入
地理公平	充满地方竞争的贸易，将市场与重点放在吸引外部投资上，而不考虑对其他（更具潜在价值的）地区的影响	通过当地与外部的公平贸易发展当地经济，避免区际竞争的零和博弈
参与	社团组织吸纳大型机构投资者，往往会有政府或政治人物的参与	参与从设计到执行各阶段的社区复兴活动；与当地基层民主密切相关
整体方法	意图通过经济发展来推动社会发展和环境改善	试图提高当地经济发展、社会条件和环境之间的协同发展水平

资料来源　LLOYD P, RAMSDEN P. Local enterprising localities：Area based employment initiatives in the United Kingdom ［R］. Brussels：Report for the European Commission，1998.

社区经济发展首先是一个过程，而非解决特殊问题地区的政策工具，但其过程中存在各种政策工具。我们主要关注如下两个方面：

首先，在推动社会经济发展过程中，很多传统的政策工具已经与以往应用情景下的情形大不相同，以至于事实上形成了新的政策工具，如鼓励合作的补贴和信用联盟。这些工具的应用可以吸引当地居民服从社区管理并参与建设，甚至能够创造就业机会和收益。

①　AMIN A, THRIFT N. Globalisation, institutional thickness and the local economy ［M］//HEALEY P, DAVOUDI S, GRAHAM S, et al. Managing cities: The new urban context. Chichester: John Wiley & Sons, 1995：92-108.

其次，除了传统政策工具的新应用以外，社区经济发展还形成了真正意义上的新的政策工具，举其中两种政策工具：

第一，本地交换系统。其由从事本地交易活动的本地交换单位协会所创立，产品和服务可以通过本地交换单位作为中介来进行交易。本地交换单位也可以作为记账和储藏财富的手段。虽然没有发行货币，但由于当地社区的大部分居民参与其中，这种交换单位在当地是很有效的。

第二，劳动力中介市场。其联系着失业与就业，它主要填补政策和市场之间的空隙，在提供就业的同时进行技能培训，帮助个人劳动技能提升。①

第五节　区域经济政策效应评价与模拟

政府实施区域经济政策后的实际效果如何，是否达到预期的政策目标，这需要进行科学的评价。区域经济政策效应评价是一项很复杂的工作，一般认为区域经济政策效应评价是"不同行动的功效比较评价"。对政策制定者而言，这种评价是从多种备选方案中选择某种政策手段的过程，或是从多种备选政策组合中选择最合适的政策组合的问题。区域经济政策效应评价有利于使政策目标确定更符合实际的要求，政策手段和工具的运用更具有操作性，使政策效果在更大程度上接近确定的目标，从而促进区域经济政策不断完善和科学化。此外，进行有效的区域经济政策效应评价可以增强宏观调控的有效性，降低政策投入成本，发挥民主监督作用，加快落后地区发展。

一、区域经济政策效应评价的过程

对政策实施过程而言，区域经济政策评价要求政策制定者密切关注政策实施过程中产生的问题以及实施结果与预期目标相符合的程度，并根据政策实施区域的实际情况及时调整原有区域经济政策，使得政策实施朝着效益最大化方向发展。

实施这种评价主要关注如下方面：

第一，要确定实施某种区域经济政策的对象区域，是欠发达地区还是萧条地区，或是过度集中的城市中心区。由于这些"问题区域"的经济发展水平、经济特征、所面临的问题不同，因而所要解决的问题、解决的途径也不同。

第二，要搞清楚所要达到的目标是什么，最理想的是确定量化目标。区域经济政策目标是区域经济政策的出发点和最终归宿，它制约制定和实施区域经济政策的全过程，规定解决什么、如何解决以及评价标准和工具问题。如果区域经济政策的实施目标之一是扩大受援地区的就业，那么在新增的就业机会数量以及实现该目标的时限都很明确的情况下才能进行评价。

第三，在目标定量化基础上，政策制定者要详细说明各种备选政策手段的组合范围，包括目前的政策手段中仍要采用的政策手段、新的政策手段以及目前的政策手段中将停止使用的政策手段等，也就是区域经济政策设计。

---

① LLOYD P，RAMSDEN P. Local enterprising localities：Area based employment initiatives in the United Kingdom ［R］. Brussels：Report for the European Commission，1998.

这种纳入评价环节的区域经济政策设计主要包括如下步骤：

一是宏观调控参数方案设计，是指国家对大范围区域间宏观调控参数的设计，如我国东西部经济增长速度比例参数等。

二是单项区域经济政策设计，是指为解决某一区域经济问题而设计的政策，如就业问题、产业政策等。

三是区域经济政策体系设计，是指单项区域经济政策的综合。它由若干既独立又相互联系的单项区域经济政策所组成。

四是在确定了政策目标和政策手段组合的情况下，为了评价各种备选政策，应评价可供选择行动过程的效应，这是事前评价。事前评价是区域经济政策实施以前进行的预测性评价，主要包括对象区域的发展趋势预测、各种区域经济政策方案的可行性、实施区域经济政策方案以后可能产生的对区内外的影响。这种过程根据所选定的目标，可能要反复进行，最终筛选最优政策手段。

五是区域经济政策效应评价，也就是事后评价。当区域经济政策实施到一定阶段以后，对其结果进行评价，并根据评价的结果以及区域经济环境的变化情况，调整区域经济政策目标和政策设计，从而进入新一轮的区域经济政策评价过程。

在整个区域经济政策效应评价过程中，选择合理的评价方法将直接影响效应评价的真实性，进而影响区域经济政策的选择。项目评价可以分为若干类型，如定性分析和定量评价、单个目标评价和多目标综合评价、专家打分方法和建模方法等。就政策效应评价而言，评价方法又可以分为直接评价法、部分评价法以及综合评价法等。然而，对这些评价方法的客观性而言，不存在绝对客观的区域经济政策效应评价方法与标准，主要是因为区域经济政策的许多目标难以准确量化，准确区分政策作用与其他因素的影响十分困难，政策的成本和收益的衡量难度很大，同时缺乏必要的统计资料。[①]因此对区域经济政策效果的实证研究主要集中于反映政策效应的正负方向与大致的观测结果上，但有些学者对区域经济政策进行了较为精确的定量分析。

国内学者也对中国区域经济政策效应评价进行了实证研究。由于市场经济体制不完善，影响政策效果的因素较多，统计指标不能真实反映经济运行状况等问题，中国区域经济政策的量化评价工作存在一定的困难。大多数学者是从区域经济政策实施前后区域经济总量指标的角度来进行总体效应评价的。

二、区域经济政策效应的传统评价

（一）区域经济政策的就业效应评价

穆尔和罗兹（1973）最早研究了区域经济政策对受援地区就业的影响。他们比较了受援地区在区域经济政策支持下的就业水平和没有政策支持时的就业水平。这种比较研究方法假设就业水平主要由区域的产业组合决定，但受到外部环境的影响，如区域经济政策的影响等。因此，可以比较有政策时期和没有政策时期的就业水平来估计政策对就业的影响。早期政策评价研究的关注焦点在于引导研究者构建经济模型来解释就业的变化趋势，

————————
① 阿姆斯特朗，泰勒. 区域经济学与区域政策 [M]. 刘乃全，贾彦利，张学良，等译. 3 版. 上海：格致出版社，上海人民出版社，2007：301.

而不是仅仅进行简单的不同政策时段的就业对比。后续的研究也是利用回归模型结合时间序列数据来估计影响就业的各种变量，其中包括区域经济政策效应。

区域层次开展的政策效应研究是为了估计每种区域经济政策工具对受援地区就业水平的影响。然而，这种研究存在两个缺陷：

首先，它们无法直接关注那些得到资金援助的企业，因为研究所用的变量是所有企业的加总值，而其中很多企业并没有得到援助；

其次，这种总量方式的研究无法衡量财政刺激对区域经济竞争力的各种影响。

这两个问题说明区域经济政策效应的估计需要采用更多单变量分解和深入微观主体的研究方法。

（二）受金融支援企业的扩大就业效应评价

雷恩和沃特森（1991）利用区域开发补贴、区域支援政策、对地方政府的支援、对工业园区的支援、政府的选择性支援、对英格兰地区的支援、对英国技术集团的支援、对英国钢铁公司的支援等金融支援政策变量，评价了英国纽卡斯尔受金融支援企业扩大就业的效应。通过对各援助计划就业绩效进行回归分析以及测算各财政支援政策的系数，可以计算出财政支援政策的就业绩效。同时，财政支援政策的系数可以用来计算每创造一个就业机会所需的费用。他们得出如下主要结论：

一是区域开发补贴和选择性区域支援政策，对扩大就业起主要作用；

二是支援力度较小的支援政策，对扩大就业没有明显作用；

三是创造每一个就业机会所需的费用中，区域开发补贴所占份额比选择性区域支援政策的份额大；

四是对每一个就业机会所需的费用而言，经济衰退期所需费用比经济繁荣期更大。

（三）区域经济政策的产业转移效应评价

有关产业转移研究所要揭示的是区域经济政策激励企业从发达地区迁移到受援地区的效应问题，主要采取产业转移时间序列模型和区域间产业转移的截面模型。用时间序列模型来估计区域经济政策对产业转移的影响是为了解释不同时间段内迁移企业数量的波动问题。穆尔和罗兹（1976）认为，产业迁移到受援地区主要受如下四个因素的影响：经济总需求、受援地区吸引资本的优惠条件、劳动力补贴以及对非援助地区投资的限制。[①]阿什克罗夫特和泰勒（1979）认为，全国整体的产业转移状况，首先是由国家投资政策所决定的，限制对非受援地区的投资和补贴对受援地区的投资进一步加大了受援地区吸引投资的力度，产业转移受到国家层次的区域经济政策的影响；其次，产业转移的空间分布是由反映各区域经济吸引力的因素所决定的，这些要素就包括区域经济政策工具。

图梅和泰勒（1985）的区际产业转移截面模型指出，产业区际转移主要取决于三个基本要素：

（1）原区域与目标区域的规模。相对于规模较小的区域而言，规模较大区域会吸引更多的产业，因为市场规模和规模经济发挥作用。

（2）原来区位与转入区位间的距离。厂商为了保持与各种供应商之间的联系，希望迁

---

① 阿姆斯特朗，泰勒. 区域经济学与区域政策［M］. 刘乃全，贾彦利，张学良，等译. 3版. 上海：格致出版社，上海人民出版社，2007：306.

移的距离要尽可能短。

（3）区域的经济吸引能力，包括区域经济政策对经济吸引力的影响。他们的这种研究以引力模型为基础，故该种研究假设产业区际转移总量与区内企业存量正相关，与区域间距离负相关。但该研究最终聚焦于区域吸引力对吸引产业转移的影响。他们发现财政激励、劳动力供给、投资区位限制、交通状况、各种基础设施供给状况以及进入市场难易程度等因素直接影响区域吸引力的大小，这同时意味着区域经济政策工具将通过多种机制影响厂商的区位选择。

三、成本效益分析法

与其他分析方法相比，区域经济政策的成本效益分析法[①]有三个特点：

一是综合程度高，对区域经济政策的所有成本和效益都要进行分析；

二是使用起来比较灵活，既可用于事前评估，也可以用于事后评估；

三是尽管难度较大，但效果好。

（一）成本效益分析的基本思路

成本效益分析方法是对政策实施过程中所支付的成本（投入）和所产生的效益（产出）进行比较分析，并以此为基础评价政策的效应，进而调整区域经济政策实施方案。该方法的核心是将实施政策所需的未来全部成本（投入）和未来所有收益（产出）折算为现值，可以表示为：

$$NPV = \sum_{t=0}^{n} [(B_t - C_t)/(1 + r)^t] \qquad (11-1)$$

其中：NPV 为实施区域经济政策期间该区域社会净收益的现值；B_t 为实施区域经济政策后第 t 年的全部收益或产出（包括社会效益、经济效益、生态效益等）；C_t 为实施区域经济政策后第 t 年的全部成本或投入（政治、社会、经济、环境等方面的投入）；r 为贴现率；n 为收益达到预期增长率所需年数。为了消除在政策实施期间价格变动的影响，成本和收益都以基准年价格来表示。目前 1 单位的投入将来创造超过 1 单位的价值，是该方法基本的评价思路。根据上面的公式来评价区域经济政策效应，则此时 B_t 包括所有的收益，C_t 包括所有的成本。当 NPV 大于零时，实施该政策是有效的；当 NPV 小于零时，该政策实施成本大于效益，政策是无效的，必须调整政策方案。

（二）成本和效益的确定

成本效益分析中的投入成本一般包括政府财政支出、企业成本支出、机会成本三大类型。[②]

1.政府财政支出

政府财政支出包括财政转移支付、税收优惠、政策性费用支出。

（1）财政转移支付是指财政资金在区际的再分配，主要表现形式为中央财政与省级财政之间的转移支付、中央财政对受援地区的转移支付、非受援地区对受援地区的转移

① 阿姆斯特朗，泰勒. 区域经济学与区域政策［M］. 刘乃全，贾彦利，张学良，等译. 3 版. 上海：格致出版社，上海人民出版社，2007：322-324.
② 母爱英. 区域经济政策新视角研究［M］. 北京：经济科学出版社，2004.

支付。

（2）税收优惠主要是吸引外来投资的一种激励手段。例如我国改革开放早期给予经济特区如下的税收优惠：凡是在经济特区的外资企业，其企业所得税按减15%的税率征收；对生产性外商投资企业，经营期在10年以上的，从开始获利的年度起，第一年和第二年免征企业所得税，第三年至第五年减半征收企业所得税；投资额超过500万美元并且经营期超过10年的服务行业外资企业，从开始获利年度起，第一年免征企业所得税，第二年和第三年减半征收企业所得税等。

（3）政策性费用支出主要包括：

第一，政策制定成本，包括政策出台前的所有支出，如社会调查、资料分析、政策设计、政策效应事前评估支出，以及与政策制定有关的其他费用和支出。

第二，与区域经济政策有关的基础设施投资，是指政府为了改善受援地区能源、交通、通信、环境等方面的落后状态而进行的投资。

第三，实施区域经济政策的行政事业费用，是指制定政策以后各行政事业单位为保证政策顺利实施而支付的所有费用。

2.企业成本支出

企业成本支出包括：

（1）企业迁移成本，主要包括企业在受援地区的建设成本、企业搬迁成本、部分设备的更新成本、员工及其家属的安置费用、通勤费用等。

（2）新企业建设的成本，包括各种建设费用、资产（固定资产、流动资产及其他无形资产）投入及员工招聘成本等。

（3）改扩建企业的成本，主要指企业改扩建过程中发生的各种支出和生产性投入，包括资产评估成本、追加投资（包括固定资产、流动资产及其他无形资产）成本等。

3.机会成本

机会成本主要包括：受援地区加大投资对非受援地区的影响；企业迁至受援地区对原有地区的影响。在政府的财政投资总量一定的情况下，加大对受援地区的投资力度，必然影响非受援地区的投入，进而影响非受援地区的经济增长。同时，对受援地区加大政策优惠力度，则受援地区在这种优惠政策引导下可以吸引大量的企业投资，这就降低了企业对非受援地区的投资，进而影响非受援地区的经济增长。企业从非受援地区迁至受援地区，加大了受援地区的经济总量，相对减弱了非受援地区的经济总量。同时，企业迁到受援地区，在增加受援地区就业机会的同时，减少非受援地区的就业机会，可能造成非受援地区失业率的上升。

成本效益分析中的效益（产出）一般由三个部分来组成：新增经济产出和提高的收入；新增就业机会创造的效益；增加的政府财政收入。新增经济产出和提高的收入，一般根据 GNP、人均 GNP 等指标来衡量；但根据区域经济政策的目标，也可以用表征经济发展水平的其他指标来衡量。

区域经济政策的主要目标之一是增加受援地区的就业机会，降低失业率，因此新增就业就成了评价区域经济政策有效性的主要指标。受援地区扩大就业，主要来自外商投资企业、非受援地区企业迁入或直接投资及受援地区企业改扩建创造的就业机会。扩大就业机会所带来的效益，直接效益表现为就业者工资收入的增加和企业收益的增加；间接效益表现为工资收入的增加，扩大了对受援地区产品的需求，并激发了就业者的劳动热情，这些直接推动了受援地区经济的发展。扩大就业对稳定受援地区的社会经济发展起到了相当积极的作用。

政府收入增加是区域经济政策最直接的表现，主要包括：

（1）受援地区企业和个人收入增加带来的政府税收增加；

（2）就业机会增加降低了受援地区的失业率，进而政府对受援地区失业救济和福利支出减少，这就相对增加了政府的财政收入；

（3）区域经济政策的实施可以减少受援地区向非受援地区的移民，进而降低了政府的移民费用；

（4）这种从受援地区到非受援地区移民的减少，又节省了非受援地区的基础设施建设和公共支出费用，相对地增加了政府的财政收入；

（5）实施区域经济政策减少了劳动力向非受援地区的流动，有助于解决诸多城市问题，如降低非受援地区城市的拥挤情况，改善城市生产和生活环境等，而这种效益主要表现为政府维持市政秩序投资的减少。

表11-2所反映的是区域经济政策的扩大产出效应所引致的社会效益和损失产出而产生的社会成本，它不包括扩大就业而产生的社会效益和其他效益。

表11-2   **区域经济政策的社会效益和成本**

社会效益	1.经济活动规模的扩大，创造了新的产出和收入 2.减少了从受援地区到非受援地区的人口转移，进而降低了非受援地区的基础设施成本和公共支出费用 3.节省了从受援地区到非受援地区的迁移成本 4.弱化了经济活动的空间聚集趋势，进而降低了城市维持秩序（如环境污染、交通拥堵等）所需的费用 5.区域经济政策的公平以及再分配效益 6.非经济性效益（如政治、经济、环境等方面）
社会成本	1.转移生产资源而产生的对经济活动投入的减少，进而损失了部分产出 2.向受援地区转移所需费用 3.建设新的企业所需生产要素的成本 4.伴随区域经济政策的基础设施建设费用 5.实施区域经济政策的行政费用 6.环境恶化

资料来源　阿姆斯特朗，泰勒.区域经济学与区域政策［M］.刘乃全，贾彦利，张学良，等译.3版.上海：格致出版社，上海人民出版社，2007：322.

区域经济政策的目标是推动受援地区的经济增长、提高收入。但同一收入水平对不同收入集团而言其意义不同，因而进行成本效益分析时，对不同收入集团的成本和效益应给予不同的权重，然后进行综合分析。比如实施区域经济政策的目的是缩小地区差距，那么评价区域经济政策效应时，高收入阶层的权重要低于平均值，低收入阶层的权重要高于平均值。

四、区域经济政策模拟[①]

由于社会经济系统具有不可实验的特点，区域经济政策无法事先通过实验来判断政策效应。以往也有过宏观经济政策出台之前先进行试点摸索经验再进行推广的做法，由于不同地区的社会经济条件存在差异，经过试点的政策推广到其他地区时可能会产生不同于试点区域的政策响应。在强调顶层设计的当今中国，依靠政策试点或试验区的办法已经不能满足政策研究和政策制定的需要，因此，有必要探索政策模拟的方法，对区域发展政策的效果进行事先的科学判断。区域经济政策模拟可以为论证区域经济政策的必要性和可行性提供科学参考，有助于增强区域经济政策制定过程的科学性。

区域是一个开放的经济系统，区域之间存在密切的经济联系，每个区域都在不同程度上受到其他区域的影响。因此，政策模拟不仅要分析特定政策对特定区域产生的效应，还要考虑区域之间的传导效应，判断对其他区域带来的影响。

（一）主要应用领域

区域经济政策模拟主要应用于如下三个方面的问题：

第一，区域经济政策的效应。比如，成都举办第三十一届世界大学生夏季运动会给成都经济发展带来了何种影响？京津冀协同发展，高标准、高质量建设雄安新区对京津冀三地的经济发展会带来什么影响？中央政府的区域协调发展战略，比如推动西部大开发、推动东北全面振兴、促进中部加快崛起、鼓励东部地区加快推进现代化，会对区域经济、产业发展和就业机会带来什么样的影响？

第二，宏观经济政策的区域响应。宏观尺度的经济政策落实到区域尺度，会因为不同区域的经济结构和响应能力的差异而产生不同的效应，因此，政策模拟的主要目的之一就是对宏观经济政策的区域响应作出分析和预判。可模拟的政策涵盖宏观政策、产业政策和资源环境类政策。

第三，预测一定社会经济约束条件下区域经济的发展趋势，如能源供给约束和环境承载力约束下区域经济的发展趋势、能源流动对区域发展态势的影响、劳动和土地等要素成本上涨条件下区域经济的发展趋势等。

（二）模型工具的分类

区域经济政策模拟主要是采用模型和情景模拟的方法。所使用的模型工具依据建模思路的不同主要可以分为三类：

1.自上而下的模型

这类模型将区域看作一个整体进行建模，着眼于区域整体的分析，很少考虑甚至不考虑区域内部的差异。该模型的优点是区域整体的分析框架清晰，有利于聚焦问题，突出主线。该模型的缺点是对区域内部的差异考虑较少甚至完全不考虑，难以考察内部差异对区域经济政策效应的影响。在分析宏观经济政策的区域响应时，必须考虑一国内部的区域差异，构建多区域或者亚区域尺度的模型。在自上而下的模型中，建模所依据的经济学机制主要有一般均衡、局部均衡、最优化等，也有的模型基本上不考虑经济学原理。模型依据

---

① 石敏俊，等.区域发展政策模拟［M］.北京：中国人民大学出版社，2016：2-8.

所采用的经济学机制的不同，大体可以划分为如下亚类：一是投入产出模型；二是可计算一般均衡模型和局部均衡模型；三是数理规划模型；四是系统动力学模型，基于"凡系统必有结构，系统结构决定系统功能"的思想。

2.自下而上的模型

这类模型突出经济系统内部经济主体的个体差异，区分不同的经济主体来进行建模，而不是把区域经济当作一个整体来进行建模。这类模型适用于区域内部差异的描述和分析，可以刻画不同经济主体的行为差异对区域经济的影响。最重要的是自下而上的模型是基于自主体的模型（agent-based model，ABM）。ABM可以具有经济学的理论支撑，尤其是微观经济学理论的支撑，但如何设置合理的函数形式和参数来刻画行为准则和相互作用关系，是模型成功的关键。

3.统计分析和计量经济模型

这是指通过对区域经济活动进行统计分析和数据建模，模拟分析区域经济对外部政策变化的响应。统计分析和计量经济模型基于实际的经济数据，通过统计分析发现数据中的规律，建立数据模型和计量经济模型来刻画区域经济系统内部经济活动之间的关联或区域经济和外部社会经济因素之间的关系，从而模拟区域经济活动对外部经济社会因素变化作出的调整和响应。数据分析模型以统计学规律为基础。常用的建模方法包括时间序列数据模型、横截面数据模型、面板数据模型等。

本章小结

我们已经在前面从理论上论证了政府干预区域经济运行的可能性和必要性。本章主要是从政策主体、政策对象、政策目标、政策手段、政策效应评价等方面提供一个相对完备的知识体系，并期望为相关理论应用于实践提供初步的操作指南。

广义的区域政策包括经济政策、社会政策、环境政策等。但区域政策最初就是为解决区域经济问题而产生的，而区域的其他问题也直接或间接是由区域经济问题所引发的，因为区域经济发展水平直接影响区域的营商环境、社会状态、环境状况等。因此，狭义的区域政策主要是指区域经济政策。另外，区域经济政策按照政策作用对象的空间范围可进一步区分为三个类别：超国家经济合作组织内的经济协调政策、国家层次的区域经济政策以及地方层次的区域经济政策，具体表现为指向特定产业或企业的政策。本章重点关注国家层次和地方层次的区域经济政策。

区域经济发展有关"政府角色"的规范定义主要包括如下活动：计划——设定目标、事前评估（通常是成本效益分析）和制定规则；融资——以征收税费、预扣所得税以及发行债券的方式为长期项目筹集资金，提供优惠条件、奖励和补贴；控制——制定和推行产权、征税以及其他管制行为的各种规则；管理——协调、签约、事后评估和其他事项。从这个角度来看，很难想象区域发展中没有政府将会是什么样子。反过来讲，没有政府本身也是一种控制行动，因为无政府就涉及私有化和放松管制。

区域经济发展意味着努力扩大特定地区的收入、财富、就业和各种机会。区域经济为块状经济，而块状经济的最大特征为区域之间的非均衡力的存在。由于区域之间存在这种非均衡力，因而政府介入经济活动、制定一系列经济政策措施时必须注意区域经济的这种特点。块状经济的一些特征与新古典经济学的结论是完全相反的。我们在本章揭示上述变量之间或者模块之间的关系并非为简单的线性关系，而是非线性关系，这要求政府进行状态评估和干预时应谨慎对待之。

一般而言，区域经济政策是指政府为实现有序的空间布局和坚持正确的经济活动方向、缩小区际发展差距而进行的干预活动。区域经济政策首先是一种发展政策，试图提高国家整体未来的GDP；但在中短期内，这种目标有可能与经济活动的有序空间分布发生冲突。区域经济政策通常是一种反应性的（事后）政策，主要是试图改善现有的区域发展不平衡状况，而不是从根本上避免产生新的区域发展不平衡。前瞻性政策应该是力图提高当地产品的市场竞争力以及微观主体的收益率。

政策手段主要是为了影响个人和企业的区位选择或改变特定区域的收入和支出水平。传统区域经济政策手段一般都以物质资本为靶向，大体可划分为宏观区域经济政策手段和微观区域经济政策手段。前者主要包括中央政府对不同地区财政、货币和贸易等方面的政策。后者则主要包括影响劳动力重新配置和资本重新配置的政策手段。以人力资本为靶向的区域经济政策手段，则提出一些注重知识积累和技能培训的政策手段。上述从人力资本和物质资本的视角出发的经济政策设计，仅限于经济系统运行本身。社会资本理论将扩展我们的视野，从社会文化与经济发展之间的关系以及经济、社会和环境协同改善的角度来思考区域发展，并重新审视传统区域经济政策手段的新的功能，提出新的政策手段。

政府实施区域经济政策后的实际效果如何，是否达到预期的政策目标，这需要进行科学的评价。区域经济政策效应评价是一项很复杂的工作，一般认为区域经济政策效应评价是"不同行动的功效比较评价"。对政策制定者而言，这种评价是从多种备选方案中选择某种政策手段的过程，或是从多种备选政策组合中选择最合适的政策组合的问题。区域经济政策效应评价有利于使政策目标确定更符合实际的要求，政策手段和工具的运用更具有操作性，使政策效果在更大程度上接近确定的目标，从而促进区域经济政策不断完善和科学化。在强调顶层设计的当今中国，依靠政策试点或试验区的办法已经不能满足政策研究和政策制定的需要，因此，有必要探索政策模拟的方法，对区域发展政策的效果进行事先的科学判断。区域经济政策模拟可以为论证区域经济政策的必要性和可行性提供科学参考，有助于增强区域经济政策制定过程的科学性。此外，进行有效的区域经济政策效应评价还可以增强宏观调控的有效性，降低政策投入成本，发挥民主监督作用，加快落后地区发展。

参考文献

［1］LUGER M I. Smart places for smart people：Using cluster-based planning in the 21st century［M］//SHANE S. Creating enterprise：Igniting innovation through business-university-government networks. Northampton，MA：Edward Elgar，2004.

［2］NIJKAMP P. Regional economics［M］. Amsterdam：Elsevier，1996.

［3］AMIN A，THRIFT N. Globalisation，institutional thickness and the local economy［M］//HEALEY P，DAVOUDI S，GRAHAM S，et al. Managing cities：The new urban context. Chichester: John Wiley & Sons, 1995.

[4] PUTNAM R. Making democracy work [M]. Princeton: Princeton University Press, 1993.

[5] HUDSON R. Region and place: Developed regional government and regional economic success? [J]. Progress in Human Geography, 2005, 29 (5): 618-625.

[6] FESER E J, LUGER M I. Cluster analysis as a mode of inquiry: Its use in science and technology policymaking in North Carolina [J]. European Planning Studies, 2003, 11 (1): 11-24.

[7] MATHUR V K. Human capital-based strategy for regional economic development [J]. Economic Development Quarterly, 1999, 13 (3): 203-216.

[8] MARKUSEN A, KING D. The artistic dividend: The hidden contributions of the arts to the regional economy [D]. Minneapolis: Project on Regional and Industrial Economics, University of Minnesota, 2003.

[9] LLOYD P, RAMSDEN P. Local enterprising localities: Area based employment initiatives in the United Kingdom [R]. Brussels: Report for the European Commission, 1998.

[10] LUGER M I, MAYNARD N C. Information and communication technology and the places left behind [J/OL]. Prometheus, 2007, 25 (3): 267-282 [2020-06-03]. https://doi.org/10.1080/08109020701531387.

[11] 石敏俊, 等. 区域发展政策模拟 [M]. 北京: 中国人民大学出版社, 2016.

[12] 马丁内斯-维斯奎泽, 瓦利恩考特. 区域发展的公共政策 [M]. 安虎森, 刘军辉, 皮亚彬, 等译. 北京: 经济科学出版社, 2013.

[13] 约万诺维奇. 演化经济地理学——生产区位与欧盟 [M]. 安虎森, 何文, 朱妍, 等译. 北京: 经济科学出版社, 2012.

[14] 阿姆斯特朗, 泰勒. 区域经济学与区域政策 [M]. 刘乃全, 贾彦利, 张学良, 等译. 3版. 上海: 格致出版社, 上海人民出版社, 2007.

[15] 母爱英. 区域经济政策新视角研究 [M]. 北京: 经济科学出版社, 2004.

[16] 杨小凯, 黄有光. 专业化与经济组织——一种新兴古典微观经济学框架 [M]. 张玉纲, 译. 北京: 经济科学出版社, 1999.

[17] 刘乃全, 贾彦利. 中国区域政策的重心演变及整体效应研究 [J]. 经济体制改革, 2005 (1): 10-15.

[18] 李培. 政府间博弈与中央政府政策绩效分析 [J]. 经济与管理研究, 2005 (10): 71-74; 79.

[19] 郭腾云, 陆大道, 甘国辉. 近20年来我国区域发展政策及其效果的对比研究 [J]. 地理研究, 2002, 21 (4): 504-510.

[20] 卡佩罗. 区域经济学 [M]. 安虎森, 等译. 2版. 北京: 经济管理出版社, 2022.